निर्माण-पुरुष डॉ. अम्बेडकर की संविधान यात्रा

अनूप बरनवाल

अनूप बरनवाल का जन्म 15 जुलाई 1973 को जिला आजमगढ़ (यू.पी.) के एक छोटे से कस्बा ठेकमाँ बाजार में हुआ। आपने तिलकधारी महाविद्यालय, जौनपुर (पूर्वाञ्चल विश्वविद्याल) से बी. एस-सी. एवं कानून की पढ़ाई की और एल-एल. बी. परीक्षा में सर्वोच्च स्थान व गोल्ड मेडल प्राप्त किया। आप वर्ष 1998 से इलाहाबाद हाईकोर्ट में वकालत कर रहे है।

वकालत के साथ आप एकेडमिक रुचि भी रखते रहे है। कानून की पुस्तक 'प्रिन्सिपुल एण्ड प्रैक्टिस ऑफ रिट जुरिस्डिक्शन' वर्ष 2004 में प्रकाशित हुई। आप विधिक पत्रिका 'वायस आफ लॉ एण्ड जस्टिस' के सम्पादन का दायित्व वर्ष 2010 से निभा रहे हैं। आपने संस्थागत सुधार के लिए भी समय-समय पर प्रयास करते रहे है। इस दिशा में संवैधानिक महत्त्व की कई जनहित याचिकायें दाखिल की, जिसमें सुप्रीम कोर्ट के समक्ष 'भारत के निर्वाचन आयोग' में चयन प्रक्रिया में सुधार और इलाहाबाद हाईकोर्ट में उत्तर प्रदेश राज्य के 'लोकायुक्त', 'सी.बी.सी.आई.डी.', 'विजिलेन्स', 'उपलोकायुक्त', जैसे महत्त्वपूर्ण संस्थाओं में सुधार के सम्बन्ध में जनहित याचिकायें प्रमुख हैं।

आपके द्वारा 'यूनिफार्म सिविल कोड' विषय पर भी शोध-कार्य किया जा रहा है और इस विषय पर आप द्वारा लिखित पुस्तक 'भारतीय सिविल संहिता के सिद्धान्त' शीघ्र प्रकाशन में है।

अनूप बरनवाल

निर्माण-पुरुष डॉ. अम्बेडकर की संविधान यात्रा

लोकभारती पेपरबैक्स

पहला पेपरबैक संस्करण : 2017
तीसरा पेपरबैक संस्करण : 2024

लोकभारती पेपरबैक्स : उत्कृष्ट साहित्य के लोकप्रिय संस्करण

लोकभारती प्रकाशन
पहली मंजिल, दरबारी बिल्डिंग, महात्मा गाँधी मार्ग,
प्रयागराज

वेबसाइट : www.lokbhartiprakashan.com
ईमेल : info@lokbhartiprakashan.com
शाखाएँ : 1-बी, नेताजी सुभाष मार्ग, दरियागंज, नई दिल्ली-110 002
अशोक राजपथ, साइंस कॉलेज के सामने, पटना-800 006 (बिहार)
1, अनमोल सोराबजी संतुक लेन, मरीन लाइंस,मुम्बई-400002

जे.के. आर्ट प्रेस
प्रयागराज द्वारा मुद्रित

मूल्य : ₹ 325

NIRMAN-PURUSH DR. AMBEDKAR KI SAMVIDHAN YATRA
by Anoop Baranwal

ISBN : 978-93-5221-196-8

शहीद-ए-आजम भगत सिंह

को समर्पित

... क्या तुम्हें पता है कि दुनिया में सबसे बड़ा पाप गरीब होना है? गरीबी एक अभिशाप है, यह एक दण्ड है। मैं पूछता हूँ कि अपराध-विज्ञान, न्यायशास्त्र या विधिशास्त्र के ऐसे विद्वान की आप कहाँ तक प्रशंसा करेंगे जो किसी ऐसी दण्ड-प्रक्रिया की व्यवस्था करे जो कि अनिवार्यतः मनुष्य को और अधिक अपराध करने को बाध्य करे? क्या तुम्हारे ईश्वर ने यह नहीं सोचा था? या उसको भी ये सारी बातें-मानवता द्वारा अकथनीय कष्टों के झेलने की कीमत पर- अनुभव से सीखनी थीं?

तुम क्या सोचते हो-किसी गरीब तथा अनपढ़ परिवार, जैसे एक चमार या मेहतर के यहाँ पैदा होने पर इन्सान का भाग्य क्या होगा? चूँकि वह गरीब है, इसलिए पढ़ाई नहीं कर सकता। वह अपने साथियों से तिरस्कृत एवं त्यक्त रहता है जो ऊँची जाति में पैदा होने के कारण अपने को उससे ऊँचा समझते हैं। उसका अज्ञान, उसकी गरीबी तथा उससे किया गया व्यवहार उसके हृदय को समाज के प्रति निष्ठुर बना देते हैं। मान लो यदि वह पाप करता है तो उसका फल कौन भोगेगा? ईश्वर, वह स्वयं या समाज के मनीषी?...

-भगत सिंह (मैं नास्तिक क्यों हूँ?)

अनुक्रम

आभार

इस शोध पुस्तक को लिखने में 'लोकसभा सचिवालय' द्वारा प्रकाशित 'कान्स्टीच्यूएण्ट असेम्बली डिबेट' का हमने विशेष रूप से सहारा लिया है। पाँच खण्डों में अंग्रेजी भाषा में प्रकाशित 'कान्स्टीच्यूएण्ट असेम्बली डिबेट' के रूप में संविधान सभा की समस्त कार्यवाहियों एवं गतिविधियों को सुरक्षित रखने के लिए हम लोकसभा सचिवालय का दिल से आभारी हूँ।

पुस्तक के प्रारंभिक दो अध्याय हेतु डॉ. अंबेडकर के आरंभिक जीवन के सम्बन्ध में तमाम तथ्यों की जानकारी के लिए हमने अन्य पुस्तकों के अलावा सामाजिक चिन्तक विजय कुमार पुजारी द्वारा लिखित 'डॉ. आंबेडकर : जीवन और दर्शन' का सहारा लिया है। बड़े ही सरल शब्दों में बाबा साहेब की जीवनी पर लिखी गयी इस पुस्तक के लिए मैं लेखक 'विजय कुमार पुजारी' के प्रति अपनी कृतज्ञता प्रकट करता हूँ।

प्रारम्भ में इस शोध पुस्तक को अंग्रेजी भाषा में लिखे जाने की योजना थी और मैंने अंग्रेजी भाषा में ही इस पुस्तक को लिखने की शुरुआत भी कर दी थी। 'कान्स्टीच्यूएण्ट असेम्बली डिबेट' अंग्रेजी भाषा में होने के कारण यह कार्य आसान भी था। किन्तु देश के प्रधानमंत्री श्री नरेन्द्र मोदी जी, जिस आत्मविश्वास के साथ देश-विदेश में हिन्दी भाषा का प्रयोग करते हैं, यह देख-सुनकर इस पुस्तक को अंग्रेजी भाषा में लिखने का विचार त्याग दिया और फिर भारतीय भाषा 'हिन्दी', जो देश में सबसे अधिक बोली जाने वाली भाषा है एवं सौभाग्य से मेरी मातृभाषा है, में लिखने का मन बनाया। यद्यपि 'कान्स्टीच्यूएण्ट असेम्बली डिबेट' के कुछ प्रसंगों का हिन्दी में अनुवाद काफी कठिन कार्य था, लेकिन बाद के दिनों में यह अहसास हुआ कि इस पुस्तक को अंग्रेजी भाषा में लिखने का निर्णय एक बहुत बड़ी भूल थी क्योंकि एक लेखक के तौर पर मैं अपने भाव को जितना अच्छा अपनी मातृभाषा में व्यक्त कर सकता हूँ, शायद दूसरी भाषा में कभी नहीं। इससे भी बड़ी बात यह है कि इस पुस्तक को एक भारतीय भाषा में लिखकर मुझे जो आत्मसन्तोष प्राप्त हुआ है, वह शायद अंग्रेजी भाषा में लिखकर कभी नहीं मिल पाता। इस पुस्तक की मूल भाषा हिन्दी है, इसका श्रेय प्रधानमंत्री श्री नरेन्द्र मोदी जी को जाता है, मैं उनके प्रति भी आभार प्रकट करता हूँ।

अन्तिम स्वरूप देने के पूर्व इस पुस्तक का कई बार पुनरीक्षण एवं सम्पादन किया गया। पुनरीक्षण एवं सम्पादन में पत्नी सुमन बरनवाल का विशेष सहयोग इस पुस्तक के

लिये मूल्यवान् है। इसके अलावा श्रद्धेय पिता श्री मदन मोहन, बड़े भाई श्री पी.एल. बरनवाल, धनबाद; श्री श्याम जी, गोपालापुर एवं श्री अनूप कुमार 'मुन्ना', सैदपुर का प्रोत्साहन हमारे लिये मूल्यवान् है। मैं इन सब लोगों का दिल से आभारी हूँ।

इस पुस्तक को अन्तिम स्वरूप देने में स्नेहयुक्त मार्गदर्शन करने वाले लोकभारती प्रकाशन के संरक्षक श्री रमेश ग्रोवर, जो सत्तासी वर्ष के उम्र के पड़ाव में भी पर्दे के पीछे रहकर देश के साहित्यिक जगत् को रोशनी दिखाने में लगे रहते हैं और जिनकी अनवरत् लगनशीलता हम सबके लिए प्रेरणास्रोत है, के प्रति मैं दिल से आभार व्यक्त करता हूँ। लोकभारती प्रकाशन के मुख्य कार्याधिकारी श्री आमोद महेश्वरी, जिन्होंने इस पुस्तक का प्रकाशन कर इसे देश के पाठकों के समक्ष लाने में विशेष रुचि दिखायी, के प्रति विशेष आभार व्यक्त करता हूँ। इस पुस्तक के अन्तिम दौर का सम्पादन एवं प्रूफ-रीडिंग करने वाले श्री रमेश उपाध्याय, श्री धीरेन्द्र कुमार गुप्त का; कम्पोजिंग करने वाले श्री संगम लाल का तथा लोकभारती प्रकाशन के समस्त प्रकाशन-सहयोगियों का भी आभारी हूँ।

दिनांक: 31 अक्टूबर, 2016

– अनूप बरनवाल

भूमिका

युवा दिनों में बाबा साहेब डॉ. भीमराव अंबेडकर के बारे में दो बातें सुनने को मिलती थीं। पहली यह कि वे दलित जाति के नेता थे और दूसरी बात यह कि आजादी के आन्दोलन में वह अंग्रेजों के साथ खड़े थे। इन दोनों बातों के पर्तों के बीच संविधान निर्माण में उनकी भूमिका को यह कहकर छिपा दिया जाता था कि मात्र उन्होंने ही नहीं बल्कि पूरी संविधान सभा ने संविधान का निर्माण किया था। यह बातें, खासतौर पर, तब जरूर सुनने को मिलती थीं, जब बाबा साहेब की जयन्ती के अवसर पर 14 अप्रैल को मेरे गृह बाजार ठेकमाँ से होकर जाटव समुदाय द्वारा जुलूस निकाला जाता था। 25 वर्ष पहले गृह बाजार छोड़ने के बाद यह संयोग था कि इस वर्ष 14 अप्रैल को अपने गृह बाजार में बाबा साहेब की जयन्ती-दिवस पर जुलूस देखने को मिला। संविधान निर्माण के 65 वर्ष बाद भी इस जुलूस में सिर्फ एक ही जाति के लोगों का शामिल रहना आश्चर्यजनक था। विचारों में आयी थोड़ी-सी परिपक्वता के साथ इस दिन मैंने अपने-आपको इस जुलूस में अकेला पाया। यह हो सकता है कि बौद्धिक विचारगोष्ठी में या एकेडमिक सेमिनारों में या राजनैतिक कार्यक्रमों में बाबा साहेब की जयन्ती एक जाति या एक समुदाय तक सीमित न रहती हो, लेकिन 65 साल बाद भी बाबा साहेब के जयन्ती-दिवस पर प्रायोजित होने वाले जुलूस में जाति और समुदाय से निरपेक्ष होकर आम जनमानस का न जुड़ पाना दु:खदायी है। ऐसा शायद इसलिए है कि अभी भी हम पूर्वाग्रहों को अपने सीने से लगाये बैठे हुए हैं और बाबा साहेब द्वारा छुआछूत के खिलाफ संघर्ष को इन्सानियत एवं देशहित में संघर्ष के रूप में नहीं बल्कि प्रभावित होने वाले व्यक्तियों एवं समुदायों तक सीमित संघर्ष के रूप में देखते हैं। ऐसा शायद इसलिए भी है कि संविधान निर्माण में उनकी अग्रणी भूमिका के बावजूद हमारे जातिगत पूर्वाग्रह ने उस पर ग्रहण लगाया हुआ है।

क्या बाबा साहेब एक जाति-विशेष के या समुदाय-विशेष के नेता थे? आजाद देश के संविधान निर्माण में बाबा साहेब का क्या योगदान था? इन दोनों सवालों में जाने से पहले हम इस सवाल की पड़ताल करते हैं कि देश की आजादी के आन्दोलन में बाबा साहेब की क्या भूमिका थी? देश की आजादी के आन्दोलन में बाबा साहेब की भूमिका को लेकर इतिहासकारों में अलग-अलग मत हैं। ये मत मुख्यत: दो धाराओं में बँटे हुए मिलते हैं। इन दोनों धाराओं को स्पष्ट करने के लिए आवश्यक है कि इन्हें सवालों के माध्यम से समझने की कोशिश की जाय। पहली धारा को समझने के लिए यह सवाल किया जा सकता है कि 'अंग्रेजी हुकूमत के खिलाफ देश की आजादी के आन्दोलन में बाबा

साहेब की क्या भूमिका रही है?' और दूसरी धारा को समझने के लिए सवाल किया जा सकता है कि 'अंग्रेजी हुकूमत के दौरान देश की आजादी के आन्दोलन में बाबा साहेब की क्या भूमिका रही है?' दोनों सवालों में स्पष्टत: 'देश की आजादी' का लक्ष्य शामिल है। लेकिन मूल बात जो दोनों धाराओं को अलग करती है, वह यह है कि 'अंग्रेजी हुकूमत के खिलाफ आजादी' या 'अंग्रेजी हुकूमत के दौरान आजादी'। पहली धारा में मात्र राजनैतिक आजादी का दृष्टिकोण निहित है, जबकि दूसरी धारा में सामाजिक और सांस्कृतिक आजादी का भी दृष्टिकोण शामिल है। पहली धारा देश के केन्द्रीय शासन में साम्राज्यवादी प्रवृत्ति के खिलाफ आवाज का प्रतिनिधित्व करती है तो दूसरी धारा देश के गाँवों में सामन्तवादी प्रवृत्ति के खिलाफ आवाज का।

बाबा साहेब के आलोचक-इतिहासकार पहले सवाल पर ज्यादा बल देते हैं। किन्तु ऐसे आलोचक-इतिहासकार, गाँवों में प्रतिष्ठित हो चुकी सत्ता की उस सच्चाई को नजरअन्दाज नहीं कर पाते हैं, जिनकी बुनियाद सामन्तवादी सोच पर टिकी हुई थी, जिन्होंने अस्पृश्यता के नाम पर समाज को बाँट रखा था, जो अपने-आपको ही शासन की स्वतंत्र इकाई मानते थे और भारतीय रंग में पूरे ठाठ-बाट के साथ गाँवों में उसी तरह शासन करने में विश्वास करते थे, जैसे ब्रिटिश हुकूमत केन्द्र में किया करती थी। दोनों के बुनियादी चरित्र एकसमान थे। ऐसे आलोचक-इतिहासकारों के लिए इस सच्चाई को भी नकारना मुश्किल होता है कि गाँवों एवं क्षेत्रों में व्याप्त सामन्तवादी प्रवृत्ति इस तरह बिखरी हुई थी कि 'एक देश का नजरिया', 'एक देश का विचार' लुप्तप्राय हो चुका था। यही कारण था, जब-तब विदेशी आक्रान्ताओं को इस देश पर शासन करने का अवसर मिलता रहा। मुगलों के बाद पुर्तगाली आये, फ्रेंच आये, अंग्रेज आये। इन्होंने हमारे ऐश्वर्य को लूटने के साथ शासन भी किया। न केवल शासन किया बल्कि इन्होंने अपने धर्म एवं संस्कृति को भी इस देश पर थोपा और तत्कालीन समाज में जड़ जमा चुकी अस्पृश्यता जैसी सामाजिक बुराइयों एवं समाज के दकियानूसी सोच के आड़ में अपने धर्म एवं संस्कृति को प्रचारित-प्रसारित और पुष्पित-पल्लवित किया।

देश गुलाम हुआ, अंग्रेजों की साम्राज्यवादी हुकूमत स्थापित हुई। पहले से विद्यमान गाँवों की सामन्तवादी सत्ता अब ब्रिटिश हुकूमत की साझेदार हो गयी थी। अंग्रेजों की शासन-नीति ने गाँवों में व्याप्त सामन्तवादी सत्ता को भी अपने हक में पाला-पोसा। लेकिन इसी के साथ एक अच्छी बात यह हुई कि वे अपनी विस्तारवादी नीति के अन्तर्गत पूरे देश को एक केन्द्रीय शासन के अधीन लाने में सफल हुए। ब्रिटिश हुकूमत के खिलाफ लड़ाई ने भी हमारे पूर्वजों को एक देश के विषय में सोचने के लिए मजबूर किया। ब्रिटिश हुकूमत के खिलाफ लड़ाई लड़ी गयी। इस लड़ाई के दौरान अनेक वीर सपूत पैदा हुए और उन्हें अपने जीवन की शहादत भी देनी पड़ी। अनगिनत शहादत एवं संघर्ष के बाद सफलता मिली, अंग्रेज छोड़कर गये और केन्द्रीय स्तर पर देश को गुलामी से मुक्ति भी मिली। लेकिन सवाल पैदा होता है कि क्या गाँवों में या स्थानीय स्तर पर सामन्तवादी सत्ता के बने रहते हुए, इस देश को पूर्ण आजादी मिल सकती थी? अपने गाँव एवं क्षेत्र को ही एक देश मानने की प्रवृत्ति के बने रहते क्या सम्भव नहीं था कि कोई दूसरे मुगल या अंग्रेज दोबारा आते और फिर शासन करने में सफल होते? हो सकता था भारतीय रंग

में ही कोई मुगल या अंग्रेज पैदा होता और सामन्तवादी सोच के साथ बिखरे पड़े इस देश पर हुकूमत करने में सफल हो जाता। तब क्या फिर इस देश को दोबारा किसी भगत सिंह या अशफाक उल्लाह जैसे देशभक्तों के पैदा होने का और उनकी शहादत का इन्तजार नहीं करना होता? तब क्या इस देश को एक बार फिर किसी गाँधी या बोस के आने की प्रतीक्षा नहीं करनी पड़ती? यहीं पर आकर दूसरे सवाल का महत्त्व बढ़ जाता है कि 'अंग्रेजी हुकूमत के दौरान देश की आजादी के आन्दोलन में बाबा साहेब की क्या भूमिका रही है?'

इस सवाल के साथ कुछ बुनियादी सवालों का जवाब जानना और समझना आवश्यक है। पहला यह कि तत्कालीन भारतीय समाज में व्याप्त सामन्तवादी प्रवृत्ति, देश की गुलामी के लिए कितना उत्तरदायी है और क्या इस प्रवृत्ति को समाप्त किये बिना देश की सम्पूर्ण आजादी सम्भव थी?; दूसरा यह कि सामन्तवादी प्रवृत्ति की उपज 'अस्पृश्यता' जैसे सामाजिक दोष, इन्सानियत और देश की समस्या न होकर, क्या मात्र इस दोष से प्रभावित होने वाले लोगों और जातियों की समस्या थी?; तीसरा यह कि भारतीय समाज में व्याप्त सामन्तवादी प्रवृत्ति को बाबा साहेब के बिना समाप्त करना क्या सम्भव था और बाबा साहेब के बिना भारतीय समाज का चेहरा कैसा होता?; चौथा यह कि क्या बाबा साहेब के नेतृत्व में अस्पृश्य समुदाय में पैदा हुई जागरूकता ने ब्रिटिश हुकूमत के मन में डर नहीं पैदा किया था?; पाँचवाँ यह कि स्वतंत्र भारत के संविधान का निर्माण क्या बाबा साहेब के बिना सम्भव था और बाबा साहेब के बिना भारत के संविधान का चेहरा कैसा होता?; छठा यह कि बाबा साहेब के नेतृत्व में बने संविधान का, देश की आजादी और अखण्डता को बनाये रखने में क्या योगदान है? सातवाँ और अन्तिम सवाल यह कि आजाद देश के 65 वर्ष के इतिहास में क्या हमारे इतिहासकारों एवं नीतिकारों द्वारा राष्ट्र-निर्माण में बाबा साहेब द्वारा किये गये योगदान के प्रति निष्पक्ष व्यवहार किया गया?

संविधान सभा में हुई बहस का अध्ययन करने के दौरान जो सबसे महत्त्वपूर्ण बात निकलकर आया, वह बाबा साहेब डॉ. अंबेडकर द्वारा संविधान सभा में 17 दिसम्बर, 1946 और 4 नवम्बर, 1948 को दिया गया भाषण है। पण्डित नेहरू के प्रतिज्ञा-प्रस्ताव को लेकर संविधान सभा में पैदा हुए संकट के बाद बाबा साहेब ने अपने 17 दिसम्बर, 1946 के भाषण के माध्यम से देश के भाग्य को पार्टियों एवं नेताओं की प्रतिष्ठा से ऊपर बताते हुए सदस्यों को 'एकत्व की राह' पर चलने का मंत्र दिया और प्रारूप-संविधान के प्रस्तुति के समय 4 नवम्बर, 1948 को दिये गये अपने भाषण के माध्यम से बाबा साहेब ने देश के भावी शासनतंत्र की रूपरेखा एवं देश का सामाजिक-आर्थिक दर्शन प्रस्तुत किया। एक के माध्यम से राष्ट्र-निर्माण की बुनियाद रखी, तो दूसरे के माध्यम से संविधान-निर्माण की बुनियाद और आजाद भारत की तस्वीर प्रस्तुत की। किन्तु इन दोनों भाषणों के मर्म एवं महत्त्व को आज भी हम देशवासी अमूमन नहीं जानते हैं। बाबा साहेब के जीवन से जुड़े तमाम सवालों खासतौर से देशभक्ति से जुड़े सवालों का जवाब खोजने के साथ इन दोनों भाषणों के मर्म एवं महत्त्व को तथा संविधान के निर्माण-प्रक्रिया को सरल भाषा में आम जनमानस तक पहुँचाने की उत्सुकता ने इस शोध-पुस्तक को लिखने के लिए प्रेरक काम किया है।

संविधान दिवस '26 नवम्बर, 2015' के अवसर पर संसद में प्रधानमंत्री श्री नरेन्द्र मोदी द्वारा बाबा साहेब के बारे में निम्न तीन प्रमुख बातें कही गयीं—

- 'डॉ. अंबेडकर ने कितनी यातनायें झेलीं, अपमानित हुए, पर उनके हाथ में जब देश के भविष्य का दस्तावेज बनाने का अवसर आया, तो संविधान में कहीं पर बदले का भाव नहीं दिखा।'
- 'अगर संविधान बनाने में डॉ. अंबेडकर शामिल न होते, तो यह शायद सामाजिक दस्तावेज बनने से चूक जाता।'
- 'बाबा साहेब ने सारा जहर पिया और हमारे लिये अमृत छोड़कर गये।'

इन विचारों को गहराई से जानने की उत्सुकता के साथ इस शोध-पुस्तक में बाबा साहेब के जीवन के आरंभिक काल से सम्बन्धित दो अध्याय 'अध्ययन यात्रा' और 'सामाजिक यात्रा' को जोड़ा गया। इन दोनों अध्यायों के माध्यम से यह जानने का प्रयास किया गया है कि कितनी जटिल परिस्थितियों में बाबा साहेब ने भारतीय समाज में व्याप्त सामन्तवाद के खिलाफ संघर्ष किया और समता आधारित समाज के निर्माण में अग्रणी भूमिका निभायी। इस शोध पुस्तक के दूसरे अध्यायों में हम यह समझने का प्रयास करेंगे कि उक्त संघर्षों के तप से निखरकर निकले अपने व्यक्तित्व एवं प्रतिभा को बाबा साहेब ने किस तरह देश के संविधान के निर्माण में पूर्णतया समर्पित कर दिया; किस तरह बिना किसी पर निर्भर हुए उन्होंने प्रारूप-संविधान के निर्माण में लगभग अकेले ही समर्पित भाव से साधना की और तमाम विधिशास्त्रों का, शासन सम्बन्धी व्यवस्थाओं, कानूनों, विश्व के महत्त्वपूर्ण संविधानों का और संविधान-सभा द्वारा गठित समितियों की रिपोर्टों का गहन अध्ययन एवं परिष्करण करके प्रारूप-संविधान का निर्माण किया; कितनी कुशलता से डॉ. अंबेडकर ने प्रारूप संविधान को संविधान सभा के समक्ष प्रस्तुत किया और अपने प्रस्तुति-भाषण के माध्यम से संविधान सभा के सदस्यों के मन-मस्तिष्क में संविधान निर्माण को लेकर उचित वातावरण बनाया; संविधान-सभा में प्रारूप-संविधान के एक-एक अनुच्छेद के प्रावधानों को लेकर किस तरह जटिलतायें पैदा हुईं और किस तरह डॉ. अंबेडकर ने अपनी विवादों को समझने की योग्यता, समस्याओं से निपटने की कुशलता, समाधान देने की विद्वत्ता, जवाब देने की प्रखरता और तर्कों के साथ अडिग रहने की क्षमता से संविधान-सभा को एक निर्णय पर पहुँचने में अग्रणी एवं महत्त्वपूर्ण भूमिका निभायी।

इस पुस्तक हेतु किये गये शोधकार्य के बाद मेरे मन-मस्तिष्क में जो निष्कर्ष निकला है, उसको बाबा साहेब को समर्पित करते हुए आगे बढ़ना मेरे लिये गर्व की बात हैं—

> "...मसौदा-समिति के अध्यक्ष और प्रथम कानूनमंत्री डॉ. अंबेडकर के संवैधानिक प्रयासों से ही एक और अखण्ड राष्ट्र का निर्माण सम्भव हो सका। सरदार पटेल के राजनैतिक प्रयासं और डॉ. अंबेडकर के संवैधानिक प्रयास और प्रथम गृहमंत्री सरदार वल्लभ भाई पटेल के राजनैतिक प्रयास, देश की एकता और अखण्डता के सन्दर्भ में एक-दूसरे के पूरक थे। दोनों में से किसी के बिना भारत की एकता परिपूर्ण नहीं हो सकती थी। एकता का यह महल आगे भी अपनी भव्यता के साथ कायम रहे और चमकता रहे, इसके लिए डॉ. अंबेडकर द्वारा तमाम आवश्यक उपाय संविधान में उपबन्धित कर दिये गये। अन्यथा इस देश की विविधता और विभिन्नताओं को देखते

हुए यह सोचा भी नहीं जा सकता था कि तत्कालीन परिस्थितियों में प्राप्त की गयी देश की आजादी, एकता और अखण्डता को आगे भी बनाये रखा जा सकेगा।

'जिस तरह हम देशवासी सरदार पटेल को राष्ट्रीय एकता के प्रति उनके महान् योगदान के लिए 'एकता-पुरुष' के रूप में याद करते हैं, उसी तरह बाबा साहेब को उनके महान् योगदान के लिए हम देशवासी और आने वाली पीढ़ी 'निर्माण-पुरुष' के रूप में याद रखेंगे। ऐसे 'निर्माण पुरुष' के रूप में, जो बराबरी पर आधारित समाज के निर्माण की आधारशिला रखी, जो संविधान-निर्माण के माध्यम से राष्ट्रीय एकता को संवैधानिक स्वरूप देकर इसे दृढ़ता एवं पूर्णता प्रदान किया और राष्ट्र-निर्माण की बुनियाद बनायी। वस्तुत: बाबा साहेब, समाज-निर्माण में सामाजिक जटिलताओं के खिलाफ किये गये संघर्ष की पवित्रता, संविधान-निर्माण में अपने दृढ़तायुक्त किन्तु लचीले व्यक्तित्व और राष्ट्र-निर्माण में चमकयुक्त भूमिका के कारण 'देश के स्वर्ण-पुरुष' हैं।''

दिनांक: 30 जून, 2016 **- अनूप बरनवाल**

1

अध्ययन यात्रा

बचपन के सामाजिक काँटे

'कर्म आधारित वर्ण-व्यवस्था' का कालक्रम में 'जन्म आधारित वर्ण-व्यवस्था' में परिवर्तित होना उन लोगों के लिए तो अनुकूल था, जिन्हें समाज में नीति, शासन या व्यापार को आगे बढ़ाने का दायित्व मिला था क्योंकि इनके कोख में जन्म लेने वाले बच्चों को विरासत में किसी-न-किसी रूप में कोई-न-कोई प्रतिष्ठा प्राप्त हो जाती थी। लेकिन उनके बच्चों के लिए, जिनके ऊपर सेवा करने का दायित्व था, 'जन्म आधारित वर्ण-व्यवस्था' सामाजिक विष साबित हुआ, क्योंकि उनके पास न तो सत्ता-प्रतिष्ठा था और न ही आर्थिक सम्पन्नता। 'कर्म आधारित वर्ण-व्यवस्था' में अन्तर्वर्णीय बदलाव सम्भव था, एक-दूसरे के प्रति सह-अस्तित्व का भाव था और किसी को कुछ भी हासिल करने की अनुमति थी। लेकिन कुछ लोगों द्वारा अपने बौद्धिक चपलता से प्राप्त किये गये प्रकृति प्रदत्त संसाधन और इससे हासिल की गयी सत्ता-प्रतिष्ठा एवं आर्थिक सम्पन्नता को जन्म-केन्द्रित बनाकर ऐसी 'सामाजिक जड़ता' पैदा कर दी गयी, जिसके दायरे में आना या जिसके दायरे से बाहर निकलना किसी व्यक्ति के लिए असम्भव-सा हो गया। परिणामस्वरूप सभ्यता के पैमाने पर शूद्र वर्ण के साधनहीन लोग मलिन और अछूत माने जाने लगे। उनका मन्दिरों में प्रवेश वर्जित कर दिया गया, पानी के लिए कुओं व तालाबों पर जाने की आजादी समाप्त कर दी गयी, गैर-शूद्रों के घरों/मोहल्लों में जाने और खास रास्तों पर चलने से मना कर दिया गया, पाठशालाओं में पढ़ने पर रोक लगा दी गयी, खेत-जमीन पर स्वामित्व हासिल करने का अधिकार समाप्त कर दिया गया। ऐसी असामाजिक बन्दिशों के कारण धीरे-धीरे शूद्र समाज, आत्मिक एवं नैतिक रूप से भी दीन-हीन होता चला गया। बहुसंख्यक होने के बावजूद ये लोग अपने अछूत स्थिति को सहर्ष स्वीकार भी करने लगे, क्योंकि तथाकथित सभ्य समाज द्वारा इसे सही साबित करने के लिए धर्म का आड़ लिया जाता था। अस्पृश्यता को धर्म से जोड़ने का प्रभाव यह हुआ कि शूद्र समाज को अपनी पीड़ादायक स्थिति के लिए किसी तरह का गिला-शिकवा नहीं रह गया था, क्योंकि उन्हें विश्वास दिलाया गया था कि उनका अस्पृश्य होना उनके पूर्व-जन्म का प्रायश्चित्त है।

साधनविहीन और दरिद्र होना शूद्र समाज के लिए उतनी समस्या नहीं थी, जितना कि इनको तथाकथित सभ्य एवं साधनसम्पन्न समाज द्वारा अछूत घोषित कर देना। लेकिन यह

कोई समस्या भी है, इस बात का अहसास इन्हें नहीं होता था। अहसास के अभाव में इनका जीवनस्तर और भी नीचे गिरता चला गया। अछूतपन के कारण उपजे हीनता का भाव, कब शूद्र समाज के बच्चों की मेधा को प्रस्फुटित होने के पहले ही खत्म कर देता था, यह न तो इनके माँ-बाप के लिए चिन्ता का विषय था और न ही सभ्य होने का दम्भ भरने वाले तथाकथित स्पृश्य समाज के लिए। खास बात तो यह थी कि स्पृश्य समाज का यह दम्भ, उन प्राकृतिक सम्पदाओं पर एकाधिकार बना लेने के कारण था जिस पर शूद्र समाज के लोगों का भी बराबर का हक था। समान हक से वंचित शूद्र समाज के बच्चे फिर भी सन्तुष्ट रहकर अपने बचपन को अभाव में खत्म कर शरीर का आकार बढ़ा भर लेते थे।

ऐसे शूद्र समाज के लिए 14 अप्रैल, 1891 का दिन भी एक सामान्य दिन की तरह था। अन्य तमाम बच्चों की तरह माँ भीमाबाई के कोख से 14 वें सन्तान के रूप में एक बच्चा पैदा हुआ। यह बच्चा अछूत समझे जाने वाले महार जाति में जन्म लिया था। पिता रामजी चूँकि कबीरपन्थ के अनुयायी थे, इसलिए इस बच्चे को मांस-मदिरा सेवन से दूर रहने का संस्कार मिला। शूद्र समाज के बच्चों के लिए शिक्षा एक दु:स्वप्न होता था, लेकिन ईस्ट इण्डिया कम्पनी में सेना की नौकरी करने वाले पिता रामजी अपने बच्चों की शिक्षा-दीक्षा को लेकर गम्भीर थे। वैसे भी ईस्ट इण्डिया कम्पनी में नौकरी करने वालों के लिए अपने बच्चों को बुनियादी शिक्षा दिया जाना अनिवार्य था। इस व्यवस्था के अंग रामजी को भी अपने बच्चों को बुनियादी शिक्षा के लिए दाखिला दिलाना आवश्यक था। जीवित बचे पाँच बच्चों में सबसे छोटे बेटे 'भीमराव' को उसके बड़े भाई आनन्दराव के साथ सतारा के कैम्प स्कूल में दाखिला दिलाया गया। दाखिला के समय बालक 'भीमराव' का उपनाम 'आम्बावडेकर' था। यह उपनाम कैसे बदलकर 'अंबेडकर' हो गया, इसका खुलासा करते हुए बाबा साहेब लिखते हैं -

> "अंबेडकर उपनाम के ब्राह्मण मास्टर हमें पढ़ाते थे। वह हमें कुछ ज्यादा पढ़ाते नहीं थे, परन्तु उनका मुझसे बहुत प्रेम था। बीच की छुट्टी में खाने के लिए मुझे स्कूल से दूर अपने घर जाना पड़ता था। अंबेडकर मास्टर को यह बात पसन्द नहीं आती थी, परन्तु उतने ही समय में बाहर घूमने के लिए आजादी मिलती थी, इसलिए खाने के लिए घर जाने में मुझे बहुत खुशी मालूम होती थी। लेकिन हमारे इस मास्टर ने एक तरकीब सोची। वह अपने साथ साग-रोटी बाँधकर लाते थे और हर रोज बीच की छुट्टी में नियमपूर्वक मुझे बुलाकर अपने भोजन में से साग-रोटी मुझे खाने के लिए देते थे। अर्थात् छुआछूत की वजह से वह अपनी साग-रोटी दूर से ही मेरे हाथों में डालते थे। मुझे यह कहने में अभिमान मालूम होता है कि उस प्रेम की साग-रोटी की मिठास कुछ और ही थी। उस बात का स्मरण होते ही मेरा हृदय भर आता है। सचमुच उनका मुझ पर बहुत ही प्रेम था। एक दिन उन्होंने ही मुझसे कहा कि यह तेरा आम्बावडेकर उपनाम बोलने में ठीक नहीं है। उससे मेरा अंबेडकर उपनाम अच्छा है। अब आगे तू भी अंबेडकर उपनाम लगाया कर और उन्होंने रजिस्टर में वैसा ही नाम दर्ज कर लिया।" (मराठी नवयुग, 13 अप्रैल, 1947)

यह प्रकृति का संयोग ही था कि ऐसी सामाजिक संरचना में, जिसमें किसी व्यक्ति

को जन्म आधारित 'उपनाम' मिलता था और यही उपनाम, उसकी सामाजिक प्रतिष्ठा का प्रतीक हुआ करता था, बालक भीमराव को ऐसा उपनाम मिला जो न तो जन्म आधारित था और न ही यह कहा जा सकता है कि वह कर्म आधारित था। उसे ऐसा 'उपनाम' मिला, जो स्पृश्य-सा दिखने के बावजूद इस बालक की सामाजिक समस्याओं को कम करने वाला नहीं था, अपितु उसके जीवन के अन्तर्द्वन्द्व को बढ़ाने वाला था।

सामाजिक तिरस्कार के बीच अध्ययन

जन्म के कारण अस्पृश्य होने व इससे उपजे हीनभाव का बुरा अनुभव बालक भीमराव को भी बचपन में ही मिलना शुरू हो गया था। स्कूल में सवर्ण बच्चों से पृथक् बैठाया जाना, शौक होने के बावजूद खेलने से मना किया जाना और दूर बैठकर दूसरे बच्चों को खेलते हुए निहारना व मन मसोसना, प्यास लगने पर किसी स्पृश्य लड़के द्वारा दूर से पानी उड़ेलना और अंजली से पानी पीना, शरारत में किसी पेड़ पर चढ़ जाने के कारण मार खाना, छुआछूत की ऐसी मानसिक एवं शारीरिक प्रताड़ना की पीड़ा झेलना अन्य शूद्र बच्चों की तरह बालक भीमराव के लिए सामान्य बात थी। ऐसी सारी परिस्थितियाँ बालक 'भीमराव' के सामने भी थीं, जिसके कारण शूद्र समाज के लाखों बच्चों का बचपन एवं मेधा 'हीनता बोध' के कारण समाप्त हो जाती थी। इस कड़ी में बालक भीमराव का कोमल बालमन भी तथाकथित सभ्य समाज का अगला निवाला हो सकता था। लेकिन बालक भीमराव की प्रकृति प्रदत्त बौद्धिक कौशल, जातिगत छुआछूत आधारित सामाजिक तिरस्कार एवं भेदभाव आधारित दुर्व्यवहार से टकराता था। वह इस तिरस्कार और दुर्व्यवहार को सहजता के साथ स्वीकार नहीं करता था बल्कि उसके कोमल बालमन के स्वाभिमान को झकझोरता था। ऐसी स्थिति भीमराव को विद्रोही भी बना सकता था, लेकिन माँ-बाप से मिले संयमपूर्ण संस्कार ऐसी सम्भावनाओं को कुंद करता था।

माँ-बाप के संयमपूर्ण संस्कार और बालक भीमराव की पढ़ाई के प्रति लगन ने उसे बम्बई खींच ले आयी। भाई आनन्दराव के साथ भीमराव का भी दाखिला बम्बई के एल्फिस्टन हाईस्कूल में करा दिया गया। बम्बई के इस स्कूल में भी छुआछूत की जड़ें उसी तरह पूरे सबाब में मौजूद थीं, जिसे बालक भीमराव गाँवों में जीकर आया था। सवर्ण छात्रों एवं शिक्षकों द्वारा उन पर तंज कसा जाना सामान्य-सी बात थी। एक शिक्षक द्वारा बालक भीमराव को संस्कृत भाषा सिखाने से मात्र इसलिए मना किया गया क्योंकि वे एक अछूत समझे जाने वाले महार जाति के थे। इन सब मानसिक प्रताड़नाओं एवं कठिनाइयों के बावजूद भी भीमराव अपने लक्ष्य को लेकर विचलित नहीं हुए और अपने अध्ययन को जारी रखा।

बालक भीमराव को पाठ्यक्रम के बाहर की पुस्तकों को भी पढ़ने का शौक था। इसी शौक ने बालक भीमराव की मुलाकात एक लाइब्रेरी में सिटी हाईस्कूल के हेडमास्टर श्रीकृष्ण जी केलुस्कर से करा दी। छोटी उम्र में भीमराव की एकाग्रता के साथ पुस्तकें पढ़ने की ललक को देखकर श्री केलुस्कर बहुत प्रभावित थे। श्री केलुस्कर आश्चर्यचकित होने के साथ यह जानकर बहुत खुश भी हुए कि भीमराव एक अछूत जाति का बालक

है और वह विपरीत हालातों में भी अपने पढ़ाई के प्रति लगनशील है। 1907 ई0 में बालक भीमराव ने हाईस्कूल परीक्षा तृतीय श्रेणी से उत्तीर्ण भी कर लिया। उस समय एक अछूत लड़के के लिए मैट्रिक परीक्षा पास करना ही बहुत बड़ी बात हुआ करता था इसलिए इस अवसर पर बम्बई के सुधारक हिन्दुओं द्वारा स्वागत सभा की गयी। इस सभा में श्री केलुस्कर द्वारा उपहार में दिया गया पुस्तक 'बुद्ध-चरित्र' बालक भीमराव के लिए आत्मबल एवं मानवता की पहली पाठशाला थी।

इण्टरमीडिएट उत्तीर्ण करने के बाद भीमराव के पढ़ाई को आगे जारी रखने के लिए श्री केलुस्कर जी आगे आये और इसके लिए बड़ौदा के महाराजा सयाजीराव गायकवाड़ के पास लेकर गये, जिन्होंने यह घोषणा की हुई थी कि वे बुद्धिमान् अछूत विद्यार्थी को आर्थिक सहायता करने के लिए तैयार हैं। महाराजा गायकवाड़ द्वारा 25 रुपये मासिक छात्रवृत्ति की स्वीकृति के बाद भीमराव का बी.ए. में दाखिला कराया गया। लेकिन एक पढ़े-लिखे समाज में पहुँचने के बावजूद भी अस्पृश्यता ने भीमराव का साया नहीं छोड़ा। यहाँ पर भी सवर्ण शिक्षक एवं छात्र, अछूत समझे जाने वाले छात्र भीमराव से दूर ही रहते थे। अस्पृश्यता के कारण मिल रहे तिरस्कार के बीच भीमराव को थोड़ा-बहुत जो आत्मिक सहयोग मिलता था, वह अंग्रेज प्रोफेसर म्यूलर और पारसी प्रोफेसर इराणी से मिलता था। प्रो0 इराणी ने ही भीमराव को अपना कमरा पढ़ने के लिए दिया था। अपने ही हिन्दू समुदाय में तिरस्कार और दूसरे समुदाय के लोगों द्वारा अपनापन के विरोधाभासी भाव भीमराव को असहज करते थे। लेकिन इन हालातों में भी संयम बनाये रखने की कला सीख चुके भीमराव ने वर्ष 1912 में बी.ए. की परीक्षा भी उत्तीर्ण कर ली।

विपरीत हालात में संयम रखने के संस्कार ने पहुँचाया अमेरिका

स्नातक उत्तीर्ण करने के उपरान्त भीमराव, बड़ौदा में ही फौज में लेफ्टीनेण्ट के पद पर नौकरी शुरू कर दी। लेकिन अस्पृश्यता के कारण बड़ौदा में भीमराव अंबेडकर को अपमानित होना पड़ता था। उन्हें निवास और भोजन के लिए काफी परेशानी का सामना करना पड़ रहा था। मात्र पन्द्रह दिन नौकरी के बाद ही पिता रामजी की 2 फरवरी, 1913 को स्वर्गवास हो गया। हर विपरीत परिस्थिति में आत्मबल के स्रोत पिता जी का साया उठना भीमराव के लिए बहुत बड़ा झटका था। लेकिन पिता जी द्वारा प्रदत्त संस्कार, भीमराव को विपरीत हालातों में भी संयम बनाये रखने की प्रेरणा देता था। तमाम सामाजिक तिरस्कार के बावजूद भीमराव ने कभी आत्मसंयम नहीं खोया और अपने निवास एवं भोजन की समस्या से निजात पाने के लिए बड़ौदा नरेश महाराजा गायकवाड़ से मिलने चले गये। उधर महाराजा गायकवाड़ भी कुछ विद्यार्थियों को उच्च शिक्षा के लिए अमेरिका भेजने की योजना पर काम कर रहे थे और इस योजना में भीमराव का भी नाम शामिल किया गया था।

भीमराव तो महाराजा गायकवाड़ से अपने निवास एवं भोजन की समस्या को लेकर मिलने आये थे, लेकिन महाराजा का यह प्रश्न 'मैं तुम्हें उच्च शिक्षा के लिए अमेरिका भेजने का विचार कर रहा हूँ, क्या तुम अमेरिका जाओगे?', भीमराव के लिए खुशी दिलाने वाला आश्चर्य था। भीमराव सहर्ष तैयार हो गये। इस इकरार, कि शिक्षा ग्रहण के उपरान्त भीमराव बड़ौदा रियासत में दस वर्ष की नौकरी करेंगे, के साथ वे उच्च शिक्षा ग्रहण करने

के लिए अमेरिका रवाना हो गये। 21 जुलाई, 1913 को न्यूयार्क पहुँचकर भीमराव अंबेडकर ने कोलंबिया विश्वविद्यालय में एम.ए. कोर्स के लिए दाखिला लिया। पहली बार अस्पृश्यता और सामाजिक तिरस्कार से मुक्त वातावरण में रहना सुखमय था, लेकिन यह उनके मन को विचलित भी करता था। वह ऐसे मुक्त वातावरण की कल्पना अपने देश के लिए करने लगते थे। आखिर अपने देश में लाखों-करोड़ों शूद्र लोगों की जिन्दगी अस्पृश्यता के तिरस्कारयुक्त हीन भावना में व्यतीत होकर समाप्त हो जाता है। गुलाम से भी बदतर जीवन बिताने वाले इन शूद्र समाज की आजादी एक गाँव के किसी एक छोर पर अन्त्यज के रूप में शुरू होता है और वहीं दफन हो जाता है। वे यह भी सोचने की स्थिति में नहीं होते हैं कि अन्त्यज के चहारदीवारी के बाहर कोई अपना देश है, जो आजाद नहीं है। सामाजिक गुलामी के बने रहते, इन अन्त्यज शूद्र समाज के लोगों के लिए देश की आजादी के कोई मायने नहीं था। इन अन्त्यज समाज को अस्पृश्यता के सामाजिक गुलामी से मुक्ति दिलाने की कल्पना, भीमराव को अध्ययन कर अपनी योग्यता व क्षमता को साबित करने और शूद्र समाज को सामाजिक गुलामी से मुक्ति दिलाने के लिए संकल्पबद्ध करता था।

ज्ञानार्जन के लिए ठुकराया लाला लाजपत राय का प्रस्ताव

गाँवों के एक छोर पर अन्त्यज के चहारदीवारी में कैद अस्पृश्य शूद्र समुदाय से क्या यह उम्मीद की जा सकती थी कि वे यह सोचें कि देश गुलाम है और इसलिए उन्हें अंग्रेजों के विरुद्ध लड़ाई में शामिल होना चाहिए। गाँवों में सामाजिक गुलामी की जंजीर से जकड़ा शूद्र समाज इसे तोड़े बिना, देश की गुलामी के विरुद्ध कैसे आवाज उठा सकता था? उनके लिए गाँवों के सामाजिक ढाँचे में व्याप्त सामन्तवाद से मुक्ति कहीं ज्यादा आवश्यक थी। अस्पृश्य समाज के लिए देश की आजादी के मायने तभी था, जब यह भरोसा हो कि अंग्रेजों के चले जाने के बाद उन्हें अछूत होने के अभिशाप से मुक्ति मिल जायेगी; मानव होने के नाते उन्हें भी सभी मूलभूत अधिकार और सुविधाएँ मिलने लगेगी; दूसरों की तरह उन्हें भी खेत-जमीन पर स्वामित्व पाने का अधिकार प्राप्त होगा; उन्हें मन्दिरों में प्रवेश की अनुमति मिलेगी; उन्हें पानी के लिए कुओं व तालाबों पर जाने की आजादी होगी; उन्हें गैर-शूद्रों के घरों एवं मोहल्लों की तरफ जाने पर और रास्तों पर चलने पर प्रतिबन्ध नहीं होगी; उन्हें गाँव के बाहर अन्त्यज के रूप में दीन-हीन तरीके से जीवनयापन करने के लिए विवश नहीं होना पड़ेगा; उनके भी बच्चों को पाठशालाओं में पढ़ने का हक मिलेगा और इस दौरान इन्हें अस्पृश्यता के सामाजिक तिरस्कार का सामना नहीं करना पड़ेगा। अंग्रेजों के चले जाने के बाद ऐसा होने की गारण्टी जब तक नहीं मिल जाता, तब तक अस्पृश्य समाज के लिए इस बात के कोई मायने नहीं थे कि केन्द्र की सत्ता अंग्रेजों के हाथ में हो या भारतीय सामन्तवादियों के हाथ में। इसलिए तत्कालीन परिस्थितियों में शूद्र समाज से ब्रिटिश हुकूमत के विरुद्ध किसी तरह के संघर्ष करने की उम्मीद करना अतार्किक और बेमानी-सा था।

अस्पृश्य शूद्र समुदाय के लिए देश की आजादी के मायने, एक ऐसे बच्चे की तरह था, जिसकी अपनी माँ जीवित नहीं है और उसका पिता दूसरी पत्नी को छोड़कर तीसरी

पत्नी ला रहा हो। एक सौतेली माँ के स्थान पर दूसरी आये, इससे उस बच्चे पर क्या फर्क पड़ने वाला था। देश के सामाजिक व्यवस्था में अपने प्रति सौतेलेपन के माहौल से निकलकर भीमराव अंबेडकर अमेरिका पहुँचे थे। एक सौतेली माँ के स्थान पर दूसरी सौतेली माँ आये या न आये, इसमें किशोर भीमराव की कोई दिलचस्पी न होना स्वाभाविक-सा था। यही कारण है कि 1914 ई0 में अमेरिका में स्थापित किये जा रहे 'इण्डियन होमरूल लीग ऑफ अमेरिका' हेतु काम करने के लिए लाला लाजपत राय ने जब किशोर भीमराव अंबेडकर के समक्ष प्रस्ताव रखा तो उन्होंने यह कहकर लाला लाजपत राय का प्रस्ताव ठुकरा दिया कि उन्हें अभी ज्ञानार्जन के अलावा कुछ नहीं करना है। किशोर भीमराव न केवल बड़ौदा-नरेश के साथ हुए इकरार से बँधे थे, बल्कि उनकी सोच देश के उन लाखों-करोड़ों शूद्रों को अस्पृश्यता एवं सामाजिक भेदभाव की गुलामी से मुक्ति दिलाने की तरफ था, जिनके जीवन को इस बात से कोई फर्क नहीं पड़ने वाला था कि देश की सत्ता अंग्रेजों के हाथ में हो या उन लोगों के हाथ में, जिनके कारण वे अछूत एवं दीन-हीन की जिन्दगी व्यतीत करने के लिए मजबूर थे। अछूतपन के तिरस्कार से मुक्त रहकर अमेरिका में अध्ययन करने का और अपने व्यक्तित्व को निखारने का जो सुनहरा अवसर मिला था उसे किशोर भीमराव अंबेडकर यूँ ही नहीं गँवाना चाहते थे। वे जानते थे कि शिक्षा-दीक्षा को ऊँचाई प्रदान करके ही वह अस्पृश्य समझे जा रहे अपने शूद्र समाज के लिए कुछ कर सकते थे। इसलिए लाला लाजपत राय के प्रस्ताव को स्वीकार करना किशोर भीमराव अंबेडकर के लिए सम्भव नहीं था।

अस्पृश्यता के कारण पीना पड़ा अपमान का विष

कोलंबिया विश्वविद्यालय में अध्ययन के दौरान भीमराव अंबेडकर द्वारा 1915 में 'भारत में प्राचीन व्यापार' और 1916 में 'कास्ट्स इन इण्डिया' एवं 'भारत की अर्थ व्यवस्था' नामक शोध-ग्रन्थ लिखे गये। अपनी प्रतिभा और कड़े परिश्रम के बल पर 1916 में ही भीमराव अंबेडकर ने कोलंबिया विश्वविद्यालय से पी-एच.डी. की डिग्री हासिल कर ली। इसके पश्चात् भीमराव अंबेडकर ब्रिटेन जाकर लन्दन विश्वविद्यालय से अर्थशास्त्र की सर्वोच्च डिग्री 'डॉक्टर ऑफ साइन्स' और कानून की डिग्री 'बार-एट-लॉ' हासिल करना चाहते थे। इसके लिए भीमराव अंबेडकर जी के माँग पर महाराजा गायकवाड़ द्वारा छात्रवृत्ति की अवधि एक वर्ष के लिए और बढ़ा दी गयी और उन्होंने लन्दन पहुँचकर दाखिला के लिए तैयारी शुरू कर दी, किन्तु छात्रवृत्ति की अवधि समाप्त हो जाने और पुन: बढ़ाये जाने से मना कर दिये जाने के कारण उनका लन्दन में रहना मुश्किल हो गया। हालाँकि भीमराव की प्रतिभा को देखते हुए लन्दन विश्वविद्यालय ने उन्हें एम.एस-सी., डी.एस-सी. और बार-एट-लॉ की डिग्री प्राप्त करने के लिए चार वर्ष की अवधि का और मौका दे दिया, किन्तु अन्तत: भीमराव को अपनी पढ़ाई छोड़ स्वदेश वापस आना पड़ा।

21 अगस्त, 1917 को भारत में 'भीमराव अंबेडकर' का पदार्पण पी-एच.डी. डिग्रीधारक 'डॉ0 भीमराव अंबेडकर' के रूप में हुआ। अपने चार वर्ष के विदेश प्रवास के बाद बदलाव की अन्तश्चेतना लेकर डॉ. भीमराव अंबेडकर स्वदेश लौटे थे। बड़ौदा

रियासत से हुए इकरार के मुताबिक उन्हें 10 वर्ष की नौकरी करनी थी और वह खुद बड़ौदा जाकर महाराजा गायकवाड़ के प्रति अपनी इस कृतज्ञता को पूरा करना चाहते थे। बड़ौदा रियासत में उन्हें 'मिलिट्री-सेक्रेटरी' पद पर नियुक्ति मिल गयी। नियुक्ति तो मिल गयी, लेकिन बड़ौदा में एक बार फिर अस्पृश्यता के कारण निवास व भोजन की समस्या पैदा हो गयी। हिन्दू या मुस्लिम किसी के होटल या घर में उन्हें निवास के लिए जगह नहीं मिल पा रही थी। अन्तत: उन्हें न चाहते हुए भी झूठ का सहारा लेना पड़ा। उन्होंने अपना नाम बदलकर पारसियन नाम एदलजी सोहराबजी कर लिया, तब जाकर एक पारसी होटल में निवास के लिए उनको जगह मिल सकी।

नौकरी के दौरान भी डॉ. अंबेडकर को अस्पृश्यता के कारण तिरस्कार की नजर से ही देखा जाता था। सवर्ण हिन्दुओं में उनके जाति को लेकर कानाफूसी होती रहती थी। चपरासी भी फाइलों को दूर फेंककर चले जाते थे ताकि एक अछूत को छूना न पड़ जाय। पदाधिकारियों के क्लब में कार्यक्रम के दौरान जहाँ सवर्ण हिन्दुओं के लिए मुसलमान और पारसी पदाधिकारी स्पृश्य थे, वहीं डॉ. अंबेडकर हिन्दू होने के बावजूद अस्पृश्य थे। अमेरिका और ब्रिटेन से लौटे डॉ. अंबेडकर का मन इन सब हरकतों को देखकर आत्मग्लानि से भर जाता था, लेकिन पिता रामजी से मिले आत्मसंयम के संस्कार उन्हें आत्मबल प्रदान करते थे। उनकी इच्छा नौकरी करके कुछ आवश्यक धनार्जन करने की थी ताकि वे पुन: लन्दन जाकर एम.एस-सी., डी.एस-सी. और बार-एट-लॉ की डिग्री को हासिल कर सकें। किन्तु बड़ौदा में यह बात चारों तरफ फैल गयी कि एक अछूत जाति का व्यक्ति रियासत में नौकरी कर रहा है और महाराजा जी उसे और बड़ा ओहदा देना चाहते हैं। यह बात फैलते-फैलते पारसी होटल-मालिक तक भी पहुँच गयी। अन्तत: डॉ. अंबेडकर को होटल मात्र इसलिए छोड़ना पड़ गया क्योंकि वे अछूत जाति के माने जाते थे। मकान मालिक के व्यवहार को याद करते हुए डॉ. अंबेडकर लिखते हैं—

> "मैं भोजन आदि से निवृत्त होकर ऑफिस जाने के लिए होटल से बाहर निकला ही था कि हाथों में लट्ठ लिये पन्द्रह-बीस पारसी लोग मुझे मारने के लिए वहाँ आये। उन्होंने पहले मुझसे कहा— 'तुम कौन हो?' मैने उत्तर दिया—'हिन्दू हूँ' परन्तु इस उत्तर से उनका समाधान नहीं हुआ। उन्होंने तू-तू मैं-मैं करके कहा— 'होटल से फौरन निकल जाओ।' उस समय मेरे मनोधैर्य ने पूरा साथ दिया। मैंने उनसे निर्भयतापूर्वक आठ घण्टे की मोहलत माँगी और उन्होंने वह दी। मैं दिनभर निवास के लिए स्थान प्राप्त करने की कोशिश करता रहा, परन्तु मुझे कहीं भी जगह नहीं मिली। मैं कई मित्रों से मिला। उन्होंने कई बहाने बनाकर मुझे टरका दिया, और मैं नहीं सोच पा रहा था कि अब मुझे क्या करना चाहिए? आखिर मैं एक जगह नीचे बैठ गया। मेरा मन उद्विग्न हो उठा और मेरी आँखों से आँसू बहने लगे।" (जनता, 23 मई, 1936)

लाचार होकर डॉ. अंबेडकर को बम्बई वापस आना पड़ गया। उनकी बेचैनी यह थी कि वह इकरारनामे के अनुसार अपने उस वचन को नहीं निभा पा रहे थे, जिसके अन्तर्गत उन्हें बड़ौदा रियासत में 10 वर्ष की नौकरी करनी थी। वे बम्बई लौटकर श्री कृष्णजी केलुस्कर से मिले। श्री कृष्णजी केलुस्कर ने डॉ. अंबेडकर की मुलाकात अपने मित्र प्रोफेसर जोशी से

करायी। एक आशा की किरण तब दिखी जब प्रोफेसर जोशी ने उनको अपने बड़ौदा स्थित घर में रहने देने के लिए हामी यह कहकर भर ली कि मैं तो अस्पृश्यता को नहीं मानता हूँ, आप मेरे घर में रह सकते हैं। प्रोफेसर जोशी द्वारा दिये गये वचन के भरोसे डॉ. अंबेडकर एक बार पुन: बड़ौदा के लिए रवाना हो गये। डॉ. अंबेडकर बड़ौदा रेलवे स्टेशन पर उतरे। लेकिन वहाँ पर प्रोफेसर जोशी का नौकर आकर उन्हें एक पत्र पकड़ा दिया। इस पत्र में प्रोफेसर जोशी ने लिखा था, 'आप मेरे घर मत जाइये। मैं तो अस्पृश्यता को नहीं मानता, परन्तु मेरी पत्नी पुराने विचारों की हैं। उसको आपका रहना पसन्द नहीं है।' डॉ. अंबेडकर के लिए प्रोफेसर जोशी का यह पत्र किसी पहाड़ के गिरने के सदृश था क्योंकि अब उन्हें फिर बम्बई वापस जाना पड़ेगा। यह सब मात्र इसलिए हो रहा था क्योंकि वह एक अछूत समझी जाने वाली जाति के माने जा रहे हैं। पी.एच-डी. की योग्यता और सेक्रेटरी का ओहदा भी उनके जातिगत पहचान के आगे फीका हो गया था और यह सब समाज के उस वर्ग में भी व्याप्त था जो पढ़ा-लिखा होने के साथ सभ्य होने का दावा कर रहा था।

मजबूर होकर डॉ. अंबेडकर को पुन: बम्बई वापस आना पड़ गया। उन्होंने बम्बई आकर ट्यूशन और आर्थिक सलाह देने का काम शुरू कर दिया। आर्थिक सलाह देने के लिए उन्होंने 'स्टाक्स एण्ड शेयर्स एडवाइजर्स' नामक कम्पनी बनायी। कम्पनी के कार्यों में वृद्धि के साथ कुछ आमदनी भी होने लगी। लेकिन यहाँ पर भी छुआछूत ने उनका पीछा नहीं छोड़ा। उनके कम्पनी के गुजराती-मराठी मुवक्किलों को जब पता चला कि इस कम्पनी को चलाने वाला अछूत है तो वे लोग इस कम्पनी से अपना मुँह मोड़ लिये और अन्तत: डॉ. अंबेडकर को अपनी कम्पनी बन्द कर देनी पड़ी। पारिवारिक जिम्मेदारियों के कारण परिस्थितियाँ और भी विकट एवं कष्टदायक हो गयी थीं। लेकिन इन विकट परिस्थितियों में भी डॉ. अंबेडकर ने अपने अध्ययन कार्य को अनवरत जारी रखा और इसी समय अर्थशास्त्र पर आधारित 'स्माल होल्डिंग्स इन इण्डिया एण्ड देयर रेमेडीज' नामक पुस्तक की रचना की।

अछूत समाज के लिए कुछ करने के जज्बे का हुआ बीजारोपण

डॉ. अंबेडकर की प्रबल इच्छा लन्दन जाकर एम.एस-सी., डी.एस-सी. और बार-एट-लॉ का अध्ययन करने की थी। लेकिन आय का कोई उचित प्रबन्ध नहीं हो पाने के कारण वे लन्दन नहीं जा पा रहे थे। इस बीच बम्बई के पूर्व गवर्नर लॉर्ड सिडेनहॅम के नाम पर स्थापित एक सरकारी कॉलेज में अर्थशास्त्र विषय के प्रोफेसर का पद खाली हुआ। अपनी प्रतिभा से प्रभावित करने वाले डॉ. भीमराव अंबेडकर इस पद पर 450 रुपये के मासिक वेतन पर 11 नवम्बर, 1918 को नियुक्त किये गये। अर्थशास्त्र के प्रोफेसर के रूप में डॉ. अंबेडकर अपने विद्यार्थियों के मध्य काफी लोकप्रिय हो गये और उनके व्याख्यान को सुनने दूसरे कॉलेजों के छात्र भी आते थे। लेकिन यहाँ पर भी छुआछूत की सामाजिक बीमारी ने उनका साथ नहीं छोड़ा। योग्यता और लोकप्रियता के बावजूद उन्हें यहाँ पर भी सवर्ण शिक्षकों के अस्पृश्यता आधारित सामाजिक तिरस्कार का सामना करना पड़ता था। पढ़े-लिखे समाज में अपने प्रति ऐसे व्यवहार से उनके मन को बहुत पीड़ा होती थी।

अर्थशास्त्र के प्रोफेसर पद पर नियुक्ति के बाद डॉ. अंबेडकर का पारिवारिक जीवन सही तरीके से चलने लगा, लेकिन उनका मन लन्दन जाकर एम.एस-सी., डी.एस-सी. और बार-एट-लॉ की डिग्री हासिल करने पर लगा रहता था। एक अछूत के रूप में कई बार अपमान का हलाहल पीने वाले डॉ. अंबेडकर के लिए अध्ययन के अलावा दूसरा उद्देश्य अस्पृश्यता निवारण के लिए काम करने की थी। इस दिशा में पहला अवसर तब आया जब माण्टेग्यू-चेम्सफोर्ड सुधार योजना के अन्तर्गत गठित साउथबरो कमेटी के समक्ष अछूत समाज का पक्ष रखने के लिए बम्बाई सरकार ने डॉ. अंबेडकर को कर्मबीर शिन्दे के साथ नामांकित किया। एक तरफ जहाँ डॉ. अंबेडकर द्वारा साउथबरो कमेटी के समक्ष तमाम तथ्यों के साथ अछूतों के लिए उनकी संख्या के आधार पर प्रतिनिधित्व देने की माँग रखी गयी, वहीं कर्मबीर शिन्दे ने अपना यह मत व्यक्त किया कि अछूत प्रतिनिधियों का चुनाव अछूत मतदाता या सरकार न करे बल्कि कौन्सिल के निर्वाचित सदस्य करें। शिन्दे द्वारा की गयी यह माँग डॉ. अंबेडकर को अपमानजनक लगी। इसी दौरान वे अछूतोद्धार का आन्दोलन चला रहे कोल्हापुर के छत्रपति साहू जी महाराज के सम्पर्क में आये। मई, 1920 में छत्रपति साहू जी की अध्यक्षता में नागपुर में सम्पन्न हुए 'अखिल भारतीय बहिष्कृत परिषद्' की बैठक में डॉ. अंबेडकर को भाषण देने का अवसर मिला तो उन्होंने कर्मबीर शिन्दे के उक्त मत की कड़ी आलोचना की। अपने सम्बोधन में डॉ. अंबेडकर ने कहा कि 'अछूत समाज की प्रगति में बाधक बनने वाला कोई भी व्यक्ति या संस्थान हो, वह चाहे अछूत समाज का हो या सवर्ण हिन्दू समाज का, उसका हमें तीव्र निषेध करना चाहिए।' किसी सार्वजनिक सभा में डॉ. अंबेडकर द्वारा पहली बार दिये गये इस सम्बोधन ने उनके मन-मस्तिष्क में अछूत समाज के लिए कुछ करने के जज्बे का बीजारोपण किया।

ब्रिटिश सरकार के खिलाफ शोधपत्र लिखकर प्राप्त की डॉक्टरेट की डिग्री

5 जुलाई, 1920 को डॉ. अंबेडकर ने सिडेनहॅम कॉलेज के प्रोफेसर पद से त्यागपत्र दे दिया और लन्दन विश्वविद्यालय से एम.एस-सी., डी.एस-सी. और बार-एट-लॉ की डिग्री हासिल करने के उद्देश्य से लन्दन के लिए रवाना हो गये। लन्दन जाकर डॉ. अंबेडकर ने 'लन्दन स्कूल ऑफ इकोनामिक्स' और 'ग्रेज इन' में दाखिला लिया। यह उनकी प्रखरता और प्रतिभा थी कि मात्र एक वर्ष के अन्दर 'प्राविन्सियल डिसेण्ट्रलाइजेशन ऑफ इम्पीरियल फाइनेन्स इन ब्रिटिश इण्डिया' नामक शोधग्रन्थ लिखकर लन्दन विश्वविद्यालय में दाखिल कर दिया और जून, 1921 में विश्वविद्यालय ने उनको एम.एस-सी. की डिग्री प्रदान कर दी। बहुत ही अल्प संसाधन होने के कारण लन्दन जैसे महँगे शहर में डॉ. अंबेडकर को किसी तरह आवास एवं भोजन का प्रबन्ध करना पड़ता था। किन्तु ऐसी तंग हालात में भी उनका इरादा डगमगाया नहीं। इरादों के पक्के डॉ. अंबेडकर ने अक्टूबर, 1921 में 'दी प्राब्लम ऑफ दी रुपी' नामक शोधग्रन्थ की रचना कर लन्दन विश्वविद्यालय के समक्ष प्रस्तुत कर दिया। इसके साथ डॉ. अंबेडकर ने 'बार-एट-लॉ' की परीक्षा भी उत्तीर्ण कर ली। तत्पश्चात् विश्व प्रसिद्ध 'बान विश्वविद्यालय' से डॉक्टरेट की डिग्री हासिल करने के उद्देश्य से जर्मनी चले गये।

जर्मनी प्रवास के दौरान ही लन्दन विश्वविद्यालय के प्रमुख अर्थशास्त्री प्रोफेसर कैनन द्वारा डॉ. अंबेडकर को लन्दन बुला लिया गया और उनके सलाह के अनुसार वे अपने शोधग्रन्थ 'दी प्राब्लम ऑफ दी रुपी' में आवश्यक सुधार करने में लग गये। लेकिन धनाभाव के कारण उन्हें अपना शोधकार्य बीच में ही छोड़कर 14 अप्रैल, 1923 को स्वदेश वापस आना पड़ गया। स्वदेश आकर डॉ. अंबेडकर बम्बई से ही 'दी प्राब्लम ऑफ दी रुपी' पर अपना शोधकार्य जारी रखा और इसे पुनर्संशोधित कर लन्दन विश्वविद्यालय भेज दिया। पुनर्संशोधित शोधग्रन्थ 'दी प्राब्लम ऑफ दी रुपी' के आधार पर लन्दन विश्वविद्यालय ने डॉ. अंबेडकर को 'डॉक्टर ऑफ साइन्स' की डिग्री प्रदान की। दुनिया भर के प्रमुख अर्थशास्त्रियों द्वारा सराहे गये इस शोधग्रन्थ में डॉ. अंबेडकर ने यह सिद्ध किया था कि रुपये का पौण्ड से नाता जोड़कर ब्रिटिश सरकार ने किस तरह भारतीय जनता को काफी नुकसान पहुँचाया है। वस्तुतः डॉ. अंबेडकर का यह शोधग्रन्थ उनके प्रखर प्रतिभा एवं साहसिक व्यक्तित्व को दर्शाता है। उन्होंने न केवल ब्रिटिश सरकार की आर्थिक नीति की आलोचना की और विश्व का ध्यान इसके कारण हुए भारत के दुर्दशा की तरफ आकर्षित कराया, बल्कि इसी आलोचना को उन्होंने 'डॉक्टर ऑफ साइन्स' की डिग्री प्राप्त करने का आधार बनाया और हासिल भी किया।

2

सामाजिक यात्रा

अवसरों को त्यागकर संघर्ष का रास्ता चुना

आवश्यक संसाधनों के अभाव एवं विपरीत परिस्थितियों के बावजूद कोलंबिया विश्वविद्यालय एवं लन्दन विश्वविद्यालय जैसे विश्व के प्रतिष्ठित विश्वविद्यालयों से एम.ए., पी-एच.डी., एम.एस-सी., 'डॉक्टर ऑफ साइन्स' और 'बार-एट-लॉ' की डिग्री हासिल करके डॉ. अंबेडकर यह साबित करने में सफल रहे कि अस्पृश्य समझे जाने वाले बच्चों में भी प्रतिभा होती है। जिस तरह अपने शोधग्रन्थ 'दी प्राब्लम ऑफ दी रुपी' के माध्यम से ब्रिटिश सरकार की उन्होंने आलोचना की और विश्वपटल पर भारत के दुर्दशा के लिए उसे जिम्मेदार सिद्ध किया, डॉ. अंबेडकर यह भी साबित करने में सफल रहे कि एक अस्पृश्य समझा जाने वाला व्यक्ति भी देश एवं समाज के लिए उपयोगी हो सकता है।

मात्र 32 वर्ष की उम्र में वैश्विक परिदृश्य में जगमगाने के बाद डॉ. अंबेडकर के पास यद्यपि खुशहाली भरा सम्मानित जीवन जीने के तमाम अवसर थे। डॉ. अंबेडकर को सम्मान से 'बाबा साहेब' कहकर पुकारने वाली उनकी पत्नी रमाबाई भी उनसे ऐसी ही उम्मीद करती थीं। लेकिन डॉ. अंबेडकर के लिए उनकी डिग्री धनोपार्जन प्राप्त करने का साधन मात्र नहीं था। उनका ज्ञान, अस्पृश्य समझे जाने वाले दूसरे बच्चों के लिए प्रेरणास्रोत बन सके और उनकी विद्वत्ता, अस्पृश्यता-निवारण आन्दोलन के काम आ सके, इस ध्येय को पाने के लिए डॉ. अंबेडकर ने अपना जीवन समर्पित करने का मन बना लिया था। वे जज बन सकते थे या अपने प्रोफेसर के कैरियर को और ऊँचाई दे सकते थे, लेकिन उन्होंने संघर्ष का रास्ता चुना और जून, 1924 में बम्बई हाईकोर्ट में वकालत प्रारम्भ कर दिया।

बम्बई हाईकोर्ट से वकालत शुरू करने के एक ही महीने पश्चात् डॉ. अंबेडकर ने 'अस्पृश्यता-निवारण आन्दोलन' को गति प्रदान करने में लग गये। इस दिशा में 20 जुलाई, 1924 को 'बहिष्कृत हितकारिणी सभा' की स्थापना कर उन्होंने अपने जीवन के उद्देश्य को निश्चित कर दिया। इस सभा का कार्य मात्र राजनीतिक रूप से अस्पृश्यता-निवारण आन्दोलन को चलाना ही नहीं था, बल्कि डॉ. अंबेडकर ने व्यापक परिदृश्य में इस सभा के लक्ष्य एवं कर्मक्षेत्र को निर्धारित किया-जैसे अछूत वर्ग में शिक्षा के प्रचार-प्रसार के लिए स्कूलों की स्थापना, सांस्कृतिक विकास के लिए वाचनालय चलाना, आर्थिक उन्नति के लिए औद्योगिक स्कूल व कृषि विद्यालय खोलना इत्यादि-इत्यादि।

महाड़ सत्याग्रह : अस्पृश्यता-निवारण आन्दोलन का पहला चरण

अस्पृश्यता दोष का सबसे विचित्र पहलू यह था कि एक अछूत यदि धर्मान्तरण करके मुसलमान हो जाय या ईसाई बन जाय तो वह इस दोष से मुक्त हो जाता था और वे तमाम बन्दिशें समाप्त हो जाती थीं, जो हिन्दू बने रहने से उसके ऊपर लागू रहती थीं। जैसे वह तालाब का पानी नहीं छू सकता था; मन्दिरों में प्रवेश नहीं कर सकता था इत्यादि-इत्यादि। इस विसंगति के कारण हिन्दू समाज के एक बड़े वर्ग का धर्मविमुख होकर पलायन करना बहुत स्वाभाविक था। इसलिए इस दोष का निवारण न केवल मानवीय दृष्टिकोण से, बल्कि खुद हिन्दू धर्म की रक्षा के लिए भी आवश्यक था।

अस्पृश्यता निवारण का आन्दोलन चला रहे अग्रणी समाज सुधारक 'बोले जी' ने बम्बई कौन्सिल के समक्ष एक प्रस्ताव यह लाया कि 'सरकार द्वारा या सार्वजनिक पैसों से संचालित संस्थाओं एवं स्थानों यथा कोर्ट, विद्यालय, अस्पताल, कार्यालय, धर्मशाला, कुआँ, जलाशय, पनघट में प्रवेश करने तथा उनका उपयोग करने का अधिकार सरकार अछूत वर्ग को भी प्रदान करे।' इस प्रस्ताव को बम्बई कौन्सिल द्वारा 4 अगस्त, 1923 को पारित किया गया और इसे लागू करने के लिए बम्बई सरकार द्वारा 11 सितम्बर, 1923 को नोटिफाइड भी कर दिया गया। बम्बई सरकार के इस निर्णय के अनुक्रम में कोलाबा जिले के महाड़ नगरपालिका ने 1924 में वहाँ के प्रसिद्ध 'चवदार' तालाब के पानी का उपयोग करने का अधिकार अछूतों को दे भी दिया। लेकिन यह सब अधिकार मात्र कागजों तक सिमटकर रह गया था। महाड़ जिले के सवर्ण हिन्दू इस बात पर अड़े हुए थे कि किसी भी तरह अस्पृश्यों को 'चवदार' तालाब का पानी नहीं छूने देंगे। यही कारण था कि तीन साल बीतने के बाद भी अछूत समुदाय का कोई व्यक्ति इस तालाब तक नहीं पहुँच पाता था।

धर्म के नाम पर सदियों से चली आ रही अस्पृश्यता के इस जकड़न से हिन्दू समाज को मुक्त कराने के लिए संकल्पित डॉ. अंबेडकर ने 19 व 20 मार्च, 1927 को महाड़ जिले में दलित परिषद् की एक बैठक बुलायी। अपने अध्यक्षीय भाषण में डॉ. अंबेडकर ने भेदभाव के लिए न केवल सवर्ण हिन्दुओं की आलोचना की, बल्कि अछूतों को सेना में प्रवेश से रोक लगाने के लिए सरकार की भी निन्दा की। शूद्र समाज के मनोभाव को झकझोरते हुए डॉ. अंबेडकर ने कहा—

> 'ऐसे प्रयत्न करो जिससे तुम्हारे बाल-बच्चे तुमसे अधिक अच्छी अवस्था में जीवन बिता सकें। यदि आप ऐसा नहीं करोगे तो मनुष्य के माता-पिता और पशु के नर-मादा में कोई अन्तर नहीं रहेगा।'

बाबा साहेब के इस वक्तव्य के साथ दलित परिषद् ने चवदार तालाब पर अछूतों के अधिकार की स्थापना का प्रस्ताव पारित किया और डॉ. अंबेडकर के नेतृत्व में शान्तिपूर्ण तरीके से कतारबद्ध होकर इस तालाब की ओर चल पड़ा। शान्तिपूर्वक जुलूस के साथ डॉ. अंबेडकर 'चवदार तालाब' के किनारे पहुँचे और तालाब के पानी को अपनी अंजलि में लेकर पिया। उसके उपरान्त कई अन्य सत्याग्रहियों ने बाबा साहेब का अनुसरण किया। इस सामाजिक क्रान्ति के पश्चात् महाड़-सत्याग्रही अपने पाण्डालों की ओर लौट गये। किन्तु भविष्य के बदलाव से बेखबर कुछ सनातनी हिन्दू, अछूत सत्याग्रहियों द्वारा

तालाब छुए जाने से परेशान हो उठे थे और अन्तत: उन्होंने इन अछूत सत्याग्रहियों पर हिंसात्मक आक्रमण कर दिया। इस आक्रमण में डॉ. अंबेडकर के साथ अन्य तमाम सत्याग्रही घायल भी हुए। घायल तो हुए, लेकिन पहली बार इस घटना ने अस्पृश्य समझे जा रहे लोगों के स्वाभिमान को झकझोरा था और उनमें सामाजिक-राजनीतिक जागरूकता का अलख जगाया, जो बाद में चलकर अस्पृश्यता-निवारण आन्दोलन के लिए बुनियाद साबित हुआ।

महाड़ सत्याग्रह देश के अस्पृश्य समाज के लिए एक क्रान्तिकारी घटना थी। इस सत्याग्रह के माध्यम से अस्पृश्य समाज द्वारा पहली बार अपने नागरिक अधिकारों की सक्रिय घोषणा की गयी। इस आन्दोलन ने पहली बार अस्पृश्य समाज को यह पाठ पढ़ाया कि संघर्ष एवं आन्दोलन के बिना अधिकार नहीं प्राप्त किये जा सकते हैं। इस आन्दोलन ने पहली बार अस्पृश्य लोगों के स्वाभिमान को जगाने का काम किया था। इस आन्दोलन ने पहली बार सदियों से चली आ रही उन रूढ़ियों पर चोट पहुँचाया, जिसके कारण शूद्र समाज तमाम मूलभूत सामाजिक एवं नागरिक अधिकारों से वंचित कर दिये गये थे। और सबसे बड़ी बात यह थी कि इस आन्दोलन ने पहली बार अस्पृश्य समाज में व्यापक स्तर पर मानसिक बदलाव लाने और उनमें साहस एवं जोश भरने का काम किया। डॉ. अंबेडकर की अगुआई में हुई इस आन्दोलन ने वस्तुत: आधुनिक भारत में सामाजिक क्रान्ति का ऐसा बुनियाद निर्मित किया, जिस पर सामाजिक समता व सामाजिक न्याय का महल तैयार किया जा सका।

द्वितीय महाड़ सत्याग्रह : अस्पृश्यता-निवारण आन्दोलन का दूसरा चरण

महाड़ में अछूत सत्याग्रहियों के साथ हुए हिंसात्मक व्यवहार के बाद महाड़ नगरपालिका ने सवर्ण हिन्दुओं के प्रभाव में 4 अगस्त, 1927 को एक नया प्रस्ताव पारित कर पूर्व में पारित उस प्रस्ताव को रद्द कर दिया जिसके द्वारा अछूतों को चवदार तालाब के पानी का उपयोग करने का अधिकार दिया गया था। डॉ. अंबेडकर के लिए यह घटना सामाजिक चुनौती के साथ राजनीतिक एवं कानूनी चुनौती भी थी। इस लड़ाई को कानूनी तरीके से भी लड़ा जा सकता था, लेकिन इसके बजाय डॉ. अंबेडकर इस लड़ाई को सामाजिक और राजनीतिक स्तर पर आन्दोलनों के माध्यम से लड़ना चाहते थे, क्योंकि उन्हें आन्दोलनों का महत्त्व पता था। मुकदमों के विचाराधीन रहने के दौरान निराशा उपजने की सम्भावना रहती है, इसलिए कानूनी लड़ाई को अन्तिम विकल्प रखते हुए डॉ. अंबेडकर एक बार फिर द्वितीय सत्याग्रह के लिए दलित समुदाय को मानसिक रूप से तैयार करने में लग गये और अन्तत: इसे सफल बनाने के लिए वे अपने साथियों के साथ 24 दिसम्बर, 1927 को महाड़ प्रस्थान कर दिये।

महाड़ से पाँच मील पहले दासगाँव में करीब तीन हजार शूद्र समाज के लोगों ने डॉ. अंबेडकर और उनके साथियों का पूरे जोश के साथ स्वागत किया। शान्तिपूर्वक जुलूस के रूप में करीब पन्द्रह हजार सत्याग्रही डॉ. अंबेडकर के नेतृत्व में महाड़ पहुँचे थे। महाड़ पहुँचने पर प्रशासन ने डॉ. अंबेडकर से कहा कि वह पहले जिला मजिस्ट्रेट से उनके कार्यालय में जाकर मिलें। मिलने पर जिला मजिस्ट्रेट द्वारा उक्त तालाब के सम्बन्ध में

कोर्ट में मुकदमा चलने की बात डॉ. अंबेडकर को बतायी गयी। डॉ. अंबेडकर ने जिला मजिस्ट्रेट को जवाब दिया कि 'जिस स्थान का हिन्दू, मुसलमान, ईसाई, पारसी सब उपयोग करते हैं, वह स्थान खानगी होने पर भी कानून की दृष्टि से सार्वजनिक ही माना जायेगा। हम सत्याग्रह अवश्य करेंगे।' इसके उपरान्त मजिस्ट्रेट ने डॉ. अंबेडकर से दलित परिषद् को सम्बोधित करने के लिए अवसर माँगा। डॉ. अंबेडकर द्वारा स्वीकार करने के पश्चात् जिला मजिस्ट्रेट ने कानून का हवाला देते हुए परिषद् में कहा कि आप सब कोर्ट के निर्णय तक सत्याग्रह को टाल दें, अन्यथा उनके साथ भी उसी तरह कार्रवाही की जायेगी, जैसा हिंसात्मक व्यवहार करने के कारण सवर्ण हिन्दुओं के साथ की गयी थी। इसके उपरान्त काफी मन्थन किया गया और अन्ततः दलित परिषद् द्वारा सत्याग्रह टाल देने का निश्चय किया गया। इस अवसर पर डॉ. अंबेड्कर ने उपस्थित अछूत सत्याग्रहियों को सम्बोधित करते हुए कहा—

> 'आप लोग वीर हैं और अधिकार प्राप्ति के लिए लड़ना चाहते हैं। हम सत्याग्रह स्थगित कर रहे हैं, परन्तु इसका मतलब यह नहीं है कि हमने अपनी लड़ाई बन्द कर दी है। जब तक चवदार तालाब पर हमारा अधिकार स्थापित नहीं होगा, हमारी लड़ाई जारी रहेगी।'

सत्याग्रह की सामाजिक-राजनीतिक लड़ाई बन्द होता देख डॉ. अंबेडकर ने कोर्ट में मुकदमा दाखिल कर चवदार तालाब पर शूद्रों के भी अधिकार का दावा किया और अन्ततः बम्बई हाईकोर्ट ने 17 मार्च, 1937 को चवदार तालाब पर शूद्र समाज के भी अधिकार की पुष्टि करते हुए फैसला दिया।

कालाराम मन्दिर सत्याग्रह : अस्पृश्यता-निवारण आन्दोलन का तीसरा चरण

जून, 1928 में डॉ. अंबेडकर बम्बई के गवर्नमेण्ट लॉ कॉलेज में प्रोफेसर नियुक्त किये गये और आगे चलकर वह इस कॉलेज के प्रिन्सिपल भी बनाये गये। लेकिन अछूत समाज के प्रति अपने दायित्वों से वे स्वयं को कभी विमुख नहीं होने दिया और दलित समुदाय के शैक्षणिक विकास के लिए अगस्त, 1928 में 'दलित जाति शिक्षण समिति' की स्थापना किया। इस समिति के माध्यम से अछूत समाज के विद्यार्थियों के लिए कई छात्रावासों का निर्माण एवं संचालन शुरू किया गया। 'समाज समता संघ' के माध्यम से अछूतों के मूलभूत नागरिक अधिकारों को लेकर डॉ. अंबेडकर ने जनजागरण अभियान चलाया और पहली बार उनके प्रयास से किसी 'गणेशोत्सव' जैसे धार्मिक कार्यक्रम को सार्वजनिक माना गया और इसमें शामिल होने के लिए अस्पृश्य समाज को अनुमति दी गयी। जन-जाग्रण के उद्देश्य से मार्च, 1929 में उन्होंने 'जनता-साप्ताहिक' पत्रिका की शुरुआत भी की।

'शूद्र' को हिन्दू धर्म का एक वर्ण माने जाने के बावजूद उस समय इन्हें मन्दिरों में प्रवेश करने का अधिकार नहीं था। सदियों से चली आ रही इस कुपरम्परा का कारण शूद्रों के प्रति अस्पृश्यता का भाव था। अस्पृश्यता-निवारण आन्दोलन की सफलता के लिए आवश्यक था कि तालाबों, कुओं, धार्मिक उत्सवों के अलावा मन्दिरों में भी शूद्र समाज को प्रवेश का अधिकार मिले। डॉ. अंबेडकर मन्दिरों में शूद्रों को प्रवेशाधिकार दिलाने के

उद्देश्य से भी सत्याग्रह आन्दोलन प्रारम्भ करने की योजना पर काम करना शुरू कर दिया और इसके लिए उन्होंने नासिक के कालाराम मन्दिर को चुना, जहाँ सनातनी परम्परा के नाम पर शूद्रों का प्रवेश पूर्णतया वर्जित किया गया था। 2 मार्च, 1930 को नासिक में डॉ. अंबेडकर की अध्यक्षता में एक सभा का आयोजन किया गया और कालाराम मन्दिर में अछूतों को प्रवेशाधिकार दिलाने के लिए तृतीय सामाजिक सत्याग्रह आन्दोलन की घोषणा की गयी। इस घोषणा के अनुक्रम में हजारों की संख्या में कतारबद्ध होकर अछूत समाज के लोग कालाराम मन्दिर तक जाते थे और मन्दिर के दरवाजे बन्द कर दिये जाने के उपरान्त वे पुन: वापस हो जाते थे। डॉ. अंबेडकर के नेतृत्व में यह क्रम लगभग एक महीने तक चलता रहा। यह अपने-आप में अभूतपूर्व था।

इसी दौरान रामनवमी के दिन होने वाले रथयात्रा में शामिल होने को लेकर दोनों पक्ष में समझौता हुआ। इस समझौते के अनुसार यह तय हुआ कि सवर्ण और शूद्र दोनों समाज के युवक मिलकर रथ खींचेंगे। समझौता तो हो गया लेकिन सब-कुछ आसान नहीं था क्योंकि इस बात को लेकर आशंका बनी हुई थी कि कहीं दंगा न भड़का दिया जाय। ऐसा ही समझकर दलित नेता दादा साहेब गायकवाड़ ने डॉ. अंबेडकर से दंगा भड़कने और उनके जीवन पर खतरा होने की आशंका व्यक्त करते हुए सलाह दिया कि उन्हें वहाँ से फौरन हट जाना चाहिए। लेकिन डॉ. अंबेडकर के लिए पीछे हटना कायरता थी। उन्होंने जवाब दिया—'आप मुझे बुरी सलाह दे रहे हैं। मैं एक बहादुर सैनिक का पुत्र हूँ, कायर नहीं हूँ। मेरा चाहे जो हो, मैं मौत के भय से यहाँ से नहीं हट सकता। दूसरों को खतरे में डालकर अपनी जान बचाने वाला मैं नहीं हूँ।'

जैसी आशंका थी ठीक वैसा ही हुआ। रथयात्रा के समय समझौता भंग कर स्वयं को सनातनी कहने वाले लोगों ने अछूत सत्याग्रहियों पर हमला कर दिया और रथ को लेकर भाग गये ताकि कहीं अछूत सत्याग्रही इसे छू न सकें। इस हिंसक हमले में डॉ. अंबेडकर सहित कई लोगों को चोटें आयीं। इसे खुला संघर्ष का रूप दे दिया गया लेकिन अछूत सत्याग्रही अपने अहिंसक आन्दोलन को जारी रखे रहे। लगभग एक वर्ष तक मन्दिर के दरवाजे बन्द रहे। रथयात्रा को बन्द कर दिया गया। पुलिस इन सत्याग्रहियों को गिरफ्तार भी करती और सजा भी देती, लेकिन इतना सब के बाद भी डॉ. अंबेडकर के नेतृत्व में सत्याग्रहियों का जोश कम न होता और सत्याग्रह जारी रहा। अन्ततः 1931 में कालाराम मन्दिर के दरवाजे शूद्र समाज के लोगों के लिए भी खोल दिये गये।

यह अद्भुत संयोग था कि डॉ. अंबेडकर के नेतृत्व में मन्दिरों में शूद्रों के प्रवेशाधिकार के लिए 'तृतीय सामाजिक सत्याग्रह आन्दोलन' की शुरुआत 2 मार्च, 1930 को उसी दिन हुई, जिस दिन महात्मा गाँधी ने ब्रिटिश हुकूमत के विरुद्ध सविनय अवज्ञा आन्दोलन प्रारम्भ किया था। बाबा साहेब द्वारा किये जा रहे आन्दोलनों का सामाजिक दृष्टि से महत्त्व उसी तरह था, जिस तरह गाँधी जी के आन्दोलनों का राजनीतिक दृष्टि से महत्त्व था। गाँधी जी भारतीयों के राजनीतिक आजादी के लिए संघर्ष कर रहे थे तो बाबा साहेब अस्पृश्यता के खिलाफ सामाजिक आजादी के लिए। एक के नेतृत्व में विदेशी सामन्तवाद के खिलाफ लड़ाई लड़ी जा रही थी, तो दूसरे के नेतृत्व में घरेलू सामन्तवाद के खिलाफ। एक का लक्ष्य देश में राजनीतिक स्वराज्य हासिल करना था, तो दूसरे का लक्ष्य समतामूलक

सुराज की स्थापना करना था। लेकिन दोनों के तरीके अहिंसात्मक थे। दोनों ही ताकतवर सत्ता से टकरा रहे थे। एक केन्द्र की सत्ता से तो दूसरा समाज में व्याप्त स्थानीय सत्ता से टक्कर ले रहे थे। भले ही ये दोनों लड़ाइयाँ अलग-अलग महानायकों के नेतृत्व में लड़ी जा रही थी, भले ही इन दोनों लड़ाइयों के रंग-रूप अलग-अलग दिखते रहे हों, किन्तु ये एक-दूसरे के पूरक थे। एक के बिना दूसरा पूर्ण नहीं हो सकता था। 'समतामूलक सुराज' के बिना 'राजनीतिक स्वराज्य' और 'राजनीतिक स्वराज्य' के बिना 'समतामूलक सुराज' अर्थहीन साबित होते। इस देश के लिए सबसे बड़ा सौभाग्य यह भी है कि इन दोनों लड़ाइयों के लिए दो महान् नेताओं का नेतृत्व एक ही कालखण्ड में प्राप्त हुआ। कालखण्ड अलग-अलग होने पर दोनों में से कोई भी एक लड़ाई अपने लक्ष्य को पूर्णता के साथ प्राप्त नहीं कर सकता था।

गोलमेज सम्मेलन : शूद्र समाज की आवाज उठाते हुए की स्वराज्य की माँग

डॉ. अंबेडकर द्वारा जब शूद्र समाज को सामाजिक आजादी दिलाने के लिए आन्दोलन चलाया जा रहा था, उसी समय राजनीतिक आजादी के लिए महात्मा गाँधी द्वारा शुरू किया गया सविनय अवज्ञा आन्दोलन भी चरम पर था। इस आन्दोलन को लेकर लगभग सभी प्रमुख कांग्रेसी नेता जेल में थे। परिस्थितियों को अपने अनुकूल देख ब्रिटिश सरकार ने लन्दन में एक गोलमेज सम्मेलन करने का निर्णय लिया, जिसमें शामिल होने के लिए कांग्रेस के अलावा दूसरे नेताओं और रियासत के राजाओं एवं दीवानों को बुलाया गया। इस गोलमेज सम्मेलन में दलित समाज का प्रतिनिधित्व करने के लिए डॉ. अंबेडकर को भी आमंत्रित किया गया। 12 नवम्बर, 1930 को ब्रिटिश प्रधानमंत्री रैम्जे मैक्डोनाल्ड की अध्यक्षता में शुरू हुए इस सम्मेलन में कुल 89 प्रतिनिधि शामिल हुए। सम्मेलन में डॉ. अंबेडकर ने दिल को छू जाने वाले अपने मार्मिक भाषण में दलितों के वर्तमान हालात के लिए भारतीय समाज और ब्रिटिश सरकार को समान रूप से जिम्मेदार ठहराया। इसके साथ उन्होंने ब्रिटिश हुकूमत को स्पष्ट चेतावनी देते हुए राजनीतिक स्वराज्य की भी माँग की। डॉ. अंबेडकर के शब्दों में—

"मैं जिन अछूतों के प्रतिनिधि की हैसियत से यहाँ खड़ा हूँ, उनकी संख्या हिन्दुस्तान की जनसंख्या का पाँचवाँ भाग है—अर्थात इंग्लैण्ड या फ्रांस की जनसंख्या के बराबर है। परन्तु मेरे उन अछूत भाइयों की स्थिति गुलामों से भी बदतर है। गुलामों के मालिक उनको छू सकते थे, परन्तु हमें छूना भी पाप समझा जाता है। ब्रिटिश राज्य से पहले अस्पृश्यता के कारण हम घृणित अवस्था में थे। क्या ब्रिटिश सरकार ने हमारी हालत सुधारने के लिए कुछ किया? पहले हम गाँव के कुएँ से पानी भर नहीं सकते थे। क्या ब्रिटिश सरकार ने हमें वह अधिकार दिलाया? पहले हम मन्दिर में प्रवेश नहीं कर सकते थे। क्या अब हम प्रवेश कर सकते हैं? पहले हमें पुलिस दल में शामिल नहीं किया जाता था। क्या ब्रिटिश सरकार हमें पुलिस दल में शामिल करती है? पहले हम सैनिक सेवा नहीं कर सकते थे। क्या आज हमारे लिए सेना के दरवाजे खुले हैं? इन प्रश्नों में से किसी का उत्तर 'हाँ' में नहीं दिया जा सकता। डेढ़ सौ वर्ष के ब्रिटिश राज्य में हमारी हालत 'जैसी थी' वैसी ही रही है। ऐसी सरकार से हमारा क्या भला होगा? आज अछूत भी मौजूदा राज्य के स्थान पर जनता के लिए, जनता

द्वारा, जनता का राज्य चाहते हैं। मजदूर और किसानों का शोषण करने वाले पूँजीपति और जमींदारों की रक्षक सरकार हम नहीं चाहते। हमारे दु:ख हम स्वयं दूर करेंगे और उसके लिए हमारे हाथों में राजनीतिक सत्ता होनी चाहिए। मौजूदा हालत में कोई ऐसा विधान व्यवहार्य नहीं हो सकता, जो देश के बहुमत को स्वीकार न हो। वह जमाना बीत गया, जब आप फैसला करते थे और भारतवर्ष मानता था। वह जमाना अब कभी नहीं लौटेगा।''

उक्त गोलमेज सम्मेलन में दिये गये अपने भाषण के माध्यम से डॉ. अंबेडकर ने दो बातें स्पष्ट कर दिया। पहला यह कि अस्पृश्यों के हक की लड़ाई को लेकर वे कोई समझौता नहीं करने वाले हैं और दूसरा यह कि वह ब्रिटिश हुकूमत के खिलाफ स्वराज्य की माँग देश में लोकतंत्र आधारित सुराज की स्थापना के लिए कर रहे है। अस्पृश्य समाज के लिए सामाजिक आजादी पहली आवश्यकता थी। और यह सामाजिक आजादी भारतीय समाज के भरोसे मिल पायेगा, इस पर भरोसा करना डॉ. अंबेडकर के लिए कठिन था। इसके लिए शूद्र समाज में अपने सामाजिक व राजनीतिक अधिकारों के प्रति जागरूकता भी आवश्यक हो गया था। जब तक शूद्र समाज खुद को देश की मुख्य धारा के अनुकूल नहीं बना लेता और प्राकृतिक सम्पदाओं से वंचित होने के नुकसान की भरपाई नहीं कर लेता, उसके लिए बाकी चीजें बेमानी थी। और दूसरी बात यह कि आजादी के बाद शासन व्यवस्था में शूद्र समाज को बराबरी का हक मिलना भी आवश्यक था। इसलिए डॉ. अंबेडकर के लिए शूद्र समाज को उनके हक के लिए जागरूक करते हुए इन्हें समाज के मुख्य धारा में लाना प्राथमिकता थी और मात्र 'स्वराज्य' नहीं, बल्कि 'पूर्ण लोकतंत्र के साथ स्वराज्य' प्राप्त करना भी उतना ही आवश्यक था।

उस समय देश की आजादी के आन्दोलन में शामिल कई नेताओं के लिए तत्कालीन हुकूमत मात्र इसलिए नापसन्द थे क्योंकि वह विदेशियों द्वारा संचालित हो रहा था। जबकि डॉ. अंबेडकर ने स्पष्ट कर दिया कि वे ब्रिटिश सरकार को पहली नजर में इसलिए नहीं चाहते हैं क्योंकि वह पूँजीपतियों और जमींदारों की रक्षक सरकार है, जो देश के बहुमत को अस्वीकार्य है। संकेत और इरादे स्पष्ट थे, स्वराज्य लाने का मतलब यह नहीं है कि अंग्रेज के चले जाने के बाद भारतीय वेश-भूषा में सामन्तवादी उनका स्थान ले लें और उसी चरित्र के साथ शासन चलायें, जिस चरित्र के साथ अंग्रेजों ने शासन किया। वे शासन के चेहरे के साथ उसके चरित्र में भी परिवर्तन चाहते थे। डॉ. अंबेडकर न केवल ब्रिटिश हुकूमत को बल्कि देश के तमाम दूसरे नेताओं को स्पष्ट सन्देश देना चाहते थे कि यदि अंग्रेज जायेंगे तो वास्तविक लोकतंत्र ही शासन का मूल आधार होगा। और इसके लिए आवश्यक है कि इस देश में बड़ी संख्या में रहने वाले शूद्र समाज भी जागरूक हों, वे समाज की मुख्य धारा में शामिल हों और इसे सभी लोगों द्वारा स्वीकार किया जाय।

19 जनवरी, 1931 को समाप्त हुए प्रथम गोलमेज सम्मेलन में देश के शासन में सुधार लाने के लिए 9 उपसमितियों का गठन किया गया। इन सभी उपसमितियों में डॉ. अंबेडकर को महत्त्वपूर्ण भूमिका दी गयी।

इस दौरान समाज में ऊँच-नीच के मध्य पक्षपातपूर्ण व्यवहार में सुधार की कोई गुंजाइश होता न देखकर डॉ. अंबेडकर इस बात का मन बना चुके थे कि अब दलितों

के राजनीतिक-सामाजिक आजादी और आर्थिक विकास के लिए पृथक् निर्वाचन और सुरक्षित सीटों की माँग करने के अलावा कोई विकल्प नहीं बचा है। उन्होंने 'अल्पमत उपसमिति' के समक्ष 'दलित जाति के राजनैतिक संरक्षण की योजना का स्मरण पत्र' प्रस्तुत कर दलित जातियों के खिलाफ अस्पृश्यता को समाप्त करने, अछूतों को मूलभूत नागरिक अधिकार एवं नौकरियों में प्रवेश लेने की छूट देने के साथ-साथ इनके लिए पृथक् चुनाव, पृथक् निर्वाचन संघ तथा सुरक्षित सीटों की माँग की गयी। डॉ. अंबेडकर का यह प्रयास रंग भी लाया, जब सम्मेलन की समाप्ति के पश्चात् बम्बई सरकार ने पुलिस विभाग में अछूतों की भर्ती किये जाने की घोषणा की।

डॉ. अंबेडकर और महात्मा गाँधी

5 मार्च, 1931 को हुए गाँधी-इरविन समझौते के परिणामस्वरूप सविनय अवज्ञा आन्दोलन को स्थगित कर दिया गया। कांग्रेस भी सितम्बर, 1931 को होने वाले द्वितीय गोलमेज सम्मेलन में शामिल होने के लिए राजी हो गयी और इस सम्मेलन में कांग्रेस का पक्ष रखने के लिए महात्मा गाँधी सहित अन्य कांग्रेसी नेता पहुँचे थे। सम्मेलन में शामिल होने के लिए डॉ. अंबेडकर को भी आमंत्रित किया गया था। इस दौरान गाँधी जी और डॉ. अंबेडकर के मध्य सैद्धान्तिक मतभेद उभरकर सामने आ चुके थे। यह मतभेद मूलत: वर्ण-व्यवस्था और दलितों के लिए पृथक् निर्वाचन संघ एवं चुनाव की माँग को लेकर था।

हालाँकि तत्कालीन कांग्रेस के नेता द्वितीय गोलमेज सम्मेलन में देश के आजादी के सम्बन्ध में अपने नजरिये को व्यक्त करने के लिए गये थे। लेकिन यह डॉ. अंबेडकर के अस्पृश्योद्धार हेतु चलाये जा रहे सफल आन्दोलनों का प्रभाव था कि इन नेताओं को अपना नजरिया बदलना पड़ रहा था। वे भी अब महसूस करने लगे थे कि शूद्र समाज एक मजबूत शक्ति है, जिसकी उपेक्षा करने से अंग्रेजों के खिलाफ लड़ाई कमजोर होगी और इसका अन्तत: देश को नुकसान उठाना पड़ सकता है। वहीं दूसरी ओर ब्रिटिश सरकार भी 'फूट डालो -राज करो' की नीति को धार देने में लगी हुई थी और इसके लिए वह डॉ. अंबेडकर को मोहरा बनाने का लगातार प्रयास करती रही। यही कारण था कि तत्कालीन कांग्रेस, जिसके लिए ब्रिटिश सरकार को हटाना एक और एकमात्र लक्ष्य था, को भी शूद्र समाज के हक के विषय में सोचने के लिए मजबूर होना पड़ा। महात्मा गाँधी भी यह बात अच्छी तरह समझने लगे थे कि उन्हें यदि अपने लक्ष्य में सफल होना है तो न केवल कांग्रेस के नेताओं को बल्कि आम देशवासियों को भी शूद्र समाज के प्रति नजरिया बदलने का स्पष्ट सन्देश देना आवश्यक है। और यही कारण था कि द्वितीय गोलमेज सम्मेलन में गाँधी जी को आगे आकर यह कहना पड़ा कि कांग्रेस के लिए अस्पृश्यता-निवारण उसके राजनीतिक कार्यक्रम का महत्त्वपूर्ण अंग है। लेकिन दलितों के लिए पृथक् निर्वाचन संघ एवं चुनाव की माँग को लेकर गाँधी जी अपनी पीड़ा को छिपा नहीं सके। अल्पसंख्यक समिति के समक्ष अपनी इस पीड़ा को व्यक्त करते हुए महात्मा गाँधी ने कहा—

> 'अस्पृश्य कहे जाने वालों के प्रति एक शब्द और! अन्य अल्पसंख्यक जातियों के भावों को मैं समझ सकता हूँ, लेकिन अछूतों की ओर से पेश किया गया दावा

तो मेरे लिये सबसे अधिक निर्दयी घाव है। इसका अर्थ हुआ कि अस्पृश्यता का कलंक निरन्तर बना रहेगा।... हम नहीं चाहते कि अस्पृश्यों की एक पृथक् जाति के रूप में वर्गीकरण किया जाय। सिख सदैव के लिए सिख, मुसलमान हमेशा के लिए मुसलमान और ईसाई हमेशा के लिए ईसाई रह सकते हैं। लेकिन क्या अछूत भी सदा के लिए अछूत बने रहेंगे? अस्पृश्यता जीवित रहे, इसकी अपेक्षा मैं यह अधिक अच्छा समझूँगा कि हिन्दू धर्म डूब जाय। इसलिए मैं अपनी पूरी शक्ति से कहता हूँ कि इस बात का विरोध करने वाला यदि सिर्फ मैं ही अकेला होऊँ तो भी मैं अपने प्राणों की बाजी लगाकर भी इसका विरोध करूँगा।'

गाँधी जी की दृष्टि में डॉ. अंबेडकर उतने दोषी नहीं थे, जितनी कि ब्रिटिश सरकार। वे बार-बार कहते थे कि 'हम हिन्दू लोग सदियों से दलितों पर जो अत्याचार ढाते आये हैं, अब हमें उसका प्रायश्चित्त करना चाहिए।' एक सभा में गाँधी जी ने कहा, 'डॉ. अंबेडकर के लिए मेरे हृदय में गहरा सम्मान है। उन्हें मेरे प्रति कटु होने का सब प्रकार से अधिकार है। यह उनका स्वसंयम ही है कि वह हमारा सिर नहीं फोड़ डालते। वह आज प्रत्येक हिन्दू को अछूतों का पक्का विरोधी मानते हैं और यह सर्वथा स्वाभाविक है।' लेकिन गाँधी जी ने द्वितीय गोलमेज सम्मेलन में अछूतों को अलग प्रतिनिधित्व दिये जाने का विरोध किया था, इस कारण डॉ. अंबेडकर भी, महात्मा गाँधी से बहुत नाराज थे। वैचारिक स्पष्टता के बावजूद इन दोनों शीर्ष नेताओं के बीच अन्तर्विरोध को अस्वाभाविक नहीं कहा जा सकता। गाँधी जी यह स्वीकार नहीं कर पा रहे थे कि शूद्र समाज को हिन्दू धर्म से अलग एक दूसरे समाज के रूप में स्थापित किया जाय। वे मानते थे कि स्वराज्य हासिल होते ही इसका हल निकाल लिया जायेगा। तो डॉ. अंबेडकर के लिए अब समय नहीं बचा था कि वह शूद्र समाज के हक को लेकर मिल रहे किसी भी अवसर को गँवाने की जोखिम लें और कम-से-कम इसके लिए वह उन लोगों पर भरोसा करने की स्थिति में नहीं थे जो सदियों से चली आ रही अस्पृश्यता और शूद्र समाज के दीन-हीन हालत के लिए जिम्मेदार थे। दोनों महान् नेताओं के बीच उभरा यह अन्तर्विरोध सामयिक मात्र ही था, किन्तु इस कारण ब्रिटिश हुकूमत को 'फूट डालो-राज करो' की अपनी नीति को परवान चढ़ाने का अवसर मिला हुआ था।

दलित वर्ग के लिए पृथक् चुनाव और पृथक् निर्वाचन संघ की माँग से असहमति के पीछे महात्मा गाँधी का तर्क था कि ऐसा होने के बाद शूद्र समाज बिलकुल अलग हो जायेगा और संसाधनों के अभाव में मात्र राजनीतिक अधिकार से उनका विकास नहीं हो सकेगा और इसके कारण देश की एकता और अखण्डता प्रभावित होगी। लेकिन डॉ. अंबेडकर और शूद्र समाज के लिए 'सामाजिक प्रतिष्ठा' या 'राजनीतिक अधिकार' या 'संसाधनों में हक' की बात अभी भी दूर की कौड़ी ही थी। सिर्फ माँगने से कुछ मिल पायेगा, उन्हें इसके दूर-दूर तक कोई आसार नहीं दिख रहे थे। और आजादी मिलने के बाद तो पूरी तरह रहमोकरम पर रहना पड़ेगा। उनके रहमोकरम पर रहना पड़ेगा, जो लोग शूद्रों की दीन-हीन स्थिति के लिए जिम्मेदार थे। वस्तुतः डॉ. अंबेडकर के पास किसी तरह के जोखिम लेने की स्थिति नहीं थी।

डॉ. अंबेडकर द्वारा पृथक् निर्वाचन संघ की माँग किये जाने से गाँधी जी का दु:खी होना स्वाभाविक था, किन्तु किसी ठोस समाधान के अभाव में डॉ. अंबेडकर के लिए दलित हित से पीछे हटना भी सम्भव नहीं था। सदियों से शूद्र समाज पर इतने गहरे चोट किये गये थे कि इनके द्वारा पृथक् निर्वाचन संघ की माँग करने की प्रतिक्रिया को अस्वाभाविक नहीं कहा जा सकता था। दोनों महान नेता अपने-अपने स्थान पर गलत नहीं थे। न तो गाँधी जी को दलितों के अधिकार के खिलाफ समझना चाहिए और न ही बाबा साहेब को देशहित के खिलाफ। दोनों अलग-अलग चेहरे वाले सामंतवाद के खिलाफ लड़ाई लड़ रहे थे। बाबा साहेब घरेलू सामंतवाद के खिलाफ तो गांधी जी विदेशी सामंतवाद के खिलाफ। तत्कालीन परिस्थिति में दोनों के महत्त्व समान थे, किन्तु परिस्थितियों की मजबूरी यह थी कि एक के पास भरोसा देने के अलावा कुछ नहीं था तो दूसरे के पास यह स्थिति नहीं थी कि वह भरोसे मात्र के आधार पर दलित हित की लड़ाई को कुंद होने दे। इन विवशताओं के बावजूद दोनों महान् नेताओं की देशभक्ति और समाज सुधार के प्रति उनकी निष्ठा सन्देह से परे थी।

पूना पैक्ट : 'अस्पृश्यता' को बनाया दलितों के उद्धार का हथियार

द्वितीय गोलमेज सम्मेलन की समाप्ति के बाद डॉ. अंबेडकर अछूतों को पृथक् प्रतिनिधित्व देने के लिए प्रयास करते रहे। इसके लिए 26 मई, 1932 को लन्दन गये और वहाँ के प्रमुख राजनीतिक हस्तियों से मिलकर अपनी माँग के औचित्य को बताया। 17 अगस्त, 1932 को बम्बई वापस आने के 3 दिन बाद यानी 20 अगस्त को ब्रिटिश सरकार ने 'कम्युनल अवार्ड' की घोषणा कर दी। इस 'कम्युनल अवार्ड' के अन्तर्गत अब न केवल मुसलमान, ईसाई और सिख, बल्कि दलित वर्ग को भी अल्पसंख्यक घोषित कर दिया गया। इसके साथ प्रत्येक अल्पसंख्यक समुदाय के लिए विधानमण्डलों में कुछ सीटें भी आरक्षित की गयी थीं। इन सदस्यों का चुनाव पृथक् निर्वाचन मण्डल द्वारा किया जाना था—अर्थात् मुसलमान केवल मुसलमान को, ईसाई केवल ईसाई को, सिख केवल सिख को और दलित केवल दलित को अपना मत दे सकते थे।

इस तरह 'कम्युनल अवार्ड' के अन्तर्गत अब दलित वर्ग को आम चुनाव में मत देने और उम्मीदवार बनने के साथ पृथक् निर्वाचन का भी अधिकार दे दिया गया। यद्यपि ब्रिटिश सरकार द्वारा दलित वर्ग के लिए भी पृथक् निर्वाचन के सिद्धान्त को स्वीकार करना उनके 'विभाजन करो-राज करो' की नीति का हिस्सा भर था, जिसके तहत वे भारतीय राष्ट्रीयता के टुकड़े-टुकड़े करने का इरादा पाले हुए थे, ताकि देश पर उनका हुकूमत मजबूत बना रहे। इसके लिए वे कोई भी मौका नहीं गँवाना चाहते थे। लेकिन इस बात को भी अस्वीकार नहीं किया जा सकता कि डॉ. अंबेडकर ने पृथक् निर्वाचन के सिद्धान्त को स्वीकार करवाकर उस सामाजिक भेदभाव और अस्पृश्यता के विचार व व्यवहार पर जबरदस्त प्रहार किया, जिसके कारण यह देश कभी एक नहीं बना रह सका था और कई सालों तक गुलामी का दंश झेलते चला आया था।

दलित वर्ग के लिए पृथक् निर्वाचन के सिद्धान्त को स्वीकृति मिलना, महात्मा गाँधी के लिए बहुत बड़ा झटका था। उस समय वह यरवड़ा जेल में थे। उन्होंने ब्रिटिश हुकूमत

के इस नीति को देश को टुकड़े-टुकड़े करने वाला और हिन्दूवाद व दलित वर्ग दोनों के लिए खतरनाक बताते हुए ब्रिटिश प्रधानमंत्री को पत्र लिखकर 20 सितम्बर, 1932 से यरवड़ा जेल में ही आमरण अनशन करने की घोषणा कर दी। गाँधी जी के प्राण बचाने के लिए चिन्तित कांग्रेसी नेताओं ने 19 सितम्बर को एक बैठक बुलायी। इस बैठक में शामिल होने के लिए डॉ. अंबेडकर को भी आमंत्रित किया गया। बैठक में डॉ. अंबेडकर ने बड़े स्पष्ट शब्दों में दलित समाज के साथ जुड़े अपनी भावनाओं को दृढ़तापूर्वक व्यक्त करते हुए कहा—

> 'दलित जातियों के हितों के विरुद्ध गाँधी जी का आमरण उपवास करना दु:खदायी है। यह उचित है कि गाँधी जी का जीवन बचाने के लिए प्रत्येक मनुष्य को यत्न करना चाहिए, परन्तु एक बात निश्चित है कि गाँधी जी का जीवन बचाने के लिए मैं दलितों के हितों के विरुद्ध किसी प्रस्ताव के पक्ष में नहीं जाऊँगा।'

डॉ. अंबेडकर के उक्त विचार से गाँधी जी को अवगत कराया गया। गाँधी जी ने कहा कि उन्हें दलित जाति को सुरक्षित सीट देने में कोई आपत्ति नहीं है। 20 सितम्बर, 1932 को गाँधी जी का पृथक् निर्वाचन के विरुद्ध आमरण अनशन शुरू हो गया। उसी दिन बम्बई में नेताओं की दूसरी बैठक बुलायी गयी। इस बैठक में भी डॉ. अंबेडकर दृढ़ता के साथ अपने विचार पर कायम रहे। इसके बाद बाबा साहेब की मुलाकात यरवड़ा जेल में गाँधी जी से हुई। बाबा साहेब ने गाँधी जी से कहा—'मेरे समाधान की बुनियाद यह है कि दलितों को बदले में न्यायोचित फल मिले। मैं हिन्दुओं से कहना चाहता हूँ कि हमे अपने बदले में न्यायोचित फल का आश्वासन मिलना चाहिए।'

इसके उपरान्त कई दौर की बैठकों के बाद 24 सितम्बर, 1932 को पूना पैक्ट के नाम से समझौता हुआ। पूना पैक्ट के अन्तर्गत यह तय हुआ कि दलित जातियों के लिए पृथक् निर्वाचन के स्थान पर उनके लिए सुरक्षित सीट के साथ संयुक्त चुनाव होगा। दलित जातियों के लिए सुरक्षित सीटों की संख्या 71 से बढ़ाकर 148 कर दी गयी। यह भी तय हुआ कि प्रत्येक सुरक्षित सीट के लिए दलित जातियाँ 4 उम्मीदवार चुनेंगी, जिसमें से एक का चुनाव आम निर्वाचन से किया जायेगा। पूना पैक्ट पर हस्ताक्षर के बाद ब्रिटिश सरकार ने भी इसको स्वीकार कर लिया। इस घटना के बाद डॉ. अंबेडकर का प्रभाव किस कदर बढ़ चुका था, इसे इस बात से महसूस किया जा सकता है कि एक ही दिन बाद 25 सितम्बर को पण्डित मदन मोहन मालवीय की अध्यक्षता में एक सभा का आयोजन किया गया और सर्वसम्मति से अस्पृश्यता के खिलाफ प्रस्ताव पारित किया गया। प्रस्ताव के अनुसार—

> 'यह परिषद् निश्चय करती है कि अब भविष्य में हिन्दू जाति में किसी को जन्म से अस्पृश्य नहीं समझा जायेगा और जिन्हें अब तक अस्पृश्य समझा जाता रहा है, उन्हें अन्य हिन्दुओं की भाँति कुओं, पाठशालाओं, सड़कों तथा अन्य सार्वजनिक संस्थाओं का उपयोग करने का अधिकार रहेगा। मौका मिलते ही इस अधिकार को कानून का स्वरूप दे दिया जायेगा और यदि इस प्रकार का स्वरूप स्वराज्य-संसद् स्थापित होने से पहले तक प्राप्त न हुआ, तो स्वराज्य-संसद् का पहला कानून इस सम्बन्ध में होगा।''

पूना समझौते के दौरान डॉ. अंबेडकर खुशी-खुशी 'दलितों के लिए पृथक् निर्वाचन क्षेत्र की अपनी माँग' से पीछे हट गये। उन्हें अच्छी तरह इसके परिणाम का आभास था। यदि वे नहीं चाहते और अड़े रहते तो 'दलितों के लिए पृथक् निर्वाचन क्षेत्र' का लागू होना निश्चित था क्योंकि ब्रिटिश हुकूमत इसके लिए पूरी तरह से राजी थी। लेकिन पृथक् निर्वाचन क्षेत्र के मुद्दे पर डॉ. अंबेडकर का लचीला होना यह दिखाता है कि वे राष्ट्र की एकता और अखण्डता के मसले पर भी संवेदनशील थे। लेकिन दलितों के हित की रक्षा के प्रति अपनी प्रतिबद्धता से भी उन्होंने समझौता नहीं किया और न केवल दलितों के लिए सुरक्षित सीट पर दृढ़ बने रहे, बल्कि सुरक्षित सीटों की संख्या को बढ़वाने में भी कामयाब रहे। डॉ. अंबेडकर के व्यक्तित्व का ऐसा दृढ़तायुक्त लचीलापन स्वरूप निराला था। उनके दृढ़ व्यक्तित्व से गाँधी जी खुद किस कदर प्रभावित थे, यह इन दोनो लोगों के मध्य हुए एक वार्त्तालाप से समझा जा सकता है। पूना समझौते के बाद एक मुलाकात में गाँधी जी, बाबा साहेब से कहते हैं—

> 'आपके खिलाफ मेरी सबसे बड़ी शिकायत यह है कि आप सामने वाले पक्ष को उसकी इज्जत पर छोड़ने को तैयार नहीं हैं। आप कट्टर हैं। मगर विरोधी की इज्जत पर विश्वास रखने को तैयार नहीं हैं।'

यह डॉ. अंबेडकर की शख्सियत थी कि उन्होंने 'अस्पृश्यता' को ही दलित जातियों के उद्धार के लिए हथियार बना दिया। बाबा साहेब न केवल अछूत समझे जा रहे दलित समाज के लिए सुरक्षित सीट दिलाकर उन्हें बृहद् राजनीतिक आधार प्रदान कराया बल्कि स्वयं को सवर्ण मानने वाले हिन्दुओं को अपने विचार में बदलाव लाने के लिए मजबूर किया। वह न केवल ब्रिटिश हुकूमत को साधने में सफल रहे बल्कि महात्मा गाँधी जैसी राजनीतिक हस्ती को अपने पाले में काम करने के लिए मजबूर कर दिया। गाँधी जी द्वारा शुरू किये गये आमरण उपवास ने पूरे देश का ध्यान सदियों से चली आ रही अस्पृश्यतारूपी सामाजिक दोष की ओर खींचा। इसके बाद देशभर में अस्पृश्यता-निवारण की एक लहर-सी चल पड़ी। दलित समाज के लिए मन्दिरों के दरवाजे खुलने लगे; सार्वजनिक स्थलों से शूद्रों के लिए लगे सामाजिक प्रतिबन्ध हटने लगे। भारत जैसे रूढ़िवादी देश में यह एक बड़ी सामाजिक क्रान्ति थी, जिसके केन्द्र में एकमात्र कोई व्यक्ति था तो वह डॉ. अंबेडकर थे। वह भारत में सामाजिक चेतना के प्रणेता थे और सही मायने में वह भारत के मार्टिन लूथर थे।

हिन्दू धर्म में सुधार के प्रयास

गाँधी जी और बाबा साहेब में मतभेद का एक प्रमुख कारण 'वर्ण-व्यवस्था' था। एक तरफ जहाँ गाँधी जी, हिन्दू धर्म में वर्ण-व्यवस्था को बनाये रखने के हिमायती थे तो बाबा साहेब इस चातुर्वर्ण व्यवस्था के कड़े आलोचक। बाबा साहेब के अनुसार—'वर्णभेद ने सार्वजनिक भाव को मार डाला है। वर्णभेद ने सद्गुण को जात-पाँत के नीचे दबा दिया है और सदाचार को जात-पाँत में जकड़ दिया है।' वर्ण-व्यवस्था को समाप्त किये बिना हिन्दू धर्म में समानता की बात को पाखण्ड बताते हुए बाबा साहेब कहते हैं—

> 'ब्राह्मण, क्षत्रिय, वैश्य, शूद्र ऐसे नाम हैं, जो प्रत्येक हिन्दू के मन में एक निश्चित एवं स्थिर भावना के साथ जुड़ गये हैं। जब तक ये नाम प्रचलित रहेंगे, हिन्दू इस

जन्ममूलक ऊँच-नीच को मानते और उसके अनुसार आचरण करते रहेंगे। इन वर्णों के पुराने नामों को जारी रखना, सुधार को व्यर्थ करना है। चातुर्वर्ण को गुणमूलक बताकर उस पर ब्राह्मण, क्षत्रिय, वैश्य, शूद्र के दुर्गन्धयुक्त लेबिल लगाना, एक प्रकार का पाखण्ड जाल फैलाना है।'

एक तरफ जहाँ गाँधी जी वर्ण-व्यवस्था में घुस चुकी कुछ बुराइयों को समाप्त करने पर बल देते हुए इसे एक आदर्श समाज के विकास के लिए आवश्यक मानते थे और अस्पृश्यता की बुराई को मिटाने के लिए वर्ण-व्यवस्था को ही समाप्त करने को गलत कहते थे, वहीं बाबा साहेब हिन्दू धर्म के दुर्बल होने में वर्णभेद को सबसे बड़े कारक के रूप में देखते थे। बाबा साहेब के शब्दों में—

'वर्णभेद ने हिन्दुओं को फैलने से और दूसरे धर्मवालों को अपने में खपाने से रोका है। जब तक वर्णभेद रहेंगे, हिन्दू धर्म प्रचारक धर्म नहीं बन सकेगा और शुद्धि आन्दोलन एक मूर्खता और व्यर्थ चेष्टा मात्र होगी।... जब तक वर्णभेद है, तब तक कोई संगठन नहीं हो सकता और जब तक संगठन नहीं, तब तक हिन्दू दुर्बल और दब्बू ही बने रहेंगे।'

हिन्दू धर्म में वर्णभेद और जातिभेद को समाप्त कर धर्म सुधार करने के लिए डॉ. अंबेडकर ने कई उपायों को भी सुझाया। पहला सबसे प्रमुख सुझाव यह था कि हिन्दू धर्म में अन्तरवर्णीय और अन्तर्जातीय विवाहों का प्रचलन शुरू हो। डॉ. अंबेडकर का दूसरा सुझाव यह था कि उन सभी धर्मग्रन्थों को समाप्त किया जाय जो ऐसे वर्णभेद एवं जातिभेद की भावनाओं को उभारते हैं। उनके अनुसार हिन्दू लोग जातिभेद को इसलिए नहीं मानते क्योंकि वे क्रूर हैं या उनमें कोई विकार है, बल्कि ऐसा इसलिए मानते हैं क्योंकि वह इन धर्मग्रन्थों के कारण जातिभेद को मानना अपना धर्म समझता है। इस तरह के भाव को पैदा करने वाले वेद एवं स्मृति जैसे धर्मग्रन्थों को नष्ट कर एक ऐसी प्रामाणिक पुस्तक बने, जो सभी हिन्दुओं के लिए स्वीकरणीय हो। तीसरा प्रमुख उपाय यह सुझाया गया था कि पुरोहित जैसे धर्मगुरुओं को वंशानुगत न रहने दिया जाय। उक्त उपायों को लेकर डॉ. अंबेडकर ने कई स्तर पर कार्य करने का प्रयास भी किया, लेकिन हर दिशा में उन्हें मायूसी ही हाथ लगी। इस कारण धीरे-धीरे उनका मन हिन्दू धर्म से ही दूर होने लगा। बाबा साहेब के शब्दों में—

'हमने हिन्दू समाज में समानता का दर्जा हासिल करने के लिए हर तरह की कोशिशें कीं और सत्याग्रह किये, परन्तु सब बेकार। हिन्दू समाज में समानता के लिए कोई स्थान नहीं है। हिन्दू धर्म का त्याग करने से ही हमारी परिस्थिति में सुधार हो सकेगा। धर्मान्तरण के सिवा हमारे उद्धार का और कोई दूसरा मार्ग नहीं है।'

अन्ततः डॉ. अंबेडकर को येवला कान्फ्रेन्स में 13 अक्टूबर, 1935 को धर्मान्तरण की घोषणा करते हुए कहना पड़ा-

'दुर्भाग्य से मैं हिन्दू समाज में अछूत पैदा हुआ, यह मेरे बस की बात नहीं थी। परन्तु इस समाज में बने रहने से इन्कार करना मेरे बस की बात है और मैं आप लोगों को आश्वासन देता हूँ कि मैं मरते समय हिन्दू नहीं रहूँगा।'

30 एवं 31 मई, 1936 को महार जाति परिषद् के एक कार्यक्रम में सम्बोधित करते

हुए बाबा साहेब ने हिन्दू धर्म के प्रति अपने रोष को उजागर किया और इस पर करारा प्रहार करते हुए कहा—

'हिन्दू धर्म मेरी बुद्धि को जँचता नहीं, स्वाभिमान को भाता नहीं। मनुष्य धर्म के लिए नहीं है, बल्कि धर्म मनुष्य के लिए है। जो धर्म तुम्हारी मनुष्यता का कुछ भी मूल्य नहीं मानता, उस धर्म में तुम क्यों रहते हो? जो धर्म तुम्हें मन्दिर में नहीं जाने देता, उस धर्म में तुम क्यों रहते हो? जो धर्म तुम्हें पानी तक मिलने नहीं देता, उस धर्म में तुम क्यों रहते हो? जो धर्म तुम्हें शिक्षा प्राप्त करने नहीं देता, उस धर्म में क्यों रहते हो? जो धर्म तुम्हारी नौकरी में बाधक बनता है, उस धर्म में तुम क्यों रहते हो? जो धर्म तुम्हें बात-बात में अपमानित करता हैं, उस धर्म में तुम क्यों रहते हो?

'जिस धर्म में मनुष्य को मनुष्यता से बर्ताव करना मना है, वह धर्म नहीं है, उद्दण्डता की सजावट है। जिस धर्म में मानव की मानवता को पहचानना अधर्म माना जाता है, वह धर्म नहीं है, रोग है। जिस धर्म में अमंगल पशु को स्पृश्य और मनुष्य को अस्पृश्य समझा जाता है वह धर्म नहीं पागलपन है। जिस धर्म में एक वर्ग विद्याध्ययन न करे, धन संग्रह न करे, शस्त्र धारण न करे—ऐसा कहता है, वह धर्म नहीं है, मनुष्य के जीवन की विडम्बना है। जो धर्म अशिक्षितों को अशिक्षित रहो, निर्धनों को निर्धन रहो- ऐसी शिक्षा देता है वह धर्म नहीं है, सजा है।'

'पढ़ो, संगठित बनो, प्रचारक बनो' की दी नसीहत

अक्टूबर, 1936 में 'इण्डेपेण्डेण्ट लेबर पार्टी ऑफ इण्डिया' की स्थापना कर डॉ. अंबेडकर ने अपने राजनीतिक क्षितिज को और व्यापक बनाया। इस पार्टी के माध्यम से दलितों के अलावा किसान एवं मजदूरों की समस्याओं को आवाज देने लगे। उन्होंने 'वतनी प्रथा' जिसमें दलितों को जमीन के छोटे व अनुपयोगी टुकड़े देकर उनसे चौकीदार के रूप में दिन-रात गुलामों की तरह कार्य लिया जाता था तथा कोंकण में 'खेती प्रथा' के विरोध में अभियान चलाया और बम्बई कौन्सिल में इनके विरुद्ध बिल पेश किया। लेकिन सरकार के विरोध में खड़े हो जाने के कारण ये बिल पारित नहीं हो सके। इसी तरह मजदूरों के हड़ताल करने के अधिकार को अवैध घोषित करने वाले 'औद्योगिक विवाद बिल' के खिलाफ डॉ. अंबेडकर ने सफलतापूर्वक हड़ताल का नेतृत्व किया। इस दौरान उन्होंने 'एन्नीहिलेशन ऑफ कास्ट्स' नामक पुस्तक लिखी, जिसमें सामाजिक सुधार और श्रमजीवियों की समस्याओं पर साम्यवादी नजरिये का खुलकर विरोध किया।

1 जून, 1935 को बम्बई सरकार द्वारा डॉ. अंबेडकर को गवर्नमेण्ट लॉ कॉलेज का प्रिन्सिपल बनाया गया। किन्तु कुछ ही दिनों बाद उन्हें लगने लगा कि वह अपनी सामाजिक-राजनीतिक व्यस्तता के कारण इस पद के साथ न्याय नहीं कर पा रहे हैं। अन्तत: मई, 1938 में उन्होंने इस पद से त्यागपत्र दे दिया और अपना सम्पूर्ण जीवन सामाजिक-राजनीतिक उद्देश्यों की पूर्ति के लिए लगा दिया। 2 जुलाई, 1942 को तत्कालीन वायसराय ने डॉ. अंबेडकर को अपनी कार्यकारिणी समिति का सदस्य बनाकर उन्हें श्रम विभाग दे दिया। मार्च, 1946 तक इस पद पर रहते हुए उन्होंने दलित जाति के शैक्षणिक विकास के लिए और उन्हें केन्द्रीय एवं प्रान्तीय सेवाओं में नौकरी के लिए आरक्षण दिलाने में कामयाब रहे। अप्रैल, 1942 में 'शिड्यूल्ड कास्ट्स फेडरेशन' के नाम

से एक अखिल भारतीय राजनीतिक पार्टी का स्थापना किया और नागपुर में 18 एवं 19 जुलाई, 1942 को 'अखिल भारतीय दलित जाति परिषद्' की रैली बुलायी। इस रैली में करीब 20 हजार महिलाओं सहित लगभग 50 हजार दलित समाज के लोग एकत्रित हुए। रैली को सम्बोधित करते हुए बाबा साहेब ने कहा—

> 'आपने मेरे प्रति अपनत्व की भावना तथा निष्ठा होने की बात कही है, परन्तु मैं आपसे आश्वासन चाहता हूँ कि आप अपने अधिकारों की प्राप्ति के लिए निष्ठापूर्वक संगठित होंगे, संघर्ष करेंगे और अधिकार प्राप्त होने तक पीछे नहीं हटेंगे। आप अपना कार्य करें और मैं अपना कार्य करता रहूँगा। हमारा संघर्ष सत्ता या सम्पत्ति हासिल करने के लिए नहीं है। बल्कि आजादी प्राप्त करने के लिए है। मेरा आपको एक ही सन्देश है—पढ़ो, संगठित बनो, प्रचारक बनो, स्व-विश्वासी बनो और आशावादी बनो।'

समीक्षा (1) : अंग्रेजों के साथ डॉ. अंबेडकर के सम्बन्ध का मिथक

कुछ आलोचक डॉ. अंबेडकर पर यह आरोप लगाते हैं कि वह आजादी के आन्दोलन के समय अंग्रेजों के साथ खड़े थे। ऐसा आरोप मात्र एक कारण से लगता है कि जब देश की आजादी के लिए लड़ाई लड़ी जा रही थी, उसी समय डॉ. अंबेडकर ने गोलमेज सम्मेलन के दौरान 'अल्पमत उपसमिति' के समक्ष 'दलित जाति के राजनीतिक संरक्षण की योजना का स्मरण पत्र' प्रस्तुत कर न केवल अस्पृश्यता को समाप्त करने और अछूतों को मूलभूत नागरिक अधिकार एवं नौकरियों में प्रवेश लेने के छूट की माँग की बल्कि इसके साथ दलितों के लिए पृथक् चुनाव, पृथक् निर्वाचन संघ तथा सुरक्षित सीटों की माँग कर ब्रिटिश हुकूमत को 'फूट डालो-राज करो' की नीति को धार देने का मौका दिया।

उक्त आरोप के तथ्यों से इनकार नहीं किया जा सकता है। यह भी एक सच्चाई है कि डॉ. अंबेडकर उक्त माँगों की पैरोकारी करके ब्रिटिश सरकार से 'कम्युनल अवार्ड' की घोषणा करवाकर दलित जातियों को आम चुनाव में मत देने, उम्मीदवार बनने सहित पृथक् निर्वाचन का भी अधिकार दिलवाने में सफलता प्राप्त की। किन्तु इस आधार पर यह निष्कर्ष निकालना कि डॉ. अंबेडकर आजादी के आन्दोलन में अंग्रेजों के साथ खड़े थे और इस कारण उनकी देशभक्ति सन्देहास्पद है, ऐसा आरोप लगाने के पूर्व आलोचकों को डॉ. अंबेडकर के तत्कालीन पृष्ठभूमि को समझना आवश्यक है।

अर्थशास्त्री बनने, जज बनने या प्रोफेसर बनने जैसे अपने सुनहरे कैरियर को त्यागकर, डॉ. अंबेडकर बम्बई हाईकोर्ट में वकालत शुरू कर दी और 'अस्पृश्यता-निवारण आन्दोलन' के साथ दलित कल्याण एवं जागरूकता के कार्य को उन्होंने अपने जीवन का लक्ष्य बना दिया। तालाबों के पानी को शूद्र समाज को भी छूने दिया जाये, इस हक की माँग को लेकर उन्हें दो-दो बार महाड़ सत्याग्रह करना पड़ा। इस सत्याग्रह के दौरान उन्हें सवर्ण समाज के हिंसात्मक आक्रमण का शिकार भी होना पड़ा। बाद में इसके लिए उन्हें कानूनी लड़ाई लड़नी पड़ी और इस हक को कोर्ट से जीतकर प्राप्त किया। उन्हें बम्बई के गवर्नमेण्ट लॉ कॉलेज का प्रिन्सिपल बनाया गया, किन्तु दलितों के हक की लड़ाई मंद न होने पाये, इसके लिए उन्होंने इस पद से इस्तीफा दे दिया। दलित समुदाय

के शैक्षिक विकास के लिए 'दलित जाति शिक्षण समिति' की स्थापना किया; उनके लिए छात्रावासों का निर्माण एवं संचालन शुरू किया; 'गणेशोत्सव' जैसे धार्मिक कार्यक्रम को सार्वजनिक मानने और अछूत समाज को भी इसमें शामिल होने देने के लिए लड़ाई लड़ी; हिन्दू मन्दिरों में शूद्रों को भी प्रवेश करने का अधिकार दिलाने के लिए महीनों तक चले सत्याग्रह आन्दोलन का नेतृत्व किया और इसमें भी उन्हें हिंसात्मक आक्रमण का शिकार होना पड़ा।

डॉ. अंबेडकर, उन असामाजिक बन्दिशों को तोड़ने का प्रयास करते रहे, जिसे धर्म का ढाल मिला हुआ था। वे समाज में सिद्धान्त रूप ले लिये उस जड़ता को तोड़ने का प्रयास करते रहे जिसमें यह मान लिया गया था कि बौद्धिक बेईमानी और चपलता से हाशिए पर कर दिये गये शूद्र वर्ण में जन्म लेने वाले बच्चों का भी वही हश्र होना चाहिए, जो उनके मॉ-बाप का हुआ है, भले ही उनमें अपने मॉ-बाप से अलग होने की सारी प्रतिभा और हुनर मौजूद हो। इस जन्म आधारित दोष के वीभत्स रूप 'अस्पृश्यता' के कलंक को डॉ. अंबेडकर ने हर पल, हर क्षण जीया और महसूस किया। स्कूल में सवर्ण बच्चों से पृथक् बैठाये जाते समय, शौक होने के बावजूद सवर्ण बच्चों के साथ खेलने से मना किये जाते समय, दूर बैठकर दूसरे बच्चों को खेलते हुए देखते समय, प्यास लगने पर किसी स्पृश्य लड़के द्वारा दूर से उँड़ेले गये पानी को अंजली से पीते समय, शरारत में किसी पेड़ पर चढ़ जाने के कारण मार खाते समय, पल-पल अस्पृश्यता की प्रताड़ना झेली। अपनों का मन्दिरों में प्रवेश वर्जित होना, पानी के लिए कुओं व तालाबों पर जाने की आजादी न होना, गैर-शूद्रों के घरों/मोहल्लों में जाने पर प्रतिबन्ध, आम रास्तों पर चलने से मनाही डॉ. अंबेडकर के स्वाभिमान को झकझोरता था। ऐसी तमाम सामाजिक प्रताड़ना एवं बन्दिशों के बीच पढ़ाई-लिखाई करना, अध्ययन के दौरान निवास के लिए किराये का घर न मिलना, होटलों-रेस्तराँओं में दूसरे लोगों के साथ भोजन-पानी का न मिल पाना, बड़ौदा रियासत में 'मिलिट्री-सेक्रेटरी' की नौकरी के दौरान किराये का कमरा पाने के लिए पारसी बनने के लिए मजबूर होना, अस्पृश्य होने की बात फैलने के बाद कमरा छोड़ने के लिए मजबूर होना, फिर दोबारा किराये का कमरा न मिल पाने के कारण नौकरी ही छोड़ने के लिए विवश होना, अस्पृश्यता के कारण आर्थिक सलाह देने वाली संस्था का बन्द हो जाना, डॉ. अंबेडकर के जीवन का घना अँधेरा पक्ष है।

जीवन के इन अँधेरों के मध्य अपने संयमशीलता और अध्ययनशीलता को बनाये रखते हुए कोलंबिया विश्वविद्यालय से पी-एच.डी. की डिग्री हासिल करना, बड़ौदा रियासत में 'मिलिट्री-सेक्रेटरी' पद पर नियुक्ति पाना, सिडेनहॅम कॉलेज में अर्थशास्त्र विषय के प्रोफेसर के रूप में नियुक्ति पाना, इस पद से इस्तीफा देकर लन्दन विश्वविद्यालय से एम.एस-सी., डी.एस-सी. और बार-एट-लॉ की डिग्री हासिल करके अपने को भावी चुनौतियों से निपटने के लिए तैयार करना, 'दी प्राब्लम आफ दी रुपी' नामक शोधग्रन्थ लिखकर ब्रिटिश हुकूमत को वैश्विक परिदृश्य में कठघरे में खड़ा करना और फिर सुनहरे कैरियर की तमाम सम्भावनाओं को पीछे छोड़ बम्बई हाईकोर्ट से वकालत की शुरुआत करना और देश के एक बड़े अस्पृश्य वर्ग-समूह को समाज के मुख्य धारा में लाने के लिए अपना पूरा जीवन समर्पित कर देना, डॉ. अंबेडकर के जीवन का ऐसा पक्ष है जिस

पर अस्पृश्य समाज ही नहीं, पूरा देश अभिमान कर सकता है। लेकिन हम अपने बाबा साहेब जैसे महान् व्यक्ति को भी जातीय सीमाओं में बाँधकर उनके मानवीय संवेदनाओं को नजरअन्दाज करने का प्रयास करते हैं।

भारतीय समाज में जाति और जन्म आधारित अस्पृश्यता की समस्या नंगी आँखों से देखी जा सकने वाली समस्या थी। यह प्रकृति प्रदत्त नहीं, बल्कि ऐसी मानवजनित समस्या थी, जिसके दुष्प्रभाव से शूद्र वर्ग बुरी तरह प्रभावित था। यह वह वर्ग था, जो सदियों से प्राकृतिक सम्पदाओं पर अपने बराबरी के हक से इसलिए वंचित रहा क्योंकि उनके पूर्वज भोले-भाले और मासूम थे; क्योंकि उनके पूर्वज बौद्धिक रूप से चपल नहीं थे; क्योंकि उनमें छल कपट नहीं था; क्योंकि उन्होंने अपने चपल भाइयों पर भरोसा किया। किन्तु इसके बदले में तथाकथित सभ्य समाज ने इन्हें क्या दिया? बदले में इन्हें सभी तरह के मानवीय अधिकारों से ही वंचित कर दिया। यहाँ तक कि इन्हें अस्पृश्य मान लिया गया और तालाबों, कुओं, सड़कों, मन्दिरों में प्रवेश करने पर प्रतिबन्ध लगा दिया। आश्चर्य यह कि शूद्र वर्ग भी अपनी इस स्थिति को बिना किसी विरोध के सहर्ष स्वीकार कर लिया था। अब डॉ. अंबेडकर के सामने दो रास्ते थे। या तो वे भी अपनी और अपने समाज के इस स्थिति को स्वीकार कर अपने जीवन को उसी तरह समाप्त करने के लिए तैयार रहते जैसा दूसरे शूद्र लोगों के जीवन का होता रहा या फिर दूसरा रास्ता यह था कि वह इन सामाजिक समस्याओं के खिलाफ लड़ाई के लिए अपने-आपको तैयार करते। डॉ. अंबेडकर द्वारा दूसरा रास्ता अपनाया जाना कही से भी अस्वाभाविक नहीं था।

यह सही है कि अस्पृश्योद्धार को लेकर जब डॉ. अंबेडकर सक्रिय थे, उसी समय ब्रिटिश हुकूमत के खिलाफ आजादी का आन्दोलन भी जोरों पर था और इसके लिए कई क्रान्तिकारी नौजवान अपने जीवन का बलिदान दे रहे थे और संघर्ष कर रहे थे। अंग्रेजी हुकूमत से आजादी, देश के लिए बहुत ही आवश्यक थी, क्योंकि यह नहीं मालूम था कि महात्मा गाँधी के बाद ऐसा नेतृत्व देश को फिर कब मिलता। लेकिन यह भी एक सच्चाई थी कि देश के बड़े हिस्से—शूद्र समाज के लिए उनकी अपनी सामाजिक आजादी भी उतनी ही महत्त्वपूर्ण थी। ऐसा भी नहीं था कि ब्रिटिश हुकूमत तत्काल हालात की उपज रही है। सदियों से यह देश गुलाम था और लगभग इस गुलामी के ही समानान्तर शूद्र समाज भी सामाजिक गुलामी के जकड़न में बँधा हुआ था। दुर्भाग्य से देश की आजादी के आन्दोलन में सक्रिय अधिकतर लोग किन्हीं-न-किन्हीं कारणों से इस सामाजिक गुलामी से बेखबर थे और इनसे शूद्रों के सामाजिक गुलामी के विरुद्ध सक्रिय लड़ाई लड़ने की अपेक्षा नहीं की जा सकती थी। इसलिए जितनी सच्चाई इस संयोग में था कि देश की आजादी के लिए महात्मा गाँधी और नेता जी बोस का नेतृत्व मिला हुआ था और यह पता नहीं था कि इनके बाद ऐसा कोई नेतृत्व मिल सकेगा या नहीं, अत: तत्कालीन परिस्थिति में देश की आजादी आवश्यक थी, उतनी ही सच्चाई इस संयोग में भी था कि शूद्र समाज को सामाजिक गुलामी से मुक्ति दिलाने के लिए डॉ. अंबेडकर का नेतृत्व मिला हुआ था और यह पता नहीं था कि उनके बाद ऐसा कोई नेतृत्व मिल सकेगा या नहीं, अत: तत्कालीन परिस्थिति में अस्पृश्य शूद्रों के लिए सामाजिक गुलामी से आजादी प्राप्त करना

भी उतना ही आवश्यक था।

इस पहलू की भी उपेक्षा नहीं की जा सकती थी कि जनसंख्या की दृष्टि से शूद्र वर्ग देश का बहुत बड़ा हिस्सा था और इनमें किसी तरह की राजनीतिक-सामाजिक शून्यता या जागरूकता किसी भी हुकूमत के स्थिरता को प्रभावित कर सकता था। देश में बड़ी संख्या में रहने वाले शूद्र समाज में सामाजिक-राजनीतिक शून्यता अंग्रेजी हुकूमत के लिए जहाँ राहत की बात थी, वहीं इनमें अपने अधिकारों के प्रति किसी तरह की चेतना अंग्रेजी हुकूमत के लिए सरदर्द साबित हो सकता था। डॉ. अंबेडकर यही काम कर रहे थे। वे शूद्र समाज में अधिकारों के प्रति शून्यता को समाप्त कर और उनमें सामाजिक-राजनीतिक चेतना जगाकर ब्रिटिश हुकूमत के लिए सरदर्द पैदा कर रहे थे। डॉ. अंबेडकर इस सरदर्द का अहसास ब्रिटिश हुकूमत को गोलमेज सम्मेलन के दौरान अपने भाषण के माध्यम से करा चुके थे।

संघर्षों के तप से निकलकर आने वाले डॉ. अंबेडकर जब गोलमेज सम्मेलन में दलितों की समस्या को उठाते हैं, तो उसे अस्वाभाविक नहीं कहा जा सकता। उन्होंने दलित समस्याओं के बने रहने के लिए न केवल भारतीय समाज को बल्कि ब्रिटिश सरकार को भी समान रूप से दोषी ठहराया और यहाँ तक कह दिया कि अंग्रेजी हुकूमत पूँजीपतियों और जमींदारों की रक्षक सरकार है। ऐसा नहीं है कि उन्होंने केवल दलितों की समस्या को उठाया। डॉ. अंबेडकर ने सार्वजनिक मंच से स्वराज्य और लोकतंत्र की माँग की और ब्रिटेन में ब्रिटिश प्रधानमंत्री के समक्ष यह कहने में कोई संकोच नहीं किया कि 'वह जमाना बीत गया, जब आप फैसला करते थे और भारतवर्ष मानता था। वह जमाना अब कभी नहीं लौटेगा।' दलितों के हितों को साधने के साथ डॉ. अंबेडकर यह भी संदेश देने में सफल रहे कि स्वराज्य प्राप्ति के लक्ष्य को लेकर पूरा देश एक है और इसको लेकर दलित समाज में किसी तरह की भ्रम की स्थिति नहीं है।

डॉ. अंबेडकर के लिए स्वराज्य प्राप्त करना और शूद्र समाज को मुख्य धारा में लाने के लिए लोकतांत्रिक मूल्यों पर आधारित सुराज की स्थापना करना दोनों समान रूप से महत्त्वपूर्ण था। कुछ लोगों के लिए तत्कालीन हुकूमत मात्र इसलिए नापसन्द थे क्योंकि वह विदेशियों द्वारा संचालित हो रहा था। जबकि डॉ. अंबेडकर ने स्पष्ट कर दिया कि वे ब्रिटिश सरकार को पहली नजर में इसलिए नहीं चाहते हैं क्योंकि वह पूँजीपतियों और जमींदारों की रक्षक सरकार है, जो देश के बहुमत को अस्वीकार्य है। संकेत और इरादे स्पष्ट थे, स्वराज्य लाने का मतलब यह नहीं है कि अँग्रेज के चले जाने के बाद भारतीय वेश-भूषा में सामन्तवादी उनका स्थान ले ले और उसी चरित्र के साथ शासन चलायें, जिस चरित्र के साथ अँग्रेजों ने शासन किया। वे शासन के चेहरे के साथ उसके चरित्र में भी परिवर्तन चाहते थे। डॉ. अंबेडकर न केवल ब्रिटिश हुकूमत को बल्कि देश के तमाम दूसरे नेताओं को इसका स्पष्ट संदेश दे देना चाहते थे कि यदि अँग्रेज जायेंगे तो वास्तविक लोकतंत्र ही शासन का मूल आधार होगा।

दलितों को भी चुनाव में मत देने और उम्मीदवार होने का अधिकार हो, इस बात की फिक्र उस समय किसी नेता को हुई तो डॉ. अंबेडकर को ही हुई। यदि डॉ. अंबेडकर इस हक की लड़ाई लड़ रहे थे तो इसमें कुछ भी अनुचित नहीं था। और जब दलितों के

इन बुनियादी अधिकारों के लिए डॉ. अंबेडकर को ही माँग करना पड़ रहा हो, तो क्या ऐसी अपेक्षा करना उचित है वे सीमित रहकर माँग करें? प्राकृतिक सम्पदाओं से वंचित होने के कारण दलित समाज को जो नुकसान हुआ था, उसकी भरपाई के लिए डॉ. अंबेडकर आगे बढ़कर सोचने के लिए क्यों नहीं स्वतंत्र थे, इस पर भी आलोचकों को चिन्तन करना चाहिए। यह सही है कि दलित जातियों के लिए पृथक् निर्वाचन के सिद्धान्त को ब्रिटिश सरकार द्वारा स्वीकार करना उनके 'फूट डालो-राज करो' की नीति का बड़ा हिस्सा था, लेकिन इस बात को भी अस्वीकार नहीं किया जा सकता कि पृथक् निर्वाचन के सिद्धान्त को स्वीकार करवाकर डॉ. अंबेडकर ने हिन्दू धर्म में सदियों से चली आ रही सामाजिक भेदभाव और अस्पृश्यता के विचार व व्यवहार पर जबरदस्त प्रहार किया था और तत्कालीन कांग्रेसी नेताओं को शूद्रों के प्रति अपने नजरिये में बदलाव लाने के लिए मजबूर किया। तत्कालीन कांग्रेसी नेतृत्व भी अब महसूस करने लगा था कि शूद्र समाज एक मजबूत शक्ति है, जिसकी उपेक्षा करने से आजादी का आन्दोलन कमजोर ही होगा।

यह सही है कि अस्पृश्य समाज के लिए पृथक् चुनाव और पृथक् निर्वाचन संघ की माँग से महात्मा गाँधी पूर्णतया असहमत थे। इस असहमति के पीछे यह तर्क (औचित्यपूर्ण हो सकता है) कि ऐसा होने के बाद शूद्र समाज बिलकुल अलग हो जायेगा, संसाधनों के अभाव में मात्र राजनीतिक अधिकार से उनका समुचित विकास नहीं हो सकेगा और इससे देश की क्षेत्रीय अखण्डता पर भी विपरीत प्रभाव पड़ेगा औचित्यपूर्ण हो सकते हैं। लेकिन शूद्र समाज के लिए 'सामाजिक प्रतिष्ठा' और 'संसाधनों में हक' की बात अभी भी दूर की कौड़ी ही थी। सिर्फ माँगने से कुछ मिल जायेगा, डॉ. अंबेडकर को इसका दूर-दूर तक कोई आसार नहीं दिख रहा था। उन्हें यह भी अहसास था कि आजादी के बाद शूद्र समाज को पूरी तरह रहमोकरम पर रहना पड़ेगा। उनके रहमोकरम पर रहना पड़ेगा, जो लोग शूद्रों की दीन-हीन स्थिति के लिए जिम्मेदार थे। इसलिए डॉ. अंबेडकर के समक्ष ऐसी माँग के अलावा कोई विकल्प शेष नहीं बचा था।

समीक्षा (2) : मो. जिन्ना से ज्यादा अनुकूल परिस्थिति, फिर भी 'एक देश' का भाव

अंग्रेजी हुकूमत की मंशा क्या है? वे फूट डालना चाहते हैं या राज करना चाहते हैं, तत्कालीन परिस्थिति में इस पर ध्यान देना शूद्र समाज के लिए महत्त्वपूर्ण नहीं था। ऐसा भी नहीं था कि डॉ. अंबेडकर को अंग्रेजी हुकूमत के फूट डालने की मंशा का आभास नहीं था। लेकिन भारतीय समाज में शूद्रों को लेकर कभी एकभाव या समभाव रहा हो तब तो वे फूट होने की चिन्ता करते। और फिर इस देश में आपसी फूट का होना कोई नयी बात तो थी नहीं। यदि आपसी फूट नहीं रहती तो इस देश को सदियों से गुलाम ही क्यों रहना पड़ता? डॉ. अंबेडकर को उस समय यह मालूम था कि आज जो भी परिस्थितियाँ हैं, उसमें दलितों के हक को प्राप्त करना ज्यादा आसान है। आखिर सदियों से प्राकृतिक सम्पदाओं पर अपने बराबरी के हक से वे इसलिए वंचित रहे हैं क्योंकि उनके पूर्वज बौद्धिक रूप से चपल नहीं थे, उनमें छल-कपट नहीं था और उन्होंने अपने चपल भाइयों पर भरोसा किया। इसलिए डॉ. अंबेडकर को इस निष्कर्ष पर पहुँचने में कोई

समस्या नहीं थी कि यदि अस्पृश्यों के हक की इस लड़ाई में कोई दूसरा भारतीय नेता साथ दे रहा है तो ठीक है, अन्यथा अवसर को गँवाना उचित नहीं है। उस परिस्थिति में शायद ही कोई भारतीय नेता डॉ. अंबेडकर के साथ खड़ा दिख रहा था और सम्भवत: इस स्थिति को डॉ. अंबेडकर भाँप लिये थे। इसलिए बिना किसी पर भरोसा किये अंग्रेजों को दलित हित में साधने में लगे रहे। अंग्रेजों को लग रहा था कि वे डॉ. अंबेडकर को साध रहे हैं और डॉ. अंबेडकर को पता था कि इस मौके को किस तरह दलितों के हित में भुनाना है।

शासन किसी का हो, तत्कालीन परिस्थिति में दलितों में चेतना लाने और इनमें आत्मविश्वास बढ़ाने के लिए शासन का उपयोग करना और इनके हित में सुविधाओं को प्राप्त करना एक स्वाभाविक-सी बात थी और यदि डॉ. अंबेडकर ऐसा कर रहे थे, तो इसमें कुछ भी गलत नहीं था। दलितों के हक और हित के लिए शासन से सुविधा प्राप्त करने को आजादी के आन्दोलन के खिलाफ बताया जाना अनुचित है। और फिर इस बात की भी कोई गारण्टी भी नहीं थी कि अंग्रेजों के चले जाने के बाद हालात बदल ही जाते और सब-कुछ अस्पृश्यों के हक के अनुकूल होता। इसलिए तत्कालीन परिस्थितियों में डॉ. अंबेडकर द्वारा दलितों में जागरूकता के लिए चलाये जा रहे आन्दोलनों को और इनके हित के लिए तत्कालीन अंग्रेजी हुकूमत से सुविधा लेने को संकीर्ण नजरिये से देखना और इस आधार पर यह निष्कर्ष निकालना कि डॉ. अंबेडकर आजादी के आन्दोलन के दौरान अंग्रेजों और अंग्रेजी हुकूमत के साथ मिले हुए थे, उनके साथ अन्याय है और वास्तविक इतिहास की गलत व्याख्या और मिथ्या धारणा पर आधारित है, खासतौर से तब जब स्वराज्य को लेकर डॉ. अंबेडकर गोलमेज सम्मेलन में अपना रुख स्पष्ट कर चुके थे और अंग्रेजी हुकूमत के प्रति किसी तरह की ढील न देने का ऐलान कर चुके थे।

आलोचक इतिहासकारों को यह नहीं भूलना चाहिए कि पूना समझौते के दौरान डॉ. अंबेडकर खुशी-खुशी 'दलितों के लिए पृथक् निर्वाचन क्षेत्र' की अपनी माँग से पीछे हट गये क्योंकि उन्हें अच्छी तरह से इसके दुष्परिणाम का आभास था। यदि वे नहीं चाहते और अड़े ही रहते तो 'दलितों के लिए पृथक् निर्वाचन क्षेत्र' का लागू होना निश्चित था क्योंकि ब्रिटिश हुकूमत इसके लिए पूरी तरह से राजी थी। लेकिन पृथक् निर्वाचन क्षेत्र के मुद्दे पर डॉ. अंबेडकर का लचीला होना यह दिखाता है कि वे राष्ट्र की एकता और अखण्डता के मसले पर भी संवेदनशील थे। उनके पास दलितों के लिए अलग देश की माँग करने का भी अवसर था। और कहीं मोहम्मद जिन्ना की तुलना में ज्यादा अनुकूल एवं सुविधाजनक। लेकिन डॉ. अंबेडकर एक देश में रहकर दलितों के हक और हित की बात करने के पक्षधर थे। वे समाज के सोच और मानसिकता में बदलाव चाहते थे। वे चाहते थे कि तथाकथित सभ्य समाज शूद्रों में भी मानवता को देखे और उसके बुनियादी अधिकारों का सम्मान करे। इस दिशा में डॉ. अंबेडकर ने दलितों के हित में, जो कुछ भी सम्भव था, किया, लेकिन मो. जिन्ना की तरह देश की एकता और अखण्डता को ताक पर रखकर नहीं किया। इसके लिए यह देश बाबा साहेब का ऋणी रहेगा।

3

संविधान यात्रा : पहला चरण : पूर्व प्रारूप काल

संविधान सभा का गठन किन्तु क्षमता पर लगा प्रश्नचिह्न

आजादी के बाद भारत का संवैधानिक ढाँचा एवं शासन का स्वरूप कैसा हो, इस सम्बन्ध में भारतीय नेताओं से विचार-विमर्श कर सुझाव प्रस्तुत करने के लिए ब्रिटिश सरकार द्वारा 'कैबिनेट मिशन' का गठन किया गया। इस मिशन में लॉर्ड पैथिक लारेन्स, सर स्टेफर्ड क्रिप्स और मिस्टर ए.बी. अलेक्जेण्डर शामिल थे। 16 मई, 1946 को प्रस्तुत किये गये अपने संस्तुति में कैबिनेट मिशन द्वारा सुझाव दिया गया था कि ब्रिटिश भारत और प्रान्तों को मिलाकर भारत का एक संघ होना चाहिए; भारतीय रियासतों को इस संघ में सम्मिलित होने या स्वतंत्र रहने की छूट होनी चाहिए; कुछ राष्ट्रीय हितों को छोड़कर अन्य सभी विषय प्रान्तों के अधिकार-क्षेत्र में होने चाहिए; सभी प्रमुख राजनीतिक दलों के सहयोग से एक अन्तरिम सरकार की स्थापना हो; संविधान बनाने के लिए संविधान सभा का शीघ्र निर्वाचन हो इत्यादि-इत्यादि। कैबिनेट मिशन द्वारा 'संविधान सभा की रूपरेखा एवं अधिकार सम्बन्धी योजना' की घोषणा के साथ 'संविधान सभा' की स्थापना की गयी। कुल 296 सदस्यीय इस संविधान सभा के लिए डॉ. भीमराव अंबेडकर अविभाजित बंगाल से दलितों के प्रतिनिधि के तौर पर मुस्लिम लीग से निर्वाचित होकर आये। संविधान सभा की प्रथम बैठक 9 दिसम्बर, 1946 को डॉ. सच्चिदानन्द सिन्हा की अध्यक्षता में प्रारम्भ हुई। इसके दो दिन बाद अर्थात 11 दिसम्बर, 1946 को सर्वसहमति से डॉ. राजेन्द्र प्रसाद संविधान सभा के स्थायी अध्यक्ष चुने गये।

संविधान सभा के कार्यवाही की शुरुआत तत्कालीन प्रधानमंत्री पण्डित जवाहरलाल नेहरू द्वारा 13 दिसम्बर, 1946 को प्रतिज्ञा-प्रस्ताव प्रस्तुत करने के साथ हुआ। कुल आठ पैराग्राफ वाले इस प्रतिज्ञा-प्रस्ताव में पैराग्राफ सं. 1 भारत को एक स्वतंत्र, संप्रभु, गणराज्य बनाने की और भावी शासन के लिए एक संविधान के निर्माण करने के संकल्प की घोषणा करता था। दूसरे पैराग्राफ के अन्तर्गत भारत में आने वाले क्षेत्रों का वर्णन था और कहा गया था कि वे क्षेत्र, जो ब्रिटिश इण्डिया में आते हैं, जो भारतीय रियासत का निर्माण करते हैं तथा साथ-साथ वे क्षेत्र जो स्वतंत्र संप्रभु भारत में शामिल होने के लिए इच्छुक हैं, वे सभी संघ के होंगे। पैराग्राफ नं. 3 के अनुसार भारत में आने वाले सभी क्षेत्र अवशिष्ट शक्तियों के साथ स्वायत्तशासी इकाई के रूप में होंगे और संघ को दिये जाने वाले कार्यों के अलावा समस्त शासकीय एवं प्रशासन से जुड़े शक्तियों एवं कार्यों

को निष्पादित करेंगे। पैराग्राफ सं. 4 यह संकल्प व्यक्त करता था कि स्वतंत्र भारत की संप्रभुता जनता में अन्तर्निहित होगी। प्रतिज्ञा-प्रस्ताव के पैराग्राफ सं. 5 भारत की जनता को सामाजिक, आर्थिक और राजनीतिक न्याय; प्रतिष्ठा एवं अवसर की समानता; तथा कानून एवं नैतिकता की सीमाओं में विचार, अभिव्यक्ति, विश्वास, उपासना, संगठन की आजादी के लिए और पैराग्राफ सं. 6 अल्पसंख्यकों, पिछड़ों एवं जनजातियों की सुरक्षा के लिए संकल्प व्यक्त करता था। पैराग्राफ सं. 7 गणराज्य के क्षेत्र की अखण्डता और इसके संप्रभु अधिकार की और पैराग्राफ सं. 8 विश्व परिदृश्य में सम्मानजनक स्थान प्राप्त करने एवं वैश्विक शान्ति और मानव-कल्याण के संकल्प की घोषणा करता था।[1]

नेहरू जी द्वारा प्रतिज्ञा-प्रस्ताव प्रस्तुत करने के बाद मुख्यत: दो बिन्दुओं को लेकर गहरा विवाद पैदा हो गया। पहला विवाद प्रतिज्ञा-प्रस्ताव में 'लोकतांत्रिक राज्य' के बजाय 'गणराज्य' शब्द का प्रयोग करने को लेकर था और दूसरा विवाद मुस्लिम लीग और भारतीय रियासतों द्वारा संविधान सभा में शामिल न होने के कारण उपजा विवाद था। नेहरू जी भी जब प्रतिज्ञा-प्रस्ताव के समर्थन में यह बोल रहे थे कि 'एक स्वतंत्र, संप्रभु गणराज्य की स्थापना हमारा दृढ़ और पवित्र प्रतिज्ञा है, भारत को संप्रभु होना होगा, इसे स्वतंत्र होना होगा और इसे गणराज्य होना होगा', उस समय किसी के भी मन में 'स्वतंत्रता' और 'संप्रभुता' को लेकर कोई समस्या नहीं थी, लेकिन 'लोकतांत्रिक राज्य' या 'लोकतांत्रिक गणराज्य' के स्थान पर 'गणराज्य' की अवधारणा पर शंका उठना स्वाभाविक था, क्योंकि लोकतांत्रिक मूल्यों के बिना भी 'गणराज्य' के रूप में एक शासन-प्रणाली का विकास किया जा सकता था। शासन-प्रणाली के रूप में ऐसा गणराज्य विकसित किया जा सकता था, जो प्रत्यक्ष लोकतंत्र के बजाय अप्रत्यक्ष लोकतंत्र पर आधारित हो या फिर जो लोकतांत्रिक हो ही नहीं क्योंकि एक गणराज्य के लिए लोकतांत्रिक होना कोई पूर्व शर्त नहीं होता है। इस कारण गणराज्य को लेकर शंका उठना स्वाभाविक था। ऐसी शंका का नेहरू जी द्वारा जवाब भी दिया गया। नेहरू जी के शब्दों में—

> 'यदि इसे एक स्वतंत्र और संप्रभु राज्य होना है तो हम किसी बाहरी शासक को नहीं रखने जा रहे हैं और हम किसी स्थानीय शासक पर अनुसन्धान नहीं कर सकते हैं। इसे अपरिहार्य रूप से गणराज्य होना चाहिए। कुछ मित्र प्रश्न पूछते हैं कि आपने यहाँ पर लोकतंत्र का प्रयोग क्यों नहीं किया। मैंने उन्हें जवाब दिया कि निश्चित रूप से यह विचारणीय है कि एक गणराज्य लोकतांत्रिक नहीं हो सकता है, लेकिन हमारा इतिहास इस तथ्य का गवाह है कि हम लोकतांत्रिक संस्था के लिए खड़े हैं। स्पष्टत: हम सब लोकतंत्र का उद्देश्य रखते हैं और लोकतंत्र से कम कुछ का नहीं। लोकतंत्र का क्या स्वरूप होगा, इसका क्या आकार होगा, यह अलग विषय है? आज के लोकतंत्र, जिसमें से कई यूरोप और अन्य जगहों में है, विश्व की प्रगति में महान् योगदान दिये हैं। तो भी यह सन्देहात्मक हो सकता है कि यदि ये लोकतंत्र बहुत पहले अपने आकार को कुछ इस तरह नहीं बदलते तो वे पूर्णतया लोकतांत्रिक बने रह पाते। मैं विश्वास करता हूँ, हम सब तथाकथित लोकतांत्रिक देशों के कुछ लोकतांत्रिक प्रक्रियाओं या संस्थाओं का नकल करने के लिए कूदने नहीं जा रहे हैं। हम सब इसमें सुधार कर सकते हैं। हम शासन के जिस भी व्यवस्था को स्थापित करें,

वह हमारे जनता के स्वभाव के अनुकूल हो और स्वीकरणीय हो। हम लोकतंत्र के लिए खड़े हैं, यह इस सदन को तय करना है कि लोकतंत्र, पूर्ण लोकतंत्र, का आकार क्या हो। मैं उम्मीद करता हूँ कि यह सदन ध्यान रखेगी कि इस प्रस्ताव में, यद्यपि हमने शब्द 'लोकतंत्र' का प्रयोग नहीं किया क्योंकि हमने सोचा है कि गणराज्य शब्द में यह शामिल होगा और हम नहीं चाहते थे कि अनावश्यक शब्दों और व्यर्थ शब्दों का प्रयोग करना जरूरी है, लेकिन हमने शब्दों का प्रयोग करने से अधिक काफी कुछ किया है। हमने प्रस्ताव में लोकतंत्र के तत्त्वों को शामिल किया है और न केवल लोकतंत्र के तत्त्वों को, बल्कि आर्थिक लोकतंत्र के तत्त्वों को भी शामिल किया है। ...'[2]

आपत्तियों के आने के बाद नेहरू जी ने लोकतंत्र पर अपना विश्वास व्यक्त किया, लेकिन जिस तरह लोकतंत्र को स्वीकार करने के लिए उन्होंने 'इतिहास' और 'जनता के स्वभाव' का सहारा लिया, उसके कारण शंका करने वालों की यह दुविधा कि पंडित नेहरू लोकतंत्र का प्रत्यक्ष स्वरूप चाहते है या अप्रत्यक्ष स्वरूप, समाप्त नहीं हुई। क्योंकि न तो पिछले हजार-पाँच सौ वर्षों में देश का इतिहास ही ऐसा रहा है, जिसमें हम किसी लोकतंत्र की खुशबू ढूँढ़ सके और न ही इस देश का जनमानस ही ऐसे किसी लोकतांत्रिक स्वभाव से परिचित था, जिसको पैमाना बनाकर संविधान में शासन- व्यवस्था को लोकतांत्रिक बनाया जा सके। कुल मिलाकर संविधान सभा में पहुँचे नीति निर्माताओं को ही तय करना था कि हमारे देश के भावी शासन का स्वरूप क्या हो? प्रत्यक्ष लोकतांत्रिक शासन प्रणाली के अभाव में 'संप्रभुता जनता में अन्तर्निहित है', जैसी बातें मात्र संवैधानिक सुन्दरता से ज्यादा कुछ नहीं होता। इसलिए आवश्यक था कि वास्तविक और प्रत्यक्ष लोकतांत्रिक शासन-प्रणाली के बुनियादी विचारों को स्वीकार किया जाये। इस दिशा में संविधान में मौजूद तत्कालीन नीति निर्माताओं की भूमिका महत्त्वपूर्ण थी। प्रतिज्ञा-प्रस्ताव में प्रयुक्त शब्द 'गणराज्य' को स्पष्ट कर देने में कोई बुराई नहीं थी। लेकिन गणराज्य के साथ 'लोकतंत्र' का प्रयोग न करने का बचाव करते हुए नेहरू जी द्वारा जब इसे अनावश्यक और व्यर्थ का शब्द बताया जाता है तो, लोकतांत्रिक मूल्यों में विश्वास रखने वालों के माथे पर सिकन पैदा होना स्वाभाविक था। एक कुशल रणनीतिकार माने जाने वाले नेहरू जी द्वारा अपने प्रतिज्ञा-प्रस्ताव में 'गणराज्य' का प्रयोग करने और 'लोकतांत्रिक राज्य' या 'लोकतांत्रिक गणराज्य' का प्रयोग न करने के पीछे उनके मन-मस्तिष्क की वस्तुस्थिति को जानना-समझना अनुसन्धान का विषय हो सकता है।

नेहरू जी द्वारा प्रस्तुत उक्त प्रतिज्ञा-प्रस्ताव को पुरुषोत्तमदास टण्डन द्वारा समर्थित किया गया। लेकिन 16 दिसम्बर 1946 को डॉ. एम. आर. जयकर ने इस प्रतिज्ञा-प्रस्ताव पर यह कहकर आपत्ति किया कि प्रतिज्ञा-प्रस्ताव में संविधान के मूलभूत बातों, जैसे संघ का गणराज्य होने का, देश के सीमाओं का, प्रान्तीय प्राधिकारियों के स्थिति का, अवशिष्ट शक्तियों का, अल्पसंख्यकों के अधिकार का उल्लेख है और कैबिनेट मिशन के 16 मई के विलेख द्वारा प्राप्त शक्तियों के अन्तर्गत इस प्रारंभिक बैठक में संविधान की मूलभूत बातों, भले ही यह सरसरी तौर पर ही क्यों न हो, का उल्लेख नहीं किया जा सकता है। इस प्रारंभिक बैठक में हमारा कार्य सीमित है, जिसे मैं व्यक्त करने जा रहा हूँ। इसके

बाद डॉ. जयकर ने मुस्लिम लीग और रियासतों के सम्मिलित होने की उम्मीद व्यक्त करते हुए यह संशोधन प्रस्ताव लाया कि जब तक मुस्लिम लीग और रियासत साथ न आ जाय, तब तक संविधान सभा की बैठक को टाल दिया जाय। डॉ. जयकर के संशोधन प्रस्ताव के अनुसार—

> "भारत का भावी शासन 'एक स्वतंत्र और लोकतांत्रिक राज्य' होगा, लेकिन इसे संविधान के आकार में प्राप्त करने के लिए मुस्लिम लीग और भारतीय रियासतों का सहयोग आवश्यक है, इसलिए इस सभा को पुन: विचार के लिए आगे तक के लिए स्थगित किया जाता है ताकि इन दोनों संस्थानों के प्रतिनिधियों की सहभागिता सम्भव हो सके।"

अपने उक्त संशोधन प्रस्ताव के समर्थन में डॉ. जयकर ने कहा कि संविधान सभा अभी अपूर्ण है क्योंकि दो लोग हमारे साथ नहीं हैं। रियासतें इसलिए शामिल नहीं हैं क्योंकि अभी तक हमने समझौता समिति का गठन नहीं किया है, जिसके कारण रियासतों का शामिल होना मुश्किल है। मुस्लिम लीग के शामिल नहीं होने के भिन्न कारण हैं...यदि मुस्लिम लीग नहीं आती है तो सम्भवत: रियासतें भी नहीं आयेंगी। तब क्या होगा? सम्भवत: आप मात्र वर्ग 'ए' के प्रान्तों हेतु संविधान का निर्माण करेंगे। सम्भवत: आप संघीय केन्द्र के लिए संविधान का निर्माण करेंगे। क्या आप केवल इन प्रान्तों एवं संघीय केन्द्र के लिए संविधान बनाना पसन्द करेंगे। यह निश्चित है कि आप वर्ग 'बी' जहाँ मुस्लिम लीग का बहुमत है, के लिए संविधान का निर्माण नहीं कर पायेंगे। इसका परिणाम यह होगा कि तब वर्ग 'बी' और 'सी' के लिए एक दूसरी संविधान सभा होगी और यही मि. जिन्ना चाहते हैं।...इसका सम्भावित परिणाम यह होगा कि हिन्दू के लिए एक संविधान होगा और मुस्लिमों के लिए दूसरा संविधान और यदि ऐसा हुआ तो रियासतों के लिए भी एक अन्य संविधान होगा और एक संयुक्त भारत के संविधान के बजाय हम सबको एक हिन्दुस्तान के लिए, एक पाकिस्तान के लिए और एक राजास्तान के लिए अलग-अलग संविधान रखने के लिए मजबूर होना पड़ सकता है।[3]

नेहरू जी के प्रस्ताव पर आम बहस की शुरुआत मि. श्रीकृष्ण सिन्हा द्वारा की गयी। नेहरू जी के प्रस्ताव का समर्थन करते हुए उन्होंने कहा कि भविष्य के भारत को लोकतांत्रिक एवं विकेन्द्रीकृत गणराज्य बनना है, जिसमें संप्रभुता अन्तत: जनता में अन्तर्निहित है। मि. चर्चिल द्वारा बोले गये झूठ का उल्लेख करते हुए उन्होंने कहा कि मैंने कैबिनेट की घोषणा को एक वकील के दृष्टिकोण से नहीं पढ़ा है। मैं जीवन भर एक सैनिक रहा हूँ और मैं इसे एक लड़ाकू के नजरिये से देखूँगा। ब्रिटिश लोगों के वक्तव्य सर्वथा सहयोगपूर्ण नहीं हैं। ऐसा मात्र इसलिए नहीं है क्योंकि डॉ. जयकर द्वारा हम सबके समक्ष कुछ समस्याओं का जिक्र किया गया है, बल्कि ऐसा इसलिए है क्योंकि सत्ता में बैठे लोग हमारे रास्ते में समस्या पैदा कर रहे हैं। इस संविधान सभा को भी उस रास्ते पर चलना पड़ सकता है, जिस रास्ते पर 1799 ई0 में फ्रांस की संविधान सभा को उस समय के राजा के व्यवहार के कारण चलना पड़ा था। इसलिए प्रस्ताव को पारित करने के पहले हमें इसको लागू करने में पैदा होने वाली समस्याओं का सामना करने के लिए तैयार रहना पड़ सकता है।[4]

मि. एम.आर. मसानी ने नेहरू जी के प्रतिज्ञा-प्रस्ताव का समर्थन करते हुए कहा कि इसमें लोकतंत्र और समाजवाद शब्दों का उल्लेख न होने के बावजूद इसके तत्त्व इसमें शामिल हैं। मि. मसानी ने आर्थिक लोकतंत्र के सन्दर्भ में एक बहुत ही महत्त्वपूर्ण सवाल उठाया। उन्होंने राष्ट्रीय आमदनी को तीन भागों में बाँटते हुए कहा कि इसका एक भाग 100 में से 5 लोगों के पास है, जबकि दूसरा एक-तिहाई भाग 33 लोगों के पास और तीसरा भाग 62 लोगों के पास है। यह सामाजिक या आर्थिक न्याय नहीं है। इसलिए प्रस्ताव जैसा है, वह देश में मौजूद इस असमानता को सहन नहीं करेगा।

जबकि मि. एफ. आर. अंथोनी ने डॉ. जयकर की आपत्ति और संशोधन प्रस्ताव का समर्थन यह कहते हुए किया कि वह स्वतंत्र और लोकतांत्रिक संप्रभु राज्य के प्रयोग को ज्यादा वरीयता देंगे। उन्होंने कहा कि डॉ. जयकर के संशोधन का आशय यह है कि भारतीय रियासतों के भाग को भी संघ का हिस्सा बनाया जा सके, इसलिए मैं इस संशोधन प्रस्ताव का समर्थन करता हूँ।

इसके पश्चात डॉ. श्यामा प्रसाद मुखर्जी को अपनी बात रखने के लिए बुलाया गया। डॉ. मुखर्जी द्वारा डॉ. जयकर के उस संशोधन प्रस्ताव का कड़ा विरोध किया गया, जिसमें मुस्लिम लीग और रियासतों के शामिल न होने तक संविधान सभा की कार्यवाही को टाल देने की माँग की गयी थी। उन्होंने डॉ. जयकर के उस वक्तव्य, जिसमें कहा गया था कि यदि आप रात्रिभोज में किसी मेहमान को बुलाते हैं और वह नहीं आता है तो आप कैसे रात्रिभोज कर सकते हैं', का जवाब देते हुए कहा कि डॉ. जयकर सम्भवत: भूल गये कि अन्य दूसरे मेहमानों के भाग्य का क्या होगा, जो रात्रिभोज में आ चुके हैं। यदि आप मेजबान हैं और छह मेहमानों को बुला रखा है। पाँच आते हैं और छठवाँ मेहमान नहीं आता है तो क्या आप आये हुए पाँच मेहमानों से कहेंगे कि 'छठवाँ मेहमान नहीं आया है इसलिए आप लोगों को भोजन नहीं मिलेगा।' निश्चित तौर पर ऐसा नहीं होगा। इस संविधान सभा में जो लोग आये हैं, वे सब सब आजादी के भूखे हैं। उनको सन्तुष्ट करना ही होगा।

इसी तरह डॉ. मुखर्जी ने मि. चर्चिल के उस वक्तव्य, जिसमें कहा गया था कि मुस्लिम लीग का संविधान सभा में अनुपस्थित होना उसी तरह है जैसे किसी विवाह के दौरान चर्च में दुल्हन का न होना, का भी जवाब देते हुए कहा कि मैं नहीं जानता कि यदि भारतीय रियासत अन्दर आ जाय और मुस्लिम लीग भी आ जाय, तो यह संविधान सभा अन्तत: कितनी दुल्हन रखेगा। यदि मि. चर्चिल का यही विचार है तो उन्हें कपटी की भूमिका नहीं निभानी चाहिए। उन्हें मि. जिन्ना को भारत वापस जाने और संविधान सभा में शामिल होने के लिए कहना चाहिए। उन्होंने ब्रिटिश सरकार पर आरोप लगाते हुए कहा कि मुस्लिम लीग यदि इस सदन में नहीं आ रही है तो ब्रिटिश सरकार के उकसावे की वजह से नहीं आ रही है। ऐसे उकसावे के कारण लीग महसूस करने लगी है कि यदि वह नहीं शामिल होगी तो वह संविधान सभा के अन्तिम निर्णय पर वीटो लगा सकेगी।

डॉ. मुखर्जी ने आगे कहा कि मुस्लिम लीग आ सकती है या नहीं आ सकती है। यदि वह आती है तो बहुत अच्छा है और यदि वह नहीं आती है तो वह ऐसा करके भारत की आजादी को टाल नहीं सकती है और हमें इस संविधान सभा में अपने कार्यों को अवश्य

करना चाहिए। मैं महसूस करता हूँ कि यदि संकट आता है और जैसा मैं देख रहा हूँ संकट आयेगा, यदि इस देश को आजाद होना है तो ऐसा केवल संवैधानिक तरीकों के अनुसार नहीं होना है। पिछले कुछ दिनों जो गतिविधियाँ देखने को मिली हैं, उन्हें देखते हुए लक्ष्य आसान नहीं है। लेकिन जो कुछ भी होगा अब इस संविधान सभा के माध्यम से ही होगा और दूसरे किसी अन्य के माध्यम से नहीं। यदि अन्ततः हमें कार्य करना है, तो अपनी जिम्मेदारियों पर कार्य करना होगा और संविधान का निर्माण करना होगा, जिसे हम विश्व समुदाय के समक्ष योग्यता के साथ रखें और सभी को सन्तुष्ट करें कि हमने सभी भारतीय लोगों, चाहे अल्पसंख्यक हों या अन्य, सभी के साथ निष्पक्ष और साम्य तरीके से व्यवहार किया है।[5]

प्रतिज्ञा-प्रस्ताव विवाद पर दक्षता के साथ सँभाला मोर्चा

संविधान सभा के अधिकांश सदस्य जहाँ नेहरू के प्रतिज्ञा-प्रस्ताव का समर्थन कर रहे थे तो वहीं कुछ ही सदस्य डॉ. जयकर के आपत्ति और संशोधन प्रस्ताव का समर्थन कर रहे थे। लोकतंत्र के स्थान पर 'गणराज्य' शब्द का प्रयोग करने और मुस्लिम लीग एवं रियासतों के बहिष्कार से उपजे विवादों के बीच यह भी आरोप लगाया गया कि नेहरू जी के प्रतिज्ञा-प्रस्ताव के प्रावधानों के कारण मुस्लिम लीग और भारतीय रियासतें संविधान सभा का बहिष्कार कर रही हैं।

जब पूरी संविधान सभा पण्डित नेहरू के प्रतिज्ञा-प्रस्ताव और डॉ. जयकर के संशोधन प्रस्ताव के बीच उलझी हुई थी, ऐसे समय में डॉ. मुखर्जी के सम्बोधन के तुरन्त बाद डॉ. अंबेडकर द्वारा प्रतिज्ञा-प्रस्ताव पर 17 दिसम्बर, 1946 को प्रतिक्रिया-भाषण दिया गया। यह प्रतिक्रिया-भाषण संविधान सभा के सदस्यों में आत्मविश्वास का भाव पैदा करने वाला था। उन्होंने न केवल उन सवालों का जवाब दिया जो मुस्लिम लीग एवं भारतीय रियासतों की अनुपस्थिति के कारण उपजा था और संविधान सभा में गतिरोध का कारण बना हुआ था, बल्कि बड़े ही सारगर्भित तर्कों के साथ प्रतिज्ञा-प्रस्ताव में अधिकार एवं न्याय से जुड़े प्रावधानों को निराशाजनक और अपर्याप्त बताकर इस पर हो रहे आम बहस को एक नया दृष्टिकोण दिया। इस प्रतिक्रिया-भाषण के माध्यम से डॉ. अंबेडकर अपनी विद्वत्ता, निर्भीकता और निष्पक्षता की अलग छाप छोड़ने में सफल रहे। डॉ. अंबेडकर के प्रतिक्रिया-भाषण को हम निम्न शीर्षकों के माध्यम से समझने का प्रयास करेंगे—

1. 'शासन-निरपेक्ष मूल अधिकार' और 'सामाजिक अर्थ-व्यवस्था' की पैरवी;
2. 'एकत्व की राह' पर चलने का दिया समाधान;
3. अखण्ड राष्ट्र के लिए मजबूत केन्द्र की वकालत;
4. राष्ट्र का भाग्य, पार्टियों एवं नेताओं की प्रतिष्ठा से ऊपर; और
5. युद्ध और शक्ति-प्रयोग पर किया सावधान।

'शासन-निरपेक्ष मूल अधिकार' और 'सामाजिक अर्थ-व्यवस्था' की पैरवी

अर्थशास्त्र विषय से डॉक्टरेट डिग्रीधारी डॉ. अंबेडकर ने मौलिक अधिकार के मूल सिद्धान्त से अपने भाषण का आरम्भ कर कानून पर अपनी विद्वत्ता और गहरी पकड़ का

अहसास कराया। मूल अधिकारों के सन्दर्भ में शासन-निरपेक्षता के सिद्धान्त की व्याख्या करते हुए डॉ. अंबेडकर ने कहा कि नागरिकों के कुछ अधिकार इतने मौलिक होते हैं कि इन्हें संसद् या कार्यपालिका की दया पर नहीं छोड़ा जा सकता क्योंकि एक तो संसद् या कार्यपालिका समय-समय पर बदलती रहने वाली संस्थाएँ हैं और निश्चित तौर पर हर बदलाव के साथ इनकी विचारधाराओं में भी परिवर्तन आयेगा और दूसरी बात यह कि मूल अधिकारों को लेकर नागरिकों का दावा संसद और कार्यपालिका के विरुद्ध ही होगा। ऐसी स्थिति में नागरिकों के मौलिक अधिकारों को संवैधानिक संरक्षण मिलना चाहिए ताकि ये अधिकार भावी संसद या कार्यपालिका के रहमोकरम पर निर्भर न रहें। इस सिद्धान्त के अभाव को भी आधार बनाकर डॉ. अंबेडकर ने नेहरू जी के प्रतिज्ञा-प्रस्ताव को अपर्याप्त और निराशाजनक बताया।

कुल आठ बिन्दुओं वाले प्रतिज्ञा-प्रस्ताव को दो भागों में बाँटते हुए डॉ. अंबेडकर ने अधिकार एवं न्याय से जुड़े प्रावधानों को अविवादित किन्तु अपर्याप्त एवं निराशाजनक बताया। पहली बार किसी सदस्य द्वारा इस दृष्टिकोण से प्रतिज्ञा-प्रस्ताव की आलोचना की गयी। लेकिन ये आलोचनाएँ संविधान सभा की प्रक्रिया में किसी तरह की बाधा पैदा न करें, इसलिए बड़ी ही बारीकी से इस विषय को छोड़ भी दिया। डॉ. अंबेडकर के शब्दों में-

'मि. चेयरमैन महोदय, प्रस्ताव पर कल हुई चर्चा को दो भागों में बाँटा जा सकता है, एक वह भाग जिस पर विवाद है और दूसरा वह जो अविवादित है। प्रस्ताव का पैराग्राफ सं0 5 से 7 जो गैर-विवादित भाग है, देश के भावी संविधान की उद्देश्यिका को प्रस्तुत करता है। हमें स्वीकार करना चाहिए कि यह प्रस्ताव पण्डित जवाहरलाल नेहरू द्वारा प्रस्तुत किया गया है, जो एक समाजवादी के रूप में ख्यातिलब्ध हैं। प्रस्ताव का यह भाग, जो यद्यपि गैर-विवादित है, मेरी नजर में निराशाजनक है। इस भाग में उनके द्वारा जितना किया गया है, उससे ज्यादा करने की अपेक्षा मैंने किया था। एक इतिहास के छात्र के नाते, मैं प्रस्ताव के इस भाग को इस रूप में न रखने को प्राथमिकता देता। इस भाग को पढ़ने के बाद हमें फ्रांस के संविधान सभा द्वारा घोषित 'मानवाधिकार का घोषणापत्र' की यादें ताजा हो जाती हैं। मैं सोचता हूँ कि 450 वर्षों के उपरान्त 'मानवाधिकार का घोषणापत्र' और उसमें अन्तर्निहित सिद्धान्त अब हमारे मन-मस्तिष्क के अंग हो गये हैं। मैं तो कहता हूँ, ये मानवाधिकार न केवल विश्व के प्रत्येक सभ्य समाज के आधुनिक सोच वाले लोगों के मन-मस्तिष्क के अंग हो गये हैं बल्कि हमारे देश में भी, जो इतना धर्मावलम्बी है, जो विचारों और सामाजिक व्यवहार में रूढ़िवादी है, शायद ही कोई ऐसा हो, जो इसकी वैधता को अस्वीकार करे। इसे पुन: दोहराना जैसा कि इस प्रस्ताव में किया गया है, केवल पाण्डित्य प्रदर्शन जैसा है। ये सिद्धान्त हमारे बीच पवित्रता के साथ नि:शब्द रूप में स्थापित हो चुके हैं। इसलिए इसको स्थापित किये जाने का ढिंढोरा पीटना अनावश्क है।

'प्रस्ताव कुछ अन्य मूलभूत कमियों से ग्रसित है। मैं पाता हूँ कि प्रस्ताव का यह भाग, यद्यपि कुछ अधिकारों को वर्णित करता है, लेकिन उपचारों के विषय में नहीं

बोलता है। हम सब इस तथ्य को भलीभाँति जानते हैं कि ऐसे अधिकार बेकार हैं जब तक कि इन अधिकारों के अतिक्रमण की दशा में लोगों को उपचार प्रदान करने का प्रभावशाली उपाय न हो। एक व्यक्ति के जीवन, स्वतंत्रता और सम्पत्ति को बिना युक्तियुक्त कानूनी प्रक्रिया के छीना न जा सके, ऐसी सामान्य बातों को इस प्रस्ताव में शामिल नहीं किया गया है। इन मूलभूत बातों को कानून और नैतिकता पर छोड़ दिया गया है। कानून क्या है? नैतिकता क्या है? इसको स्पष्टतया तत्समय सत्तारूढ़ कार्यपालिका द्वारा तय किया जायेगा। एक समय जब कार्यपालिका का इस सम्बन्ध में एक दृष्टिकोण होगा, तो अगले दिन कोई दूसरी कार्यपालिका अलग दृष्टिकोण रखेगी और हम नहीं जानते कि मौलिक अधिकारों की वास्तविक स्थिति क्या होगी, यदि इस मामले को समय-समय पर बदलने वाले सत्तारूढ़ कार्यपालिका के ऊपर छोड़ दिया जाय।

'महोदय, इस प्रस्ताव में कुछ ऐसे प्रावधान हैं जो आर्थिक, सामाजिक और राजनैतिक न्याय की बात करते हैं। यदि इस प्रस्ताव में ऐसे प्रावधानों को लेकर कुछ ईमानदारी है, जिसको लेकर मुझे प्रस्तावक के गम्भीरता पर कोई शंका नहीं है, तो मुझे ऐसे प्रावधानों की भी अपेक्षा थी जिसके माध्यम से राज्य आर्थिक, सामाजिक और राजनीतिक न्याय को वास्तविक रूप से लागू करे। देश में सामाजिक एवं आर्थिक न्याय हो, उद्योगों का राष्ट्रीयकरण हो, बैंकों का राष्ट्रीयकरण हो, इस सम्बन्ध में प्रस्ताव में स्पष्ट शब्द होने की अपेक्षा मैंने किया था। मैं नहीं समझता हूँ कि भावी सरकारें, जो आर्थिक, सामाजिक और राजनैतिक न्याय में विश्वास करेंगी, कैसे ऐसा कर पायेंगी, जब तक इनकी अर्थ-व्यवस्था 'सामाजिक अर्थ-व्यवस्था' न हो। इसलिए व्यक्तिगत रूप से यद्यपि मुझे इन प्रतिज्ञाओं के वर्णन को लेकर कोई आपत्ति नहीं है, यह प्रस्ताव मेरे लिये थोड़ा-सा निराशाजनक है। फिर भी मैं इस विषय को अपने **उक्त** टिप्पणी के साथ छोड़ने के लिए तैयार हूँ।'[6]

'एकत्व की राह' पर चलने का दिया समाधान

मुस्लिम लीग और भारतीय रियासतों की अनुपस्थिति के आधार पर डॉ. जयकर द्वारा संविधान सभा के अधिकारिता पर प्रश्नचिह्न लगाया गया था। एक तरफ मुस्लिम लीग और भारतीय रियासतों के व्यवहार के कारण देश चिन्ताजनक विभाजन के कगार पर खड़ा था, इसके बाद संविधान सभा के क्षमता पर प्रश्नचिह्न खड़ा होना अलग समस्या हो गयी थी। यद्यपि डॉ. जयकर की मंशा इतनी ही थी कि संविधान निर्माण की प्रक्रिया में मुस्लिम लीग और भारतीय रियासत भी शामिल हों ताकि बाद में वे किसी तरह का अवरोध न पैदा कर सकें, लेकिन इस सम्बन्ध में संशोधन, जिन शब्दों में था, स्वीकार होने पर जटिलता और बढ़ जाती। उस समय देश के सामने सबसे बड़ा डर यह था कि मुस्लिम लीग के असहयोग, बिखराव और बँटवारे की नीति दूसरे समुदाय को, खासतौर से शूद्र समुदाय को न प्रभावित कर दे। ऐसी स्थिति में देश की दशा और भी दयनीय हो जाती। इसलिए पूरे सदन की निगाह डॉ. अंबेडकर की ओर थी कि वह क्या विचार दे रहे हैं, खासतौर से तब जब वह स्वयं संविधान सभा में मुस्लिम लीग की तरफ से चुनकर आये थे।

लेकिन ऐसे किसी डर एवं आशंकाओं को निर्मूल साबित करते हुए डॉ. अंबेडकर का यह वक्तव्य कि 'हममें से किसी को भयभीत या सशंकित होने की आवश्यकता नहीं है' और 'विश्व की कोई शक्ति इस देश को एक होने से रोक नहीं सकेगी', संविधान सभा के सदस्यों के चेहरे पर प्रसन्नता लाने वाला और आत्मविश्वास पैदा करने वाला था। विरोधियों के प्रति सद्भावना रखे जाने की अपील करते हुए डॉ. अंबेडकर ने ऐसे प्रयास किये जाने पर बल दिया जिससे कि सभी लोग एक साथ आयें और 'एकत्व की राह' पर चलकर एकीकृत भारत देश के निर्माण में योगदान करें। डॉ. अंबेडकर के शब्दों में—

'अब मैं प्रस्ताव के पहले भाग की तरफ आता हूँ, जो इस सदन में चर्चा के उपरान्त विवाद का विषय बन गया है। यह विवाद 'रिपब्लिक' शब्द के प्रयोग पर केन्द्रित है। यह विवाद प्रस्ताव के पैरा 4 में 'संप्रभुता जनता द्वारा उद्भूत है' को लेकर है। मेरे मित्र डॉ. जयकर द्वारा कल के भाषण में व्यक्त किये गये उस विचार से उपजा है, जिसमें कहा गया कि मुस्लिम लीग के सदस्यों की अनुपस्थिति में प्रस्ताव पर चर्चा किया जाना उचित नहीं है। महोदय, मुझे इस महान् देश के आर्थिक, सामाजिक और राजनैतिक ढाँचे के अन्तिम स्वरूप को लेकर तनिक भी शंका नहीं है।

'मैं जानता हूँ कि हम सब सामाजिक, राजनीतिक और आर्थिक रूप से विभाजित हैं, हम सब युद्ध-कैम्प के समूह की तरह हैं और मुझे यह कहने में कोई संकोच नहीं है कि मैं भी ऐसे किसी एक समूह का नेता हूँ। लेकिन महोदय, मुझे विश्वास है कि विश्व की कोई शक्ति इस देश को एक होने से रोक नहीं सकेगी। सभी जातीय एवं नस्लीय विभाजनों के बावजूद मुझे यह कहने में थोड़ी- सी भी हिचकिचाहट नहीं है कि हम सभी किसी-न-किसी रूप में एकीकृत होंगे। मुझे यह भी कहने में कोई हिचकिचाहट नहीं है कि भारत के विभाजन के लिए मुस्लिम लीग द्वारा मुहिम चलाये जाने के बाद भी मुसलमानों में खुद ऐसे विचार प्रकट होंगे और वे ऐसा सोचेंगे कि एकीकृत भारत देश ही सर्वोत्तम है।

'जहाँ तक अन्तिम लक्ष्य का सम्बन्ध है, मैं सोचता हूँ कि हममें से किसी को भयभीत होने की आवश्यकता नहीं है। हम सबको संशकित होने की आवश्यकता नहीं है। हमारी कठिनाई भविष्य को लेकर नहीं है। हमारी कठिनाई इस बात को लेकर है कि कैसे भिन्न-भिन्न जातियों में बँटे समुदाय के लोग एक सर्वमान्य निर्णय ले सकेंगे, जो हमें 'एकत्व की राह' की ओर ले चलने में समर्थ कर सकें। हमारी कठिनाई अन्तिम लक्ष्य को लेकर नहीं है, बल्कि हमारी कठिनाई प्रारम्भ को लेकर है। इसलिए अध्यक्ष महोदय, मैं सोचता हूँ कि हमें एक इच्छुक मित्र बनने के लिए, देश के सभी अलग-अलग पक्षों को एक रास्ते पर लाने हेतु प्रेरित करने के लिए सभी राजनीतिज्ञों को महान कार्य करना होगा ताकि ऐसे लोग, जो इस 'एकत्व की राह' में शामिल होने के लिए साथ नहीं आ रहे हैं, उनके भी हितों की पूरी तरह रक्षा की जा सके। 'और इसलिए मैं आप सबसे अपील करता हूँ कि हम सब नारेबाजी करना बन्द करें, ऐसे शब्दों का इस्तेमाल करना बन्द करें जो जनता को भयभीत करता हो। हमें विपक्ष के लोगों के हित के लिए और उनको साथ लाने के लिए

प्रतिबद्ध होना होगा, ताकि वे 'एकत्व की राह' में शामिल होने के लिए सोचने लगें और मैं कहता हूँ कि यदि हम इस दिशा में चलते रहेंगे तो निश्चित रूप से हम सब एकीकृत हो जायेंगे।

'हम अपने विरोधियों के प्रति सद्भाव बनायें ताकि वे अन्दर आयें, इच्छापूर्वक हमारे साथ चलने के लिए आयें और मैं कहता हूँ कि यदि हम ऐसा कर सकें तो अवश्य ही हम सब एकत्व तक पहुँच जायेंगे। यदि मैं इस स्थान से डॉ. जयकर के संशोधन का समर्थन करता हूँ तो ऐसा इसलिए है क्योंकि मैं चाहता हूँ कि लोग महसूस करें कि हम सही हैं या गलत। जो कदम उठाने जा रहे हैं, वह हमारे कानूनी अधिकारों के अनुरूप है या वह 16 मई या 6 दिसम्बर के प्रलेख के अनुकूल है, इन सबको हम एक तरफ छोड़ दें। यह कानूनी अधिकार के विषय से भी बड़ा सवाल है। यह बिलकुल ही कानूनी सवाल नहीं है। हमें इन सब कानूनी पहलुओं को एक तरफ करके ऐसे प्रयास करने चाहिए ताकि वे लोग, जो साथ नहीं आना चाहते हैं, साथ आयें। मेरी अपील है कि हम सब ऐसा माहौल बनायें कि वे साथ आयें।'[7]

अखण्ड राष्ट्र के लिए मजबूत केन्द्र की वकालत

पण्डित नेहरू द्वारा प्रस्तुत किये गये प्रतिज्ञा-प्रस्ताव में एक कमजोर केन्द्र और शक्तिशाली प्रान्तों की कल्पना की गयी थी। इसके पैरा 3 में प्रान्तों को सभी अवशिष्ट शक्तियों के साथ स्वायत्तशासी इकाई के रूप में स्थापित किये जाने का संकल्प किया गया था। कांग्रेस के तत्कालीन शीर्ष रणनीतिकारों द्वारा यह प्रावधान चाहे जिस भी कारण से लाया गया रहा हो, यह महत्त्वपूर्ण नहीं था, लेकिन इस मार्ग पर चलकर एक एकीकृत देश की कल्पना नहीं किया जा सकता था। इतिहास भी इस बात का गवाह था कि मजबूत केन्द्रीय शासन के अभाव में देश हमेशा कमजोर रहा है और इसी कमजोरी के कारण हमें गुलामी का दंश भी झेलना पड़ा है। इस देश में जिस तरह की और जितनी विविधता एवं विषमता है, उसके अनुपात से ज्यादा राज्यों को शक्ति देना देश के एकता के लिए खतरनाक था। प्रतिज्ञा-प्रस्ताव द्वारा दिखाये गये रास्ते पर चलने का मतलब कमजोर केन्द्र और कमजोर देश के सिद्धान्त को स्वीकार करना था, यह बात डॉ. अंबेडकर अच्छी तरह समझते थे। इसलिए डॉ. अंबेडकर ने अपने भाषण में मुस्लिम लीग और रियासतों के अनुपस्थिति के कारण होने वाले दुष्परिणामों की बात तो की ही, इसके अलावा अखण्ड राष्ट्र के निर्माण के लिए एक मजबूत केन्द्र की पैरवी करने का साहस दिखाकर उन्होंने आम बहस की धारा को बदलने का प्रयास किया और कमोबेश वह इसमें सफल भी रहे।

संविधान सभा में जहाँ प्रतिज्ञा-प्रस्ताव के पैरा 3 के प्रावधान को मुस्लिम लीग एवं रियासतों के नाराजगी का कारण बताया जा रहा था, वहीं डॉ. अंबेडकर ने इस प्रावधान को देश के निर्माण में होने वाले प्रभावों-दुष्प्रभावों से जोड़ते हुए बहस का विषय बनाया। उन्होंने बहस का यह विषय बनाया कि देश के शासन का भावी स्वरूप कैसा होना चाहिए? उन्होंने बहस का यह विषय बनाया कि देश की अखण्डता के लिए पैमानें क्या हों? उन्होंने डॉ. जयकर द्वारा उठाये गये सवाल के मूल सिद्धान्त का समर्थन करने के बावजूद संविधान निर्माण के पथ को आगे बढ़ाने की वकालत की। डॉ. अंबेडकर ने संविधान में

मजबूत केन्द्र के साथ केन्द्र एवं राज्यों के बीच मध्य कड़ी के महत्त्व को रेखांकित करते हुए कहा—

"इस चर्चा के दौरान दो सवाल खड़े किये गये, जिसे मैं एक कागज पर नोट करने के लिए बाध्य हो गया। पहला प्रश्न मेरे मित्र बिहार के प्रधानमंत्री द्वारा कल इस सभा में अपने भाषण के दौरान उठाया गया। वे बताते हैं कि यह प्रस्ताव लीग को संविधान सभा में शामिल होने से कैसे रोकता है? आज मेरे मित्र डॉ. श्यामा प्रसाद मुखर्जी ने दूसरा प्रश्न किया कि कैसे यह प्रस्ताव कैबिनेट मिशन के प्रस्ताव के विरुद्ध है? महोदय, मैं सोचता हूँ कि ये प्रश्न बहुत ही महत्त्वपूर्ण हैं और इनके उत्तर दिये जाने चाहिए और सीधे-सीधे उत्तर दिये जाने चाहिए। यह प्रस्ताव चाहे ऐसा परिणाम लाने के नियत से लाया गया हो या नहीं, चाहे यह गलत आकलन का परिणाम हो या एक घटनामात्र का परिणाम हो, लेकिन हर स्थिति में यह प्रस्ताव, उस दुष्प्रभाव से बच नहीं सकेगा जो मुस्लिम लीग के बाहर होने के कारण पैदा होगा।

'इस सम्बन्ध में मैं आप सबका ध्यान प्रस्ताव के पैरा 3 की तरफ आकर्षित करना चाहता हूँ जो बहुत ही मूलभूत और महत्त्वपूर्ण है। पैरा 3 भारत के भावी संविधान की ओर इंगित करता है। प्रस्ताव प्रस्तुत करने वाले की नीयत के बारे में मैं नहीं जानता हूँ, लेकिन मैं इसे इस रूप में लेता हूँ कि यदि यह प्रस्ताव पारित हो जाता है तो यह संविधान सभा के लिए निर्देशक के रूप में कार्य करेगा कि वे प्रस्ताव के पैरा 3 के अनुरूप संविधान का निर्माण करें। पैरा 3 क्या कहता है? पैरा 3 के अनुसार इस देश में राजनीति के दो भिन्न-भिन्न राजनीतिक प्रतिमान होंगे। पहला नीचे की ओर जो एकीकृत भारत में शामिल होने वाले स्वायत्तपूर्ण प्रान्त या राज्य या अन्य क्षेत्र होंगे। इन स्वायत्तपूर्ण इकाइयों के पास पूर्ण शक्ति होगी। उनके पास अवशिष्ट शक्तियाँ भी होंगी। शिखर पर, इन प्रान्तीय इकाइयों के ऊपर एक केन्द्रीय सरकार होगी, जिनके पास विधायी, शासकीय एवं प्रशासन से जुड़ी कुछ शक्तियाँ होंगी। इस प्रस्ताव को जब मैं पढ़ता हूँ, मैं कहीं भी सामूहिकता के विचार को या केन्द्र एवं प्रान्तों के बीच किसी मध्यवर्ती कड़ी को नहीं पाता हूँ। इस प्रस्ताव को कैबिनेट मिशन प्रलेख के आलोक में पढ़ें या चाहें वर्धा सत्र में कांग्रेस द्वारा पारित प्रस्ताव के आलोक में, लेकिन प्रान्तों के सामूहिकता के विचार का अभाव मुझे आश्चर्यचकित करता है।

'जहाँ तक मेरा विचार है, मैं ऐसे 'समूहों के विचार' को पसन्द नहीं करता हूँ। मैं एक ऐसे मजबूत केन्द्र को पसन्द करता हूँ, जो गवर्नमेण्ट ऑफ इण्डिया एक्ट, 1935 में बनाये गये केन्द्र से भी ज्यादा मजबूत हो। लेकिन महोदय, इन विचारों एवं इच्छाओं का ऐसी परिस्थितियों में कोई मायने नहीं है। हमने लम्बे रास्ते तय किये हैं। कांग्रेस पार्टी, जिसे खुद इसके पीछे का कारण मालूम होगा, ने एक मजबूत केन्द्र को धराशायी करने के लिए सहमति दे दी है, जो पिछले 150 वर्षों के प्रशासन के परिणाम से इस देश में बना है, जो मेरी निगाह में हमेशा प्रशंसा की बात रही है। लेकिन इस स्थिति को छोड़ने के बाद या यह कहने के बाद कि हम मजबूत केन्द्र नहीं चाहते और यह स्वीकार करने के बाद कि केन्द्र और राज्यों के मध्य उप-

सांघिक व्यवस्था जैसी मध्यमार्गी राजनीति होनी चाहिए, मैं जानना चाहूँगा कि प्रस्ताव के पैरा 3 में सामूहिकता के विचार का सन्दर्भ क्यों नहीं है?

'मैं सर्वथा समझता हूँ कि कांग्रेस पार्टी, मुस्लिम लीग और ब्रिटिश सरकार, सामूहिकता से सम्बन्धित प्रावधानों के निर्वचन करने के बिन्दु पर एकमत नहीं हैं। लेकिन मैं, कम-से-कम गलत होता दिखने पर, खुद को सुधारने के लिए हमेशा सोचा करता हूँ। कांग्रेस पार्टी इस बात पर सहमत थी कि यदि ये प्रान्त, जो विभिन्न समूहों में रखे गये हैं, संघ या उपसंघ बनाने के लिए राजी हो जाते हैं, तो कांग्रेस को कोई आपत्ति नहीं होगी। मुझे विश्वास है कि मैं कांग्रेस पार्टी के सोच की व्याख्या करने में सही हूँ। सवाल जो मैं पूछता हूँ कि प्रस्तावना प्रस्तुत करने वाले ने 'प्रान्तों के संघ' या 'प्रान्तों के सामूहिकता' के विचार का सन्दर्भ क्यों नहीं लिया, जबकि वह और उसकी पार्टी इसको स्वीकार कर चुके हैं। क्यों संघ के विचार को इस प्रस्ताव में पूर्णतया मिटा दिया गया है? मैं कोई उत्तर नहीं पाता हूँ? और सम्भवत: इसका उत्तर किसी के पास नहीं है। इसलिए मैं उन दोनों प्रश्नों का उत्तर देता हूँ जो इस सदन में बिहार के प्रधानमंत्री और डॉ. श्यामा प्रसाद मुखर्जी द्वारा उठाया गया है कि कैसे यह प्रस्ताव 16 मई के प्रलेख के विरुद्ध है? या कैसे यह प्रस्ताव मुस्लिम लीग को संविधान सभा में शामिल होने से रोक रहा है और यह पैरा 3 है जिसका लाभ लेकर मुस्लिम लीग अपनी अनुपस्थिति को औचित्यपूर्ण बता रही है।''[8]

पार्टियों एवं नेताओं की प्रतिष्ठा से ऊपर है राष्ट्र का भाग्य

एकीकृत देश के बने रहने के लिए यह आवश्यक था कि मुस्लिम लीग भी संविधान सभा में शामिल होकर संविधान निर्माण में अपनी सहभागिता देती। लेकिन ऐसा न करके वह वस्तुत: देश के धर्म आधारित बँटवारे को धार देने में लगी हुई थी। मुस्लिम लीग चाहती थी कि कांग्रेस के वर्चस्व वाली संविधान सभा उसके अनुपस्थिति में कार्यवाही करे ताकि उसके बँटवारे की माँग को और मजबूती मिले। इससे बचने के लिए डॉ. जयकर ने मुस्लिम लीग के बिना संविधान सभा के क्षेत्राधिकार को लेकर तमाम कानूनी सवाल खड़ा किये जबकि मि. श्रीकृष्ण सिन्हा ने इस विवाद से निपटने के लिए संविधान सभा की कार्यवाही को आगे बढ़ाने और आवश्यकता पड़ने पर शक्ति प्रयोग करने का सुझाव दे डाला। लेकिन डॉ. अंबेडकर ने मुस्लिम लीग से जुड़े इस विवाद को 'शक्ति और कानून' के बजाय 'विवेक और बुद्धिमत्ता' के पैमाने से हल करने के लिए सदन से अपील की। देश के भाग्य को किसी पार्टी या व्यक्ति की प्रतिष्ठा से बड़ा बताते हुए डॉ. अंबेडकर ने कांग्रेस और मुस्लिम लीग के मध्य उपजे आपसी विवाद को सुलझाने की अपील करते हुए कहा—

'महोदय, मेरे मित्र डॉ. जयकर ने कल बहस करते हुए इस बिन्दु पर किसी निर्णय को टाल देने की वकालत की है। उनके प्रति कोई गलती करने का आशय न रखते हुए, मैं कह सकता हूँ कि उन्होंने अपनी बात को कानूनी तरीके से रखा है। उनका बहस है कि क्या आप (यानी यह संविधान सभा) ऐसा करने का अधिकार रखते हैं? वे कैबिनेट मिशन प्रलेख के कुछ अंश का उल्लेख करते हैं, जो संविधान

सभा की कार्यवाही से सम्बन्धित है और उनका कहना है कि संविधान सभा के इस प्रस्ताव पर निर्णय लेने की कार्यवाही, प्रलेख में उल्लिखित कार्यवाही के सर्वथा विरुद्ध है।

'महोदय, मैं इस बात को अलग तरीके से कहना चाहता हूँ। मैं इसे इस तरीके से कहना चाहता हूँ। आप सबको प्रस्ताव पारित करने का अधिकार है या नहीं, इस पर विचार करने का सवाल, मैं आप सबसे नहीं पूछता हूँ। मेरा सवाल अलग है। मेरा सवाल है कि क्या ऐसा करना विवेकपूर्ण है? क्या ऐसा करना बुद्धिमत्तापूर्ण है? शक्ति होना एक बात है, बुद्धिमत्तापूर्ण होना अलग बात है और मैं इस सदन से इस मामले को इस रूप में विचार करने के लिए कहता हूँ। संविधान सभा में अधिकार निहित है या नहीं हैं, इससे अलग मैं इस सदन से दूसरे रूप में इस मामले पर विचार करने के लिए कह रहा हूँ कि क्या इस स्थिति में ऐसा करना बुद्धिमानीपूर्ण या विवेकपूर्ण है? जवाब होगा कि नहीं।

'मेरा सुझाव है कि कांग्रेस और मुस्लिम लीग के मध्य विवाद को सुलझाने के लिए अन्य दूसरे प्रयासों पर सोचना चाहिए। यह विषय बहुत ही आधारभूत एवं महत्त्वपूर्ण है। मैं निश्चित मत का हूँ कि यह मात्र एक पार्टी की प्रतिष्ठा या दूसरी पार्टी की प्रतिष्ठा के आधार पर तय नहीं किया जा सकता। जब हम राष्ट्र के भाग्य पर निर्णय ले रहे हैं तो जनता की प्रतिष्ठा या नेताओं की प्रतिष्ठा या पार्टियों की प्रतिष्ठा नगण्य हो जाती है। राष्ट्र के भाग्य को इन सब पर प्राथमिकता मिलनी चाहिए। इस कारण से मैं महसूस करता हूँ कि यह इस संविधान सभा के हित में है ताकि वह एक होकर पूर्ण रूप से कार्य कर सके, ताकि वह कोई निर्णय लेने के पूर्व मुस्लिम लीग की प्रतिक्रिया को जान सके। मैं डॉ.जयकर के संशोधन का समर्थन करता हूँ। यदि हम कठोरता के साथ कार्य करते हैं तो भविष्य की घटनाओं पर भी हमें विचार करना चाहिए। मैं नहीं जानता कि इस सदन में पूर्णतया प्रभाव रखने वाली कांग्रेस पार्टी की भावी योजना क्या है, जो वह अपने दिमाग में रखती है। मेरे पास उनके विचारों को जानने की कोई दैवीय शक्ति नहीं है। उनकी क्या युक्ति है? उनकी क्या रणनीति है? इसे मैं नहीं जानता हूँ।'[9]

युद्ध और शक्ति-प्रयोग पर किया सावधान

मुस्लिम लीग द्वारा संविधान सभा का बहिष्कार करने से होने वाले प्रभावों पर चर्चा के दौरान कुछ सदस्यों द्वारा शक्ति-प्रयोग की वकालत की गयी थी। मि. श्रीकृष्ण सिन्हा ने यहाँ तक कहा था कि इस संविधान सभा को भी उस रास्ते पर चलना पड़ सकता है, जिस रास्ते पर 1709 ई0 में फ्रांस के संविधान सभा को उस समय के राजा के व्यवहार के कारण जाना पड़ा था। इस तरह आवश्यकता पड़ने पर शक्ति का प्रयोग करने की वकालत करने वाले इसके दुष्प्रभाव को लेकर संवेदनशील नहीं थे। इन दोनों समूहों के बहिष्कार के कारण संविधान निर्माण में पैदा हो रही या पैदा की जा रही बाधा को पक्ष-विपक्ष, हिन्दू-मुस्लिम के चश्मे से देखने लगे थे। यह एक खतरनाक स्थिति बनती जा

रही थी। यह सन्देश कि मुसलमानों की सहमति के बगैर संविधान बनाकर उन पर जबरदस्ती थोपा जाने वाला है, और भी खतरनाक था।

डॉ. अंबेडकर 'शक्ति-प्रयोग' और शक्ति-प्रयोग से हासिल होने वाले 'विजय' की निरन्तरता के सम्बन्ध में प्रसिद्ध दार्शनिक बुर्के के दर्शन को उद्धृत करते हुए मौजूदा हालात में शक्ति-प्रयोग से होने वाले दुष्प्रभावों से संविधान सभा को आगाह किया। डॉ. अंबेडकर के शब्दों में—

> '...मुझे लगता है कि केवल तीन रास्ते हैं जिस पर चलकर हम अपने भविष्य के निर्णय ले सकते हैं। पहला रास्ता यह कि एक पार्टी अपनी इच्छाओं को दूसरी पार्टी की इच्छाओं के समक्ष समर्पण कर दे। दूसरा रास्ता है कि हम शान्ति के लिए आपसी सूझ-बूझ से रास्ते निकालें और तीसरा रास्ता है खुला युद्ध। महोदय, मैं संविधान सभा के कुछ सदस्यों के मुख से युद्ध के लिए तैयार होने की बात सुन रहा हूँ। ऐसे विचार मुझे व्याकुल करते हैं कि इस देश का कोई व्यक्ति देश की राजनीतिक समस्याओं के समाधान के लिए युद्ध के तरीके अपनाने की बात सोचेगा। मैं नहीं जानता हूँ कि देश के कितने लोग ऐसे विचार से सहमत होंगे। कुछ लोग ऐसा कर सकते हैं और ऐसा करने के पीछे उनमें से ज्यादातर लोगों का विश्वास होगा कि यह युद्ध, जो वह सोच रहे हैं, वह ब्रिटिश सत्ता के विरुद्ध युद्ध होगा। ठीक है महोदय, इस तरह आया युद्ध का विचार, जैसा कि कुछ लोगों के दिमाग में है, भले ही सीमित या संकुचित हो और मात्र ब्रिटिश सत्ता के विरुद्ध युद्ध से ज्यादा कुछ न हो। ऐसी रणनीति पर मुझे कोई आपत्ति नहीं हो सकती है। लेकिन क्या ऐसा युद्ध केवल ब्रिटिश सत्ता के विरुद्ध होगा? मुझे कोई हिचक नहीं है और इस सदन में स्पष्ट शब्दों में कहना चाहता हूँ कि यदि कोई युद्ध इस देश में होता है और यदि यह युद्ध किसी ऐसे मुद्दे को लेकर होता है, जिसे लेकर हम सब आज आमने-सामने हैं, तो यह युद्ध केवल ब्रिटिश के विरुद्ध नहीं होगा, यह युद्ध मुसलमानों के विरुद्ध होगा या यह कहना सम्भवत: अतिशयोक्ति नहीं होगा कि यह युद्ध ब्रिटिश सत्ता और मुस्लिमों के गठबन्धन के विरुद्ध होगा। मैं ऐसे किसी युद्ध के विचार को परवान चढ़ते नहीं देख सकता।'
>
> 'महोदय, मैं इस सदन के समक्ष बुर्के के महान् भाषण की कुछ पंक्तियों को पढ़ना चाहता हूँ जो उन्होंने अमेरिका के साथ समझौते के समय दिये थे। मैं विश्वास करता हूँ कि ये पक्तियाँ इस सदन के मिजाज को कुछ हद तक प्रभावित कर सकती हैं। ब्रिटिश लोग, जैसा कि आप सब जानते हैं, संयुक्त राज्य के द्रोही कालोनियों पर विजय प्राप्त करने का प्रयास कर रहे थे और उन्हें उनके इच्छा के विरुद्ध अपने शासन के अर्न्तगत लाना चाहते थे। कालोनियों पर विजय हासिल करने के विचार का विरोध करते हुए बुर्के कहते हैं—
>
> > 'प्रथमत: महोदय मुझे यह कहने की अनुमति दें कि मात्र शक्ति का प्रयोग हमें कुछ क्षण के लिए विजय प्राप्त करा सकते हैं, लेकिन यह पुन: विजय प्राप्त करने की आवश्यकता को समाप्त नहीं करता है और वह राष्ट्र कदापि शासित नहीं हो सकता है, जिसे निरन्तर रूप से जीतना पड़े।...मेरी अगली आपत्ति इसकी

अनिश्चितता को लेकर है। भय पैदा करने वाली शक्ति का प्रयोग करके होने वाले कुछ बदलाव विजय नहीं होते हैं। यदि आप सफल नहीं होते हैं, आप साधनविहीन हो जाते हैं। मध्यस्थता के प्रयास विफल होने पर शक्ति-प्रयोग का विकल्प बचा रहता है, लेकिन शक्ति का प्रयोग विफल होने पर मध्यस्थता के रास्ते भी बन्द हो जाते हैं। शक्ति और प्राधिकार कभी-कभी दयालुता के माध्यम से अर्जित किये जाते हैं, लेकिन उसे टूट चुकी और हारी हुई हिंसा के बाद भीख माँगकर नहीं प्राप्त किया जा सकता है।...'

'ये ऐसे प्रभावशाली शब्द हैं, जिसकी उपेक्षा किया जाना खतरनाक है। यदि कोई व्यक्ति है, जो हिन्दू-मुस्लिम समस्या को शक्ति के द्वारा सुलझा लिये जाने की बात दिमाग में रखता है, जो युद्ध से सुलझा लेने का दूसरा नाम है, जिसके माध्यम से मुसलमानों को अधीन में किया जा सकता है और जिन्हें संविधान, जो उनके सहमति के बिना बनाया गया होगा, के समक्ष आत्म-समर्पण कराया जा सकेगा, इस देश को उन पर निरन्तर रूप से विजय हासिल करने के लिए तैयार रहना होगा। विजय केवल एक बार नहीं हासिल करना होगा बल्कि बार-बार हासिल करना होगा। मेरी इच्छा है कि जितना समय लिया गया है, कुछ और समय लिया जाना चाहिए और एक बार फिर मैं बुर्के को याद करते हुए समाप्त करना चाहूँगा। बुर्के ने कहा है कि 'कहीं-कहीं शक्ति दिखाना आसान होता है वहीं बुद्धिमानी दिखाना कठिन होता है।' इस सदन को अपने व्यवहार से सिद्ध करना है कि वह अपनी संप्रभु शक्तियों को लेकर अहंकारी नहीं हैं, वह इसके प्रयोग को बुद्धिमानी से प्रयोग करने के लिए तैयार हैं। यही एकमात्र रास्ता है जिसे हम देश के सभी लोगों को साथ लेकर चलने के लिए अपना सकते हैं। इसके अलावा और कोई रास्ता नहीं है, जिससे एकता स्थापित हो सके।''[10]

नेहरू जी के प्रतिज्ञा-प्रस्ताव पर डॉ. अंबेडकर द्वारा दिये गये प्रतिक्रिया-भाषण के इस अंश ने उनकी एक अलग छवि निर्मित किया। उनकी तर्कयुक्त आलोचना, किसी व्यक्ति-विशेष या समूह-विशेष या पार्टी-विशेष के प्रति आग्रह-दुराग्रह से प्रभावित होने के बजाय राष्ट्र-निर्माण और समाज-निर्माण के लिए था। समस्याओं का पूर्वानुमान कर उसे समझने की योग्यता, इन समस्याओं का निराकरण देने की विद्वत्ता, किसी भी सामाजिक-राजनीतिक-कानूनी विषय की समालोचना करने की कुशलता, जैसी विशेषताओं के कारण डॉ. अंबेडकर पूरे देश के लिए उम्मीद की किरण बन गये। कानूनी समस्याओं को किनारे रखकर देशहित में संविधान-निर्माण के लिए सभी समूहों को 'एकत्व की राह' पर साथ आने और साथ चलने की उनकी मार्मिक किन्तु आत्मविश्वासयुक्त अपील प्रभावित करने वाली थी। अपनी प्रतिक्रिया-भाषण से उन्होंने देश के भाग्य को पार्टियों एवं नेताओं के प्रतिष्ठा से ऊपर बताया और सिद्ध किया कि वे न तो कांग्रेस की धारा के हैं और न ही मुस्लिम लीग की धारा के हैं। बल्कि संविधान सभा में उनका योगदान देश और मात्र देश के लिए है। यह उनके साहस का परिचायक है कि अपनी प्रतिक्रिया-भाषण में डॉ. अंबेडकर ने न केवल कई मुद्दों पर पण्डित नेहरू द्वारा प्रस्तुत प्रतिज्ञा-प्रस्ताव के प्रावधानों से अपनी असहमति व्यक्त की, बल्कि अंग्रेजी हुकूमत के 150 साल

के दौरान देश के प्रशासनिक ढाँचे में विकसित हुए 'एक-सूत्र' की सराहना करते हुए उन्होंने इसे देश की एकता और अखण्डता के लिए उपयोगी बताया।

डॉ. अंबेडकर के भाषण के बाद सेठ गोविन्द दास, मि. जे. जे. एम. निकोलस रॉय, मि. आर. के. सिधवा, श्री बिश्वनाथ दास, पण्डित हृदय नाथ कुंजरू, सर एन. गोपालास्वामी अयंगर, मि. सोमनाथ लाहिरी, मि. हंसा मेहता, मि. पी. आर. ठाकुर, सर अल्लादि कृष्णास्वामी अय्यर, श्री जयपाल सिंह, श्री देबी प्रोसाद खेतान, मि. डंबर सिंह गुरुंग, डॉ. सर हरी सिंह गौर, श्रीमती दक्षयानी वेलायुदन, सर एस. राधाकृष्णन, मि. एन.वी. गाडगिल, श्रीमती विजयलक्ष्मी पण्डित, प्रो. एन.जी. रंगा, डॉ. पी.के. सेन, श्री एस. नागप्पा, मि. जगत नारायण लाल, श्री अलगू राय शास्त्री, श्री के. माधव मेनन, मि. बी. दास, मि. देवेन्द्र नाथ सामन्ता, मि. जेराम डिसूजा, मि. एच. जे. खाण्डेकर, श्री आर. वी. धुलेकर, मि. एच. वी. पाटस्कर, मि. एस. एच. प्राटर, श्री विशम्भर दयाल त्रिपाठी ने भी प्रतिज्ञा-प्रस्ताव पर हुए आम बहस में भाग लिया।

आम बहस के दौरान श्रीमती दक्षयानी वेलायुदन ने डॉ. अंबेडकर के सन्दर्भ में एक रोचक बात कही, जिसे यहाँ पर सन्दर्भित करना इसलिए आवश्यक है ताकि जाना जा सके कि उस समय नेतागण डॉ. अंबेडकर के बारे में क्या राय रखते थे। श्रीमती वेलायुदन ने डॉ. अंबेडकर से व्यक्तिगत अपील करते हुए कहा कि—

> 'उन्हें भी इस देश के राष्ट्रीय शक्तियों के साथ आना चाहिए। वह हरिजन समुदाय के एकमात्र नेता हैं और उनका राष्ट्रीय शक्तियों के साथ असहयोग हरिजनों के लिए दु:खदायी है; उनका राष्ट्रीय शक्तियों के साथ सहयोग हरिजनों के मुक्ति में मददगार होगा। महोदय, यह आपके लिए एक विशिष्ट अवसर है कि आप देश के लिए अपनी सेवा दें।'[11]

श्रीमती वेलायुदन का उक्त सम्बोधन तत्कालीन नेताओं के मन में डॉ. अंबेडकर के प्रति सोच को दर्शाता है और इंगित करता है कि वे ऐसी मान्यता रखते थे कि डॉ. अंबेडकर राष्ट्रीय शक्तियों के खिलाफ खड़े है।

आम बहस में बोलने वाले लगभग सभी सदस्यों ने पण्डित नेहरू के प्रतिज्ञा-प्रस्ताव का समर्थन किया। जबकि मात्र दो सदस्य मि. एफ. आर. अन्थोनी एवं पण्डित हृदय नाथ कुंजरू द्वारा डॉ. जयकर के संशोधन प्रस्ताव का समर्थन किया गया और डॉ. अंबेडकर द्वारा डॉ. जयकर के संशोधन प्रस्ताव का सीमित समर्थन किया गया। लेकिन यह डॉ. अंबेडकर के उक्त भाषण का ही प्रभाव था कि मुस्लिम लीग एवं भारतीय रियासतों को भाग लेने का पर्याप्त अवसर देने के उद्देश्य से संविधान सभा की कार्यवाही को एक महीने के लिए टाल दिया गया ताकि इन्हें अवसर न दिये जाने के आधार पर किसी तरह का विवाद करने का मौका न मिल सके।

लगभग एक महीने के अन्तराल के बाद 21 जनवरी, 1947 को डॉ. जयकर ने अपना संशोधन प्रस्ताव यह कहकर वापस ले लिया कि हमने संशोधन प्रस्ताव इस इच्छा के साथ लाया था ताकि मुस्लिम लीग और भारतीय रियासतों के लिए संविधान सभा में शामिल होना आसान हो जाय और मुस्लिम लीग के सन्दर्भ में इस सदन ने 20 जनवरी तक के

लिए टालकर मेरे प्रस्ताव को व्यवहार में स्वीकार भी कर लिया, लेकिन मुस्लिम लीग फिर भी शामिल नहीं हुई है।

इसके पश्चात् नेहरू जी ने समापन सम्बोधन करते हुए कहा कि अभी भी हम उनके लिए दरवाजे खोल रखे हैं और अन्तिम समय तक हम उनका स्वागत करने के लिए तैयार रहेंगे और जो संविधान सभा में आने का अधिकार रखते हैं, को आने देने का पर्याप्त अवसर देंगे। लेकिन एक बात स्पष्ट है कि यद्यपि हम दरवाजे खोले रखेंगे, लेकिन संविधान सभा की कार्यवाही नहीं रुकेगी। समापन भाषण के साथ पण्डित नेहरू ने एक बार पुन: प्रतिज्ञा-प्रस्ताव को संविधान सभा के पटल पर रखा, जिसे 21 जनवरी, 1947 को संविधान सभा द्वारा सर्वसम्मति से अंगीकृत कर लिया गया।

संविधान सभा के लिए अनिवार्य बने डॉ. अंबेडकर

संविधान सभा के सदस्य के रूप में डॉ. अंबेडकर ने, थोड़े ही समय में अपनी प्रतिभा एवं कर्मठता से लोगों को प्रभावित कर दिया। संविधान सभा में डॉ. अंबेडकर का महत्त्व एवं आवश्यकता किस कदर बढ़ गया था, इसको एक घटना से समझा जा सकता है। डॉ. अंबेडकर संविधान सभा में अविभाजित बंगाल से चुनकर आये थे। बंगाल बँटवारे के कारण उनकी सदस्यता 14 जुलाई, 1947 को समाप्त हो गयी। इसके बाद पश्चिम बंगाल के सीट के लिए नया चुनाव होना था। किन्तु राजनैतिक समीकरण के वजह से डॉ. अंबेडकर के लिए वहाँ से चुना जाना सम्भव नहीं दिख रहा था। संविधान सभा में डॉ. अंबेडकर के चुनाव को लेकर कोई सन्देह न बना रहे, इसके लिए सरदार वल्लभ भाई पटेल सहित देश के तत्कालीन शीर्ष नीतिकारों को आगे आना पड़ा। उसी समय बाम्बे प्रान्त से चुनकर आये मि. एम. आर. जयकर का पद रिक्त हुआ था। इस रिक्त पद के लिए भी चुनाव किया जाना था। इस रिक्त पद पर डॉ. अंबेडकर का चुनाव सुनिश्चित हो, इसके लिए स्वयं संविधान सभा के अध्यक्ष डॉ. राजेन्द्र प्रसाद को आगे आना पड़ा। अपनी सिफारिश में बाम्बे प्रान्त के तत्कालीन प्रधानमंत्री बी.जी. खेर को सम्बोधित पत्र में डॉ. राजेन्द्र प्रसाद ने लिखा—

> 'अन्य बातों को एक तरफ रखते हुए हम पाते हैं कि संविधान सभा और अन्य तमाम समितियों में डॉ. अंबेडकर का कार्य इस तरह का रहा है, जो माँग करता है कि हमें उनकी सेवा से वंचित नहीं होना चाहिए। जैसा कि आप जानते हैं, वह बंगाल से चुने गये थे और इस प्रान्त के बँटवारे के बाद 14 जुलाई, 1947 से उनकी इस सभा की सदस्यता समाप्त हो गयी है, इसलिए यह आवश्यक है कि उनका चुनाव जल्द-से-जल्द होना चाहिए।'

संविधान सभा के इतिहास में यह सम्भवत: एकमात्र उदाहरण है, जब किसी व्यक्ति की सदस्यता के समाप्त होने के बाद स्वयं अध्यक्ष द्वारा उसके महत्त्व को दर्शाते हुए उसकी सदस्यता को बनाये रखने के लिए इतनी सक्रियता दिखायी गयी हो। यह अपने-आप में खास इसलिए भी है क्योंकि स्वयं डॉ. अंबेडकर पहली बार संविधान सभा में मुस्लिम लीग से चुनकर आये थे। लेकिन अब उनके चुने जाने को लेकर कांग्रेस के शीर्ष रणनीतिकार गम्भीर थे। यह अपने-आप में अनोखा था।

ताकि 'कांग्रेस पार्टी' भारत में चीन की 'कम्युनिस्ट पार्टी' न बन सके

कैबिनेट मिशन की संस्तुति के अनुसार भारत में अन्तरिम सरकार का गठन किया जाना था। तत्कालीन नीतिकारों के लिए सबसे गम्भीर सवाल यह था कि कानून मंत्री का दायित्व किसे सौंपा जाय। कानून मंत्रालय का महत्त्व इसलिए और ज्यादा था क्योंकि इसे देश के संविधान-निर्माण के कार्य में महत्त्वपूर्ण भूमिका निभानी थी। जिन परिस्थितियों में देश आजाद हुआ था, हालात बहुत आसान नहीं थे। बँटवारे के कारण अल्पसंख्यक खासकर मुसलमानों के विरुद्ध माहौल था और धर्मान्धता व कट्टरवाद के हावी होने का भय व्याप्त था। धर्म आधारित बँटवारा होने और पाकिस्तान के अलग हो जाने के बावजूद भी शेष देश के सन्दर्भ में यह कल्पना नहीं किया जा सकता था कि वह केवल एक धर्म मानने वालों का देश बने। इतने विविधता वाले देश में, जहाँ न केवल मुसलमान (पाकिस्तान बनने के बाद भी), बल्कि ईसाई, पारसी, सिख, बौद्ध, जैन जैसे अलग-अलग धर्मों को मानने वाले लोग रह रहे थे, 'एक धर्म-एक देश' की नीति को लागू करने का मतलब था—देश को और कई टुकड़ों में बँटने देने का न्योता देना। खुद हिन्दुओं में तमाम पन्थों और सम्प्रदायों यथा, शैव-वैष्णव, सनातनी-गैरसनातनी, सवर्ण-पिछड़े, दलित-गैरदलित के मध्य संघर्ष होने की स्थिति में देश कितने टुकड़े में बँटता, इसका सहज ही अनुमान लगाया जा सकता है।

आजादी के बाद कांग्रेस को एक राजनीतिक पार्टी के रूप में स्थापित होकर सत्ता संचालन का हिस्सा बनना चाहिए या नहीं, इसको लेकर तत्कालीन कांग्रेस के शीर्ष नेताओं में गहरा मतभेद सामने आ गया था। महात्मा गाँधी आजादी हासिल होने के बाद कांग्रेस की भूमिका समाप्त मानते थे और इसे एक राजनीतिक पार्टी के रूप में स्थापित करने के पक्ष में नहीं थे, ताकि विचारधारा और भूमिका को लेकर इसकी निष्पक्षता और पवित्रता पर कभी अँगुली न उठायी जा सके। लेकिन महात्मा गाँधी के इस विचार से अलग कांग्रेस का एक समूह आजादी आन्दोलन के दौरान कांग्रेस द्वारा हासिल किये गये लोकप्रियता और विश्वास को सत्ता-प्राप्ति का साधन बनाना आवश्यक मानते थे, ताकि देश में स्थिरता कायम हो।

भले ही महात्मा गाँधी कांग्रेस को एक राजनैतिक पार्टी के रूप में स्थापित होने से रोकने में सफल नहीं हो पाये थे, लेकिन वह संविधान में या शासन-व्यवस्था में कांग्रेस पार्टी का एकच्छत्र वर्चस्व नहीं होने देना चाहते थे। गाँधी जी मानते थे कि देश के संविधान में किसी एक पार्टी का प्रभुत्व या एक विचार की प्रधानता देश के वास्तविक समन्वयी चरित्र को नष्ट कर सकता है। इस देश को केवल गाँधी या कांग्रेस पार्टी ने ही नहीं जीया है, ऐसे भी बहुत लोग थे जिन्होंने कांग्रेस पार्टी से दूर और अलग रहते हुए, देश व इसकी आजादी के लिए अपना सब-कुछ दाँव पर लगा दिया था। इसलिए संविधान-निर्माण में न तो 'गाँधी' का प्रभुत्व होना चाहिए और न ही 'गाँधीवाद' या 'कांग्रेसी विचार' की प्रधानता होनी चाहिए। इस देश को किसी एक पार्टी का देश बनने देना आत्मघाती कदम होता। संविधान में या शासन-व्यवस्था में कांग्रेस का या इसके विचार का प्रभुत्व होने देना देश की अखण्डता के लिए खतरनाक होता। भारत में 'कांग्रेस पार्टी' को चीन की 'कम्युनिस्ट पार्टी' की तरह स्थापित नहीं होने दिया जा सकता था। यह लोकतंत्र की हत्या करने जैसा

होता। इसलिए कांग्रेस-विचार से स्वतंत्र सोच एवं निष्पक्ष विचार रखने वाले व्यक्ति को संविधान-निर्माण का नेतृत्व सौंपा जाना चाहिए, इसको लेकर गाँधी जी के मन में किसी तरह का शक नहीं रह गया था।

एकमात्र सक्षम एवं निष्पक्ष विकल्प के रूप में उभरे बाबा साहेब

एक बार बँटने का दंश झेल चुके देश को पुनः न बँटने देने और एक बनाये रखने की चिन्ता के बीच ऐसे सर्वस्वीकार्य संविधान का निर्माण करना तत्कालीन नेतृत्व वर्ग के लिए चुनौती थी, जो सभी देशवासियों में आत्मविश्वास और एक-दूसरे के प्रति विश्वास का भाव जगा सके; जो देश की एकता और अखण्डता को सुनिश्चित कर सके; जो कट्टरता को दरकिनार कर ऐसा माहौल विकसित कर सके जिसमें अल्पसंख्यकों और दलितों को समानता एवं सम्मान के साथ देश में रहने का अधिकार मिले। सर्वस्वीकार्य संविधान का निर्माण करने के लिए उपयुक्त व्यक्ति पर मुहर लगाने में सबसे बड़ी भूमिका नेहरू जी की थी। लेकिन महात्मा गाँधी का महत्त्व भी कम नहीं था। हालाँकि कांग्रेस के पास श्री के. एम. मुन्शी, सर तेज बहादुर सप्रू जैसे विद्वान्, वरिष्ठ एवं भरोसेमन्द कानूनविद् थे। लेकिन गाँधी जी यह मानते थे कि सभी विचारधाराओं को समान रूप से सम्मान देकर ही हम देश को एकसूत्र में बाँधे रख जा सकते हैं। इसी कारण वह ऐसा व्यक्ति चाहते थे जो किसी पार्टी लाइन से निष्पक्ष हो और पूर्वाग्रह से मुक्त होकर निर्णय लेने की क्षमता रखता हो; जो देश के सामाजिक एवं राजनीतिक नब्ज की, खासतौर से इसके समन्वयात्मक चरित्र की स्पष्ट समझ रखता हो। इन सब पैमाने पर डॉ. भीमराव अंबेडकर ही सबसे उपयुक्त व्यक्ति है, इस बात को गाँधी जी ने समझ लिया था। उनके शब्दों में 'बहुत सोच-विचारकर वे इस निर्णय पर पहुँचे कि संविधान-निर्माण के लिए डॉ. भीमराव अंबेडकर ही उपयुक्त व्यक्ति हो सकते हैं। इस निर्णय का आधार उनकी 1. विद्वत्ता, 2. विभिन्न देशों के संविधानों की जानकारी, 3. मानवाधिकारों के प्रति प्रतिबद्धता, 4. वैश्विक दृष्टिकोण, 5. भारत में होने वाले जातीय और धार्मिक भेदभाव के बारे में वैचारिक स्पष्टता और तटस्थता आदि थे।'

इसके अलावा देशहित के प्रति डॉ. अंबेडकर की निष्ठापूर्ण प्रतिबद्धता के कारण महात्मा गाँधी को इस निर्णय पर पहुँचने में कोई परेशानी नहीं हुई कि उन्हें ही संविधान-निर्माण के लिए मुख्य भूमिका दी जाये। दूसरी बात यह भी महत्त्वपूर्ण था कि संविधान-निर्माण का उत्तरदायित्व निभाने वाला व्यक्ति ऐसा हो जिसके कारण यह आरोप लगने की स्थिति न पैदा हो पाये कि संविधान का कोई प्रावधान मात्र इस कारण बना क्योंकि वह कांग्रेस पार्टी के विचारधारा के अनुकूल था। ऐसे सम्भावित आरोप से बचने के लिए भी महात्मा गाँधी ऐसा व्यक्ति चाहते थे, जो कांग्रेसी पृष्ठभूमि का न हो। इस दृष्टिकोण से भी संविधान-निर्माण जैसे महान् कार्य के लिए डॉ. अंबेडकर से उपयुक्त व्यक्ति कोई नहीं था।

तत्कालीन प्रधानमंत्री पण्डित जवाहरलाल नेहरू और उनकी टीम, डॉ. अंबेडकर को कानून मंत्री बनाने और संविधान-निर्माण के नेतृत्व का दायित्व दिये जाने के महात्मा गाँधी के विचार से पूरी तरह असहमत थे। नेहरू जी के मन में इस बात को लेकर डर था कि

डॉ. अंबेडकर के आ जाने से संविधान-निर्माण में कांग्रेस पार्टी और उनके विचार को महत्त्व नहीं मिल पायेगा। यही कारण था कि नेहरू जी, डॉ. अंबेडकर को संविधान-निर्माण के लिए अहम् भूमिका देने के विरोध में थे। लेकिन इस विरोध को अमलीजामा पहनाने के लिए गाँधी जी का सहारा लिया गया और यह कहा जाने लगा कि डॉ. अंबेडकर बापू-विरोधी हैं। इसी आधार पर तत्कालीन कांग्रेसी नेतृत्व द्वारा डॉ. अंबेडकर के खिलाफ महात्मा गाँधी को विश्वास में लेने का प्रयास किया गया और उनतक यह सन्देश भी भेजवाया गया कि डॉ.अंबेडकर बापू-विरोधी हैं। तब गाँधी जी ने सरदार पटेल को स्पष्ट शब्दों में जवाब देते हुए कहा—

> 'नेहरू इस बात की चिन्ता छोड़ दें कि कौन किसके विरुद्ध है, सबसे बड़ी चिन्ता इस बात की होनी चाहिए कि देश के हित में कौन सबसे अच्छा काम कर सकता है। तुम मेरी तरफ से नेहरू से कहो कि भले ही डॉ. अंबेडकर मेरे खिलाफ हों परन्तु वे एक स्पष्ट और तर्कसम्मत सोच वाले व्यक्ति हैं। वे देश के हित में सोचते हैं।'

महात्मा गाँधी संविधान-निर्माण का महत्त्वपूर्ण दायित्व डॉ. अंबेडकर को देने के लिए अड़े हुए थे। गाँधी का यह विचार खुलकर आ जाने के बाद पण्डित नेहरू के पास और कोई विकल्प नहीं रह गया था। अन्ततः उन्हें मानना पड़ा। इसके बाद डॉ. अंबेडकर को न केवल देश के प्रथम कानून मंत्री पद के लिए ससम्मान आमंत्रित किया गया, बल्कि 29 अगस्त, 1947 को उन्हें संविधान-निर्माण में गुरुतर दायित्व निभाने के लिए मसौदा-समिति का अध्यक्ष बनाया गया।

सन्दर्भ सूची

1. सी.ए.डी., खण्ड 1, पृष्ठ 59
2. सी.ए.डी., खण्ड 1, पृष्ठ 62
3. सी.ए.डी., खण्ड 1, पृष्ठ 78
4. सी.ए.डी., खण्ड 1, पृष्ठ 90
5. सी.ए.डी., खण्ड 1, पृष्ठ 97
6. सी.ए.डी., खण्ड 1, पृष्ठ 99
7. सी.ए.डी., खण्ड 1, पृष्ठ 100
8. सी.ए.डी., खण्ड 1, पृष्ठ 101
9. सी.ए.डी., खण्ड 1, पृष्ठ 102
10. सी.ए.डी., खण्ड 1, पृष्ठ 103
11. सी.ए.डी., खण्ड 1, पृष्ठ 152

4

संविधान यात्रा—दूसरा चरण : प्रारूपोत्तर काल का आरम्भिक दौर

मसौदा-समिति : नुकसान की सभी सम्भावनाएँ हुईं क्षीण

संविधान सभा द्वारा गठित मसौदा-समिति में 7 सदस्य श्री अल्लादि कृष्णास्वामी अय्यर, श्री एन. गोपालास्वामी अयंगर, डॉ. बी.आर. अंबेडकर, श्री के.एम. मुन्शी, श्री सैय्यद मोहम्मद सैदुल्ला, श्री बी.एल. मित्तर और श्री डी.पी. खेतान शामिल किये गये। इस मसौदा-समिति को संविधान-परामर्शदाता द्वारा तैयार किये गये मूल प्रारूप-संविधान का विश्लेषण कर इसे अन्तिम स्वरूप देने के बाद संविधान सभा के समक्ष आवश्यक संशोधन हेतु विचार-विमर्श के लिए प्रस्तुत करना था। 30 अगस्त, 1947 को मसौदा-समिति की पहली बैठक हुई। यद्यपि समिति में कुल 7 सदस्य शामिल थे, लेकिन कई सदस्यों के निरन्तरता के अभाव में प्रारूप संविधान को तैयार करने की जिम्मेदारी पूरी तरह डॉ. अंबेडकर के कन्धों पर आ गयी। संविधान निर्माण का राष्ट्रीय कार्य जो एक समिति के माध्यम से सामूहिक दायित्व के अन्तर्गत किया जाना चाहिए था, वह एक व्यक्ति-विशेष के इर्द-गिर्द सिमटकर रह गया।

प्रारूप-संविधान के निर्माण में डॉ. अंबेडकर एवं समिति के अन्य सदस्यों की भूमिका का विश्लेषण संविधान सभा के सदस्य श्री टी. टी. कृष्णामचारी द्वारा किया गया। संविधान सभा के समक्ष अपने सम्बोधन में प्रारूप-संविधान के निर्माण का श्रेय डॉ. अंबेडकर को देते हुए श्री कृष्णामचारी ने कहा—

> "संविधान सभा में एक मैं भी हूँ जिसने डॉ. अंबेडकर को बहुत सावधानीपूर्वक सुना है। मैं उस मेहनत और लगन-युक्त उत्साह को समझता हूँ जिससे उन्होंने भारतीय संविधान का प्रारूप तैयार किया है। मैं यह महसूस करता हूँ कि जो ध्यान भारतीय संविधान के निर्माण में दिया जाना अनिवार्य था वह मसौदा-समिति द्वारा नहीं दिया गया। सदन शायद यह जानती है कि आपके द्वारा नियुक्त किये गये सात सदस्यों में से एक ने त्यागपत्र दे दिया, जिनके स्थान पर पूर्ति की गयी। एक सदस्य की मृत्यु हो गयी और उस रिक्त स्थान की पूर्ति नहीं की जा सकी। एक अमेरिका चले गये और वह भी रिक्त स्थान नहीं भरा जा सका। एक दूसरे सदस्य अपने राजकीय कार्यों

में व्यस्त रहे और उनका भी स्थान खाली रहा। एक या दो सदस्य दिल्ली से बाहर रहे। शायद अपने स्वास्थ्य के कारण वे शामिल नहीं हो सके। हुआ यह कि एक सम्पूर्ण इकाई के रूप में समिति इतने महान् कार्य का दायित्व नहीं निभा पायी।...''[1]

संविधान निर्माण जैसे महत्त्वपूर्ण एवं संवेदनशील कार्य का एक व्यक्ति पर निर्भर हो जाने के फायदे भी होते है और नुकसान भी। फायदा यह था कि वैचारिक मतभेद के कारण गतिरोध की सम्भावना न्यूनतम हो जाती है। लेकिन इस फायदे से कई गुना ज्यादा नुकसान की सम्भावना रहती है। नुकसान यह होता है कि उस व्यक्ति के अल्प क्षमता के कारण कार्य-विशेष की गुणवत्ता प्रभावित हो सकती है; नुकसान यह होता है कि उस व्यक्ति के पूर्वाग्रही विचारों के कारण राष्ट्रीय हित नेपथ्य में हो सकता है; सबसे अधिक नुकसान की सम्भावना यह होता है कि वह व्यक्ति अपने छिपे हुए हितबद्ध एजेण्डे को प्राथमिकता दे सकता है। लेकिन यह देश का सौभाग्य है कि उसे संविधान निर्माण के लिए डॉ. अंबेडकर के रूप में एक ऐसा व्यक्ति मिला था, जिसके कारण नुकसान की ये सभी सम्भावनाएँ क्षीण साबित हुईं।

संविधान निर्माण में मसौदा-समिति के समक्ष चुनौतियाँ

देश को एक बनाये रखने की चुनौतियों के बीच मसौदा-समिति और इसके अध्यक्ष डॉ. अंबेडकर का दायित्व ऐसे सर्वस्वीकार्य संविधान का निर्माण करना था, जो सभी देशवासियों में आत्मविश्वास और एक-दूसरे के प्रति विश्वास का भाव जगा सके; जो देश की एकता और अखण्डता को सुनिश्चित कर सके; जो कट्टरता को दरकिनार कर ऐसा माहौल विकसित कर सके जिसमें अल्पसंख्यकों और दलितों को समानता एवं सम्मान के साथ देश में रहने का अधिकार मिले। इतने अधिक विविधता और विषमता वाले देश के लिए संविधान के निर्माण कार्य के दौरान मसौदा-समिति के समक्ष जो प्रमुख चुनौतियाँ थी, उनमें से कुछ निम्न हैं—

1. देश के नागरिकों में उनके भविष्य के प्रति उम्मीद जगाना।
2. देश की जनता, खासतौर से दलितों और अल्पसंख्यकों को समानता के अधिकार के साथ विकास के समान अवसर मिलने का भरोसा देना।
3. प्रतिज्ञा-प्रस्ताव में प्रयोग किये गये 'गणराज्य' को लेकर पैदा हुए भ्रम को दूर कर पूर्ण लोकतंत्र पर आधारित शासन-प्रणाली के स्वरूप को तय करना।
4. ऐसी शासन-प्रणाली को विकसित करना जिसके माध्यम से देश की एकता पर बिना कोई जोखिम उठाये परिसंघात्मक व्यवस्था कायम हो और प्रान्तों एवं रियासतों को महत्त्व देते हुए उन्हें राष्ट्र-निर्माण में उत्तरदायित्वपूर्ण भूमिका निभाने के लिए तैयार करना।
5. आर्थिक विषमता कम करने और इसके लिए सभी अलग-अलग विचारधाराओं वाली संस्थाओं चाहे वह पूँजीवादी हो या साम्यवादी या समाजवादी या उदारवादी या फिर अनुदारवादी, सभी को सत्ता-संचालन में समान रूप से सहभागिता का अवसर देना।

6. भारतीय रियासतों को भारत का अंग बनने देने के लिए उचित माहौल बनाना।
7. देश का नाम तय क़रना और उसकी भौगोलिक स्थिति एवं क्षेत्राधिकार को राष्ट्र की संप्रभुता के साथ जोड़ना।
8. संविधान के अन्तर्गत राज्यों को कितना अधिकार मिले कि देश की एकता प्रभावित न हो और केन्द्र को कितना अधिकार मिले कि देश में तानाशाही की प्रवृत्ति न जन्म लेने पाये, इन दोनों में सन्तुलन बनाते हुए संविधान की प्रकृति को सुनिश्चित करना।
9. मूल अधिकारों को सुरक्षित करते हुए देश के नागरिकों को राष्ट्र-निर्माण और समाज-निर्माण के प्रति उत्तरदायित्वपूर्ण बनाना।
10. आर्थिक लोकतंत्र स्थापित करने के लिए नीति निर्देशक सिद्धान्तों का निर्धारण करना और राज्यों को इसके प्रति प्रतिबद्ध करना।
11. देश के शासन को संचालित करने के लिए अनिवार्य संस्थाओं की संरचना, अधिकार एवं शक्तियों को सुनिश्चित करना।
12. लोकतांत्रिक अधिकारों हेतु निष्पक्ष चुनाव के लिए स्वतंत्र 'चुनाव आयोग' और न्याय अधिकारों के लिए स्वतंत्र 'न्यायपालिका' की स्थापना करना।

समग्र दर्शन आधारित डॉ. अंबेडकर का प्रस्तुति-भाषण

डॉ. अंबेडकर की अध्यक्षता वाली मसौदा-समिति ने निरन्तर 141 दिन के याज्ञिक प्रयास के बाद प्रारूप संविधान को तैयार किया। अन्तिम रूप से तैयार किये गये इस प्रारूप-संविधान में कुल 315 अनुच्छेद और 8 अनुसूची शामिल थी, जिसे डॉ. अंबेडकर द्वारा 4 नवम्बर, 1948 को संविधान सभा के समक्ष प्रस्तुत किया गया। प्रारूप-संविधान को प्रस्तुत करते समय बाबा साहेब द्वारा प्रस्तुति-भाषण भी दिया गया। इस प्रस्तुति-भाषण के माध्यम से डॉ. अंबेडकर न केवल प्रारूप-संविधान में उल्लेखित देश की शासन-व्यवस्था का खाका खींचा बल्कि उन्होंने उन सभी आलोचनाओं का भी जवाब दिया, जो प्रारूप-संविधान के सम्बन्ध में किया जा रहा था। वस्तुतः डॉ. अंबेडकर द्वारा दिया गया यह प्रस्तुति-भाषण, देश के लोकतांत्रिक-राजनीतिक व्यवस्था और सामाजिक-आर्थिक ढाँचे का समग्र रूप से संविधान-दर्शन है, जिसे हम निम्न शीर्षकों के माध्यम से समझने का प्रयास करते हैं-

(1) शासन-प्रणाली : स्थिरता की अपेक्षा उत्तरदायित्व को महत्त्व;
(2) संविधान की सघात्मक : प्रकृति या एकात्मक : परिस्थितियों के अनुसार लचीलापन;
- एकल नागरिकता के साथ द्वैध शासन-पद्धति;
- सामान्य समय में संघात्मक, किन्तु विपरीत हालात में एकात्मक शासन-पद्धति;
- 'कठोरता' और 'अति-वैधानिकता' जैसे दोषों से बचने के उपाय;
- एकीकृत न्यायपालिका, समान कानून संहिता और एकीकृत नागरिक सेवा;

(3) अन्ध नकल नहीं, अपने अन्दर 'संवैधानिक नैतिकता' विकसित करने की आवश्यकता;

(4) 'ग्राम-समुदाय' के बजाय 'व्यक्ति' है शासन की इकाई;
(5) बहुसंख्यक-अल्पसंख्यक समस्या का समाधान;
(6) मूल अधिकार असीमित अधिकार के रूप में नहीं;
(7) आर्थिक लोकतंत्र का मूल है 'निर्देशक सिद्धान्त';
(8) शक्तिशाली केन्द्र के माध्यम से अखण्ड भारत का दर्शन;
(9) रियासतों राष्ट्र की मुख्यधारा में शामिल होने की अपील;
(10) भावी संसद् की तुलना में संविधान सभा ज्यादा निष्पक्ष।

(1) शासन-प्रणाली : स्थिरता की अपेक्षा उत्तरदायित्व को महत्त्व

नेहरू जी के प्रतिज्ञा-प्रस्ताव में प्रयोग किये गये 'गणराज्य' को लेकर पैदा हुए भ्रम को दूर करने और लोकतंत्र पर आधारित शासन-प्रणाली के स्वरूप को तय करने की जिम्मेदारी मसौदा-समिति पर था। लोकतंत्र के दो स्वरूप होते हैं—एक प्रत्यक्ष लोकतंत्र और दूसरा अप्रत्यक्ष लोकतंत्र। प्रत्यक्ष लोकतंत्र के अन्तर्गत नागरिकों को विधायिका के लिए अपने प्रतिनिधियों को चुनने का प्रत्यक्ष अधिकार होता है, जबकि अप्रत्यक्ष लोकतंत्र के अन्तर्गत विधायिका के सदस्यों का चुनाव वे लोग करते हैं, जो नागरिकों द्वारा या नामांकन जैसे अन्य तरीकों से इसके लिए चुने जाते हैं। भारत का लोकतंत्र प्रत्यक्ष हो या अप्रत्यक्ष, इसको लेकर तत्कालीन नेतृत्व दो वर्गों में बँटा था। एक वर्ग महात्मा गाँधी के ग्राम-गणराज्य के विचार को आधार बनाकर अप्रत्यक्ष लोकतंत्र की वकालत कर रहा था। इनका तर्क था कि जब हम सिद्धान्त रूप में 'भारत की संप्रभुता जनता में अन्तर्निहित है' को स्वीकार कर लिये हैं तो भारत जैसे विविधता वाले देश में अप्रत्यक्ष लोकतंत्र ही सर्वाधिक उचित है। जबकि दूसरा वर्ग यह मानता था कि 'भारत की संप्रभुता जनता में अन्तर्निहित है' का मतलब तभी है जब नागरिकों को विधायिका के लिए अपने प्रतिनिधियों को चुनने का प्रत्यक्ष अधिकार हो, अन्यथा यह सिद्धान्त केवल एक संवैधानिक सुंदरता बनकर रह जायेगा। संविधान में प्रत्यक्ष लोकतंत्र के स्वरूप को अपनाने की पैरोकारी डॉ. अंबेडकर कर रहे थे।

विश्व के संवैधानिक इतिहास में प्रत्यक्ष लोकतंत्र के दो स्वरूप मौजूद थे। एक अमेरिकी मॉडल पर आधारित अध्यक्षीय शासन-प्रणाली और दूसरा ब्रिटिश मॉडल पर आधारित संसदीय शासन-प्रणाली। इन दोनों हीं शासन-प्रणाली के अपने-अपने गुण व दोष थे। इन गुण-दोष को स्थिरता एवं उत्तरदायित्व के पैमाने पर जाँचने के अतिरिक्त यह भी सुनिश्चित करना महत्त्वपूर्ण था कि परिसंघात्मक संरचना को बनाये रखते हुए देश की एकता कैसे मजबूत हो। संविधान निर्माण के समय भारतीय रियासतों को देश का पूर्ण अंग बनाना भी तत्कालीन नेतृत्व के लिए एक गम्भीर चुनौती थी। संविधान के अन्तर्गत देश की शासन-प्रणाली में राज्यों को कितना अधिकार मिले कि देश की एकता प्रभावित न हो और केन्द्र को कितना अधिकार मिले कि देश में तानाशाही की प्रवृत्ति न जन्म लेने पाये, यह भी तय करना मसौदा-समिति के लिए चुनौती थी। इन सभी चुनौतियों से मसौदा-समिति द्वारा कैसे निबटा गया, इसको वर्णित करने के साथ डॉ. अंबेडकर ने प्रारूप-संविधान में अंगीकृत किये गये शासन-प्रणाली की विशेषताओं को रेखांकित करते हुए कहा—

"अमेरिका की अध्यक्षीय शासन-प्रणाली के अनुसार वहाँ का राष्ट्रपति कार्यकारिणी का अध्यक्ष होता है। शासन का केन्द्र उसमें ही निहित होता है। प्रारूप-संविधान के अनुसार राष्ट्रपति का वही स्थान है जो ब्रिटिश संविधान के अनुसार वहाँ के राजा को प्राप्त है। वह राज्य का अध्यक्ष है, लेकिन कार्यकारिणी का अध्यक्ष नहीं। वह राष्ट्र का प्रतिनिधित्व करता है, राष्ट्र पर शासन नहीं करता है। वह राष्ट्र का राजकीय प्रतीक है। शासन में उसका स्थान उस राज्य-मुद्रा पर बने 'अलंकृत स्वरूप' की तरह है, जिससे देश के निर्णयों को जाना जाता है।

'अमेरिकी संविधान के अन्तर्गत, राष्ट्रपति के अधीन भिन्न-भिन्न विभागों की जिम्मेदारी रखने वाले मंत्रीगण होते हैं। उसी तरह से भारतीय संघ-शासन के राष्ट्रपति के अधीन भिन्न-भिन्न विभागों की जिम्मेदारी रखने वाले मंत्रीगण रहेंगे। लेकिन ऐसी समानता के बाद भी बड़ी विभिन्नता होगी। संयुक्त राज्य अमेरिका का राष्ट्रपति अपने किसी भी मंत्री की सलाह मानने के लिए बाध्य नहीं है। भारतीय संघ का राष्ट्रपति सामान्यतया अपने मंत्रियों की सलाह मानने के लिए बाध्य होगा। वह न तो उनकी सलाह के विरुद्ध कुछ कर सकता है, और न उनकी सलाह लिये बिना कुछ कर सकता है। संयुक्त राज्य अमेरिका का राष्ट्रपति किसी भी समय किसी भी मंत्री को हटा सकता है। भारतीय संघ के राष्ट्रपति को ऐसा करने की शक्ति तब तक नहीं है, जब तक उसके मंत्रीगण को संसद का विश्वास हासिल है।

'अमेरिका की अध्यक्षीय शासन-प्रणाली, कार्यपालिका और विधायिका के विभाजन पर आधारित है। इसलिए राष्ट्रपति और उसके मंत्री कांग्रेस यानी अमेरिकी संसद् के सदस्य नहीं हो सकते। प्रारूप-संविधान ने इस सिद्धान्त को स्वीकार नहीं किया है। भारतीय संघ के मंत्रीगण संसद् के सदस्य होते हैं। केवल संसद् के सदस्य ही मंत्री बन सकते हैं। मंत्रियों को वे सब अधिकार प्राप्त हैं जो संसद् के दूसरे सदस्यों को प्राप्त हैं जैसे—वे संसद में बैठ सकते हैं, बहस में भाग ले सकते हैं और कार्यवाही में अपना मत दे सकते हैं। निःसन्देह दोनों शासन-पद्धतियाँ लोकतंत्रात्मक हैं और दोनों में किसी एक का चुनाव करना आसान नहीं है।

'एक लोकतंत्रात्मक शासन-व्यवस्था को दो शर्तें पूरी करनी चाहिए—

1. इसमें स्थिरता होनी चाहिए और
2. इसे जवाबदेह होना चाहिए।

'दुर्भाग्य से अभी तक किसी ऐसी व्यवस्था का आविष्कार सम्भव नहीं हो सका है, जिसमें उक्त दोनों शर्तें समान रूप से मौजूद हों। आपके पास एक शासन-पद्धति हो सकती है जिसमें स्थिरता अधिक किन्तु उत्तरदायित्व कम होता है या आपके पास दूसरी शासन-पद्धति हो सकती है जिसमें उत्तरदायित्व अधिक किन्तु स्थिरता कम होती है।

'अमेरिका और स्विट्ज़रलैण्ड की शासन-पद्धति में स्थिरता अधिक है, किन्तु उत्तरदायित्व कम होता है। जबकि ब्रिटिश शासन-पद्धति में उत्तरदायित्व अधिक किन्तु स्थिरता कम होती है। इसका कारण स्पष्ट है। अमेरिकी कार्यपालिका गैर-संसदीय कार्यपालिका है, जिसका मतलब है कि यह अपने अस्तित्व के लिए संसद् के बहुमत

पर निर्भर नहीं करती है। जबकि ब्रिटिश कार्यपालिका एक संसदीय कार्यपालिका है, जिसका मतलब है कि वह संसद् के बहुमत पर निर्भर करती है। गैर-संसदीय कार्यपालिका होने के कारण संयुक्त राज्य अमेरिका की संसद् वहाँ की कार्यपालिका को बर्खास्त नहीं कर सकती है। लेकिन एक संसदीय कार्यपालिका को उसी पल त्यागपत्र देना होगा, जिस पल वह संसद् के सदस्यों के बहुमत का विश्वास खो देता है।

'यदि हम उत्तरदायित्व की दृष्टि से देखें, तो गैर-संसदीय कार्यपालिका, संसद् पर निर्भर नहीं होने के कारण वह विधायिका के प्रति उत्तरदायी नहीं होगी, जबकि एक संसदीय कार्यपालिका, संसद् के बहुमत पर निर्भर रहने के कारण विधायिका के प्रति अधिक उत्तरदायी होती है। संसदीय शासन-पद्धति और गैर-संसदीय शासन-पद्धति में एक अन्तर यह है कि पहली पद्धति दूसरी पद्धति की अपेक्षा अधिक उत्तरदायी होती है, लेकिन इनके इन उत्तरदायित्वों का निर्धारण करने के समय और साधन के बारे में भी अन्तर है। गैर-संसदीय शासन-पद्धति, जैसा कि संयुक्त राज्य अमेरिका में लागू है, में कार्यपालिका के उत्तरदायित्व का निर्धारण एक समय-विशेष पर होता है। यह मतदाताओं द्वारा किया जाता है। इंग्लैण्ड में जहाँ संसदीय शासन-पद्धति विद्यमान है, वहाँ कार्यपालिका के उत्तरदायित्व का निर्धारण दो स्तर पर होता है यानी रोज-रोज और समय-विशेष पर। उत्तरदायित्व का दैनिक निर्धारण संसद्-सदस्यों द्वारा किया जाता है—जैसे प्रश्न पूछकर, प्रस्ताव लाकर, अविश्वास-प्रस्ताव पेश कर, काम-रोको प्रस्ताव के माध्यम से तथा भाषणों पर चर्चा-परिचर्चा करके। समय-विशेष पर किये जाने वाले उत्तरदायित्व का निर्धारण मतदाताओं द्वारा चुनाव के समय किया जाता है, जो या तो प्रत्येक पाँच वर्ष में अथवा इससे पहले भी हो सकता है। 'उत्तरदायित्व का दैनिक निर्धारण', जिसका अमेरिकी शासन-पद्धति में कोई स्थान नहीं होता है, वह 'समय-विशेष पर किये जाने वाले उत्तरदायित्व' की अपेक्षा कहीं अधिक प्रभावशाली होता है तथा वह भारत जैसे देश में अधिक आवश्यक है। प्रारूप-संविधान में संसदीय शासन-पद्धति की सिफ़ारिश करते समय 'स्थिरता' की अपेक्षा 'उत्तरदायित्व' को अधिक महत्त्व दिया गया है।''[2]

(2) संविधान की संघात्मक प्रकृति या एकात्मक : परिस्थितियों के अनुसार लचीलापन

संविधान की प्रकृति क्या हो? एकात्मक या संघात्मक या इससे अलग कोई और मसौदा-समिति के समक्ष निर्णय लेने के लिए यह दूसरा सबसे गम्भीर विषय था। यद्यपि राज्यों के अधिकार के सम्बन्ध में पण्डित नेहरू के प्रतिज्ञा-प्रस्ताव में जो संकल्प व्यक्त किया गया था, उसके अनुसार कुछ विभागों को छोड़कर अन्य सारे अधिकार एवं अवशिष्ट शक्तियाँ राज्यों को दिया जाना था। प्रतिज्ञा-प्रस्ताव का पैराग्राफ नं. 3 यह कहता था कि भारत में आने वाले सभी क्षेत्र अवशिष्ट शक्तियों के साथ स्वायत्तशासी इकाई के रूप में होंगे और संघ को दिये जाने वाले कार्यों के अलावा समस्त शासकीय एवं प्रशासन से जुड़ी शक्तियों एवं कार्यों को निष्पादित करेंगे। प्रतिज्ञा-प्रस्ताव में व्यक्त इस सैद्धान्तिक संकल्प के पारित हो जाने के बाद मसौदा-समिति के पास इससे अलग विचार रखने के

लिए बहुत कम जगह बच गया था। लेकिन इतने वृहद् पैमाने पर राज्यों को शक्ति देने के खतरे अधिक थे। भारत की परिस्थितियों के अनुकूल ऐसे संघात्मक संविधान का निर्माण जो संघात्मक होने के बाद भी देश को एकसूत्र में बाँधे रखे, मसौदा-समिति के लिए एक चुनौतीपूर्ण कार्य था। देश की एकता को दृष्टिगत रखते हुए एक मजबूत केन्द्र की उपेक्षा नहीं किया जा सकता था, लेकिन केन्द्र के ज्यादा मजबूत होने के कारण तानाशाही प्रवृत्ति न जन्म ले इसके भी देश को बचाना आवश्यक था।

डॉ. अंबेडकर को इस बात का अहसास था कि नेहरू जी के प्रतिज्ञा-प्रस्ताव के विपरीत किसी तरह के अवधारणा को संविधान सभा से पारित कराना बहुत ही मुश्किल कार्य है। खासतौर से तब जब संविधान सभा में कांग्रेस पार्टी का पूर्ण वर्चस्व है। इसलिए अपने प्रस्तुति-भाषण में डॉ. अंबेडकर ने 'संविधान के प्रकृति' से सम्बन्धित विषय को ज्यादा महत्त्व दिया। इस विषय को देश के समक्ष मौजूद चुनौतियों से जोड़ते हुए, डॉ. अंबेडकर ने इसके निराकरण के लिए मसौदा-समिति द्वारा किये गये उपायों और इसके औचित्य को विस्तार से संविधान सभा के समक्ष रखा। बाबा साहेब के शब्दों में—

> ''अब मैं 'संविधान के स्वरूप' के विषय पर आता हूँ। इतिहास संविधान के दो स्वरूपों से परिचित है— पहला एकात्मक और दूसरा संघात्मक। एकात्मक संविधान के दो आवश्यक गुण होते हैं—(क) केन्द्रीय शासन का सर्वोच्च होना और (ख) सहायक प्रभुतासम्पन्न शासन का अभाव। जबकि संघात्मक संविधान की विशेषता है—(क) केन्द्रीय शासन तथा सहायक शासनों का साथ-साथ होना और (ख) अपने-अपने क्षेत्रों में उनका प्रभुतासम्पन्न होना। दूसरे शब्दों में संघीयता का अर्थ है द्वैध शासन-पद्धति की स्थापना। प्रारूप संविधान एक 'संघात्मक' संविधान है क्योंकि यह द्वैध शासन-पद्धति को स्थापित करता है। प्रस्तावित संविधान के अनुसार द्वैध शासन-पद्धति के अन्तर्गत केन्द्र में संघीय सरकार और परिधि में राज्य सरकारें होंगी, जो संविधान द्वारा सौंपें गये क्षेत्रों में कार्य करने के लिए प्रभुत्वसम्पन्न होंगे।
>
> 'यह द्वैध शासन-व्यवस्था अमेरिकी संविधान के सदृश है। अमेरिका की शासन-पद्धति भी द्वैध शासन-पद्धति है। वहाँ एक 'संघीय' सरकार और दूसरा राज्यों की सरकारें हैं जो प्रारूप-संविधान की 'संघीय सरकार' तथा 'राज्य सरकारों' के समान हैं। अमेरिकी संविधान के अन्तर्गत वहाँ की फेडरल सरकार, केवल राज्यों का 'लीग' मात्र नहीं है और न ही राज्य, संघ सरकार की प्रशासनिक इकाई या एजेन्सी मात्र है। उसी तरह प्रारूप संविधान में जिस भारतीय संविधान को प्रस्तावित किया गया है, उसमें संघ सरकार, केवल राज्यों का 'लीग' मात्र नहीं है और न ही राज्य, संघ सरकार की प्रशासनिक इकाई या एजेन्सी मात्र है। लेकिन यहाँ भारतीय संविधान और अमेरिकी संविधान की समानताएँ समाप्त होती हैं। दोनों में जो अन्तर है, वे उनकी समानताओं की अपेक्षा ज्यादा मूलभूत एवं स्पष्ट हैं।'

एकल नागरिकता के साथ द्वैध शासन-पद्धति

> 'अमेरिकी संघ और भारतीय संघ में असमानता के मुख्यत: दो बिन्दु हैं। अमेरिका में द्वैध शासन-पद्धति के साथ-साथ दोहरी नागरिकता की व्यवस्था है। वहाँ

संयुक्त राज्य अमेरिका की नागरिकता तो है ही, उसके साथ-साथ राज्य की भी नागरिकता है। नि:सन्देह, इस दोहरी नागरिकता से उत्पन्न कठिनाइयों को संयुक्त राज्य के संविधान के चौदहवें संशोधन द्वारा कम कर दी गयी है, क्योंकि इस संशोधन द्वारा किसी भी राज्य को संयुक्त राज्य अमेरिका के नागरिक के अधिकारों, सुविधाओं या मिली छूटों को खत्म करने से रोक दिया गया है।

'लेकिन साथ ही, जैसा कि मि. विलियम एण्डर्सन द्वारा इंगित किया गया है, कुछ राजनीतिक मामलों में—जिनमें मत देने का अधिकार और सरकारी नौकरियाँ पाने का अधिकार शामिल है—राज्य अपने नागरिकों का पक्षपात कर सकते हैं और करते हैं। बहुत-सारे मामलों में यह पक्षपात काफी आगे बढ़ जाता है। जैसे राज्यों या स्थानीय सरकारी कार्यालयों में नौकरी करने के लिए यह आवश्यक है कि वह स्थानीय निवासी या नागरिक हो। इसी प्रकार कानून एवं चिकित्सा जैसे सार्वजनिक पेशो को अपनाने का लाइसेन्स प्राप्त करने के लिए प्राय: राज्य का निवासी या नागरिक होना आवश्यक माना जाता है और ऐसे व्यापार में भी जिसमें कानून का सख्त होना आवश्यक है, जैसे— शराब की बिक्री तथा सट्टेबाजी और हुण्डियों की बिक्री में इस प्रकार की आवश्यकता की अनिवार्यता है।

'प्रत्येक राज्य के अपने कुछ अधिकार भी होते हैं, जिनसे वह अपने नागरिकों को विशेष लाभ प्रदान करता है। जैसे शिकार खेलना और मछली पकड़ना राज्य के अन्तर्गत आने वाले विषय हैं। राज्यों में यह सामान्यत: प्रचलित है कि वे अपने नागरिकों की अपेक्षा गैर-नागरिकों से शिकार खेलने या मछली पकड़ने के लाइसेन्स की अधिक शुल्क वसूल करें। राज्य अपने राज्य-कॉलेजों तथा विश्वविद्यालयों में उन लोगों से, जो उस राज्य के निवासी नहीं होते हैं, अधिक फीस लेते हैं और असाधारण अवस्थाओं को छोड़कर अपने अस्पतालों तथा शरणस्थलों में केवल अपने नागरिकों को ही दाखिला की अनुमति देते हैं।

संक्षेप में, ऐसे कई अधिकार हैं, जिन्हें एक राज्य अपने नागरिकों या निवासियों तक सीमित रख सकता है और जिससे कानूनी तौर पर दूसरे राज्य के नागरिकों या निवासियों को वंचित कर सकता है या उन्हें अपने नागरिकों की अपेक्षा कठिन शर्तों पर प्रदान कर सकता है। अपने राज्य में नागरिकों को मिली सुविधाएँ, उस राज्य-विशेष की नागरिकता के विशिष्ट अधिकार हैं। यह सब एक राज्य-विशेष के नागरिक और गैर-नागरिक के अधिकारों में काफी बड़े अन्तर को स्पष्ट करते हैं। अस्थायी तथा अल्पकालीन यात्री को हर जगह कुछ विशेष असुविधाओं को बर्दाश्त करना पड़ता है।

'प्रस्तावित भारतीय संविधान में एकल नागरिकता के साथ द्वैध शासन-पद्धति है। सम्पूर्ण भारत के लिए केवल एक ही नागरिकता है। यह है— भारतीय नागरिकता। इसमें राज्य--नागरिकता नहीं है। सभी भारतीय, चाहे वे किसी भी राज्य में रहते हों, की नागरिकता के अधिकार एक-समान हैं। प्रस्तावित भारतीय संविधान की द्वैध शासन-पद्धति अमेरिका की द्वैध शासन-पद्धति से एक अन्य तरीके में भी भिन्न है। संयुक्त राज्य अमेरिका में फेडरल सरकार तथा राज्य सरकारों के संविधानों का

आपसी सम्बन्ध नहीं है। अमेरिका में फेडरल सरकार तथा राज्य सरकारों के आपसी सम्बन्ध की व्याख्या करते हुए मि. ब्राइस ने कहा है—

'केन्द्रीय या राष्ट्रीय सरकार और राज्य सरकारों की तुलना एक ऐसे बड़े भवन तथा दूसरे छोटे-छोटे भवनों से की जा सकती है कि जो एक ही जमीन पर खड़े होने के बावजूद, एक-दूसरे से सर्वथा भिन्न हैं।'

'ये अलग हैं लेकिन अमेरिका में फेडरल सरकार, राज्य सरकारों से कितना अलग है? ऐसे कुछ अन्तर निम्न तथ्यों से जाना जा सकता है—

1. सरकार के गणतंत्रीय स्वरूप को बनाये रखने की शर्त पर अमेरिका में सभी राज्यों को अपना संविधान बनाने की स्वतंत्रता है।
2. एक राज्य के लोगों को राष्ट्रीय सरकार से स्वतंत्र रहकर अपने संविधान को बदलने की शक्ति प्राप्त है।

'इसे मि. ब्राइस के शब्दों में रखते हैं—'अमेरिका में राज्य अपने संविधान के कारण एक कामनवेल्थ की तरह अस्तित्व में रहते हैं और सभी राज्य अधिकारी, विधायिका, कार्यपालिका एवं न्यायपालिका संविधान की उत्पत्ति होते हैं और उसके अधीन रहते हैं।'

'ऐसा प्रस्तावित भारतीय संविधान के सन्दर्भ में सही नहीं है। कोई भी राज्य अपना अलग संविधान बनाने का अधिकार नहीं रखता है। संघ और राज्यों के संविधान का एक ही ढाँचा है, जिसके बाहर वे नहीं जा सकते हैं और उसके अन्दर ही रहकर उन्हें कार्य करना है।'

सामान्य समय में संघात्मक, किन्तु विपरीत हालात में एकात्मक शासन-पद्धति

'अभी तक मैंने ऐसे अन्तर की तरफ ध्यान आकर्षित किया है, जो अमेरिकी संघात्मक शासन-पद्धति और भारतीय संघात्मक शासन-पद्धति में विद्यमान हैं। लेकिन प्रस्तावित भारतीय संघात्मक पद्धति की कुछ अन्य विशेषताएँ भी है जिसके कारण यह न केवल अमेरिकन फेडरेशन बल्कि दूसरे भी फेडरेशनों से विशेष ठहरती हैं। सभी संघात्मक शासन-पद्धतियाँ, जिसमें अमेरिकन संघात्मक शासन-पद्धति भी शामिल है, एक तंग सांघिक-सिद्धान्त के साँचे में ढली हुई हैं। चाहे कैसी भी परिस्थिति हो, वे अपने आकार-प्रकार को नहीं बदल सकतीं। ये किसी भी हालत में 'एकात्मक' नहीं हो सकतीं। जबकि प्रस्तावित प्रारूप-संविधान समय और परिस्थिति के आवश्यकतानुसार 'एकात्मक' और 'संघात्मक' दोनों हो सकते हैं। इसको इस तरह बनाया गया है कि सामान्य समय में यह एक 'संघात्मक शासन-पद्धति' की तरह काम करे, लेकिन 'युद्ध' जैसे हालात में यह 'एकात्मक शासन-पद्धति' की तरह काम करे। यदि राष्ट्रपति एक उद्घोषणा कर दे, जैसा कि वह संविधान के अनुच्छेद 275 के अन्तर्गत करने के लिए अधिकारयुक्त है, तो सारा दृश्य बदल सकता है, और राज्य एक 'एकात्मक राज्य' हो जाता है। संघ-सरकार ऐसी उद्घोषणा के साथ, निम्न अधिकारों पर चाहे तो दावा कर सकती है—

1. किसी भी विषय पर चाहे वह 'राज्य की सूची' में शामिल हो कानून बनाने का अधिकार;

2. राज्य, अपने अधिकारिता क्षेत्र के मामलों को कैसे कार्यान्वित करे, इस सम्बन्ध में दिशानिर्देश देने की शक्ति;
3. किसी भी अधिकारी को किसी भी उद्देश्य से कोई भी शक्ति देने का अधिकार; और
4. संविधान के आर्थिक प्रावधानों को स्थगित करने का अधिकार।

'अपने-आपको एकात्मक शासन-पद्धति में बदलने की शक्ति किसी भी फेडरल शासन-पद्धति को हासिल नहीं है। प्रारूप-संविधान और दूसरे संघात्मक संविधानों, जिनसे हम परिचित हैं, उनमें एक अन्तर की बात यह है।'

'कठोरता' और 'अति-वैधानिकता' जैसे दोषों से बचने के उपाय

'संघात्मक शासन-पद्धति को यदि अयोग्य शासन-पद्धति नहीं तो कमजोर शासन-पद्धति माना ही जाता है। संघात्मक शासन-पद्धति में दो कमजोरियाँ हैं। एक है 'कठोरता' और दूसरी है 'अति-वैधानिकता'। इसमें कुछ भी विवाद नहीं है कि संघात्मक शासन-पद्धति की ये कमियाँ आनुवंशिक हैं। संघात्मक संविधान को लिखित संविधान होना ही होगा और जो लिखित संविधान है वह कठोर संविधान ही होगा। संघात्मक संविधान का मतलब है संवैधानिक कानून के अनुसार 'संप्रभुता' का केन्द्रीय सरकार एवं राज्य सरकारों के मध्य वितरण। ऐसे वितरण के अनिवार्यत: दो परिणाम होते हैं—

1. यदि केन्द्रीय सरकार राज्य सरकारों के निर्धारित क्षेत्र में हस्तक्षेप करे अथवा राज्य सरकारें केन्द्र सरकार के निर्धारित क्षेत्र में हस्तक्षेप करें, तो यह स्वयं संविधान का उल्लंघन होता है, और
2. ऐसे उल्लंघन के औचित्य का निर्धारण केवल न्यायपालिका द्वारा किया जायगा।

'फेडरलवाद की ऐसी प्रकृति के कारण संयुक्त राज्य अमेरिका के संविधान में संघात्मक संविधान के दोष स्पष्ट रूप से दिखायी देते हैं। जिन देशों ने संघात्मक शासन-पद्धति को बाद में अपनाया, उन्होंने इस पद्धति में निहित 'कठोरता', और 'अति-वैधानिकता' से उत्पन्न हानियों को कम करने का प्रयास किया है। इस सम्बन्ध में आस्ट्रेलिया के संविधान का दृष्टान्त दिया जा सकता है। आस्ट्रेलियन संविधान ने फेडरेशन की 'कठोरता' को कम करने के लिए निम्न तरीकों को अपनाया है—

1. राष्ट्रमण्डल के संसद् को समवर्ती कानून बनाने की ज्यादा और विशिष्ट कानून बनाने की कम शक्ति प्रदान की गयी है।
2. संविधान के कुछ अनुच्छेदों को, जब तक संसद् अन्यथा लागू नहीं करती है, अस्थायी बनाया गया है।

'स्पष्ट रूप से आस्ट्रेलिया के संविधान के अन्तर्गत आस्ट्रेलिया की संसद् ऐसे कई कार्य कर सकती है, जिन्हें करने का क्षेत्राधिकार अमेरिकी संसद् को नहीं है और जिसको करने के लिए अमेरिकी सरकार को सुप्रीम कोर्ट की शरण लेनी पड़ेगी और उसे अपने अधिकारिता के प्रयोग को न्यायोचित ठहराने हेतु सिद्धान्तों का आविष्कार

करने के लिए इसकी यानी न्यायालय की योग्यता, सूझ-बूझ और अनुकूलता पर निर्भर रहना पड़ेगा।

'कठोरता' और 'अति-वैधानिकता' से उत्पन्न हानियों को कम करने के लिए, प्रस्तावित संविधान ने आस्ट्रेलिया की अपेक्षाकृत अधिक मात्रा में आस्ट्रेलिया के तरीके को अपनाया है। आस्ट्रेलिया के संविधान की तरह इस संविधान में ऐसे विषयों की एक लम्बी सूची रखी गयी है, जिनके बारे में समवर्ती कानून बनाने का अधिकार है। आस्ट्रेलियन संविधान के अन्तर्गत 39 समवर्ती विषय हैं। और प्रारूप-संविधान के अन्तर्गत ये 37 हैं। आस्ट्रेलियन संविधान का अनुसरण करते हुए प्रारूप-संविधान में छह ऐसे अनुच्छेद हैं, जो 'अस्थायी समय' के लिए हैं और जिन्हें किसी भी समय आवश्यकतानुसार संसद् बदल सकती है। जिस एक मामले में प्रारूप-संविधान आस्ट्रेलियन संविधान पर विशेष रूप से बाजी मार ले गया है वह है संसद् को 'विशिष्ट मामलों' में कानून बनाने की शक्ति। आस्ट्रेलिया की संसद् को केवल तीन विषयों में 'विशिष्ट शक्ति' प्राप्त है, जबकि प्रारूप-संविधान के अन्तर्गत भारतीय संसद् को 91 'विषयों' में कानून बनाने की 'विशिष्ट शक्ति प्राप्त है। इस तरह प्रारूप-संविधान ने फेडरलवाद, जो स्वभाव में कठोर माने जाते हैं, को अधिक-से-अधिक लचीला बना दिया है।

'यह कहना पर्याप्त नहीं है कि प्रारूप-संविधान आस्ट्रेलियन संविधान का अनुसरण करता है या कहीं और ज्यादा विस्तृत क्षेत्र में अनुसरण करता है। जो बात ध्यान देने की है, वह यह है कि फेडरलवाद के आनुवंशिक 'कठोरता' और 'अति-वैधानिकता' के स्वभाव को दूर करने के लिए प्रारूप-संविधान ने ऐसे नये तरीके जोड़े हैं, जो अन्य कहीं नहीं पाये जाते हैं।

'पहला तरीका है कि संसद् को यह अधिकार दिया गया है कि वह सामान्य काल में भी 'प्रान्तीय' विषयों पर कानून बना सकती है। मैं अनुच्छेद 226, 227 व 229 का उल्लेख करता हूँ। अनुच्छेद 226 (वर्तमान संविधान का अनुच्छेद 249) के अन्तर्गत यदि कोई विषय केवल प्रान्तीय सरोकार से अलग राष्ट्रीय महत्त्व का बन जाता है, भले ही वह विषय 'राज्य सूची' में हो, तो संसद् उस 'विषय' में कानून बना सकती है बशर्ते कि इसके लिए ऊपरी सदन अपने दो-तिहाई बहुमत से केन्द्र को इस प्रकार के शक्ति-प्रयोग की अनुमति दे। अनुच्छेद 227 (वर्तमान संविधान का अनुच्छेद 250) के अन्तर्गत राष्ट्रीय आपदा की स्थिति में संसद् को यह अधिकार प्राप्त है। अनुच्छेद 229 (वर्तमान संविधान का अनुच्छेद 252) के अनुसार संसद् अपने इस अधिकार का प्रयोग राज्यों की सहमति से कर सकता है। यद्यपि अन्त में उद्धृत प्रावधान आस्ट्रेलिया के संविधान में भी है, लेकिन पहली दोनों बातें भारतीय संविधान के विशेष लक्षण हैं।

'कठोरता' और 'अति-वैधानिकता' से बचने का जो दूसरा उपाय अपनाया गया है वह है संविधान में संशोधन करने के नियम को सरल बनाना। प्रारूप-संविधान में कोई संविधान-संशोधन करने के सम्बन्ध में जो प्रावधान हैं, वे दो समूहों में विभक्त हैं। एक समूह में वे अनुच्छेद रखे गये हैं जिनका सम्बन्ध—(क) केन्द्र और राज्य

में विधायी शक्तियों के वितरण से है, (ख) संसद् में राज्यों के प्रतिनिधित्व से है, और (ग) न्यायालयों के अधिकारों से है। शेष अन्य अनुच्छेदों को दूसरे समूह में रखा गया है। दूसरे समूह में रखे गये अनुच्छेद संविधान का बड़ा हिस्सा हैं और वे संसद् के दोहरे बहुमत यानी दोनों सदनों के उपस्थित सदस्यों के कम-से-कम दो-तिहाई बहुमत एवं दोनों सदनों के कुल सदस्यों के बहुमत से संशोधित किये जा सकते हैं। इन अनुच्छेदों के संशोधन के लिए राज्यों के समर्थन की आवश्यकता नहीं है। केवल उन्हीं अनुच्छेदों, जो पहले समूह में रखे गये हैं, उन्हीं के संशोधन के लिए राज्यों के अतिरिक्त समर्थन की व्यवस्था बनायी गयी है।

'इसलिए हम सुरक्षित महसूस करते हुए कह सकते हैं कि भारतीय फेडरेशन को 'कठोरता' और 'अति-वैधानिकता' से होने वाले किसी हानि को भुगतना नहीं पड़ेगा। लचीला फेडरेशन इस संविधान की विशेषता है।'

एकीकृत न्यायपालिका, समान कानून संहिता और एकीकृत नागरिक सेवा

'प्रस्तावित भारतीय संविधान का एक अन्य विशेष लक्षण है जो इसे दूसरे फेडरेशन से अलग बनाता है। द्वैध शासन आधारित फेडरेशन विधायी, कार्यपालिकीय और न्यायिक शक्तियों के पृथक्करण के साथ दोनों स्तर के शासनों के अलग-अलग प्राधिकार पर निर्भर होता है, जिसके कारण इस बात की पूरी सम्भावना होती है कि कानून में, प्रशासन में और न्यायिक सुरक्षा में विभिन्नता पैदा हो। एक सीमा तक ऐसी विभिन्नताएँ मायने नहीं रखती हैं। स्थानीय आवश्यकताओं तथा परिस्थितियों से ताल-मेल बैठाने के प्रयत्न की दृष्टि से इसका स्वागत किया जा सकता है।

'लेकिन यह विभिन्नता एक सीमा के बाद अराजकता पैदा करने की जनक हो जाती है और ऐसी विभिन्नताओं ने कई फेडरल राज्यों में अराजकता को उत्पन्न भी किया है। मान लो एक देश में बीस राज्य हैं और अब कल्पना करें कि इन राज्यों में शादी के बारे में, तलाक के बारे में, सम्पत्ति के उत्तराधिकार के बारे में, पारिवारिक सम्बन्धों के बारे में, ठेकों के लेन-देन के बारे में, किसी को हानि न पहुँचाने के बारे में, अपराधों के बारे में, तौलों तथा मापों के बारे में, बिलों तथा चेकों के बारे में, बैंकों तथा व्यापार के बारे में, न्याय प्राप्त करने की पद्धति के बारे में तथा प्रशासन के स्तर तथा तरीकों के बारे में बीस तरह के अलग-अलग कानून हैं। 'ऐसी स्थिति न केवल राज्य को दुर्बल बनाती है, बल्कि उन नागरिकों, जिन्हें प्राय: एक राज्य से दूसरे राज्य में आना-जाना पड़ता है, के लिए भी असह्य हो जाती है कि एक चीज जो एक राज्य में कानून-सम्मत है, वही चीज दूसरे राज्य में गैर-कानूनी है। प्रारूप-संविधान ने ऐसे उपाय और तौर तरीके खोजे हैं जिनसे भारत संघात्मक रहेगा और इसके साथ ऐसे आधारभूत मामलों में, जो देश की एकता के लिए आवश्यक है, एकरूपता भी बनी रहेगी। प्रारूप संविधान में इसके तीन उपाय अपनाये गये हैं—

1. एकीकृत न्यायपालिका,
2. दीवानी तथा फौजदारी से जुड़े मूलभूत कानूनों में एकरूपता, और
3. महत्त्वपूर्ण पदों के लिए एक सामान्य अखिल भारतीय सिविल सेवा।

'जैसा मैंने कहा है कि द्वैध न्यायपालिका, दो-दो तरह की कानून संहिता और दो-दो तरह की सिविल सेवा एक द्वैध शासन-पद्धति के तर्कसंगत परिणाम हैं। अमेरिका में संघीय न्यायपालिका और राज्य न्यायपालिका अलग-अलग और एक-दूसरे से स्वतंत्र है। भारतीय फेडरेशन, यद्यपि द्वैध शासन आधारित है, लेकिन उसमें न्यायपालिका के दो-दो समूह नहीं हैं। उच्च न्यायालय तथा उच्चतम न्यायालय सभी मिलकर एक अविभाज्य न्यायपालिका का निर्माण करते हैं और सभी मामले चाहे वे संवैधानिक कानून से या दीवानी कानून से या फौजदारी कानून से पैदा हों, अपने-अपने क्षेत्राधिकार में रहते हुए एक-समान उपचार प्रदान करते हैं। ऐसा इसलिए किया गया है ताकि प्रक्रियाओं में सभी तरह की विविधताओं को निकाल दिया जाय। कनाडा ही एक ऐसा देश है, जिसके संविधान में इस तरह की व्यवस्था बनायी गयी है। आस्ट्रेलियन व्यवस्था इसके आस-पास रहती है।

'यह सावधानी बरती गयी है कि कम-से-कम उन कानूनों, जो नागरिक एवं कार्पोरेट जीवन के आधार हैं से सभी तरह की विविधताएँ समाप्त हो। नागरिक एवं फौजदारी कानूनों से सम्बन्धित संहिताएँ जैसे सिविल प्रक्रिया संहिता, आपराधिक प्रक्रिया संहिता, साक्ष्य कानून, सम्पत्ति अन्तरण कानून, विवाह एवं तलाक के कानून तथा उत्तराधिकार सम्बन्धी कानून को समवर्ती सूची में रख दिया गया है ताकि बिना फेडरल व्यवस्था को हानि पहुँचाये आवश्यक एकरूपता बनायी रखी जा सके।

'द्वैध प्रणाली, जिसे मैं संघात्मक शासन-प्रणाली की नैसर्गिक उपज कहता हूँ, फेडरेशन में द्वैध सेवाओं को अनिवार्य बनाती है। सभी संघात्मक शासन-पद्धतियों में एक केन्द्रीय सिविल सेवा और एक राज्य सिविल सेवा होती है। द्वैध प्रणाली होने के कारण भारतीय संघात्मक शासन-पद्धति गें भी द्वैध सिविल सेवा होगी, लेकिन एक अपवाद के साथ। यह मान्य है कि प्रत्येक देश की प्रशासनिक व्यवस्था में कुछ पद ऐसे होते हैं जिन्हें शासन की गुणवत्ता को बनाये रखने की दृष्टि से कूटनीतिक महत्त्व का कहा जा सकता है। प्रशासन की इतनी बड़ी और उलझी हुई मशीनरी में ऐसे पदों को चिह्नित करना आसान नहीं हो सकता है। लेकिन इसमें कोई सन्देह नहीं कि प्रशासन का स्तर उन लोगों की योग्यता पर निर्भर करता है, जो इन पदों पर नियुक्त किये जाते है। हमारे लिये यह सौभाग्य की बात है कि हम सब ऐसी पूर्व-विद्यमान प्रशासन-व्यवस्था के उत्तराधिकारी हैं, जो सम्पूर्ण देश के लिए समान है और हम जानते हैं कि ये 'कूटनीतिक' पद कौन-से हैं? संविधान में यह व्यवस्था है कि राज्यों के अपनी-अपनी सिविल-सेवा बनाने के अधिकार में बिना हस्तक्षेप किये, अखिल भारतीय स्तर पर एकसमान योग्यता और एकरूप वेतन के साथ एक 'अखिल भारतीय सेवा' होगी और जो इस सिविल सेवा के सदस्य होंगे, केवल वही राष्ट्रीय स्तर के कूटनीति सम्बन्धी पदों पर नियुक्त किये जा सकेंगे।'[3]

भारतीय परिस्थितियों के अनुकूल, खासतौर से देश के विभिन्नता और विविधता को देखते हुए, संविधान के प्रकृति पर निर्णय लेना आसान नहीं था। विश्व के लोकतांत्रिक संवैधानिक इतिहास में प्रचलित स्वरूपों में से किसी एक स्वरूप को सीधे-सीधे चुनकर स्वीकार कर लेना एक बात थी और इनको भारतीय परिस्थितियों के अनुकूल परिष्कृत

कर स्वीकार करना दूसरी बात। विश्व के दूसरे संविधान के प्रावधानों को एवं उनके प्रभाव को समझना और फिर उसे अपने देश के अनुकूल परिष्कृत कर अंगीकृत करना आसान कार्य नहीं था। जो लोग भारतीय संविधान को लेकर यह निष्कर्ष निकालते हैं कि यह दूसरे देशों के संविधान की नकल मात्र है, उन्हें 'संविधान की प्रकृति' विषय पर डॉ. अंबेडकर द्वारा किये गये प्रयासों को जानने के बाद, अपना दृष्टिकोण बदलने के लिए मजबूर होना पड़ेगा।

(3) अन्ध नकल नहीं, 'संवैधानिक नैतिकता' विकसित करने की आवश्यकता

भारत के संविधान की सबसे अधिक आलोचना इस आधार पर की जाती है कि इसमें कुछ भी नया नहीं है। यह दूसरे देशों के संविधान की नकलमात्र है। ऐसी आलोचना की वास्तविकता को समझने के लिए संविधान-निर्माण के समय की वैश्विक परिस्थितियों को समझना आवश्यक है। भारत में प्रारूप-संविधान के निर्माण के समय विश्व के दूसरे कई प्रगतिशील देशों में संविधान अस्तित्व में आ चुके थे। लोकतांत्रिक शासन-व्यवस्था के जो भी भिन्न-भिन्न स्वरूप और आयाम हो सकते थे, उनके मूल तत्त्वों का आविष्कार करके किसी-न-किसी संविधान में शामिल कर लिया गया था। दूसरे देशों में ऐसा आविष्कार एवं विकास न हो, इस पर किसी का नियंत्रण नहीं हो सकता है। इन देशों में हुए संवैधानिक विकास का भारत के संविधान निर्माण के नजरिये से सकारात्मक पहलू यही था कि इन संविधान में शामिल किये गये शासन व्यवस्था के मूल तत्त्वों का एवं इसके प्रभाव का अध्ययन व अनुसन्धान किया जाय और फिर यह तय किया जाय कि इन मूल तत्त्वों में से कौन भारतीय परिस्थितियों के अनुकूल है या इन्हें भारतीय परिस्थितियों के अनुकूल कितना परिष्कृत कर अंगीकृत करना है।

ऐसा अध्ययन, अनुसन्धान और परिष्करण करना एक स्वाभाविक-सी प्रक्रिया थी, जिसे प्रारूप-संविधान का निर्माण करते समय मसौदा-समिति द्वारा अपनाया गया। इसे अन्ध नकल कहना उचित नहीं है। और फिर इतने विविधता वाले देश के अनुरूप लोकतांत्रिक शासन-व्यवस्था के विभिन्न स्वरूपों का अध्ययन, अनुसन्धान और परिष्करण करना तथा आवश्यकतानुसार इसमें नये तत्त्वों को शामिल करना कोई आसान काम नहीं था। वह भी उस देश में जहाँ सदियों से लोग लोकतांत्रिक मूल्यों को भूल चुके थे, जहाँ यह भी खतरा मँडरा रहा था कि कहीं अंग्रेजों के जाने के बाद भारत में पुन: सामन्तवाद और अधिनायकवाद की वापसी न हो जाय। इस दृष्टि से डॉ. अंबेडकर की भूमिका महत्त्वपूर्ण ही नहीं बल्कि महानतम हो जाती है कि उनके रहते वे लोग प्रभावी नहीं हो सके जो किसी-न-किसी बहाने इस देश में अधिनायकतंत्र बनाये रखना चाहते थे या इसे कबीलाई देश बनाना चाहते थे। ऐसा नहीं कर पाने वाले लोग ही अन्ध नकल करने के अतर्कपूर्ण आरोप लगाते रहे हैं ताकि संविधान-निर्माण में डॉ. अंबेडकर द्वारा किये गये योगदान को कमतर करके प्रचारित किया जा सके।

'भारत में लोकतंत्र इसकी उस मिट्टी के ऊपर चढ़ायी गयी चादर है जो खुद अन्दर से अलोकतांत्रिक है'—डॉ. अंबेडकर ने जहाँ इसे सहजता से स्वीकार किया, वहीं इस आवश्यकता पर भी बल दिया कि हम भारतीयों को अभी भी अपने अन्दर 'संवैधानिक

नैतिकता' की भावना को जगाना और विकसित करना है, ताकि संविधान और शासन-व्यवस्था शान्तिपूर्वक अपना कार्य कर सके। संविधान-निर्माण में अन्ध नकल करने के आरोपों का जवाब देने के साथ लोगों को अपने अन्दर संवैधानिक नैतिकता विकसित करने की आवश्यकता पर बल देते हुए डॉ. अंबेडकर ने अपने प्रस्तुति-भाषण में कहा—

'ऐसा कहा गया है कि प्रारूप-संविधान में नया कुछ भी नहीं है। लगभग आधे विचार 1935 के गवर्नमेण्ट ऑफ इण्डिया एक्ट की नकल हैं और शेष भाग दूसरे देशों के संविधान से लिये गये हैं। इसके बहुत थोड़े-से अंश को मौलिक कहा जा सकता है।

'यह पूछा जाना चाहिए कि विश्व के इतिहास की इस घड़ी में यदि किसी संविधान की रचना की जाय, तो क्या उसमें कुछ नयी बात हो सकती है। पहले लिखित संविधान के लिपिबद्ध हुए सौ वर्ष से अधिक समय बीत गये। उसके बाद अनेक देशों ने अपने-अपने संविधान को लिपिबद्ध किया। एक संविधान का क्या क्षेत्र होना चाहिए—यह बात काफी समय पहले ही निश्चित हो चुकी है। इसी प्रकार एक संविधान में कौन-कौन से मूलभूत विचार होने चाहिए—यह भी सारे संसार में माना जाने लगा है। इन तथ्यों को ध्यान में रखें तो सभी संविधानों की मुख्य-मुख्य बातें एक जैसी दिखेंगी। इतने समय के बाद यदि कोई संविधान बनता है तो उसमें कोई नयी बात यही हो सकती है कि दोषों को समाप्त किया जाय और अपने देश की आवश्यकतानुसार अनुकूल बनाया जाय। यह आरोप कि यह संविधान दूसरे देशों के संविधानों की अन्धी नकल है, संविधान के अपर्याप्त अध्ययन करने पर ही आधारित है—मैं यह निःसन्देहपूर्वक कह सकता हूँ। मैंने बता दिया है कि प्रारूप-संविधान में कौन-से विचार नये हैं। निश्चित तौर पर मैं यह कह सकता हूँ कि जिन लोगों ने दूसरे देश के संविधानों का अध्ययन किया है और जो निष्पक्षतापूर्वक विचार करने के लिए तैयार हैं, वे सहमत होंगे कि मसौदा-समिति अपने दायित्वों के निर्वहन के दौरान ऐसे किसी अन्ध एवं तुच्छ अनुकरण की दोषी नहीं है।

'जहाँ तक इस दोषारोपण की बात है कि प्रारूप-संविधान ने 1935 के गवर्नमेण्ट ऑफ इण्डिया एक्ट के बहुत-से प्रावधानों को ग्रहण किया है, इस पर मुझे क्षमा माँगने की आवश्यकता नहीं है। किसी से कुछ ग्रहण करने में शर्मिन्दित होने की कोई बात नहीं है। यह साहित्यिक चोरी की बात नहीं है। संविधान के मूलभूत विचारों पर कोई सर्वाधिकार का दावा नहीं कर सकता है। जिस बात का मुझे अफसोस है वह यह है कि गवर्नमेण्ट ऑफ इण्डिया एक्ट, 1935 से जो बातें ग्रहण की गयी हैं, वे ज्यादातर प्रशासन सम्बन्धी विस्तार से जुड़ी हैं। मैं सहमत हूँ कि संविधान में 'प्रशासन सम्बन्धी विस्तार' के लिए कोई स्थान नहीं होना चाहिए। मैं बहुत ज्यादा चाहता हूँ कि मसौदा-समिति किसी तरीके से इसको अपने अन्दर शामिल करने से बच जाती। लेकिन यह आवश्यकता है कि इसको संविधान में शामिल करने को हम औचित्यपूर्ण बतायें। यूनान के प्रमुख इतिहासकार 'ग्रोटे' ने लिखा है—

'संवैधानिक नैतिकता' को न केवल किसी समुदाय के बहुतांश में बल्कि इसकी सम्पूर्णता में फैलाना, स्वतंत्र एवं शान्तिमय शासन के लिए अनिवार्य शर्त

है क्योंकि कोई शक्तिशाली और जिद्दी अल्पमत, जब तक कि वह इतना सामर्थ्यवान् न हो कि वह स्वयं शासनारूढ़ हो सके, किसी स्वतंत्र संस्थान का चलना असम्भव बना सकता है।'

'संवैधानिक नैतिकता' से ग्रोटे का आशय था कि, 'संविधान के स्वरूपों के लिए विशिष्ट आदर का ऐसा भाव हो, जो इन स्वरूपों की सीमा के भीतर और इनके अधीन कार्य करने वाले अधिकारियों के प्रति आज्ञाकारी होने के लिए प्रेरित करे, इसके बावजूद एक निश्चित कानूनी सीमाओं के दायरे में वाणी की और कार्यों की आजादी हो एवं इन अधिकारियों द्वारा किये गये सभी सार्वजनिक कार्यों की बिना रुकावट आलोचना की आजादी हो और साथ-साथ प्रत्येक नागरिक के हृदय में यह विश्वास हो कि कोई भी पक्ष-विवाद कितना ही कड़वा क्यों न हो, विरोधी की दृष्टि में भी संविधान के स्वरूप उतने ही पवित्र होंगे, जितने उसकी अपनी दृष्टि में।

'जब हर कोई यह मानता है कि किसी भी लोकतांत्रिक संविधान को शान्तिपूर्वक कार्य करने के लिए 'संवैधानिक नैतिकता' को विकसित करना आवश्यक है, इससे जुड़ी दो ऐसी बाते हैं, दुर्भाग्य से जिसकी सामान्य मान्यता नहीं है। एक यह है कि प्रशासन के स्वरूप का संविधान के स्वरूप से निकट सम्बन्ध है। प्रशासन के स्वरूप को संविधान के स्वरूप के साथ मेल खाने वाले और समअर्थी होना चाहिए। दूसरी बात यह है कि संविधान के स्वरूप में बिना किसी प्रकार का बदलाव लाये, केवल प्रशासन के स्वरूप को बदलकर और इसे संविधान की आत्मा के विपरीत एवं विरोधी बनाकर, संविधान को विकृत किया जाना बिलकुल सम्भव हो।

'इससे निष्कर्ष निकलता है कि जहाँ लोग 'संवैधानिक नैतिकता' की भावना से ओत-प्रोत हों, जैसा कि इतिहासकार ग्रोटे ने वर्णित किया है, वहाँ हम प्रशासन के विस्तार को संविधान में शामिल न करने का और इसे निश्चित करने का कार्य विधायिका पर छोड़ने का खतरा मोल ले सकते हैं। प्रश्न यह है कि क्या हम 'संवैधानिक नैतिकता' को प्रसारित करने का अनुमान लगा सकते हैं? 'संवैधानिक नैतिकता' कोई प्राकृतिक भावना नहीं है। इसका विकास करना होता है। हमें यह समझ लेना चाहिए कि हमारी जनता को अभी इसे सीखना है। भारत में लोकतंत्र इसकी उस मिट्टी के ऊपर चढ़ायी गयी चादर है जो खुद अन्दर से अलोकतांत्रिक है।

'इन परिस्थितियों में बुद्धिमत्ता की बात है कि प्रशासन के स्वरूप को तय करने का कार्य विधायिका पर न छोड़ा जाय। इन्हें संविधान में आत्मसात् कर लेना ही औचित्यपूर्ण है।''[4]

(4) 'ग्राम-समुदाय' के बजाय 'व्यक्ति' है शासन की इकाई

आजाद भारत की शासन-प्रणाली में ग्राम-समुदाय की क्या भूमिका हो? देश की शासन-प्रणाली की इकाई 'ग्राम पंचायत' हो या 'व्यक्ति'? इन प्रश्नों को लेकर संविधान सभा के सदस्य ज्यादा गम्भीर थे। महात्मा गाँधी जी का ग्राम पंचायत के सम्बन्ध में विचार जगजाहिर था। गाँधी जी का मानना था कि 'आजादी नीचे से शुरू होनी चाहिए। हर एक गाँव में जमहूरी सल्तनत या पंचायत राज होगा। उसके पास सत्ता और ताकत होगी। इसका

मतलब यह है कि हर एक गाँव को अपने पाँव पर खड़ा होना होगा, अपनी जरूरतें उसे खुद पूरी करनी होंगी ताकि वह अपना सारा कारोबार खुद चला सके। यहाँ तक कि वह सारी दुनिया के खिलाफ अपनी हिफाजत खुद कर सके।... ग्राम स्वराज्य की मेरी कल्पना यह है कि वह एक ऐसा पूर्ण प्रजातंत्र होगा, जो अपनी अहम् जरूरतों के लिए अपने पड़ोसियों पर निर्भर नहीं करेगा और फिर बहुतेरी दूसरी जरूरतों के लिए, जिनमें दूसरों का सहयोग आवश्यक होगा, वह परस्पर सहयोग से काम लेगा।'

संविधान सभा में श्री एम. अनंथसयनम अयंगर, श्री एच. वी. कामथ, श्री अरुण चन्द्र गुहा, श्री के. टी. शाह, प्रो. शिब्बन लाल सक्सेना जैसे सदस्यगण महात्मा गाँधी के विचारों के अनुकूल ग्राम-पंचायत क़ो देश के शासन-पद्धति की इकाई के रूप में विकसित करने के पक्षधर थे तो मौलाना हसरत मोहानी रूस के मॉडल की तरह भारत में भी 'ग्राम-सोवियत' की शासन-प्रणाली स्थापित करने पर बल दे रहे थे। शासन-व्यवस्था की इकाई 'नागरिक' हो या 'ग्राम पंचायत', इसको लेकर तत्कालीन नेतृत्व के मध्य जबरदस्त द्वन्द्व था। कांग्रेस के रणनीतिकार नागरिक मताधिकार आधारित प्रत्यक्ष लोकतंत्र के बजाय ग्राम-गणतंत्र आधारित अप्रत्यक्ष लोकतंत्र, जिसमें ग्राम पंचायतों के प्रतिनिधि केन्द्र एवं राज्य विधानसभाओं के चुनाव में भूमिका निभायें, को स्थापित करने को लेकर लाबिंग किये हुए थे। स्वयं पण्डित जवाहरलाल नेहरू ने 13 दिसम्बर, 1946 के अपने प्रतिज्ञा-प्रस्ताव में भारत को एक 'स्वतंत्र, संप्रभु, गणराज्य' बनाने की घोषणा की थी। इसमें, सिवाय इस संवैधानिक सुन्दरता के कि 'देश की संप्रभुता जनता में अन्तर्निहित होगा' के अलावा लोकतंत्र की कोई स्पष्ट परिकल्पना नहीं थी। इस लाबिंग में महात्मा गाँधी का सहारा लिया जा रहा था।

जबकि डॉ. अंबेडकर, देश एवं राज्यों की शासन-व्यवस्था में 'नागरिक' को इकाई बनाने के बजाय 'ग्राम पंचायतों' को इकाई बनाने के बिलकुल खिलाफ थे। प्रारूप संविधान के अन्तर्गत केन्द्र और राज्यों की शासन-प्रणाली में 'ग्राम' के बजाय 'व्यक्ति' को इकाई बनाये जाने के औचित्य को बताते हुए बाबा साहेब ने अपने प्रस्तुति-भाषण में कहा—

> "प्रारूप-संविधान की अन्य दूसरी आलोचना यह की जा रही है कि इसके किसी भी हिस्से में प्राचीन शासन-पद्धति का प्रतिनिधित्व नहीं है। कहा गया है कि नये संविधान की शासन-पद्धति को प्राचीन हिन्दू मॉडल के आधार पर तैयार होना चाहिए। पाश्चात्य सिद्धान्तों का समावेश करने के बजाय नये संविधान की रचना ग्राम-पंचायतों तथा जिला पंचायतों को आधार मानकर होनी चाहिए थी। कुछ ऐसे लोग भी हैं, जिनके विचार और भी ज्यादा अतिवादी हैं। वे किसी तरह के केन्द्रीय या प्रान्तीय सरकार को नहीं चाहते हैं। वे इतना ही चाहते हैं कि भारत में कई ग्राम सरकारें बनी रहें। भारतीय बुद्धिजीवी का अपने ग्राम-समुदायों के लिए जो प्रेम है, यदि वह कारुणिक नहीं है, तो असीम अवश्य है। इसका मुख्य कारण है मि. मैटकाफ द्वारा खुले दिल से की गयी वह प्रशंसा है, जो इन्हें ऐसे छोटे गणराज्य के रूप में वर्णित करते हैं, जो अपने में सब-कुछ, जो वे चाहते हैं, रखते हैं और विदेशी सम्बन्धों को लेकर स्वतंत्र रहते हैं। मि. मैटकाफ के अनुसार—अपने-अपने में ही छोटे-छोटे राज्य बने हुए इन ग्राम-समुदायों के अस्तित्व के कारण ही भारतीय जनता को सभी

क्रान्तियों और परिवर्तनों के दौरान संरक्षण मिला है। इन क्रान्तियों एवं परिवर्तनों के बीच ग्राम-पंचायतों ने ही उन्हें सबसे अधिक सुख, प्रसन्नता और स्वतंत्रता प्रदान की है। इसमें कोई सन्देह नहीं कि जहाँ बहुत-सी दूसरी चीजें नष्ट हो गयीं, वहीं ग्राम-समुदाय आज तक बना हुआ है। लेकिन जो लोग ग्राम-समुदायों को लेकर इतने गौरवान्वित महसूस करते हैं, वे यह विचार करने की फिक्र नहीं करते कि देश के मामलों में और देश को भाग्यशाली बनाने में इसने कितनी कम भूमिका निभायी है, और क्यों? मि. मैटकाफ ने ही, देश को भाग्यशाली बनाने में ग्राम-समुदायों की भूमिका को इन शब्दों में वर्णित किया है—

'एक राजवंश के बाद दूसरे राजवंश का पतन होता है। क्रान्ति के बाद दूसरी क्रान्ति होती है। हिन्दू, पठान, मुगल, मराठा, सिख, अंग्रेज सभी बारी-बारी से मुल्क के मालिक बनते हैं, लेकिन ग्राम-समुदाय अपने स्वरूप में बने रहते हैं। विपत्ति के समय वे शस्त्रों के साथ अपने को किले में बन्द कर लेते हैं। शत्रु सेना पूरे देश से होकर गुजर जाती है। ग्राम-समुदाय अपने पशुओं को गाँव की दीवारों के भीतर एकत्र कर लेता है और शत्रुओं को बिना किसी रोक-टोक के आगे बढ़ जाने देती हैं।'

'ग्राम-समुदायों ने अपने देश के इतिहास में इसी प्रकार की भूमिका निभायी हैं। इन बातों को जानने के बाद हममें इनके प्रति किस तरह के गर्व की भावना हो सकती है? सभी तरह के उलटफेर के दौरान ये ग्राम-समुदाय जीवित बने रहे, यह एक सच्चाई हो सकती है। लेकिन किसी तरह बने रहने का कोई मूल्य नहीं है। प्रश्न है कि वे किस स्तर पर बचे रहे हैं। निश्चित रूप से एक बड़े ही निम्न स्तर पर, एक बड़े ही स्वार्थपूर्ण स्तर पर। मेरा मानना है कि ये ग्राम-समुदाय भारत के विनाश का कारण बने हैं। इसलिए मैं आश्चर्यचकित हूँ कि जो लोग प्रान्तीयता और साम्प्रदायिकता की निन्दा करते हैं, वे ही लोग 'ग्राम' का पक्ष लेकर आगे आते हैं। ये ग्राम संकीर्ण भाव वाले स्थानीयता, अज्ञानता और साम्प्रदायिकता की गुहा के अतिरिक्त और क्या हैं? मुझे खुशी है कि प्रारूप-संविधान ने 'ग्राम' को तिलांजलि दिया है और 'व्यक्ति' को इकाई के रूप में स्वीकार करता है।''[5]

यह सही है कि महात्मा गाँधी ग्राम पंचायतों को ज्यादा शक्ति देने और इसे विकास की इकाई बनाना चाहते थे, लेकिन यह ग्राम पंचायत बदले हालात में भी केन्द्र और राज्य के शासन की इकाई हो, इस पर उन्होंने कोई राय नहीं व्यक्त की थी। स्थानीय स्तर पर विकास कार्यक्रमों में ग्राम पंचायतों की भूमिका महत्त्वपूर्ण है। प्रारूप संविधान में ग्राम पंचायत की इस भूमिका को अस्वीकार नहीं किया गया था, अलबत्ता प्रान्तीय सरकारों को ग्राम पंचायतों को विकसित करने की पूरी स्वतंत्रता प्रदान की गयी थी। लेकिन इन ग्राम पंचायतों को देश एवं राज्यों की शासन-व्यवस्था की 'इकाई' बनाना एक नव-सामन्तवाद की वापसी की तरह होता।

आज जिस तरह से जिला पंचायत या क्षेत्र पंचायत, राज्यों की सत्ता के इर्द-गिर्द मँडराते हुए और राज्य में सत्ता-परिवर्तन के साथ अपना रंग बदलते हुए दिखते हैं, ये पंचायत 'सौदेबाजी के लोकतंत्र' से ज्यादा कुछ नहीं साबित हो रहे हैं। डॉ. अंबेडकर की

दूरदृष्टि सच साबित हो रही है। ग्राम पंचायतों को राज्य स्तर पर या राष्ट्रीय स्तर पर शासन-प्रणाली की इकाई बनाना 'सौदेबाजी के लोकतंत्र' को और ऊँचाई प्रदान करने से ज्यादा कुछ नहीं रहता। केन्द्र एवं राज्यों में सत्तासीन लोग, भविष्य में भी सत्ता में बने रहे या नहीं, यह उनके कार्यों के आधार पर नहीं बल्कि उनके प्रबन्धन-क्षमता के आधार पर तय होता। इसलिए डॉ. अंबेडकर मानते थे कि लोकतंत्र सही मायने में तभी स्थापित होगा जब 'एक व्यक्ति एक वोट' केन्द्र और राज्यों की शासन-प्रणाली का आधार हो।

(5) बहुसंख्यक-अल्पसंख्यक समस्या का समाधान

जिन परिस्थितियों में देश आजाद हुआ था, हालात बहुत आसान नहीं थे। बँटवारे के कारण अल्पसंख्यक खासकर मुसलमानों के विरुद्ध माहौल था और धर्मान्धता व कट्टरवाद के हावी होने का भय व्याप्त था। धर्म आधारित बँटवारा होने और पाकिस्तान के अलग हो जाने के बावजूद भी शेष देश के सन्दर्भ में यह कल्पना नहीं की जा सकती थी कि वह केवल एक धर्म मानने वालों का देश बने। इतने विविधता वाले देश में, जहाँ न केवल मुसलमान (पाकिस्तान बनने के बाद भी), बल्कि ईसाई, पारसी, सिख, बौद्ध, जैन जैसे अलग-अलग धर्मों को मानने वाले लोग रह रहे थे, 'एक धर्म-एक देश' की नीति को लागू करने का मतलब था—देश को और कई टुकड़ों में बँटने देने का न्योता देना। ऐसी विषम परिस्थिति में भी बहुसंख्यक और अल्पसंख्यक के मध्य परस्पर विश्वास का माहौल विकसित होना बड़ी चुनौती थी।

प्रारूप-संविधान में अल्पसंख्यक समुदाय को यथोचित सुरक्षा प्रदान करने के सम्बन्ध में भी प्रावधान बनाये गये थे, जिसकी कुछ कट्टरपन्थी आलोचकों द्वारा आलोचना की जा रही थी। इस विश्वास के साथ कि एक समय आयेगा जब बहुसंख्यक-अल्पसंख्यक के मध्य सारा भेद समाप्त हो जायेगा, डॉ. अंबेडकर ने अल्पसंख्यकों के संरक्षण से सम्बन्धित अवधानों को लेकर की जा रही आलोचनाओं का जवाब दिया और कहा—

> "मसौदा-समिति की इसलिए भी आलोचना की गयी है क्योंकि यह अल्पसंख्यकों को संरक्षण प्रदान करता है। इसमें मसौदा-समिति की कोई जिम्मेदारी नहीं है। वह संविधान सभा के निर्णयों का अनुसरण करती है। व्यक्तिगत रूप से मुझे कोई सन्देह नहीं है कि अल्पसंख्यकों के लिए संरक्षण की व्यवस्था करके संविधान सभा ने बुद्धिमानी का काम किया है। इस देश में अल्पसंख्यक और बहुसंख्यक दोनों ने गलत रास्ता अपनाया है। बहुसंख्यक की तरफ से अल्पसंख्यकों के अस्तित्व को नकारना गलत है और अल्पसंख्यकों द्वारा अपने-आपको 'चिरंजीवी' मानना, यह भी ठीक नहीं है। ऐसा हल निकाला जाना चाहिए, जिससे दोनों उद्देश्यों की पूर्ति हो सके। इस हल में अल्पसंख्यकों के अस्तित्व को मान्यता देने के साथ शुरुआत हो और परिणामस्वरूप एक दिन सभी अल्पसंख्यक और बहुसंख्यक घुल-मिलकर एक हो जायँ। संविधान ने जो हल प्रस्तावित किया है, वह स्वागतयोग्य है क्योंकि इससे दोनों उद्देश्यों की पूर्ति होती है।
>
> 'ऐसे कट्टरपन्थियों, जिनके मन में अल्पसंख्यकों के संरक्षण का विरोध करने का एक पागलपन-सा घर किया है, को समाप्त करने के लिए मैं दो बातें कहना

चाहता हूँ। पहली बात यह है कि अल्पसंख्यक ज्वालामुखी की तरह हैं, जो यदि फूट पड़ें तो राज्य के सारे ताने-बाने को खत्म कर सकते हैं। यूरोप का इतिहास इस तथ्य के पर्याप्त एवं भयभीत करने वाले साक्ष्य हैं। दूसरी बात यह कि भारत के अल्पसंख्यकों ने अपने अस्तित्व को बहुसंख्यकों के हाथों में समर्पित करना स्वीकार कर लिया है।

'जिस समय आयरलैण्ड के विभाजन को रोकने के लिए समझौते की बात चल रही थी, मि. रेडमाण्ड ने मि. कार्सन से कहा था— 'प्रोटेस्टेण्ट अल्पसंख्यक के लिए आप मुँहमाँगे संरक्षण ले लें, लेकिन आयरलैण्ड को एकीकृत रहने दें।' कार्सन का उत्तर था— 'भाड़ में जाय तुम्हारे संरक्षण, हम तुमसे शासित नहीं होना चाहते।' भारत में किसी भी अल्पसंख्यक ने अपना यह विचार नहीं बनाया है। उन्होंने पूरी वफादारी के साथ बहुसंख्यक, जो मूलत: साम्प्रदायिक बहुमत है न कि राजनीतिक बहुमत, के शासन को स्वीकार कर लिया है। अब यह बहुसंख्यक का दायित्व है कि वे अपने कर्त्तव्य को समझें और अल्पसंख्यकों के विरुद्ध किसी प्रकार का पक्षपात न करें। भविष्य में 'अल्पसंख्यक' बने रहेंगे या इनका लोप हो जायेगा, यह बहुसंख्यक के आदत पर निर्भर करेगा। ज्यों ही बहुसंख्यक अल्पसंख्यकों के हितों के विरुद्ध आचरण करना बन्द कर देगा, अल्पसंख्यकों को इस रूप में बने रह सकने का कोई आधार नहीं रहेगा। उनका लोप हो जायेगा।''[6]

(6) मूल अधिकार असीमित अधिकार के रूप में नहीं

मूल अधिकार ऐसे अधिकार हैं जिनके अभाव में एक व्यक्ति का बौद्धिक, नैतिक, आध्यात्मिक और बहुमुखी विकास अवरुद्ध हो जाता है। ये नैसर्गिक और अप्रतिदेय अधिकार हैं, जो किसी व्यक्ति के गरिमामय जीवन के लिए आधारभूत एवं अपरिहार्य होते हैं। वैश्विक फलक पर इंग्लैण्ड का 'मैग्ना कार्टा' एवं 'बिल ऑफ राइट्स' और फ्रांस का 'अधिकारों का घोषणा-पत्र' मूल अधिकारों के सम्बन्ध में ऐतिहासिक दस्तावेज हैं। एक लोकतांत्रिक संप्रभु देश के रूप में अमेरिका ने पहली बार अपने नागरिकों के मूल अधिकारों को संवैधानिक संरक्षण दिया। प्रारूप-संविधान में भी इन मूलभूत अधिकारों को सुरक्षित किया गया। इन मूलभूत अधिकारों की सुरक्षा उन मूल्यों का संरक्षण है जो एक स्वतंत्र और विकसित समाज के लिए अनिवार्य है। लेकिन मसौदा-समिति ने संविधान में इन मूलभूत अधिकारों को आत्यन्तिक और असीमित अधिकार के रूप में नहीं स्वीकार किया था, बल्कि इसके साथ कुछ आवश्यक प्रतिबन्धों को भी जोड़ा गया था।

लेकिन राष्ट्रहित एवं समाजहित में मूल अधिकारों पर लगाये गये प्रतिबन्धों को लेकर भी आलोचकों द्वारा प्रारूप-संविधान की आलोचना की जा रही थी। ऐसी आलोचना को सही साबित करने के लिए अमेरिका के संविधान का उदाहरण दिया जा रहा था और आरोप लगाया जा रहा था कि वहाँ पर ऐसे प्रतिबन्ध नहीं है, जबकि प्रारूप-संविधान में इन प्रतिबन्धों के कारण मूल अधिकारों को सीमित कर इसके मूल तत्त्व को ही नष्ट कर दिया गया है।

एक व्यक्ति के असीमित अधिकार न केवल दूसरों के अधिकार में बाधा पहुँचाते हैं बल्कि ये अव्यवस्था और अराजकता फैलाने के भी कारक सिद्ध होते हैं। अमेरिका के

संविधान में मूल अधिकारों को यद्यपि पूर्ण अधिकार के रूप में स्वीकार किया गया है लेकिन वहाँ पर इन मूल अधिकारों पर आवश्यक प्रतिबन्ध खुद संविधान में उल्लिखित होने के बजाय 'पुलिस की ताकत के सिद्धान्त' के अन्तर्गत वहाँ के न्यायपालिका द्वारा स्वीकृत किया गया था। प्रारूप-संविधान में इस 'पुलिस की ताकत के सिद्धान्त' को प्रतिबन्धों के रूप में संवैधानिक स्वीकृति प्रदान किया गया था, इसको रेखांकित करते हुए डॉ. अंबेडकर कहते हैं—

'प्रारूप-संविधान की सबसे अधिक आलोचना वाला हिस्सा वह है जो मूल अधिकारों से सम्बन्धित है। कहा जाता है कि मूल अधिकारों का वर्णन करने वाले अनुच्छेद 13 में इतने अपवाद हैं कि ये अपवाद सारे अधिकारों को खा गये हैं। इसको एक 'धोखा' कहकर भर्त्सना की गयी है। आलोचकों के विचार में मूल अधिकार, मूल अधिकार नहीं है जब तक वह असीम अधिकार के रूप में प्रदत्त नहीं है। ऐसे आलोचक अपने मत के समर्थन में अमेरिका का संविधान और बिल ऑफ राइट्स, जो संविधान में पहले दस संशोधनों द्वारा समाविष्ट किया गया है, को पेश करते हैं। यह कहा जाता है कि अमेरिकन बिल ऑफ राइट्स में प्रदत्त मूल अधिकार ही वास्तविक है क्योंकि न तो वे किसी सीमा की शर्त से बँधे है और न उनके कोई अपवाद हैं।

'मुझे यह कहते हुए अफसोस होता है कि मूल अधिकारों को लेकर जितनी भी आलोचना हुई है, वह कुछ गलतफहमियों पर आधारित है। पहली बात तो यही है कि आलोचकों का यह कहना कि यह मूल अधिकारों को गैर-मूल अधिकारों से अलग करता है, ठीक नहीं है। यह कहना गलत है कि मूल अधिकार पूर्ण होते हैं और गैर-मूल अधिकार पूर्ण नहीं होते हैं। दोनों में जो वास्तविक अन्तर है वह यह है कि गैर-मूल अधिकार दो पक्षों के आपसी समझौते का परिणाम होते हैं, जबकि मूल अधिकार कानून की देन होते हैं। क्योंकि मूल अधिकार कानून की देन होते हैं, इसका यह मतलब नहीं होता कि कानून उसमें कुछ विशेषता नहीं ला सकता।

'दूसरी बात, यह भी कहना गलत है कि अमेरिका में मूल अधिकार पूर्ण है। अमेरिकी संविधान और प्रारूप-संविधान में जो अन्तर है, वह बाह्य है, तात्त्विक नहीं है। यह कि अमेरिका में मूल अधिकार पूर्ण अधिकार नहीं है, यह विवाद से परे है। प्रारूप-संविधान के मूल अधिकारों के हर अपवाद के समर्थन में अमेरिकी सुप्रीम कोर्ट के कम-से-कम एक निर्णय को सन्दर्भित किया जा सकता है। प्रारूप-संविधान के अनुच्छेद 13 में 'वाणी की स्वतंत्रता' पर जो प्रतिबन्ध लगाये गये हैं, उसके औचित्य को सिद्ध करने के लिए सुप्रीम कोर्ट के कम-से-कम एक निर्णय को उद्धृत करना पर्याप्त है। 'गिटलो बनाम न्यूयार्क' के मामले में 'न्यूयार्क आपराधिक अराजकता कानून' की संवैधानिकता विवाद का विषय था। इस कानून का उद्देश्य था—हिंसापूर्ण परिवर्तन उत्पन्न करने का प्रयास करने वाली वाणी को दण्डनीय ठहराना। उक्त मामले में अमेरिकी सुप्रीम कोर्ट ने व्यवस्था देते हुए कहा था—

'चिरकाल से स्थापित यह मूलभूत सिद्धान्त है कि संविधान में जो बोलने एवं प्रेस की स्वतंत्रता प्रदान की गयी है, वह बोलने वाले को पूर्ण अधिकार नहीं दे

देता कि वह बिना किसी उत्तरदायित्व के, जो भी वह चाहे, बिना किसी संयम और नियंत्रण के, प्रकाशित करें, किसी भी तरह की भाषा का उपयोग करें, और इस स्वतंत्रता का दुरुपयोग करने पर उसे दण्डित होने से रोकें।'

'इसलिए यह कहना कि अमेरिका के मूल अधिकार पूर्ण हैं और प्रारूप-संविधान में दिये गये मूल अधिकार पूर्ण नहीं हैं, गलत है।

'यह तर्क दिया गया है कि यदि किसी मूल अधिकार में किसी विशेषता की आवश्यकता हो तो ऐसा संविधान में किया जाय, जिस तरह संयुक्त राज्य के संविधान में किया गया है और जहाँ ऐसा नहीं किया जाता है तो यह कार्य न्यायालय पर ही छोड़ देना चाहिए कि वह सम्बन्धित बातों पर विचार कर इस सम्बन्ध में निर्णय करे। 'मुझे यह कहते अफसोस होता है कि यह जो कुछ कहा गया है, यदि वह अमेरिकी संविधान को गलत तौर पर समझने के कारण नहीं है, तो वह सर्वथा मिथ्या-वर्णन है। अमेरिकी संविधान ऐसा कुछ नहीं करता। 'सभा करने के अधिकार' के एकमात्र विषय के अतिरिक्त किसी भी अन्य विषय में अमेरिकी संविधान, अमेरिकन नागरिकों को गारण्टी किये गये मूल अधिकारों पर किसी भी प्रकार का कोई प्रतिबन्ध नहीं लगाता। यह भी कहना ठीक नहीं है कि अमेरिकी संविधान मूल अधिकारों को सीमित करने का कार्य न्यायालयों पर छोड़ देता है। मूल अधिकारों को सीमित करने का कार्य अमेरिकी संसद् यानी कांग्रेस का है। आलोचकों द्वारा कल्पना की गयी स्थिति से वस्तुस्थिति सर्वथा भिन्न है।

'नि:सन्देह रूप से अमेरिका में संविधान ने जिन मूल अधिकारों को कानून का स्वरूप दिया, वे पूर्ण थे। लेकिन जल्द ही कांग्रेस को इस बात का अनुभव हो गया कि इस बात की अनिवार्य आवश्यकता है कि इन मूल अधिकारों को सीमाओं के साथ प्रतिबन्धित किया जाय। जब सुप्रीम कोर्ट के समक्ष मूल अधिकारों पर लगाये गये प्रतिबन्धों की संवैधानिकता का प्रश्न लाया गया, तो यह तर्क दिया गया था कि संविधान ने अमेरिका की संसद् को इस प्रकार के प्रतिबन्ध लगाने का कोई अधिकार नहीं दिया है। उस समय उच्चतम न्यायालय ने 'पुलिस की ताकत' के सिद्धान्त का आविष्कार किया और मूल अधिकारों के असीमित होने की वकालत को यह कहकर नकार दिया कि हर राज्य में 'पुलिस की ताकत' अन्तर्निहित होती है, जिसको संविधान द्वारा स्पष्टत: स्वीकृति देना आवश्यक नहीं है। जिस मामले का मैं उल्लेख कर चुका हूँ, उसी में सुप्रीम कोर्ट ने कहा—

> 'इस पर सवाल करने का प्रश्न नहीं है कि कोई भी राज्य अपने पुलिस-शक्ति का प्रयोग करके, ऐसे लोगों को, जो जनहित के खिलाफ दूसरे लोगों के लिए अहितकर वाणी का प्रयोग करें, जनता के नैतिक स्तर को नीचे गिरायें, लोगों में अपराध करने की प्रवृत्ति बढ़ायें या सार्वजनिक शान्ति भंग होने का खतरा पैदा करें, दण्डित कर सकता है।'

'प्रारूप-संविधान ने यही किया है कि बजाय मूल अधिकारों को असीमित बनाने के और सुप्रीम कोर्ट पर इस बात के लिए निर्भर रहने के कि वह 'पुलिस की ताकत' के सिद्धान्त का आविष्कार कर संसद् को उपकृत करे, वह सीधे राज्य को इन मूल

अधिकारों पर प्रतिबन्ध लगाने की अनुमति दे दिया है। दोनों स्थितियों में, परिणाम पर कोई अन्तर नहीं है। जो एक प्रत्यक्ष रूप से करता है उसे दूसरा अप्रत्यक्ष तरीके से करता है। दोनों ही हालात में मूल अधिकार पूर्ण और असीमित नहीं है।''[7]

(7) आर्थिक लोकतंत्र का मूल है 'निर्देशक सिद्धान्त'

आर्थिक समानता के बिना वास्तविक लोकतंत्र की कल्पना नहीं की जा सकती है। राजनीतिक लोकतंत्र और आर्थिक लोकतंत्र एक ही सिक्के के दो पहलू हैं। आर्थिक लोकतंत्र नागरिकों के खुशहाली और समृद्धि का द्योतक होता है, जिसके बिना राजनीतिक लोकतंत्र खोखला है। राजनीतिक लोकतंत्र का अन्तिम उद्देश्य ही आर्थिक लोकतंत्र के लक्ष्य की प्राप्ति करना है। एक साधन है और दूसरा साध्य। राजनीतिक लोकतंत्र को स्थापित करने वाला कोई भी संविधान आर्थिक लोकतंत्र के लक्ष्य से अपने को अलग नहीं कर सकता। प्रारूप-संविधान में आर्थिक लोकतंत्र के इस आदर्श को यथार्थ करने का प्रयास 'निर्देशक सिद्धान्त' के माध्यम से किया गया।

आर्थिक लोकतंत्र के इन आदर्शों को प्राप्त करने के लिए नागरिकों और नीतिकारों दोनों को आगे आना होता है। नागरिकों को जहाँ अपने अन्दर एक-दूसरे के प्रति समभाव विकसित करने की आवश्यकता होती है वहीं नीतिकारों को नीतियों को लेकर ईमानदार होना होता है। इसे विवाद और मुकदमेबाजी का विषय नहीं बनाया जा सकता है। इस कारण प्रारूप-संविधान में निर्देशक सिद्धान्तों को न्यायालयों द्वारा अप्रवर्तनीय बनाया गया था। निर्देशक सिद्धान्तों को न्यायालयों के माध्यम से लागू कराने का अधिकार नहीं दिये जाने के कारण भी प्रारूप-संविधान आलोचकों के निशाने पर था। ऐसा करने के औचित्य को स्पष्ट करते हुए डॉ. अंबेडकर ने कहा—

'प्रारूप-संविधान में मूल अधिकारों का अनुसरण करते हुए 'निर्देशक सिद्धान्त' लगे हुए हैं। संसदीय लोकतंत्र के लिए बनाये गये संविधान की यह एक नयी विशेषता है। संसदीय लोकतंत्र के लिए बना दूसरा ऐसा संविधान, जिसमें ऐसे सिद्धान्तों का समावेश किया गया है, वह है आयरलैण्ड स्वतंत्र राज्य का संविधान। इन निर्देशक सिद्धान्तों की भी आलोचना हुई है। कहा गया है कि ये केवल 'पवित्र घोषणाएँ' मात्र हैं। उनमें कोई बाध्यकारी ताकत नहीं है। ऐसी आलोचना निश्चित रूप से व्यर्थ की आलोचना है। क्योंकि स्वयं संविधान ही इस बात को स्पष्ट करता है।

'यदि यह कहा जाय कि निर्देशक सिद्धान्तों के पीछे कोई कानूनी बल नहीं है, तो मैं इस बात को स्वीकार करता हूँ। लेकिन मैं इस बात को मानने को तैयार नहीं कि उनमें किसी प्रकार का कुछ भी बल नहीं है। न मैं यह ही बात स्वीकार करने के लिए तैयार हूँ कि क्योंकि उनके पीछे कोई कानूनी बल नहीं है, इसलिए वे उपयोगहीन हैं।

ये 'निर्देशक सिद्धान्त' उन निर्देश-विलेख के समान हैं, जो 1935 एक्ट के अन्तर्गत ब्रिटिश सरकार द्वारा भारत के तथा इसके उपनिवेशों के गवर्नर-जनरल एवं गवर्नरों को जारी किये जाते थे। प्रारूप-संविधान में यह प्रस्ताव किया गया है कि ऐसे निर्देश राष्ट्रपति एवं राज्यपालों को दिये जायँ। इन निर्देश-विलेख की शब्दावली

संविधान के चौथी अनुसूची में दी गयी है। 'निर्देशक सिद्धान्त' पूर्व के 'निर्देश-विलेख' का एक दूसरा नाममात्र है। अन्तर इतना ही है कि ये विधायिका और कार्यपालिका दोनों के लिए निर्दिष्ट हैं। मेरे मत के अनुसार यह बात स्वागतयोग्य है। जहाँ भी सामान्य रूप से शान्ति, व्यवस्था और सुशासन की बात कही गयी है, वहाँ इसके साथ-साथ यह भी आवश्यक है कि ऐसे निर्देश भी दिये जायें, जो तदनुरूप आचरण को विनियमित कर सकें।

'एक संविधान में इस प्रकार के निर्देशों का होना, जैसा प्रारूप-संविधान में प्रस्तावित किया गया है, एक और कारण से भी उचित सिद्ध होता है। जिस रूप में प्रारूप-संविधान निर्मित है, उससे केवल देश का शासन चलाने के लिए एक मशीनरी उपलब्ध हो जाता है। यह, जैसा कुछ देशों में किया गया है, किसी पार्टी-विशेष को शासनारूढ़ करने का आविष्कार मात्र नहीं है। शासनारूढ़ कौन हो, यह तय करने का अधिकार, अनिवार्य रूप से, जनता को दिया गया है। यदि किसी भी शासन-पद्धति को प्रजातंत्रवाद की कसौटी पर उतरना है, तो ऐसा करना आवश्यक है। लेकिन शासनारूढ़ होने वाला कोई भी मनमानी करने के लिए स्वतंत्र नहीं होगा। अपनी शक्ति को कार्यान्वित करते समय उसे इन निर्देश-विलेख, जिसे 'निर्देशक सिद्धान्त' कहा गया है, को सम्मान देना ही होगा। वह इनकी उपेक्षा नहीं कर सकता। उसे इन निर्देशक सिद्धान्तों के उल्लंघन पर कानून की अदालत में खड़ा नहीं किया जा सकेगा, लेकिन उसे निश्चित समय पर होने वाले चुनाव में मतदाताओं के समक्ष जवाबदेह बनाया जा सकेगा। इन 'निर्देशक सिद्धान्त' में कितना अधिक मूल्य है, इसका और अधिक स्पष्टता के साथ तब पता लगेगा, जब सही सोच वाली ताकतें सत्ता पाने के लिए आगे बढ़ेंगी।

'क्योंकि इनमें कोई बन्धनकारी बल नहीं है, इस कारण इसे संविधान में समाविष्ट नहीं होना चाहिए, यह कोई तर्क नहीं है। इस बात को लेकर मतभेद हो सकता है कि इन्हें संविधान में कहाँ स्थान मिलना चाहिए। ऐसे प्रावधान जो निश्चयात्मक बन्धन नहीं रखते हैं, को निश्चयात्मक बन्धन रखने वाले प्रावधानों के मध्य रखना कुछ अजीब-सा है, इस पर मैं सहमत हूँ। मेरे विचार से इनका उचित स्थान अनुसूची 3-क या 4 में है, जहाँ राष्ट्रपति तथा राज्यपाल के लिए निर्देश उल्लिखित हैं। क्योंकि जैसा मैंने कहा है, वे वास्तव में विधायिका और कार्यपालिका दोनों के लिए यह निर्देश-विलेख है कि उन्हें अपनी शक्तियों को किस तरह कार्यान्वित करना चाहिए। लेकिन यह तो केवल क्रम का मामला है।''[8]

(8) शक्तिशाली केन्द्र के माध्यम से अखण्ड भारत का दर्शन

सम्पूर्ण देश मूलत: एक है क्योंकि यहाँ के सभी लोग एक स्रोत से निकले एक शासन में रहने वाले लोग हैं—इस विचार से ओत-प्रोत हमारा संविधान अखण्ड भारत का दर्शन कराता है। प्रारूप-संविधान के अन्तर्गत देश अविभाज्य है, राज्यों को इस देश से पृथक् होने का अधिकार नहीं प्राप्त है, इसलिए यह 'राज्यों का फेडरेशन' नहीं बल्कि 'राज्यों का यूनियन' है। प्रारूप-संविधान में देश को 'राज्यों का यूनियन' कहा गया, इसको लेकर

भी आलोचना की जा रही थी। यह आरोप लगाया गया था कि प्रारूप-संविधान में केन्द्र को अत्यधिक शक्तिशाली बनाया गया है, और राज्यों को अपेक्षाकृत बहुत कम अधिकार दिये गये हैं।

प्रारूप-संविधान में देश को 'राज्यों का यूनियन' से सम्बोधित करने और शक्तिशाली केन्द्र के विचार पर उठाये गये सवालों का जवाब देते हुए डॉ. अंबेडकर ने कहा—

"कुछ आलोचकों का कहना है कि केन्द्र बहुत शक्तिशाली है। जबकि अन्य दूसरों का कहना है कि इसे और अधिक शक्तिशाली होना चाहिए। प्रारूप-संविधान ने सन्तुलित मार्ग अपनाया है। आप केन्द्र को चाहे कितना भी शक्ति से वंचित रखने का प्रयास करें, केन्द्र को शक्तिशाली न बनने देना कठिन है। आधुनिक विश्व में परिस्थितियाँ ऐसी हैं कि शक्तियों का केन्द्रीकरण अनिवार्य है। यदि हम अमेरिका की फेडरल सरकार के ही विकास पर विचार करें तो हम, इसके बावजूद कि संविधान ने उसे बहुत ही सीमित शक्तियाँ दी हुई हैं, पायेंगे कि इसके पूर्व-स्वरूप का बहुत विस्तार हो गया है और यह राज्य सरकारों पर छा गयी है। इसका कारण वर्तमान परिस्थिति ही है। यही परिस्थिति भारत सरकार पर भी लागू है और इसे शक्तिशाली बनने से रोकने के लिए कोई कुछ नहीं कर सकता। दूसरी ओर हमें इसको और भी अधिक शक्तिशाली बनने की प्रवृत्ति को रोकना चाहिए। यह उतना ही चबा सकता है, जितना वह हजम कर सके। इसकी शक्ति इसके वजन के अनुरूप होनी चाहिए। यह मूर्खतापूर्ण होगा कि हम इसे इतना अधिक शक्तिशाली बना दें कि यह अपने ही वजन से गिर पड़े।'[9]

'कुछ आलोचकों ने इस बात पर आपत्ति उठायी है कि प्रारूप-संविधान के अनुच्छेद 1 में भारत को 'राज्यों का यूनियन' कहा गया है। उनका कहना है कि सही शब्दावली 'राज्यों का फेडरेशन' होना चाहिए। यह सत्य है कि दक्षिण अफ्रीका, जो एक इकाई-राज्य है, को 'यूनियन' कहा गया है। लेकिन कनाडा, जो एक फेडरेशन है, को भी यूनियन कहा गया है। इसलिए यद्यपि भारत का संविधान एक फेडरल संविधान है, तो भी इसे एक 'यूनियन' कहना कोई व्यवहार विरोधी नहीं है। लेकिन महत्त्व की बात यह है कि क्या 'यूनियन' शब्द का प्रयोग जान-बूझकर किया गया है। मैं नहीं जानता कि कनाडा के संविधान में 'यूनियन' शब्द का प्रयोग क्यों किया गया? लेकिन मैं आपको यह बता सकता हूँ कि मसौदा-समिति ने इस शब्द का क्यों उपयोग किया है?

'मसौदा-समिति इस बात को स्पष्ट करना चाहती थी कि यद्यपि भारत एक फेडरेशन है तो भी यह फेडरेशन भिन्न-भिन्न राज्यों के मध्य हुए किसी ऐसे समझौते का परिणाम नहीं है, जिसके अनुसार वे इस फेडरेशन का सदस्य बने हैं और क्योंकि फेडरेशन किसी ऐसे समझौते का परिणाम नहीं है, इसलिए किसी भी राज्य को इससे अलग होने का अधिकार नहीं है। फेडरेशन इसीलिए एक 'यूनियन' है, क्योंकि यह 'अविभाज्य' है। यद्यपि देश और उसके लोग प्रशासन की सुविधा के लिए कई राज्यों में बाँटे जा सकते हैं, लेकिन सम्पूर्ण देश मूलत: एक है यहाँ के सभी लोग एक स्रोत से निकले एक शासन में रहने वाले एक लोग हैं। इसी बात की स्थापना के लिए कि राज्यों

को पृथक् होने का अधिकार प्राप्त नहीं है और उनका फेडरेशन अविभाज्य है, अमेरिका के लोगों को एक सिविल वार का दाँव लगाना पड़ा है। मसौदा-समिति ने सोचा कि इस बात को किसी की कल्पना या विवाद के भरोसे छोड़ने की बजाय पहले ही स्पष्ट कर देना ठीक होगा।'[10]

(9) रियासतों से राष्ट्र की मुख्य धारा में शामिल होने की अपील

आजादी के बाद रियासतों को देश का अंग बनाना भारतीय नेताओं के लिए बहुत बड़ी चुनौती थी। रियासतों के सम्बन्ध में संविधान सभा का वार्त्ताकारी-समितियों के साथ हुए समझौतों से मसौदा-समिति के हाथ बँधे थे। इन कारणों से न चाहते हुए भी प्रारूप-संविधान में कोई ऐसा बाध्यकारी प्रावधान नहीं बनाया जा सकता था, जो अविश्वास का माहौल बनाये और तत्कालीन नेतृत्व के लिए समस्या का कारण बने। इन समझौतों के कारण न चाहते हुए भी प्रारूप-संविधान में भारतीय रियासतों को कुछ ऐसे विशिष्ट अधिकार दिये गये थे, जो अन्य प्रान्तों को नहीं प्राप्त थे। इस कारण भी प्रारूप-संविधान आलोचकों के निशाने पर था। भारत के एकता के लिए ये समझौते किस तरह खतरनाक और चिन्ता के विषय हैं, इसका विश्लेषण करते हुए डॉ. अंबेडकर ने रियासतों से 'भारतीय संघ' की पूर्ण इकाई बनने की अपील किया। अपने अपील में बाबा साहेब ने कहा—

"प्रारूप-संविधान की इस विषय में भी आलोचना हुई है कि इसमें केन्द्र और प्रान्तों के मध्य संवैधानिक सम्बन्ध एक तरह का है और केन्द्र और भारतीय रियासतों के मध्य संवैधानिक सम्बन्ध दूसरी तरह का है। भारतीय रियासतें रक्षा, विदेश मामलों एवं संचार के अलावा 'यूनियन-सूची' में शामिल सभी विषयों को मानने के लिए बाध्य नहीं हैं। वे 'समवर्ती सूची' में दिये गये विषयों को स्वीकार करने के लिए बाध्य नहीं हैं। वे इस बात के लिए भी बाध्य नहीं है कि प्रारूप-संविधान में दी गयी राज्य-सूची को मानें। वे अपने लिये अलग-अलग संविधान सभा का गठन करने और पृथक् संविधान बनाने के लिए स्वतंत्र है। यह सारी स्थिति बड़ी दुर्भाग्यपूर्ण है, जिसका किसी तरह बचाव नहीं किया जा सकता है।

'यह असमानता राज्य की सुरक्षा के लिए खतरनाक सिद्ध हो सकती है। जब तक यह असमानता कायम रहती है तब तक अखिल भारतीय मामलों में केन्द्र का अधिकार कमजोर पड़ सकता है। क्योंकि वह शक्ति, शक्ति नहीं है जिसका हर मामलों में और हर स्थान में प्रयोग न किया जा सके। ऐसी स्थिति में युद्ध जैसे हालात उत्पन्न हो सकते हैं। महत्त्वपूर्ण अधिकारों पर लगी ऐसी सीमाएँ राज्य के समस्त जीवन को खतरे में डाल सकती हैं। जो सबसे बुरी बात है वह यह है कि प्रारूप-संविधान के अनुसार भारतीय रियासतों को अपनी-अपनी निजी सेना रखने की आजादी है। मैं इसे बहुत ही पीछे की ओर ले जाने वाला और खतरनाक प्रावधान मानता हूँ। इससे भारत की एकता टूट सकती है और केन्द्र सरकार पदच्युत की जा सकती है। मसौदा-समिति, यदि मैं इसके मन की बात को गलत तौर पर व्यक्त नहीं कर रहा हूँ, इस विषय को लेकर खुश नहीं थी। उसकी इच्छा थी कि केन्द्र के साथ प्रान्तों और भारतीय रियासतों के संवैधानिक सम्बन्धों में समानता हो। लेकिन दुर्भाग्य से वे इसको सुधारने की दिशा में कुछ नहीं कर सकते थे। वह संविधान सभा के

निर्णयों से बँधा था और संविधान सभा भी उस समझौते से बँधा था जो दोनों वार्त्ताकारी-समितियों के मध्य हुआ था।

'लेकिन हम सब जर्मनी में घटित घटनाओं से अपनी हिम्मत को बढ़ा सकते हैं। 1870 में जिस जर्मन-साम्राज्य को बिस्मार्क द्वारा स्थापित किया गया था, वह एक ऐसा संग्रथित राज्य था, जिसमें 25 इकाइयाँ सम्मिलित थीं। इन 25 इकाइयों में से 22 एकाधिकार प्राप्त राज्य थे और 3 गणराज्यात्मक नगर-राज्य थे। यह विभेद, समय के साथ समाप्त हो गया और जर्मनी एक संविधान में रहने वाले लोगों का एक देश बन गया। भारतीय रियासतों का भारत में मिलना जर्मनी की अपेक्षा और भी ज्यादा शीघ्रता से होने वाला है। 15 अगस्त, 1947 को हमारे पास 600 भारतीय रियासतें थीं। आज इन रियासतों का भारतीय प्रान्तों में जा मिलने से या आपस में मिल जाने से या केन्द्र द्वारा इन्हें 'केन्द्र-शासित क्षेत्र' के अन्तर्गत ले लिये जाने के फलस्वरूप अब केवल 20-30 रियासतें बची हुई हैं। यह कार्यवाही और प्रगति बड़ी शीघ्रता के साथ हो रही है। मैं इन रियासतों, जिन्हें अभी भारतीय प्रान्तों की तरह होना बाकी है, से अपील करता हूँ कि वे भारतीय प्रान्तों के समान शर्तों पर 'भारतीय संघ' की पूर्ण इकाई बने। वे ऐसा करके भारतीय संघ को आवश्यक शक्ति प्रदान करेंगे। वे ऐसा करके अलग संविधान सभा खड़ा करने और अलग संविधान बनाने के सिरदर्द से बच जायेंगे। ऐसा करके उन्हें ऐसे किसी चीज की हानि नहीं होगी, जो उनके लिए कोई मूल्य का हो। मैं पूर्णतया आशान्वित हूँ कि मेरी अपील बेकार नहीं जायेगी और इस संविधान के पारित होने से पहले हम प्रान्तों और भारतीय रियासतों के मध्य विभेद को समाप्त करने में समर्थ होंगे।''[11]

(10) भावी संसद् की तुलना में संविधान सभा ज्यादा निष्पक्ष

आलोचकों द्वारा संविधान सभा की संविधान-निर्माण करने की क्षमता पर सवालिया निशान खड़ा किया गया था। ऐसी आलोचना के लिए मुख्य आधार यह लिया जा रहा था कि संविधान सभा का चुनाव बालिग मताधिकार के आधार पर नहीं किया गया है। इसके अलावा यह भी आरोप लगाया जा रहा था कि संविधान सभा में प्रारूप-संविधान के प्रावधानों को पारित करने के लिए जहाँ सामान्य बहुमत की आवश्यकता है, वहीं भावी संसद् को संविधान में संशोधन करने के लिए दो-तिहाई बहुमत को आवश्यक बनाया गया है। इन कारणों से प्रारूप-संविधान में सुझाये गये संशोधन प्रक्रिया की आलोचना की जा रही थी। आलोचकों द्वारा माँग की जा रही थी कि संविधान में ऐसे प्रावधान होने चाहिए जिससे कम-से-कम दस वर्ष तक आम चुनाव द्वारा चुने जाने वाले संसद् के लिए संविधान में संशोधन करना बिलकुल आसान हो।

लेकिन डॉ. अंबेडकर ने सदस्यों को उनकी गरिमा की याद दिलाते हुए संविधान सभा को भावी संसद् की तुलना में ज्यादा निष्पक्ष बताया और कहा कि यह संविधान सभा ऐसी संस्था है, जिसका अपना कोई व्यक्तिगत हित नहीं है। लेकिन आम चुनाव द्वारा चुने जाने वाले संसद् के सदस्य अपनी-अपनी राजनीतिक पार्टियों के हित के साथ जुड़े होंगे और ऐसा होने के कारण वे उतना निष्पक्ष नहीं रहेंगे। डॉ. अंबेडकर द्वारा प्रारूप-संविधान में

अंगीकृत किये गये संशोधन प्रक्रिया का बचाव करने का यह तरीका अपने-आप में अनूठा था। उन्होंने सिद्ध किया कि कैसे संविधान सभा भावी संसद् की तुलना में ज्यादा निष्पक्ष और भरोसेमन्द है। बाबा साहेब न केवल प्रारूप-संविधान में अंगीकृत संशोधन प्रक्रिया का बचाव किया बल्कि संविधान सभा के सदस्यों को उनकी गरिमा की भी याद दिलायी। डॉ. अंबेडकर के शब्दों में—

"संविधान के संशोधन के सम्बन्ध में जो प्रावधान बनाये गये हैं, प्रारूप-संविधान के आलोचकों ने उनकी कड़ी आलोचना की है। कहा गया है कि प्रारूप के इन प्रावधानों के अनुसार संविधान में किसी भी तरह का संशोधन कठिन बना दिया गया है। यह प्रस्तावित किया गया है कि कम-से-कम कुछ वर्षों तक संविधान को सामान्य बहुमत से ही संशोधन कर सकना सम्भव होना चाहिए। तर्क सूक्ष्म है और सूझ-बूझ पर आधारित होगी। कहा गया है कि संविधान सभा वयस्क मताधिकार के आधार पर नहीं चुनी गयी है जबकि भावी संसद् वयस्क मताधिकार के आधार पर चुनी जायगी। फिर भी संविधान सभा को सामान्य बहुमत द्वारा संविधान को पारित करने का अधिकार दे दिया गया है, लेकिन उसी अधिकार से भावी संसद् को वंचित रखा गया है। इसे प्रारूप-संविधान के बेहूदा सुझावों में से एक सुझाव की तरह प्रस्तुत किया गया है। मुझे ऐसे आरोप का खण्डन करना होगा, क्योंकि यह आरोप निराधार है।

'यह जानने के लिए कि संविधान के संशोधन के सम्बन्ध में मसौदा-समिति द्वारा सुझाये गये प्रावधान कितने सरल हैं, एक व्यक्ति को अमेरिका तथा आस्ट्रेलिया के संविधान में इसके संशोधन से सम्बन्धित प्रावधानों का अध्ययन करना होगा। उनकी तुलना में प्रारूप-संविधान के प्रावधान सरलतम हैं। प्रारूप-संविधान ने एक विशेष अधिवेशन या विशेष मतगणना द्वारा निर्णय करने की लम्बी-चौड़ी तथा कठिन प्रक्रिया का परित्याग कर दिया है। संशोधन करने की शक्ति केन्द्रीय एवं प्रान्तीय विधायिकाओं के हाथों में रहने दिया गया है। कुछ विशेष मामलों, जिनकी संख्या बहुत कम है, में संशोधन करने के लिए राज्य विधानसभाओं का समर्थन आवश्यक बनाया गया है। संविधान के अन्य सभी अनुच्छेद का संशोधन संसद् पर छोड़ दिया गया है। मात्र इतना ही प्रतिबन्ध लगाया गया है कि कोई भी संशोधन तभी मान्य होगा जब उसे प्रत्येक 'सदनों" के मौजूद मत देने वाले सदस्यों का दो-तिहाई बहुमत और प्रत्येक सदनों के सदस्यों का बहुमत प्राप्त होगा। संविधान के संशोधन के लिए इससे अधिक सरल तरीके की कल्पना कर सकना कठिन है।

'जिसे संशोधन पद्धति की 'बेहूदगी' कहा गया है, वह 'संविधान सभा' तथा संविधान के अन्तर्गत चुनी जाने वाली 'भावी संसद्' की स्थिति के बारे में मिथ्या धारणा पर आधारित है। संविधान का निर्माण करते समय संविधान सभा के समक्ष किसी पक्ष-विशेष को लेकर पूर्वाग्रह नहीं है। एकमात्र अच्छा और कार्य करने वाला संविधान बनाने के अलावा और कोई दूसरा स्वार्थ नहीं है। संविधान के अनुच्छेदों पर विचार करते समय इसकी नजर किसी विशेष लक्ष्य पर नहीं रहती है। यदि भावी संसद् एक संविधान सभा के रूप में संविधान में संशोधन करने के लिए बैठती है, तो उसके सदस्य पक्ष-विशेष के लिए कार्य करेंगे और उनका प्रयास होगा कि ऐसे

संशोधन पेश करें, जिनके पारित हो जाने पर वे अपने पक्ष के ऐसे कानूनों को आसानी से पारित करा सकें, जिनको पारित कराने में संविधान के कुछ प्रावधान विशेष बाधक सिद्ध हुए हैं। संसद् का अपना स्वार्थ होगा, जबकि संविधान सभा का ऐसा कोई स्वार्थ नहीं है। संविधान सभा और भावी संसद् में यही अन्तर है। इससे यह बात स्पष्ट हो जाती है कि क्यों इस संविधान सभा पर, जो सीमित मतदान से चुनी गयी है, मामान्य बहुमत के द्वारा संविधान पारित करने के मामले में भरोसा किया जा सकता है और क्यों भावी संसद् पर, जिनका चुनाव वयस्क मतदान के आधार पर होगा, उसी सामान्य बहुमत द्वारा संविधान का संशोधन करने के मामले में विश्वास नहीं किया जा सकता।''[12]

प्रारूप-संविधान की विशेषताओं का वर्णन तथा इसके प्रावधानों के सम्बन्ध में किये जा रहे सभी प्रतिकूल आलोचनाओं का जवाब देने और अन्त में यह कहते हुए कि 'कोई भी संविधान सर्वगुण सम्पन्न नहीं हो सकता है और स्वयं मसौदा-समिति भी इस संविधान को और अच्छा बनाने के लिए कुछ सुझाव प्रस्तुत करने जा रही है', डॉ. अंबेडकर ने प्रारूप-संविधान को प्रस्तावित संशोधनों के साथ विचार-विमर्श करने और अन्तिम स्वरूप देने के लिए 4 नवम्बर, 1948 को संविधान सभा के समक्ष प्रस्तुत किया।

सन्दर्भ सूची

1. सी.ए.डी., खण्ड 7, पृष्ठ 231
2. सी.ए.डी., खण्ड 7, पृष्ठ 32
3. सी.ए.डी., खण्ड 7, पृष्ठ 33
4. सी.ए.डी., खण्ड 7, पृष्ठ 37
5. सी.ए.डी., खण्ड 7, पृष्ठ 38
6. सी.ए.डी., खण्ड 7, पृष्ठ 39
7. सी.ए.डी., खण्ड 7, पृष्ठ 40
8. सी.ए.डी., खण्ड 7, पृष्ठ 41
9. सी.ए.डी., खण्ड 7, पृष्ठ 42
10. सी.ए.डी., खण्ड 7, पृष्ठ 43
11. सी.ए.डी., खण्ड 7, पृष्ठ 42
12. सी.ए.डी., खण्ड 7, पृष्ठ 43

5

संविधान यात्रा-तीसरा चरण : प्रारूपोत्तर काल का अन्तिम दौर

नये संसद् के चुने जाने तक बहस टालने का प्रयास

डॉ. अंबेडकर द्वारा 4 नवम्बर, 1948 को दिये गये प्रस्तुति-भाषण के पश्चात संविधान सभा सदस्यों द्वारा आम बहस किया जाना था और इसके बाद प्रस्तावित संशोधन प्रस्तावों पर विचार-विमर्श कर प्रारूप-संविधान को अन्तिम रूप दिया जाना था। लेकिन आम बहस प्रारम्भ होने के पहले ही उसी दिन साढ़े ग्यारह बजे मौलाना हसरत मोहानी द्वारा संविधान सभा के अध्यक्ष के समक्ष एक संशोधन प्रस्ताव प्रस्तुत कर दिया गया। इस प्रस्ताव में मौलाना हसरत मोहानी द्वारा कहा गया था कि प्रारूप-संविधान पर विचार-विमर्श तब तक के लिए टाल दिया जाय जब तक कि साम्प्रदायिक पार्टियों की बजाय राजनीतिक पार्टियों के माध्यम से नये और सक्षम संविधान सभा का चुनाव न हो जाय।

मौलाना मोहानी के उक्त संशोधन प्रस्ताव को व्यवस्था के प्रतिकूल बताते हुए श्री बी. दास द्वारा विरोध किया गया किन्तु अध्यक्ष महोदय ने मौलाना मोहानी को संशोधन प्रस्तुत करने की इजाजत दे दी। मौलाना मोहानी के अनुसार डॉ. अंबेडकर ने प्रारूप-संविधान में कुछ भी नया नहीं किया है। उन्होंने अधिकतम गवर्नमेण्ट ऑफ इण्डिया एक्ट, 1935 या दूसरे देश के संविधानों का नकल किया है। यदि वे दूसरे देशों के संविधान की नकल कर रहे हैं तो क्यों न सबसे नये और अच्छे संविधान की नकल किया जाये। डॉ. अंबेडकर यदि सोवियत संघ के संविधान पर ध्यान देते तो ग्राम पंचायत को लेकर उन्हें कोई समस्या नहीं होती।

बीच में ही हस्तक्षेप करते हुए पण्डित बालकृष्ण शर्मा ने मौलाना मोहानी के संशोधन का विरोध किया और कहा कि वे प्रारूप-संविधान के मेरिट पर चर्चा कर रहे हैं, जबकि ऐसा अभी नहीं किया जा सकता।

पण्डित शर्मा के विरोध पर अध्यक्ष जी ने कहा कि समय बचाने के लिए अच्छा होगा कि उन्हें (अर्थात् मोहानी जी को) अकेले छोड़ दिया जाय।

इसके पश्चात मौलाना मोहानी ने अपने संशोधन प्रस्ताव के समर्थन में कहा कि इस संविधान सभा के चुनाव का आधार साम्प्रदायिक है और मुस्लिम लीग के अनुपस्थिति में इसमें मात्र एक पार्टी अर्थात् कांग्रेस का वर्चस्व हो गया है। ऐसी स्थिति में संविधान सभा की कार्यवाही एक पार्टी के विचार को दूसरों पर थोपने जैसा है।

मौलाना मोहानी के संशोधन प्रस्ताव जैसा ही दूसरा संशोधन प्रस्ताव सेठ दामोदर दास द्वारा भी प्रस्तुत किया गया। श्री सेठ के अनुसार यह संविधान सभा बालिग मताधिकार द्वारा नहीं चुना गया है। यह संविधान सभा अधिक-से-अधिक पन्द्रह प्रतिशत लोगों का प्रतिनिधित्व करती है। इस सभा में पचासी प्रतिशत लोगों का प्रतिनिधित्व नहीं है। चूँकि जनता की इच्छा पर आधारित भारत का नया संविधान होना चाहिए इसलिए आवश्यक संशोधन पर विचार-विमर्श करने के लिए प्रारूप-संविधान को बालिग मताधिकार द्वारा चयनित संविधान सभा के समक्ष रखा जाय। अपने संशोधन प्रस्ताव के पक्ष में तर्क देते हुए सेठ दामोदर दास ने भी सोवियत संघ के संविधान में स्वीकृत किये गये शासन-प्रणाली को अंगीकृत करने पर ज्यादा जोर दिया। उनके अनुसार डॉ. अंबेडकर ने प्रारूप-संविधान में जिस तरह केन्द्र को मजबूत और शासन-व्यवस्था को केन्द्रीकृत बनाया है, उतना करने की आवश्यकता नहीं है। इस सन्दर्भ में उन्होंने महात्मा गाँधी के कथन को याद किया जिसमें कहा गया था कि शक्तियों के केन्द्रीकरण से तानाशाही और फासीवाद बढ़ता है और केवल विकेन्द्रीकरण से ही तानाशाही और फासीवाद की सम्भावनाओं को रोका जा सकता है।

रूस के संविधान की नकल मौलिक कैसे? बहस टालने का प्रस्ताव अस्वीकार

मौलाना मोहानी और सेठ दामोदर दास द्वारा लाये गये संशोधनों पर श्री एस. नागप्पा ने कहा कि ये सदस्यगण, जो आज संविधान सभा की क्षमता पर सवाल खड़ा कर रहे हैं, जब इस सभा के सदस्य के रूप में चुने जा रहे थे, क्या तब उन्होंने इसे सक्षम संस्था के रूप में मान्यता नहीं दी थी? तब उन्होंने क्यों इसका सदस्य बनना स्वीकार किया? इसके बाद पण्डित बालकृष्ण शर्मा ने सोवियत संघ के संविधान को महत्त्व न दिये जाने के आरोपों का जवाब देते हुए कहा—

> 'दुनिया के किसी भी देश में आज तक आदर्श संविधान सभा का गठन नहीं किया जा सका है। यहाँ पर उपस्थित हम सभी लोग सम्पूर्ण देश का प्रतिनिधित्व करते हैं। हम सब जनता की इच्छा पर हैं। हम सब उनकी भावनाओं का प्रतिनिधित्व कर रहे हैं और सम्पूर्ण भारत के प्रतिनिधि के तौर पर संविधान का निर्माण कर रहे हैं। दूसरी बात जो उठायी गयी है कि हमने बहुत-से अनुच्छेदों को दूसरे देशों के संविधान से उधार लिये हैं। मैं समझता हूँ कि डॉ. अंबेडकर ने अपने कल के भाषण में इसका बहुत सुन्दर उत्तर दे दिया है।
>
> 'मेरे मित्र सेठ दामोदर स्वरूप जो बहुत अधिक मौलिकता के पीछे भाग रहे हैं, मुझे डर है कि वह स्वयं कहीं मजाक के पात्र न हो जायँ। ऐसा इसलिए है क्योंकि वह जब मौलिकता की बात करते हैं उस समय वह स्वयं मौलिक नहीं रहते हैं। उनकी नजर तो बस 'रूस' पर टिकी हुई है और टिप्पणी करते हैं कि इस संविधान को बनाने में रूस के संविधान का ध्यान नहीं रखा गया है। इसका मतलब यदि हम रूस का ध्यान देते तो मौलिक हो गये होते। लेकिन चूँकि हमने आस्ट्रेलिया, कनाडा, अमेरिका और यूनाइटेड किंगडम के संविधान से कुछ लिया है, इसलिए हम मौलिक नहीं हैं।

'हम रूस से मित्रता को स्वीकार करते हैं, लेकिन हम जीवन के सभी महत्त्वपूर्ण क्षणों में राज्यों को व्यक्ति पर प्रभावी नहीं होने दे सकते। हम एक प्रयोग के तौर पर एक सांगठनिक व्यक्ति के निर्माण के साक्षी हो सकते हैं लेकिन हम राज्य के बहाने व्यक्तियों का लोप करने वाली व्यवस्था को सपने में भी नहीं स्वीकार कर सकते हैं। मेरे मित्र को याद रखना चाहिए कि महात्मा गाँधी जी एक दार्शनिक अराजकतावादी थे। उनका विचार था कि अन्तत: अराजकता लाभकारी होती है क्योंकि इसका उद्देश्य एक व्यक्ति को वहाँ तक पहुँचाना है, जहाँ पर किसी तरह के बाहरी प्रतिरोध की आवश्यकता नहीं होती है। आप और हम इतने महान् नहीं हैं। केवल गाँधी शब्द का प्रयोग करके अराजकतावाद को चर्चा का विषय बनाना और इसे व्यावहारिक रूप से लागू करना हमारे लिये हास्यास्पद है।'[1]

इसके उपरान्त प्रो. शिब्बन लाल सक्सेना ने काफी हद तक सेठ दामोदर दास के विचारों का समर्थन तो किया लेकिन यह सवाल भी उठाया कि क्या आज की तारीख में इस संविधान सभा को नये चुनाव तक टाल देना व्यावहारिक है? हमें प्रारूप-संविधान पर विचार करना चाहिए लेकिन संविधान संशोधन प्रक्रिया को नये संसद् के चुने जाने से दस वर्ष तक बहुत ही सरल बनाना चाहिए। प्रो. सक्सेना ने श्री एस. एन. अगरवाल द्वारा लिखित महात्मा गाँधी के ग्राम पंचायत पर आधारित संविधान का हवाला दिया और उचित स्थान पर इस बिन्दु पर बहस करने की जरूरत पर बल देते हुए दोनों संशोधन प्रस्तावों का विरोध किया।

श्री एस. नागप्पा द्वारा भी श्री मोहानी एवं सेठ के संशोधन प्रस्तावों का विरोध किया गया। श्री नागप्पा ने अपने जवाब में कहा कि यदि हमें बालिग मताधिकार के आधार पर मतदाता-सूची बनानी पड़े और आम चुनाव कराना पड़े तो इसके लिए दो वर्ष या इससे अधिक समय की प्रतीक्षा करनी पड़ेगी। क्या तब तक हमारे मित्र किसी विदेशी हुकूमत को स्वीकार करेंगे। मेरे मित्र कहते हैं कि इस संविधान सभा में गरीब का कोई प्रतिनिधि नहीं है। हम क्या हैं? मैं स्वयं सबसे गरीब समुदाय का प्रतिनिधि हूँ। क्या हम दलित नहीं हैं? डॉ. अंबेडकर क्या हैं? वह किन लोगों का प्रतिनिधित्व कर रहे हैं? वह समाज के सबसे निचले पायदान के लोगों का प्रतिनिधित्व कर रहे हैं। डॉ. अंबेडकर के अलावा दलित का प्रतिनिधि कौन हो सकता है? यह हम सब का सौभाग्य है कि संविधान के निर्माण का कार्य ऐसे व्यक्ति को सौंपा गया है जो समाज के सबसे निचले वर्ग से आते हैं। अब जब कि सब-कुछ पूरा होने जा रहा है, यह कहना कि यह संविधान सभा, संविधान बनाने के लिए सक्षम संस्था नहीं है, मैं इसमें कोई तर्क नहीं पाता हूँ।[2]

श्री श्यामानन्दन सहाय द्वारा टालने के लिए प्रस्तुत किये गये मौलाना मोहानी और सेठ दामोदर के संशोधन पर बहस बन्द करने और प्रारूप-संविधान को आम बहस के लिए प्रस्तुत करने का प्रस्ताव लाया गया। इसके बाद उपाध्यक्ष महोदय ने मौलाना हसरत मोहानी एवं सेठ दामोदर दास के संशोधन प्रस्ताव को संविधान सभा के पटल पर मतदान के लिए रखा, जो 5 नवम्बर, 1948 को अस्वीकार कर दिया गया। इसके उपरान्त डॉ. अंबेडकर के प्रस्तुति-भाषण को आम बहस के लिए संविधान सभा के समक्ष प्रस्तुत किया गया।

डॉ. अंबेडकर को बधाइयों का ताँता

प्रारूप-संविधान प्रस्तुत करने के अवसर पर डॉ. अंबेडकर द्वारा दिये गये प्रस्तुति-भाषण पर 4 दिन तक आम बहस चली। इस आम बहस में कुल 72 माननीय सदस्यों ने भाग लिया और अपनी-अपनी प्रतिक्रिया व्यक्त की। यद्यपि कई माननीय सदस्यों द्वारा प्रारूप-संविधान और प्रस्तुति-भाषण के कुछ बिन्दुओं जैसे मजबूत केन्द्र, संघात्मक की तुलना में ज्यादा एकीकृत व्यवस्था, प्रतिबन्धों के साथ सीमित मूल अधिकार, अप्रवर्तनीय निर्देशक सिद्धान्त, संसदीय शासन-प्रणाली, ग्राम पंचायतों की अवहेलना और उस पर की गयी टिप्पणी इत्यादि पर अपनी असहमति और विरोध दर्ज कराया गया, लेकिन ऐसे कुछ विरोधों के बावजूद लगभग सभी माननीय सदस्यों द्वारा प्रारूप-संविधान की प्रस्तुति को स्वीकार किया गया और इसके निर्माण में किये गये अथक परिश्रम के लिए डॉ. अंबेडकर और मसौदा-समिति की भूरी-भूरी प्रशंसा करते हुए बधाई भी दी गयी। आम बहस में भाग लेने वाले कुल 72 माननीय सदस्यों में से पाँच-छह माननीय सदस्य ही ऐसे थे, जिन्होंने प्रारूप-संविधान प्रस्तुत करने के इस अवसर पर डॉ. अंबेडकर और मसौदा-समिति को बधाई नहीं दी। इनमें सबसे आश्चर्य करने वाला एक नाम देश के तत्कालीन प्रधानमंत्री पण्डित जवाहरलाल नेहरू का भी था।

यहाँ पर सभी 72 माननीय सदस्यों के विचारों को उल्लेखित करना सम्भव नहीं है। फिर भी प्रारूप-संविधान के निर्माण में डॉ. अंबेडकर की भूमिका को लेकर माननीय सदस्यों के मन में किस तरह के भाव थे, इसको जानने के लिए यहाँ पर ऐसे कुछ विचारों को उल्लेखित करना प्रासंगिक है।

> 'अध्यक्ष महोदय, यद्यपि इस सदन में डॉ. अंबेडकर मौजूद नहीं हैं। कम-से-कम एक वकील होने के नाते मैं महसूस करता हूँ कि मुझे उनके द्वारा प्रारूप संविधान में अन्तर्निहित सिद्धान्तों के सन्तुलित और स्पष्ट विश्लेषण के लिए अवश्य बधाई देनी चाहिए। प्रारूप- संविधान के बारे में हम जो भी भिन्न-भिन्न विचार रखें, लेकिन मैं महसूस करता हूँ इसे एक स्मारकीय दस्तावेज के रूप में मान्य किया जायेगा।...'

- मि. फ्रैंक अन्थोनी (सी.पी. एण्ड बेरार)

> 'मैं डॉ. अंबेडकर को, उनके द्वारा इस सदन के समक्ष रखे गये अच्छे कार्यों, कठिन परिश्रम और कल दिये गये विद्वत्तापूर्ण और सरल सम्बोधन के लिए दी जा रही बधाई के सुखद कार्य में शामिल होने में गौरवान्वित महसूस करता हूँ।...'

- श्री कृष्ण चन्द्र शर्मा (यूनाइटेड प्रोविन्सेज)

> 'महोदय, मैं भारत के प्रारूप-संविधान को विचारार्थ रखने के लिए डॉ. अंबेडकर को बधाई देता हूँ। इस अवसर पर उन्होंने जो भाषण दिया है, वह स्मरणीय है। मुझे विश्वास है कि एक महान् संविधान निर्माता के रूप में उनका नाम आने वाली पीढ़ियों तक बना रहेगा।...'

- काजी सैय्यद करीमुद्दीन (सी.पी. एण्ड बेरार)

'महोदय, इस सदन के समक्ष विस्तृत प्रारूप-संविधान को प्रस्तुत करने के लिए मसौदा-समिति और इसके अध्यक्ष को दी जा रही बधाइयों के सहगान में मैं भी शामिल हो रहा हूँ। मैं खासतौर पर कानून मंत्री का अभिनन्दन करता हूँ जिन्होंने बहुत ही सरल तरीके से संविधान के मुख्य बिन्दुओं को विचारार्थ रखा है। प्रारूप-संविधान में कुछ चीजों को क्यों शामिल किया गया है और कुछ अन्य विषयों को क्यों इस तरह रखा गया है, इस पर तर्कों के साथ चिन्तनशील विचारों को उन्होंने रखा है।...'

– प्रो. के. टी. शाह (बिहार)

'महोदय, यदि मैं अपने माननीय मित्र और पुराने साथी डॉ. अंबेडकर को उनके शानदार कार्य के लिए इसी क्षण बधाई नहीं देता हूँ तो यह मेरे कर्त्तव्य निर्वहन में विफलता होगी। एक निश्चित आकार में संवैधानिक प्रस्तावों को प्रदान करने के लिए, उनके द्वारा अद्‌भुत मात्रा में लगाये गये समय एवं ऊर्जा के लिए यह सदन उनकी प्रशंसा करता है।'

– पण्डित लक्ष्मी कान्त मैत्रे (पश्चिम बंगाल)

'मेरे मित्र डॉ. अंबेडकर द्वारा दिया गया भाषण एक श्रेष्ठ कार्य है और यह उनके द्वारा प्रस्तुत किये गये प्रारूप पर एक प्रभावशाली टिप्पणी है। जैसा कि सर्वज्ञात है कि वे एक प्रसिद्ध वकील हैं और मैं समझता हूँ कि उन्होंने बहुत योग्यता के साथ अपनी बातों को रखा है। मैं समझता हूँ कि यदि उन्हें पर्याप्त अवसर मिलता, तो वे इस संविधान को और अच्छा बना सकते थे। उन्होंने अपनी कठिनाई को ईमानदारी के साथ स्वीकार करते हुए कहा है कि हम आज मौजूद प्रशासन को एक ही दिन में नहीं बदल सकते हैं।...'

– डॉ. पी. एस. देशमुख (सी.पी. एण्ड बेरार)

'उपाध्यक्ष महोदय, मैं मसौदा-समिति के माननीय अध्यक्ष और इसके सदस्यों को बधाई देने में अपने पूर्व वक्ताओं के साथ स्वयं को शामिल करता हूँ। उन्होंने सभी समस्याओं के विभिन्न पहलुओं पर और सभी समितियों की रिपोर्टों पर ध्यान दिया है। ... मैं एक बार फिर से डॉ. अंबेडकर को इस संविधान का प्रारूप तैयार करने में उठाये गये कष्टों के लिए धन्यवाद देता हूँ। नि:सन्देह, यह एक बड़ा लक्ष्य था, लेकिन उन्होंने अपने परिश्रम, लगन और योग्यता से कम समय में सफलतापूर्वक इसे पूरा किया है।...'

– श्री एस. नागप्पा (मद्रास)

'महोदय, डॉ. अंबेडकर द्वारा प्रस्तुत किया गया प्रारूप-संविधान एक बड़ा दस्तावेज है। उनके और उनके साथियों ने जो कष्ट उठाये हैं, वह बहुत महान् है। जैसा कि मि. टी. टी. कृष्णामचारी जी बोल रहे थे कि किस तरह पाँच से छह सदस्यों ने मसौदा समिति को छोड़ दिया और

उनके खाली स्थान भरे भी नहीं जा सके, ऐसी असुविधा के बावजूद डॉ. अंबेडकर द्वारा परिश्रम किया गया।...'

– श्री टी. प्रकासम (मद्रास)

'पूर्व में बोल चुके सभी सदस्यों द्वारा यह स्वीकार किया जा चुका है कि प्रारूप-संविधान एक शानदार कार्य है। मैं कह सकता हूँ कि माननीय डॉ. अंबेडकर और मसौदा-समिति ने इस स्मारकीय कार्य, जो निश्चित रूप से विशेषज्ञता वाला कार्य है और प्रारम्भ से अन्त तक अपनी गुणवत्ता में तुलनात्मक, चयनात्मक और फलसाधक कार्य रहा है, को महीनों तक किये गये अपने अथक परिश्रम के बाद प्रस्तुत किया है।...'

– डॉ. जोसेफ अल्बान डिसूज़ा (बाम्बे)

'उपाध्यक्ष महोदय, एक योग्य और क्षमतावान् विधिवक्ता के रूप में डॉ. अंबेडकर ने प्रारूप-संविधान को बड़ी सरल भाषा में इस सदन के समक्ष प्रस्तुत किया है और उन्होंने यहाँ के माननीय सदस्यों के साथ बाहरी दुनिया को भी प्रभावित किया है।...'

– श्री आर.के. सिधवा (सी.पी. एण्ड बेरार)

'उपाध्यक्ष महोदय, अनेक मित्रों ने यहाँ पर प्रारूप-संविधान के प्रभारी माननीय कानून मंत्री को बधाइयाँ दी हैं और यदि मैं उन्हीं की भावनाओं को दोहराता हूँ तो यह पुनरावृत्ति होगी। लेकिन यदि माननीय कानून मंत्री को उनके द्वारा इस सदन के समक्ष विचारार्थ प्रारूप-संविधान को सरल तरीके से प्रस्तुत करने के लिए यदि मैं विनम्र और सम्मानयुक्त बधाई नहीं देता हूँ तो यह मेरी कर्त्तव्य विमुखता होगी।...'

– पण्डित बालकृष्ण शर्मा (यूनाइटेड प्रोविन्सेज)

'महोदय, इस सदन में मसौदा-समिति की की जा रही प्रशंसा में शामिल होने की मेरी भी इच्छा है। डॉ. अंबेडकर ने जिस परिश्रम, उद्यमशीलता और योग्यता के साथ यह संविधान बनाया है, मैं उसकी प्रशंसा करने से स्वयं को रोक नहीं पा रहा हूँ। उनके द्वारा रखे गये सभी बिन्दुओं पर सहमति रखे बिना, मैं उनके भाषण पर बधाई देता हूँ। ... महोदय, मैं समझता हूँ कि इस संविधान की आत्मा इसकी उद्देशिका में है और मैं इस उद्देशिका में 'भ्रातृत्व' को जोड़ने के लिए डॉ. अंबेडकर के प्रति दिल से आभार व्यक्त करता हूँ। यदि हम इस भाव को इस संविधान के माध्यम से स्थापित कर लेते हैं तो मैं समझता हूँ कि संविधान श्रेष्ठ है।...'

– पण्डित ठाकुरदास भार्गव (पूर्वी पंजाब)।

'उपाध्यक्ष महोदय, मुझे अवश्य ही डॉक्टर महोदय, जिन्होंने इस बिल को प्रस्तुत किया है, को बधाई देनी चाहिए। मैंने उनके भाषण को कई बार पढ़ा है, मैं सोचता हूँ कि यह हमारे संविधान के स्पष्ट व्याख्या

की सर्वोत्तम रचना है। मैं समझता हूँ कि प्रारूप-संविधान की इससे योग्य वकालत नहीं हो सकती है।...'

– प्रो. शिब्बन लाल सक्सेना (यूनाइटेड प्रोविन्सेज)

'उपाध्यक्ष महोदय, डॉ. अंबेडकर द्वारा किया गया विश्लेषण और समीक्षा विशिष्टता के साथ स्पष्ट, पाण्डित्यपूर्ण, शिक्षाप्रद और व्याख्यात्मक है। कोई उनके विचार से असहमत हो सकता है, लेकिन उनके द्वारा इस सदन में प्रारूप रखते समय दिये गये भाषण के अद्वितीय कार्य की प्रशंसा करने से कोई अपने-आपको रोक नहीं सकता है।...'

– महबूब अली बेग साहिब बहादुर (मद्रास)

'उपाध्यक्ष महोदय, डॉ. अंबेडकर और मसौदा-समिति के सदस्यों, जिन्होंने प्रारूप-संविधान के निर्माण करने का अद्‌भुत कार्य किया है, के साथ जुड़ना वास्तव में मेरे लिये गौरव की बात है। वे सभी धन्यवाद के पात्र हैं।...'

– श्री जे. जे. एम. निकोल्स राय (आसाम)

'महोदय, वास्तव में यह एक महान् भाषण है जिसमें माननीय डॉ. अंबेडकर ने प्रारूप-संविधान को इस सदन के समक्ष विचारार्थ रखा है। अपने स्पष्टता, प्रेरकता, प्रभावशालीता और तर्कशीलता के लिए, मैं नहीं समझता हूँ कि इस भाषण को मात दिया जा सकता है। उनको सभी तरह से बधाई है।...'

– मो. मोहम्मद ईस्माइल साहिब (मद्रास)

'महोदय, प्रारूप-संविधान पर कुछ टिप्पणी करने के पहले मैं डॉ. अंबेडकर को उनके द्वारा सरल और योग्य तरीके से प्रारूप-संविधान के सिद्धान्तों की व्याख्या करने के लिए की जा रही प्रशंसा में खुद को शामिल करना चाहता हूँ।...'

– श्री अल्लादी कृष्णास्वामी अय्यर (मद्रास)

'महोदय, कुछ कहने के पहले, मैं सभी को और मसौदा-समिति और इसके विद्वान् अध्यक्ष को प्रारूप-संविधान को हम सबको देने का श्रेष्ठ कार्य करने के लिए हार्दिक बधाई देता हूँ। यह एक कठिन समस्या थी, जिसका सामना इन लोगों द्वारा किया गया और शानदार तरीके से समाधान निकाला है।...'

– पण्डित गोविन्द मालवीय (यूनाइटेड प्रोविन्सेज)

'मैं माफी चाहता हूँ कि मसौदा-समिति के अध्यक्ष डॉ. अंबेडकर, जो इस सदन के तमाम सदस्यों द्वारा बधाई प्राप्त किये हैं, को मैं बधाई नहीं दे सकता।...' (8 नवम्बर, 1948)

'पहले भी मुझे एक बार मसौदा-समिति की संस्तुति पर अपने विचार रखने का अवसर मिला था। उस समय मैं डॉ. अंबेडकर और मसौदा-समिति को चीफ कमिश्नर के प्रान्तों के सम्बन्ध में कुछ संस्तुतियों

के कारण बधाई देने की स्थिति में नहीं था। लेकिन आज मैं महसूस करता हूँ कि अनुच्छेद 13 और विशेष रूप से इस संशोधन के बाद, मसौदा-समिति हमारी दिल की गहराई से बधाई की पात्र है।...' (2 दिसम्बर, 1948)

श्री देशबन्धु गुप्ता (दिल्ली)

डॉ. अंबेडकर के प्रस्तुति भाषण पर हुए उक्त आम बहस में भाग लेने वाले अन्य माननीय सदस्यगण श्री एच.वी. कामथ (सी.पी. एण्ड बेरार), श्री सेठ गोविन्द दास (यूनाइटेड प्राविन्सेज), मि. नजरुद्दीन अहमद (पश्चिम बंगाल), सरदार भूपिन्दर सिंह मान (पूर्वी पंजाब), श्री टी. टी. कृष्णामचारी (मद्रास), श्री बिश्वनाथ दास (उड़ीसा), श्री बी. दास (उड़ीसा), श्री लोकनाथ मिश्र (उड़ीसा), श्री रामनारायण सिंह (बिहार), श्री विश्वम्भर दयाल त्रिपाठी (यूनाइटेड प्रोविन्सेज), श्री के. संथानम (मद्रास), श्री राम सहाय (यूनाइटेड स्टेट ऑफ ग्वालियर-इन्दौर-मालवा), श्री जयनारायण व्यास (जोधपुर), श्री बी. ए. मण्डलोई (सी.पी. एण्ड बेरार), श्री लाला राज कुँवर (उड़ीसा), श्री युधिष्ठिर मिश्र (उड़ीसा), श्री सांरगधर दास (उड़ीसा), चौधरी रणबीर सिंह (पूर्वी पंजाब), श्री आर. आर. दिवाकर (बाम्बे), श्री हिम्मत सिंह महेश्वरी (सिक्किम एण्ड कोच्च बेहार), मि. जेड. एच. लारी (यूनाइटेड प्रोविन्सेज), मि. हुसैन ईमाम (बिहार), श्री बेगम एजाज रसूल (यूनाइटेड प्रोविन्सेज), डॉ. मनमोहन दास (पश्चिम बंगाल), श्री वी.आई. मुनिस्वामी पिल्लई (मद्रास), श्रीमती दक्षयानी वेलायुदन (मद्रास), श्री गोकुलभाई दौलतराम भट्ट (बाम्बे), पण्डित जवाहरलाल नेहरू (यूनाइटेड प्रोविन्सेज), ज्ञानी गुरुमुख सिंह मुसाफिर (पूर्वी पंजाब), श्री के. हनुमंथैया (मैसूर), श्री आर. शंकर (ट्रावनकोर), श्री एम. थिरुमला राव (मद्रास), श्री राज बहादुर (यूनाइटेड स्टेट ऑफ मत्स्य), श्री एम. अनंथसयनम अयंगर (मद्रास), श्री रोहिणी कुमार चौधरी (आसाम), श्रीमती रेणुका राय (पश्चिम बंगाल), श्री घनश्याम दास गुप्ता (सी.पी. एण्ड बेरार), श्री महावीर त्यागी (यूनाइटेड प्रोविन्सेज), श्री बी. पोकर साहिब बहादुर (मद्रास), श्री एल. कृष्णास्वामी भारथी (मद्रास), श्री किशोरीमोहन त्रिपाठी (सी.पी. एण्ड बेरार), श्री ब्रजेश्वर प्रसाद (बिहार), श्री मोतुरी सत्यनारायणा (मद्रास), श्री सुरेश चन्द्र मजुमदार (पश्चिम बंगाल), पण्डित मुकुट बिहारी लाल भार्गव (अजमेर-मेरवारा), श्री एस.वी. कृष्णामुर्थी राव (मैसूर), श्री एन. माधव राऊ (उड़ीसा), सैय्यद मोहम्मद सैदुल्ला (आसाम) थे।

संविधान-निर्माण में महानतम योगदान देने वाले संविधान सभा के ये सभी माननीय विद्वान् सदस्यगण हम देशवासियों के लिए श्रद्धेय एवं स्मरणीय हैं। इन संविधान निर्माताओं द्वारा संविधान के माध्यम से एक अखण्ड देश एवं समतामूलक समाज के निर्माण का सपना देखा गया। इनके आदर्श एवं मूल्य हम सबको एवं हमारी आने वाली पीढ़ी को राष्ट्र के प्रति अपने दायित्व को ईमानदारी से निभाने की नित् प्रेरणा देता रहेगा।

डॉ. अंबेडकर बनाम पण्डित नेहरू

डॉ. अंबेडकर के प्रस्तुति-भाषण पर हो रहे आम बहस में तत्कालीन प्रधानमंत्री पण्डित जवाहरलाल नेहरू ने भी भाग लिया। उन्होंने 8 नवम्बर, 1948 को अपना

प्रतिक्रिया भाषण दिया। एक तरफ जहाँ संविधान सभा के तमाम सदस्यों के मध्य डॉ. अंबेडकर और मसौदा समिति को बधाई देने का ताँता लगा था, वहीं आश्चर्य रूप से नेहरू जी के लगभग 4500 शब्दों वाले इस भाषण में मसौदा-समिति या डॉ. अंबेडकर के लिए बधाई के एक भी शब्द नहीं थे।

मसौदा-समिति का गठन खुद संविधान सभा द्वारा देश के लिए संविधान का प्रारूप तैयार करने के लिए किया गया था। इस समिति ने भी बड़ी ही विपरीत परिस्थितियों में प्रारूप-संविधान को तैयार कर इसे संविधान सभा के समक्ष प्रस्तुत किया था। यह कार्य कोई क्षेत्रीय या सीमित क्षेत्र वाला कार्य नहीं था। यह एक राष्ट्रीय कार्य था। ऐसा राष्ट्रीय कार्य था जिससे देश के भविष्य की दिशा तय होना था। किन्तु इस राष्ट्रीय और महत्त्वपूर्ण कार्य के लिए देश के तत्कालीन प्रधानमंत्री नेहरू जी के पास मसौदा-समिति और इसके अध्यक्ष को बधाई देने के लिए एक शब्द तक नहीं था। यद्यपि मात्र इस आधार पर यह निष्कर्ष निकाला जाना उचित नहीं है कि नेहरू जी, मसौदा-समिति के अध्यक्ष डॉ. अंबेडकर के बढ़ते कद से दु:खी थे। लेकिन क्या वे खुश भी थे, इस सवाल का ज़वाब खोजने के लिए यह आवश्यक है कि हम पण्डित नेहरू जी द्वारा कुछ बिन्दुओं पर व्यक्त किये गये विचारों को समझने का प्रयास करें।

यद्यपि पण्डित नेहरू के प्रतिक्रिया-भाषण में ज्यादातर सन्दर्भ उनके द्वारा पूर्व में प्रस्तुत किये गये 'प्रतिज्ञा-प्रस्ताव' का था। इसके अलावा जिस विषयों पर पण्डित नेहरू द्वारा विचार रखा गया, उसे हम निम्न तीन शीर्षकों में बाँटकर उक्त सवाल का जवाब खोजने का प्रयास करते हैं।

1. देश को 'लोकतांत्रिक राज्य' की तुलना में 'गणराज्य' बनाने पर ज्यादा बल;
2. संविधान संशोधन प्रक्रिया को आसान बनाने की पैरवी;
3. भाषायी आधार पर प्रान्तों के पुनर्गठन पर बल और राष्ट्रीय भाषा के सवाल पर सावधानी बरतने की अपील।

पहले दो विषय ऐसे विषय हैं, जिस पर संविधान-निर्माण के दौरान डॉ. अंबेडकर और पण्डित नेहरू के मध्य वैचारिक मतभेद खुलकर सामने आ गया था। इस वैचारिक मतभेद का तत्कालीन राजनीतिक परिप्रेक्ष्य में क्या मायने थे, इसका विश्लेषण इस बात को समझने के लिए आवश्यक है कि आखिर क्यों पण्डित नेहरू ने इतने महत्त्वपूर्ण अवसर पर अपने कैबिनेट के मंत्री डॉ. अंबेडकर को बधाई देने की औपचारिकता नहीं निभायी। इसके साथ तीसरे विषय का निष्पक्ष विश्लेषण इसलिए आवश्यक है ताकि हम 'भाषा' जैसे संवेदनशील विषय पर तत्कालीन नीति निर्माताओं के वास्तविक स्थिति को समझ सकें।

उक्त तीन विषय के अलावा एक विषय ऐसा है, जिसका उल्लेख पण्डित नेहरू द्वारा अपने प्रतिक्रिया भाषण में नहीं किया गया। यह विषय तो अपने-आप में महत्त्वपूर्ण है ही, लेकिन प्रतिक्रिया भाषण में इस विषय का उल्लेख नहीं किये जाने का भी यहाँ पर मायने है। 8 नवम्बर, 1948 को दिये गये अपने प्रतिक्रिया भाषण में पण्डित नेहरू ने यद्यपि प्रतिज्ञा-प्रस्ताव का बार-बार उल्लेख किया, किन्तु इसी प्रतिज्ञा-प्रस्ताव के पैरा सं. 3 का जिक्र एक बार भी नहीं किया। प्रतिक्रिया-भाषण में पण्डित नेहरू ने प्रतिज्ञा-प्रस्ताव के

पैरा सं. 3 पर चुप्पी क्यों साध रखी थी और इसका तत्कालीन राजनीतिक परिप्रेक्ष्य में क्या मायने थे, इसका भी विश्लेषण करना उतना ही आवश्यक है, जितना उक्त तीन विषय पर पण्डित नेहरू द्वारा व्यक्त किये गये विचार का।

गणराज्य के बहाने लोकतांत्रिक राज्य का विरोध

आम बहस में भाग लेने वाले कुल 72 माननीय सदस्यों में से पाँच-छह माननीय सदस्य ही ऐसे थे, जिन्होंने प्रारूप-संविधान प्रस्तुत करने के अवसर पर डॉ. अंबेडकर एवं मसौदा-समिति को बधाई देना उचित नहीं समझा। ऐसे माननीय सदस्यों की वास्तविक मंशा को जानने के लिए उनके द्वारा व्यक्त किये गये कुछ विचारों का उल्लेख करना आवश्यक है—

> 'महोदय, मैं कह सकता हूँ कि हम सब मैट्काफ के प्रति नहीं, बल्कि उनकी तुलना में ज्यादा महान् और जिसने हाल ही में हम सभी को आजादी दिलाया ऐसे राष्ट्रपिता के प्रति हम ऋणी हैं, हमारा गाँवों के प्रति प्यार बढ़ा है, हमारा ग्राम-गणराज्य में और ग्रामीण समुदाय में विश्वास बढ़ा है और हम इसे दिल से मानते हैं। यह महात्मा गाँधी के कारण, महोदय आपके कारण, सरदार पटेल के कारण, पण्डित नेहरू और नेता जी बोस के कारण हम सब अपने गाँव की जनता से प्यार करते हैं। डॉ. अंबेडकर के साथ सब मतभेदों के अलावा इस सम्बन्ध में भी मैं मतभेद रखता हूँ।...महोदय, डॉ. अंबेडकर के गाँवों के सन्दर्भ में की गयी बातों से बहुत दु:ख हुआ। शायद गलती मसौदा-समिति के गठन में ही कर दी गई, जिसमें केवल एक श्रीयुत् मुन्शी के अपवाद के अलावा किसी ने देश के आजादी में सक्रिय योगदान नहीं दिया। इनमें से कोई भी आजादी के लिए किये गये संघर्ष की पवित्रता, जिसने हम सबको उत्साहित किया, को समझने की योग्यता नहीं रखता है। ..'

– श्री एच.वी. कामथ (सी.पी. एण्ड बेरार)

> '... पूरे प्रारूप-संविधान में हम कहीं भी कांग्रेस के विचारों को, गाँधीवाद के सामाजिक और राजनीतिक दृष्टिकोण को नहीं पाते हैं। अपने लम्बे और विद्वत्तापूर्ण भाषण में माननीय डॉ. अंबेडकर ने कहीं भी गाँधी जी को या कांग्रेस को सन्दर्भित नहीं किया है। यह आश्चर्यजनक नहीं है क्योंकि मैं अनुभव करता हूँ कि पूरे संविधान में कांग्रेस के आदर्शों एवं विचारधारा का अभाव है। ...'

– श्री अरुण चन्द्र गुहा (पश्चिम बंगाल)

> '... मुझे खेद है कि मसौदा-समिति इन मूलभूत चीजों को भूल गयी जिसके कारण यह संविधान सभा अस्तित्व में आयी और उन्हें भारत के संविधान के प्रारूप को बनाने का अवसर दिया। सोचा गया था कि हमें यह सुझाव देना उनका बुनियादी कर्त्तव्य होगा कि महात्मा गाँधी के संरक्षण और अगुआई में स्वतंत्रता संग्राम सेनानियों के अथक परिश्रम के

बाद अस्तित्व में आयी इस संविधान सभा द्वारा यह संविधान बनाया जा रहा है, लेकिन इसके बारे में एक भी शब्द नहीं बोला गया है। ...'

– प्रो. एन. जी. रंगा (मद्रास)

'इसमें कोई सन्देह नहीं है कि डॉ. अंबेडकर ने संविधान के कई प्रावधानों का विश्लेषण किया है और दुर्भाग्य से इसके कुछ पहलुओं पर जोर दिया है और ग्राम गणराज्य, ग्राम स्वायत्तता और लोकतंत्र पर अपना विचार दिया है। वे इस विषय पर किसी विवाद से हम सबको और इस सभा को बचा सकते थे। महोदय, अपने को स्वतंत्र मानकर मैं कहना चाहता हूँ कि इस संविधान को अवश्य ही स्वायत्त ग्राम गणराज्य पर आधारित होना चाहिए था। यदि एक बार लोगों को नीले चन्द्रमा पर एक सामान्य उद्देश्य से इस सभा या उस सभा हेतु किसी एक्स, वाई और जेड को चुनने मात्र के लिए एक साथ लाया जाय और फिर उसके बाद वे छितर-बितर हो जायँ, ऐसा लोकतंत्र किसी चीज को मूल्यवान् नहीं बना देती है। आज भारत की यही स्थिति है। ...'

– श्री एम. अनंथसयनम अयंगर (मद्रास)

देश की शासन-व्यवस्था की इकाई 'नागरिक' हो या 'ग्राम पंचायत', इसको लेकर तत्कालीन नेतृत्व के मध्य जबरदस्त द्वन्द्व था। कांग्रेस के रणनीतिकार ऐसे गणराज्य को स्थापित करने के लिए लाबिंग किये हुए थे, जिसमें ग्राम पंचायतों के प्रतिनिधि, विधायिका एवं सरकार के गठन में भूमिका निभायें। स्वयं पण्डित जवाहरलाल नेहरू ने 13 दिसम्बर, 1946 के प्रतिज्ञा-प्रस्ताव में भारत को एक 'स्वतंत्र, संप्रभु, गणराज्य' बनाने की घोषणा की थी। इस प्रस्ताव में, सिवाय इस संवैधानिक सुन्दरता कि 'देश की संप्रभुता जनता में अन्तर्निहित होगी', के अलावा लोकतंत्र की कोई स्पष्ट परिकल्पना नहीं थी। बल्कि ऐसे गणराज्य की कल्पना की गयी थी, जिसमें सरकार पर जनता का नियंत्रण तो रहे, लेकिन प्रत्यक्ष नियंत्रण के बजाय अप्रत्यक्ष नियंत्रण ही रहे। यह वयस्क नागरिक मताधिकार आधारित प्रत्यक्ष लोकतांत्रिक राज्य से बिलकुल अलग था। श्री एम. अनंथसयनम अयंगर द्वारा ग्राम गणराज्य एवं लोकतंत्र पर व्यक्त की गयी उक्त टिप्पणी इसी लाबिंग की ही एक कड़ी थी।

तत्कालीन कांग्रेसी नेतृत्व, ग्राम गणराज्य आधारित शासन-व्यवस्था के पक्ष में लाबिंग को सफल करने के लिए महात्मा गाँधी का भी सहारा ले रही थी। यह सही है कि महात्मा गांधी ग्राम पंचायतों को ज्यादा शक्ति देने के पक्ष में थे और इसे विकास की इकाई बनाना चाहते थे, लेकिन यह ग्राम पंचायत बदले हालात में भी विधायिका और शासन की इकाई हो, इस पर उन्होंने कोई राय ही नही व्यक्त की थी। जबकि डॉ. अंबेडकर इस मामले में कांग्रेसी रणनीतिकारों के विपरीत दिशा में खड़े थे। वे शासन-व्यवस्था में 'ग्राम पंचायतों' के बजाय 'नागरिक' को इकाई बनाने के लिए अड़े हुए थे। उनका स्पष्ट मानना था कि वयस्क नागरिकों के मताधिकार के आधार पर केन्द्र और राज्य के विधायिका के सदस्यों का प्रत्यक्ष चुनाव होना चाहिए और बहुसंख्यक की शक्ति का दुरुपयोग न होने पाये, इसके लिए मूलभूत अधिकारों की गारण्टी की व्यवस्था स्वयं संविधान में की जानी

चाहिए। कुल मिलाकर वैचारिक मतभेद इस बात पर था कि भारतीय शासन-व्यवस्था 'गणराज्य के विचारधारा' पर आधारित हो या 'लोकतांत्रिक राज्य के विचारधारा' पर। इन अलग-अलग विचारधाराओं के माध्यम से वैचारिक लड़ाई इस बात को लेकर थी कि भावी सरकार पर जनता का अप्रत्यक्ष नियंत्रण रहने दिया जाय या प्रत्यक्ष नियंत्रण। पहले का नेतृत्व पंडित नेहरू कर रहे थे तो दूसरे की वकालत डॉ. अंबेडकर कर रहे थे।

यह मतभेद तब ज्यादा खुलकर सामने आ गया जब स्वयं पण्डित जवाहरलाल नेहरू ने 8 नवम्बर, 1948 को दिये गये अपने भाषण में प्रतिज्ञा-प्रस्ताव को आधार बनाते हुए गणराज्य की स्थापना पर जोर देने लगे। अपने भाषण के आठवें पैरा में पण्डित नेहरू कहते हैं—

> 'इस सदन को याद होगा कि जब मैंने प्रतिज्ञा-प्रस्ताव को इस सदन के समक्ष प्रस्तुत किया था, जिसमें मैंने इस तथ्य को सन्दर्भित किया था और हम सब माँग किये थे या यूँ कहें कि प्रतिपादित किये थे कि हमारा संविधान एक 'स्वतंत्र, संप्रभु गणराज्य' के लिए निर्मित होना चाहिए। मैंने उसी समय कहा था और बाद में भी कहता आया हूँ कि हमारे 'गणराज्य' होने का मामला वस्तुत: हमारे द्वारा तय किये जाने का मामला है। इसका इस बात से कुछ भी लेना-देना नहीं है कि हमारा दूसरे देशों, खासतौर से यूनाइटेड किंगडम या कामनवेल्थ के साथ क्या सम्बन्ध होना चाहिए। या है भी तो बहुत थोड़ा लेना-देना है। यह सवाल है, जिसे इस सदन द्वारा, और किसी के द्वारा नहीं, स्वतंत्र तरीके से पुन: तय करना है कि हमारे संविधान को कैसा बनना है।... प्रतिज्ञा-प्रस्ताव संविधान सभा का है। नि:सन्देह यह संविधान सभा के लिए ही खुला है कि वह इस प्रस्ताव से भिन्न कुछ करे क्योंकि इन मामलों में या दूसरे सभी मामलों में यह संप्रभु होने के कारण ऐसा कुछ भिन्न कर सकता है। फिर भी यह (प्रतिज्ञा-प्रस्ताव) संविधान सभा द्वारा खुद को और मसौदा-समिति को संविधान के लिए दिया गया निर्देश है और जब तक यह है और जैसा कि यह है और आगे रहेगा, प्रतिज्ञा-प्रस्ताव में कही गयी बातों के अनुकूल ही संविधान बनेगा। ...'[3]

प्रारूप-संविधान प्रस्तुत होने के साथ यह स्पष्ट हो चुकी थी कि वयस्क नागरिकों के मताधिकार के आधार पर प्रत्यक्ष मतदान द्वारा केन्द्र और राज्य की विधायिकाओं का चुनाव होगा। यहाँ तक कि पण्डित नेहरू के प्रतिज्ञा-प्रस्ताव में की गयी घोषणा कि 'भारत एक स्वतंत्र, संप्रभु गणराज्य होगा' में सुधार करके डॉ. अंबेडकर ने प्रारूप-संविधान में इसके स्थान पर 'संप्रभु लोकतांत्रिक गणराज्य' प्रतिस्थापित कर दिया था। इस बदलाव का कारण दर्शाते हुए प्रारूप-संविधान के उद्देशियका के पैरा सं. 2 में कहा गया कि 'संविधान सभा द्वारा जनवरी, 1947 में स्वीकार किया गया प्रतिज्ञा-प्रस्ताव घोषित करता है कि भारत को एक स्वतंत्र, संप्रभु गणराज्य होना है। मसौदा-समिति ने शब्दावली 'संप्रभु लोकतांत्रिक गणराज्य' को स्वीकार किया है क्योंकि सामान्यतया स्वतंत्रता, संप्रभुता में शामिल होता है। इसलिए स्वतंत्रता का प्रयोग करने से शायद ही कुछ हासिल हो।' इस तरह गणराज्य के स्थान पर 'लोकतांत्रिक गणराज्य' का प्रयोग करके डॉ. अंबेडकर ने उस दुविधा को समाप्त कर दिया, जिसके तहत यह आशंका व्यक्त की जा रही थी कि

एक गणराज्य अप्रत्यक्ष लोकतंत्र पर भी आधारित हो सकता है या फिर यह अलोकतांत्रिक भी हो सकता है।

प्रारूप-संविधान की उद्देश्यिका के पैरा सं. 2 के बाद सदस्यों में यह दुविधा लगभग समाप्त हो गयी थी जो प्रतिज्ञा-प्रस्ताव में प्रयोग किये गये 'गणराज्य' के कारण पैदा हुआ था। इसके बाद भी गणराज्य पर जोर देते हुए पण्डित नेहरू द्वारा कहना कि 'हमारा संविधान एक 'स्वतंत्र, संप्रभु गणराज्य' के लिए निर्मित होना चाहिए। ... हमारे 'गणराज्य' होने का मामला वस्तुत: हमारे द्वारा तय किये जाने का मामला है। ... यह सवाल है, जिसे इस सदन द्वारा स्वतंत्र तरीके से पुन: तय करना है कि हमारे संविधान को कैसा बनना है।' पण्डित नेहरू द्वारा 'पुन: तय करने' की बात ने एक बार फिर उन सदस्यों की दुविधा को बढ़ा दिया, जो प्रतिज्ञा-प्रस्ताव में 'गणराज्य' का प्रयोग करने और 'लोकतंत्र' का प्रयोग न करने को लेकर सवाल खड़ा कर रहे थे और उन सदस्यों के हौसले को बढ़ाने वाला था जो ग्राम आधारित गणराज्य की हिमायत कर भारत में अप्रत्यक्ष लोकतंत्र स्थापित करना चाहते थे।

वस्तुत: गणराज्य पर जोर देकर पण्डित नेहरू वयस्क नागरिक मताधिकार द्वारा केन्द्र और राज्य की विधायिकाओं का प्रत्यक्ष चुनाव किये जाने का विरोध कर रहे थे। वे और उनकी टीम के लोग चाहते थे कि नागरिकों के बजाय ग्राम पंचायतों को विधायिका के चुनाव और शासन के गठन की इकाई बनाया जाय और सरकार पर जनता का अप्रत्यक्ष नियंत्रण ही रहे। इसी की पैरवी करने के लिए नेहरू जी द्वारा 'गणराज्य' शब्द पर बार-बार बल दिया जा रहा था। उनका इशारा स्पष्ट था कि गणराज्य आधारित शासन-व्यवस्था ही होनी चाहिए, जैसा कि प्रतिज्ञा-प्रस्ताव में घोषित किया गया है और इस प्रतिज्ञा-प्रस्ताव को मानने के लिए मसौदा-समिति बाध्य है और यदि मसौदा-समिति इस बाध्यता को नहीं मानती है तो संविधान सभा उसे पलटने के लिए सक्षम है। जबकि डॉ. अंबेडकर ऐसी किसी अवधारणा के एकदम विपरीत खड़े थे। वह सत्ताकेन्द्र को अप्रत्यक्ष लोकतंत्र आधारित गणराज्य बनाने के बजाय विशुद्ध लोकतांत्रिक गणराज्य बनाने के लिए अड़े हुए थे। इस तरह संविधान सभा में दो मोर्चे उभरकर सामने आ गये थे। एक का नेतृत्व पण्डित नेहरू कर रहे थे तो दूसरे का नेतृत्व बाबा साहेब। एक के पास करिश्माई व्यक्तित्व ज्यादा था तो दूसरे के पास तार्किक क्षमता ज्यादा था। यह मोर्चाबन्दी भी एक बहुत बड़ा कारण था कि प्रस्तुति-भाषण पर आम बहस के दौरान कुछ लोगों द्वारा डॉ. अंबेडकर को बधाई देना गैर जरूरी समझा गया, ताकि अपनों के बीच स्पष्ट सन्देश भेजा जा सके।

संविधान संशोधन प्रक्रिया को सरल बनाने का सवाल

8 नवंबर, 1948 को दिये गये प्रतिक्रिया-भाषण में पण्डित नेहरू द्वारा प्रतिज्ञा-प्रस्ताव का बार-बार जिक्र किया गया और इसको इस आधार पर अकाट्य बताया गया क्योंकि यह संविधान सभा द्वारा पारित कर दिया गया था। पण्डित नेहरू ने प्रतिज्ञा-प्रस्ताव के बारे में यहाँ तक कहा कि 'यह (प्रतिज्ञा-प्रस्ताव) संविधान सभा द्वारा खुद को और मसौदा-समिति को संविधान के लिए दिया गया निर्देश है और जब तक यह है और जैसा कि यह है और आगे रहेगा, प्रतिज्ञा-प्रस्ताव में कही गयी बातों के अनुकूल ही संविधान

बनेगा।' प्रतिक्रिया-भाषण में नेहरू जी ने डॉ. अंबेडकर के प्रस्तुति-भाषण में उठाये गये तमाम विषयों में से सिर्फ एक विषय पर अपना विचार रखा। यह विषय था संविधान संशोधन प्रक्रिया का विषय। अपने भाषण में नेहरू जी कहते हैं—

'... यदि आप संविधान को कठोर और स्थायी बनाते हैं तो आप देश के विकास को, चेतनायुक्त लोगों के विकास को रोकते हैं। इसलिए इसे लचीला होना पड़ेगा। इसलिए जब आप संविधान पारित करें, मैं समझता हूँ कि आप, कुछ वर्षों की ऐसी समय-सीमा, जो भी उचित हो, को प्रस्तावित करेंगे, जिसके अन्दर संविधान का बदला जाना बिना किसी कठिन प्रक्रिया के आसान हो। ऐसा करना कई कारणों से आवश्यक है। एक यह है कि हम सब जो इस सदन में यहाँ एकत्रित हैं, निःसन्देह भारत के लोगों का प्रतिनिधित्व करते हैं, फिर भी मैं समझता हूँ कि यह सचमुच में सोचा जा सकता है कि जब नये सदन का चुनाव इस संविधान के प्रावधानों के अनुसार हो और भारत के सभी बालिग लोगों, पुरुष और महिला, द्वारा मताधिकार के प्रयोग के बाद जिस सदन का उद्भव होगा, वह वास्तव में भारतीय लोगों के सभी वर्गों का पूर्ण प्रतिनिधित्व करेगा। ...'[4]

पण्डित नेहरू का उक्त विचार स्वयं में विरोधाभासी था, क्योंकि एक तरफ जहाँ उनके द्वारा प्रतिज्ञा-प्रस्ताव को संविधान-निर्माण की कसौटी बनाने के लिए इस आधार पर जोर दिया जा रहा था क्योंकि यह संविधान सभा द्वारा स्वीकार किया गया था, वहीं दूसरी ओर संशोधन प्रक्रिया के सन्दर्भ में संविधान सभा को इस आधार पर सन्देह की दृष्टि से देखा जा रहा था क्योंकि यह भारत के सभी बालिग लोगों का प्रतिनिधित्व नहीं करता है। और क्योंकि संविधान सभा सभी बालिग लोगों का प्रतिनिधित्व नहीं करती है, इस आधार पर पण्डित नेहरू ने संविधान संशोधन प्रक्रिया को आसान बनाने पर बल दिया। शायद नेहरू जी को इस बात का आभास हो गया था कि जैसा वे चाहते है वैसा संविधान नहीं बनने जा रहा है। और शायद उनको इस बात का भी डर था कि यदि संविधान संशोधन प्रक्रिया को भी जटिल बना दिया गया तो उनके लिए अपनी सुविधानुसार संविधान में बदलाव करना सम्भव नहीं हो सकेगा। यह बात भी नेहरू जी के खुश न होने का कारण हो सकती है। सम्भवतः इसी कारण ऐसा हुआ कि प्रधानमंत्री की कुर्सी पर बैठा व्यक्ति, इतने महत्त्वपूर्ण अवसर पर अपने कैबिनेट के कानून मंत्री को बधाई देने की औपचारिकता नहीं निभा पाया।

यहाँ यह बात ध्यान देने योग्य है कि नेहरू जी के उक्त भाषण के 4 दिन पहले ही डॉ. अंबेडकर ने अपने प्रस्तुति भाषण में संविधान संशोधन प्रक्रिया के सन्दर्भ में अपने विचार स्पष्ट कर चुके थे, जिसमें उन्होंने बड़े ही तार्किक तरीके से न केवल यह सिद्ध किया था कि कैसे प्रारूप-संविधान में स्वीकार किया गया संशोधन प्रक्रिया अमेरिका और आस्ट्रेलिया जैसे दूसरे देशों की तुलना में सरलतम है, बल्कि यह भी स्पष्ट किया था कि क्यों भावी संसद् की तुलना में यह संविधान सभा ज्यादा निष्पक्ष, निःस्वार्थ और विश्वसनीय है। डॉ. अंबेडकर ने संविधान संशोधन प्रक्रिया पर अपने विचार को स्पष्ट करते हुए कहा था कि 'जिसे संशोधन पद्धति की 'बेहूदगी' कहा गया है, वह 'संविधान सभा' तथा संविधान के अन्तर्गत चुनी जाने वाली 'भावी संसद्' की स्थिति के बारे में मिथ्या

धारणा पर आधारित है। संविधान का निर्माण करते समय संविधान सभा के समक्ष किसी पक्ष-विशेष को लेकर पूर्वाग्रह नहीं है। एकमात्र अच्छा और कार्य करने वाला संविधान बनाने के अलावा और कोई दूसरा स्वार्थ नहीं है। संविधान के अनुच्छेदों पर विचार करते समय इसकी नजर किसी विशेष लक्ष्य पर नहीं रहती है। यदि भावी संसद् एक संविधान सभा के रूप में संविधान में संशोधन करने के लिए बैठती है, तो उसके सदस्य पक्ष-विशेष के लिए कार्य करेंगे और उनका प्रयास होगा कि ऐसे संशोधन पेश करें, जिनके पारित हो जाने पर वे अपने पक्ष के ऐसे कानूनों को आसानी से पारित करा सकें, जिनको पारित कराने में संविधान के कुछ प्रावधान विशेष बाधक सिद्ध हुए हैं। संसद् का अपना स्वार्थ होगा, जबकि संविधान सभा का ऐसा कोई स्वार्थ नहीं है। संविधान सभा और भावी संसद् में यही अन्तर है। इससे यह बात स्पष्ट हो जाती है कि क्यों इस संविधान सभा पर, जो सीमित मतदान से चुनी गयी है, सामान्य बहुमत के द्वारा संविधान पारित करने के मामले में भरोसा किया जा सकता है और क्यों भावी संसद् पर, जिनका चुनाव वयस्क मतदान के आधार पर होगा, उसी सामान्य बहुमत द्वारा संविधान का संशोधन करने के मामले में विश्वास नहीं किया जा सकता।''

डॉ. अंबेडकर का संविधान संशोधन प्रक्रिया के सन्दर्भ में ऐसा विचार आने के बाद भी नेहरू जी द्वारा अपने प्रतिक्रिया-भाषण में संविधान संशोधन की प्रक्रिया को आसान बनाने के लिए अपील करना समझ के परे है। इस सम्बन्ध में प्रधानमंत्री और कानूनमंत्री के बीच वैचारिक मतभेद का उभरकर सामने आना उचित नहीं था। वैचारिक मतभेद ही नहीं, वैचारिक टकराव की स्थिति पैदा हो गयी थी। वस्तुत: नेहरू जी को पूरा विश्वास था कि संविधान सभा में अभी भी उनकी पकड़ है और जो वह चाहेंगे वही होगा। किन्तु संविधान निर्माण में डॉ. अंबेडकर, जिस तरह लोगों का विश्वास हासिल करते हुए काम करते जा रहे थे, वह भी अनुमान के विपरीत था। खुद नेहरू जी के लिए यह अन्तर्द्वन्द्व की स्थिति थी। उन्हें अपने करिश्माई व्यक्तित्व और प्रधानमंत्री जैसे पद के कारण संविधान सभा में अपनी पकड़ का भरोसा तो था लेकिन डॉ. अंबेडकर के तार्किक क्षमता और परिश्रम का भी उन्हें आभास हो गया था। फिर भी नेहरू जी को अनुमान था कि उनका व्यक्तित्व अन्तत: भारी पड़ेगा और यही कारण था कि न चाहते हुए भी उन्होंने संविधान संशोधन को लेकर अपना विचार प्रकट कर दिया, जबकि उन्हें पता था कि इसका न केवल गलत सन्देश जाने वाला है, बल्कि किसी तरह की टकराव की स्थिति बनने से देश का नुकसान भी हो सकता है।

इन सब मतभेदों के बावजूद डॉ. अंबेडकर शान्त एवं विनम्र बने रहे। उन्हें पता था कि कब, कहाँ और कितना बोलना है। चाहे वह 'गणराज्य' के साथ 'लोकतांत्रिक' शब्द को जोड़ने इस सम्बन्ध में या फिर संविधान संशोधन प्रक्रिया को आसान बनाने का मामला, पण्डित नेहरू द्वारा का सवाल हो किये गये अपील का कोई प्रभाव नहीं पड़ा। उतना ही हुआ, जितना डॉ. अंबेडकर चाहते थे।

प्रतिज्ञा-प्रस्ताव के पैरा सं. 3 का उल्लेख न करने के मायने

अपने पूरे भाषण में पण्डित नेहरू, 13 दिसम्बर, 1946 के प्रतिज्ञा-प्रस्ताव पर ज्यादा केन्द्रित रहे। जबकि उन्हें पता था कि प्रतिज्ञा-प्रस्ताव में की गयी घोषणाएँ पुरानी बात हो

चुकी हैं, संविधान-निर्माण की धारा में काफी पानी बह चुका है और इसी प्रतिज्ञा-प्रस्ताव से उपजे विवादों को पीछे छोड़ देश काफी आगे बढ़ चुका है। नेहरू जी द्वारा स्वतंत्र, संप्रभु, गणराज्य; सामाजिक, राजनीतिक और आर्थिक न्याय; समानता और स्वतंत्रता का अधिकार; वैश्विक शान्ति और मानव कल्याण इत्यादि को लेकर प्रतिज्ञा-प्रस्ताव का बार-बार जिक्र किया गया। किन्तु ये बातें अब पुरानी हो चुकी थीं। अपने-अपने स्वरूप में इन विषयों को प्रारूप-संविधान में अंगीकृत किया जा चुका था। संविधान सभा के समक्ष प्रारूप-संविधान के प्रस्तुति की बाद स्थिति स्पष्ट हो चुकी थी। अब चर्चा करना था कि इसमें क्या कमी रह गयी है और यदि कोई कमी है तो इसे कैसे सुधारा जा सकता है? लेकिन नेहरू जी ने, संविधान संशोधन प्रक्रिया के सिवाय, डॉ. अंबेडकर के प्रस्तुति-भाषण में उठाये गये किसी भी विषय पर विचार देना उचित नहीं समझा और बार-बार प्रतिज्ञा-प्रस्ताव का ही जिक्र करते रहे।

अपने भाषण में नेहरू जी 8 पैराग्राफ वाले जिस प्रतिज्ञा-प्रस्ताव को बार-बार उद्धृत कर रहे थे, उसके पैरा नं. 3 में की गयी घोषणा को लेकर डॉ. अंबेडकर अपनी असहमति व्यक्त कर चुके थे। पण्डित नेहरू ने अपने प्रतिज्ञा-भाषण के इस पैरा नं. 3 में घोषणा किया था कि इकाई के रूप में प्रान्त स्वायत्तपूर्ण होंगे और इनके पास पूर्ण शक्ति के साथ अवशिष्ट शक्तियाँ भी होंगी। इसके विपरीत डॉ. अंबेडकर ने प्रारूप-संविधान और प्रस्तुति-भाषण के माध्यम से स्पष्ट कर दिया था कि देश की भावी शासन-व्यवस्था में न केवल शक्तियों की धुरी केन्द्र सरकार होगी बल्कि अवशिष्ट शक्तियाँ भी इकाइयों के बजाय केन्द्र में निहित होंगी।

पण्डित नेहरू और डॉ. अंबेडकर के मध्य उक्त मतभेद, हालाँकि ऊपर से दिखने वाला ही मतभेद था, खुलकर सामने आ चुका था। यद्यपि डॉ. अंबेडकर जो कुछ भी कर रहे थे वह राजनीतिक लाभ के नजरिये से नुकसानदायक था, क्योंकि वे इस कारण क्षेत्रीय क्षत्रपों की नाराजगी ही मोल ले रहे थे। किन्तु एक ईमानदार नीति निर्माता के नाते इस दिशा में जो कुछ भी वे कर रहे थे, वह देश की भलाई और इसकी एकता व अखण्डता के लिए दिल से कर रहे थे। इस बात का निर्धारण कि इस सम्बन्ध में कौन सही था और कौन गलत, अनुभवों के बाद भविष्य में ही तय होना था, जिस पर हम बाद में चर्चा करेंगे। किन्तु जिस तरह से पण्डित नेहरू द्वारा अपने भाषण में प्रतिज्ञा-प्रस्ताव के ही पैरा सं. 3 को उपेक्षित किया गया, उससे यह साबित होता है कि वे भी अन्दर से यही चाहते थे कि शक्तियों की धुरी और अवशिष्ट शक्तियाँ केन्द्र के पास ही रहे। और जब इस काम की जिम्मेदारी खुद डॉ. अंबेडकर ने अपने कन्धों पर उठा रखा था और बिना कुछ कहे यह काम अपने-आप हो रहा था, तो फिर उसके लिए पण्डित नेहरू अपने राजनीतिक जमीन को क्यों दाँव पर लगाते। इसके विपरीत डॉ. अंबेडकर के लिए राजनीतिक जमीन नहीं, देश की भलाई और इसकी एकता व अखण्डता महत्त्वपूर्ण थी और यही कारण था कि प्रतिज्ञा-प्रस्ताव में स्वीकार की गयी घोषणा के विरुद्ध जाने से भी उन्होंने परहेज नहीं किया। यह डॉ. अंबेडकर का देशहित में उठाया गया एक साहसिक कदम था। किन्तु इस साहसिक कदम के लिए भी पण्डित नेहरू ने डॉ. अंबेडकर को बधाई देना उचित नहीं समझा।

देश के समक्ष भाषायी सवाल : 'भारतीय भाषा' बनाम 'सर्व-भारत भाषा'

अपने प्रतिक्रिया-भाषण में पण्डित नेहरू ने पूर्व में खुद द्वारा प्रस्तावित किये गये प्रतिज्ञा-प्रस्ताव और संविधान संशोधन प्रक्रिया के अलावा जिस अन्य विषय को उठाया, वह भाषायी आधार पर राज्यों के पुनर्गठन और राष्ट्रीय भाषा से सम्बन्धित था। पण्डित नेहरू के शब्दों में—

'कई समस्याएँ हैं। कुछ बहुत महत्त्वपूर्ण है, जिस पर बहुत कम विवाद है और हम इसे एकमत के साथ पारित करेंगे। कुछ और समस्याएँ हैं, नि:सन्देह महत्त्वपूर्ण हैं, जिस पर हम अपने समय, ऊर्जा और उत्साह को भी खर्च करेंगे और इसके बावजूद उस प्रामाणिक सहमति पर नहीं पहुँच पाये जो होना चाहिए। आज देश में कुछ समस्याओं को सन्दर्भित किया गया है। मैं, इस सभा में और देश के लिए, एक या दो मामलों—भाषा आधारित प्रान्त और भाषा के सवाल को वर्णित करूँगा। इन सवालों पर मैं ज्यादा कुछ नहीं कहूँगा, सिवाय इसके कि मुझे लगता है और ऐसा लगना अपरिहार्य है कि भारत में प्रान्तों का पुनर्गठन होना चाहिए ताकि यह लोगों की इच्छाओं के साथ उनके सांस्कृतिक, भौगोलिक और आर्थिक स्थिति के उपयुक्त हो। हम सब इसके लिए संकल्पित रहे हैं।...

'ऐसा ही तर्क भाषाओं पर लागू होता है। अब यह एक वास्तविकता है कि किसी स्वतंत्र और आत्मनिर्भर देश को अपनी भाषा में काम करना चाहिए। दुर्भाग्य से केवल यह तथ्य कि मैं इस सदन में विदेशी भाषा में बोल रहा हूँ और मेरे बहुत-से सहयोगियों को इस सदन में विदेशी भाषा में बोलना पड़ रहा है, दिखाता है कि कुछ कमी है। यह कमी है और इसे हम मानते हैं। हम नि:सन्देह इस कमी से छुटकारा पायेंगे। लेकिन यदि बदलाव और एकाएक बदलाव के लिए लोगों पर दबाव बनाते हैं, तो हम तमाम तरह के विवादों में उलझ जायेंगे और सम्भवत: इस कारण संविधान के निर्माण में देरी भी होगी। इसलिए मेरा सदन से निवेदन है कि ऐसा कदम उठाना बुद्धिमानी नहीं है।

'किसी व्यक्ति के जीवन और देश के जीवन में भाषा एक आवश्यक तत्त्व है। क्योंकि यह आवश्यक है, इसलिए हमें इससे जुड़े सभी तरह के विचारों पर ध्यान देना पड़ेगा। क्योंकि यह आवश्यक है, इसलिए यह अविलम्ब मामला है। क्योंकि यह आवश्यक है, यह ऐसा मामला है जिसमें जल्दबाजी उद्देश्यों को नुकसान पहुँचा सकती है। यहाँ पर थोड़ी-सी मतभिन्नता है। एक अविलम्ब मामले पर आगे बढ़ते हुए, यदि हम, देश के या इस सदन में भी अनिच्छुक अल्पसंख्यक भाग पर, कुछ थोपते हैं, जिसे बहुसंख्यक द्वारा किया जाना सम्भव है, तो हम वह पाने में सफल न होंगे, जिसे पाने के लिए हम प्रारम्भ किये हैं। इस देश में प्रबल शक्तियाँ काम कर रही हैं, जो अंग्रेजी भाषा को भारतीय भाषा या भारतीय भाषाओं द्वारा प्रतिस्थापित करना चाहते हैं, लेकिन एक 'सर्व-भारत भाषा' होगी। प्रबल शक्तियाँ 'सर्व-भारत भाषा' बनाने के लिए भी कार्य कर रही हैं। ... मैं 'सर्व-भारत भाषा' के लिए अपनी धारणा रखता हूँ। दूसरे लोगों की धारणा मेरी तरह नहीं हो सकती है। मैं अपनी धारणा को इस सदन या देश पर थोप नहीं सकता हूँ, जब तक कि देश स्वीकार न करे।...'[5]

पण्डित नेहरू द्वारा अपने प्रतिक्रिया भाषण में भाषायी सवाल को उठाना आश्चर्यजनक नहीं था। हालाँकि इसकी प्रासंगिकता पर सवाल उठाया जा सकता है क्योंकि संविधान सभा के समक्ष इससे भी ज्यादा महत्त्वपूर्ण विषय तय करने के लिए थे, जिसे स्वयं डॉ. अंबेडकर द्वारा प्रस्तुति-भाषण में उठाया गया था। लेकिन एक प्रधानमंत्री द्वारा इन महत्त्वपूर्ण विषयों की उपेक्षा करके भाषायी सवाल को उठाया गया। भाषायी आधार पर प्रान्तों के गठन के पक्ष या विपक्ष में अपने-अपने तर्क हो सकते हैं। यह नहीं कहा जा सकता है कि ऐसा करने से कुछ लाभ नहीं होने वाला था। लेकिन जिस तरीके से पण्डित नेहरू ने इस सवाल के साथ 'राष्ट्रीय भाषा' के सवाल को जोड़ा, उससे साबित होता है कि वस्तुत: वह किसी एक भारतीय भाषा को राष्ट्रीय भाषा के रूप में स्थापित होने देने के पक्ष में नहीं थे और इसके लिए उन्होंने क्षेत्रीय भाषायी भावनाओं को उभारने तक से संकोच नहीं किया। यह स्पष्ट था कि एक राज्य में 'मराठी और गुजराती' या 'तमिल और तेलुगू' या 'पंजाबी और हिन्दीभाषी' या 'आसामी और मणिपुरी' साथ-साथ रहते तो हिन्दुस्तानी या हिन्दी भाषा को राष्ट्रीय भाषा के रूप में स्थापित होने की सम्भावना ज्यादा होती। सम्भवत: पण्डित नेहरू को यह स्थिति पसन्द नहीं थी और यही कारण था कि उन्होंने इस सम्भावना को समाप्त करने के लिए भाषा आधारित राज्यों के पुनर्गठन की बात कर भाषायी भावनाओं को उभारने तक में संकोच नहीं किया और इसके साथ किसी एक भाषा को न थोपे जाने की बात को आगे बढ़ाया।

पण्डित नेहरू द्वारा अपने भाषण में दो बार 'प्रबल शक्तियों' का जिक्र किया गया। एक उन 'प्रबल शक्तियों' का जो भारतीय भाषा के लिए काम कर रही थीं और दूसरे उन 'प्रबल शक्तियों' का, जो 'सर्व-भारत भाषा' के लिए। यह भी अनायास नहीं था कि पण्डित नेहरू ने किसी भारतीय भाषा का पक्ष लेने के बजाय यह कहा कि 'लेकिन एक आल-इण्डिया लैंग्वेज (अर्थात सर्व-भारत भाषा) होगा', क्योंकि 'आल-इण्डिया लैंग्वेज' में अंग्रेजी के भी बने रहने का अवसर बना रहता जो 'भारतीय भाषा' में कदापि नहीं। इन सबको दृष्टिगत रखते हुए यह सवाल उठना स्वाभाविक-सा लगता है कि क्या पण्डित नेहरू द्वारा शुरू में व्यक्त की गयी यह वेदना कि 'किसी स्वतंत्र और आत्मनिर्भर देश को अपनी भाषा में काम करना चाहिए...', में कोई ईमानदारी या सच्चाई थी भी या केवल यह घड़ियाली आँसू की तरह दिखावा मात्र था?

इस सम्बन्ध में श्रीमती रेणुका राय द्वारा अगले ही दिन 9 नवम्बर, 1948 को 'भाषायी आधार पर प्रान्तों के पुनर्गठन' को राष्ट्र की एकता के लिए घातक बताया गया। संविधान सभा के समक्ष श्रीमती रेणुका राय द्वारा व्यक्त किये गये विचार को यहाँ पर उल्लेखित करना प्रासंगिक है। उनके शब्दों में—

> "... अपनी बातों को समाप्त करने के पहले, मैं भाषायी आधार पर प्रान्तों के विषय पर कहना चाहती हूँ। आज 'एकता' हमारी कुंजी है और इस मोड़ पर प्रान्तीय सीमाओं को भाषा के आधार पर तय करना एक गम्भीर गलती होगी। यह पहले ही कड़वाहट और कलह पैदा कर चुका है। ऐसी चीजों को होने देने के लिए देश के एक भाग को अनुमति देना और दूसरे भाग को न देना कोई न्यायसंगत या तर्कपूर्ण नहीं है। उदाहरण के लिए यदि आप महाराष्ट्र प्रान्त को बनने के लिए अनुमति देते

हैं, तो और भागों में ऐसी माँगें की जायेंगी।...मैं ऐसे किसी सिद्धान्त को मान्यता नहीं देती हूँ कि इस समय भाषायी आधार पर प्रान्तों का पुनर्गठन होना चाहिए। यदि ऐसा होना ही है तो दस साल बाद होना चाहिए जब उत्तेजनाएँ शान्त हो जायँ। किसी भी तरह प्रशासनिक दृष्टिकोण से 'भाषायी आधार पर प्रान्तों के पुनर्गठन' की आवश्यकता नहीं है। सभी प्रान्तों में भाषायी अल्पसंख्यकों को उनकी मातृभाषा में शिक्षा के लिए सुरक्षा की गारण्टी होनी चाहिए। मैं निवेदन करती हूँ कि भाषायी सीमा आयोग को काम करने देने से रोक देना चाहिए, कम-से-कम दस वर्ष के लिए तो कर ही देना चाहिए। मैं फिर से कहती हूँ कि यदि हम चाहते हैं कि भारत को मजबूत और खुशहाल बनना चाहिए और राष्ट्रों के समूह में ठीक-ठाक स्थान प्राप्त करना चाहिए, तो सबसे आवश्यक विचार 'एकता का विचार' है।''[6]

इसी दिन मद्रास प्रान्त के श्री मोटुरी सत्यनारायणा ने हिन्दुस्तानी भाषा में न केवल संविधान सभा को सम्बोधित किया, बल्कि हिन्दुस्तानी भाषा की पैरवी करके उन उत्तर भारतीय सदस्यों को आईना दिखाया जो भाषा के मसले पर राजनीति कर रहे थे। श्री मोटुरी सत्यनारायणा के शब्दों में—

'महोदय, आपको यह जानकर आश्चर्य होगा कि मद्रास से आया एक व्यक्ति हिन्दुस्तानी में बोल रहा है। यह सामान्य धारणा है कि मद्रास का सदस्य अंग्रेजी में बोलना पसन्द करेगा। मुझे इस पर आश्चर्य नहीं है। यह मेरी धारणा है कि संविधान सभा में भाषण हिन्दुस्तानी में दिया जाना चाहिए। यह बहुत दुर्भाग्यपूर्ण है कि यद्यपि इस प्रयोजन के लिए लोग पिछले 30 वर्षों से कार्य कर रहे हैं, हिन्दुस्तानी भाषी लोग इस सदन में दक्षिण, पूर्व और पश्चिम से नहीं चुनकर आते हैं। इसका मतलब यह नहीं है कि इन प्रान्तों में हिन्दुस्तानी भाषी लोग नहीं हैं। केवल हिन्दुस्तानी भाषी लोग इस सभा में चुने जाने योग्य नहीं हैं। मैं पाता हूँ कि उत्तर के सदस्य भी केवल अंग्रेजी में बोलते हैं। इसका कारण हो सकता है कि वे दक्षिण और दूसरे प्रान्तों के लोगों के साथ ज्यादा निकट होना चाहते हैं। जो भी कारण हो, लेकिन यह एक तथ्य है कि वे अंग्रेजी ही बोलते हैं।...

'राष्ट्रीय भाषा और विभिन्न प्रान्तीय भाषाओं की स्थिति पर काफी चर्चा की गयी है।...मेरे विचार से राष्ट्रीय भाषा की तुलना में प्रान्तीय भाषा को कम महत्त्व नहीं मिलना चाहिए।...इसे स्पष्ट कर देना आवश्यक है कि किसी भी दशा में राज्य की भाषाओं का प्रान्तीय भाषा के रूप में महत्त्व को छीना नहीं जायेगा।...महोदय, मैं उम्मीद करता हूँ कि जो भी भाषा, राष्ट्रीय भाषा बनने जा रही है और जिसका प्रयोग यहाँ होने जा रहा है, अवश्य ही मिश्रित संस्कृति को जोड़ने वाला हो, मिश्रित शब्दकोष वाला हो, मिश्रित शब्दावली और मुहावरा वाला हो, सामान्य लिपि हो ताकि आने वाले दस से पन्द्रह वर्षों में हम सब आपसी समझ को विकसित कर सकें और उसके बाद हम एक साथ आगे बढ़ने के योग्य हो सकें। तब तक हमें अपनी मिश्रित संस्कृति को छोड़ने के लिए कोई कदम नहीं उठाना चाहिए। सारांश में मैं निवेदन करना चाहता हूँ कि हमारी राष्ट्रीय भाषा हिन्दुस्तानी होनी चाहिए, हमारी संस्कृति हिन्दुस्तानी होनी चाहिए।'[7]

प्रारूप-संविधान पर चर्चा के दौरान डॉ. अंबेडकर द्वारा उठाये गये महत्त्वपूर्ण विषयों को उपेक्षित कर पण्डित नेहरू द्वारा भाषायी मुद्दे को उठाना क्या सन्दर्भ में गैरजरूरी नहीं था? जब देश की एकता के लिए एक राष्ट्रीय स्तर पर भारतीय भाषा, भले ही इसका स्वरूप कुछ भी हो, को विकसित करने और स्वीकृति देने की बात सिद्दत से महसूस की जा रही थी, ऐसे समय में भाषायी विषय को जिस तरह पण्डित नेहरू ने एक समस्या के रूप में प्रस्तुत किया, क्या यह उचित था? क्या ऐसी बात जान-बूझकर सिर्फ भाषायी आधार पर लोगों की भावनाओं को उकसाने के लिए तो नहीं की गयी थी? आल-इण्डिया लैंग्वेज (यानी सर्व-भारत भाषा) का क्या मतलब था? दो अलग-अलग 'प्रबल शक्तियों' को आमने-सामने करने के पीछे का आशय क्या था? कहीं अंग्रेजों के चले जाने के बाद, यह अंग्रेजी के वर्चस्व को बनाये रखने के लिए भारतीय भाषाओं को आपस में लड़ाने के षड्यन्त्र की शुरुआत तो नहीं थी? संविधान-निर्माण और राष्ट्र-निर्माण में अपने देश के नीति निर्माताओं की भूमिका को समझने के लिए इन सवालों का भी जवाब ढूँढ़ना आवश्यक है।

संविधान सभा में डॉ. अंबेडकर को हासिल था विशिष्ट स्थान

प्रारूप-प्रावधान एवं इसके सम्बन्ध में प्रस्तुत संशोधन प्रस्तावों पर तर्क एवं आम-बहस के बाद अन्त में डॉ. अंबेडकर को जवाब देने और प्रस्तावित संशोधन को स्वीकार करने या अस्वीकार करने के लिए अध्यक्ष या उपाध्यक्ष द्वारा बुलाया जाता था। डॉ. अंबेडकर का विचार आने के बाद उसे अन्तिम मानकर संविधान सभा द्वारा निर्णय लिया जाता था। संविधान सभा में डॉ. अंबेडकर को प्राप्त इस विशेषाधिकार की स्वीकृति खुद संविधान सभा द्वारा दिया गया था, जिसे कुछ दृष्टान्तों के माध्यम से समझा जा सकता है।

जब देश के नाम के सम्बन्ध में प्रो. के. टी. शाह द्वारा प्रस्तुत संशोधन प्रस्ताव कि देश के नाम के साथ 'धर्मनिरपेक्ष, संघात्मक एवं समाजवादी' जोड़ा जाय, पर डॉ. अंबेडकर द्वारा जवाब दे दिया गया। इसके उपरान्त मि. एच. वी. कामथ कुछ और सुझाव देने का प्रयास करने लगे। तब संविधान सभा के उपाध्यक्ष ने स्वयं आगे बढ़कर व्यवस्था देते हुए कहा—

> 'मैं एक बात स्पष्ट करना चाहता हूँ। डॉ. अंबेडकर द्वारा जवाब देने के पश्चात् मैं किसी को पुन: बहस करने की अनुमति नहीं दूँगा। मुझसे एक बार गलती हो चुकी है मैं अब इसे दोहराने नहीं जा रहा हूँ।'

कुछ ही समय बाद ऐसी स्थिति फिर आयी, जब मि. एच. वी. कामथ के संशोधन प्रस्ताव कि 'राज्य' के स्थान पर 'प्रदेश' किया जाय। परन्तु डॉ. अंबेडकर ने कहा— 'महोदय, इस संशोधन को मैं स्वीकार नहीं करता।' इसके उपरान्त श्री हिम्मत सिंह और श्री के. महेश्वरी कुछ बोलना चाहे। लेकिन उपाध्यक्ष ने मना करते हुए कहा—

> 'माननीय डॉ. अंबेडकर पहले ही बहस का जवाब दे चुके हैं और मुझे खेद है कि मैं आगे किसी तरह की बहस के लिए अनुमति नहीं दे सकता।'

संविधान सभा में डॉ. अंबेडकर का सम्मान किस स्तर का था, यह इस बात से समझा जा सकता है, जब संविधान सभा के पीठासीन अधिकारी द्वारा उन्हें जवाब देने के

लिए पुकारने के बजाय यह कहा जाता था कि वह डॉ. अंबेडकर को सुनने की प्रतीक्षा कर रहे हैं। ऐसी ही स्थिति तब आयी जब अनुच्छेद 1(1) में 'स्टेट' के पूर्व लगाये गये 'दि' शब्द को हटाने के लिए मा. नजरुद्दीन अहमद द्वारा संशोधन प्रस्ताव लाया गया था और वे इस पर बहस कराने के लिए अड़े हुए थे। इसके बाद संविधान सभा के उपाध्यक्ष महोदय द्वारा कहा गया—

'मैं इस बिन्दु पर डॉ. अंबेडकर को सुनने की प्रतीक्षा कर रहा हूँ।'

इसके बाद डॉ. अंबेडकर को 'दि' शब्द लगाये जाने के औचित्य को विस्तार से बताना पड़ा।

बहस के दौरान ऐसी भी स्थिति आती थी कि सदस्यगण अपने संशोधन प्रस्तावों पर तर्क तो देते थे, समस्या भी बताते थे, लेकिन समस्या के समाधान हेतु कोई युक्ति निकालने के लिए डॉ. अंबेडकर पर छोड़ देना उचित समझते थे। ऐसी ही स्थिति एक बार तब आयी जब 'समान नागरिक संहिता' के विषय पर कोई सुरक्षात्मक व्यवस्था लाने के लिए मि. हुसैन इमाम जी बल दे रहे थे, लेकिन सुरक्षात्मक व्यवस्था क्या हो, इसका समाधान देने के बजाय उन्होंने कहा— 'धर्म निरपेक्ष राष्ट्र का मतलब धर्म विरोधी राष्ट्र नहीं होता है। इसलिए मेरा सुझाव है कि मसौदा-समिति के सदस्यों के लिए यह अच्छी नीति होगी कि वह आशंकाओं को दूर करने के लिए प्रावधान में सुरक्षात्मक उपाय लायें। **मुझे उम्मीद है कि डॉ. अंबेडकर की प्रतिभा इसका समाधान खोज पाने में सफल होगी।'**

सदस्यों के साथ संविधान सभा के पीठाधिकारी भी डॉ. अंबेडकर की प्रतिभा को पूरा सम्मान देते थे। ऐसी ही एक घटना घटित हुई जब 'राज्य' की परिभाषा पर आम बहस के दौरान महबूब अली बेग साहिब बहादुर ने अपने तमाम आपत्तियों के बाद यह सवाल किया कि प्रारूप-प्रावधान में 'अन्य प्राधिकारी' क्या है? इसके बाद संविधान सभा के उपाध्यक्ष डॉ. एच. सी. मुखर्जी ने कहा—

'मैं डॉ. अंबेडकर से निवेदन करूँगा कि वे मि. अली बेग द्वारा उठाये गये बिन्दुओं पर हमें प्रकाशित करें। हम सब साधारण व्यक्ति हैं और हम उन्हें सुनना चाहते हैं।'

संविधान सभा के उपाध्यक्ष महोदय द्वारा डॉ. अंबेडकर के प्रति इस स्तर का सम्मान-भाव अनूठा है।

यह संयोग मात्र ही होता था कि मौलाना हसरत मोहानी के कई संशोधन प्रस्तावों से डॉ. अंबेडकर सहमत नहीं होते थे और संविधान सभा द्वारा भी मोहानी के संशोधन-प्रस्ताव को अस्वीकार कर दिया जाता था। हर बार डॉ. अंबेडकर के तर्कों के बाद उनके प्रस्ताव विफल हो जाते थे। मौलाना मोहानी, डॉ. अंबेडकर की इस तार्किक क्षमता और प्रतिभा से किस कदर प्रभावित हुए, इसका एक दृष्टान्त तब देखने को मिला जब श्री एच. वी. कामथ द्वारा एक संशोधन प्रस्ताव देश के नागरिकों को शस्त्र रखने के अधिकार को मूल अधिकार बनाने के लिए लाया गया। श्री कामथ के इस प्रस्ताव के समर्थन में मौलाना मोहानी द्वारा अपने वक्तव्य की शुरुआत इस तरह की गयी—

'कामथ महोदय ने कहा है कि सभी एक को शस्त्र रखने का अधिकार होना चाहिए। यह संशोधन एक परीक्षा की तरह है। यदि डॉ. अंबेडकर और उनकी समिति

ईमानदार है तब उन्हें निश्चय ही इस धारा को स्वीकार कर लेना चाहिए और इसे तुरन्त अनुच्छेद में शामिल कर लेना चाहिए। यदि वह इसे अस्वीकार करते हैं या आपत्ति उठाते हैं जैसा कि **मैं जानता हूँ कि डॉ. अंबेडकर की कानूनी योग्यताएँ स्थापित हो चुकी हैं और वे कुछ भी सिद्ध कर सकते हैं। यदि वे चाहें तो रात को दिन में और दिन को रात में बदल सकते हैं और इसको वह निष्कर्ष रूप से सिद्ध भी कर सकते हैं।** मैं उनको बताना चाहूँगा कि यह संशोधन एक परीक्षा है यदि आप इसको शामिल नहीं करते हैं तो इसका मतलब होगा कि आपकी प्रवृत्ति ब्रिटिश सरकार की तरह है।'

हुआ भी वही। डॉ. अंबेडकर ने शस्त्र रखने को नागरिकों का अधिकार होने के बजाय देश के प्रति दायित्व बताकर इसके पक्ष में दिये गये सारे तर्कों की हवा निकाल दी और अन्ततः श्री कामथ का यह संशोधन प्रस्ताव कि देश के नागरिकों को शस्त्र रखने और लेकर चलने का मूल अधिकार दिया जाय, संविधान सभा द्वारा अस्वीकार कर दिया गया।

समय के साथ संविधान सभा में डॉ. अंबेडकर का कद इस स्तर पर बढ़ चुका था कि जो संशोधन-प्रस्ताव वह स्वीकार करते थे, उसे संविधान सभा द्वारा भी स्वीकार कर लिया जाता था और उनके द्वारा अस्वीकार किये गये प्रस्तावों को संविधान सभा द्वारा अस्वीकार कर दिया जाता था। इस कारण संशोधन प्रस्तुत करने वाले सदस्यों का जोर इस पर होता था कि उनके तर्क से डॉ. अंबेडकर सन्तुष्ट हो रहे हैं अथवा नहीं। ऐसी ही एक स्थिति तब बनी जब मि. नजरुद्दीन अहमद अपने एक संशोधन प्रस्ताव के पक्ष में बोलने के लिए खड़े हुए। उनको शुरुआत ही इस तरह करनी पड़ी—'एक कठिनाई यह है कि यदि मैं मसौदा-समिति के चेयरमैन का सम्पूर्ण ध्यान आकर्षित न करा पाया तो हमारे सारे तर्क बेकार साबित होंगे। यदि वह 'नहीं' कहते हैं तो सारा सदन उनकी आवाज को दोहराने लगेगा।'

इस तरह डॉ. अंबेडकर को संविधान सभा में एक विशिष्ट स्थान मिला था। इसका कारण उनकी तर्कशक्ति, विषयों पर गहरी पकड़ और कानूनी योग्यता तो थी ही, लेकिन इससे ज्यादा महत्त्वपूर्ण यह था कि संविधान सभा के सदस्यों को धीरे-धीरे डॉ. अंबेडकर की देश के प्रति ईमानदारी और निष्ठा पर पूरी तरह विश्वास हो गया था। उनको भरोसा हो गया था कि मौजूदा समय में देश के पास उनके जैसा योग्य व्यक्ति कोई नहीं है और चूँकि उनकी देश के प्रति निष्ठा सन्देहों के परे है, इसलिए वह संविधान-निर्माण के लिए जो कुछ भी कर रहे हैं वही सर्वश्रेष्ठ है और देश के लिए हितकर भी।

आम बहस के पूर्व प्राथमिक आपत्तियों का निस्तारण

प्रारूप-संविधान का अनुच्छेद 1, जो देश के नाम के सम्बन्ध में था, से आम बहस की शुरुआत की जानी थी, लेकिन इसके पूर्व मौलाना हसरत मोहानी एवं श्री अलगू राय शास्त्री द्वारा अलग-अलग प्राथमिक आपत्तियाँ कर दी गयीं। मौलाना हसरत मोहानी द्वारा प्रारूप-संविधान के अनुच्छेद 1 पर संशोधन रखने के बजाय, इसकी उद्देश्यिका पर संशोधन प्रस्ताव रखा गया और कहा गया कि पहले यह तय होना चाहिए कि निम्नलिखित तीन महत्त्वपूर्ण बातों में से किस एक को उद्देश्यिका में रखा जाय—

1. संप्रभु स्वतंत्र गणराज्य, या

2. संप्रभु प्रजातंत्रात्मक गणराज्य, या

3. संप्रभु प्रजातंत्रात्मक राज्य।

मौलाना मोहानी का आरोप था कि उद्देशियका में 'गणराज्य' शब्द का प्रयोग हो या 'राज्य' शब्द का, इस महत्त्वपूर्ण विषय पर निर्णय लिये बिना ही अन्य प्रावधानों पर चर्चा करने का निर्णय ले लिया गया है। लेकिन मौलाना मोहानी के इस प्रस्ताव को संविधान सभा के उपाध्यक्ष महोदय द्वारा यह कहकर नकार दिया गया कि पूर्व घोषित व्यवस्था के अन्तर्गत उद्देशियका पर चर्चा सबसे अन्त में की जायेगी।

इसके बाद श्री अलगू राय शास्त्री द्वारा अपनी प्राथमिक आपत्ति के माध्यम से पलायित सिन्धियों को भी संविधान सभा में प्रतिनिधित्व देने की माँग की गयी। उन्होंने प्रस्ताव के समर्थन में कहा कि सिन्ध प्रान्त से पलायित लगभग 14 लाख हिन्दू भारत आ गये हैं। इन 14 लाख सिन्धियों का भी इस संविधान सभा में प्रतिनिधित्व होना चाहिए। उनके अनुसार हम पूरे देश के लिए संविधान का निर्माण कर रहे हैं, इसलिए इन सिन्धियों का भी संविधान सभा में प्रतिनिधित्व होना चाहिए और इसके लिए उन्हें नियमित प्रस्ताव पेश करने की अनुमति दी जाय। लेकिन उपाध्यक्ष महोदय ने यह कहते हुए कि इस स्तर पर ऐसे बिन्दुओं पर विचार नहीं किया जा सकता, श्री शास्त्री की प्राथमिक आपत्ति को नकार दिया और मि. अयंगर को अनुच्छेद 1 पर अपना संशोधन प्रस्तुत करने के लिए बुलाया।

सन्दर्भ सूची

1. सी.ए.डी., खण्ड 7, पृष्ठ 215
2. सी.ए.डी., खण्ड 7, पृष्ठ 217
3. सी.ए.डी., खण्ड 7, पृष्ठ 321
4. सी.ए.डी., खण्ड 7, पृष्ठ 322
5. सी.ए.डी., खण्ड 7, पृष्ठ 320
6. सी.ए.डी., खण्ड 7, पृष्ठ 358
7. सी.ए.डी., खण्ड 7, पृष्ठ 375

6

संविधान यात्रा—चौथा चरण : 'देश का नाम'

समय-समय पर आर्थिक ढाँचे को तय करने का अधिकार जनता का

प्रारूप-संविधान का अनुच्छेद एक देश के नाम और क्षेत्र के सम्बन्ध में था। इसके खण्ड (1) में देश का नाम 'इण्डिया राज्यों का संघ होगा' प्रस्तावित किया गया था, जिसे संविधान सभा के समक्ष विचारार्थ 15 नवम्बर, 1948 को प्रस्तुत किया गया।

श्री एम. अनंथशयनम अयंगर ने उक्त प्रावधान में देश के नाम 'इण्डिया' के स्थान पर 'भारत' या 'भारतवर्ष' या 'हिन्दुस्तान' को और शब्द 'राज्यों' के स्थान पर 'प्रान्तों' को प्रतिस्थापित करने के लिए संशोधन प्रस्ताव प्रस्तुत किया।

इसके पश्चात् प्रो. के. टी. शाह ने अनुच्छेद 1(1) में 'देश के नाम' के सन्दर्भ में अपना दूसरा दृष्टिकोण रखा। अपने संशोधन में श्री शाह ने माँग की कि देश के नाम के साथ 'धर्मनिरपेक्ष, संघात्मक, समाजवादी' का भी प्रयोग किया जाय अर्थात् यह नाम 'इण्डिया राज्यों का संघ होगा' के स्थान पर 'इण्डिया राज्यों का धर्मनिरपेक्ष, संघात्मक, समाजवादी संघ होगा' किया जाय। अपने संशोधन के समर्थन में प्रो. शाह ने कहा कि 'यूनियन' शब्द का आशय यह होगा कि यह एक एकीकृत राज्य है, जबकि ऐसा नहीं है। उनके द्वारा सभी राज्यों को समान स्तर प्रदान करने का भी तर्क दिया गया और कहा गया कि यदि कुछ राज्य अन्य राज्य की अपेक्षा कमजोर होंगे तो न केवल केन्द्र मजबूत राज्यों पर निर्भर हो जायगा, बल्कि इसके कारण कमजोर राज्य और ज्यादा सीमित हो जायेंगे। राज्यों के मध्य उनकी स्थिति, दायित्व एवं शक्तियों के मध्य समानता के लिए 'संघात्मक' शब्द को जोड़ा जाना आवश्यक है। किसी तरह की गलती या गलतफहमी को दूर करने के लिए अनुच्छेद 1(1) ही 'संघात्मक' शब्द को जोड़े जाने की उचित जगह है। इसी तरह उन्होंने समान न्याय और समान अवसर के लिए 'समाजवाद' और शासन को धर्म से अलग करने के लिए 'धर्मनिरपेक्ष' जोड़ा जाना आवश्यक बताया। उन्होंने यह भी तर्क दिया कि इस अनुच्छेद में शब्द 'होगा' प्रतिज्ञा की ओर इंगित करता है और इन तीनों शब्दों को जोड़कर इस प्रतिज्ञा को औचित्यपूर्ण बनाया जा सकता है।

देश के नाम के साथ 'धर्मनिरपेक्ष, संघात्मक, समाजवादी' को जोड़ने के समर्थन में प्रो. के. टी. शाह के अपने तर्क थे। किन्तु किसी देश की चारित्रिक विशेषताओं को दर्शाने वाले इन शब्दों को उसके नाम के साथ जोड़ना उस नाम को और जटिल बनाना था, इसलिए नाम के सन्दर्भ में प्रो. शाह का संशोधन प्रस्ताव स्वीकारणीय नहीं था।

लेकिन डॉ. अंबेडकर द्वारा इस प्रस्ताव को अस्वीकार करने के लिए ऐसे सिद्धान्त का उल्लेख किया गया जिसके बाद प्रो. शाह का प्रस्ताव और तर्क अपने-आप सन्दर्भहीन हो गया। अपने प्रतिक्रिया-वक्तव्य में डॉ. अंबेडकर ने किसी देश के संविधान के महत्त्व एवं इसकी सीमाओं के साथ नीतियों में बदलाव करने की जनता के अधिकारों का उल्लेख करते हुए कहा—

"उपाध्यक्ष महोदय, मुझे खेद है कि मैं प्रोफेसर के. टी. शाह के संशोधन को स्वीकार नहीं कर सकता। संक्षेप में मेरी दो आपत्तियाँ हैं। जैसा कि मैंने इस सदन के समक्ष प्रारूप संविधान के समर्थन में दिये गये अपने भाषण में कहा था कि संविधान राज्य के सभी अंगों पर नियंत्रण रखने की सिर्फ यंत्र रचना है। यह किसी सदस्य या विशेष पार्टी को सत्ता में बैठाने की यंत्र रचना नहीं है। राज्य-शासन की क्या नीति होनी चाहिए, सामाजिक और आर्थिक दृष्टि से समाज का कैसे गठन होना चाहिए, ये ऐसे मामले हैं जो समय और परिस्थितियों को देखते हुए स्वयं जनता द्वारा तय किया जाना है। यह प्रावधान संविधान में नहीं रखा जा सकता है क्योंकि ऐसा करने से लोकतंत्र ध्वस्त हो जायगा।

'यदि आप संविधान में यह प्रावधान करते हैं कि देश की सामाजिक रचना एक निश्चित स्वरूप वाली होगी तो मेरे विचार में ऐसा करने से लोगों की यह निर्णय लेने की स्वतंत्रता छीनी जायेगी कि वे किस तरह की सामाजिक व्यवस्था में रहना चाहते हैं। यह पूरी तरह सम्भव है कि बहुसंख्यक लोग इसका समर्थन कर सकते हैं कि समाज के लिए समाजवादी व्यवस्था, पूँजीवादी व्यवस्था की तुलना में श्रेष्ठतर है। लेकिन यह भी पूरी तरह सम्भव है कि जनता ऐसी सामाजिक व्यवस्था बनाये, जो वर्तमान या भविष्य की समाजवादी व्यवस्था से अच्छी व्यवस्था हो। मैं नहीं समझता कि क्यों संविधान लोगों को किसी निश्चित समाज-व्यवस्था में रहने के लिए बाध्य करे? और क्यों न लोगों को यह निर्णय लेने के लिए स्वतंत्र छोड़ दिया जाय कि उन्हें किस रूप में रहना है? यह एक कारण है जिससे संशोधन का विरोध किया जाना चाहिए।

'दूसरा कारण है कि यह संशोधन पूर्णतया अनावश्यक है। मेरे मित्र प्रोफेसर शाह मौलिक अधिकारों से अलग संविधान में रखे अन्य प्रावधानों पर विचार नहीं कर सके हैं, जो 'राज्य नीति के निर्देशक सिद्धान्तों' के रूप में शामिल किया गया है। यदि मेरे आदरणीय मित्र चतुर्थ भाग के अनुच्छेद को पढ़े होंते तो वे पाते कि संविधान ने विधायिका और कार्यपालिका को नीतियाँ बनाते समय कुछ जिम्मेदारियाँ सौपीं हैं। इस सम्बन्ध में अनुच्छेद 31 (संविधान का अनुच्छेद 39) को पढ़ते हैं। यह कहता है—

'राज्य अपनी नीतियों को इस प्रकार संचालित करेगा ताकि—

(क) 'पुरुष' और 'महिलाएँ' सभी नागरिकों को समान रूप से जीविका के पर्याप्त साधन अर्जित करने का अधिकार मिले,

(ख) समुदाय की भौतिक सम्पदा का स्वामित्व और नियंत्रण इस प्रकार बँटे कि वह सामूहिक हितों का सर्वोत्तम साधन बने,

(ग) आर्थिक व्यवस्था इस तरह न लागू हो कि सर्वसाधारण के हित के खिलाफ धन एवं उत्पादन के साधनों का केन्द्रीकरण हो,

(घ) पुरुषों और महिलाओं दोनों के लिए समान कार्य के लिए समान वेतन हो ...'

'कम या अधिक इसी तरह के अन्य प्रावधान भी हैं। मैं प्रो. शाह से पूछना चाहता हूँ कि क्या ये नीति निर्देशक सिद्धान्त, जिन पर मैंने ध्यान आकर्षित कराया है, तथ्यतः और सिद्धान्ततः समाजवादी नहीं हैं? मैं समझने में असमर्थ हूँ कि इससे ज्यादा समाजवाद और क्या है? इसलिए मैं कहता हूँ कि समाजवाद के सिद्धान्त इस संविधान में प्रावधानित हैं, इसलिए ऐसे संशोधन को स्वीकार करना अनावश्यक है।''[1]

श्री एच. वी. कामथ द्वारा भी अपील की गयी कि 'धर्मनिरपेक्ष' और 'समाजवाद' जैसे शब्दों के लिए उचित स्थान 'उद्देशियका' है और चूँकि अनुच्छेद 1 में उद्धृत शब्द 'यूनियन' क्षेत्राधिकार को सन्दर्भित है, न कि संवैधानिक ढाँचे की विशेषताओं को, इसलिए प्रो. शाह द्वारा प्रस्तुत किये गये संशोधन को नकारने योग्य है। इसके उपरान्त श्री शाह द्वारा प्रस्तुत संशोधन को संविधान सभा द्वारा अस्वीकार कर दिया गया।

इसी दौरान महबूब अली बेग साहिब बहादुर द्वारा पुनः 'फेडरेशन' के महत्त्व को बताते हुए इसे 'यूनियन' के स्थान पर रखे जाने के लिए संशोधन प्रस्ताव रखा गया। लेकिन डॉ. अंबेडकर द्वारा इसका विरोध किये जाने के बाद संविधान सभा ने इसे भी अस्वीकार कर दिया।

'भारत राज्यों का संघ होगा' : प्राप्त किया रियासतों पर मानसिक बढ़त

प्रारूप अनुच्छेद 1 पर बहस के दौरान श्री एच. वी. कामथ द्वारा एक और संशोधन प्रस्ताव लाया गया कि 'राज्य' शब्द के स्थान पर 'प्रान्त' कर दिया जाय। श्री कामथ का तर्क था कि 'राज्य' शब्द का प्रयोग अनुच्छेद 7 (वर्तमान संविधान का अनुच्छेद 12) में भी किया गया है। इस अनुच्छेद में राज्य का अर्थ 'कार्यपालिका, विधायिका और स्थानीय प्राधिकारी' बताया गया है। इसके कारण भ्रम की स्थिति पैदा हो जा रही है। इस भ्रम को समाप्त करने के लिए अनुच्छेद 1(1) में 'राज्य' शब्द के स्थान पर 'प्रान्त' करना आवश्यक है। दूसरा प्रमुख तर्क यह दिया गया कि उन्हें लगता है कि 'स्टेट' शब्द अमेरिका के संविधान के अन्धानुकरण का परिणाम है, जिससे हमें बचना चाहिए। श्री घनश्याम दास गुप्ता इससे एक कदम और आगे बढ़कर यह संशोधन प्रस्ताव ले आये कि न केवल अनुच्छेद 1 में, बल्कि संविधान में जहाँ भी 'राज्य' शब्द का प्रयोग हुआ है, उसे बदलकर 'प्रान्त' कर दिया जाय।

श्री के. हनुमंथैया और श्री रोहिणी कुमार चौधरी द्वारा श्री कामथ एवं श्री गुप्ता के संशोधनों का विरोध किया गया लेकिन श्री लक्ष्मी कान्त मैत्रे एवं श्री सेठ गोविन्ददास ने 'राज्य' शब्द के स्थान पर 'प्रान्त' करने का समर्थन कर मामले को जटिल बना दिया। श्री लक्ष्मी कान्त मैत्रे द्वारा 'राज्य' शब्द के प्रयोग पर यह कहकर आपत्ति की गयी कि इस शब्द में संप्रभु और स्वतंत्र अस्तित्व होने का बोध होता है जिसका मतलब होगा कि यह शब्द भविष्य में इन राज्यों को संघ से बाहर होने का आधार प्रदान करेगा। हमें ऐसे

भावी विवादों से बचे रहने की जरूरत है। 'प्रान्त' शब्द रखे जाने के बचाव में उन्होंने संस्कृत भाषा का भी सहारा लिया।

इसके उपरान्त पण्डित जवाहरलाल नेहरू द्वारा 'राज्य' शब्द के पक्ष में अपनी प्रतिक्रिया व्यक्त की गयी और भविष्य में पैदा होने वाली उन जटिलताओं की ओर इशारा किया गया जो संसद् के दोनों सदनों के नाम को लेकर पैदा हो सकती हैं। पण्डित नेहरू के अनुसार 'संघीय संविधान कमेटी' और 'प्रान्तीय संविधान कमेटी' की संयुक्त बैठक में यह तय किया गया है कि संसद् के एक सदन का नाम 'राज्य-सभा' होना चाहिए। इसलिए प्रान्त शब्द लाया जाना नासमझी वाला कदम होगा। उनके अनुसार 'राज्य' शब्द की परिभाषा दी जा सकती है जबकि प्रान्त शब्द की कोई परिभाषा नहीं है। इस तरह नेहरू जी ने प्रारूप-संविधान में प्रयोग किये गये 'राज्य' शब्द का समर्थन किया और इस सम्बन्ध में लाये गये संशोधनों का विरोध किया। नेहरू जी द्वारा देश के नाम के सन्दर्भ में 'स्टेट' शब्द को लेकर व्यक्त किया गया विचार यह साबित करने के लिए पर्याप्त है कि डॉ. अंबेडकर ने इस विषय पर सभी दृष्टिकोण से गहन अध्ययन किया हुआ था। पण्डित नेहरू के भाषण के पश्चात् डॉ. अंबेडकर द्वारा श्री एच. वी. कामथ के संशोधन का विरोध किया गया। तदुपरान्त संविधान सभा ने श्री कामथ के संशोधन प्रस्ताव को अस्वीकार कर दिया।

इसके तुरन्त बाद श्री एच. वी. कामथ द्वारा तमाम तर्कों के साथ 'स्टेट' के स्थान पर 'प्राविन्स' शब्द के प्रयोग के लिए संशोधन का प्रस्ताव लाया गया। परन्तु डॉ. अंबेडकर ने कहा— 'महोदय, इस संशोधन को मैं स्वीकार नहीं करता।' इसके उपरान्त श्री हिम्मत सिंह और श्री के. माहेश्वरी कुछ बोलना चाहें। लेकिन उपाध्यक्ष ने मना करते हुए कहा— 'माननीय डॉ. अंबेडकर पहले ही बहस का जवाब दे चुके हैं और मुझे खेद है कि मैं आगे किसी तरह की बहस के लिए अनुमति नहीं दे सकता।'

वस्तुतः आजादी के बाद देश के सामने सबसे बड़ी समस्या भारतीय रियासतों अर्थात् इण्डियन स्टेट को देश का अविभाज्य अंग बनाने को लेकर था। पूर्व में दो वार्त्ताकारी समितियों द्वारा किये गये समझौतों की वजह से 'भारतीय रियासतों' को 'प्रान्तों' की तुलना में ज्यादा अधिकार मिले हुए थे। इन समझौतों के कारण मसौदा-समिति के भी हाथ बँधे थे। अनुच्छेद 1(1) में भारत को 'प्रान्तों का संघ' घोषित करने के बाद इन रियासतों का अस्तित्व और भी अलग दिखने लगता। इसे करने का मतलब था कि बाद में फिर इसे 'प्रान्तों एवं रियासतों का संघ' करना पड़ता, जो किसी-न-किसी रूप में रियासतों के अस्तित्व को स्थिरता प्रदान करता और समस्या ही पैदा करता। इसलिए भारत को 'प्रान्तों का संघ' के स्थान पर 'स्टेट का संघ अर्थात् राज्यों का संघ' घोषित कर डॉ. अंबेडकर ने इस प्रावधान में 'रियासत' शब्द का प्रयोग न किये जाने से पैदा होने वाले समस्या से मुक्ति दिलायी और दूसरा लाभ यह हुआ कि 'भारतीय रियासत' न्मानसिक रूप से प्रान्तों के समकक्ष स्थिति में आ गये। प्रान्त तो अघोषित रूप से देश के अंग थे, लेकिन भारत को 'प्रान्तों का संघ' के रूप में स्वीकार करने के बाद रियासतों को लेकर गलत सन्देश जाता। यह निर्णय लेकर कि भारत 'यूनियन ऑफ स्टेट अर्थात् राज्यों का संघ' होगा डॉ. अंबेडकर ने देश के हित में एक तीर से कई निशानों को साधा, जिस पर शायद ही किसी सदस्य की नजर थी।

'हम भारत के लोग ...' : संप्रभुता का द्योतक

श्री कामथ का उपर्युक्त संविधान संशोधन अस्वीकार होने के उपरान्त अनुच्छेद 1(1) के सम्बन्ध में श्री महावीर त्यागी ने यह संशोधन रखा कि 'स्टेट' के स्थान पर 'रिपब्लिकन स्टेट' किया जाय। अपने संशोधन के समर्थन में श्री त्यागी ने कहा कि उनकी चिन्ता संप्रभुता के स्थान को लेकर है कि यह किसमें निहित है। यह 'यूनियन' में निहित है या 'स्टेट' में, यह प्रारूप संविधान में स्पष्ट नहीं है। यदि हम यूनाइटेड किंगडम के परिवार में बने रहते हैं, तो यह वहाँ के राजा में निहित होगा। मैं इस खतरे से इस देश को बचाना चाहता हूँ। मैं चाहता हूँ कि यह संप्रभुता प्रत्येक दृष्टि से देश की जनता में निहित होनी चाहिए।'

उपाध्यक्ष द्वारा यह कहने पर कि यह संशोधन उद्देशियका से सम्बन्धित है, श्री त्यागी द्वारा कहा गया कि चूँकि उद्देशियका संविधान का अंग नहीं है, इसलिए मैं यह चाहता हूँ कि इस बात को संविधान के प्रावधानों में लाया जाना आवश्यक और उचित है। उद्देशियका हमेशा कानून को आच्छादित करेगा या कुचल देगा, मैं ऐसा नहीं समझता।

श्री त्यागी के संशोधन के समर्थन में श्री गोपीकृष्ण विजयवर्गीय, प्रो. शिब्बन लाल सक्सेना, मौलाना हसरत मोहानी एवं श्री लोकनाथ मिश्र ने भी तर्क रखे। प्रो. शिब्बन लाल सक्सेना ने तो इस सम्बन्ध में नया अनुच्छेद (1-ए) जोड़ने के लिए संशोधन प्रस्ताव प्रस्तुत किये। प्रस्तुत नये अनुच्छेद में चौदह उपखंड शामिल थे, जिसमें प्रस्तावित किया गया था कि यूनियन का नाम 'भारत' हो; भारत एक संप्रभु, स्वतंत्र, लोकतांत्रिक, समाजवादी गणराज्य हो; संप्रभुता जनता में निहित हो; उसका राष्ट्रीय ध्वज तिरंगा हो; देवनागरी में लिखी जाने वाली हिन्दी भाषा देश की राष्ट्रीय भाषा हो; वन्देमातरम् राष्ट्रीय गीत हो; भारत की राजधानी दिल्ली शहर हो; इत्यादि-इत्यादि। मौलाना हसरत मोहानी ने श्री त्यागी के इस संशोधन प्रस्ताव के समर्थन में पण्डित नेहरू के प्रतिज्ञा-प्रस्ताव को आधार बनाया और सिद्ध करने का प्रयास किया कि डॉ. अंबेडकर द्वारा बनाया गया प्रारूप-संविधान इस प्रतिज्ञा-प्रस्ताव के विपरीत है।

जबकि श्री प्रभुदयाल हिमातसिंहका एवं श्री एम. ए. अयंगर द्वारा श्री त्यागी के संशोधन का विरोध किया गया। मि. अयंगर ने कहा कि उद्देशियका में प्रावधानित 'हम भारत के लोग...' इंगित करता है कि संप्रभुता जनता में निहित है। इसके उपरान्त श्री महावीर त्यागी ने कहा कि विद्वान् मसौदा-समिति के सदस्य के इस कथन के बाद कि संविधान के अन्तर्गत संप्रभुता जनता में निहित है वे अपना संशोधन प्रस्ताव वापस लेना चाहते हैं। उन्होंने उम्मीद व्यक्त की कि डॉ. अंबेडकर भी प्रारूप के इस अर्थ, कि संप्रभुता भारत की जनता में निहित है, से सहमत होंगे। इसके उपरान्त डॉ. अंबेडकर ने कहा कि निश्चित रूप से संप्रभुता जनता में ही निहित है और हमने यह बात अपने मित्र से भी कहा है कि हमें इस पर कोई आपत्ति नहीं है यदि इस मामले को पुनः उद्देशियका पर चर्चा के दौरान उठाया जाय। डॉ. अंबेडकर के इस वक्तव्य के बाद श्री महावीर त्यागी ने अपना संशोधन प्रस्ताव वापस ले लिया।

नाम के माध्यम से राज्यों में समानता लाने का सवाल

श्री महावीर त्यागी का राज्य के साथ गणराज्य जोड़ने का संशोधन प्रस्ताव वापस ले लिये जाने के बाद प्रो. के. टी. शाह द्वारा यह संशोधन प्रस्ताव लाया गया कि 'स्टेट्स' शब्द के साथ 'इक्वल इण्टर से' जोड़ा जाय यानी 'यूनियन ऑफ स्टेट्स' के स्थान पर 'यूनियन ऑफ स्टेट्स इक्वल इण्टर से अर्थात् आपस में समान राज्यों का संघ' प्रतिस्थापित कर दिया जाय। अपने संशोधन के समर्थन में उन्होंने तर्क दिया कि आज राज्यों में जनसंख्या, क्षेत्रफल, संसाधन इत्यादि को लेकर समानता नहीं है। मैं यह भी मानता हूँ कि इनमें राजनीतिक दृष्टि से भी समानता नहीं है। एक फेडरेशन का सदस्य होने के नाते इन राज्यों में वास्तविक समानता होनी चाहिए। अन्य तमाम तर्कों के साथ प्रो. शाह ने इस बात पर भी जोर दिया कि 'यूनियन ऑफ इण्डिया' का निर्माण ऐसे ग्रामों या ग्रामों के समूह से हो जो स्वायत्त हो और अपने-आप में गणराज्य हों, जिनके मध्य आपसी समन्वय हो। प्रो. शाह के इस संशोधन का श्री एच. वी. कामथ द्वारा भी समर्थन करते हुए कहा गया कि यदि इस सदन ने 'फेडरल' शब्द को नहीं स्वीकार किया है तो कम-से-कम राज्यों की स्थिति के बारे में निश्चितता होनी चाहिए। सभी राज्यों को अपने में पूर्ण रूप से समान होना चाहिए।

देश के सभी राज्यों में समानता लाना व्यावहारिक रूप से सम्भव नहीं था और न ही सैद्धान्तिक रूप से ही इस स्थिति को स्वीकार किया जा सकता था। देश के नाम वाले प्रावधान में 'राज्यों का संघ' के स्थान पर 'समान राज्यों का संघ' करने से सबसे बड़ी समस्या यह पैदा होता कि राज्यों को इस आधार पर तरह-तरह का दावा-प्रतिदावा करने का रास्ता खुल जाता, जो न केवल केन्द्रीय प्रशासन के लिए बल्कि न्यायपालिका के लिए अनावश्यक बोझ साबित होता। समय-समय पर होने वाले जनसंख्या एवं संसाधनों में बदलाव, दिन-प्रतिदिन के लिए जटिलता ही पैदा करती। ऐसे प्रावधान देखने में अच्छे लग सकते है, लेकिन व्यवहार में यह केवल समस्या ही पैदा करेंगे। इसलिए प्रो. शाह के तमाम तर्कों को सुनने के बाद डॉ. अंबेडकर ने एक पंक्ति में कहा कि उन्हें यह संशोधन स्वीकार नहीं है। इसके बाद संविधान सभा ने भी प्रो. के. टी. शाह के संशोधन प्रस्ताव को अस्वीकार कर दिया।

नाम के कारण देश में घटक होने का सन्देश न जाये

प्रो. के. टी. शाह का संशोधन प्रस्ताव अस्वीकार होने के बाद मि. नजरुद्दीन अहमद ने यह संशोधन प्रस्ताव लाया कि अनुच्छेद 1 के खण्ड (1) के अन्त में 'और यूनाइटेड स्टेट्स आफ इण्डिया कहा जायेगा' जोड़ा जाय। अपने तर्क में मि. अहमद ने कहा कि अमेरिका के नाम का उदाहरण हम सब के सामने है और पश्चिम गोलार्द्ध एवं पूर्वी गोलार्द्ध में सन्तुलन बनाने के लिए ऐसा किया जाना आवश्यक है। उन्होंने 'यूनाइटेड स्टेट्स ऑफ इण्डिया' के अलावा दो और विकल्प 'यूनियन ऑफ इण्डिया' या 'इण्डियन यूनियन' को लेकर अपने तर्क दिये। जबकि श्री एच. वी. कामथ ने 'यूनाइटेड स्टेट्स ऑफ इण्डिया' नाम का इस आधार पर विरोध किया कि ऐसा किया जाना अमेरिका का अन्धानुकरण करने जैसा होगा। उनके अनुसार हम सन्तुलन (हार्मोनी) तो चाहते हैं,

लेकिन संकर (हाइब्रिड) नहीं। लेकिन श्री कामथ ने 'यूनियन ऑफ इण्डिया' नाम का समर्थन किया। इसके पीछे उनका तर्क था कि इस नाम के साथ ही हम 'स्टेट्स' जैसे घृणित शब्द से छुटकारा पा जायेंगे। उनके अनुसार नाम के सन्दर्भ में 'इण्डियन यूनियन' की तुलना में 'यूनियन ऑफ इण्डिया' ज्यादा सम्मानित शब्द है।

इस तरह 'देश के नाम' को लेकर एक बार फिर पेच फँस गया। माननीय सदस्यगण अपने-अपने संशोधन प्रस्तावों के साथ विकल्प और ढेर-सारे तर्क भी प्रस्तुत करते थे। इनका जवाब देना, सभी सदस्यों को सन्तुष्ट करना और एकमत पर लाना कोई आसान काम नहीं होता था। अन्त में जवाब देने और सदस्यों को सन्तुष्ट करने का सारा दारोमदार डॉ. अंबेडकर पर रहता था। मि. नजरुद्दीन अहमद द्वारा सुझाये गये नये नाम को अस्वीकार करने के लिए डॉ. अंबेडकर ने बड़े ही सूक्ष्म लेकिन गम्भीर तर्क दिये। उन्होंने तर्क दिया कि देश के नाम के शीर्षक से ऐसा संकेत नहीं जाना चाहिए कि हमारे देश में कोई घटक भी है। इसके साथ ही उन्होंने यू.एन.ओ. और अन्तरराष्ट्रीय परिदृश्य में देश के नाम को लेकर स्थापित हो चुके प्रचलन को आधार बनाते हुए कहा—

> 'महोदय, मैं इन सब संशोधनों का विरोध करता हूँ। इण्डिया को 'यूनियन ऑफ इण्डिया' नाम दिया जाना चाहिए, इस सम्बन्ध में मैं मि. कामथ के तर्क को पूरी तरह सही और स्वीकार्य मानता हूँ। 'यूनियन' क्यों प्रयोग होना चाहिए और 'फेडरेशन' क्यों नहीं, इसको लेकर मैंने अपने विचार व्यक्त कर दिये हैं। इस संशोधन कि 'इण्डिया' को 'यूनियन ऑफ इण्डिया' नाम से जाना जाय, के सम्बन्ध में मेरा कहना है कि यह अनावश्यक है, क्योंकि हम सब अब तक यही मानते रहे हैं कि बिना कोई ऐसा संकेत दिये कि इस देश के नाम के शीर्षक में भारतीय संघ के घटकों का इस संघ से क्या सम्बन्ध हैं, इस देश को 'इण्डिया' के रूप में जाना जाय। इतिहास में एवं पिछले कुछ वर्षों से इस देश को 'इण्डिया' के नाम से जाना जाता रहा है। यू.एन.ओ. के सदस्य के रूप में इस देश का नाम 'इंडिया' ही है। सभी समझौते इसी नाम से हस्ताक्षरित हैं। व्यक्तिगत रूप से मैं सोचता हूँ कि देश का नाम ऐसा नहीं होना चाहिए जिससे यह संकेत जाये कि यह किन अधीनस्थ घटकों से बना है।'[2]

डॉ. अंबेडकर के इस जवाब के बाद मि. नजरूद्दीन ने अपने सारे संशोधन प्रस्ताव वापस ले लिये।

'दि' शब्द का महत्त्व

देश के नाम के सम्बन्ध में संशोधन प्रस्ताव को वापस लेने के तुरन्त बाद मि. नजरुद्दीन अहमद ने अपने अगले संशोधन के माध्यम से प्रारूप अनुच्छेद 1(2) में प्रयुक्त शब्द 'दि' ('The') के प्रयोग को लेकर आपत्ति किया। अनुच्छेद 1(2) कहता है कि 'राज्य और क्षेत्र वे होंगे जो प्रथम अनुसूची में निर्दिष्ट किये गये हैं।' इस प्रावधान में प्रयोग किये गये 'राज्य' के मूल अंग्रेजी शब्द 'स्टेट' के पूर्व 'दि' शब्द का प्रयोग किया गया था। मि. नजरुद्दीन ने स्टेट के पूर्व लगे 'दि' शब्द को हटाने के लिए संशोधन प्रस्ताव प्रस्तुत किया। उनका तर्क था कि यह शब्द एक निश्चित शब्द है और यह किसी नाम का अंश नहीं हो सकता है, इसलिए ऐसे शब्दों को हटा दिया जाना चाहिए।

डॉ. अंबेडकर ने व्यवस्था का प्रश्न बताकर मि. नजरुद्दीन के उक्त प्रस्ताव पर आपत्ति किया कि यह कोई संशोधन नहीं है। डॉ. अंबेडकर ने कहा कि 'कामा' यहाँ होना चाहिए, यहाँ नहीं होना चाहिए, ऐसी छोटी चीजों को शुरू करने के पहले ही बन्द कर देनी चाहिए। किन्तु मि. नजरुद्दीन द्वारा कहा गया कि 'यह एक संशोधन ही है। यह एक प्रारूप संशोधन है। भले ही यह गैर-महत्त्वपूर्ण हो या अतर्कपूर्ण हो या उद्देश्यहीन हो या इसे अनुपयोगी कहा जाय, लेकिन डॉ. अंबेडकर द्वारा इसे संशोधन न बताना उचित नहीं है।'

इसके उपरान्त उपाध्यक्ष महोदय द्वारा प्रस्तावित किया गया कि यदि यह एक प्रारूप-संशोधन है तो क्यों न इसे मसौदा-समिति को भेज दिया जाय। उपाध्यक्ष महोदय ने विश्वास व्यक्त किया कि उक्त संशोधन प्रस्ताव में थोड़ा-सा भी तत्त्व होने पर मसौदा-समिति द्वारा इसे स्वीकार कर लिया जायगा। लेकिन मि. नजरुद्दीन ने अपनी आपत्ति पर अड़े रहते हुए कहा कि मसौदा-समिति तो पहले ही अपनी मंशा जाहिर कर चुकी है इसलिए यदि इसे मसौदा-समिति पर छोड़ देने के लिए स्वीकृति देनी पड़े, इससे अच्छा है कि मैं अपने संशोधन प्रस्ताव को ही वापस ले लूँ।

मि. नजरुद्दीन के रुख को देखते हुए उपाध्यक्ष महोदय द्वारा कहा गया कि वे इस बिन्दु पर डॉ. अंबेडकर को सुनना चाहते हैं। तब डॉ. अंबेडकर ने प्रयोग किये गये 'दि' शब्द के औचित्य को विस्तार से बताते हुए कहा—

> 'महोदय, मैं नहीं जानता कि मेरे मित्र 'दि' शब्द पर क्यों आपत्ति कर रहे हैं? 'दि' एक निश्चित 'आर्टिकिल' है। यह बहुत आवश्यक है क्योंकि यह सूची में उल्लेखित राज्यों को सन्दर्भित कर रहा है। हम राज्यों को सामान्य रूप में नहीं सन्दर्भित कर रहे हैं, बल्कि यह कुछ निश्चित राज्यों को सन्दर्भित है, जिनका अनुसूची में उल्लेख हैं। इसलिए निश्चित रूप से 'दि' आर्टिकिल का प्रयोग आवश्यक है। इसका प्रयोग अनुसूची में रखे गये निश्चित राज्यों के सम्बन्ध में है।
>
> 'दूसरी बात, यह कहना गलत होगा कि कोई भी भारतीय, जिसमें मैं स्वयं को भी शामिल करते हुए कहना चाहूँगा, अंग्रेजी पर इतना जबरदस्त पकड़ रखता है कि वह जोर देकर कहे कि यहाँ 'कामा' आवश्यक है, वहाँ 'कामा' आवश्यक है या यहाँ 'ए' आवश्यक है, वहाँ पर 'दि' आवश्यक है आदि, आदि। लेकिन यदि मेरे मित्र अंग्रेजी भाषा के निपुण व्याकरणाधिकारी होने का दावा करते हैं तो मैं उनका ध्यान आस्ट्रेलिया के संविधान की ओर दिलाना चाहूँगा जहाँ से हमने इस शब्द को लिया है। वहाँ पर 'दि' का प्रयोग किया गया है। इसलिए मैं आस्ट्रेलियन संविधान का सहारा लेता हूँ, जिसको मैं मानता हूँ कि वह ऐसे योग्य व्यक्तियों द्वारा निर्मित किया गया था, जो अंग्रेजी भाषा को जानते थे और जिनको हम भाषायी गलतियों के लिए दोषपूर्ण नहीं ठहरा सकते।'[3]

डॉ. अंबेडकर के विरोध के बाद संविधान सभा ने मि. नजरुद्दीन के संशोधन प्रस्ताव को अस्वीकार कर दिया।

अनावश्यक शब्दों के प्रयोग से संविधान की सुन्दरता धूमिल न हो

माननीय सदस्यों द्वारा न केवल संशोधन प्रस्ताव प्रस्तुत किये जाते थे बल्कि वे इन प्रस्तावों के पक्ष में तमाम तरह के तर्क भी देते थे। इन संशोधन प्रस्तावों में से किसको

स्वीकार करना है, किस सीमा तक स्वीकार करना है, किसका विरोध तर्कपूर्ण जवाब के साथ करना है और किसका मात्र अस्वीकार करके, इन सबका भी ध्यान डॉ. अंबेडकर को रखना पड़ता था। संविधान के प्रावधानों में अनावश्यक शब्दों का जमावड़ा न होने पाये या जो भी शब्द रखे जायँ उनका सन्दर्भ उस प्रावधान से जुड़ा हुआ हो ताकि संविधान की सुन्दरता प्रभावित न होने पाये, इसका भी ध्यान डॉ. अंबेडकर द्वारा रखा जाता था। ऐसा ही एक प्रसंग प्रारूप-संविधान के अनुच्छेद 1(3)(ग) पर चर्चा के दौरान आया। अनुच्छेद 1(3) देश के क्षेत्र को परिभाषित करता है और कहता है कि इस क्षेत्र में क्या-क्या शामिल है? अनुच्छेद 1(3) के प्रावधान में राज्य एवं केन्द्र शासित क्षेत्र के अलावा तीसरा उपधारा 'अर्जित' किये जाने वाले क्षेत्रों के सम्बन्ध में था।

प्रो. के. टी. शाह द्वारा अपने संशोधन प्रस्ताव के माध्यम से 'अर्जित' शब्द के साथ तीन अन्य सम्भावित क्षेत्रों, जो राज्य में स्वयं शामिल हो रहे हैं या जो सम्मिलित किये जा रहे हैं या जो विलीन हो रहे हैं, को सन्दर्भित करने वाले उपयुक्त शब्दों को जोड़ने के लिए प्रस्ताव लाया गया था। मूल अंग्रेजी शब्दावली के अनुसार अनुच्छेद 1(3)(ग) में 'acquired' शब्द के साथ 'or as may agree to join or accede to or merge with the Union' को जोड़ने के लिए प्रो. के. टी. शाह द्वारा संशोधन प्रस्ताव लाया गया। उन्होंने अपने संशोधन प्रस्ताव के पक्ष में लम्बे-चौड़े तर्क भी दिये।

डॉ. अंबेडकर ने प्रो. शाह के संशोधन प्रस्ताव के जवाब में एक वाक्य कहा कि 'मैं संशोधन का विरोध करता हूँ।'

इसके बाद संविधान सभा ने भी प्रो. शाह के संशोधन प्रस्ताव को अस्वीकार कर दिया।

छिपा हुआ तर्क यह था कि 'अर्जित' शब्द स्वयं इतना व्यापक है कि इसमें तीनों सम्भावनाएँ यानी 'शामिल हो रहे' या 'सम्मिलित किये जा रहे' या 'विलीन हो रहे' मौजूद है। अनावश्यक शब्दों को संविधान जैसे देश के सर्वोच्च कानून-संहिता में शामिल करने से इसकी सुन्दरता धूमिल होती, इस बात को ध्यान में रखकर डॉ. अंबेडकर द्वारा प्रो. शाह के संशोधन प्रस्ताव को स्वीकार करने से मना कर दिया गया था।

समानता के आधार पर राज्यों को ग्रामों का समूह बनाने का सवाल

प्रो. के. टी. शाह द्वारा एक अन्य महत्त्वपूर्ण संशोधन प्रस्ताव प्रारूप अनुच्छेद 1 में एक परन्तुक जोड़ने के सन्दर्भ में लाया गया। प्रस्तावित परन्तुक के अनुसार संविधान के लागू होने के बाद दस वर्ष के अन्दर संविधान की सभी अनुसूचियों और अनुच्छेदों में समावेशित की गयी भिन्नताओं एवं अन्तर को समाप्त किया जायगा और भारत संघ के सभी राज्य सदस्य संघ, सहकारिता एवं प्रजातांत्रिक इकाई के रूप में कार्य कर रही ग्राम पंचायतों के समूहों द्वारा समानता के आधार पर संगठित किया जायेगा।

उक्त प्रस्तावित परन्तुक को शामिल करने के लिए प्रो. शाह द्वारा तर्क दिया गया कि संविधान की विभिन्न अनुसूचियों एवं अनुच्छेदों में प्रान्तों को लेकर समानता नहीं है और चूँकि मौजूदा हालात में एक कलम मात्र से इनके बीच समानता नहीं लायी जा सकती है, लेकिन एक समय-सीमा के अन्दर यह अन्तर समाप्त होना चाहिए और देश समानता

के आधार पर पुनर्गठित होना चाहिए। उनके अनुसार दस वर्ष की अवधि इन भिन्नताओं को समाप्त करने के लिए पर्याप्त है। इस अवधि में टैक्स व्यवस्था का, न्यायिक और राजकोषीय व्यवस्था का, संचार साधनों के अन्तर का आकलन किया जा सकता है। इस तरह के परन्तुक जोड़ने से कार्यपालिका पर एक समय-सीमा में देश के दीर्घकालीन हित और सर्वमुखी विकास के लिए भिन्नताओं को समाप्त करने की बाध्यता होगी।

श्री शाह के अनुसार हम सब विभिन्न इकाइयों को पुनर्गठित एवं पुन:समायोजित करने का प्रयास कर रहे हैं। जब भी अवसर मिले हमें ऐसे स्वायत्तशासी ग्राम समूहों को इस तरह पुनर्गठित करना होगा, जो भौगोलिक रूप से अपने में ज्यादा सादृश्य हों और जो आर्थिक रूप से ज्यादा सक्षम हों। जनता का, जनता द्वारा और जनता के लिए लोकतांत्रिक स्वशासन के सिद्धान्त को समान रूप से प्रोत्साहित करना होगा। इसलिए वे ग्रामों के आधार पर पुनर्गठन एवं पुन:समायोजन का सुझाव दे रहे हैं। सहकारिता के आधार पर ग्रामों का गठन विकास के लिए सबसे बेहतर गारण्टी होगी और वे केन्द्र व राज्य की तुलना में ज्यादा प्रभावशाली तरीके से स्थानीय संसाधनों, स्थानीय प्रतिभाओं और स्थानीय सम्भावनाओं पर ध्यान दे पायेंगे।

ग्राम पंचायत के आधार पर देश को पुनर्गठित करने के श्री शाह के विचार का श्री एम. अनंथसयनम अयंगर द्वारा समर्थन तो किया गया, लेकिन इस सम्बन्ध में लाये गये संशोधन प्रस्ताव को अपरिपक्व व अव्यवहारिक बताते हुए कहा कि 'मात्र संविधान में ऐसा कर देने से दस वर्षों के अन्दर सारी विभिन्नता समाप्त हो जायगी, यह व्यावहारिक रूप से सम्भव नहीं है। स्वशासन के लिए ग्राम पंचायतों को पुनर्गठित एवं पुन:समायोजित करने के लिए सरकार ध्यान दे, इसको नीति निर्देशक सिद्धान्त में शामिल करने हेतु संशोधन के लिए मैंने और प्रो. रंगा ने नोटिस दिया है। इस रूप में ग्रामों का विकास सम्भव है। दो राज्यों के मध्य विभिन्नताओं को समाप्त करना एक बात है और सम्पूर्ण देश को ग्राम के आधार पर पुनर्गठित करना दूसरी बात है। दुर्भाग्य से ग्राम गुटबन्दी से ग्रस्त है और उनमें जिम्मेदारी का भाव नहीं है। हम निराशावादी नहीं हैं, हमें ग्रामों को सुधारने और उन्हें स्वशासन के रूप में विकसित करने को प्रयास करना चाहिए और ऐसा हम कर पायेंगे। लेकिन इसमें समय लगेगा। जिस तरह से सरदार पटेल जी ने अपनी ऊर्जा को दिखाया है, रियासतों और प्रान्तों के मध्य विभिन्नताएँ भी समाप्त हो जायेंगी।'

प्रो.शिब्बन लाल सक्सेना ने यद्यपि ग्राम पंचायत को पुनर्गठित करने की आवश्यकता का और विभिन्न अनुसूचियों एवं प्रावधानों में सम्मिलित भिन्नताओं को समाप्त करने का समर्थन किया, लेकिन प्रो. शाह के संशोधन प्रस्तावों का विरोध इस आधार पर किया कि यह उपयुक्त स्थान नहीं है। उनके अनुसार संविधान में ग्राम पंचायतों के लिए स्थान होना चाहिए। प्रो. अग्रवाल ने भी प्रस्तावित गाँधीयन संविधान में इंगित किया है कि महात्मा गाँधी ग्राम-गणराज्य चाहते थे। उन्होंने 20,000 लोगों के लिए एक ग्राम-गणराज्य की कल्पना की थी और इन ग्राम-इकाइयों को एक तालुक पंचायत और जिला पंचायत का चुनाव करना चाहिए। मैं समझता हूँ कि ऊपरी सदन में इन पंचायतों की भी आवाज होनी चाहिए, लेकिन यह स्थान प्रो. शाह के संशोधन के लिए उपयुक्त स्थान नहीं है। इसलिए उन्हें अपना संशोधन वापस लेकर इसे उचित समय पर रखना चाहिए।

जबकि मौलाना हसरत मोहानी ने श्री शाह के संशोधन प्रस्ताव का पूर्ण रूप से समर्थन करते हुए कहा कि राज्य-सदस्य, सहकारिता के आधार पर बनने वाले ग्राम पंचायतों के समूहों द्वारा संगठित होना चाहिए। ग्राम-पंचायत के स्थान पर ग्राम-सोवियत को संविधान के एक इकाई के रूप में स्थापित करना चाहिए। उनके अनुसार वे इस सम्बन्ध में महात्मा गाँधी से मिले थे और गाँधी जी भी उनके सोवियत संविधान के दो सिद्धान्तों से सहमत थे। पहला यह कि 'कार्य नहीं तो वोट नहीं' और दूसरा 'ग्राम-सोवियत हमारे शासन की इकाई हो' और ये इकाइयाँ अपने ऊपर के सोवियत के लिए प्रतिनिधि चुनकर भेजें।

देश के नाम से सम्बन्धित प्रावधान इतने जटिल नहीं होने चाहिए और जो मामले आन्तरिक व्यवस्था के सम्बन्ध में हैं उसके लिए उपयुक्त स्थान 'नाम सम्बन्धी प्रावधान' नहीं हो सकता था, इसलिए डॉ. अंबेडकर द्वारा प्रो. के. टी. शाह के संशोधन प्रस्ताव को अस्वीकार कर दिया गया। तत्पश्चात संविधान सभा ने भी इस प्रस्ताव को अस्वीकार कर दिया।

'देश का नाम' क्या हो, यह विषय लम्बा खिंचता जा रहा था और कोई सर्वसम्मति से निर्णय के आसार नहीं दिख रहे थे। अत: पण्डित गोविन्द वल्लभ पन्त द्वारा सुझाव दिया गया कि देश के नाम से सम्बन्धित इस विषय को कुछ समय के लिए इस उम्मीद के साथ टाल दिया जाय कि कुछ समय बाद देश के नाम को लेकर हम सब सर्वसम्मति से किसी एक नतीजे पर आने में सक्षम होंगे।

पण्डित पन्त के इस सुझाव का स्वागत करते हुए मि. एच. वी. कामथ ने जानकारी चाही कि यह कब तक के लिए टला रहेगा, इसको स्पष्ट करना चाहिए क्योंकि इससे विश्व में गलत सन्देश जायगा। तब श्री आर. के. सिधवा द्वारा कहा गया कि वे मि. कामथ के तर्क पर आश्चर्यचकित हैं। यदि हम सब इस महत्त्वपूर्ण विषय पर सर्वसम्मति से निर्णय लेते हैं, तो विश्व में इस सदन के प्रति ज्यादा अच्छा सन्देश जायगा।

पण्डित पन्त के प्रस्ताव पर डॉ. अंबेडकर और सेठ गोविन्ददास द्वारा भी सहमति दिये जाने के बाद संविधान सभा द्वारा इसे स्वीकार कर लिया गया और अनुच्छेद 1 पर चर्चा आगे के लिए टाल दी गयी।

'इण्डिया अर्थात् भारत' नाम स्वीकार

लगभग दस महीने बाद 17 सितम्बर, 1949 को देश के नाम से सम्बन्धित प्रारूप अनुच्छेद 1 का खण्ड (1) सदन के पटल पर पुन: रखा गया। डॉ. अंबेडकर ने इस खण्ड को नये प्रावधान के साथ प्रस्तुत किया, जिसमें कहा गया था कि 'इण्डिया अर्थात् भारत, राज्यों का संघ होगा।' इस नए प्रावधान में देश का नाम 'इण्डिया' से बदलकर 'इण्डिया अर्थात् भारत' प्रस्तावित किया गया था।

उक्त प्रस्तावित प्रारूप प्रावधान पर श्री एच. वी. कामथ द्वारा अपने संशोधन प्रस्ताव के माध्यम से खण्ड (1) के लिए नया प्रावधान प्रस्तावित किया गया। श्री कामथ के प्रस्तावित प्रावधान के अनुसार 'भारत या अंग्रेजी भाषा में इण्डिया, राज्यों का संघ होगा।' अपने संशोधन के पक्ष में श्री कामथ ने कहा कि भारत या भारतभूमि या भारतवर्ष के पक्ष में तमाम लोगों द्वारा तर्क दिए गये हैं। इन तर्कों को देते समय इस भूमि के ऐतिहासिक

तथ्यों को ध्यान में रखा गया है। डॉ. अंबेडकर ने जो नाम प्रस्तुत किये हैं, मैंने उसे ही दूसरे स्वरूप में रखा है जो भाषा से सम्बन्धित है। श्री कामथ ने आगे तर्क देते हुए कहा कि 'इण्डिया अर्थात् भारत' को मैं महसूस करता हूँ कि एक संविधान में यह भद्दा जैसा है; इसको बदलकर संवैधानिक रूप से ज्यादा स्वीकारणीय एवं निश्चित स्वरूप वाले नाम को शामिल करना ही ज्यादा अच्छा है।

आयरिश संविधान का उदाहरण देते हुए श्री कामथ ने आगे कहा कि लोग पूछ सकते हैं कि मैंने अपने प्रस्तावित प्रावधान में अंग्रेजी शब्द का प्रयोग क्यों किया है? ऐसा इसलिए है क्योंकि दूसरे यूरोपियन भाषाओं में 'इण्डिया' नहीं कहा जाता है। जैसे जर्मनी में 'इण्डिएन' और इस तरह कई अन्य देशों में इस देश को इसके पुराने नाम 'हिन्दुस्तान' से ही पुकारा जाता है क्योंकि सिन्धु नदी से निकले प्राचीन नाम 'हिन्दू' से यह नाम आया है।

इसके बाद अनुच्छेद 1(1) के प्रावधान में 'संघ' और 'राज्य' शब्दों को शामिल करने का विरोध करते हुए श्री ब्रजेश्वर प्रसाद द्वारा संशोधन प्रस्ताव लाया गया। उन्होंने अपने संशोधन के माध्यम से इस खण्ड के लिए नया प्रावधान 'इण्डिया अर्थात् भारत, जो एक सम्पूर्ण इकाई है' प्रस्तावित किया।

श्री ब्रजेश्वर प्रसाद के इस प्रस्ताव पर श्री के. संथानम ने आपत्ति किया कि हमें राज्यों के गठन के सम्बन्ध में प्रस्ताव पहले ही पारित कर चुके हैं, इसलिए इसे अब बदला नहीं जा सकता है। इसके बाद श्री ब्रजेश्वर प्रसाद ने अपने प्रस्ताव को 'संघ' शब्द के प्रयोग तक सीमित कर लिया और कहा कि 'संघ' का प्रयोग नहीं किया जाना चाहिए। लेकिन अध्यक्ष महोदय ने व्यवस्था दी कि संविधान में कई जगह 'संघ' का प्रयोग किया जा चुका है, अत: इस विषय को पुन: बहस के लिए खोलने में देरी हो गयी है।

इसके उपरान्त पण्डित नेहरू के प्रतिज्ञा-प्रस्ताव का सन्दर्भ देते हुए मौलाना हसरत मोहानी ने कहा कि इस प्रस्ताव में 'स्वतंत्र, संप्रभु गणराज्य' की बात कही गयी है। ये तीन शब्द हैं जिसे पण्डित नेहरू ने कई बार घोषित किया है और यह एक ऐतिहासिक तथ्य है कि इस प्रतिज्ञा-प्रस्ताव में कोई बदलाव नहीं किया गया है। लेकिन प्रारूप-संविधान में डॉ. अंबेडकर द्वारा इसे नहीं स्वीकार किया गया है। उद्देश्यिका के पैरा सं. 2 में वह कहते हैं— 'संविधान सभा द्वारा जनवरी, 1947 में स्वीकार किया गया प्रतिज्ञा-प्रस्ताव घोषित करता है कि भारत को एक स्वतंत्र, संप्रभु गणराज्य होना है। मसौदा-समिति ने शब्दावली 'संप्रभु लोकतांत्रिक गणराज्य' को स्वीकार किया है क्योंकि सामान्यतया स्वतंत्रता, संप्रभुता में शामिल होता है। इसलिए स्वतंत्रता का प्रयोग करने से शायद ही कुछ हासिल हो।'

मौलाना मोहानी ने आगे कहा कि 'यह प्रस्तावित किया गया है कि देश 'यूनियन ऑफ स्टेट' होगा। मैं कहता हूँ कि मुझे यह प्रस्तावित करने का अधिकार है कि 'यूनियन ऑफ स्टेट' के बजाय यह 'यूनियन ऑफ रिपब्लिक्स ऑफ इण्डिया' या 'यूनियन ऑफ सोशलिस्ट रिपब्लिक्स ऑफ इण्डिया' होना चाहिए।

इस तरह अनुच्छेद 1 में 'रिपब्लिक' शब्द को शामिल करने के लिए मौलाना हसरत मोहानी द्वारा तमाम तर्क दिये गये। इन तर्कों के साथ उन्होंने डॉ. अंबेडकर को केन्द्र में

रखकर आरोप भी लगाया। अपने आरोप में मौलाना मोहानी ने कहा— 'गणराज्य शब्द अतिमहत्त्वपूर्ण है और हम इस शब्द को 'प्रस्तावना' में लाना चाहते थे। लेकिन चूँकि डॉ. अंबेडकर, अन्दर से मुझको इस अवसर से वंचित करना चाहते हैं और वे चाहते हैं कि गणराज्य के बिना अनुच्छेद 1 को पारित करा लिया जाय ताकि 'प्रस्तावना' पर बहस के समय उनको यह आधार मिल जाय कि चूँकि हमने एक निर्णय ले लिया है, इसलिए इसके खिलाफ दूसरा निर्णय लेना सम्भव नहीं होगा।'

इसके उपरान्त आम बहस में भाग लेते हुए सेठ गोविन्ददास ने कहा कि मुझे खुशी है कि 'हम देश को उसका पुराना नाम देने जा रहे हैं लेकिन डॉ. अंबेडकर मुझे माफ करेंगे कि हम इसे उतना सुन्दर स्वरूप नहीं देने जा रहे हैं जितना आवश्यक है। 'इण्डिया अर्थात् भारत' देश के नाम के रूप में अच्छा नाम नहीं है। कुछ लोगों का कहना है कि 'इण्डिया' भी एक प्राचीन नाम है। ऐसा मानना बिलकुल गलत है। हमारे देश का सबसे प्राचीन पुस्तक वेद है। ऋग्वेद में 'इडियाम' और 'इडान्याह' शब्दों का उल्लेख है जिनका अर्थ 'आग' है और यजुर्वेद में 'इदा' शब्द का उल्लेख है जिसका अर्थ 'आवाज' है। लेकिन इन शब्दों का देश के नाम से कोई सम्बन्ध नहीं है। इण्डिया की उत्पत्ति तब हुई जब ग्रीक भारत आये। उन्होंने 'सिन्धु' नदी को 'इण्डु' कहना प्रारम्भ कर दिया और इसी शब्द से आगे 'इण्डिया' की उत्पत्ति हुई। महाभारत, विष्णु पुराण, ब्रह्म पुराण में 'भारत' नाम का ही उल्लेख है। चीनी यात्री ह्वेनसांग ने भी अपने यात्रा-वर्णन में 'भारत' का उल्लेख किया है। ... मैं खुश हूँ कि जिस भी तरीके से, 'भारत' को इस देश के नाम में शामिल किया जा रहा है।

श्री कल्लुर सुब्बा राव ने कहा कि वायु पुराण में लिखा है कि भूमि जो उत्तर में हिमालय और दक्षिण में समुद्र के मध्य स्थित है वह भारत है। सिंधु से निकलकर हिन्दू की उत्पत्ति हुई है क्योंकि संस्कृत में 'स' का उच्चारण प्राकृत भाषा में 'ह' होता है। और ग्रीक ने हिन्दू का उच्चारण 'इण्डू' करना प्रारम्भ कर दिया। ... लेकिन यह उचित है कि आज हम सबको अपने देश का नाम 'भारत' ही पुकारना चाहिए।

श्री कमलापति त्रिपाठी ने कहा कि यदि 'अर्थात्' शब्द आवश्यक था तो प्रस्ताव में 'भारत अर्थात् इण्डिया' का प्रयोग किया जा सकता था। मि. कामथ ने अपने संशोधन प्रस्ताव में 'भारत या अंग्रेजी भाषा में इण्डिया, राज्यों का संघ होगा' प्रस्तावित किया है। यदि प्रारूप-समिति द्वारा इसे स्वीकार कर लिया जाता है तो यह हमारी भावनाओं और देश के स्वाभिमान को ज्यादा महत्त्व देने जैसा होगा।

इसके पश्चात श्री हरगोविन्द पन्त ने कहा कि मैं समझ नहीं पा रहा हूँ कि 'इण्डिया' को लेकर इतना जुड़ाव क्यों है? यह नाम उन विदेशियों द्वारा दिया गया नाम है जिन्होंने इस देश के ऐश्वर्य को पाने के लिए हमारी आजादी तक को लूटा। इसके बाद भी 'इण्डिया' शब्द से चिपक रहे हैं, जो दिखाता है कि ऐसे अपमानकारी शब्द, जिसे विदेशी शासकों द्वारा थोपा गया है, को लेकर हम शर्मिन्दा नहीं हैं।

आम बहस के उपरान्त मौलाना मोहानी का पहला संशोधन प्रस्ताव कि 'इण्डिया भारतीय समाजवादी गणराज्यों का संघ, जिसे यू.एस.एस.आर. की तरह यू.आई.एस.आर. कहा जायेगा, होगा' और दूसरा संशोधन प्रस्ताव कि 'इण्डिया या भारत, इण्डिया या भारत

के संप्रभु राज्यों का संघ, जिसे यू.एस.एस.आर. की तरह यू.एस.एस.आई. या यू.एस.एस.बी. कहा जायेगा, होगा' को संविधान सभा द्वारा अस्वीकार कर दिया गया।

इसके बाद श्री कामथ के संशोधन प्रस्ताव कि 'भारत या अंग्रेजी भाषा में इण्डिया, राज्यों का संघ होगा' पर संविधान सभा में मत विभाजन कराया गया। संविधान सभा ने 38 के मुकाबले 51 मतों से श्री कामथ के संशोधन प्रस्ताव अस्वीकार कर दिया और डॉ. अंबेडकर द्वारा प्रस्तावित देश का नाम 'इण्डिया अर्थात् भारत' संविधान सभा द्वारा स्वीकार कर लिया गया और को ' और प्रारूप अनुच्छेद 1 के खण्ड (1) का प्रावधान कि 'इण्डिया अर्थात् भारत, राज्यों का संघ होगा' को संविधान सभा द्वारा स्वीकार कर अंगीकृत कर लिया गया।

यह सही हो सकता है कि 'इण्डिया' शब्द की उत्पत्ति में विदेशी लोगों का भी योगदान रहा हो। लेकिन यह नहीं कहा जा सकता कि इस शब्द का देश की संस्कृति से कोई सम्बन्ध नहीं है। यह निर्विवाद है कि 'इण्डिया' शब्द के 'इण्डू' शब्दांश की उत्पत्ति 'हिन्दू' से हुई है। यह सम्भव है कि हिन्दू की स्थली को हिन्दीया कहा जाता रहा हो, जो कालक्रम में 'इण्डिया' में परिवर्तित हो गया हो या यह भी सम्भव है कि 'हिन्दू' के अपभ्रंश 'इण्डू' से 'इण्डिया' की उत्पत्ति हुई हो। जो भी रास्ते हों, लेकिन यह नहीं कहा जा सकता कि 'इण्डिया' शब्द के मूल तत्त्व का इस देश की संस्कृति से जुड़ाव नहीं है। केवल इस आधार पर कि 'इण्डिया' शब्द वैश्विक स्तर पर ज्यादा स्वीकार कर लिया गया था, इसे अंग्रेजी भाषा का शब्द कहना उचित नहीं है। भरत की भूमि को 'भरतभूमि' कहने के बजाय 'भारतभूमि' कहा गया और फिर भारत। हिन्दुओं के स्थान को भी 'हिन्दुस्थान' के बजाय हमने 'हिन्दुस्तान' के रूप में स्वीकार किया। ये दोनों नाम भी कुछ हद तक अपभ्रंश ही हैं। फिर 'इण्डिया' को लेकर अलग विचार उचित नहीं है।

प्रारूप अनुच्छेद 1 के खण्ड (1) के प्रावधान में श्री एच. वी. कामथ का संशोधन प्रस्ताव कि देश का नाम 'भारत या अंग्रेजी भाषा में इण्डिया' हो, एक तरह से अंग्रेजी भाषा को संवैधानिक मान्यता देने जैसा था। चूँकि अन्तरराष्ट्रीय पटल पर 'इण्डिया' शब्द ज्यादा प्रचलन में था और 'संयुक्त राष्ट्र संघ (यू.एन.ओ.)' जैसी वैश्विक संस्थाओं में भी 'इण्डिया' नाम से इस देश को मान्यता मिली हुई थी, इसलिए डॉ. अंबेडकर द्वारा इस नाम को प्राथमिकता दी गयी। इस नाम के साथ भारत जोड़कर 'इण्डिया अर्थात् भारत' करने के पीछे एकमात्र आशय उन लोगों के विरोध को शान्त करना था, जो इस विषय को इस देश के संस्कृति के साथ जोड़कर भावनात्मक मुद्दा बना रहे थे। वस्तुतः यह ऐसा गम्भीर विषय नहीं था, जिस पर आकर देश को थमने दिया जाता क्योंकि अभी संविधान-निर्माण के लिए बहुत-सारे काम किये जाने थे। इस बात को डॉ. अंबेडकर अच्छी तरह समझ रहे थे। इसलिए मध्य का रास्ता अपनाकर उन्होंने 'इण्डिया अर्थात् भारत' नाम प्रस्तावित कर आगे बढ़ना देशहित में उचित समझा।

डॉ. अंबेडकर और जर्मनी के बिस्मार्क

प्रस्तावित प्रावधान में 'गणराज्य' का प्रयोग न करने को लेकर उठे विवाद पर डॉ. अंबेडकर को लक्षित करते हुए मौलाना मोहानी द्वारा कहा गया कि 'संविधान के बारे में मेरा और कई मित्रों का विचार था कि यदि इसे राज्यों का संघ होना था, तो इसे संप्रभु

राज्यों यानी पूर्ण स्वायत्तशासी प्रान्तों और रियासतों का संघ होना चाहिए था।... डॉ. अंबेडकर, संविधान के प्रकृति के खिलाफ कुछ नया करने जा रहे हैं। पहले हमारा विचार था कि भारत एक सांघिक गणराज्य होगा और यदि आप गणराज्य के सिद्धान्त को नहीं पसन्द करते है तो कम-से-कम स्वायत्त इकाइयों के परिसंघ को स्वीकार करते। लेकिन अब उन्होंने क्या किया है? वे 'यूनियन ऑफ स्टेट' शब्द लेकर आयें हैं। उन्होंने ऐसा सिर्फ 'गणराज्य' को छिपाने के लिए किया है। एकमात्र यही उनका आशय है। मैं सोचता हूँ कि यूनियन शब्द का अर्थ वह नहीं है जो 'फेडरेशन' शब्द का है। वह कह सकते हैं कि नाम में क्या है? यदि नाम में कुछ नहीं है तो उन्होंने 'यूनियन' को 'फेडरेशन' पर क्यों प्राथमिकता दी है? इसे आप मुझसे ले लेते।'

मौलाना मोहानी ने डॉ. अंबेडकर के बारे में आगे कहा—

> वह 'यूनियन' को उसी तरह चाहते हैं जैसा यूनियन प्रिन्स बिस्मार्क द्वारा जर्मनी में प्रस्तावित किया गया था और जिसे बाद में 'कैसर विलियम' और 'एडोल्फ हिटलर' द्वारा अपनाया गया। वे सभी चाहते थे कि सभी राज्य एक शासन के अन्दर आ जाय। मैं समझता हूँ कि डॉ. अंबेडकर भी ऐसे ही विचार के हैं और वह भी इसी तरह के यूनियन बनाना चाहते हैं। वह चाहते हैं कि सभी इकाई, सभी प्रान्त और सभी तरह की रियासतें इसके दायरे में आ जायँ और सब-कुछ केन्द्र के अँगूठे पर हो जायँ।'[4]

देश की एकता और अखण्डता को सुनिश्चित करने वाले शासन-व्यवस्था के स्वरूप के निर्माण के लिए डॉ. अंबेडकर द्वारा किये जा रहे संवैधानिक सद्प्रयासों के कारण मौलाना मोहानी द्वारा उन्हें जर्मनी के प्रिन्स बिस्मार्क के साथ जोड़ा जाना कहीं से भी अतिशयोक्ति नहीं था। यद्यपि मौलाना साहेब द्वारा यह तुलना सदाशयता से नहीं की गयी थी। लेकिन इस बात में कोई अतिशयोक्ति नहीं थी कि संविधान-निर्माण के दायित्व निर्वहन के दौरान बाबा साहेब ने वे सारे प्रयास किये जो इस देश को एक और अखण्ड बनाये रखने के लिए आवश्यक था।

मसौदा-समिति के अध्यक्ष और प्रथम कानूनमंत्री डॉ. अंबेडकर के संवैधानिक प्रयास और प्रथम गृहमंत्री सरदार वल्लभ भाई पटेल के राजनैतिक प्रयास, देश की एकता और अखण्डता के सन्दर्भ में एक-दूसरे के पूरक थे। दोनों में से किसी के बिना भारत की एकता परिपूर्ण नहीं हो सकती थी। एकता का यह महल आगे भी अपनी भव्यता के साथ कायम रहे और चमकता रहे, इसके लिए डॉ. अंबेडकर द्वारा तमाम आवश्यक उपाय संविधान में उपबन्धित कर दिये गये। अन्यथा इस देश की विविधता और विभिन्नताओं को देखते हुए यह सोचा भी नहीं जा सकता था कि तत्कालीन परिस्थितियों में प्राप्त की गयी देश की आजादी, एकता और अखण्डता को आगे भी बनाये रखा जा सकेगा।

'जिस तरह हम देशवासी सरदार पटेल को राष्ट्रीय एकता के प्रति उनके महान् योगदान के लिए 'एकता-पुरुष' के रूप में याद करते हैं, उसी तरह बाबा साहेब को उनके महान् योगदान के लिए हम देशवासी और आने वाली पीढ़ी 'निर्माण-पुरुष' के रूप में याद रखेंगे। ऐसे 'निर्माण-पुरुष' के रूप में, जो बराबरी पर आधारित समाज के निर्माण की आधारशिला रखी, जो संविधान-निर्माण के माध्यम से राष्ट्रीय एकता को संवैधानिक

स्वरूप देकर इसे दृढ़ता एवं पूर्णता प्रदान किया और राष्ट्र-निर्माण की बुनियाद बनायी। वस्तुत: बाबा साहेब, समाज-निर्माण में सामाजिक जटिलताओं के खिलाफ किये गये संघर्ष की पवित्रता, संविधान-निर्माण में अपने दृढ़तायुक्त किन्तु लचीले व्यक्तित्व और राष्ट्र-निर्माण में चमकयुक्त भूमिका के कारण 'देश के स्वर्ण-पुरुष' हैं।'

सन्दर्भ सूची

1. सी.ए.डी., खण्ड 7, पृष्ठ 401
2. सी.ए.डी., खण्ड 7, पृष्ठ 422
3. सी.ए.डी., खण्ड 7, पृष्ठ 423
4. सी.ए.डी., खण्ड 9, पृष्ठ 1684

7

संविधान यात्रा—पाँचवाँ चरण : राज्य और रियासत

संविधान के निर्वचन में जनरल क्लाज एक्ट लागू

प्रारूप अनुच्छेद 2 के अन्तर्गत यह प्रावधान प्रस्तावित किया गया था कि संसद् भारत संघ में नये राज्यों को शामिल करने के लिए अधिकारयुक्त होगा। प्रारूप के अनुसार संसद्, समय-समय पर विधि द्वारा, ऐसे निबन्धनों और शर्तों पर, जो वह ठीक समझे, संघ में नये राज्यों का प्रवेश या उनकी स्थापना कर सकेगी।

मि. नजरुद्दीन अहमद ने दोनों प्रारूप अनुच्छेद 2 एवं 3 के प्रावधानों के स्थान पर एक नया संयुक्त अनुच्छेद प्रतिस्थापित करने के लिए संशोधन प्रस्ताव प्रस्तुत किया। इस पर काजी सैय्यद करीमुद्दीन और मि. एच. वी. कामथ द्वारा व्यवस्था का प्रश्न उठाते हुए आपत्ति की गयी कि अनुच्छेद 3 जो अभी विचार के लिए प्रस्तुत नहीं किया गया, उस पर संशोधन कैसे लाया जा रहा है। लेकिन मि. नजरुद्दीन अहमद का कहना था चूँकि दोनों प्रावधान एक-दूसरे से सम्बन्धित हैं, इसलिए वह ऐसा संशोधन प्रस्ताव लाये हैं। प्रस्तावित नये संयुक्त अनुच्छेद में मि. अहमद द्वारा राज्य के क्षेत्रों को बढ़ाने के लिए प्रारूप में प्रयोग किये गये 'increase' शब्द के स्थान पर 'enlarge' शब्द और घटाने के लिए प्रारूप में प्रयोग किये गये 'diminish' शब्द के स्थान पर 'reduce' शब्द का प्रयोग किया गया था।

इसके अलावा मि. नजरुद्दीन ने प्रारूप अनुच्छेद 2 से 'समय-समय पर' शब्दावली को हटाने के लिए भी प्रस्ताव लाया। अपने प्रस्ताव के समर्थन में उन्होंने तर्क दिया चूँकि प्रारूप-संविधान के अनुच्छेद 303 (संविधान का अनुच्छेद 367) के अनुसार संविधान के निर्वचन में 'जनरल क्लाज एक्ट' के प्रावधान लागू होंगे और स्वयं 'जनरल क्लाज एक्ट' में यह व्यवस्था दिया गया है कि यदि किसी कानून में कोई शक्ति या अधिकार के प्रावधान हैं तो यह 'समय-समय पर जब अवसर आये इसका प्रयोग किया जायगा' ऐसा समझा जायगा। इसलिए अनुच्छेद 2 में 'समय-समय पर' शब्दावली की कोई आवश्यकता नहीं है, विशेषकर तब जब ऐसी शब्दावली का प्रयोग अनुच्छेद 3 में या अन्य कहीं भी नहीं किया गया है।

यद्यपि मि. नजरुद्दीन अहमद के उक्त दोनों प्रस्ताव संविधान सभा द्वारा स्वीकार नहीं किये गये, लेकिन बाद में संविधान को अन्तिम रूप देते समय अनुच्छेद 2 से 'समय-समय पर' शब्दावली को निकाल दिया गया।

इसके बाद मि. कामथ द्वारा प्रारूप अनुच्छेद 2 पर अपना संशोधन पढ़ा जाता इसके पहले ही उपाध्यक्ष महोदय ने कहा कि एक छोटी-सी कमी है, जिसे हमारे विधिशास्त्रियों द्वारा सुधारा जा सकता है। इस अनुच्छेद में केवल संसद् शब्द का प्रयोग हुआ है, जो यह इंगित नहीं करता कि यह किस संसद् के सन्दर्भ में है। इसके पूर्व की संघीय संविधान समिति की रिपोर्ट में 'फेडरेशन की संसद्' का प्रयोग हुआ है और चूँकि हम 'फेडरेशन' के स्थान पर 'यूनियन' शब्द का प्रयोग कर रहे हैं तो यहाँ पर 'यूनियन की संसद्' होना चाहिए।

डॉ. अंबेडकर द्वारा उपाध्यक्ष महोदय के उक्त सुझाव पर विचार करने का आश्वासन दिये जाने के बाद अनुच्छेद 2 को संविधान सभा द्वारा अंगीकृत कर लिया गया। लेकिन चूँकि 'संसद्' नाम सिर्फ केन्द्रीय विधायिका के लिए सन्दर्भित किया गया था और राज्यों के विधायिका के लिए संविधान में 'विधान सभा' एवं 'विधान परिषद्' नाम का प्रयोग किया गया था, इसलिए मसौदा-समिति द्वारा 'संसद्' के स्थान पर 'यूनियन की संसद्' लिखा जाना अनावश्यक समझा गया।

राज्य क्षेत्र में बदलाव : सदस्यों के संशोधन प्रस्तावों को व्यावहारिक बनाने का आत्मविश्वास

संविधान सभा के सदस्यों द्वारा प्रस्तुत किये जा रहे संशोधन-प्रस्तावों के एक-एक शब्द पर डॉ. अंबेडकर की पारखी नजर रहती थी। इन प्रस्तावों को व्यावहारिक एवं प्रभावशाली बनाने के लिए वे सुझाव भी देते थे। प्रारूप अनुच्छेद 3 के सन्दर्भ में मि. संथानम द्वारा प्रस्तुत किया गया संशोधन प्रस्ताव ऐसा ही एक प्रस्ताव था। मि. संथानम के प्रस्ताव पर डॉ. अंबेडकर द्वारा दिया गया सुझाव यह साबित करता है कि संविधान में उपयुक्त शब्दों का चयन और प्रयोग करने में उन्हें पारंगतता हासिल थी।

प्रारूप अनुच्छेद 3 के अनुसार संसद् कानून द्वारा (क) किसी राज्य से किसी क्षेत्र को अलग करके या दो राज्यों या उनके किसी क्षेत्र को मिलाकर कोई नया राज्य बना सकता है, या (ख) उसके क्षेत्र को बढ़ा सकता है, या (ग) उसके क्षेत्र को घटा सकता है, या (घ) उसकी सीमाओं में बदलाव कर सकता है, या (ङ) उसके नाम को बदल सकता है। अपने संशोधन में मि. संथानम द्वारा इसके उपखण्ड (क) के अन्त में 'या राज्यों या राज्य के किसी भाग के साथ अन्य क्षेत्रों को जोड़कर' को जोड़ने के लिए संशोधन प्रस्ताव लाया गया। यह एक आवश्यक एवं महत्त्वपूर्ण संशोधन था, क्योंकि भारत द्वारा भविष्य में अर्जित किये गये क्षेत्र के लिए भी इस प्रावधान में स्थान होना आवश्यक था।

डॉ. अंबेडकर द्वारा मि. संथानम के संशोधन प्रस्ताव को तुरन्त सिद्धान्त रूप में स्वीकार कर लिया गया, लेकिन प्रस्तावित शब्दावली 'या राज्यों या राज्य के किसी भाग के साथ अन्य क्षेत्रों को जोड़कर' के स्थान पर डॉ. अंबेडकर ने 'या किसी राज्य के भाग के साथ किसी क्षेत्र को मिलाकर' रखे जाने का सुझाव दिया। डॉ. अंबेडकर के इस सुझाव में मूलतः दो बदलाव किये गये थे—पहला 'जोड़कर' शब्द के स्थान पर 'मिलाकर' शब्द का और दूसरा 'अन्य क्षेत्र' शब्द के स्थान पर 'किसी क्षेत्र' शब्द का प्रयोग किया गया था।

'मिलाकर' शब्द, 'जोड़कर' शब्द की तुलना में ज्यादा उद्देश्यपरक, व्यापक और पूर्व खण्ड में प्रयोग किये गये शब्दों के तारतम्य में था। 'जोड़कर' शब्द केवल सहमति से जुड़ रहे क्षेत्र को परिभाषित करता है, जबकि 'मिलाकर' शब्द, इस विचार से निरपेक्ष है कि जुड़ने जा रहा क्षेत्र सहमति के आधार पर जुड़ रहा है या बिना सहमति के या अन्य किसी कारण से जुड़ रहा है। इसी तरह 'अन्य क्षेत्र' की तुलना में 'किसी क्षेत्र' ज्यादा व्यापक था। डॉ. अंबेडकर द्वारा सुझाये गये इस बदलाव पर मि. संथानम भी तुरन्त सहमत हो गये और उनका संशोधन प्रस्ताव संविधान सभा द्वारा स्वीकार कर लिया गया। संविधान के प्रावधान के लिए उपयुक्त शब्दों का चयन और प्रयोन करने में डॉ. अंबेडकर को पारंगतता हासिल थी।

राज्यों में बदलाव हेतु संशोधन-बिल लाने का अधिकार सभी सांसदों को

ऐसा नहीं है कि प्रारूप संविधान के प्रावधानों को और ज्यादा व्यावहारिक एवं महत्त्वपूर्ण बनाने के लिए डॉ. अंबेडकर किसी प्रस्ताव के आने का इन्तजार करते थे। वह स्वयं भी लगातार अध्ययन करते रहते थे और जब भी कोई ऐसी आवश्यकता समझ में आती थी, संविधान सभा के समक्ष संशोधन प्रस्ताव प्रस्तुत करते थे। ऐसा ही एक महत्त्वपूर्ण संशोधन प्रस्ताव डॉ. अंबेडकर द्वारा प्रारूप अनुच्छेद 3 के उस प्रावधान के सन्दर्भ में लाया गया, जो राज्यों के निर्माण या बदलाव के सम्बन्ध में संसद् के समक्ष बिल लाने के तरीके को लेकर था। प्रारूप अनुच्छेद 3, जो नये राज्यों के गठन और राज्यों के क्षेत्र, सीमा या नाम में परिवर्तन करने के लिए संसद द्वारा कानून बनाने की प्रक्रिया का उल्लेख करता था, इस सम्बन्ध में कोई बिल लाने का अधिकार सिर्फ केन्द्र सरकार को प्रदान करता था। इस प्रक्रिया में राज्यों की कोई भूमिका नहीं थी। प्रक्रिया में राज्यों की भूमिका को सुनिश्चित करने के लिए दो संशोधन प्रस्ताव क्रमशः प्रो. के. टी. शाह एवं डॉ. अंबेडकर द्वारा लाये गये।

अपने संशोधन प्रस्ताव में प्रो. के. टी. शाह द्वारा प्रारूप अनुच्छेद 3 के साथ एक 'परन्तुक' जोड़ने की माँग की गयी थी। इस परन्तुक के अनुसार किसी राज्य के नाम या सीमा बदले जाने के सम्बन्ध में कोई प्रस्ताव पहले प्रभावित राज्यों की विधायिका के समक्ष लाया जायेगा। प्रो. शाह का तर्क था कि 'इकाइयाँ, जिनसे फेडरेशन का गठन हो रहा है, वे समान नहीं हैं। यह उचित भी नहीं है। यदि किसी राज्य की सीमा या नाम को बदलना आवश्यक है तो मैं समझता हूँ कि प्रभावित हो रहे राज्य की जनता की राय लेनी चाहिए और अगर इसके लिए हम जनमत नहीं करा सकते तो कम-से-कम उस राज्य की विधायिका की राय लेने की व्यवस्था हमें अवश्य ही करनी चाहिए। मुझे डर है जैसा कि प्रारूप संविधान, जो केन्द्र को अत्यधिक और अनावश्यक शक्ति देने में विश्वास करता है, न केवल इकाइयों के लिए बल्कि लोकतंत्र के लिए भी गम्भीर खतरा साबित हो सकता है। मैं स्वीकार करता हूँ कि लोकतंत्र में बहुमत की इच्छा को प्राथमिकता मिलनी चाहिए लेकिन बहुमत हमेशा सही या कम-से-कम न्यायोचित होने का एकमात्र रास्ता नहीं है। इसलिए यदि आप इसमें तनिक भी विश्वास करते हैं और लोकतंत्र को बनाये रखना चाहते

हैं तो इसका केवल निदान है कि ऐसे बदलाव को सलाह देने के लिए उस राज्य की जनता को शुरुआत करने दें।'

इसके बाद राय बहादुर श्यामानन्दन सहाय ने कहा कि यदि डॉ. अंबेडकर भी अपना संशोधन प्रस्ताव रखते हैं तो स्थिति ज्यादा स्पष्ट हो जायगी और हम तय कर सकने की स्थिति में होंगे कि हमे अपना संशोधन रखना चाहिए या नहीं। इसके बाद उपाध्यक्ष महोदय द्वारा डॉ. अंबेडकर को अपना संशोधन प्रस्ताव रखने के लिए बुलाया गया। तत्पश्चात् डॉ. अंबेडकर ने यह संशोधन प्रस्ताव रखा कि अनुच्छेद 3 के अन्तर्गत लाये जाने वाले बिल को, प्रभावित राज्य या राज्यों के विचार/सहमति लेने के बाद राष्ट्रपति के संस्तुति पर संसद् के किसी सदन में रखा जा सकेगा। अपने प्रस्ताव के समर्थन में तर्क देते हुए डॉ. अंबेडकर ने कहा—

'सदस्यगण देखेंगे कि इस संशोधन के माध्यम से दो बदलाव लाये गये हैं। पहला यह है कि मूल प्रारूप में बिल प्रस्तुत करने का अधिकार केवल भारत सरकार को दिया गया था। संसद् के किसी प्राइवेट सदस्य को ऐसा करने का अधिकार नहीं था। इस ओर ध्यान आने पर हमने मूल प्रारूप के उस प्रावधान को ही हटा दिया जो मात्र भारत सरकार को बिल प्रस्तुत करने का अधिकार देता था और अब यह अधिकार राष्ट्रपति को दे दिया है और कहा गया है कि ऐसा बिल चाहे भारत सरकार द्वारा लाया गया हो या किसी सदस्य द्वारा निजी बिल के माध्यम से, इसके लिए राष्ट्रपति की स्वीकृति आवश्यक है।

'दूसरा जो बदलाव लाया गया है, वह यह है कि मूल प्रारूप के अनुच्छेद 3 में भारत सरकार द्वारा कोई बिल लाने के लिए दो शर्तें लगा दी गयी हैं, जिसे उपधारा (क) (i) और (ii) में उद्धृत किया गया है। इसके पहले शर्त यह थी कि ऐसी कोई कार्यवाही, प्रभावित होने वाले राज्य के विधायिका में क्षेत्र के प्रतिनिधियों के बहुमत द्वारा या राज्य विधायिका के प्रस्ताव द्वारा राष्ट्रपति को दिये गये प्रत्यावेदन के माध्यम से प्रारम्भ की जा सकती थी। ऐसा भी महसूस किया गया कि ऐसे अल्पमत हो सकते हैं जो महसूस करते हों कि उनकी स्थिति तब तक सुरक्षित नहीं रह सकती जब तक उसके राज्य की सीमा को न बदला जाय और जब तक उसे दूसरे राज्य के अपने भाई के साथ जुड़ने की अनुमति न दी जाय और यदि ये भाई उसी स्थान पर बने रहें तो कार्यवाही पूर्णत: बेमतलब साबित होगी। हमने मूल प्रारूप को समाप्त कर नये संशोधित प्रारूप का प्रस्ताव रखा है, जिसको दो भागों में बाँट दिया गया है। पहला भाग प्रान्तों के सन्दर्भ में है और दूसरा भाग रियासतों के सन्दर्भ में। दोनों में जो मुख्य अन्तर है वह यह है कि प्रान्तों के सन्दर्भ में विधायिका की राय आवश्यक है जबकि भारतीय रियासतों के सन्दर्भ में विधायिका की सहमति आवश्यक है। ऐसा इसलिए है क्योंकि ये रियासत संप्रभु हैं जबकि प्रान्त संप्रभु नहीं हैं।'

इस सम्बन्ध में प्रो. शाह द्वारा लाये गये संशोधन प्रस्ताव पर अपना विचार देते हुए डॉ. अंबेडकर ने आगे कहा—

'जहाँ तक प्रो. शाह के संशोधन की बात है तो अब ज्यादा अन्तर नहीं रह जाता है क्योंकि वह कहते हैं कि चर्चा राज्यों से प्रारम्भ होनी चाहिए और मेरे द्वारा प्रस्तुत

संशोधन में राज्यों की राय आवश्यक है। मुझे कोई सन्देह नहीं है कि जब राष्ट्रपति राज्य की राय लेगा तो अन्ततः वह उस राज्य के विधायिका में ही चर्चा के लिए रखा जायगा। इसलिए प्रो. शाह का संशोधन अनावश्यक हो गया है।'[1]

श्री के. संथानम ने बहस में भाग लेते हुए कहा कि प्रो. शाह के संशोधन को स्वीकार कर लिये जाने के बाद राज्य के किसी अल्पमत को अलग राज्य बनाने या दूसरे राज्य में शामिल होने का तब तक अधिकार नहीं रहेगा जब तक कि राज्य की विधायिका में बहुमत का उसे साथ न हो। इस सम्बन्ध में उन्होंने मद्रास और आन्ध्रा का दृष्टान्त दिया और कहा कि डॉ. अंबेडकर द्वारा सुझाये गये नये संशोधन से यदि कोई विधायिका में अल्पमत में है तो वह सीधे राष्ट्रपति के पास जा सकता है। इसलिए प्रो. शाह का संशोधन प्रस्ताव, जो लोकतंत्र के बजाय राज्य में बहुमत के तानाशाही को संरक्षित करती है, अस्वीकार किये जाने योग्य है और जो बात डॉ. अंबेडकर द्वारा रखी गयी है उसे स्वीकार किया जाना चाहिए।

इसके पश्चात् श्री सिधवा ने मि. संथानम के तर्कों का विरोध करते हुए कहा कि 'यदि राज्य के बहुमत के खिलाफ अल्पमत को राष्ट्रपति के यहाँ प्रत्यावेदन देने का अधिकार है, तो यह स्वागत किये जाने योग्य नहीं है। यदि राज्य का बहुमत अलगाव या बदलाव नहीं चाहता तो अल्पमत को पीछे के दरवाजे से इस इच्छा के विरुद्ध जाने का अधिकार नहीं है। लेकिन महोदय मैं प्रो. शाह के विचारों से भी सहमत नहीं हूँ। डॉ. अंबेडकर का संशोधन ज्यादा स्पष्ट और व्यापक है, इसलिए इसका मैं समर्थन करता हूँ। प्रो. शाह ने 'जनमत' की बात कही है, यदि राज्य विधायिका ऐसा उचित समझती है तो 'जनमत' करा सकती है। लेकिन चूँकि प्रो. शाह का संशोधन इस धारा के उपयोगिता को सीमित करता है इसलिए मैं डॉ. अंबेडकर के संशोधन की संस्तुति करता हूँ।'

इसके पश्चात् पण्डित हृदय नाथ कुंजरू द्वारा अपने संशोधन प्रस्ताव के माध्यम से रियासतों के सन्दर्भ में भी 'पूर्व सहमति' के स्थान पर 'विचार' रखे जाने के लिए प्रस्ताव रखा गया। ऐसा किये जाने के पीछे मंशा यह थी कि बिल प्रक्रिया के सम्बन्ध में प्रान्तों और रियासतों के बीच अन्तर को समाप्त किया जा सके। अपने संशोधन प्रस्ताव के पक्ष में श्री कुंजरू द्वारा कहा गया कि डॉ. अंबेडकर कहते हैं कि यह अन्तर इसलिए आवश्यक है क्योंकि रियासतें संप्रभु हैं। जबकि इसी प्रारूप संविधान में ऐसे कई प्रावधान हैं जिसमें यह सिद्धान्त लागू नहीं किये गये हैं। दृष्टान्त के लिए इसी प्रारूप संविधान के अनुच्छेद 226 (संविधान का अनुच्छेद 249) में यह प्रावधान है कि राज्यसभा यदि यह घोषणा करती है कि राष्ट्रीय हित में राज्यसूची के विषयों पर संसद् द्वारा कानून बनाना चाहिए तो संसद् द्वारा ऐसा किया जाना वैध होगा। इससे स्पष्ट है कि ये प्रावधान रियासतों की संप्रभुता से प्रभावित हुए बिना हैं। इसलिए राज्यों के पुनर्गठन के सम्बन्ध में प्रान्तों और रियासतों को बराबर रखा जाना चाहिए।

इसी तरह पण्डित कुंजरू ने प्रारूप अनुच्छेद 230 (संविधान का अनुच्छेद 253) एवं प्रारूप अनुच्छेद 294 (संविधान का अनुच्छेद 332) का उदाहरण देते हुए कहा कि प्रारूप अनुच्छेद 230 दूसरे देश के साथ हुए अन्तरराष्ट्रीय समझौतों को लागू करने के लिए संसद् को किसी राज्य या उसके भाग के लिए कानून बनाने का अधिकार देता है।

यदि डॉ. अंबेडकर का सिद्धान्त लागू किया जायगा तो इन रियासतों को अनुच्छेद 230 के दायरे के बाहर रखना होगा। अनुच्छेद 294 रियासतों में अल्पसंख्यकों की सुरक्षा को लेकर कानून बनाने का अधिकार संसद् को प्रदान करता है। श्री कुंजरू का तर्क था कि यदि जनहित में राज्यों की सीमा या नाम या क्षेत्र में परिवर्तन करने की आवश्यकता है तो मैं नहीं समझता कि क्यों रियासतों को 'वीटो पावर' दिया जाय?[2]

यद्यपि राय बहादुर श्यामानन्दन सहाय ने डॉ. अंबेडकर द्वारा लाये गये संशोधन प्रस्ताव का समर्थन किया, लेकिन उन्होंने प्रान्तों और रियासतों को लेकर पैदा किये गये अन्तर को समाप्त करने के पण्डित कुंजरू के विचार का अलग तरीके से समर्थन किया। पण्डित कुंजरू 'विचार' लेने की व्यवस्था को रियासतों पर लागू करने की माँग कर रहे थे, किन्तु श्री सहाय ने इसके विपरीत यह सुझाव दिया कि रियासतों की तरह प्रान्तों से भी 'पूर्व सहमति' लेने की व्यवस्था होनी चाहिए, इसलिए डॉ. अंबेडकर द्वारा प्रस्तावित संशोधन के परन्तुक के पैरा (क) में 'विचार' के स्थान पर 'पूर्व सहमति' किया जाना चाहिए।

पण्डित ठाकुरदास भार्गव ने डॉ. अंबेडकर के संशोधन प्रस्ताव को मूल प्रावधान की तुलना में ज्यादा कड़ा प्रावधान बताया और कहा कि यदि राष्ट्रपति और कैबिनेट संस्तुति नहीं देता है तो इसका मतलब है कि सदस्यों की शक्ति बेकार है। यह प्रावधान पूरी तरह अलोकतांत्रिक है और संसद् के अधिकार को प्रतिबन्धित करता है। ऐसे मामलों में निर्णयात्मक शक्ति जनता के हाथ में होनी चाहिए।

जबकि श्री रोहिणी कुमार चौधरी ने प्रो. शाह और पण्डित कुंजरू के संशोधनों का विरोध करते हुए डॉ. अंबेडकर के संशोधन को ज्यादा बेहतर और वर्तमान परिस्थितियों के अनुकूल बताया। उन्होंने केवल एक सवाल उठाया कि राष्ट्रपति की संस्तुति का मतलब क्या है? क्या राष्ट्रपति, सरकार की सहमति से संस्तुति करेगा या स्वतंत्र होकर अपने विवेकाधिकार से संस्तुति करेगा? डॉ. अंबेडकर द्वारा प्रस्तावित संशोधन में 'राष्ट्रपति के विवेकाधिकार' शब्द का प्रयोग नहीं है। लेकिन डॉ. अंबेडकर का यह निर्वचन कि जहाँ 'राष्ट्रपति' का प्रयोग हुआ है वहाँ वह अपने विवेकाधिकार का इस्तेमाल करेगा, उचित निर्वचन है।'

श्री गोपीकृष्णन विजयवर्गीय द्वारा भी रियासतों की सहमति लिये जाने का विरोध करते हुए प्रान्तों और रियासतों के मध्य किये गये अन्तर को समाप्त करने के लिए कहा गया।

पण्डित ठाकुरदास भार्गव के विचार कि डॉ. अंबेडकर द्वारा प्रस्तुत संशोधन ज्यादा कठोर है, से असहमति व्यक्त करते हुए प्रो. शिब्बन लाल सक्सेना ने कहा कि डॉ. अंबेडकर का प्रस्ताव सदस्यों को निजी बिल प्रस्तुत करने का अधिकार देता है, ज्यादा उचित है। यह शर्त कि राष्ट्रपति सम्बन्धित राज्यों से विचार और मंत्रालय की राय लेगा, एक व्यावहारिक शर्त है क्योंकि राज्यों के क्षेत्रों में बदलाव करना बहुत ही संवेदनशील मामला है और इसे इतना सरल नहीं बनाया जा सकता कि कोई सदस्य सीधे सदन में अपना बिल रख दे। उन्होंने आगे कहा कि मैं सोचता हूँ कि डॉ. अंबेडकर भी दिल से चाहते होंगे कि प्रान्तों और रियासतों के मध्य अन्तर समाप्त

होना चाहिए और हम भी चाहते हैं कि यह अन्तर समाप्त हो। हम पण्डित कुंजरू के भी विचार से सहमत हैं, लेकिन मैं व्यक्तिगत रूप से समझता हूँ कि इस मामले में सरदार पटेल भी यह सोचते हैं कि बिना रियासतों की सहमति के ऐसा करना परस्पर-विश्वास का उल्लंघन होगा। उन्होंने इन रियासतों से सहमति का वादा किया है, हमें उम्मीद है कि वे ऐसा कर लेंगे।

श्री एल. कृष्णास्वामी भारती ने डॉ. अंबेडकर के संशोधन का समर्थन तो किया लेकिन यह भी कहा कि रियासतों की संप्रभुता का सिद्धान्त बहुत ही खतरनाक है। इसलिए उन्होंने डॉ. अंबेडकर से यह जानना चाहा कि प्रान्तों और रियासतों के मध्य यह अन्तर क्यों रखा गया जबकि उन्होंने अपने प्रथम भाषण में कहा था कि जल्द ही इस अन्तर को समाप्त किया जायगा।

चौधरी रणबीर सिंह और श्री आर. के. सिधवा ने भी डॉ. अंबेडकर के संशोधन का समर्थन तो किया लेकिन आशा किया कि डॉ. अंबेडकर स्पष्ट करेंगे कि रियासतों के सम्बन्ध में अन्तर क्यों रखा गया है?

इसके बाद उपाध्यक्ष महोदय ने डॉ. अंबेडकर को जवाब देने के लिए बुलाया। इस पर मौलाना हसरत मोहानी ने व्यवस्था का प्रश्न उठाते हुए कहा कि डॉ. अंबेडकर पहले ही अपने संशोधन प्रस्ताव के पक्ष में बोल चुके हैं, इसलिए उनको आगे बोलने का अधिकार नहीं है। इस आपत्ति के समर्थन में उन्होंने कई तर्क भी दिये थे। किन्तु श्री आर. के. सिधवा और श्री घनश्याम सिंह गुप्ता द्वारा मौलाना हसरत मोहानी की आपत्ति का विरोध करते हुए कहा गया कि जब सम्पूर्ण प्रावधान पर चर्चा हो रही है तो डॉ. अंबेडकर को जवाब देने का अधिकार है। इसके पश्चात् उपाध्यक्ष महोदय द्वारा जवाब देने के लिए डॉ. अंबेडकर को दोबारा बुलाया गया।

अपने पारंगत कानूनी ज्ञान से देश को विषम परिस्थितियों से निकाला

पण्डित कुंजरू द्वारा सवाल उठाया गया था कि प्रारूप-संविधान में अनुच्छेद 226, 230, 294 जैसे कई प्रावधान हैं जिसमें रियासतों की संप्रभुता का सिद्धान्त लागू किया जा सकता था, लेकिन ऐसा नहीं किया गया है। ऐसी स्थिति में मात्र अनुच्छेद 3 के सन्दर्भ में संप्रभुता का सिद्धान्त लागू किया जाना और भारतीय रियासतों को महत्त्व देना उचित नहीं है। पण्डित कुंजरू के सवाल न केवल जटिल व संवेदनशील थे, बल्कि एक तरह से उचित भी लग रहे थे। कुछ सदस्यों ने इस प्रस्ताव का समर्थन भी किया। लेकिन पण्डित कुंजरू द्वारा उठाये गये सवालों से दो तरह की गम्भीर राजनीतिक समस्याएँ पैदा हो सकती थीं। पहला यह कि पण्डित कुंजरू के बहस के बाद रियासतों को 'संप्रभुता के सिद्धान्त' के आधार पर प्रारूप अनुच्छेद 226, 230, 294 को लेकर अनुचित माँग करने का मौका मिल सकता था और दूसरा यह कि इसके कारण रियासतों और सरकार के मध्य अविश्वास का गम्भीर संकट पैदा हो सकता था और दोनों के मध्य चल रहे वार्त्तालाप प्रभावित हो सकते थे। पण्डित कुंजरू द्वारा उठाये गये सवालों को उपेक्षित करना और भी नुकसानदायक हो सकता था। इसलिए प्रारूप अनुच्छेद 3 के अन्तर्गत रियासतों को मिले अतिरिक्त अधिकार का बचाव इस तरह करने की आवश्यकता थी कि संविधान सभा के

सदस्य सन्तुष्ट भी हो जाये और रियासतों को 'संप्रभुता के सिद्धान्त' के आधार पर प्रारूप अनुच्छेद 226, 230, 294 को लेकर अनुचित माँग करने का अवसर भी न मिल सके।

यद्यपि संविधान सभा के कुछ सदस्यों द्वारा प्रारूप अनुच्छेद 226, 230, 294 पर पण्डित कुंजरू के विचारों का समर्थन भी किया गया था, किन्तु संविधान सभा में, पैदा हो रहे इन विषम परिस्थितियों को समझने और उससे उपजने वाले समस्याओं का निराकरण निकालने का दारोमदार केवल और केवल डॉ. अंबेडकर पर रहता था। डॉ. अंबेडकर भी जल्दी हार मानने वालों में से नहीं थे। उन्होंने तुरन्त ही बड़ी चतुराई से न केवल इन तीनों प्रावधानों से उपजे सवालों का अलग-अलग जवाब दिया बल्कि प्रारूप अनुच्छेद 212 का जिक्र करके संविधान सभा सदस्यों को मेज थपथपाने और हर्षध्वनि व्यक्त करने के लिए मजबूर कर दिया। डॉ. अंबेडकर के शब्दों में—

'मि. कुंजरू द्वारा लाये गये संशोधन के प्रति हमारी सहानुभूति है लेकिन मैं उसे स्वीकार करने की स्थिति में नहीं हूँ। उनका तर्क है कि अनुच्छेद 3 के अन्तर्गत प्रान्तों और रियासतों के मध्य अन्तर के समर्थन में जो कारण बताये जा रहे हैं वे अनुच्छेद 226, 230 और 294 के प्रावधानों के परस्पर विरोधी हैं। मेरा कहना है कि ऐसा कोई अन्तर्विरोध नहीं है। जहाँ तक अनुच्छेद 226 का सवाल है यह अनुच्छेद राज्यसभा के प्रस्ताव पर संसद् को कानून बनाने का अधिकार देता है। राज्यसभा में प्रान्तों और रियासतों के प्रतिनिधि होते हैं। वे राज्यसभा द्वारा प्रस्ताव पारित करने की प्रक्रिया में भाग लेते हैं। इसलिए यह कहना कठिन है कि अनुच्छेद 226 अपने-आप भारतीय रियासतों के संप्रभुता का अतिक्रमण करता है। जहाँ तक अनुच्छेद 230 का सवाल है इस सम्बन्ध में भी मेरा उसी तरह का जवाब है। अन्तरराष्ट्रीय समझौतों का मामला विदेश मामलों से सम्बन्धित है और विदेश मामलों से सम्बन्धित विषय उन तीन विषयों में से एक है, जिस पर स्वीकारत: संसद् को कानून बनाने का पूरा अधिकार है।

'अनुच्छेद 294, जो रियासतों में अल्पसंख्यकों की सुरक्षा के लिए संसद् के अधिकार के विस्तार की बात करता है, नि:सन्देह कुछ अर्थों में रियासतों की संप्रभुता पर अतिक्रमण होने जैसा लगता है लेकिन ऐसा नहीं है। यह एक प्रस्ताव जैसा है जो हम भारतीय रियासतों के समक्ष उस समय रखते हैं जब वे भारतीय संघ में शामिल होते हैं। मैं कह सकता हूँ कि मसौदा-समिति द्वारा यह विस्तार इसलिए बनाया गया है क्योंकि उसको पता चला कि कुछ रियासतों की संविधान सभाएँ इस सम्बन्ध में कुछ प्रावधान बना रही हैं जो भिन्न प्रकार की और कान खड़ा कर देने वाली हैं। इसलिए मसौदा-समिति ने ऐसा करना उचित समझा कि इन रियासतों में अल्पसंख्यकों की सुरक्षा के लिए कौन-से प्रबन्ध स्वीकार करना है और कौन-से नहीं, यह संघ सरकार पर निर्भर करेगा।

'रियासतों के संप्रभुता के सिद्धान्त' और इस कारण प्रारूप प्रावधान में प्रान्तों और रियासतों के बीच पैदा हुए अन्तर को स्पष्ट करते हुए डॉ. अंबेडकर ने जवाब दिया—

'महोदय, भारतीय रियासतों और प्रान्तों के मध्य अन्तर के सवाल पर बहुत-कुछ कहा जा चुका है और मैं महसूस करता हूँ कि सदन संविधान में बनाये गये

इस अन्तर पर बहुत उत्तेजित है, लेकिन मैं इस सदन से दो बातें बताना चाहता हूँ। पहला यह कि मौजूदा समय में हम उन दो वार्त्ताकारी समितियों के बीच हुए समझौते की शर्तों से बँधे हैं, जिसमें से एक की नियुक्ति ब्रिटिश प्रान्त के प्रतिनिधि के रूप में संविधान सभा द्वारा की गयी है और दूसरे की नियुक्ति उन भारतीय रियासतों के नामांकित प्रतिनिधियों द्वारा जिनका दायित्व दोनों भागों पर समान रूप से लागू हो सकने वाले संविधान को बनाने के लिए आधार खोजना है। अब मैं वार्त्ताकारी समितियों द्वारा बनाये गये रिपोर्ट के विस्तार में नहीं जाना चाहता, लेकिन यदि मेरे सम्मानित मित्र पण्डित कुंजरू इन समितियों के रिपोर्ट को देखकर अपने ज्ञान को ताजा करेंगे तो वे पायेंगे कि यह एक विशिष्ट प्रावधान है। वार्त्ताकारी समिति की रिपोर्ट से ऐसा कुछ नहीं समझा जा सकता कि वह भारतीय रियासतों के क्षेत्र में अतिक्रमण करने की अनुमति भारत संघ को देता हो। मेरा निवेदन है कि यदि दोनों पक्षों में ऐसी 'समझ', मेरा मतलब संविदा या समझौता नहीं है, बनी है तो इस अवसर पर अच्छा होगा कि हम सब इस 'समझ' का सम्मान करें।

'इस सम्बन्ध में एक अन्य अनुच्छेद की तरफ इस सदन का ध्यान दिलाना चाहता हूँ, जिस पर मुझे खेद है कि हमारे मित्र मि. कुंजरू ने जिक्र नहीं किया— वह है अनुच्छेद 212, जो कि बहुत महत्त्वपूर्ण है। मुझे भारतीय रियासतों के सन्दर्भ में वस्तुस्थिति को स्पष्ट करना चाहिए। अनुच्छेद 3 के अन्तर्गत रियासतों को भारत संघ के पक्ष में जारी किये गये 'इन्स्ट्रूमेण्ट ऑफ एक्सेसन' के आधार पर भारत संघ में शामिल करने की व्यवस्था बनायी गयी है। वह 'इन्स्ट्रूमेण्ट ऑफ एक्सेसन' के शर्तो से विनियमित होता है। लेकिन यही एकमात्र तरीका नहीं है। इसके अलावा एक और तरीका है। वह तरीका है अनुच्छेद 212 का प्रावधान। अनुच्छेद 212 कहता है कि भारतीय रियासत के शासक अपनी संप्रभुता का हस्तान्तरण भारत संघ को कर सकते हैं। जब भारतीय रियासतों द्वारा ऐसा कर दिया जाता है तब वह पूरी तरह से भारत संघ का क्षेत्र हो जाता है और उसकी संप्रभुता पूरी तरह से भारत संघ में अन्तर्निहित हो जाती है। वह अन्य प्रान्तों की तरह हो जाता है। इसलिए मेरा इस सदन से कहना है कि इस विषय पर मूर्च्छित, यदि मैं कह सकूँ तो, होने की कोई आवश्यकता नहीं है। यदि हम थोड़ा-सा भी संयम रखते हैं, तो मुझे थोड़ा-सा भी शक नहीं है कि हमारे गृहमंत्री जो 'अव्यवस्था' को कम करने में बहुत-कुछ कर चुके हैं और आगे भी संघ सरकार को मिले सार्वभौम अधिकार का प्रयोग करते हुए इस दिशा में लगातार प्रयास कर रहे हैं और ऐसी व्यवस्था बनाने में लगे हैं कि या तो भारतीय रियासतों पर लागू प्रावधानों को वे स्वीकार करें या अनुच्छेद 212 के प्रावधानों को मानें और अपनी संप्रभुता को पूरी तरीके से समर्पण करें ताकि इन रियासतों के साथ उसी तरह व्यवहार किया जा सके जैसा प्रान्तों के साथ किया जाता है।

'मौजूदा समय में मैं निवेदन करता हूँ कि हमारे लिये दोनों वार्त्ताकारी समितियों द्वारा किये गये समझौते का सम्मान करना बुद्धिमानी होगा और तब तक इसे माने जब तक परस्पर सद्भाव, शान्ति और सम्मान के साथ दोनों तरफ से समझौता होकर

इसे परिवर्तित करने की स्थिति में न आ जाये। अध्यक्ष महोदय, मैं संशोधन का विरोध करता हूँ।'[3]

हर्षध्वनि और मेज पर थपथपाहट के साथ संविधान सभा सदस्यों द्वारा डॉ. अंबेडकर द्वारा प्रस्तावित संशोधन को स्वीकार कर लिया गया और पण्डित कुंजरू के संशोधन प्रस्ताव को अस्वीकार कर दिया गया।

विश्व के संविधानों पर डॉ. अंबेडकर की पारंगतता

प्रारूप अनुच्छेद 4 के सम्बन्ध में मि. नजरुद्दीन अहमद द्वारा कुल पाँच संशोधन प्रस्ताव रखे गये जो मूलतः शब्द सुधारों को लेकर था। संशोधन सं. 177 द्वारा यह प्रस्ताव लाया गया था कि प्रारूप अनुच्छेद 4 के खण्ड (1) से और प्रारूप संविधान में प्रत्येक स्थान पर जहाँ भी 'इस संविधान का अनुच्छेद' शब्दावली का प्रयोग किया गया है, वहाँ से 'इस संविधान का' शब्दावली को हटा दिया जाय क्योंकि यह बिलकुल अनावश्यक है। इसके साथ अनुच्छेद 303 में नया खण्ड जोड़कर यह स्पष्ट कर दिया जाय कि 'अनुच्छेद' का मतलब 'संविधान का अनुच्छेद' समझा जायेगा। मि. नजरुद्दीन अहमद का तर्क था ऐसा जनरल क्लाज एक्ट के अन्तर्गत भी माना जाता है। ऐसे कई जगह है कि प्रारूप संविधान में केवल 'अनुच्छेद' ही लिखा गया है। मि. नजरुद्दीन अहमद का एक अन्य संशोधन प्रस्ताव 'अनुच्छेद 2 या अनुच्छेद 3' के स्थान पर 'अनुच्छेद 2 या 3' प्रतिस्थापित करने के लिए था।

जबकि प्रो. शिब्बन लाल सक्सेना द्वारा अपना संशोधन प्रस्ताव कि प्रारूप अनुच्छेद 4 के खण्ड (2) को समाप्त कर दिया जाये, को उपाध्यक्ष महोदय द्वारा मंजूरी नहीं मिलने के कारण वापस ले लिया गया।

सदन प्रक्रिया के अन्तर्गत सदस्यों द्वारा प्रस्तुत किये जाने वाले संशोधन-प्रस्तावों की पूर्व नोटिस दी गयी होती थी ताकि इनके जवाब के लिए तैयारी की जा सके। इस तरह संशोधन-प्रस्तावों की जानकारी तो रहती थी लेकिन इन संशोधन प्रस्तावों के समर्थन में या विरोध में सदस्यों द्वारा क्या तर्क दिये जायेंगे, इसकी जानकारी सदन में बहस के समय ही हो पाती थी। इन तर्कों का या तो बहस के समय जवाब दिया जाये या फिर जवाब देने के लिए अलग से समय लिया जाये। बहुत-सारे तर्क कानूनी सन्दर्भ में भी इतने तथ्यात्मक होते थे कि उनका जवाब मात्र समझ-बूझ के आधार पर नहीं दिया जा सकता था, जब तक कि उन तथ्यों के सम्बन्ध में व्यापक ज्ञान न हों। लेकिन व्यापक ज्ञान और विषयों पर अपनी गहरी पकड़ के कारण डॉ. अंबेडकर को हाजिरजवाबी में महारत हासिल था। कितना भी उलझा हुआ मामला हो, डॉ. अंबेडकर हमेशा तर्कसंगत जवाब के साथ तैयार रहते थे।

प्रारूप अनुच्छेद 4 के सन्दर्भ में प्रस्तुत संशोधन प्रस्ताव कोई बहुत ज्यादा महत्त्वपूर्ण नहीं थे, लेकिन इन संशोधनों के पक्ष-विपक्ष में संविधान सभा में जो तर्क दिये गये, वह यह दर्शाता था कि सदस्यगण कितनी तैयारी के साथ संविधान सभा में आते थे। और इन सभी सदस्यों के तर्कों और चुनौतियों का जवाब देने के लिए डॉ. अंबेडकर को भी तैयार रहना पड़ता था। संविधान सभा में डॉ. अंबेडकर कितनी व्यापक तैयारी के साथ आते थे,

इस दृष्टि से अनुच्छेद 4 पर की गयी बहस महत्त्वपूर्ण है। यह बहस डॉ. अंबेडकर के विश्व के संविधान पर पारंगतता की एक मिसाल है और इस रूप में संविधानविज्ञों के लिए यादगार भी।

प्रारूप अनुच्छेद 4 पर चर्चा के दौरान श्री एच. वी. कामथ द्वारा डॉ. अंबेडकर के सन्दर्भ में बहुत ही रोचक किन्तु चुनौती देने वाली बात कही गयी। उनका कहना था कि मि. नजरुद्दीन का संशोधन सं. 177 पर जवाब देने के लिए यदि डॉ. अंबेडकर को बुलाया जाता है और यदि वे यह कहते हैं कि संशोधन सं. 177 को अस्वीकार किया जाना चाहिए तो ऐसा कहने के पहले वे अस्वीकार करने के कारण भी बतायें और मात्र यह न दुहरायें कि 'मैं संशोधन को अस्वीकार करता हूँ।' क्योंकि संशोधन के प्रस्तावक के तर्कों के अलावा मैं भी आस्ट्रेलिया, दक्षिण अफ्रीका, स्वीस कान्फेडरेशन और जर्मनी के संविधानों को देखा है जिसमें मैंने पाया कि कहीं भी अनुच्छेद के पूर्व 'इस संविधान का' शब्दावली का प्रयोग नहीं है। श्री कामथ ने आगे कहा कि इन सब के बावजूद 'संक्षिप्तता' किसी संविधान की आत्मा और आवश्यकता होती है और हमें बेकार एवं अनावश्यक शब्द के कारण संविधान को भारयुक्त बनाने से बचना चाहिए। मैं पाता हूँ कि प्रारूप-संविधान में 'इस संविधान का' शब्दावली अनावश्यक रूप से बार-बार प्रयोग हुआ है। मैं सोचता हूँ कि संशोधन तर्कपूर्ण और हानिरहित है। मैं पुनः डॉ. अंबेडकर से निवेदन करूँगा कि वे 'मैं संशोधन को अस्वीकार करता हूँ' का तरीका अपनाने के बजाय ऐसा करने के पीछे अपने कारणों को भी बतायें।[4]

यद्यपि डॉ. अंबेडकर, मि. नजरुद्दीन के संशोधनों से सहमत नहीं थे, लेकिन मि. कामथ द्वारा इस तरह के चुनौतीपूर्ण विचार रखे जाने के बाद उनके लिए आवश्यक हो गया था कि वे शब्द सुधार को लेकर प्रस्तुत संशोधनों को अस्वीकार करने के पहले ऐसा करने का आधार भी बतायें, खासतौर से तब जब संशोधन के पक्ष में विश्व के अन्य संविधानों का हवाला दिया गया था। ऐसा पूर्वानुमान नहीं लगाया जा सकता था कि मि. नजरुद्दीन के संशोधन प्रस्ताव का श्री एच. वी. कामथ द्वारा इतनी तैयारी के साथ समर्थन किया जायगा और इसके पक्ष में विश्व के दूसरे संविधान का दृष्टान्त भी रखकर इसे चुनौती के रूप में प्रस्तुत किया जायेगा। इस तरह की चुनौतियों का जवाब देने की जिम्मेदारी पूर्णतया डॉ. अंबेडकर पर ही रहती थी। उनके पास दो विकल्प थे—या तो प्रस्तावित संशोधन को बिना कोई सरदर्द लिये स्वीकार कर लें या फिर यदि अस्वीकार कर रहे है तो इसके लिए कारण और आधार बताने की चुनौती थी। अस्वीकार करने का कारण तुरन्त तभी दिया जा सकता है, जब कि उस विषय पर या तो पूरी तैयारी रहे या फिर तैयारी के लिए कुछ समय लिया जाये। डॉ. अंबेडकर के लिए तैयारी हेतु समय लेना कठिन नहीं था, लेकिन संविधान सभा का समय बहुत ही मूल्यवान् है, इसका अन्दाजा बाबा साहेब को रहता था। इसलिए वह सम्बन्धित विषय पर पूरी तैयारी के साथ संविधान सभा में रहते थे और इस दृष्टिकोण से संविधान सभा में बाबा साहेब का कोई विकल्प नहीं था।

डॉ. अंबेडकर को दुनिया के संविधान पर कितनी गहरी पकड़ थी, इसका प्रारूप अनुच्छेद 4 पर उनके द्वारा दिया गया तर्क एक अप्रतिम उदाहरण है। मि. कामथ द्वारा

दिये गये पूर्व-दृष्टान्त के जवाब में डॉ. अंबेडकर ने तुरन्त आयरलैण्ड के संविधान का पूर्व-दृष्टान्त देकर प्रारूप-प्रावधान का बचाव किया। प्रारूप-प्रावधान का बचाव करते हुए डॉ. अंबेडकर ने कहा—

> '...मि. कामथ कहते हैं कि उन्होंने आस्ट्रेलिया और अन्य संविधानों का परीक्षण किया लेकिन किसी में 'इस संविधान का' जैसा शब्दावली नहीं मिला। मुझे कहते हुए खेद है कि उन्होंने अपने शोध को 'आयरिश संविधान' तक नहीं पहुँचाया। यदि वे ऐसा करते तो पाते कि इस प्रारूप संविधान में प्रयोग किये गये शब्दावली उसी तरह है जैसे 'आयरिश संविधान' में है। उदाहरण के लिए 'आयरिश संविधान' के अनुच्छेद 19, अनुच्छेद 27, अनुच्छेद 32(4) और अनुच्छेद 46(5) को देखा जा सकता है, जहाँ पर अनुच्छेद के पूर्व 'इस संविधान का' प्रयोग हुआ है। मैं मि. कामथ का ध्यान आकृष्ट करना चाहता हूँ कि हमने इस सम्बन्ध में 'गवर्नमेण्ट ऑफ इण्डिया एक्ट' का भी अनुकरण किया है।
>
> '... जहाँ तक सम्मानित सदस्य मि. नजरुद्दीन के संशोधन की बात है मेरा निवेदन है कि हमने सतही तरीके से कार्य नहीं किया है बल्कि जो भी शब्दावली हमने प्रयोग किये हैं वे दूसरे देशों के संविधान से आच्छादित हैं। ... इसलिए जहाँ तक सिद्धान्त की बात है, यह शायद ही बहस या मतभेद का मामला हो सकता है। परन्तु यहाँ केवल पूर्व-दृष्टान्त का मामला रह जाता है और प्रश्न जो पूछा जा सकता है कि 'क्या हमने कुछ ऐसा किया है जो 'पूर्व-दृष्टान्त' से आच्छादित नहीं है? और मेरा निवेदन है कि हमने जो भी शब्दावली का प्रयोग किया है, वह 'पूर्व-दृष्टान्त' से आच्छादित है।'[5]

इसके उपरान्त मि. नजरुद्दीन द्वारा प्रस्तुत किये गये सारे संशोधन-प्रस्ताव संविधान सभा द्वारा अस्वीकार कर दिये गये।

प्रारूप-संविधान के भाग 1 के अन्तर्गत आने वाले अनुच्छेद 1 से 4 को अंगीकृत कर लेने के उपरान्त नागरिकता से सम्बन्धित भाग 2 और मूल अधिकार से सम्बन्धित भाग 3 पर बहस शुरू किया जाना था। लेकिन इन दोनों भागों के लिए बहुत-सारे संशोधन प्रस्ताव आ गये थे और इस कारण इस पर बहस में ज्यादा समय लगना था। इसलिए संविधान सभा द्वारा यह अनुभव किया गया कि यदि कुछ समय के बाद इन दोनों भागों पर चर्चा की जाय, तो संशोधन प्रस्तावकों को इस पर विचार करने का ज्यादा समय मिल जायगा। इसलिए उपाध्यक्ष महोदय द्वारा भाग 2 और 3 पर बहस के पहले निर्देशक सिद्धान्तों से सम्बन्धित भाग 4 पर बहस कराने की व्यवस्था दी गयी, जिस पर संविधान सभा द्वारा भी स्वीकृति प्रदान कर दी गयी। इसके बाद प्रारूप संविधान के भाग 4 पर बहस करने के लिए सदन की कार्यवाही को अगले दिन 19 नवम्बर, 1948 के लिए टाल दिया गया।

सन्दर्भ सूची

1. सी.ए.डी., खण्ड 7, पृष्ठ 4392. सी.ए.डी., खण्ड 7, पृष्ठ 441
3. सी.ए.डी., खण्ड 7, पृष्ठ 4584. सी.ए.डी., खण्ड 7, पृष्ठ 466
5. सी.ए.डी., खण्ड 7, पृष्ठ 467

8

संविधान यात्रा—छठा चरण : निर्देशक सिद्धान्त

'निर्देशक' शब्द का महत्त्व

प्रारूप-संविधान के माध्यम से हमारे संविधान निर्माताओं का लक्ष्य देश में 'राजनीतिक लोकतंत्र' को स्थापित करने के साथ-साथ 'आर्थिक लोकतंत्र' के आदर्श को हासिल करना भी था। 'आर्थिक लोकतंत्र' एवं 'समानता आधारित सामाजिक व्यवस्था' को प्राप्त करने के लिए प्रारूप-संविधान के भाग 4 में निर्देशक सिद्धान्तों को इस उम्मीद के साथ स्वीकार किया गया कि इसे न केवल कार्यपालिका द्वारा नीतियों को लागू करते समय, बल्कि विधायिकाओं द्वारा कानून बनाते समय भी ध्यान में रखा जायेगा।

प्रारूप-संविधान के भाग 4 का शीर्षक 'राज्य की नीति के निर्देशक तत्त्व' प्रस्तुत किया गया था। इस भाग के सम्बन्ध में पहला संशोधन प्रस्ताव काजी सैय्यद करीमुद्दीन द्वारा भाग 4 के शीर्षक से 'निर्देशक' शब्द हटाने के लिए प्रस्तुत किया गया। उनका तर्क था कि इस भाग में समान नागरिक संहिता तथा आर्थिक विषय से सम्बन्धित ऐसे प्रावधान हैं, जो बहुत ही मूलभूत हैं। किन्तु निर्देशक सिद्धान्त जिस रूप में रखे गये हैं, वे न तो राज्य पर बन्धनकारी हैं और न ही वे न्यायालयों द्वारा प्रवर्तित किये जा सकते हैं। यदि ये राज्य पर बंधनकारी नहीं हैं और किसी तरह न्यायालयों द्वारा प्रवर्तित नहीं किये जा सकते तो ऐसी स्थिति में ऐसे सिद्धान्त अनावश्यक और अर्थहीन हैं। डॉ. अंबेडकर ने स्वयं लिखा है कि ऐसे सिद्धान्तों को मूल अधिकारों की तरह संविधान में स्थान मिलना चाहिए और इन्हें दस वर्ष के अन्दर लागू कर दिया जाना चाहिए।...इसलिए यह आवश्यक है कि 'निर्देशक' शब्द को हटा दिया जाये।

इसके उपरान्त मि. एच. वी. कामथ ने यह संशोधन प्रस्ताव लाया कि 'निर्देशक' के स्थान पर 'मौलिक' शब्द रखा जाय क्योंकि भाग 3 और 4 दोनों में ऐसे अधिकार हैं जो मूल अधिकार की तरह हैं। अपने संशोधन के समर्थन में मि. कामथ ने सरदार पटेल द्वारा 30 अगस्त, 1947 को संविधान सभा के समक्ष प्रस्तुत की गयी उस रिपोर्ट का सहारा लिया जिसमें इन अधिकारों को 'शासन का मूल सिद्धान्त' कहा गया था। इन तर्कों के साथ मि. कामथ ने सवाल किया कि सरदार पटेल द्वारा दिये गये शीर्षक से अलग नाम क्यों रखा गया है?

आम बहस में भाग लेते हुए मि. एम. अनंथसयनम अयंगर द्वारा इन सिद्धान्तों को न्यायालय द्वारा अप्रवर्तनीय बनाये जाने और 'निर्देशक' नाम दिये जाने का समर्थन किया गया। मि. अयंगर के अनुसार 'निर्देशक सिद्धान्त' ऐसे सिद्धान्त हैं, जिसे सरकार को हमेशा

अपने दिमाग में रखना चाहिए कि इन्हें कैसे लागू किया जाये। लेकिन मि. नजरुद्दीन अहमद ने 'निर्देशक' शब्द हटाने के लिए प्रस्तुत संशोधन प्रस्ताव का समर्थन किया। उनके अनुसार न केवल शीर्षक बल्कि पूरा चैप्टर ही मिथ्या विचार पर आधारित है। मि. नजरुद्दीन का तर्क था कि यदि आप संविधान में ऐसे सिद्धान्त को स्थान देते हैं, जो प्रवर्तनीय नहीं है, तो यह उसी तरह होगा कि आप नये वर्ष के पहले दिन कोई प्रस्ताव बनाते हैं और अगले दिन तोड़ भी देते हैं। इसलिए इनको संविधान में रखा ही नहीं जाना चाहिए।

काजी सैय्यद करीमुद्दीन और मि. एच. वी. कामथ द्वारा प्रस्तुत उपर्युक्त संशोधन प्रस्तावों को डॉ. अंबेडकर द्वारा अस्वीकार कर दिया गया। भाग 4 में 'निर्देशक' शब्द के महत्त्व को रेखांकित करते हुए डॉ. अंबेडकर ने कहा—

> 'मुझे खेद है कि मैं इन दोनों संशोधनों को स्वीकार नहीं कर सकता। मि. कामथ के संशोधन को वस्तुतः मसौदे में पहले से ही शामिल किया गया है। यदि मसौदे को देखें तो मि. कामथ पायेंगे कि शब्द 'मौलिक' इस भाग के पहले अनुच्छेद में ही शामिल हैं। इसलिए उनकी मंशा कि इन सिद्धान्तों को मौलिक माना जाना चाहिए, इस भाग के पहले अनुच्छेद के शब्दावली में रखकर प्राप्त कर लिया गया है।
>
> 'निर्देशक' शब्द के सन्दर्भ में मैं सोचता हूँ कि यह आवश्यक और महत्त्वपूर्ण है क्योंकि यह समझा जाना चाहिए कि संविधान के इस भाग को अंगीकृत करके संविधान सभा भावी विधायिका और कार्यपालिका को कुछ निर्देश दे रही है कि उन्हें अपने विधायी और कार्यपालिकीय शक्तियों का कैसे प्रयोग करना है। यदि 'निर्देशक' शब्द को हटा दिया जाये, तो मुझे डर है कि संविधान सभा इस भाग को लागू कराने के अपने उद्देश्य में विफल हो जायेगा। निश्चित रूप से, जैसा कि कुछ सदस्यों ने कहा, इन सिद्धान्तों को पवित्र घोषणा के रूप में रख देना ही मात्र हमारा आशय नहीं है। इस सभा की मंशा है कि भविष्य में विधायिका और कार्यपालिका दोनों इस भाग में उल्लेखित सिद्धान्तों के प्रति केवल मौखिक सेवा न करें बल्कि ये सिद्धान्त सभी विधायी और कार्यपालिकीय कार्यों का आधार बनें और इसका प्रयोग देश का शासन चलाने में किया जाये। इसलिए मैं निवेदन करता हूँ कि दोनों शब्द 'मौलिक' और 'निर्देशक' आवश्यक हैं और इन्हें बनाये रखना चाहिए।'[1]

डॉ. अंबेडकर द्वारा प्रारूप-संविधान के प्रावधानों का बचाव करने का यह अनूठा तरीका था। भाग 4 के शीर्षक हेतु 'निर्देशक' के बजाय 'मौलिक' शब्द रखा जाये, इस सवाल का जवाब देते समय डॉ. अंबेडकर यह सन्देश देने में सफल रहे कि इन दोनों में कोई अन्तर्विरोध नहीं है। दोनों एक-दूसरे के पूरक हैं और भाग 4 के लिए ये दोनों शब्द आवश्यक हैं। यह डॉ. अंबेडकर के भाषण का प्रभाव था कि मि. एच. वी. कामथ ने अपना संशोधन प्रस्ताव वापस ले लिया और काजी करीमुद्दीन के संशोधन को संविधान सभा ने अस्वीकार कर दिया।

'दि स्टेट' और 'स्टेट' में मूलभूत अन्तर

भाग 4 का पहला प्रारूप अनुच्छेद 28 (संविधान का अनुच्छेद 36) कहता था कि 'दि स्टेट' का वही अर्थ होगा, जो भाग 3 के लिए है। इस प्रावधान के सन्दर्भ में मि. नजरुद्दीन अहमद द्वारा कुछ संशोधन प्रस्ताव लाये गये। इनमें से एक संशोधन प्रस्ताव

'दि स्टेट' के स्थान पर 'स्टेट' करने के सम्बन्ध में था। मि. अहमद जी का तर्क था कि भाग 3 में शामिल किये गये 'स्टेट' के अलावा और भी संस्थाएँ हैं जो स्टेट की परिभाषा में आती हैं, इसलिए अनुच्छेद 29 से 40 में 'दि स्टेट' उपयुक्त नहीं है। क्योंकि इस भाग के सन्दर्भ में हमारे दिमाग में एक राज्य के बजाय कई राज्य की बात है, इसलिए स्टेट के पूर्व 'दि' शब्द बिलकुल अनावश्यक है।

किसी शब्द के पहले 'दि' हो या न हो, यह बहुत ही सूक्ष्म-सी बात दिखती है। लेकिन 'दि' जैसे शब्दों का संविधान के निर्माण में सूक्ष्मता के साथ महत्त्वपूर्ण अर्थ निकालने के लिए किस तरह प्रयोग किया गया, यह प्रावधान इसका एक दृष्टान्त है। मि. नजरुद्दीन अहमद के संशोधन प्रस्ताव को अस्वीकार करते हुए डॉ. अंबेडकर ने मसौदा-समिति द्वारा प्रयोग किये गये 'दि स्टेट' के औचित्य को बताया और कहा—

> 'दि स्टेट' शब्द जान-बूझकर प्रयोग किया गया है। इस संविधान में 'स्टेट' शब्द का प्रयोग दो अर्थों में किया गया है। एक सामूहिक सत्ता के रूप में जहाँ पर केन्द्र या प्रान्तों के प्रतिनिधित्व की बात होती है, दोनों के लिए 'स्टेट' शब्द का प्रयोग हुआ है। वहाँ पर यह शब्द सामूहिक अर्थ में प्रयोग किया गया है। लेकिन यहाँ पर 'दि स्टेट' शब्द का प्रयोग सामूहिक और साथ-साथ विभाजक दोनों अर्थों में किया गया है। यदि मेरे मित्र भाग 3, जो अनुच्छेद 7 (संविधान का अनुच्छेद 12) से प्रारम्भ है, का ध्यान दें, तो वह देखेंगे कि किन अर्थों में 'दि स्टेट' शब्द का प्रयोग किया गया है। इस भाग में 'दि स्टेट' में केन्द्र और राज्यों के विधायिका एवं कार्यपालिका के अलावा भारत क्षेत्र के सभी स्थानीय प्राधिकारी एवं अन्य दूसरे प्राधिकारी शामिल हैं। इसलिए जहाँ तक निर्देशक सिद्धान्तों का सन्दर्भ है, ग्राम पंचायत या स्थानीय बोर्ड भी 'राज्य' होंगे। इस अलग-अलग समझ को पृथक् करने के लिए हमने यह वांछित समझा कि 'स्टेट' और 'दि स्टेट' का प्रयोग किया जाये।'[2]

इसके उपरान्त मि. नजरुद्दीन अहमद के संशोधन प्रस्ताव को संविधान सभा द्वारा अस्वीकृत कर प्रारूप अनुच्छेद 28 को अंगीकृत कर लिया गया।

निर्देशक सिद्धान्त : विधि निर्माण एवं शासन के लिए मूलभूत

प्रारूप-संविधान के अनुच्छेद 29 (संविधान का अनुच्छेद 37) में यह स्पष्ट कर दिया गया था कि भाग 4 के प्रावधान प्रवर्तनीय नहीं होंगे किन्तु इनमें शामिल तत्त्व देश के शासन संचालन में मूलभूत होंगे और कानून बनाने में इन सिद्धान्तों का प्रयोग करना राज्य का कर्त्तव्य होगा।

प्रो. के. टी. शाह द्वारा अपने संशोधन प्रस्ताव के माध्यम से प्रारूप अनुच्छेद 29 के प्रावधान को नये प्रावधान से प्रतिस्थापित करने की माँग की गयी। प्रो. शाह द्वारा प्रस्तावित नया प्रावधान कहता था कि 'नागरिकों के प्रति भाग 4 के प्रावधान राज्य के लिए बन्धनकारी होगा और इस निमित्त कानून बनाकर इसे प्रवर्तनीय बनाये जाने की आजादी होगी और यह राज्य का कर्त्तव्य होगा कि वह उचित कानून बनाकर इन सिद्धान्तों को लागू करे।' अपने संशोधन के समर्थन में बोलते हुए प्रो. शाह ने डॉ. अंबेडकर की टिप्पणी को याद किया जिसमें कहा गया था कि हमें इन मामलों को मात्र पवित्र सिद्धान्तों के रूप में

छोड़ नहीं देना चाहिए। भले बाध्यकारी न हो लेकिन इन्हें कुछ सीमा तक निर्देशकीय बनाना होगा। प्रो. के. टी. शाह ने कहा कि डॉ. अंबेडकर द्वारा पूर्व में व्यक्त किये गये उस कथन पर उन्हें दु:ख हुआ जिसमें उनके द्वारा कहा गया था कि संविधान ऐसे सिद्धान्तों को रखे जाने का स्थान नहीं है। किन्तु अब डॉ. अंबेडकर में बदलाव देखना सुखद है।

इसके बाद मि. नजरुद्दीन अहमद ने अपने संशोधन प्रस्ताव के माध्यम से 'दि स्टेट' के स्थान पर 'एवरी स्टेट अर्थात् सभी राज्य' करने के लिए कहा।

जबकि प्रो. शिब्बन लाल सक्सेना ने कहा कि मैं चाहता हूँ कि इस चैप्टर के निर्देशक सिद्धान्त मात्र एक पवित्र इच्छा भर बनकर न रह जाय। प्रो. के. टी. शाह भी चाहते हैं कि ये मूलभूत सिद्धान्त राज्यों को कानून बनाने में मार्गदर्शन का काम करें। मैं उनको आश्वासन देना चाहता हूँ कि इन सिद्धान्तों को संविधान में शामिल करने से इस बात की गारण्टी हो जाती है और यह पूरी तरह विधायिका के लिए खुला है कि जब कोई कानून उसके समक्ष आये तो वह उन तथ्यों को उजागर करे जो इस चैप्टर में उल्लिखित सिद्धान्तों के विरुद्ध है। मात्र इन सिद्धान्तों को संविधान में शामिल करना यह दिखाता है कि प्रत्येक विधायिका इनका सम्मान करने के लिए बँधे हैं और इसलिए कोई कार्य जो इन सिद्धान्तों के खिलाफ हो, वह अधिकारातीत होगा। यद्यपि प्रत्येक नागरिक इन सिद्धान्तों को लागू कराने के लिए न्यायालय की शरण में नहीं जा सकता है, तो भी प्रत्येक विधायिका के अध्यक्ष द्वारा किसी बिल को यह कहकर अस्वीकार करना उसके अधिकार-क्षेत्र में होगा कि ऐसे बिल को नहीं प्रस्तुत किया जा सकता क्योंकि यह संविधान के मूलभूत निर्देशक सिद्धान्तों के विरुद्ध है। इसलिए मैं समझता हूँ कि यह चैप्टर मात्र पवित्र इच्छा भर नहीं है। यह बहुत ही महत्त्वपूर्ण चैप्टर है, जिसमें उन सिद्धान्तों का उल्लेख है जो राज्य नीति को संचालित करेगा और जिसके माध्यम से देश के लोग उद्देशियका के आदर्शों को महसूस करेंगे।

इसके साथ प्रो. शिब्बन लाल सक्सेना ने अपने उस संशोधन प्रस्ताव, जिसमें कहा गया था कि संविधान लागू होने के दस वर्ष के बाद इन नीति निर्देशक सिद्धान्तों को जनता के मूल अधिकार के रूप में और न्यायालय द्वारा प्रवर्तनीय बना देना चाहिए, को यह कहते हुए प्रस्तुत नहीं किया कि इस भाग के सभी प्रावधानों को समझने के बाद यह उचित नहीं है कि इस तरह का आदेश दिया जाय। वस्तुत: ऐसी ही समय-सीमा स्वयं मसौदा-समिति द्वारा चौदह साल तक के बच्चों को अनिवार्य शिक्षा प्रदान करने के लिए और न्यायपालिका को कार्यपालिका से अलग करने के लिए तय कर रखा है।

आम बहस के बाद प्रारूप अनुच्छेद 29 के सन्दर्भ में लाये गये सभी संशोधन प्रस्तावों को संविधान सभा द्वारा अस्वीकृत कर दिया गया और तदनुसार अनुच्छेद 29 के प्रावधान को अंगीकृत कर लिया गया।

आर्थिक लोकतंत्र हेतु सभी विचारधाराओं के लिए रास्ते खुले

देश की सभी संस्थाओं को 'सामाजिक, आर्थिक एवं राजनीतिक न्याय' के सिद्धान्त से अनुप्राणित होने और 'लोक-कल्याण' के आदर्शों पर चलने की प्रेरणा देने वाले प्रारूप अनुच्छेद 30 (संविधान का अनुच्छेद 38) को संविधान सभा के पटल पर 19 नवम्बर, 1948 को विचारार्थ रखा गया। इस अनुच्छेद के अन्तर्गत प्राविधानित किया गया था कि

'राज्य ऐसी सामाजिक व्यवस्था की, जिसमें सामाजिक, आर्थिक एवं राजनीतिक न्याय राष्ट्रीय जीवन की सभी संस्थाओं को अनुप्राणित करे, हर सम्भव प्रभावी रूप में स्थापना और संरक्षण करके लोक-कल्याण की अभिवृद्धि का प्रयास करेगा।'

इस प्रारूप-प्रावधान के स्थान पर नया प्रावधान प्रतिस्थापित करने के लिए श्री दामोदर स्वरूप सेठ द्वारा संशोधन प्रस्ताव लाया गया। उन्होंने प्रारूप-प्रावधान को अनिश्चित एवं अस्थिर बताया और कहा कि इसके स्थान पर 'राज्य लोकतांत्रिक समाजवादी व्यवस्था को स्थापित करके लोगों के कल्याण, सफलता एवं प्रगति को प्रोत्साहित करने का प्रयास करेगा...' जैसे स्पष्ट प्रावधान को प्रतिस्थापित करना ज्यादा उचित है। इसके अलावा दूसरा संशोधन प्रस्ताव श्री एच. वी. कामथ द्वारा 'नेशनल लाइफ अर्थात् राष्ट्रीय जीवन' के पूर्व प्रयोग किये गये 'दि' शब्द को हटाने के लिए लाया गया।

इसके पश्चात आम बहस में भाग लेते हुए मि. महबूब अली बेग साहिब बहादुर ने प्रारूप संविधान में स्वीकार किये गये निर्देशक सिद्धान्त के विचार का ही विरोध कर दिया। उनका तर्क था कि देश इन निर्देशक सिद्धान्तों की देखभाल नहीं कर सकता। वह सम्बन्धित पार्टी के आदर्शों, कार्यक्रमों और सिद्धान्तों की देखभाल करेगा। यही है, जिसे संसदीय लोकतंत्र कहा जाता है। इसलिए अनुच्छेद 30 सहित निर्देशक सिद्धान्त से सम्बन्धित सभी प्रावधानों का कोई महत्त्व नहीं है। इनको संविधान में स्थान नहीं मिलना चाहिए और चूँकि ये प्रवर्तनीय नहीं है, इसलिए अर्थहीन हैं। अच्छा यही है कि इन्हें निकाल दिया जाये।

जबकि श्री के. हनुमन्थैया ने श्री सेठ के संशोधन का विरोध करते हुए प्रारूप अनुच्छेद का समर्थन किया। उन्होंने कहा कि श्री सेठ जिस विचार को अंगीकृत कराना चाहते हैं वह मूल प्रावधान में मौजूद है, अत: उनका संशोधन प्रस्ताव बिलकुल निरर्थक है। श्री हनुमन्थैया ने मि. बेग के सुझाव को 'अंगूर खट्टे हैं' की सोच से प्रभावित बताते हुए कहा —'...मसौदा-समिति ने बहुत ही अच्छे शब्दों में वाक्य-रचना की है, जो किसी भी धारा का पक्ष नहीं लेती और इसके साथ ही यह इतने योग्यता के साथ बनाया गया है कि कम्युनिस्ट पार्टी भी, यदि वह सत्ता में आती है, तो अनुच्छेद 30 और 31 के अन्तर्गत अपने विचारों को लागू कर सकती है। इन धाराओं में किसी भी पार्टी को अपनी विचारधाराओं को लागू करने से नहीं रोका गया है। यदि कोई इन धाराओं के शब्द को पढ़े तो वह पायेगा, जैसा मैं पाता हूँ, कि यह कहना कठिन होगा कि किस शब्द या किस वाक्य पर उसे आपत्ति हो सकती है।'[3]

मि. हुसैन इमाम ने कहा कि इन निर्देशक सिद्धान्तों को सरकार द्वारा उपेक्षित किये जाने पर किसी तरह के उपचार की व्यवस्था नहीं है। इसलिए ऐसे अप्रभावशाली निर्देशक को रखे जाने की कोई आवश्यकता नहीं है। जबकि महावीर त्यागी ने एक देश के निर्माण के लिए इस अनुच्छेद को बहुत महत्त्वपूर्ण बताया। उनके अनुसार यही एकमात्र धारा है जो सामाजिक, आर्थिक और राजनीतिक न्याय की बात करता है। यह धारा संविधान की 'पवित्रता का केन्द्र' है। लेकिन भाषायी दृष्टिकोण से मजबूत नहीं होने का आरोप लगाते हुए कहा कि 'राज्य प्रोत्साहित करने का प्रयत्न करेगा' से 'प्रयत्न करने' को हटाने के लिए मि. नजरुद्दीन द्वारा लाये गये संशोधन प्रस्ताव को स्वीकार कर लेने से यह धारा और अच्छी हो जायेगी।

इस तरह कुछ माननीय सदस्यों द्वारा न केवल प्रारूप-प्रावधान 30 के बल्कि सभी निर्देशक सिद्धान्तों के प्रासंगकिता और उपयोगिता पर सन्देह व्यक्त किये गये। यहाँ तक कि इन सिद्धान्तों को संविधान में स्थान देने के लिए मसौदा-समिति के मंशा पर भी सवाल खड़े किये गये। इन सभी शंकाओं एवं सवालों के जवाब में डॉ. अंबेडकर ने अनुच्छेद 30 में उल्लेखित निर्देशक सिद्धान्त को आर्थिक लोकतंत्र की बुनियाद बताते हुए कहा—

'उपाध्यक्ष महोदय, मैं यह समझता हूँ कि जो सदस्य निर्देशक सिद्धान्तों में रूचि रखते हैं उनके मस्तिष्क में संविधान के इस वास्तविक प्रावधान के सन्दर्भ में बड़ी भारी गलतफहमी है। यह बिलकुल सम्भव है कि गलतफहमी होने या तुलनात्मक रूप से कम समझ होने का कारण यह हो कि मैंने अपने प्रस्तुति-भाषण में इस पहलू पर चर्चा नहीं की थी। ऐसा इसलिए नहीं था क्योंकि मैं इसे इस सदन के समक्ष स्पष्ट शब्दों में रखना नहीं चाहता था, बल्कि मेरा भाषण पहले ही बहुत लम्बा हो चुका था और मैं इसे और थकाने वाला नहीं बनाना चाहता था जैसा कि पहले ही हो चुका था। लेकिन मैं समझता हूँ कि सभी की इच्छा है कि मेरे द्वारा इस सदन का कुछ समय यह स्पष्ट करने के लिए लिया जाय कि इसकी संविधान में मौलिक स्थिति क्या है? जैसा मैंने कहा कि हमारा संविधान यांत्रिक व्यवस्था है जो संसदीय लोकतंत्र स्थापित करता है। संसदीय लोकतंत्र का अर्थ हम लोग 'एक व्यक्ति-एक वोट' लगाते हैं।

'हम समझते हैं कि सभी सरकार दो स्तर पर जवाबदेह होती है एक तो रोज-रोज की कार्यवाही के सम्बन्ध में और दूसरा तब जब निश्चित अवधि के बाद मतदाताओं को सरकार के कार्यों की समीक्षा करने का अवसर मिलता है। हमने संविधान में राजनीतिक लोकतंत्र क्यों स्थापित किया? इसका कारण यह है कि हम किसी भी रूप में लोगों के किसी भी समूह की निरन्तर तानाशाही नहीं चाहते हैं। राजनीतिक लोकतंत्र की स्थापना करते समय हमारी यह भी इच्छा है कि आर्थिक लोकतंत्र के आदर्शों को भी तय किया जाना चाहिए। हम मात्र ऐसी व्यवस्था तय नहीं करना चाहते जिसमें कुछ लोग आयें और सत्ता पर कब्जा कर लें। संविधान उन लोगों के समक्ष भी आदर्श रखना चाहता है जो सरकार बनायेंगे। जहाँ तक मेरी बात है यह आदर्श 'आर्थिक लोकतंत्र' है।

'प्रश्न है कि क्या हमारे पास ऐसा कोई निश्चित तरीका है जिससे आर्थिक लोकतंत्र को लाया जा सके? बहुत-से ऐसे रास्ते हैं, जिनके बारे में लोगों का विश्वास है कि इनके माध्यम से आर्थिक लोकतंत्र लाया जा सकता है। कुछ लोग विश्वास करते हैं कि व्यक्तिवाद आर्थिक लोकतंत्र का श्रेष्ठ रूप है; कुछ लोग विश्वास करते हैं कि समाजवादी राज्य आर्थिक लोकतंत्र का श्रेष्ठ रूप है; कुछ लोग ऐसे भी हैं जो विश्वास करते हैं कि साम्यवादी तरीका आर्थिक लोकतंत्र का सर्वश्रेष्ठ रूप है। इस तथ्य को देखते हुए कि ऐसे बहुत-से रास्ते हैं जिनके माध्यम से आर्थिक लोकतंत्र लाया जा सकता है, हमने जान-बूझकर निर्देशक सिद्धान्तों में ऐसी भाषा का प्रयोग किया है, जो दृढ़ या कठोर नहीं है। आर्थिक लोकतंत्र का आदर्श पाने के लिए, अपने ढंग से प्रयत्न करने के लिए और मतदाताओं को इस बात से प्रभावित करने के लिए

कि आर्थिक लोकतंत्र को पाने के लिए उनका तरीका उत्तम तरीका है, अलग-अलग सोच वाले लोगों के लिए हमने काफी गुंजाइश छोड़ी है और सभी को पूर्ण अवसर दिया गया है कि वे जिस तरह कार्य करना चाहें कर सकते हैं।

'महोदय, यही कारण है कि भाग 4 के प्रावधान की भाषा को इस तरह खुला रखना मसौदा-समिति ने उचित समझा है। जो बात दृढ़ नहीं है, जो मौलिक रूप से बदल रही है और जो परिस्थिति एवं समय के अनुसार बदलती रहनी चाहिए, उसको दृढ़ रूप देने का कोई उपयोग नहीं है। इसलिए यह कहने का कोई मतलब नहीं है कि निर्देशक सिद्धान्तों का कोई मूल्य नहीं है। मेरे निर्णय में, निर्देशक सिद्धान्तों का बड़ा महत्त्व है। हमारा आदर्श आर्थिक लोकतंत्र है, इसके लिए इनको रखा गया है। संविधान में प्रदत्त तरह-तरह के तंत्रों के माध्यम से शासन की संसदीय प्रणाली स्थापित हो जाये, मात्र ऐसा ही हम नहीं चाहते। इसके भी निर्देशन के लिए कि हमारा आर्थिक आदर्श क्या होगा, हमारी सामाजिक व्यवस्था क्या होनी चाहिए, हमने जान-बूझकर संविधान में निर्देशक तत्त्वों को रखा है।

'मैं सोचता हूँ कि यदि मेरे मित्र जो इस प्रश्न पर उत्तेजित हैं, वे दिमाग में रखेंगे जिसे मैंने अभी कहा है कि संविधान-निर्माण में हमारा उद्देश्य दो तरह के लक्ष्य प्राप्त करना है। पहला राजनीतिक लोकतंत्र को निर्धारित करना और दूसरा आर्थिक लोकतंत्र के आदर्श को निश्चित करना और यह व्यवस्था बनाना कि सभी सरकार, जो भी सत्ता में हो, आर्थिक लोकतंत्र को लागू करने का प्रयत्न करेगी। इस सम्बन्ध में बहुत-सारी गलतफहमी जिससे बहुत-से सदस्य प्रभावित थे, वह अब समाप्त हो जानी चाहिए।''[4]

अपने भाषण के बाद डॉ. अंबेडकर ने उक्त संशोधन प्रस्तावों को अस्वीकार कर दिया। इसके बाद श्री सेठ के प्रस्ताव को संविधान सभा द्वारा अस्वीकृत कर दिया गया और मि. कामथ ने अपना प्रस्ताव वापस ले लिया।

'स्ट्राइव' शब्द की प्रासंगिकता

प्रारूप अनुच्छेद 30 (संविधान का अनुच्छेद 38) के सम्बन्ध में एक अन्य संशोधन प्रस्ताव मि. नजरुद्दीन द्वारा यह लाया गया था कि अनुच्छेद 30 के प्रावधान 'राज्य लोगों के कल्याण को प्रोत्साहित करने का प्रयत्न करेगा' से 'प्रयत्न करे' शब्द हटाकर 'राज्य लोगों के कल्याण को प्रोत्साहित करेगा' किया जाय। उनका तर्क था कि भाग 4 के अधिकारों को प्रवर्तनीय न बनाकर इन्हें पहले ही कमजोर कर दिया गया है, अब इसमें 'प्रयत्न करे' जैसे शब्द का प्रयोग करके इसे और कमजोर बनाना उचित नहीं है। मि. नजरूद्दीन के इस संशोधन प्रस्ताव को अस्वीकृत करते हुए डॉ. अंबेडकर ने 'स्ट्राइव अर्थात् प्रयत्न करे' शब्द के महत्त्व को रेखांकित करते हुए कहा—

'मेरे मित्र, मि. त्यागी ने मुझसे अपील की है कि 'स्ट्राइव' (अर्थात् 'प्रयत्न करने') और कुछ ऐसे शब्दों को हटा दिया जाये। मैं समझता हूँ वे कुछ गलतफहमी में हैं कि हमने 'स्ट्राइव' शब्द का क्यों प्रयोग किया है। प्रारूप संविधान में जो 'स्ट्राइव' शब्द आया है, वह मेरे निर्णय में बहुत महत्त्वपूर्ण है। हमने इस शब्द का प्रयोग किया

है क्योंकि हमारा आशय है कि यदि ऐसी भी परिस्थितियाँ हों जो सरकार को रोकें या निर्देशक सिद्धान्तों को क्रियान्वित करने के रास्ते के बीच रोड़ा बनकर आये, ऐसी कठिन और प्रतिकूल परिस्थितियों में भी इन निर्देशकों को पूरा करने का वे प्रयत्न करेंगी। यही कारण है कि हमने 'स्ट्राइव' शब्द का प्रयोग किया है। अन्यथा किसी भी सरकार को यह कहने की खुली छूट होगी कि परिस्थितियाँ इतनी खराब है और अर्थ-संसाधन इतना अपर्याप्त है कि हम उस दिशा में कोशिश नहीं कर सकते हैं, जिसे करने के लिए संविधान हमसे कहता है। मैं समझता हूँ कि मेरे मित्र मि. त्यागी पायेंगे कि इस सन्दर्भ में 'स्ट्राइव' शब्द अधिक महत्त्व का है और इसको हटाना गलत होगा।'[5]

इसके बाद मि. नजरुद्दीन के प्रस्ताव को संविधान सभा द्वारा अस्वीकृत कर प्रारूप अनुच्छेद 30 के प्रावधान को अंगीकृत कर लिया गया।

'वितरण न्याय आधारित सामाजिक अर्थवाद' का सिद्धान्त

प्रारूप अनुच्छेद 31 (संविधान का अनुच्छेद 39) के माध्यम से डॉ. अंबेडकर ने 'समान वितरण न्याय पर आधारित सामाजिक अर्थवाद' के सिद्धान्त को प्रतिपादित किया। प्रारूप अनुच्छेद 30 का प्रावधान जहाँ देश की सभी संस्थाओं को 'सामाजिक, आर्थिक एवं राजनीतिक न्याय' से अनुप्राणित होने और 'लोक-कल्याण' के आदर्शों को हासिल करने की बात करता है तो वहीं प्रारूप अनुच्छेद 31 उन सिद्धान्तों को प्रतिपादित करता है, जिसको अंगीकृत कर 'सामाजिक, आर्थिक एवं राजनीतिक न्याय' और 'लोक-कल्याण' के लक्ष्य को हासिल किया जा सकता है। प्रारूप-प्रावधान 31 के अन्तर्गत 'सामाजिक अर्थवाद' के तीन मूल सिद्धान्तों को प्रतिपादित किया गया—

- पहला यह कि भौतिक संसाधनों का बँटवारा सामूहिक हित को ध्यान में रखकर किया जाये;
- दूसरा यह कि धन और उत्पादन के साधनों का केन्द्रीकरण न हो; और
- तीसरा यह कि स्त्रियों को प्रत्येक क्षेत्र में, प्रत्येक स्तर पर पुरुषों के बराबर अधिकार मिले।

प्रारूप अनुच्छेद 31 के अनुसार—

'राज्य अपनी नीतियों को इस प्रकार संचालित करेगा कि सुनिश्चित रूप से—

(क) 'पुरुष' और 'स्त्री' सभी नागरिकों को समान रूप से जीविका के पर्याप्त साधन अर्जित करने का अधिकार हो;

(ख) समुदाय के भौतिक संसाधनों का स्वामित्व और नियंत्रण इस प्रकार बँटा हो जिससे सामूहिक हित का सर्वोत्तम रूप से साधन हो;

(ग) आर्थिक व्यवस्था इस तरह चले जिससे धन और उत्पादन के साधनों का सर्वसाधारण के लिए अहितकारी केन्द्रीकरण न हो;

(घ) पुरुषों और स्त्रियों दोनों का समान कार्य के लिए समान वेतन हो;

(ङ) पुरुष और स्त्री, सभी श्रमिकों के शक्ति और स्वास्थ्य का तथा बालकों के सुकुमार अवस्था का दुरुपयोग न हो और आर्थिक आवश्यकताओं से विवश

होकर नागरिकों को ऐसे रोजगार में न जाना पड़े जो उनकी आयु या शक्ति के अनुकूल न हो।'

प्रारूप अनुच्छेद 31 के सन्दर्भ में प्रस्तुत किये गये 'नौ' संशोधन प्रस्तावों में से ज्यादातर प्रस्ताव भाषायी सुधार या शब्द सुधार को लेकर था। इनमें से एक प्रमुख प्रस्ताव प्रो. के. टी. शाह द्वारा प्रारूप खण्ड (ग) के स्थान पर 'निजी एकाधिकार और केन्द्रीकरण के खिलाफ प्रभावशाली व्यवस्था' बनाने के सम्बन्ध में नये प्रावधान को प्रतिस्थापित करने के लिए प्रस्तुत किया गया था। इस नये प्रावधान में कहा गया था कि 'द्रव्य-धन, सामाजिक सेवा या लोक उपयोग के उत्पादन का किसी भी रूप में निजी एकाधिकार नहीं होगा और न उत्पादन के साधनों का केन्द्रीकरण होगा।...उनका तर्क था कि 'निजी एकाधिकार' अपने-आप में लोकहित के विरुद्ध होता है। प्रत्येक देश में, जिसके भी इतिहास सुरक्षित हैं, जहाँ-जहाँ ये प्रकट हुए हैं, लोगों ने इसका विरोध किया है।

आम बहस में भाग लेते हुए प्रो. शिब्बन लाल सक्सेना ने कहा कि खण्ड (ख) में व्यक्त घोषणा महत्त्वपूर्ण सिद्धान्त रखने वाला एक व्यापक घोषणा है। यह घोषणा इतनी वृहद् है कि अर्थशास्त्र की सारी व्यवस्थाएँ इस पर आधारित हो सकती हैं। समाजवाद-अर्थशास्त्र की व्यवस्था जो कहता है कि देश के सभी साधन राज्य में निहित हों और उनका उपयोग सभी समुदायों के हित में किया जाये, इस पर आधारित हो जायेगा। अगले संसद् में चुनकर आया बहुमत भी इस प्रावधान के अन्तर्गत आगे आकर कह सकता है कि रुजवेल्ट द्वारा बनायी गयी योजना ज्यादा अच्छा है और इसको स्वीकार किया जाना चाहिए। यह खण्ड भावी संसद् के लिए खुला रखता है कि वह अपनी इच्छानुसार अच्छी-से-अच्छी योजनाओं को विकसित करे। ...

प्रो. सक्सेना ने प्रो. शाह के निजी एकाधिकार के खिलाफ संशोधन प्रस्ताव का समर्थन करते हुए कहा कि अमेरिका में देश की समस्त सम्पत्ति का 54 प्रतिशत हिस्सा सिर्फ 60 परिवार के स्वामित्व में है और कहा जाता है कि इन उद्योगों के 12 निर्देशक वहाँ के कैबिनेट मंत्री से भी अधिक शक्तिशाली हैं। इनसे सीखने की आवश्यकता है और इसलिए संविधान में यह व्यवस्था हो कि भारत में एकाधिकार की अनुमति नहीं होगी। मैं विश्वास करता हूँ कि डॉ. अंबेडकर इस विचार को शामिल करने का प्रयास करेंगे।[6]

श्री जादूबन्स सहाय ने भी प्रारूप का समर्थन करते हुए कहा कि महोदय, कल किसी ने कहा कि यह अनुच्छेद आर्थिक लोकतंत्र का चार्टर है। यह भी कहा गया है कि इस चैप्टर में और खासकर इस अनुच्छेद में हम समाजवाद और अन्य वाद के बीज पा सकते हैं। यह भी कहा गया है कि यह अनुच्छेद गरीबों का चार्टर है। मेरा विनम्र निवेदन है कि इस चैप्टर में अनुच्छेद 31 वह केन्द्र है जिसके चारों ओर सब-कुछ घूमेगा। अनुच्छेद 31 का खण्ड (ख) बहुत ही महत्त्वपूर्ण प्रावधान है जिसकी तरफ मैं पूरे सदन का ध्यान आकर्षित करना चाहूँगा। प्रो. शाह द्वारा प्रस्तुत संशोधन प्रस्ताव का मैं समर्थन नहीं कर सकता हूँ। यह हलके शब्दों से युक्त है। लेकिन मैं इसमें अन्तर्निहित सिद्धान्तों एवं सत्त्व का समर्थन करता हूँ। ...

श्री सहाय ने आगे कहा कि मैं नहीं समझ पा रहा हूँ कि यह पवित्र सदन क्यों नहीं स्पष्ट रूप से और निर्भीकता से यह सिद्धान्त शामिल करने के लिए उत्सुक नहीं है कि

'देश के उत्पादन के सभी साधन एवं प्राकृतिक या भौतिक संसाधन, समुदाय में और इसके माध्यम से राज्य में निहित होंगे। ... मैं सोशलिस्ट पार्टी का नहीं हूँ, लेकिन मैं कांग्रेस का हूँ, जिसमें बहुत-सारे लोग हैं। मैं डॉ. अंबेडकर, जो देश के दीन-हीन अस्पृश्य लोगों के प्रतिनिधि हैं, से अपील करता हूँ कि वे हमारे उम्मीद पर पानी न फेरें, जो यह मानता है कि आने वाले वर्षों में समुदाय के प्राकृतिक संसाधन कुछ विशिष्ट लोगों के हाथ में सिमट कर न रह जाये, अपितु सबकी भलाई के लिए देश के गरीबों में भी फैले।'[7]

श्री एस. नागप्पा ने इस खण्ड के प्रावधान को एकमात्र ऐसा प्रावधान बताया जिसमें गरीब आदमी और आम आदमी अपने भविष्य की उम्मीदों को तलाश सकता है। खण्ड (ख) और (ग) का आशय गरीब लोगों को लाभ देना है। नि:सन्देह इस खण्ड की भाषा को अनिश्चित होने के बजाय और स्पष्ट होना चाहिए था, लेकिन एक आम आदमी होने के नाते मैं इन खण्डों में भविष्य के लिए उम्मीद की किरण देखता हूँ। यहाँ पर एकत्रित सभी सम्मानित सदस्यों का उद्देश्य जल्द-से-जल्द समाजवाद लाने का है। जब तक यह खण्ड है, भारत में पूँजीवाद की उन्नति सम्भव नहीं है। इस प्रावधान के लिए मैं मसौदा-समिति और इसके अध्यक्ष को बहुत दिल से धन्यवाद देता हूँ। ...

प्रो. शिब्बन लाल सक्सेना, श्री जादूबन्स सहाय और श्री एस. नागप्पा के भाषण के उपरान्त उपाध्यक्ष महोदय द्वारा डॉ. अंबेडकर को जवाब देने के लिए बुलाया गया। डॉ. अंबेडकर ने श्री एस.वी. कृष्णामूर्थि राव के संशोधन कि खण्ड (ङ) में 'शक्ति और स्वास्थ्य' के स्थान पर 'स्वास्थ्य और शक्ति' किया जाये, को स्वीकार किया और बाकी आठ संशोधन प्रस्तावों को अस्वीकार कर दिया। तत्पश्चात् संविधान सभा ने भी डॉ. अंबेडकर द्वारा स्वीकार किये गये श्री कृष्णामूर्थि राव के संशोधन प्रस्ताव को स्वीकार कर और अन्य को अस्वीकार कर यथासंशोधित प्रारूप अनुच्छेद 31 को अंगीकृत कर लिया।

नारियों को पुरुषों के समान हक

प्रारूप अनुच्छेद 31 के कुल पाँच खण्डों में से तीन खण्ड, नारियों को आर्थिक एवं सामाजिक जीवन के प्रत्येक स्तर पर पुरुषों से बराबरी का दर्जा देने पर जोर देता है। पुरुषों और स्त्रियों में समानता की बात को स्पष्ट शब्दों में व्यक्त करने के लिए डॉ. अंबेडकर कितने कटिबद्ध थे, इसका अनुमान इस प्रावधान के सम्बन्ध में लाये गये संशोधनों और इसके समर्थन में किये गये तर्कों से लगाया जा सकता है।

प्रारूप अनुच्छेद 31 के सम्बन्ध में पहला संशोधन प्रस्ताव मि. नजरुद्दीन द्वारा लाया गया। इस संशोधन प्रस्ताव में खण्ड (क) से 'पुरुषों एवं स्त्रियों को समान रूप से' शब्दावली को हटाने की माँग की गयी थी। मि. नजरुद्दीन का तर्क था कि 'नागरिक' शब्द एक सामान्य शब्दावली है जिसमें स्त्रीवादी भाव भी शामिल है। इसी तरह अनुच्छेद 5 में भी 'पर्सन' शब्द का प्रयोग किया गया है जिसमें स्त्रीवादी और पुरुषवादी दोनों का बोध होता है। इसलिए 'पुरुषों एवं स्त्रियों को समान रूप से' शब्दावली अनावश्यक है।

कमोबेश ऐसा ही संशोधन-प्रस्ताव प्रो. के. टी. शाह द्वारा भी लाया गया। उनका तर्क था कि इस खण्ड में 'पुरुषों एवं स्त्रियों को समान रूप से' शब्दावली का प्रयोग इतना सामूहिक तरीके से किया गया है कि मुझे डर है कि कहीं इसका विभाजक सन्दर्भ ही समाप्त न हो जाये। पुरुष और स्त्री दोनों शब्द का प्रयोग करना यह अर्थ देता है कि औरतें

पुरुष से संरक्षित हैं। पुरुषों को ऐसा विश्वास करने का कोई कारण नहीं है कि वह स्त्रियों के समान है और इसलिए उन्हें श्रेष्ठ बने रहने दें। सभी नागरिक लिंग, उम्र या पन्थ से निरपेक्ष केवल नागरिक होते हैं, यह मौलिक बातें संविधान में स्वीकृत की गयी हैं। मुझे कोई कारण नहीं समझ में आता है कि यदि हम पुरुषों एवं स्त्रियों को समान अधिकार देने जा रहे हैं, तो क्यों हमें 'पुरुषों एवं स्त्रियों को समान रूप से' कहने की आवश्यकता हो रही है? जबकि ये अधिकार केवल निर्देशक मात्र है और यह आवश्यक नहीं है कि इसे तुरन्त लागू किया जाये। इसलिए मैंने 'पुरुषों और स्त्रियों को समान रूप से' शब्दावली को निकालने का प्रस्ताव किया है, जो मात्र भाषायी संशोधन नहीं है। मैं विश्वास करता हूँ कि इसे स्वीकार किया जायगा।

'पुरुषों एवं स्त्रियों को समान रूप से' शब्दावली को हटाने के लिए लाये गये दोनों संशोधन प्रस्तावों पर डॉ. अंबेडकर द्वारा गम्भीर आपत्ति व्यक्त की गयी। प्रो. के. टी. शाह के संशोधन प्रस्ताव कि 'नागरिक' शब्द के स्थान पर 'सभी नागरिकों' को प्रतिस्थापित कर दिया जाय, के सन्दर्भ में डॉ. अंबेडकर ने कहा कि 'उन्हें इसको स्वीकार करने में कोई बहुत समस्या नहीं हैं लेकिन उनके इस प्रस्ताव कि खण्ड (क) से 'पुरुषों एवं स्त्रियों को समान रूप से' शब्दावली को हटाया जाये, पर मुझे गम्भीर आपत्ति है। मैं उनसे कहना चाहूँगा कि यदि वे इस प्रस्ताव पर जोर नहीं देते हैं तो जब यह संविधान मसौदा-समिति के सम्मुख शब्द सुधार के लिए भेजा जायेगा तो मैं उनके सोच को शामिल करने के लिए तैयार हूँ क्योंकि मैं भी समझता हूँ कि 'नागरिकों' की तुलना में 'सभी नागरिकों' शब्दावली ज्यादा उपयुक्त है।'[8]

कुछ हद तक यह सही लगता है कि संविधान के इस प्रारूप अनुच्छेद 31 के खण्ड (क) में 'सभी नागरिकों' का प्रयोग करने से वही अर्थ निकलता है जो 'पुरुषों एवं स्त्रियों को समान रूप से' शब्दावली का प्रयोग करने से निकलता है। लेकिन 'सभी नागरिकों' का सन्दर्भ बहुत व्यापक हो जाता है। यह सम्भव था कि इसका प्रयोग जाति आधारित या धर्म आधारित समानता के सन्दर्भ में भी किया जाने लगे, जो डॉ. अंबेडकर नहीं चाहते थे। वे नहीं चाहते थे कि भविष्य में 'सभी नागरिकों' का यह अर्थ निकलने लगे कि यह प्रावधान जाति आधारित या धर्म आधारित समानता को भी इंगित करता है और इस तरह कुछ समय बाद प्रारूप खण्ड की 'लिंग आधारित समानता' स्थापित करने का मूल उद्देश्य ही गौण हो जाये।

डॉ. अंबेडकर, प्रारूप के माध्यम से 'लिंग आधारित समानता' स्थापित करने की संविधान के मूल उद्देश्य का स्पष्ट सन्देश जाने देना चाहते थे। इसलिए उन्होंने 'पुरुषों एवं स्त्रियों को समान रूप से' शब्दावली को हटाने के लिए लाये गये संशोधन प्रस्तावों का विरोध किया और इन्हें स्वीकार करने से इनकार कर दिया। वे स्पष्ट सन्देश देना चाहते थे कि सरकारी तंत्र और समाज के सभी वर्ग एवं संस्थाएँ न केवल सामाजिक नजरिये से बल्कि आर्थिक नजरिये से भी नारी समाज के प्रति अपने संकीर्ण सोच में बदलाव लाये और व्यवहार करे। इसलिए डॉ. अंबेडकर ने 'पुरुषों एवं स्त्रियों को समान रूप से' शब्दावली को हटाने और इसके स्थान पर 'सभी नागरिकों' को प्रतिस्थापित करने के पक्ष में दिये जा रहे सभी दलीलों को एक सिरे से खारिज कर दिया।

डॉ. अंबेडकर द्वारा मि. नजरुद्दीन और प्रो. के. टी. शाह के संशोधन-प्रस्ताव कि 'पुरुषों एवं स्त्रियों को समान रूप से' शब्दावली को हटाया जाये, को अस्वीकार किये जाने के बाद संविधान सभा द्वारा भी संशोधन प्रस्तावों को अस्वीकार कर दिया गया।

ग्राम पंचायत : एक स्वायत्त इकाई के रूप में स्वीकार

22 नवम्बर, 1948 को श्री के. संथानम द्वारा प्रारूप-संविधान में नया अनुच्छेद 31-ए को जोड़ने के लिए संशोधन प्रस्ताव प्रस्तुत किया गया। इस नये प्रस्तावित अनुच्छेद 31-ए में कहा गया था कि 'राज्य, ग्राम पंचायतों को संगठित करने के लिए कदम उठायेगा और उनको ऐसी शक्तियाँ एवं प्राधिकार प्रदान करेगा, जो उन्हें स्वायत्त शासन की इकाइयों के रूप में कार्य करने योग्य बनाने के लिए आवश्यक हो।' अपने प्रस्ताव को आम स्वीकृति मिलने की आशा के साथ श्री संथानम ने कहा कि इस सदन के समक्ष लाये गये सभी प्रस्तावों में सामान्य बात यह है कि इस स्वतंत्र देश में स्वशासन के सारे तंत्रों को ग्राम समुदाय पर आधारित होना चाहिए।

श्री संथानम के उक्त प्रस्ताव को डॉ. अंबेडकर द्वारा बहुत सहजता के साथ स्वीकार कर लिया गया।

इसके पूर्व इसी दिन ग्राम पंचायत के सन्दर्भ में श्री एच. वी. कामथ द्वारा भी प्रारूप-संविधान में अनुच्छेद 30-ए जोड़ने के लिए प्रस्ताव लाया गया था। इस प्रस्ताव में यह कहा गया था कि 'राज्य ग्राम पंचायतों को प्रशासन की आधारभूत इकाई बनाने की दृष्टि से उनके विकास को प्रोत्साहित करने का प्रयत्न करेगा।' अपने संशोधन प्रस्ताव के समर्थन में श्री कामथ ने कहा कि यूरोप एवं अमेरिका का पूँजीवादी तरीके पर आधारित संसदीय लोकतंत्र हों या सोवियत यूनियन का केन्द्रीकृत समाजवाद पर आधारित लोकतंत्र, दोनों शान्ति, खुशहाली और मानवीय सौभाग्य लाने में विफल रहे हैं। हम भारत में नये राजनीतिक और आर्थिक तरीके को आत्मसात् कर सकते हैं। इस सम्बन्ध में महात्मा गाँधी का पंचायत राज आधारित दर्शन हमारे लिये आदर्श हो सकता है और इस विकेन्द्रीकृत समाजवाद के माध्यम से मानवता को प्राप्त कर हम विश्व को शान्ति और खुशहाली का रास्ता दिखा सकेंगे।

अनुच्छेद 31-ए जोड़े जाने के लिए प्रस्तुत संशोधन प्रस्ताव पर आम बहस के दौरान श्री टी. प्रकासम ने डॉ. राजेन्द्र प्रसाद के उस विचार को उद्धृत किया, जिसमें उनके द्वारा 'ग्राम गणराज्य' को पूरे संविधान का आधार बनाने के लिए विचार दिया गया था। श्री प्रकासम के अनुसार यह एक गम्भीर स्थिति है कि ग्राम गणराज्य या ग्राम इकाई को संविधान का वास्तविक आधार नहीं बनाया गया। यह एक ऐसा संविधान है जो ऊपर से चलकर नीचे पहुँचता है। जबकि डॉ. राजेन्द्र प्रसाद का सुझाव है कि तंत्र को नीचे से चलकर ऊपर पहुँचना चाहिए। ... 'ये ग्राम गणराज्य, यदि सही तरीके से काम करते हैं और आत्मनिर्भर होकर संगठित होते हैं, यदि ग्राम स्व-शासन की इकाई बनते हैं, तो यह मुद्रा-स्फीति को भी रोकेगा। यह ग्राम-संगठन देश में शान्ति स्थापित करेगा। ... यदि गाँवों को सही तरीके से संगठित करें और उन्हें सही तरीके से काम करने दें, तो साम्प्रदायिकता को भी नियंत्रित किया जा सकता है। इसलिए मैं संथानम के संशोधन प्रस्ताव का समर्थन

करता हूँ। मुझे उम्मीद है कि ज्यों ही यह 'संविधान' पारित हो जायेगा, सभी प्रान्त इसे तुरन्त लागू करेंगे। आज मैं इस देश में सौभाग्य की किरण को देख रहा हूँ जब संविधान पारित होगा और ग्राम संगठन अस्तित्व में आयेंगे।

इसके बाद श्री सुरेन्द्र मोहन घोष ने मि. संथानम को संशोधन प्रस्तुत करने और डॉ. अंबेडकर को इस संशोधन को स्वीकार करने के लिए बधाई देते हुए कहा कि जहाँ तक करोड़ों-करोड़ लोगों का सवाल है इस संविधान का मतलब कुछ नहीं होता यदि इस तरह के प्रावधान न होते। हजारों-हजार वर्षों से भारत में हमारे जीवन का अर्थ इस तथ्य में रचा-बसा रहा है कि सभी व्यक्तियों को पूर्ण स्वतंत्रता प्राप्त रहे। लेकिन यह स्वतंत्रता केवल एकता के लिए काम करने तक है। ऐसी कोई स्वतंत्रता स्वीकार्य नहीं है जो लोगों की एकता को भंग करता हो। यह सिद्धान्त अति प्राचीन काल से चलता आया है और हमारे भारतीय संविधान में भी स्वीकृत किया गया है। हमारे गाँवों को भी शरीर की जीवित कोशिकाओं की तरह पूर्ण स्वतंत्रता दिया गया है लेकिन यह स्वतंत्रता केवल भारत की एकता को बनाये रखने तक सीमित है।

इसी क्रम में सेठ गोविन्द दास ने कहा कि हमें खुशी है कि डॉ. अंबेडकर ने इस संशोधन को स्वीकार किया है। श्री दास के अनुसार यूनान में गाँवों की तुलना में टाउन को ज्यादा महत्त्व मिला। एथेन्स और स्पार्टा, जो विश्व के इतिहास में महत्त्वपूर्ण स्थान रखते हैं, में भी गाँवों को महत्त्व नहीं मिला। लेकिन हमारे देश में गाँवों को बहुत ही महत्त्वपूर्ण स्थान मिला हुआ है। प्राचीन ग्रन्थ 'उपनिषद्' हो या कौटिल्य का 'अर्थशास्त्र' हो या फिर आधुनिक समय में मि. हेनरी द्वारा लिखित 'एन्सिएण्ट लॉ', मि. बाडेन पावेल द्वारा लिखित 'इण्डियन विलेज कम्युनिटी', श्री बी. सी. पाल द्वारा लिखित 'फण्डामेण्टल यूनिटी ऑफ इण्डिया' सभी में प्राचीन गाँवों का उल्लेख है। यहाँ तक कि मुस्लिम शासन के दौरान भी गाँवों का महत्त्व था लेकिन ब्रिटिश काल के दौरान इसने अपना महत्त्व खोया है। ... महात्मा गाँधी ने इस देश के जीवन के साथ गाँवों के जीवन के विषय में क्रान्तिकारी विचार दिये हैं। वह कांग्रेस के वार्षिक अधिवेशन को गाँवों में कराने की बात करते थे। महात्मा गाँधी देश के प्रतिनिधियों से हमेशा कहा करते थे कि उन्हें भारत की वास्तविक झलक देखने के लिए गाँवों की ओर जाना चाहिए।[9]

श्री वी.आई. मुनीस्वामी पिल्लई ने इस संशोधन को स्वीकार करते हुए कहा कि यह गाँवों को पुन: स्थापित करने की दिशा में बड़ा कदम होगा। डॉ. सुब्रमनियम ने कहा कि यदि हमारे संविधान में कोई जीवित कोशिका है तो वह ग्राम पंचायतें हैं, जिसे मि. संथानम अपने इस संशोधन प्रस्ताव के माध्यम से लाये हैं। 'भारत का राजनीतिक शरीर, इन ग्राम पंचायत रूपी जीवित कोशिकाओं के कारण विश्व पटल पर एक स्वायत्त शासन इकाई के रूप में स्थापित होगा।

श्री एल. कृष्णास्वामी भारथी ने यद्यपि यह कहा कि इस संशोधन प्रस्ताव से वे सहमत नहीं हैं क्योंकि मौजूदा स्वरूप में इस संविधान में प्रान्तीय सरकारों को ग्राम पंचायत बनाने और इसे एक स्वशासन के रूप में क्रियाशील करने की शक्ति मिली है, फिर भी उन्होंने मि. संथानम को संशोधन प्रस्तुत करने के लिए और डॉ. अंबेडकर को संशोधन स्वीकार करने के लिए बधाई दिया। उन्होंने 'एशियन रिलेशन्स कान्फ्रेन्स' में व्यक्त किये

गये महात्मा गाँधी के उस विचार का भी स्मरण किया जिसमें उन्होंने कहा था कि 'जो आप दिल्ली में लोगों को देख रहे हैं यह भारत नहीं है। गाँवों में जायें वहाँ भारत है, वहाँ भारत की आत्मा निवास करती है।'

श्री एल. कृष्णास्वामी भारथी के भाषण के उपरान्त डॉ. अंबेडकर द्वारा मि. संथानम के संशोधन प्रस्ताव कि 'राज्य ग्राम पंचायतों का संगठन करने के लिए कदम उठायेगा और उनको ऐसी शक्तियाँ और प्राधिकार प्रदान करेगा जो उन्हें स्वायत्त शासन की इकाइयों के रूप में कार्य करने योग्य बनाने के लिए आवश्यक हो' प्रावधान वाले नये अनुच्छेद 31-ए को जोड़ा जाये', को दोबारा स्वीकार किया गया। इसके पश्चात संविधान सभा द्वारा भी इसे पारित कर दिया गया।

श्रमिकों को संरक्षण और कुटीर उद्योगों को प्रोत्साहन

किसी भी देश के समग्र विकास का पैमाना उस देश की श्रमिकों के स्थिति के आधार पर आँका जाता है। श्रमिक समाज औद्योगिक विकास के साथ कृषि उत्पादन के लिए आधारभूत होते हैं। मजदूरों के जीवनस्तर को आदर्श और स्तरीय बनाये बिना राष्ट्र की सम्पूर्ण प्रगति सम्भव नहीं है। इसको दृष्टिगत रखते हुए प्रारूप अनुच्छेद 34 (संविधान का अनुच्छेद 43) उपबन्धित करता है कि 'राज्य, उपयुक्त विधान या आर्थिक संगठन द्वारा या किसी अन्य रीति से कृषि के, उद्योग के या अन्य प्रकार के सभी कर्मकारों को काम, निर्वाह मजदूरी, शिष्ट जीवनस्तर और अवकाश का सम्पूर्ण उपभोग सुनिश्चित करने वाली काम की दशाएँ तथा सामाजिक और सांस्कृतिक अवसर प्राप्त कराने का प्रयास करेगा।'

इस प्रावधान के साथ एक नया खण्ड जोड़ने के लिए श्री महावीर त्यागी द्वारा संशोधन प्रस्ताव लाया गया। श्री त्यागी द्वारा प्रस्तावित नये खण्ड में प्रावधान था कि 'राज्य स्वदेशी वस्तुओं का और कुटीर उद्योगों का, विशेषकर ग्रामीण इलाकों में, प्रोत्साहन करेगी।' अपने प्रस्ताव के समर्थन में श्री त्यागी ने कहा कि हमारा उद्देश्य यह है कि मानवीय शक्तियाँ मशीन की तरफ जाने के बजाय मशीन इन मानवीय शक्तियों की तरफ आये। ...यदि आप राजनीतिक लोकतंत्र को आर्थिक लोकतंत्र के साथ जोड़ना चाहते हैं और डॉ. अंबेडकर के 'एक व्यक्ति-एक इकाई' के विचार को यदि जीवन्त रूप देना चाहते हैं तो आपको गाँवों को स्व-स्वायत्त बनाना होगा।'

तदुपरान्त उपाध्यक्ष महोदय द्वारा बताया गया कि इसी तरह का एक संशोधन मि. रामलिंगम चेटियार का है। वे अपना संशोधन प्रस्ताव प्रस्तुत कर सकते हैं।

इसके बाद मि. चेटियार ने अनुच्छेद 34 के अन्त में 'और राज्य विशेष रूप से ग्रामों में सहकारिता के रास्ते पर कुटीर उद्योग को बढ़ाने का प्रयास करेगा' को जोड़ने के लिए संशोधन प्रस्ताव लाया। मि. चेटियार का तर्क था कि कुटीर उद्योगों के आगे न बढ़ पाने का प्रमुख कारण है कि आयातित वस्तुओं से प्रतियोगिता और कुटीर उद्योग को सहयोग की कमी। उसके लिए कच्चे माल का सप्लाई करना होगा; मजदूरी का नियमित भुगतान करना होगा और सबसे ऊपर बाजार की व्यवस्था को उपलब्ध कराना होगा। इसके लिए दो रास्ते हो सकते हैं। एक पूँजीवादी व्यवस्था, जिसमें हमेशा मजदूरों का शोषण होता रहा

है या दूसरा सहकारिता आधारित व्यवस्था। सहकारिता आधारित व्यवस्था के अन्तर्गत कच्चे माल की सप्लाई और उत्पाद के लिए बाजार उपलब्ध कराने के लिए सहकारी संस्थाओं का गठन एकमात्र उपलब्ध रास्ता बचा है। इसी को ध्यान में रखकर यह संशोधन प्रस्तुत किया गया है।'[10]

इसी बीच श्री अमियो कुमार घोष द्वारा कहा गया कि इसी तरह का संशोधन प्रस्ताव श्री गुप्त नाथ सिंह द्वारा प्रस्तुत किया गया है, जो नया अनुच्छेद 34-ए जोड़ने के लिए है। श्री गुप्त नाथ सिंह द्वारा प्रस्तावित नये अनुच्छेद 34-ए के अनुसार 'राज्य कुटीर उद्योगों को विकसित एवं प्रोत्साहित करेगा और जहाँ तक सम्भव हो, गाँवों को स्व-स्वायत्त बनायेगा'।

आम बहस के दौरान श्री एच. वी. कामथ ने कहा कि यदि हम अनुच्छेद 31, 32 और 34 के प्रावधान को गम्भीरता से लागू करने जा रहे हैं और सरकार वास्तव में इन प्रावधानों के अनुसार कार्य करेगी, तो मुझे कोई शंका नहीं है कि यह नया चार्टर साबित होगा। एक ऐसा चार्टर जो शोषित, वंचित एवं हाशिये के लोगों के लिए नया जीवन देने वाला साबित होगा और देश के आर्थिक एवं सामाजिक लोकतंत्र के लिए ब्लूपिण्ट का आधार बनायेगा। मैंने डॉ. अंबेडकर के इस विचार कि यह संविधान देश के आर्थिक लोकतंत्र का आदर्श स्थापित करेगा, को ध्यान रो सुना और इस देश में यही आदर्श स्थापित करने का प्रयास हम सब करेंगे।

डॉ. अंबेडकर ने अपने जवाब में कहा कि इस सदन की मंशा है कि निर्देशक सिद्धान्त में कुटीर उद्योग का सन्दर्भ होना चाहिए। मैं अनुच्छेद 34 में सदन की इस इच्छा को शामिल करने के लिए सिद्धान्ततः सहमत हूँ। कुछ शब्दों के प्रतिस्थापन के साथ मैं मि. रामलिंगम चेटियार के संशोधन को स्वीकार करने को तैयार हूँ। डॉ. अंबेडकर द्वारा मि. चेटियार के संशोधन प्रस्ताव पर पहला पुनर्संशोधन प्रस्ताव यह लाया गया कि 'सहकारिता' के साथ 'व्यक्तिगत' को भी जोड़ा जाये और दूसरा पुनर्संशोधन प्रस्ताव यह लाया गया कि 'के रास्ते पर' के स्थान पर 'के आधार पर' कर दिया जाये। डॉ. अंबेडकर के उक्त दोनों संशोधनों को मि. रामलिंगम चेटियार द्वारा तुरन्त स्वीकार कर लिया गया। इस स्वीकृति के उपरान्त मि. चेटियार द्वारा प्रस्तावित प्रावधान 'और राज्य विशेष रूप से ग्रामों में व्यक्तिगत या सहकारिता के आधार पर कुटीर उद्योग को बढ़ाने का प्रयास करेगा' हो गया।

मि. एल. कृष्णास्वामी द्वारा सहकारिता के साथ 'व्यक्तिगत' शब्द को जोड़े जाने पर सवाल उठाया गया। इस पर डॉ. अंबेडकर ने कहा—

> 'महोदय, मैं पाता हूँ कि इस सदन के सदस्य, जो इस विषय में रुचि लेते हैं, उनमें दो श्रेणी के लोग हैं। एक वे जो सहकारिता के आधार पर कुटीर उद्योग में विश्वास करते हैं और दूसरे श्रेणी के वे जो कुटीर उद्योग को बिना ऐसे किसी सीमा के विकास करना चाहते हैं। दोनों विचारों को सन्तुष्ट करने के लिए मैंने ऐसे शब्दावली का जान-बूझकर प्रयोग किया है। मुझे विश्वास है कि यह अभिव्यक्ति दोनों विचारों को सन्तुष्ट करेगा।

डॉ. अंबेडकर के विचारों को जानने के बाद महावीर त्यागी ने अपना संशोधन प्रस्ताव वापस ले लिया और डॉ. अंबेडकर द्वारा पुनःसंशोधित मि. रामलिंगम चेटियार का संशोधन

प्रस्ताव संविधान सभा द्वारा स्वीकार कर प्रारूप अनुच्छेद 34 (संविधान का अनुच्छेद 43) को अंगीकृत कर लिया गया।

चौदह वर्ष तक के बच्चों के लिए नि:शुल्क एवं अनिवार्य शिक्षा

शिक्षा किसी देश के विकास की कुंजी होती है। यह राज्य का दायित्व है कि वह देश के सभी बच्चों को समान रूप से नि:शुल्क एवं अनिवार्य शिक्षा प्रदान करे। इस दायित्व को संवैधानिक निर्देशन के रूप में स्थापित करने के लिए प्रारूप संविधान में अनुच्छेद 36 (संविधान का अनुच्छेद 45) प्राविधानित किया गया। इस प्रावधान के पूर्व समान नागरिक संहिता से सम्बन्धित प्रारूप अनुच्छेद 35 पर बहस होना था, लेकिन डॉ. अंबेडकर के आग्रह पर उपाध्यक्ष महोदय द्वारा प्रारूप अनुच्छेद 35 पर बहस को आगे के लिए टालकर, बच्चों को नि:शुल्क एवं अनिवार्य शिक्षा से सम्बन्धित प्रारूप अनुच्छेद 36 पर बहस शुरू करायी गयी। प्रारूप अनुच्छेद 36 के अनुसार—

> 'प्रत्येक नागरिक नि:शुल्क प्राथमिक शिक्षा प्राप्त करने का अधिकारी होगा और राज्य, संविधान लागू होने के 10 वर्ष के अन्दर, सभी बालकों को चौदह वर्ष की आयु पूरी करने तक नि:शुल्क और अनिवार्य शिक्षा प्रदान करने के लिए उपबन्ध करने का प्रयास करेगा।'

प्रारूप अनुच्छेद 36 के सम्बन्ध में प्रमुखत: तीन संशोधन प्रस्ताव लाये गये थे। पहला संशोधन प्रस्ताव पण्डित लक्ष्मीकान्त मैत्रे द्वारा लाया गया था। इस प्रस्ताव के अन्तर्गत प्रारंभ में प्रयोग किये गये शब्दावली 'प्रत्येक नागरिक नि:शुल्क प्राथमिक शिक्षा प्राप्त करने का अधिकारी होगा' को हटाने की माँग की गयी थी। पण्डित मैत्रे का तर्क था कि प्रारूप अनुच्छेद 36 के पूर्व या बाद में जितने भी अनुच्छेद भाग 4 में हैं, सबकी शुरुआत 'दि स्टेट शैल ... (हिन्दी में 'राज्य ... करेगा') जैसे शब्दों से किया गया है, जबकि अनुच्छेद 36 की शुरुआत अलग तरीके से 'एवरी सिटीजन इज इण्टाइटिल्ड टू... (हिन्दी में 'प्रत्येक नागरिक ... का अधिकारी है') जैसे शब्दों से किया गया है। पण्डित मैत्रे का दूसरा तर्क यह था कि निर्देशक सिद्धान्तों से सम्बन्धित भाग 4 के प्रावधानों में सरकार द्वारा ध्यान में रखी जाने वाली योजनाओं को सन्दर्भित किया गया है, किन्तु दुर्भाग्य से अनुच्छेद 36 में निर्देशक सिद्धान्त और मूल अधिकार दोनों है, जिसका एक-दूसरे से तालमेल नहीं है।

इसके बाद मि. नजरुद्दीन अहमद द्वारा एक अन्य संशोधन प्रस्ताव लाया गया कि 'शिक्षा' के स्थान पर 'प्राथमिक शिक्षा' प्रतिस्थापित किया जाय।

डॉ. अंबेडकर द्वारा पण्डित मैत्रे के संशोधन प्रस्ताव को स्वीकार किया गया, लेकिन मि. नजरूद्दीन अहमद के संशोधन प्रस्ताव सहित दूसरे अन्य प्रस्तावों को अस्वीकार कर दिया गया। मि. नजरुद्दीन अहमद द्वारा उठाये गये सवाल का जवाब देते हुए डॉ. अंबेडकर ने कहा—

> 'लगता है कि मि. नजरुद्दीन अहमद द्वारा यह समझा गया है कि इस प्रावधान का उद्देश्य नि:शुल्क प्राथमिक शिक्षा तक सीमित है। जबकि ऐसा नहीं है। इसके प्रावधान के अनुसार 14 वर्ष की आयु तक के सभी बच्चों को शैक्षणिक संस्थाओं में रखा जाय। यदि मेरे मित्र मि. नजरुद्दीन द्वारा अनुच्छेद 18 का उदाहरण दिया जा

रहा है जो मूल अधिकार के रूप में रखा गया है और जो 14 वर्ष से कम उम्र के बच्चों को कोई काम करने से रोकता है। यदि 14 वर्ष तक के बच्चों को कार्य करने से रोका गया है तो स्वाभाविक रूप से इन बच्चों को शिक्षण संस्थाओं में ही स्थान देना होगा। अनुच्छेद 36 का यही उद्देश्य है।'[11]

डॉ. अंबेडकर के उक्त विचार के उपरान्त संविधान सभा द्वारा पण्डित मैत्रे के संशोधन को स्वीकार कर लिया गया जबकि मि. नजरुद्दीन के एवं अन्य संशोधन प्रस्तावों को अस्वीकार कर दिया गया। संशोधनोपरान्त स्वीकृत किये गये नये प्रावधान के अनुसार—

> 'राज्य, संविधान लागू होने के 10 वर्ष के अन्दर, सभी बालकों को चौदह वर्ष की आयु पूरी करने तक नि:शुल्क और अनिवार्य शिक्षा प्रदान करने के लिए उपबन्ध करने का प्रयास करेगा।'

'सर्वमान्य नागरिक संहिता' : भारत में नयी बात नहीं

जैसे नागरिक व्यवहार के उन तत्वों को, जिनका धर्म से प्रत्यक्ष या अप्रत्यक्ष कोई सम्बन्ध नहीं होता है, राज्य द्वारा अलग करके, इन्हें समानता पर आधारित एवं न्यायसंगत बनाकर विनियमित करने की आवश्यकता संविधान निर्माताओं द्वारा महसूस की गयी। इस दिशा में प्रभावशाली कानून बनाने हेतु राज्य को निर्देशन देने के लिए प्रारूप संविधान में अनुच्छेद 35 (संविधान का अनुच्छेद 44) लाया गया। प्रारूप अनुच्छेद 35 के अनुसार 'राज्य नागरिकों के लिए सर्वमान्य नागरिक संहिता प्राप्त करने का प्रयास करेगा'।

प्रारूप प्रावधान से व्यक्तिगत कानून का अधिकार अप्रभावित रहे, इसको दृष्टिगत रखते हुए प्रारूप अनुच्छेद में परन्तुक जोड़ने के लिए तीन भिन्न-भिन्न संशोधन प्रस्ताव लाये गये। पहला संशोधन प्रस्ताव मि. मोहम्मद इस्माइल साहिब द्वारा लाया गया था, जिसके माध्यम से प्रारूप अनुच्छेद 35 में परन्तुक जोड़ने के लिए कहा गया था। इस प्रस्तावित परन्तुक के अनुसार 'लोगों के किसी समूह, भाग या समुदाय को अपने व्यक्तिगत कानूनों, यदि ऐसा कानून है, को छोड़ने के लिए विवश नहीं किया जायेगा'। मि. साहिब का तर्क था कि अपने व्यक्तिगत कानून को मानना और उससे बँधे रहने का अधिकार मूल अधिकार है। ऐसे कानून को मानना किसी व्यक्ति के जीवन का तरीका हो जाता है। यह उसके धर्म का अंग होता है, यह उसकी संस्कृति का अंग होता है। यदि ऐसे व्यक्तिगत कानूनों को प्रभावित करने वाला कोई काम होता है तो यह उन लोगों के जीवनपथ में हस्तक्षेप करने के समान है। एक धर्मनिरपेक्ष राज्य में ऐसा कुछ भी नहीं किया जाना चाहिए जो लोगों के जीवनपथ और धर्म में हस्तक्षेप करता हो। ... इसलिए महोदय, मेरा निवेदन है कि इस देश में परस्पर सौहार्द पैदा करने और बढ़ाने के लिए यह आवश्यक नहीं है कि लोगों को अपने व्यक्तिगत कानून को त्यागने के लिए बाध्य किया जाये।

इसके बाद मि. नजरुद्दीन अहमद द्वारा भी एक अलग परन्तुक जोड़ने के लिए संशोधन प्रस्ताव लाया गया। प्रस्तावित परन्तुक में उपबन्ध था कि 'किसी समुदाय के व्यक्तिगत कानून, जो किसी विधान द्वारा गारण्टी किया गया है, में बदलाव उस समुदाय के पूर्व सहमति के बिना नहीं किया जायेगा।'

अपने संशोधन प्रस्ताव के समर्थन में मि. नजरुद्दीन अहमद ने तर्क दिया कि यह संशोधन सिर्फ मुसलमानों की दृष्टि से नहीं लाया गया है बल्कि अन्य सभी धर्मों के कुछ-न-कुछ अपने धार्मिक कानून हैं। उनके कुछ ऐसे सिविल कानून हैं जिनको उनके धार्मिक विश्वास से अलग नहीं किया जा सकता है। मि. नजरुद्दीन अहमद का दूसरा तर्क था कि यह प्रावधान इसी प्रारूप-संविधान के अनुच्छेद 19 (संविधान का अनुच्छेद 25) के प्रावधान के खिलाफ है, जो सभी नागरिकों को लोकव्यवस्था, नैतिकता एवं स्वास्थ्य के अधीन अन्त:करण की आजादी और धर्म को अबाध रूप से मानने, आचरण करने एवं प्रचार करने के मूल अधिकार की गारण्टी देता है।

मि. महबूब अली बेग साहिब बहादुर ने भी अपने संशोधन प्रस्ताव के माध्यम से परन्तुक जोड़ने की अपील की। उनके द्वारा प्रस्तावित परन्तुक में कहा गया था कि 'इस अनुच्छेद का कोई प्रावधान नागरिक के व्यक्तिगत कानून को प्रभावित नहीं करेगा।' मि. महबूब अली का तर्क था कि अनुच्छेद 35 में प्रयोग किया गया शब्द 'सिविल कोड' किसी नागरिक के व्यक्तिगत कानून को अपने में समायोजित नहीं करता है। मुझे आशा है कि ऐसा इस अनुच्छेद के निर्माता भी सोचते होंगे। सिविल कोड सम्पत्ति कानून, संविदा कानून, साक्ष्य कानून जैसे कानूनों को ही समायोजित करता है न कि व्यक्तिगत कानूनों को, इसको स्पष्ट करने के लिए प्रस्तावित परन्तुक जोड़ा जाना आवश्यक है।

आम बहस में भाग लेते हुए श्री बी. पोकर साहिब बहादुर ने मोहम्मद इस्माइल साहिब के संशोधन प्रस्ताव का समर्थन करते हुए कहा—

> 'इस संशोधन को केवल मुसलमान समुदाय के नजरिये से न देखा जाए, बल्कि इस देश में विद्यमान सभी समुदायों, जो भिन्न-भिन्न कानून की संहिताओं का पालन कर रहे हैं, के नजरिये से देखा जाए। श्री बी. पोकर ने सवाल किया कि क्या हम इस देश में मिले अन्त:करण की आजादी, धर्म का आचरण करने की स्वतंत्रता और व्यक्तिगत कानून को मानने के अधिकार को छोड़ने जा रहे हैं? क्या एक सिविल कानून, इसका चाहे जो भी मतलब हो, चाहे इसमें सभी नागरिक कानून जैसे विवाह कानून, उत्तराधिकार कानून, तलाक कानून शामिल हो, बनाकर हम उसे पूरे देश पर थोपने का प्रयास कर रहे हैं? स्वयं हिन्दुओं के कई मत हैं जिनके कानूनों में तमाम विभिन्नताएँ हैं। क्या हम इन विभिन्नताओं को समाप्त कर उनमें समानता लाने जा रहे हैं? 'सर्वमान्य' का तात्पर्य क्या है? और किस विशेष कानून को और किस विशेष समुदाय के कानून को आप स्तरीय मानने जा रहे हैं? 'मिताक्षरा' और 'दायभाग' जैसी अलग-अलग व्यवस्थाएँ हैं इनमें से किनको आधार बनाने जा रहे हैं? सैकड़ों-हजारों वर्षों से मान्यताएँ प्रचलित हैं, कलम के एक झोंके से आप इनको समाप्त कर समानता नहीं ला सकते हैं।'[12]

मि. हुसैन इमाम ने भी प्रस्तावित प्रावधान का विरोध करते हुए कहा कि इतने बड़े एवं विशाल जनसंख्या वाले देश में यह लगभग असम्भव है कि आप एक तरह के किसी चीज को उस पर थोप दें। उत्तर दिशा में हम अति-शीत हैं तो दक्षिण में अति-उष्ण हैं, आसाम में अति वर्षा होती है तो राजस्थान में मरुस्थल है। ऐसी विभिन्नता वाले देश के लिए सिविल कानून समान रूप से लागू करना असम्भव है।...धर्मनिरपेक्ष राष्ट्र का मतलब

धर्मविरुद्ध होना नहीं है। इसलिए यह सुझाव है कि मसौदा-समिति के सदस्यों के लिए यह उत्तम नीति होगी कि वह इस प्रावधान में ऐसी सुरक्षात्मक व्यवस्था लायें जिससे लोगों की सभी आशंकाएँ दूर हो सकें और मुझे विश्वास है कि डॉ. अंबेडकर की प्रतिभा इसका समाधान खोजने में अवश्य सफल होगी।[13]

इसके बाद प्रारूप अनुच्छेद 35 पर आम बहस में भाग लेने के लिए श्री के. एम. मुन्शी को बुलाया गया। श्री मुन्शी ने प्रारूप प्रावधान का पूर्ण रूप से समर्थन किया। अपने सम्बोधन में श्री मुन्शी ने कहा कि 'इस प्रावधान पर पहली बार बहस नहीं हो रही है। इसके पहले कई समितियों में इस पर चर्चा की गयी है। आज इस प्रावधान के विरुद्ध मुख्यत: दो आधार लिये जा रहे हैं। पहला यह कि इसके प्रावधान अनुच्छेद 19 में प्रदत्त मूल अधिकारों का अतिक्रमण करते हैं और दूसरा यह कि यह अल्पसंख्यकों के लिए निर्दयी है। 'जहाँ तक अनुच्छेद 19 (संविधान का अनुच्छेद 25) का सवाल है, इसके प्रावधान के माध्यम से यह सिद्धान्त स्वीकार्य है कि 'यदि कोई माना जाने वाला धार्मिक आचरण, धर्मनिरपेक्ष क्रियाकलाप या सामाजिक सुधार या सामाजिक कल्याण के दायरे में आता है तो यह संसद् के लिए खुला है कि वह अल्पसंख्यकों के मूल अधिकार का अतिक्रमण किये बिना इस बारे में कानून बनाये।'

विश्व के दूसरे देशों का उदाहरण देते हुए श्री मुन्शी ने आगे कहा—

'यह याद रखना चाहिए कि यदि यह प्रावधान न भी हो तो इसका मतलब यह नहीं है कि संसद् को सिविल कोड पर कानून बनाने का अधिकार नहीं रहेगा। इस अधिकार पर केवल एक मात्र बन्दिश अनुच्छेद 19 है जो पहले ही संसद् को धर्मनिरपेक्ष क्रियाकलापों पर कानून बनाने की अनुमति दिया हुआ है। इसका उद्देश्य मात्र यह है कि संसद् जब उचित समझे वह देश के व्यक्तिगत कानून का समानीकरण कर सकता है। जहाँ तक इसका सवाल है कि यह अनुच्छेद अल्पसंख्यकों के लिए निर्दयी है, इस सन्दंर्भ में मैं पूछना चाहता हूँ क्या वास्तव में यह निर्दयी है? किसी भी प्रगतिशील मुस्लिम देश में अल्पसंख्यकों के व्यक्तिगत कानूनों को मान्यता नहीं है। तुर्की का उदाहरण लें, वहाँ पर किसी अल्पसंख्यकों को ऐसा अधिकार नहीं प्राप्त है। लेकिन मैं इससे आगे जाता हूँ। जब वहाँ शरीयत कानून लागू किया गया था तो 'खोजा' और 'कुच्ची मेमन्स' समुदाय बहुत ही असन्तुष्ट थे। ये हिन्दू मान्यताओं को मानते थे। उसके बाद भी शरीयत कानून को सभी समुदायों पर लागू कर दिया गया। तब अल्पसंख्यकों के अधिकार कहाँ थे? जब आप किसी समुदाय को एकीकृत करते हैं तो आपको सभी समुदाय के हितों का ध्यान देना पड़ता है न कि इसके किसी एक भाग के मान्यताओं का। इसलिए यह कहना उचित नहीं है कि यह अनुच्छेद अल्पसंख्यकों के लिए निर्दयी प्रावधान है। यूरोप के देशों में भी सिविल कोड है और वहाँ के अल्पसंख्यक समाज इस सिविल कोड को मानते हैं! इसलिए सवाल यह है कि क्या हम अपने व्यक्तिगत कानूनों को इस तरह एकीकृत और एकसमान करने जा रहे हैं जिससे कालक्रम में पूरे देश का जीवनपथ एक समान और धर्मनिरपेक्ष हो सके? हम व्यक्तिगत कानूनों को धर्म से अलग करना चाहते हैं, उसे सामाजिक

सम्बन्धों से अलग करना चाहते हैं, उससे उत्तराधिकार से सम्बन्धित अधिकारों को अलग करना चाहते हैं। इन सब चीजों का धर्म से क्या सम्बन्ध है? ... हम सब एक प्रगतिशील समाज हैं। हम इस दौर में हैं, जहाँ धार्मिक आचरणों में हस्तक्षेप किये बिना देश को एकसमान और एकीकृत कर सकते हैं।

'मैं जानता हूँ कि बहुत-से हिन्दू भी 'साझा नागरिक संहिता' को नहीं पसन्द करते हैं क्योंकि वे भी मानते हैं कि विवाह कानून, उत्तराधिकार कानून उनके धर्म का एक अंग है। यदि ऐसा है तो महिलाओं को समानता का अधिकार आप कभी नहीं दे सकते हैं। एक महत्त्वपूर्ण विचार जो हमें अपने दिमाग में रखना है और मैं अपने मुस्लिम मित्रों को अहसास कराना चाहता हूँ कि जितनी जल्दी ही हम जीवन के पृथक्करणीय दृष्टिकोण को भूल जायेंगे, देश के लिए उतना ही अच्छा होगा। धर्म उस परिधि तक सीमित होना चाहिए जहाँ तक वह धर्म दिखता है। बाकी जीवन अवश्य ही इस तरह से विनियमित, एकीकृत और सुधारात्मक होना चाहिए कि हम जितनी जल्द सम्भव हो, एक मजबूत और सामूहिक राष्ट्र के रूप में निखर सकें। हमारी पहली और सबसे महत्त्वपूर्ण समस्या है कि कैसे देश में राष्ट्रीय एकता को मजबूत करें।

'ब्रिटिश शासन के अधीन रहने के दौरान हमने इस तरह का दिमाग बना लिया है कि व्यक्तिगत कानून धर्म का भाग है। इसे ब्रिटिश लोगों और ब्रिटिश न्यायालयों द्वारा पोषित भी किया गया है। हमें निश्चय ही इससे ऊपर उठना होगा। अलाउद्दीन खिलजी जिसने मुस्लिम सल्तनत की स्थापना की थी, ने भी बहुत-सारे ऐसे सुधारात्मक बदलाव किये जो शरीयत कानून के खिलाफ थे। जब इस सुधार का दिल्ली के काजियों द्वारा विरोध किया गया तो उसने कहा कि मैं एक अज्ञानी आदमी हूँ और मैं इस देश में इसकी भलाई के लिए शासन कर रहा हूँ। मैं निश्चिन्त हूँ कि मेरी अज्ञानता और अच्छे आशय को देखते हुए अल्लाह मुझे माफ करेगा कि मैंने शरीयत के अनुसार कार्य नहीं किया।'

यदि अलाउद्दीन खिलजी यह नहीं स्वीकार कर सका है कि धार्मिक मामलों के अन्तर्गत व्यक्तिगत कानून आते हैं, तो आज ऐसी बहस करना दुर्भाग्यपूर्ण है।'[14]

इसके उपरान्त श्री अल्लादी कृष्णास्वामी अय्यर ने भी श्री मुन्शी के विचारों से सहमति व्यक्त करते हुए अनुच्छेद 35 के प्रावधान का समर्थन किया और कहा—

'इस अनुच्छेद का उद्देश्य मैत्रीयता को लाना है न कि मैत्रीयता को समाप्त करना। इसके पीछे आशय यह है कि उत्तराधिकार या ऐसे अन्य मामलों में, जिसमें असमानता है और जो भारत के लोगों में भिन्नता पैदा करता है, एक समान लक्ष्य तक पहुँचने का प्रयास करना है। ऐसा नहीं है कि एक विधिक व्यवस्था, दूसरी विधिक व्यवस्था को प्रभावित नहीं करती है या वह दूसरी विधिक व्यवस्था से प्रभावित नहीं होती है। हिन्दू संहिता में हिन्दू कानून के अलावा दूसरी व्यवस्था की अच्छी बातों को ग्रहण किया गया है। उत्तराधिकार कानून रोमन और इंग्लिश दोनों व्यवस्थाओं पर आधारित है। यदि किसी व्यवस्था को अपने में विकास के तत्त्व को बनाये रखना है तो इसे खुद को परिपूर्ण मानने से बचना होता है। हमारे पूर्वज एक-दूसरे से जुड़े

हुए लोकतांत्रिक एकीकृत राष्ट्र के बारे में नहीं सोच सके। हम सब अपने इस अतीत से आगे बढ़कर एक ऐसा भारत चाहते हैं जो एक राष्ट्र के रूप में एक दूसरे से जुड़े और एकीकृत हों। क्या हम एक राष्ट्र के रूप में जुड़ने की दिशा में सहयोग कर रहे हैं या इस देश को एक प्रतियोगी समुदायो की शृंखला के रूप में बनाये रखना चाहते हैं? यह भी विचार करने का विषय है।

'...जब ब्रिटिश देश की सत्ता पर काबिज हुए तो उन्होंने पूरे देश के लिए अपराध के एक कानून बनाये और उसे समान रूप से सब पर, चाहे अंग्रेज हो या हिन्दू या मुस्लिम, लागू किया गया। क्या तब मुस्लिम अपवाद बने रह पाये और क्या वे इसके विरुद्ध विद्रोह कर सके? इसी तरह संविदा कानून मुसलमान और हिन्दू के बीच या मुसलमान और मुसलमान के बीच समान रूप से लागू होता है। वे कुरान के अनुसार नहीं हैं। इसी तरह इंग्लिश विधिशास्त्र पर आधारित 'सम्पत्ति अन्तरण कानून' समान रूप से सब पर लागू होते हैं। यूरोपीय देशों में मुस्लिम हैं, हिन्दू हैं, कैथोलिक हैं, ईसाई हैं, पारसी हैं। मैं मि. पोकर से जानना चाहता हूँ कि क्या फ्रान्स में, जर्मनी में, इटली में या अन्य यूरोपीय देशों में भिन्न-भिन्न व्यक्तिगत कानून हैं? क्या वहाँ पर उत्तराधिकार के कानून समान नहीं हैं? उन्हें मुस्लिम विधिशास्त्र पर अध्ययन करना चाहिए और पता करना चाहिए कि इन देशों में एक समान कानून लागू है या भिन्न-भिन्न कानून।'[15]

प्रारूप अनुच्छेद 35 के सम्बन्ध में लाये गये संशोधन प्रस्तावों एवं बहस के दौरान इसका विरोध मुख्यत: निम्न तीन आधारों पर किया गया था—

1. पहला यह कि भारत में मुसलमानों का व्यक्तिगत कानून अपरिवर्तनीय रहा है और बहुत पहले से समान रूप से लागू है।
2. दूसरा यह कि व्यक्तिगत कानून पूर्णतया धार्मिक मामला है, इसमें किसी तरह का हस्तक्षेप धर्मनिरपेक्षता के सिद्धान्त के विरुद्ध और धार्मिक स्वतंत्रता के अधिकार का उल्लंघन है।
3. तीसरा यह कि सिविल संहिता के निर्माण के दौरान अन्तत: अल्पसंख्यकों को ही अपने व्यक्तिगत कानून से समझौता करना पड़ेगा, ऐसी स्थिति में प्रारूप अनुच्छेद के अन्तर्गत राज्य को सिविल संहिता बनाने और थोपने की छूट देना निर्दयतापूर्ण होगा।

'सर्वमान्य सिविल संहिता' से सम्बन्धित प्रारूप अनुच्छेद 35 पर सभी पक्षों के बहस के बाद अन्त में जवाब देने के लिए डॉ. अंबेडकर को बुलाया गया। अपने जवाब में डॉ. अंबेडकर ने प्रारूप-प्रावधान को लेकर पैदा हुए भ्रम को दूर करने का सफल प्रयास किया। उन्होंने ऐसे कई कानूनों का दृष्टान्त दिया, जो न केवल इस देश के सभी धर्मों पर समान रूप से लागू है, बल्कि इसे सभी धर्मों द्वारा स्वीकार भी किया गया है। उन्होंने तर्क देते हुए इस विचार को भी नकार दिया कि भारत में मुसलमानों का व्यक्तिगत कानून अपरिवर्तनीय रहा है और बहुत पहले से समान रूप से लागू है। डॉ. अंबेडकर ने आगे तर्क दिया कि प्रारूप-प्रावधान के अन्तर्गत संसद के पास यह भी विकल्प होगा कि वह 'सर्वमान्य सिविल संहिता' के सम्बन्ध में बनाये गये प्रावधान को लागू करते समय

इसे वैकल्पिक बनाये रखे। उनके इस तर्क ने संविधान सभा के सदस्यों, खासतौर से अल्पसंख्यक-सदस्यों के मन में उपजी सभी भ्रम को लगभग समाप्त कर दिया। डॉ. अंबेडकर द्वारा प्रारूप प्रावधान के बचाव का और सभी सदस्यों खासतौर से अल्पसंख्यक सदस्यों को सन्तुष्ट करने का यह तरीका अनोखा था। प्रारूप प्रावधान का बचाव करते हुए बाबा साहेब डॉ. अंबेडकर ने कहा—

'उपाध्यक्ष महोदय, मैं इस अनुच्छेद पर रखे गये संशोधनों को स्वीकार नहीं कर सकता। इस विषय पर बोलते हुए मैं इस प्रश्न के मेरिट को नहीं छूता हूँ कि इस देश में 'सर्वमान्य सिविल संहिता' की आवश्यकता होनी चाहिए या नहीं। इस विषय पर मेरे मित्र मि. मुन्शी जी और श्री अल्लादी कृष्णास्वामी अय्यर ने भरपूर प्रकाश डाला है। जब मूल अधिकार पर संशोधन रखा जायेगा, उस समय इस विषय पर पूर्ण बयान देना मेरे लिये सम्भव होगा। इसलिए इस विषय पर यहाँ बात नहीं करूँगा।

'मेरे मित्र मि. हुसैन इमाम ने संशोधन प्रस्तावों का समर्थन करते हुए पूछा कि क्या इतने विशाल देश के लिए कानूनों का एक सर्वमान्य संहिता प्राप्त करना सम्भव और वांछनीय है? अब मुझे अवश्य ही स्वीकारना चाहिए कि मुझे इस बयान पर बहुत आश्चर्य था। इसका सीधा-सा कारण है कि मानवीय सम्बन्ध से जुड़े लगभग सभी क्षेत्रों के सन्दर्भ में इस देश में समान कानून संहिताएँ हैं। हमारे पास 'दण्ड संहिता' और 'आपराधिक प्रक्रिया संहिता' के रूप में एकसमान और पूर्ण आपराधिक कोड है जो पूरे देश में लागू होता है। हमारे पास 'सम्पत्ति अन्तरण कानून' है जो सम्पत्ति के सम्बन्ध में पूरे देश में लागू है। 'परक्राम्य लिखत कानून' है और ऐसे अनेक कानूनों को मैं गिना सकता हूँ जो सिद्ध करते हैं कि व्यावहारिक रूप से इस देश में एक सिविल संहिता हैं, जिसके प्रावधान सर्वमान्य हैं और एक समान रूप से पूरे देश पर लागू हैं। जिस क्षेत्र में सर्वमान्य सिविल कानून लागू नहीं होता है, वह विवाह और उत्तराधिकार का क्षेत्र है। यह एक छोटा-सा क्षेत्र है जिस पर हम समान कानून नहीं बना सके हैं और यह इच्छा है कि अनुच्छेद 35 को संविधान का भाग बनाकर बदलाव लाना चाहते हैं। इसलिए यह तर्क कि क्या हमें इस दिशा में प्रयास करना चाहिए, हमें भूल-सा लगता है क्योंकि हम इस देश में लगभग सभी क्षेत्रों को सर्वमान्य सिविल संहिता के अन्तर्गत ला चुके हैं। इसलिए अब यह पूछना कि क्या हम ऐसा कर सकते हैं, बहुत देर से पूछा गया सवाल है। जैसा मैं कहता हूँ हम पहले ही ऐसा कर चुके हैं।

'संशोधन के बारे में आता हूँ। इस सम्बन्ध में दो बात मैं कहना चाहता हूँ। मुझे पहली बात उन सदस्यों से कहनी है जो इन संशोधनों के माध्यम से कहते हैं कि मुस्लिम व्यक्तिगत कानून, जहाँ तक इस देश का सम्बन्ध है, अपरिवर्तनीय है और सम्पूर्ण भारत में समान रहा है। मैं इस कथन को चुनौती देना चाहता हूँ। मैं सोचता हूँ कि इस संशोधन पर बोलने वाले मेरे बहुत-से मित्र बिलकुल भूल चुके हैं कि 1935 तक नार्थ-वेस्ट फ्राण्टियर प्रान्त में शरीयत कानून लागू नहीं थे। गोद लेने और दूसरे अन्य मामलों में इन पर हिन्दू कानून ही लागू होते थे। 1939 में केन्द्रीय

विधायिका ने नार्थ-वेस्ट फ्राण्टियर प्रान्त में मुसलमानों पर से हिन्दू कानून को हटाया और शरीयत कानून को लागू कराया। इतना ही नहीं है। मेरे आदरणीय मित्र भूल चुके हैं कि नार्थ-वेस्ट फ्राण्टियर प्रान्त के अलावा 1937 तक शेष भारत के विभिन्न भागों, जैसे संयुक्त प्रान्त, मध्य प्रान्त और बम्बई में मुसलमान, एक बड़ी हद तक उत्तराधिकार के मामले में हिन्दू कानून से संचालित होते थे। इनमें समानता के धरातल पर लाने के लिए विधायिका को 1937 में हस्तक्षेप करना पड़ा और कानून लाकर शेष भारत के उन मुसलमानों के लिए, जो शरीयत कानून मानते थे, शरीयत कानून लागू किया गया।

'मेरे मित्र मा. करुणाकर मेनन ने मुझे सूचना दी है कि उत्तरी मालाबार में 'मरुमक्कथयम कानून' न केवल हिन्दू पर बल्कि सभी मुसलमानों पर लागू होता था। यह याद रहना चाहिए कि मरुमक्कथयम कानून एक मातृ-प्रधान कानून है, न कि पितृ-प्रधान कानून।

'उत्तरी मालाबार में मुसलमान अब तक मरुमक्कथयम कानून को मान रहे थे। इसलिए यह कहने का कोई औचित्य नहीं है कि मुस्लिम कानून, जिसको वे प्राचीन समय से मानते रहे हैं, वह एक अपरिवर्तनीय कानून है। वह कानून जो कुछ भागों में लागू नहीं था, उन पर वह दस वर्ष पूर्व लागू हुआ है। इसलिए यह अनिवार्य पाया गया कि एक ऐसे सिविल संहिता का विकास किया जाय, जो धर्म से निरपेक्ष रहकर सभी नागरिकों पर समान रूप से लागू हो। हिन्दू कानून का कुछ भाग, इसलिए नहीं कि यह हिन्दू कानून में है बल्कि इसलिए कि वह सबसे उपयुक्त है, अनुच्छेद 35 द्वारा प्रस्तावित किये गये नये सिविल संहिता में शामिल किये जायेंगे। इस बात को लेकर मैं निश्चिन्त हूँ कि मुसलमानों के लिए खुला नहीं होगा कि वह कह सकें कि 'सिविल संहिता' के निर्माताओं ने मुस्लिम समुदाय की भावनाओं को गम्भीर चोट पहुँचायी है।

'मेरी दूसरी बात इन सदस्यों को विश्वास दिलाना है। मैं इस मामले में उनकी भावनाओं को पूरी तरह महसूस करता हूँ लेकिन मैं समझता हूँ उन्होंने अनुच्छेद 35 को बहुत ज्यादा पढ़ा है जो मात्र प्रस्ताव करती है कि राज्य देश के नागरिकों के लिए एक सिविल संहिता बनाने का प्रयास करेगा। ऐसा नहीं कहा गया है कि संहिता के निर्माण के बाद राज्य इसे नागरिकों पर इसलिए लागू कर देगा क्योंकि वे नागरिक हैं। यह पूरी तरह सम्भव है कि भावी संसद् शुरुआत करते समय यह प्रावधान बनाये कि संहिता उन लोगों पर लागू होगा जो इससे शासित होने की घोषणा करते हैं ताकि शुरू में कानून का लागू होना स्वयं की इच्छा पर निर्भर हो। संसद् ऐसे किसी तरीके से इसके आधार का पता लगा सकता है। यह कोई आदर्श तरीका नहीं है। ऐसा तरीका शरीयत एक्ट के सन्दर्भ में 1937 में अपनाया गया था और इसको नार्थ-वेस्ट फ्राण्टियर प्रान्त के अलावा अन्य भागों में लागू किया गया था। कानून कहता है कि यहाँ एक शरीयत कानून है जो उन मुसलमानों पर लागू होना चाहिए जो यह चाहते हैं कि उन्हें शरीयत कानून से बँधना चाहिए और वे इसके लिए राज्य के एक

अधिकारी के पास जाकर यह घोषणा करें कि वह इससे शासित होने को इच्छुक हैं और ऐसी घोषणा के बाद यह कानून उन पर और उनके पीढ़ियों पर लागू होगा। इस तरह का प्रावधान बनाना संसद् के लिए पूरी तरह सम्भव होगा। मेरे मित्रों का भय अब समाप्त हो जायेगा। इसलिए मेरा निवेदन है कि इन संशोधनों में कोई सार नहीं है। मैं इनका विरोध करता हूँ।'[16]

डॉ. अंबेडकर के उक्त सम्बोधन के बाद संविधान सभा ने अनुच्छेद 35 (संविधान का अनुच्छेद 44) पर लाये गये सभी संशोधन प्रस्तावों को अस्वीकार कर प्रारूप प्रावधान को मूलरूप में अंगीकृत कर लिया।

'हिन्दू-संहिता बिल' की विफलता के बाद 'सिविल संहिता' हाशिये पर

धार्मिक मान्यताओं एवं व्यक्तिगत कानूनों की आड़ में महिलाओं के साथ असमानता व अन्याय का व्यवहार कोई नयी बात नहीं है। विवाह के विषय हों या विवाह विच्छेद के; उत्तराधिकार का क्षेत्र हों या सम्पत्ति के अधिकार का, हर स्तर पर सामाजिक रीति-रिवाज एवं धार्मिक मान्यताएँ इस तरह विकसित की गयीं जिससे कि महिलाओं पर पुरुषों का प्रभुत्व बना रहे। ऐसा नहीं है कि पुरुष प्रधान प्रवृत्ति सिर्फ समाज एवं धर्म तक सीमित रही है, राज्य भी ऐसी प्रवृत्ति से अछूता नहीं रह पाया है। ऐसे देश के लिए, जो लोकतंत्र की अँगड़ाई ले रहा हो और सभ्यता के पथ पर आगे बढ़ने का संकल्प ले रहा हो, कानून या ऐसे किसी भी स्वरूप में राज्य प्रायोजित पुरुष प्रधान प्रवृत्ति शर्मनाक थी। हमारे संविधान-निर्मातागण न केवल महिलाओं के सन्दर्भ में किसी तरह की धर्म आधारित स्वच्छन्दता पर अंकुश लगाने के पक्ष में थे, बल्कि राज्य द्वारा महिलाओं के खिलाफ लैंगिक आधार पर अपनाये जाने वाले किसी तरह की विभेदकारी नीति को समाप्त करने के भी पक्ष में थे, ताकि देश को किसी तरह की शर्मनाक स्थिति से बचाया जा सके। डॉ. अंबेडकर का मानना था कि धर्म के क्षेत्र एवं अनुशासन को वास्तविक धर्म तक ही सीमित रखना चाहिए और नागरिक व्यवहार के उन तत्त्वों को, जिनका धर्म से प्रत्यक्ष या अप्रत्यक्ष कोई सम्बन्ध नहीं है, राज्य द्वारा अलग करके, इन्हें अखिल भारतीय स्तर पर समानता एवं न्याय आधारित बनाकर उसी तरह विनियमित करना चाहिए, जिस तरह दूसरे अन्य क्षेत्रों को एक एकीकृत कानून के माध्यम से विनियमित किया गया है। पृथक्करणीय दृष्टिकोण को समाप्त करके हम सभी एक मजबूत और सामूहिक देश के रूप में निखर सकें, इस पवित्र मन्शा के साथ संविधान-निर्माताओं ने देश के नीति-निर्माताओं के समक्ष एक सर्वमान्य 'सिविल संहिता' के निर्माण का लक्ष्य रखा था।

जब भी 'सिविल संहिता' की बात की जाती है, मुस्लिम या ईसाई या पारसी धर्म को मानने वालों को लगता है कि इसके बहाने हिन्दुओं के व्यक्तिगत कानून उन पर थोप दिया जायेगा। यदि अल्पसंख्यक समुदाय, खासकर देश के दूसरे सबसे बड़े समुदाय—मुस्लिम समुदाय के मन में ऐसी आशंका या भय पैदा होता है, तो हिन्दू समुदाय की जिम्मेदारी बढ़

जाती है कि वह परस्पर विश्वास का ऐसा माहौल बनायें जिससे कि किसी तरह की आशंका और भय के कारण समाप्त हों। मुस्लिम समुदाय में भी प्रगतिशील सोच एवं सुधारवादी विचारधारा है, जिसको प्रभावी होने तक उभरने देना चाहिए। इनके अन्दर से भी यह माँग उठने देना चाहिए कि विवाह, तलाक, उत्तराधिकार जैसे मामलों में पुरुषों का एकतरफा, अतार्किक एवं अन्यायपूर्ण प्रभुत्व एक लोकतांत्रिक देश में स्वीकरणीय नहीं है। इनमें ऐसी सोच को विकसित होने देना चाहिए कि एकतरफा तीन-तलाक एवं हलाला जैसी कुप्रथाओं को कुरान की आड़ में मान्यता देना गलत है; महिलाओं की अस्मिता की सुरक्षा और उनके साथ समानता का व्यवहार करने में धर्म बाधा नहीं हो सकता है।

ऐसा नहीं है कि केवल मुस्लिम धर्म में ही महिलाओं के खिलाफ अन्याय एवं असमानता आधारित कुप्रथाएँ प्रचलित हैं। लगभग सभी धर्मों में किसी-न-किसी रूप में ऐसी कुप्रथाएँ प्रचलित रहीं हैं। कोई भी धर्म इसका अपवाद नहीं है। हिन्दू धर्म भी इसका अपवाद होने का दावा नहीं कर सकता है। पति की चिता के साथ विधवाओं को जिन्दा जलाने जैसी सती प्रथा; बहुपत्नीवाद के अन्तर्गत बिना बन्दिश के ढेरों पत्नियों को रखने की छूट; जलालत के साथ पत्नियों को 'पंचायती तलाक' देने की प्रथा, ये सब कभी हिन्दू धर्म में प्रचलित हुआ करती थी। महिलाओं के खिलाफ ऐसे बहुत सारे अन्याय व असमानता आधारित कुप्रथाएँ हिन्दू धर्म में आजादी के समय तक प्रचलित थीं। तब इसी समाज से डॉ. अंबेडकर जैसे व्यक्ति को आगे आकर 'हिन्दू संहिता बिल' की रचना करनी पड़ी। इस संहिता के माध्यम से डॉ. अंबेडकर ने आधुनिक हिन्दू इतिहास में पहली बार 'एक पति-एक पत्नी' के विचार को प्रस्तुत किया। इसके अलावा इस बिल के माध्यम से औरतों को गरिमामय स्थान देने के उद्देश्य से विवाह, तलाक, गोद, उत्तराधिकार, सम्पत्ति इत्यादि क्षेत्रों में कई सुधारवादी विचारों की तरफ उन्होंने देश का ध्यान आकर्षित किया। किन्तु यह भी एक कड़वी सच्चाई है कि 'हिन्दू संहिता बिल' जैसे सुधारवादी और प्रगतिशील कानून को संसद् में विरोध का सामना करना पड़ा। विरोध का यह स्वर बाहर से नहीं था, बल्कि हिन्दू धर्म के अन्दर से ही निकला था। इस विरोध के कारण अन्तत: संसद् में 'हिन्दू संहिता बिल' पारित नहीं हो सका। जब डॉ. अंबेडकर को लगा कि वे हिन्दू-नारियों के लिए एक न्यायसंगत, समानतायुक्त, शोषणमुक्त एवं उनकी गरिमा की रक्षा करने में सक्षम कानून दिला पाने में विफल रहे हैं, तब नैतिकता के आधार पर उन्होंने नेहरू मंत्रिपरिषद् से इस्तीफा दे दिया। 27 सितम्बर, 1951 को तत्कालीन प्रधानमंत्री पण्डित नेहरू को लिखे इस्तीफा पत्र में डॉ. अंबेडकर ने अपनी इस पीड़ा को व्यक्त करते हुए कहा था—

> 'मैं इस आशा से यहाँ तक सहमत हो गया था कि इस बिल को विवाह और तलाक तक सीमित कर दिया जाय जिससे कि कम-से-कम हमारा उतना प्रयास व्यर्थ न जाय और हिन्दू-नारियों को उस अंश तक शोषण से मुक्ति मिल जाय, किन्तु बिल के उस अंग की भी हत्या कर दी गयी। अतएव आपके मंत्रिपरिषद् में बने रहने की मैं अब कोई आवश्यकता नहीं समझता।'

लगभग चार वर्ष बाद डॉ. अंबेडकर द्वारा तैयार किये गये 'हिन्दू कोड बिल' को टुकड़ों-टुकड़ों में हिन्दू विवाह अधिनियम, हिन्दू उत्तराधिकार अधिनियम, हिन्दू अवयस्क एवं संरक्षण अधिनियम, हिन्दू गोद एवं भरणपोषण अधिनियम के रूप में संसद् द्वारा पारित करा दिया गया। लेकिन सम्पत्ति में समान अधिकार एवं इस तरह के दूसरे कई मूलभूत सवालों पर महिलाओं के साथ धोखा भी किया गया। हिन्दू उत्तराधिकार अधिनियम की धारा 6 के अन्तर्गत कोपार्सनरी सम्पत्ति में सिर्फ पुत्रों को हक दिया गया, पुत्रियों को नहीं। पुत्रियों के साथ यह विभेदकारी व्यवहार लगभग पचास वर्षों तक चलता रहा और न्यायमूर्ति बी. पी. जीवन रेड्डी कमीशन की रिपोर्ट के बाद वर्ष 2005 में कहीं जाकर इसे समाप्त किया जा सका। इसी तरह उक्त कानूनों में विवाह के दौरान पति के साथ अर्जित की गयी सम्पत्तियों में पत्नी के समान अधिकार के सम्बन्ध में कोई प्रावधान नहीं है। दुर्भाग्य से यह स्थिति आज भी बनी हुई है। इस तरह चाहे वह उत्तराधिकार में महिलाओं को बराबरी का हक देने का सवाल हो या विवाह के बाद पति के साथ अर्जित होने वाली सम्पत्ति में बराबरी का हक देने का सवाल, तत्कालीन नेतृत्व-वर्ग ने हिन्दू-फिरकापरस्त विचार के आगे एक तरह से घूटने टेक दिये थे। सम्भवत: डॉ. अंबेडकर के कानून मंत्री बने रहने के दौरान यदि हिन्दू संहिता बिल संसद् द्वारा पारित गया होता, तो हिन्दू महिलाओं के साथ ऐसे विभेदकारी व्यवहार सफल नहीं हो पाते।

वर्ष 1951 में हिन्दू कोड बिल का संसद् से पारित नहीं हो पाने और इस कारण डॉ. अंबेडकर द्वारा कानूनमंत्री पद से इस्तीफा देने की घटना यह साबित करने के लिए पर्याप्त है कि हिन्दू धर्म में भी व्यक्तिगत कानून में सुधार आसान नहीं था। इसके लिए बहुत जद्दोजहद करना पड़ा था। संविधान लागू होने के बाद भी तत्कालीन राजनीतिक नेतृत्व, हिन्दू धर्म में सुधारों को लेकर सहिष्णु नहीं रह पाये थे। शायद इसलिए कि हिन्दू कानून में सुधार करने का श्रेय कहीं एक अस्पृश्य समुदाय से आने वाले व्यक्ति को न मिल जाय। संहिताकृत कानूनों के माध्यम से हिन्दू धर्म में सुधार के लिए डॉ. अंबेडकर द्वारा इस्तीफा देना उसी तरह था, जैसे सैद्धान्तिक हिंसा के माध्यम से देश की आजादी के लिए भगत सिंह जैसे क्रान्तिकारियों द्वारा फाँसी के तख्त को चूम लेना। डॉ. अंबेडकर के इस्तीफा से भले ही इस देश को उनकी प्रतिभा से वंचित होना पड़ा हो, लेकिन इस इस्तीफे के बाद 'एक पति-एक पत्नी' के विचार और इस तरह के दूसरे अन्य सुधारवादी विचारों की उपेक्षा करना तत्कालीन नेतृत्व के लिए आसान नहीं था।

डॉ. अंबेडकर द्वारा कानूनमंत्री पद से इस्तीफा देना देश के लिए बहुत बड़ा नुकसान था। डॉ. अंबेडकर के रूप में एक योग्य एवं क्षमतावान कानूनमंत्री खो देने से इस देश को न जाने कितने सुधारवादी कानूनों एवं योजनाओं से वंचित होना पड़ा। ऐसे सुधारवादी कानूनों में से एक सर्वमान्य 'सिविल संहिता' भी है। शायद यह डॉ. अंबेडकर जैसे क्षमतावान् एवं दूरदृष्टि रखने वाले व्यक्ति के ही वश की बात थी, जो इस देश को एक सर्वमान्य संविधान की तरह सर्वमान्य 'सिविल संहिता' दे सकता था। लेकिन सुधारवादी कानून 'हिन्दू संहिता बिल' के दुर्भाग्यपूर्ण किन्तु सफल विरोध ने इस देश को जो नुकसान

पहुँचाया है, उसकी भरपायी आज तक नहीं की जा सकी है। एक सर्वमान्य 'सिविल संहिता' का निर्माण कर इस नुकसान की भरपायी करना आज भी देश के लिए बड़ी चुनौती बनी हुई है।

यूनिफार्म 'सिविल कोड' के सम्बन्ध में मिथ्या धारणा

भारतीय संविधान के अनुच्छेद 44 के अन्तर्गत हमारे संविधान-निर्माताओं ने भावी संसद् से एक यूनिफार्म 'सिविल कोड' का निर्माण करने की अपेक्षा की थी। यूनिफार्म 'सिविल कोड' का भाव यह है कि सिविल कानूनों का ऐसा आदर्श संग्रह, जो सम्पूर्ण देश के लिए सर्वमान्य हो। किन्तु 'सिविल कोड' में प्रयोग किये गये दोनों शब्दों को लेकर हमने मिथ्या धारणा बना रखी है। 'सिविल' के क्षेत्र को विवाह, तलाक, गोद, उत्तराधिकार जैसे पारिवारिक व्यवहार तक सीमित कर दिया जाता है। सिविल के सन्दर्भ को मात्र नागरिकों के व्यक्तिगत कानूनों तक सीमित रखना संविधान की मन्शा के विपरीत है। संविधान के इस प्रावधान में 'सिविल' शब्द का प्रयोग व्यापक सन्दर्भ में किया गया है। परिवार सम्बन्धित व्यवहार 'सिविल' का एक क्षेत्र मात्र ही है। इसके अलावा और भी कई क्षेत्र हैं जो अनुच्छेद 44 में प्रयोग किये गये 'सिविल' शब्द के दायरे में आते हैं।

'सिविल' शब्द के ही समानान्तर 'कोड' शब्द का भी बहुत संकुचित अर्थ में प्रयोग किया जाता है। व्यवहार में हम इसका प्रयोग इस तरह करते हैं जैसे यह एक कानून को सन्दर्भित है। जबकि प्रावधान में कोड अर्थात् संहिता का अर्थ है उन सभी कानूनों का एकीकृत संग्रह, जो दीवानी से सम्बन्धित हैं।

'सिविल' एवं 'कोड' शब्दों की तरह हमने 'यूनिफार्म' शब्द को लेकर गलत धारणा बना रखी है। अक्सर 'यूनिफार्म' शब्द का हम इस तरह प्रयोग करते हैं जैसे यह 'सिविल कोड' की तरह संज्ञा हो। किन्तु ऐसा नहीं है। प्रावधान में 'यूनिफार्म' शब्द का प्रयोग संज्ञा के रूप में नहीं, बल्कि विशेषण के रूप में किया गया है। 'यूनिफार्म' शब्द का प्रयोग संज्ञा के रूप में करने के कारण हम अपने वास्तविक लक्ष्य से थोड़ा भटक जाते हैं। लक्ष्य सम्पूर्णता के साथ 'सिविल कोड' बनाने का न होकर केवल वह विषय रह जाता है जो यूनिफार्म नहीं है यानी व्यक्तिगत कानून। 'यूनिफार्म' शब्द को यदि हम इसके विशेषण वाले वास्तविक स्वरूप में ही प्रयोग करें तो 'सिविल कोड' खुलकर व्यापकता के साथ दिखेगा।

हिन्दी में भी 'यूनिफार्म' के लिए जिस शब्द का प्रयोग किया जाता है वह 'समान' है। किन्तु प्रावधान में यूनिफार्म का भाव समावेशी है, अपवर्जी नहीं। इस नजरीये से 'सर्वमान्य' शब्द, 'समान' शब्द की तुलना में यूनिफार्म के ज्यादा निकट है। 'समान' शब्द का प्रयोग करने से लोग इतना ही समझते हैं कि इसमें ऐसा कानून होगा, जो समान रूप से सभी धर्मों पर लागू कर दिया जायेगा। धार्मिक रूप से बहुसंख्यक समुदाय समझता है कि हर

स्थिति में उसके कानून का ही पलड़ा भारी पड़ेगा, क्योंकि वह बहुमत में है। जबकि अल्पसंख्यक यह सोचने लगता है कि निर्णायक दौर आने पर व्यक्तिगत व्यवहार के सम्बन्ध में बहुसंख्यकों के कानून उन पर थोप दिये जायेंगे। यह तस्वीर सही नहीं है। ऐसे गलत अर्थ का उलटा सन्देश जाता है। इसके कारण अल्पसंख्यक वर्ग खासकर मुस्लिम मतावलम्बियों के बीच यह सन्देश नहीं जा पाता है कि अनुच्छेद 44 के अन्तर्गत बनने वाले सिविल संहिता में उनके व्यक्तिगत कानूनों के अच्छे एवं तार्किक व्यवहार का भी उतना ही महत्त्व है जितना कि हिन्दू कानून के अच्छे एवं तार्किक व्यवहार का है। ऐसा नहीं है कि हिन्दू कानून के अतार्किक सिद्धान्तों का विश्लेषण नहीं किया जायेगा या इसे नकारा नहीं जायेगा। किन्तु यूनिफार्म शब्द के गलत व्याख्या और बहुसंख्यक समुदाय द्वारा सम्यक् एवं पर्याप्त भरोसा नहीं दिये जाने के कारण संविधान और संविधान-निर्माताओं की पवित्र मन्शा धरी-की-धरी रह जाती है। 'सिविल संहिता' के धर्मनिरपेक्ष विचार को धर्म के आईने से देखा जाने लगता है। इसकी व्याख्या इस तरह होने लगती है जैसे यह देशहित का मामला न होकर केवल विभिन्न धर्मों का और उनके बीच प्रतिस्पर्द्धा का मामला है। आज की राजनीति भी इस प्रतिस्पर्द्धा में घी डालने का काम करती है। जबकि ऐसा न कभी संविधान-निमार्ताओं की मन्शा थी और न ही उन्होंने देश की राजनीति से ही ऐसी अपेक्षा की थी।

डॉ. अंबेडकर ने भी सिविल संहिता को व्यापक दृष्टिकोण से देखने की आवश्यकता पर बल दिया था। वे कहते हैं कि '... जिस क्षेत्र में यूनिफार्म सिविल कानून लागू नहीं होता है, वह विवाह और उत्तराधिकार का क्षेत्र है। यह एक छोटा-सा क्षेत्र है जिस पर हम समान कानून नहीं बना सके हैं और यह इच्छा है कि प्रारूप अनुच्छेद 35 को संविधान का भाग बनाकर बदलाव लाना चाहते हैं। इसलिए यह तर्क कि क्या हमें इस दिशा में प्रयास करना चाहिए, हमें भूल-सा लगता है क्योंकि हम इस देश में लगभग सभी क्षेत्रों को यूनिफार्म सिविल संहिता के अन्तर्गत ला चुके हैं।' डॉ. अंबेडकर द्वारा सिविल संहिता के अन्तर्गत सभी क्षेत्रों को लाने की बात 'सिविल संहिता' के व्यापक स्वरूप को इंगित करता है। विवाह और उत्तराधिकार जैसे पारिवारिक क्षेत्र में सर्वमान्यता न होने के अवरोध को दूर कर सिविल क्षेत्र के सभी मौलिक कानूनों के लिए एक संहिता का निर्माण करने का लक्ष्य हमारे संविधान-निर्माताओं ने दिया है। 'सिविल संहिता' को मात्र पारिवारिक कानून या व्यक्तिगत कानून तक सीमित करना संविधान के अनुच्छेद 44 (प्रारूप अनुच्छेद 35) के सम्बन्ध में मिथ्या धारणा है।

भारतीय सिविल संहिता की अवधारणा

'सिविल संहिता' के अन्तर्निहित विषय क्या होने चाहिये, इस सवाल को व्यापक परिप्रेक्ष्य में देखने की आवश्यकता है। भारत में जब भी सिविल संहिता की बात होती है, इसके क्षेत्र को विवाह, तलाक, गोद, उत्तराधिकार जैसे पारिवारिक व्यवहार तक सीमित कर दिया जाता है। यह 'सिविल संहिता' की सही तस्वीर नहीं है। एक देश के 'सिविल संहिता' के व्यापक आयाम होते हैं, जिससे न केवल नागरिकों के पारिवारिक व्यवहार,

बल्कि नागरिकों के नागरिकता सम्बन्धी, उसके व्यक्ति एवं सम्पत्ति सम्बन्धी व्यवहार भी विनियमित होते हैं। फ्रांस, जर्मनी, स्विट्जरलैण्ड जैसे ईसाई-बाहुल्य देश हों या टर्की या ट्यूनिशिया जैसे इस्लाम-बाहुल्य देश या फिर जापान जैसे बौद्ध देश हों, दुनिया के सभी प्रगतिशील देशों में 'सिविल संहिता' के व्यापक स्वरूप को स्वीकार किया गया है और इन देशों के 'सिविल संहिता' में नागरिकों के नागरिकता के साथ इनके व्यक्ति, परिवार एवं सम्पत्ति सम्बन्धी व्यवहार को विनियमित करने वाले कानूनों को शामिल किया गया है।

इस देश में सिविल क्षेत्र से सम्बन्धित सैकड़ों कानून लागू हैं। इस अध्याय के सन्दर्भ में इन कानूनों को दो भागों में बाँटा जा सकता है। पहले भाग में वे कानून हैं, जो सर्वमान्य हैं और सभी धर्मों को मानने वाले नागरिकों पर एकसमान रूप से लागू होते हैं। इस भाग में नागरिकता, व्यक्ति एवं सम्पत्ति से जुड़े कानून आते हैं। दूसरे भाग में आने वाले वे कानून हैं जो किसी-न-किसी एक धर्म पर लागू होते हैं। इसमें परिवार से सम्बन्धित कानून या व्यक्तिगत कानून आते हैं। सिविल संहिता के सन्दर्भ में समस्या पारिवारिक कानून को लेकर है, जिसे अलग-अलग धर्मों ने अपनी-अपनी सुविधानुसार आच्छादित कर रखा है। विवाह, तलाक, गोद, उत्तराधिकार जैसे नागरिक विषयों के सम्बन्ध में प्रचलित सभी धार्मिक कानूनों में कुछ-न-कुछ अच्छे-बुरे, तार्किक-अतार्किक, विवादित-अविवादित तत्त्व मौजूद रहते हैं। इन सभी विषयों को विवेकशीलता के साथ समानता एवं तार्किकता की कसौटी पर कसकर एक सर्वमान्य आदर्श स्थिति को हम प्राप्त कर सकते हैं। सिविल क्षेत्र से सम्बन्धित ज्यादातर कानून ऐसे हैं, जो ब्रिटिश हुकूमत के दौरान निर्मित हुए हैं। इन सभी कानूनों का वर्तमान परिस्थितियों के अनुरूप पुनर्मूल्यांकन कर और इसे आम नागरिकों के समझयोग्य भाषा में सरल बनाकर 'सिविल संहिता' का सम्पूर्णता के साथ निर्माण करने की आवश्यकता है।

भारत में प्रक्रियात्मक कानून के रूप में अपराध क्षेत्र के लिए 'आपराधिक प्रक्रिया संहिता' एवं सिविल क्षेत्र के लिए 'सिविल प्रक्रिया संहिता' मौजूद है। लेकिन अपराध क्षेत्र के मौलिक कानून 'भारतीय अपराध संहिता' की तरह सिविल क्षेत्र के लिए 'भारतीय सिविल संहिता' के रूप में आज तक हम एक एकीकृत मौलिक कानून नहीं बना सके हैं, जिसके लिए हमारे संविधान-निर्माताओं द्वारा अनुच्छेद 44 के माध्यम से सपना देखा गया था।

(उपर्युक्त शीर्षक 'हिन्दू-संहिता बिल की विफलता के बाद सिविल संहिता हाशिये पर', 'यूनिफार्म सिविल कोड के सम्बन्ध में मिथ्या धारणा' एवं 'भारतीय सिविल संहिता की अवधारणा' लेखक अनूप बरनवाल द्वारा लिखित व शीघ्र प्रकाशित होने वाली पुस्तक 'भारतीय सिविल संहिता के सिद्धान्त' का अंश है।)

बेरोजगारी, दुर्बल वर्ग के सुरक्षा, शैक्षणिक एवं आर्थिक उत्थान की चिन्ता

प्रारूप अनुच्छेद 32 (संविधान का अनुच्छेद 41) के अन्तर्गत राज्य को निर्देशित किया गया था कि वह अपनी आर्थिक सामर्थ्य और विकास की सीमाओं के भीतर, काम पाने के, शिक्षा पाने के और बेकारी, बुढ़ापा, बीमारी और निःशक्तता तथा अन्य अनर्ह

अभाव की दशाओं में लोक सहायता पाने के अधिकार को प्राप्त कराने का प्रभावी उपबन्ध करेगा।

इसके साथ प्रारूप अनुच्छेद 33 (संविधान का अनुच्छेद 42) प्राविधानित करता था कि राज्य, काम की न्यायसंगत और मानवोचित दशाओं को सुनिश्चित करने के लिए तथा प्रसूति सहायता के लिए उपबन्ध करेगा।

इसी तरह प्रारूप संविधान का अनुच्छेद 37 (संविधान का अनुच्छेद 46) में यह प्राविधानित किया गया था कि 'राज्य जनता के दुर्बल वर्गों की, विशिष्टतया अनुसूचित जातियों और अनुसूचित जनजातियों की शिक्षा और अर्थ सम्बन्धी हितों की विशेष सावधानी से अभिवृद्धि करेगा तथा सामाजिक अन्याय और सभी प्रकार के शोषण से उनकी संरक्षा करेगा।'

प्रारूप अनुच्छेद 32 और 33 के प्रावधान में शब्द सुधार के लिए कुछ संशोधन-प्रस्ताव लाये गये, लेकिन संविधान सभा द्वारा इन्हें स्वीकार नहीं किया गया और इन प्रारूप के मूल प्रावधान को अंगीकृत कर लिया गया।

प्रारूप अनुच्छेद 37 के प्रावधान के सम्बन्ध में सरदार हुकुम सिंह ने एक संशोधन प्रस्ताव यह प्रस्तुत किया कि इसमें 'अनुसूचित जाति' के स्थान पर 'किसी भी वर्ग या धर्म के पिछड़े समुदाय' को प्रतिस्थापित किया जाय। श्री ए. वी. ठक्कर द्वारा भी इसी तरह का संशोधन प्रस्तुत किया गया, जिसमें 'अनुसूचित जाति' के स्थान पर 'हिन्दू और मुसलमान के पिछड़ी जातियों' को प्रतिस्थापित करने के लिए कहा गया था।

उक्त दोनों संशोधन प्रस्तावों पर डॉ. अंबेडकर द्वारा कहा गया चूँकि ये अनुसूची से सम्बन्धित हैं इसलिए इन प्रस्तावों पर अनुसूची के साथ विचार करना ज्यादा उचित होगा। इसके बाद श्री ए. वी. ठक्कर द्वारा अपना संशोधन प्रस्ताव प्रस्तुत नहीं किया गया और सरदार हुकुम सिंह ने अपना संशोधन वापस ले लिया। इस तरह प्रारूप अनुच्छेद 37 भी अपने मूल स्वरूप में संविधान सभा द्वारा पारित कर दिया गया।

शराबबन्दी : राजस्व वृद्धि या समाज सुधार

प्रारूप अनुच्छेद 30 को अंगीकृत करने के बाद 19 नवम्बर, 1948 को मि. काजी सैय्यद करीमुद्दीन द्वारा प्रारूप-संविधान में नया अनुच्छेद 30-ए को जोड़ने के लिए संशोधन-प्रस्ताव लाया गया था। यह प्रस्ताव मादक पदार्थों के निर्माण, बिक्री एवं आवागमन पर रोक लगाने के सम्बन्ध में था। इस प्रस्ताव के समर्थन में सैय्यद करीमुद्दीन ने महात्मा गाँधी को याद करते हुए कहा कि उन्होंने जीवनभर भारत में शराब के प्रयोग और निर्माण पर बन्दी के लिए शिक्षा दिया और तथ्यत: इस योजना को स्वीकार करते हुए कई प्रान्तीय सरकारों द्वारा कानून बनाकर लागू किया जा रहा है। जबकि शराब के कारण हजारों परिवार बर्बाद होते रहते हैं, प्रारूप-संविधान में इसके लिए स्थान न मिलना आश्चर्यजनक है। शराबबन्दी के लिए लाये गये प्रस्ताव के समर्थन में सैय्यद करीमुद्दीन द्वारा अमेरिकन संविधान में संशोधन सं. 21 द्वारा स्वीकृत किये गये मूल अधिकार का भी सहारा लिया गया, जिसके अन्तर्गत कानून के विरुद्ध मादक द्रव्यों के आवागमन पर रोक लगायी गयी थी। सैय्यद करीमुद्दीन के उक्त संशोधन प्रस्ताव का प्रो. शिब्बन लाल

सक्सेना द्वारा समर्थन किया गया लेकिन कहा गया कि इस प्रावधान को अनुच्छेद 31 में नये खण्ड के रूप में शामिल किया जाना ज्यादा उचित होगा, जिसमें बचपन और युवा को शोषण से बचाने के सम्बन्ध में प्रावधान बनाया गया है।

मि. काजी सैय्यद करीमुद्दीन के प्रस्ताव को सेठ गोविन्द दास एवं मोहम्मद इस्माइल साहिब का समर्थन मिला। जबकि श्री बिश्वनाथ दास द्वारा इस प्रस्ताव का विरोध किया गया। श्री दास का कहना था कि शराब पर ही क्यों, ओपियम पर भी बन्दी होनी चाहिए। उन्होंने कहा कि हमें व्यावहारिक होने की आवश्यकता है और महात्मा गाँधी के नाम के आधार पर भावुक होने से कुछ भी हासिल नहीं होने वाला है। इसी बीच श्री महावीर त्यागी जी ने कहा कि इसी तरह का एक संशोधन-प्रस्ताव उनका भी है। यह प्रस्ताव अनुच्छेद 38 के अन्त में प्रावधान जोड़ने के लिए है जो ओषधि के अलावा शराब और नशायुक्त दवाइयों पर प्रतिबन्ध लगाने की बात करता है। श्री महावीर त्यागी ने यह भी कहा कि इस प्रावधान का उचित स्थान अनुच्छेद 31 है न कि कोई दूसरा अनुच्छेद 30-ए जोड़कर। इस पर सैय्यद करीमुद्दीन ने कहा कि यदि डॉ. अंबेडकर संशोधन के सिद्धान्त को स्वीकार करते हैं और अनुच्छेद 31 में शामिल करने को तैयार हैं तो उन्हें कोई आपत्ति नहीं है। इसके बाद उपाध्यक्ष महोदय द्वारा बहस को अगले दिन के लिए टाल दिया गया। लेकिन अगले दिन सैय्यद करीमुद्दीन अपना पक्ष रखने के लिए उपस्थित नहीं हो सके। तब महावीर त्यागी ने सुझाव दिया कि उक्त संशोधन-प्रस्ताव पर बहस को उनके संशोधन-प्रस्ताव जो प्रारूप अनुच्छेद 38 के साथ प्रस्तुत होना है तक के लिए टाल दिया जाये। डॉ. अंबेडकर की सहमति मिलने के बाद प्रस्तावित नये अनुच्छेद पर किये जा रहे बहस को प्रारूप अनुच्छेद 38 तक के लिए टाल दिया गया था।

24 नवम्बर, 1948 को प्रारूप अनुच्छेद 38 (संविधान का अनुच्छेद 47) को सदन के समक्ष विचारार्थ प्रस्तुत किया गया, जिसमें यह उपबन्धित किया गया था कि 'राज्य, अपने लोगों के पोषाहार स्तर एवं जीवन स्तर को ऊँचा करने और लोक स्वास्थ्य में सुधार को अपने प्राथमिक कर्त्तव्यों में मानेगा।'

इस प्रावधान के साथ 'तथा मादक पेयों और स्वास्थ्य के लिए हानिकारक ओषधियों के उपयोग का प्रतिषेध करने का प्रयास करेगा' को जोड़ने के लिए श्री महावीर त्यागी द्वारा संशोधन-प्रस्ताव प्रस्तुत किया गया। श्री महावीर त्यागी के इस प्रस्तावित संशोधन प्रारूप में 'ओषधीय प्रयोजन के अलावा' जोड़ने के लिए प्रो. शिब्बन लाल सक्सेना डाटा पुनःसंशोधन प्रस्ताव लाया गया।

अपने संशोधन प्रस्ताव के पक्ष में बोलते हुए प्रो. शिब्बन लाल सक्सेना ने कहा कि 'सम्भवतः हमारी जनता शराब-सेवन के भयावह परिणाम को नहीं समझ पाती है। इस संशोधन को स्वीकार करने के बाद इस त्याग का वास्तविक महत्त्व इस बात से स्पष्ट हो जायेगा कि यदि हम शराबबन्दी के लक्ष्य को हासिल कर लेते हैं तो राजस्व में ऐच्छिक रूप से लगभग 25 करोड़ रुपये को छोड़ना होगा। लेकिन यह राजस्व-हानि शराब के मूल्य का केवल चौथा या पाँचवाँ हिस्सा होगा। भले ही राजस्व हानि 25 करोड़ रुपये की हो, किन्तु जनता के कम-से-कम 100 करोड़ रुपये को, नशीले पदार्थों में बर्बाद होने से बचाया जा सकेगा। यह 100 करोड़ रुपये, शराब का सेवन करने वाले व्यक्ति के

परिवार के लिए बचेगा खासतौर से हरिजन और मजदूर वर्ग के परिवार के लिए बचेगा, जहाँ पर यह दोष ज्यादा देखने को मिलते हैं। मेरी इच्छा है कि डॉ. अंबेडकर का ध्यान इस ओर आकर्षित करूँ कि हरिजन और मजदूर वर्ग, जो कठिन परिश्रम करके धन अर्जन करते हैं लेकिन वे ज्यादातर अपने धन को निकट की ताड़ी और शराब की दुकानों में जाकर खर्च कर देते हैं। मुझे आशा है कि यह निर्देशक सिद्धान्त मात्र पवित्र इच्छा बनकर नहीं रहेगा बल्कि मद्रास की तरह अन्य सभी प्रान्त इसे लागू करेंगे और जल्द ही हम देश को नशामुक्त करके पूरे विश्व के सामने एक उदाहरण प्रस्तुत करने में सफल होंगे।'[17]

श्री महावीर त्यागी द्वारा प्रो. सक्सेना के संशोधन को स्वीकार कर लिया गया।

इसके उपरान्त श्री बी.एच. खाण्डेकर द्वारा शराबबन्दी पर रोक लगाने वाले प्रारूप प्रावधान का कड़ा विरोध किया गया। उन्होंने कहा कि शराबबन्दी के लिए पहला आधार यह लिया जा रहा है कि अमेरिका में इस तरह का रोक लागू है तो मैं कहना चाहता हूँ क्या हम दूसरे द्वारा की गयी गलतियों की सीख नहीं ले रहे हैं? दूसरा आधार कि कांग्रेस शराबबन्दी के लिए वचनबद्ध है, मैं कहना चाहता हूँ कि यह सदन न तो सरकार है और न ही कोई पार्टी और अब तो कांग्रेस जन संगठन भी नहीं रह गयी हैं, वह तो एक राजनीतिक पार्टी बन गयी है। इसलिए यह बहस कि कांग्रेस इसके लिए वचनबद्ध है, गौण हो गया है। तीसरा आधार मद्रास में शराबबन्दी के लागू होने का दिया जा रहा है। केवल रोक लगने की बात अलग है लेकिन इस रोक के बावजूद वहाँ पर आज भी बड़ी मात्रा में लोग शराब का प्रयोग करते हैं। अगला आधार यह लिया गया है कि सभी समुदाय शराबबन्दी के पक्ष में हैं, लेकिन यह बात पारसी और ईसाई के सन्दर्भ में नहीं कहा जा सकता है। और अन्तिम बात गाँधी जी की कि वे हमेशा शराबबन्दी के पक्ष में रहे हैं। मैं स्पष्ट कर दूँ कि मेरी गाँधी जी के प्रति अटूट श्रद्धा और असीम सम्मान है। वे राष्ट्रपिता हैं, वे हम सब के पिता हैं। वे पहले सन्त हैं और राजनेता बाद में। मैं पूछना चाहता हूँ कि गाँधीवाद के आदर्शों के विषय में आप सब क्या सोचते हैं? गाँधीवाद का आदर्श प्यार है, सहिष्णुता है, अहिंसा है, सत्य की खोज है। 'खद्दर' और 'शराबबन्दी' गाँधीवाद का बाहरी दृश्य है। दुर्भाग्य से गाँधीवाद के सार तत्त्व से ज्यादा उसके बाहरी दृश्य को महत्त्व दिया जा रहा है। गाँधी जी का सत्य यह है कि 'यद्यपि सत्य एक है, लेकिन सभी लोगों की इस सत्य के बारे में अपनी-अपनी धारणा है और सभी लोगों को इसे अपने अन्दर देखना है।'

शराबबन्दी करने के बजाय शिक्षा पर जोर देते हुए श्री बी. एच. खाण्डेकर ने आगे कहा— 'एक महान् विचारक ने कहा है कि जीवन जीने का दो महत्त्वपूर्ण नजरिया है— पहला 'युद्ध' और दूसरा 'शिक्षा'। जब हम युद्ध के दौर में होंगे तो हमें उसके लिए तैयार रहना ही होगा। कश्मीर में समस्या है, हैदराबाद में भी है, उसके लिए हमें अपने-आपको हर स्तर पर तैयार बनाना होगा। लेकिन हमें याद रखना होगा कि हम एक गरीब देश हैं। ऐसे देश में जहाँ लोकतंत्र को अभी सफल होना है, जहाँ लोकतंत्र अभी शैशवावस्था में है, इसलिए शिक्षा का स्वरूप सबसे महत्त्वपूर्ण हो जाता है। जहाँ तक शिक्षा की बात है, आप सब जानते हैं कि कितनी भयावह स्थिति है। आजादी के बाद शिक्षा हमारी पहली प्राथमिकता होनी चाहिए। कल हमने इस पर कुछ चर्चा किया था। हमारे देश में मात्र

निःशुल्क और अनिवार्य प्राथमिक शिक्षा पर्याप्त नहीं होगी, क्योंकि गरीब लड़कों को जिन्हें हल चलाने जाना होता है, वे कुछ दिन बाद हस्ताक्षर करना भूल जाते हैं और यही हालत पिछड़े समुदाय के लिए माध्यमिक शिक्षा की है। आप सब जानते हैं कि 'बिना शिक्षा के लोकतंत्र एक ऐसा पाखण्ड है, जिसकी कोई सीमा नहीं होती।' इसलिए शिक्षा-प्रसार से ज्यादा शराबबन्दी पर जोर देकर हम अपने बच्चों को उचित शिक्षा से वंचित कर रहे हैं। हम धर्मनिरपेक्ष लोकतांत्रिक देश बनाना चाहते हैं, लेकिन वास्तव में हम धार्मिक फासिस्ट सरकार बनाने जा रहे हैं। यह हमारी चेतावनी है।'[18]

श्री जयपाल सिंह ने भी शराबबन्दी के सम्बन्ध में प्रस्तुत संशोधन प्रस्ताव का कड़ा प्रतिरोध करते हुए इसे तब तक टाल देने के लिए कहा जब तक आदिवासी क्षेत्रों पर बनी सलाहकार समिति की रिपोर्ट न आ जाये। उन्होंने कहा कि इस संशोधन को स्वीकार करके हम धार्मिक मामलों में हस्तक्षेप करने जा रहे हैं। किसी भी चीज की अति हमेशा नुकसानदायक होती है, लेकिन यदि सही मात्रा में ली जाय तो वह अच्छी साबित होती है। जहाँ तक आदिवासियों का सम्बन्ध है, उनका कोई भी धार्मिक कार्य बिना बीयर का प्रयोग किये सम्पन्न नहीं होता है। मैं संशोधन का विरोध इसलिए नहीं कर रहा हूँ क्योंकि मैं देश में नशा बढ़ाना चाहता हूँ, बल्कि इसलिए कि आदिवासियों की धार्मिक मान्यताओं को चोट न पहुँचे। क्या आप ऐसी चीजों को संविधान में स्थान दे सकते हैं?

श्री वी. आइ. मुनिस्वामी पिल्लई ने श्री जयपाल सिंह के इस दावे का खण्डन किया और कहा कि पहाड़ी आदिवासी क्षेत्र से आने वाला मेरे जैसा व्यक्ति यह कह सकता है कि ऐसा कुछ भी नहीं है कि आदिवासियों के किसी धार्मिक समारोह में शराब, ब्राण्डी इत्यादि का सेवन आवश्यक होता है। क्या हमारे मित्र ने नीलगिरि में रहने वाले टोडा आदिवासी समुदाय को देखा है, जो अल्कोहल को देखते तक नहीं हैं। मद्रास के कोटाहस, इरुलास, पानियास, कुरुन्बास, बदागस जैसे आदिवासी समुदायों ने शराबबन्दी का कभी विरोध नहीं किया। कोल्हापुर के हमारे मित्र खाण्डेकर ने महात्मा गाँधी जी के विषय में बोले। उनको नहीं पता है कि महात्मा गाँधी जी के चार सबसे बड़े रचनात्मक कार्यक्रमों में शराबबन्दी सबसे ऊपर था। क्योंकि उन्हें यह मालूम था कि शराब के कारण किसी गरीब के परिवार और बच्चे कितनी बुरी तरह प्रभावित होते हैं। इसलिए मद्रास की जनता ने कहा कि 'सत्रह करोड़ रुपये की चिन्ता मत करो, हम नागरिकों को चाहते हैं, हम गरीबों के स्वास्थ्य और शान्ति को चाहते हैं।'

श्री बी. जी. खेर ने भी संशोधन-प्रस्ताव का समर्थन करते हुए कहा कि राजस्व के रूप में ज्यादा धन लेकर इसको शिक्षा पर खर्च करने से अच्छा है कि हम लोगों को शराब और ड्रग से बचे रहने की शिक्षा दें। आबकारी राजस्व के रूप में राज्य को प्राप्त होने वाले प्रत्येक एक रुपये के बदले समाज को तीन गुना ज्यादा नुकसान उठाना पड़ता है जो अपराध बढ़ने या रोग बढ़ने या क्षमता घटने के कारण होता है। यह अर्थशास्त्रियों द्वारा भी स्वीकार किया गया है। मुझे खुशी है कि इस संशोधन को बिल के अधिकारी डॉ. अंबेडकर द्वारा स्वीकार कर लिया गया है, जिसका उद्देश्य इस दोष को आगे बढ़ाने से रोकना है। इस देश का प्रत्येक वर्ग चाहे वह हिन्दू हो या मुसलमान या ईसाई सभी शराब और ड्रग के इस्तेमाल को पाप मानते हैं।

इसके पश्चात् सरदार भूपिन्दर सिंह ने शराब और ड्रग्स के बीच में तम्बाकू को भी जोड़ने के लिए संशोधन-प्रस्ताव लाया।

श्री ए. वी. ठक्कर ने भी संशोधन-प्रस्ताव का समर्थन करते हुए कहा कि सभी आदिवासी शराब-सेवन नहीं करना चाहते हैं। गुजरात, महाराष्ट्र, पश्चिम खाण्डेस और मध्य प्रान्त में भिल्ल समुदाय हो या गोंड समुदाय, वे सब शराबबन्दी के पक्ष में हैं। हमने सैकड़ों-हजारों आदिवासियों से पूछा है। उनका कहना है कि आप शराबबन्दी की बात कर रहे हो, ईश्वर के लिए पहले इन शराब के दुकानों को बन्द करवायें और फिर हमसे पूछिये।...इसलिए यह कहना अतिशयोक्ति है कि आदिवासी शराब-सेवन चाहते ही हैं और वे शराब-सेवन को धार्मिक अधिकार के रूप में चाहते हैं।

इसके पश्चात् श्री लक्ष्मी नारायण साहू ने कहा कि यह सही है कि आदिवासी नशे के आदती हैं जैसा श्री जयपाल सिंह ने कहा भी है, लेकिन यह भी एक सच्चाई है कि ये आदिवासी इससे मुक्ति चाहते हैं जैसा श्री ठक्कर बाबा द्वारा कहा गया है।...लेकिन क्या शराब-सेवन को धार्मिक आजादी के साथ जोड़ना श्री जयपाल सिंह की बुद्धिमानी वाली बात है? हमारे देश में सती-प्रथा के रूप में भी धार्मिक आजादी रही है, अब कहाँ है? ऐसी बहुत-सारी धार्मिक आजादी को हमने समाप्त किया है...बदलती परिस्थितियों में दोषयुक्त मान्यताएँ समाप्त हुई हैं। श्री ठक्कर बाबा के साथ मैंने तीन-चार महीने भ्रमण किया है। उड़ीसा में तो अकेले भ्रमण किया है और हमने अनुभव किया कि इन आदिवासी समुदायों में यह विचार पैदा हुआ है कि जो पढ़ाता है उसे शराब नहीं पीना चाहिए और जो स्कूल पढ़ने जाता है उसे भी ऐसा नहीं करना चाहिए। यह एक अनोखी बात है और उनके इस विचार में वृद्धि के लिए हमें और सुविधाएँ देनी चाहिए। यह उचित नहीं है कि शराब-सेवन को धार्मिक अधिकार के साथ जोड़ा जाय और इस अधिकार को बनाये रखने के लिए लड़ने तक की बात की जाये।

आम बहस के उपरान्त डॉ. अंबेडकर द्वारा प्रो. शिब्बन लाल सक्सेना द्वारा पुन:संशोधित श्री महावीर त्यागी के संशोधन-प्रस्ताव को स्वीकार कर लिया गया। किन्तु इस स्वीकृति के साथ डॉ. अंबेडकर ने श्री त्यागी के प्रस्तावित प्रावधान के प्रारंभ में 'विशिष्टतया' शब्द जोड़ने का भी प्रस्ताव किया। शराबबन्दी के सन्दर्भ में व्यक्त किये गये विचारों, खासतौर से आदिवासियों के सन्दर्भ में उठाये गये सवालों को जवाब देते हुए डॉ. अंबेडकर ने कहा—

> 'हमको नहीं लगता कि सदन को इस संशोधन को स्वीकार करने में कोई परेशानी होगी। इस संशोधन के खिलाफ दो बातें कही गयीं। एक प्रो. खाण्डेकर द्वारा जो कोल्हापुर से इस सभा में प्रतिनिधित्व कर रहे हैं। मुझे विश्वास है कि मि. खाण्डेकर ने इस तथ्य को ठीक से नहीं समझा कि यह अनुच्छेद उन प्रावधानों में से एक है जो नीति के निर्देशक सिद्धान्त का वर्णन करती है। इन सिद्धान्तों पर कार्य करने के लिए राज्य पर कोई बाध्यता नहीं है। इस सिद्धान्त पर कार्य करना है या नहीं और कब करना है यह राज्यों और लोगों पर छोड़ दिया गया है। यदि राज्य ऐसा सोचते हैं कि शराबबन्दी को लागू करने का अभी उपयुक्त समय नहीं आया है या अभी शराबबन्दी को धीरे-धीरे या अंशत: लागू करना चाहिए, तो ऐसा सोचने के लिए इस

निर्देशक सिद्धान्त के अन्तर्गत पूरी छूट है। इसलिए मैं नहीं सोचता हूँ कि इस विषय पर किसी तरह का पश्चात्ताप करने की आवश्यकता है।

'लेकिन महोदय, मुझे अपने मित्र श्री जयपाल सिंह के भाषण व विचार से थोड़ा आश्चर्यचकित हुआ है। वह कहते हैं कि इस समय इस पर चर्चा करने की आवश्यकता नहीं होनी चाहिए, बल्कि आदिवासी क्षेत्रों पर बनी सलाहकार-समिति की रिपोर्ट आने तक इसे टाल दिया जाये। यदि वे प्रारूप-संविधान को पढ़ें, खासतौर से इसके छठे अनुसूची के पैराग्राफ सं. 12 को, तो वे पायेंगे कि शराबबन्दी के सम्बन्ध में आदिवासी लोगों को पर्याप्त सुरक्षा प्रदान की गयी है। आदिवासी क्षेत्रों के सम्बन्ध में यह योजना है कि राज्य चाहे प्रान्त हो या केन्द्र, उनके द्वारा बनाया गया कानून स्वत: इन विशेष क्षेत्रों में लागू नहीं हो जायेगा। दूसरी बात यह कि इस संविधान के अन्तर्गत इन क्षेत्रों के प्रशासन के लिए स्थापित किये गये 'जनपद परिषद्' या 'क्षेत्रीय परिषद्' को यह शक्ति दी गयी है कि वे प्रान्त या केन्द्र द्वारा बनाये गये विशेष कानून को उस क्षेत्र में लागू करें या नहीं करें और खासतौर से शराबबन्दी से सम्बन्धित कानूनों के सन्दर्भ में ऐसा बनाया गया है। ... अब मैं नहीं समझता हूँ कि मेरे मित्र मि. जयपाल सिंह छठे अनुसूची के पैराग्राफ सं. 12 से अधिक कुछ और चाहते होंगे। मेरा विचार है कि उन्होंने छठी अनुसूची के पैराग्राफ सं. 12 को नहीं पढ़ा, यदि वे पढ़ते तो महसूस करते कि यद्यपि राज्य देश के किसी क्षेत्र में शराबबन्दी से सम्बन्धित कानून बनाकर लागू कर सकता है लेकिन उसे यह अधिकार नहीं है कि बिना जनपद परिषद् या क्षेत्रीय परिषद् की सहमति से इस कानून को आदिवासी क्षेत्रों में लागू करे।'[19]

डॉ. अंबेडकर के स्वीकृति एवं सम्बोधन के उपरान्त श्री महावीर त्यागी का संशोधन-प्रस्ताव, जो प्रो. शिब्बन लाल सक्सेना एवं डॉ. अंबेडकर द्वारा पुन:संशोधित किया गया था, को संविधान सभा द्वारा पारित करके प्रारूप अनुच्छेद 38 (संविधान का अनुच्छेद 47) के निम्न स्वरूप को अंगीकृत कर लिया गया—

'राज्य, अपने लोगों के पोषाहार स्तर और जीवन स्तर को ऊँचा करने और लोक स्वास्थ्य में सुधार को अपने प्राथमिक कर्त्तव्यों में मानेगा और राज्य, विशिष्टतया मादक पेयों और स्वास्थ्य के लिए हानिकारक ओषधियों, ओषधीय प्रयोजन के अलावा, के उपयोग का प्रतिषेध करने का प्रयास करेगा।'

गौवध : धार्मिक एवं आर्थिक पहलू

प्रारूप अनुच्छेद 38 के मंशा के अनुरूप स्वास्थ्य और पोषाहार को गुणवत्तायुक्त एवं स्तरीय होना कृषि और दुग्ध उत्पादन पर निर्भर है। इस सन्दर्भ में भी प्रारूप संविधान में स्पष्ट दिशा निर्देश हो, इसके लिए डॉ. अंबेडकर ने आगे बढ़कर पहल किया। डॉ. अंबेडकर द्वारा रचित प्रस्ताव के तत्त्व को आधार बनाते हुए पण्डित ठाकुर दास भार्गव ने अनुच्छेद 38-ए (संविधान का अनुच्छेद 48) के रूप में नया प्रावधान, संविधान में शामिल करने के लिए संशोधन प्रस्ताव प्रस्तुत किया। प्रस्तावित नये अनुच्छेद 38-ए के प्रावधान के अनुसार—

'राज्य कृषि और पशुपालन को आधुनिक एवं वैज्ञानिक प्रणालियों पर संगठित करने का प्रयास करेगा और विशेषकर पशुओं के नस्ल को संरक्षित एवं सुधारने और गाय एवं अन्य उपयोगी पशुओं खासतौर से दुधारू एवं वाहक पशुओं और इनके युवा बछड़ों के वध को रोकने के लिए कदम उठायेगा।'

पण्डित भार्गव द्वारा प्रस्तुत यह संशोधन प्रस्ताव, वास्तव में डॉ. अंबेडकर की रचना पर ही आधारित था और इसके मूल तत्त्व डॉ. अंबेडकर के प्रस्ताव से लिये गये थे। इस बात का जिक्र करते हुए पण्डित ठाकुर दास भार्गव संविधान सभा के समक्ष अपने सम्बोधन में कहते हैं—

'उपाध्यक्ष महोदय, इस संशोधन के सन्दर्भ में मैं इस सदन के समक्ष निवेदन करता हूँ कि दूसरे संशोधन की तरह यह संशोधन, जिसके बारे में डॉ. अंबेडकर द्वारा कहा गया है, वास्तव में उन्हीं की रचना है। वास्तविकता है कि दोनों संशोधनों में कोई अन्तर नहीं है। इस तरह यह एक सहमति वाला संशोधन है। जब मैं इस संशोधन को प्रस्तुत कर रहा हूँ मुझे यह कहने में कोई हिचकिचाहट नहीं है कि मेरे जैसा व्यक्ति या जो डॉ. अंबेडकर के विचार से सहमत नहीं होते हैं, के लिए ऐसा करना एक प्रकार का बलिदान है। सेठ गोविन्द दास ने एक संशोधन भेजा है कि इस प्रावधान को मूल अधिकार के रूप में शामिल किया जाये। ऐसा मैं भी सोचता हूँ कि इसे मूल अधिकार के रूप में शामिल किया जाना ज्यादा उचित होता, लेकिन इस सभा के कुछ सदस्य इससे सहमत नहीं हैं और डॉ. अंबेडकर की भी इच्छा है कि इसे मूल अधिकार के बजाय निर्देशक सिद्धान्त के रूप में ही शामिल किया जाये।

'इस प्रावधान के बिना अनुच्छेद 38 का प्रावधान उसी तरह होगा जैसे आत्मा के बिना शरीर हो। यदि आप इस संशोधन को नहीं स्वीकार करते तो अनुच्छेद 38 अर्थहीन होगा। अनाज और दुग्ध के बिना हम-आप स्वास्थ्य और पोषाहार में सुधार नहीं ला सकते। इस प्रावधान को तीन भागों में बाँटा जा सकता है। पहला यह कि कृषि को वैज्ञानिक और आधुनिक तरीके से सुधारा जाये; दूसरा चौपायों के नस्ल में सुधार किया जाय और तीसरा गाय एवं अन्य चौपायों को वध होने से बचाया जाये। ... हमारा देश एक कृषि प्रधान देश है। गाय जिसको कामधेनु भी कहा जाता है, हमारी बहुत-सारी जरूरतों को पूरा करती हैं। कृषि और भोजन दोनों दृष्टिकोण से गाय की सुरक्षा आवश्यक है। भगवान् श्री कृष्ण ने गायों की सेवा की है। राजा दिलीप जैसे उदाहरण हैं कि राजाओं ने गाय की सुरक्षा के लिए अपनी जान को गँवाया है। मुस्लिम शासन के दौर में भी चाहे बाबर का शासन हो या हुमायूँ का या फिर अकबर या जहाँगीर या औरंगजेब का, गौवध कभी प्रचलन में नहीं रहा है। ऐसा इसलिए नहीं कि मुस्लिम इसे बुरा मानते थे बल्कि इसलिए था कि आर्थिक दृष्टिकोण से यह नुकसानदायक था।

'चीन में गौवध अपराध है। अफगानिस्तान में गौवध पर रोक है। बर्मा, जहाँ पहले केवल 14 वर्ष की आयु के नीचे चौपायों पर रोक था, में भी कुछ साल पहले पूरी तरह रोक लगा दिया गया है। यह आश्चर्य की बात नहीं है कि इस धरती पर गायों की पूजा होती है लेकिन मैं धार्मिक आधार पर ऐसा करने की अपील नहीं करता हूँ।

राष्ट्रपिता महात्मा गाँधी जी कहते हैं कि गौवध का सवाल एक बड़ा मामला है, यहाँ तक कि यह स्वराज्य से बड़ा मामला है। गौ-हत्या और मानव-हत्या मेरे विचार से एक ही सिक्के के दो पहलू हैं।'[20]

श्री सेठ गोविन्द दास ने भी अपने पुन:संशोधन प्रस्ताव के समर्थन में कहा कि पण्डित भार्गव के संशोधन का तात्पर्य है कि केवल उपयोगी गायों पर रोक होगी, यदि वह उपयोगहीन है तो उस पर रोक नहीं लागू होगी। गायें चाहे उपयोगी हों या अनुपयोगी, दोनों पर रोक होनी चाहिए और अन्त में यह स्पष्ट होना चाहिए कि गाय में बैल, साँड़ और बछड़े भी शामिल हैं। गाय की सुरक्षा केवल धार्मिक सवाल नहीं है, बल्कि यह एक सांस्कृतिक और आर्थिक सवाल भी है। न्यूजीलैण्ड में प्रतिव्यक्ति दुग्ध उत्पादन 56 औन्स है, डेनमार्क में 40, फिनलैण्ड में 63, स्वीडेन में 61, आस्ट्रेलिया में 45, कनाडा में 35, स्वीट्जरलैण्ड में 49, नीदरलैण्ड में 35, नार्वे में 43, अमेरिका में 35, चेकोस्लोवाकिया में 36, बेल्जियम में 35, आस्ट्रेलिया में 30, जर्मनी में 35, फ्रान्स में 30, पोलैण्ड में 22, ब्रिटेन में 39 है, जबकि भारत में मात्र 7 औन्स है। सोचें कि हमारे देश में स्वास्थ्य की क्या स्थिति है। हमारे बच्चे कुत्ते और बिल्ली की तरह मरते हैं। इनको दुग्ध के बिना कैसे बचाया जा सकता है?

श्री सेठ गोविन्द दास ने आगे कहा कि 'मैं मुस्लिम भाइयों से एक बात खासतौर से कहना चाहता हूँ। मैं इस देश को सांस्कृतिक रूप से एक मानता हूँ भले ही हमारे धर्म अलग--अलग हों। ... मैंने सभी धर्मों के बारे में पढ़ा है। पैगंबर मोहम्मद साहब की जीवनी को पढ़ा हूँ। पैगंबर ने कभी अपने जीवन में गौमांस नहीं लिया, यह एक ऐतिहासिक तथ्य है। बाबर से लेकर औरंगजेब के शासनकाल तक गौवध पर रोक थी। बाबर ने हुमायूँ से कहा था कि गौवध से बचो और हिन्दुस्तानी लोगों के दिल में राज करो।'

इसी विषय पर प्रो. शिब्बन लाल सक्सेना भी संशोधन प्रस्ताव लेकर आये थे, लेकिन पण्डित भार्गव के प्रस्ताव आने के बाद उन्होंने अपना प्रस्ताव वापस ले लिया। श्री राम सहाय ने अपना प्रस्ताव वापस लेते हुए कहा कि वे गौवध पर पूरी तरह रोक लगाने से सम्बन्धित इस विषय को भाग 3 के अनुच्छेद 9 में मूल अधिकार के रूप में जोड़ना चाहते थे, लेकिन मि. भार्गव के प्रस्ताव के बाद मैंने अपने प्रस्ताव को नहीं प्रस्तुत करने का निर्णय लिया है। ... मुझे विश्वास है कि माननीय डॉ. अंबेडकर, मि. भार्गव के संशोधन-प्रस्ताव को स्वीकार करेंगे क्योंकि यह उनके द्वारा दिये गये आश्वासन पर आधारित है कि यह संशोधन एक समझौते के रूप में प्रस्तुत किया गया है। दौरा करना हो चौधरी रणवीर सिंह ने भी अपना प्रस्ताव प्रस्तुत करने से मना कर दिया।

आम बहस में भाग लेते हुए प्रो. सक्सेना ने कहा कि मैं उनमें से एक नहीं हूँ जो यह मानते हैं कि किसी चीज पर केवल इसलिए कानून नहीं बनना चाहिए क्योंकि उसके धार्मिक पहलू भी हैं। मैं व्यक्तिगत रूप से मानता हूँ कि गौरक्षा, आर्थिक एवं अन्य पहलुओं के कारण हिन्दू धर्म का भाग बन गया है। मैं विश्वास करता हूँ कि हिन्दू धर्म ज्यादातर ऐसे ही सिद्धान्तों पर आधारित रहा है, जो शताब्दी से देश के लोगों के लिए उपयोगी पाया गया। इसलिए मैं सेठ गोविन्द के इस बात से सहमत हूँ कि यह सोचना गलत है कि कोई

चीज मात्र इसलिए बुरी है क्योंकि वह किसी धर्म से जुड़ी हुई है। मैं कहता हूँ धर्म उस चीज को शुद्ध करता है जो आर्थिक रूप से अच्छा होता है।

डॉ. रघु वीरा ने संशोधन का पक्ष लेते हुए कहा कि इस देश की सभ्यता में अहिंसा को सबसे प्रमुख स्थान मिला है और यह केवल मानवमात्र पर ही नहीं, जीवों पर भी लागू होता है। पूरा ब्रह्माण्ड एक है और जीवन के इस एकत्व का एक प्रतीकात्मक चिह्न गाय है। क्या हमें इसको नहीं बनाये रखना चाहिए? श्री आर. वी. धुलेकर ने कहा कि गाय जन्तुओं की प्रतिनिधि है, पीपल वृक्षों की, तो शालग्राम खनिज पदार्थों की। हम इन्हें बचाना चाहते हैं, हम इनकी पूजा करते हैं क्योंकि हम पूरे मानवमात्र को बचाना चाहते हैं।

मुस्लिम समुदाय के प्रतिनिधि के रूप में बोलते हुए मि. जेड. एच. लारी ने कहा कि हम उनकी भावनाओं का सम्मान करते हैं, जो गायों की सुरक्षा चाहते हैं, चाहे वह धार्मिक आधार पर हो या इस देश में कृषिहित पर आधारित हो। मैं इस प्रावधान के पक्ष या विरोध में नहीं खड़ा हूँ। लेकिन मैं इस सदन से स्पष्ट होने के लिए खड़ा हूँ और निवेदन करता हूँ कि इस मामले में अनिश्चितता और सन्देह नहीं होना चाहिए। इस सदन को यह भी मानना चाहिए कि भारत का मुसलमान, जो ऐसा विचार रखता रहा है और आज भी रखता है कि बिना राज्य के सिद्धान्त का अतिक्रमण किये, वह बकरीद के अवसर पर गाय और अन्य जानवरों की कुर्बानी कर सके। यदि यह सदन यह विचार रखता है कि गौ-हत्या पर रोक होनी चाहिए तो ऐसी रोक स्पष्ट शब्दों में होनी चाहिए न कि अनिश्चित शब्दों में। मेरा निवेदन है कि इस सदन के लिए उचित है कि आगे आकर इस प्रावधान को मूल अधिकार के रूप में शामिल करें न कि इसे निर्देशक सिद्धान्त के रूप में बनाकर इसे सन्दिग्ध रहने दें। हम अनुभव करते हैं और जानते हैं कि हमारा धर्म ऐसा आवश्यक रूप से नहीं कहता है कि हम गाय की कुर्बानी अवश्य करें। यह इसकी इजाजत देता है। सवाल है कि क्या इस सदन के बहुसंख्यकों की भावनाएँ, जो जानवरों के एक वर्ग के साथ जुड़ी हैं, अल्पसंख्यकों को अनुमति देते हैं या नहीं देते हैं। मैं इसे बहुत महत्त्व नहीं देता हूँ। मैं इसे अपने धर्म में हस्तक्षेप भी नहीं मानता। लेकिन मैं नहीं चाहता हूँ कि मेरी स्वतंत्रता को छीना जाये और विशेषकर शान्तिपूर्ण तरीके से मनाये जाने वाले त्योहार के दौरान।'[21]

सैय्यद मोहम्मद सैदुल्लाह ने कहा कि महोदय, बहस का जो विषय है उसके दो सन्दर्भ हैं। पहला धार्मिक और दूसरा आर्थिक। जो बन्धु गौ-हत्या पर रोक के पक्ष में इस संविधान में प्रावधान जोड़ना चाहते हैं, ज्यादातर वे धार्मिक सन्दर्भ पर आधारित हैं। मेरी इनसे पूरी सहानुभूति है और मैं उनकी भावनाओं को सम्मान दे रहा हूँ क्योंकि मैं तुलनात्मक धर्म-विज्ञान का छात्र रहा हूँ। मैं जानता हूँ कि इस देश में हिंदू 'गाय' को देवी की तरह मानता है। यह भी हर कोई जानता है कि मैं मुस्लिम हूँ। मेरी धार्मिक पुस्तक पवित्र कुरान में मुसलमानों पर एक रोक लगाया गया है 'ला इक्राबा फिद दीन' यानी धर्म के नाम पर कोई बाध्यता नहीं होनी चाहिए। मैं इसलिए कोई निषेध अधिकार का प्रयोग नहीं करना चाहता हूँ। लेकिन जहाँ तक आर्थिक सन्दर्भ की बात है तो मैं ऐसे तथ्य रख सकता हूँ जो सिद्ध करती हैं कि गौ-हत्या आर्थिक दृष्टि से बुरा नहीं है। मैं आसाम प्रान्त

का एक उदाहरण रखना चाहता हूँ। 1931 की जनगणना के अनुसार यहाँ 90 लाख इन्सानों पर 70 लाख जानवर थे। इनकी खींचने की शक्ति लगभग नहीं के बराबर होती है और इस कारण आसाम प्रान्त ढुलाई के लिए बिहार प्रान्त के जानवरों पर निर्भर रहता है। पिछले युद्ध के दौरान जब आवागमन की समस्या के कारण बिहार से ढुलाई-जानवर नहीं आ सके तो विवश होकर आसाम के लोगों को अपने यहाँ के जानवरों से खेती और ढुलाई का काम लिया जाने लगा। यह कानून भी बना दिया गया कि इन जानवरों के संरक्षण के लिए इनकी हत्या पर रोक रहेगी। लेकिन इसके बावजूद मैंने आश्चर्य तरीके से पाया कि न केवल मुसलमानों द्वारा बल्कि सिर पर बड़े-बड़े शिखा रखने वाले हिन्दुओं द्वारा भी इन जानवरों की हत्या की गयी। मैंने जब उनसे पूछा कि वे अपने धार्मिक आचरण और सरकार के कानून के खिलाफ जाकर ऐसा क्यों कर रहे हैं, तो उनका कहना था कि 'सर, ये सब अनुपयोगी जानवर हैं। वे हमारी अर्थ-व्यवस्था पर मृतक भार हो गये हैं। हम सब इनके बदले कैश चाहते हैं।'

सैय्यद मोहम्मद सैदुल्लाह ने सवाल करते हुए कहा कि मैं पूछना चाहता हूँ कि इन 70 लाख अनुपयोगी पशुओं का क्या किया जाये? इसलिए मैं आर्थिक सन्दर्भ के लिए यह कहना चाहूँगा कि आर्थिक दृष्टि से इन अनुपयोगी पशुओं को हटाना ही होगा। जब तक उन्हें अच्छे नस्ल में न बदल दिया जाये।...मैं हिन्दुओं में ऐसे समुदाय को जानता हूँ जिनका नाम एक ऋषि के नाम पर है लेकिन वे जानवरों के चमड़े को उतारने का काम करते हैं। उनको ऐसा करने में कोई आपत्ति नहीं है।...मैं कहना चाहूँगा कि यह सोचना पूर्णतया गलत है कि केवल मुसलमान ही गौ-हत्या के लिए जिम्मेदार हैं।'[22]

आम बहस के पश्चात डॉ. अंबेडकर द्वारा केवल पण्डित ठाकुर प्रसाद भार्गव के संशोधन प्रस्ताव को स्वीकार किया गया और उसके उपरान्त संविधान सभा ने भी पण्डित भार्गव के संशोधन प्रस्ताव को स्वीकार और सेठ गोविन्द दास के संशोधन को अस्वीकार कर दिया। तदनुसार प्रस्तावित अनुच्छेद 38-ए (संविधान का अनुच्छेद 48) के प्रावधान को संविधान में जोड़ दिया गया।

ऐतिहासिक स्मारकों की आत्मा को सुरक्षित रखने की चिन्ता

ऐतिहासिक एवं सांस्कृतिक मूल्यों को सँजोये रखने वाले 'स्मारक स्थल' भावी पीढ़ी के लिए प्रेरणा देते रहें, इसके लिए इनको सुरक्षित रखना आवश्यक है। भारत में ज्यादातर ऐतिहासिक स्थल, जिनका किसी-न-किसी धर्म से जुड़ाव रहा है, को बहुमत के ताकत के आधार पर किसी भी तरीके से नुकसान न पहुँचाया जा सके, यह भी एक चिन्ता का विषय था। इसको ध्यान में रखते हुए मसौदा-समिति द्वारा ऐतिहासिक स्थलों को सुरक्षित करना राज्य का दायित्व माना गया और इसे निर्देशक सिद्धान्त के रूप में स्वीकार कर प्रारूप अनुच्छेद 39 में प्राविधानित किया गया। प्रारूप अनुच्छेद 39 के अनुसार 'राष्ट्रीय महत्त्व के सभी कलात्मक एवं ऐतिहासिक हित वाले प्रत्येक स्मारक, स्थल या वस्तु को लूटने से, नष्ट होने से, हटाये जाने से, व्ययन या निर्यात होने से सुरक्षित करना राज्य का दायित्व होगा।'

किन्तु इस प्रारूप में उस सम्भावना को नहीं शामिल किया जा सका था जिसमें कलात्मक एवं ऐतिहासिक स्मारकों का नुकसान 'विरूपण' करके भी पहुँचाया जा सकता है और इसके माध्यम से ऐतिहासिक स्थलों के न केवल स्वरूप को बल्कि उसकी आत्मा को भी नष्ट किया जा सकता है। संविधान सभा में इस महत्त्वपूर्ण सम्भावना की तरफ डॉ. अंबेडकर का ध्यान गया और उन्होंने प्रारूप अनुच्छेद में 'लूटने से' शब्द के बाद 'विरूपण से' शब्द को जोड़ने के लिए संशोधन-प्रस्ताव प्रस्तुत किया। यह बहुत ही महत्त्वपूर्ण संशोधन प्रस्ताव था क्योंकि विरूपित करके भी ऐतिहासिक स्थलों को ज्यादातर नुकसान पँहुचाये जाने की सम्भावना रहती है।

इसी क्रम में प्रो. शिब्बन लाल सक्सेना द्वारा भी ऐसा ही प्रस्ताव लाया गया, जिसे डॉ. अंबेडकर द्वारा तुरन्त स्वीकार कर लिया गया। इसके बाद संविधान सभा ने भी इन संशोधनों को स्वीकार कर यथासंशोधित प्रारूप अनुच्छेद 39 (संविधान का अनुच्छेद 49) को अंगीकृत कर लिया।

न्यायपालिका की स्वतंत्रता का सिद्धान्त, डॉ. अंबेडकर की देन

भारत में 'न्यायपालिका के स्वतंत्रता' के सिद्धान्त को संवैधानिक महत्त्व प्रदान करना डॉ. अंबेडकर की दूरदृष्टि का एक और अनूठा उदाहरण है। 24 नवम्बर, 1948 को डॉ. अंबेडकर द्वारा प्रारूप-संविधान में नया अनुच्छेद 39-ए (संविधान का अनुच्छेद 50) को जोड़ने के लिए संशोधन-प्रस्ताव लाया गया, जिसके माध्यम से 'न्यायपालिका की स्वतंत्रता' के सिद्धान्त को प्रतिपादित किया गया था। प्रस्तावित अनुच्छेद 39-ए के अनुसार—

> 'राज्य, इस संविधान के लागू होने के तीन वर्ष के अन्दर राज्य की लोक सेवाओं में न्यायपालिका को कार्यपालिका से पृथक्करण को सुनिश्चित करने के लिए कदम उठायेगा।'

'न्यायपालिका की स्वतंत्रता' के सम्बन्ध में लाये गये अपने संशोधन-प्रस्ताव के औचित्य को स्पष्ट करते हुए डॉ. अंबेडकर ने कहा—

> 'चिरकाल से यह इस देश की इच्छा रही है कि न्यायपालिका, कार्यपालिका से अलग हो और ऐसी माँग कांग्रेस के स्थापना के समय से की जा रही है। इस सिद्धान्त को देश के प्रशासन में शामिल करने के माँग को लेकर पारित कांग्रेस के प्रस्तावों को दुर्भाग्य से ब्रिटिश सरकार द्वारा नहीं माना गया। हम सोचते हैं कि इस सुधार को आगे बढ़ाने का अब समय आ गया है। वस्तुत: यह महसूस किया जाता रहा है कि इस सुधार को लागू करने में कुछ कठिनाइयाँ हैं। इसलिए यह संशोधन-प्रस्ताव दो विशेष मामलों पर विचार करती है जिसे कठिनाई का मामला बताया जा सकता है। पहला यह कि हमने जान-बूझकर इसे मौलिक सिद्धान्त का मामला नहीं बनाया है क्योंकि यदि हम इसे मौलिक सिद्धान्त का मामला बनाते तो यह संविधान लागू होने के साथ ही न्यायपालिका को कार्यपालिका से अलग करने की बाध्यता हो जाती। इसलिए हमने जान-बूझकर इसे निर्देशक सिद्धान्त के भाग में रखा है और यहाँ पर भी यह प्रावधान किया है कि इस सुधार को तीन वर्ष के अन्दर लागू किया जाये ताकि

इस मामले में हीलाहवाली करने के लिए कोई जगह न रह जाये। महोदय, मैं यह प्रस्ताव प्रस्तुत करता हूँ।'[23]

'न्यायपालिका की स्वतंत्रता' के सम्बन्ध में डॉ. अंबेडकर द्वारा प्रस्तावित उक्त प्रावधान का श्री टी.टी. कृष्णामचारी द्वारा विरोध किया गया। अपने विरोध में श्री कृष्णामचारी द्वारा कहा गया कि 'महोदय, यह डॉ. अंबेडकर की पश्चात्वर्ती सोच है या इसे मैं मसौदा-समिति की पूँछ वाला भाग कहूँगा। मैं नहीं जानता कि वे यह बात तब क्यों नहीं सोचे जब वे प्रारूप-संविधान की रूपरेखा बना रहे थे। सम्भवत: उन्होंने सोचा कि इस तथ्य को देखते हुए चूँकि इस भाग, जिसे भावनाओं का यथार्थ कूड़ेदान कहा जा सकता है, में कई नयी बातें रेंग कर आ सकी हैं, वे भी इसमें अपने इस विशेष संशोधन के लिए स्थान खोज सकें। मुझे इसके या किसी अन्य संशोधन का इसमें लाये जाने में कोई आपत्ति नहीं है क्योंकि यह कूड़ेदान पर्याप्त रूप से इस तरह पीछे की तरफ हटते हुए प्रतीत होते हैं ताकि इस सदन के किसी भी व्यक्ति को इस पर अपने शौकिया घोड़े को चढ़ाने की अनुमति हो। मैं डॉ. अंबेडकर के स्पष्टीकरण को नहीं समझ सकता, जब वे कहते हैं कि वह इसे मूल अधिकार में नहीं रखना चाहते हैं। वे केवल इसे निर्देशकीय बनाना चाहते हैं। लेकिन इसके लिए तीन वर्ष के समय-सीमा पर भी जोर दे रहे हैं, जिसके अन्दर इसको लागू किया जाये। जब वे खुद इसे आदेशात्मक नहीं मानते हैं तो तीन वर्ष की समय-सीमा निर्धारण का उद्देश्य क्या है? डॉ. अंबेडकर ने इसे कांग्रेस की आधारभूत माँग कहा है। ऐसा हो सकता है, मैं अस्वीकार नहीं करता। मैं तो, एक विशिष्ट कांग्रेसी, जो एक प्रान्त के प्रधानमंत्री भी रह चुके हैं, के विचार को याद करता हूँ जब उन्होंने कहा था कि न्यायपालिका को कार्यपालिका से अलग करने का विचार अब बदल गया है और चूँकि अब विदेशी सरकार नहीं है इसलिए न्यायपालिका के पृथक्करण की आवश्यकता नहीं है। यह अब आधारभूत सिद्धान्त नहीं है क्योंकि राजनेता उस समय ऐसा मानते थे जब ब्रिटिश सत्ता में थे।'

श्री कृष्णामचारी ने आगे कहा कि 'विद्वान् डॉक्टर को अवश्य जानना चाहिए कि कुछ प्रान्तों में न्यायपालिका को कार्यपालिका से अलग करने के लिए पहले ही कदम उठाये जा चुके हैं। विभिन्न कारणों से इसमें बहुत प्रगति नहीं हो पायी है। मैं नहीं सोचता हूँ कि तीन वर्ष की बाध्यता क्यों की जाये जब इसे छह या सात वर्षों में कर सकते हैं। ... ऐसा हो सकता है कि न्यायपालिका, जो किसी भी मामले में विधायिका द्वारा नियंत्रित नहीं होगी सिवाय इसके कि उसे हटा दिया जाय, को ज्यादा शक्ति देकर हम ऐसी वस्तु को बनाने जा रहे हैं, जो खुद व्यवस्था के लिए भयंकर साबित न हो जाये और अन्तत: यह संविधान निर्माताओं के इच्छा के विरुद्ध होगा।'[24]

श्री बी. दास ने डॉ. अंबेडकर के इस संशोधन-प्रस्ताव को उस दिन के लिए टालकर बाद में विचारार्थ रखने की अपील की। उनका तर्क था कि बहुत जल्द ही कांग्रेस की बैठक जयपुर में होने वाली है। जब ब्रिटिश सरकार द्वारा लोगों का शोषण किया जा रहा था, उस समय यह सोचा गया कि ब्रिटिश सरकार से न्याय नहीं मिल पायेगा, इसलिए हमने कार्यपालिका से न्यायपालिका को पृथक् कराना चाहा। अब वह सन्देह नहीं रह गया है।

हमें इसका परीक्षण करना है कि क्या आज ऐसा पृथक्करण आवश्यक है।...हमें देखने दें कि आजादी के एक वर्ष के बाद जयपुर कांग्रेस इस विषय पर क्या विचार करती है।

एक तरफ जहाँ श्री कृष्णामचारी (जो नेहरू जी के निकटतम व्यक्तियों में से एक थे और बाद में नेहरू-कैबिनेट में उद्योग एवं वाणित्य मंत्री और वित्त मंत्री का दायित्व भी सँभाला) जैसे लोग 'न्यायपालिका की स्वतंत्रता' के सिद्धान्त को अप्रासंगिक, औचित्यहीन बताते हुए अपनी प्रतिक्रिया में 'कूड़ेदान' जैसे शब्द को प्रयोग कर रहे थे और बी. दास जैसे वरिष्ठ कांग्रेसी नेता 'न्यायपालिका की स्वतंत्रता' विषय पर कांग्रेस की बैठक को महत्त्व दे रहे थे, वहीं डॉ. अंबेडकर व्यक्तिगत या पार्टीगत प्रतिबद्धताओं से ऊपर उठकर बिना किसी पूर्वाग्रह के और बिना अहं भाव रखे हर अच्छे विचार को स्वीकार करने और ऐसे अच्छे विचार को और ज्यादा अच्छा बनाने के लिए हमेशा तत्पर रहते थे, ताकि देश के लिए एक दोषरहित एवं आदर्श संविधान का निर्माण किया जा सके। प्रारूप अनुच्छेद 39-ए एक ऐसा ही उदाहरण है जो डॉ. अंबेडकर की दूरदृष्टि, साहस, आत्मविश्वास, उदारता व निर्णय क्षमता को सिद्ध करता है। दूरदृष्टि यह कि प्रस्तावित संसदीय शासन व्यवस्था के साथ उन्होंने 'न्यायपालिका की स्वतंत्रता' को संवैधानिक महत्त्व का विषय बनाने की आवश्यकता की बात सोची और इस सम्बन्ध में प्रावधान हेतु संविधान-संशोधन पेश करने का साहस तब भी किया जब तत्कालीन नेतृत्व इसके पक्ष में नहीं थी। सम्भावित विरोध को जानते हुए भी 'न्यायपालिका की स्वतंत्रता' के सम्बन्ध में लाये गये संशोधन प्रस्ताव को संविधान सभा से पारित करवा लेने का आत्मविश्वास डॉ. अंबेडकर को मसौदा-समिति के दूसरे सदस्यों से अलग करता है। मि. टी.टी. कृष्णामचारी द्वारा समय-सीमा को लेकर किये गये आपत्ति के बाद बिना अहं भाव रखे डॉ. अंबेडकर द्वारा उदारतापूर्ण लचीलापन दिखाना और इस दिशा में तुरन्त निर्णय लेना अनोखी एवं अभूतपूर्व है।

अगले ही दिन 25 नवम्बर, 1948 को डॉ. अंबेडकर ने पुन:संशोधन प्रस्ताव लेकर आये और प्रस्तावित मूल प्रावधान से तीन वर्ष की समय-सीमा सम्बन्धित उपबन्ध को हटा दिया। इसके साथ उन्होंने अनुच्छेद 39-ए के प्रावधान से 'पृथक्करण' शब्द के स्थान पर 'पृथक् करने' शब्द को प्रतिस्थापित करने का और 'सुनिश्चित करना' शब्द को हटाने का प्रस्ताव लाया। अब नया प्रस्तावित प्रावधान था—

> 'राज्य लोक सेवाओं में न्यायपालिका को कार्यपालिका से पृथक् करने के लिए कदम उठायेगा।'

प्रस्तावित मूल प्रावधान से तीन वर्ष की समयसीमा सम्बन्धित उपबन्ध को हटाने एवं प्रारूप में प्रस्तावित अन्य बदलाव के कारणों को स्पष्ट करते हुए डॉ. अंबेडकर ने कहा—

> 'इस संशोधन प्रस्ताव का उद्देश्य पूर्व में प्रस्तावित मूल अनुच्छेद 39-ए से तीन वर्ष की समय-सीमा को हटाना है। इसका कारण यह है कि इस सदन में एक वर्ग ऐसा है जो सोचता है कि इन निर्देशक सिद्धान्तों में हमें समय-सीमा या प्रक्रिया की बाध्यता नहीं शामिल करना चाहिए। इसमें केवल सिद्धान्त प्रतिपादित होना चाहिए न कि सिद्धान्तों को क्रियान्वित करने का विस्तार। यह एक कारण है कि अनुच्छेद 39-ए से तीन वर्ष की समय-सीमा को हटा देना चाहिए।

'इस संशोधन के पीछे दूसरा कारण यह है कि 'तीन वर्ष' की समय-सीमा ने विचारों की दृष्टि से इस सदन के सदस्यों को बाँट दिया था। कुछ कहते हैं कि यदि आप तीन वर्ष का समय निर्धारित करते हैं तो कोई सरकार तब तक कदम नहीं उठायेगी जब तक तीन वर्ष की अवधि पूरी न होने को हो। आप इस अनुच्छेद में तीन वर्ष की अवधि देकर व्यावहारिक रूप से प्रान्तीय विधायिकाओं को अनुमति दे रहे हैं कि वे तीन वर्ष के लिए इस दिशा में कोई कार्य ही न करें। यह हो सकता है कि तीन वर्ष की अवधि उन प्रान्तों के लिए ज्यादा हो जहाँ प्रशासनिक मशीनरी पूर्णतया स्थापित हो चुकी हो और वहाँ अलग करने का कार्य तुरन्त किया जा सकता है।

'लेकिन हमने इस निर्देशक सिद्धान्त के सन्दर्भ में 'दि स्टेट' का प्रयोग किया है। 'दि स्टेट' में न केवल प्रान्तीय सरकार बल्कि भारतीय रियासतों की सरकार भी शामिल हैं। यह कहा जा रहा है कि भारतीय रियासत के प्रशासन लम्बे समय तक इच्छित लक्ष्य-प्राप्ति नहीं कर सकेंगे, इसलिए इन रियासतों के लिए तीन वर्ष की अवधि बहुत ही अल्प है। यह सब बहस नि:सन्देह रूप से बल रखते हैं जिसको उपेक्षित करना सम्भव नहीं है। इसलिए ऐसा सोचा गया कि यह अनुच्छेद अपना उद्देश्य तभी प्राप्त कर पायेगा, जब इसमें प्रान्तों और भारतीय रियासतों को दिशानिर्देश के लिए मात्र आज्ञाकारी प्रावधान हो कि वह राज्य की लोक सेवा में न्यायपालिका को कार्यपालिका से अलग करेगा। आशय यह है कि जहाँ तक सम्भव हो, बिना किसी देरी के ऐसा किया जा सके और जहाँ तुरन्त कार्यवाही सम्भव न हो वहाँ इसे आवश्यक दायित्व के रूप में स्वीकार किया जायेगा और इसमें हीलाहवाली संविधान में प्रतिपादित सिद्धान्त द्वारा बर्दाश्त नहीं की जायेगी। इसलिए मैं निवेदन करता हूँ कि इस संशोधन को मैं इस सदन में उठे सवालों को दृष्टिगत रखते हुए प्रस्तुत कर रहा हूँ और आशा करता हूँ कि संविधान सभा अपनी सहमति देगी।'[25]

श्री आर. के. सिधवा ने डॉ. अंबेडकर के संशोधन का समर्थन करते हुए कहा कि महोदय, मैं बहुत खुश हूँ कि डॉ. अंबेडकर ने संशोधन-प्रस्ताव रखा और खासतौर से बाद के प्रस्ताव में उन्होंने बहुत उचित राय और समझदारी दिखायी है। अनुच्छेद 36 (संविधान का अनुच्छेद 45) में दस वर्ष की समय-सीमा पर मैंने आपत्ति की थी लेकिन उसको पारित होने दिया गया। मुझे खुशी है कि देरी से ही सही आज ज्यादा अच्छी समझदारी दिखायी गयी है और समय-सीमा को हटाया गया है। कल हमारे मित्र बी. दास द्वारा कहा गया कि आजादी मिलने के बाद न्यायपालिका को कार्यपालिका से अलग करने का सवाल बदल गया है। मुझे आश्चर्य है कि जो सिद्धान्त ब्रिटिश शासन में सही था वह स्वतंत्र भारत में गलत कैसे हो जायेगा? मूलभूत सिद्धान्त यह है कि यदि जिला मजिस्ट्रेट अभियोजक हो और वही निर्णय देने वाला न्याय-प्रशासक, तो क्या पक्षपातरहित न्याय मिल पायेगा?[26]

पण्डित हृदय नाथ कुंजरू ने डॉ. अंबेडकर के मूल संशोधन-प्रस्ताव को बहुत महत्त्वपूर्ण बताया किन्तु समय-सीमा को लेकर किये जा रहे बदलाव को दुर्भाग्यपूर्ण बताते हुए कहा कि 'न्यायपालिका को कार्यपालिका से अलग करने की माँग पचासों वर्ष पुरानी है ताकि कार्यपालिका न्याय-प्रशासन में हस्तक्षेप न कर सके। जब डॉ. अंबेडकर

द्वारा यह प्रस्ताव रखा जा रहा था तो मैंने सोचा कि भारत सरकार इस सुधार को जल्द-से-जल्द लागू करने के लिए इच्छुक है। मैं जानता हूँ कि इस विचार को निर्देशक सिद्धान्त के चैप्टर में शामिल किया गया है जो भारत सरकार या राज्य सरकार के ऊपर बाध्यकारी नहीं है। मैं आश्चर्यचकित था कि कहीं सम्भवत: इसी कारण इसे मसौदा-समिति द्वारा निर्देशक सिद्धान्त में तो नहीं रखा गया। लेकिन जब यह विषय सदन के समक्ष आया और डॉ. अंबेडकर के विचार को जब स्वीकार किया जाने वाला था, यह मेरे लिए अफसोसजनक है कि इस विचार को अब इस तरह संशोधित किया जा रहा है कि यह राज्य के विवेकाधीन हो जाये, जिसको हम सब लगभग आधी शताब्दी से लाने के लिए प्रयासरत रहे हैं।'

वस्तुत: 'न्यायपालिका को कार्यपालिका से पृथक् करने के विचार' को लेकर भी तत्कालीन नेतृत्व के मध्य अन्तर्द्वन्द्व था। शक्ति पृथक्करण सिद्धान्त के अन्तर्गत 'न्यायपालिका की स्वतंत्रता' को संविधान में स्थान देने के लिए जहाँ डॉ. अंबेडकर कटिबद्ध थे। वहीं एक वर्ग इसके विरुद्ध था, जिसका प्रतिनिधित्व श्री टी. टी. कृष्णामचारी कर रहे थे। श्री टी. टी. कृष्णामचारी द्वारा इस विषय को लेकर डॉ. अंबेडकर पर तीखा तंज भी कसा गया कि 'यह डॉ. अंबेडकर की पश्चातवर्ती सोच है या इसे मैं मसौदा-समिति की पूँछ वाला भाग कहूँगा' और न केवल 'न्यायपालिका की स्वतंत्रता' को व्यवस्था के लिए अप्रासंगिक, औचित्यहीन एवं भयंकर बताया बल्कि इसके विरोध को लेकर उन्होंने कूड़ेदान जैसे शब्द का इस्तेमाल करने में कोई संकोच नहीं किया।

इस सम्भावना से इनकार नहीं किया जा सकता कि मसौदा-समिति में 'न्यायपालिका की स्वतंत्रता' को प्रारूप-संविधान में स्थान देने के विचार का विरोध हुआ हो और इस कारण डॉ. अंबेडकर ने यह तय किया हो कि वे इस विषय को लेकर सीधे संविधान सभा में जायेंगे। यह भी शोध का विषय है कि डॉ. अंबेडकर द्वारा 'न्यायपालिका की स्वतंत्रता' के सम्बन्ध में जो संशोधन प्रस्ताव लाया गया था, वह कहीं ऐसे किसी हालात के कारण तो नहीं लाया गया था, जिसमें उन्हें यह आभास हुआ हो कि यदि इस विचार को संविधान में स्पष्ट स्थान नहीं दिया गया तो देश में 'न्यायपालिका का स्वतंत्र अस्तित्व' खतरे में पड़ सकता है, क्योंकि यह नहीं भूलना चाहिए कि डॉ. अंबेडकर उस समय भारत सरकार के कानून मंत्री थे और सम्भवत: सरकार के अन्दर व एक मात्र ऐसे व्यक्ति थे, जो स्वतंत्र सोच रखने वाले थे और जो अन्दरखाने की बात से अवगत हो सकते थे।

जो भी स्थिति रही हो, डॉ. अंबेडकर द्वारा 'न्यायपालिका की स्वतंत्रता' को संवैधानिक महत्त्व का विषय बनाने के लिए लाया गया संशोधन-प्रस्ताव ऐसा कदम था, जिसको कोई भी माननीय सदस्य चाहते हुए भी अस्वीकार नहीं कर सकता था। इसके अलावा श्री टी. टी. कृष्णामचारी द्वारा तीन वर्ष की समय-सीमा को लेकर किये गये विरोध के तुरन्त बाद इस समय-सीमा को हटाने का निर्णय लेकर डॉ. अंबेडकर ने 'न्यायपालिका की स्वतंत्रता से सम्बन्धित प्रारूप प्रावधान' के विरुद्ध पैदा हुए विचारों की धार कुन्द कर दी थी। एक खास बात यह थी कि डॉ. अंबेडकर ने 'न्यायपालिका की

स्वतंत्रता' के विचार का बचाव करने के लिए कांग्रेस द्वारा पूर्व में किये गये प्रयासों को भी आधार बनाया था। किन्तु दुर्भाग्य से कांग्रेसी सदस्य ही, बदली हुई परिस्थिति का सहारा लेकर 'न्यायपालिका की स्वतंत्रता' के सिद्धान्त को स्वीकार करने से पीछे हट रहे थे।

डॉ. अंबेडकर द्वारा संविधान सभा के समक्ष 'न्यायपालिका की स्वतंत्रता' सम्बन्धित ऐसा विषय लाया गया था, जिसका शायद ही कोई जिम्मेदार सदस्य खुलकर विरोध कर सकता था। वह भी तब जब इस विषय को स्वीकार करने की संविधान सभा में लगभग आम सहमति बन गयी थी। पण्डित हृदय नाथ कुंजरू के सम्बोधन के बाद आम बहस में पण्डित जवाहरलाल नेहरू ने भी भाग लिया। 'न्यायपालिका की स्वतंत्रता' विषय पर लाये गये संशोधनों पर प्रतिक्रिया व्यक्त करते हुए पण्डित नेहरू कहते हैं—

> 'मि. उपाध्यक्ष महोदय, अभी एक माननीय सदस्य महोदय ने भारत सरकार को सन्दर्भित करते हुए बोला है। मैं सरकार की तरफ से स्थिति को स्पष्ट करना चाहता हूँ। ...यह नहीं समझना चाहिए कि जो मामले यहाँ पर रखे जाते हैं वे भारत सरकार की ओर से होते हैं। यद्यपि जो विचार इस सदन में रखे जाते हैं उसमें सरकार की स्वाभाविक रुचि होती है और जब भी सम्भव होता है अपना विचार भी रखते हैं। ...
>
> 'वर्तमान संशोधन की ओर आता हूँ। संविधान सभा के प्रति पूर्ण सम्मान रखते हुए मैं पुनः अपनी कुछ सामान्य बातें रखता हूँ। वह यह है कि मैंने अनुभव किया है कि यदि कोई किसी व्यक्ति, संविधान के बहुत गहराई में चला जाये, तो उस संविधान का सम्मान सम्भवत: नहीं बना रह पाता है । संविधान एक ऐसी चीज है, जिसमें लम्बे समय तक के लिए ठहराव हो, जो मजबूत बुनियाद पर निर्मित हो, जो समय-समय पर परिवर्तनशील हो -यह दृढ़ नहीं होना चाहिए—तथापि इसके बारे में यह सोचा जाना चाहिए कि जो उत्तम हो, जो क्षणिक संविधान नहीं है, जो ऐसा सामयिक संविधान नहीं है, जिसे आप दिन-प्रतिदिन बदलते रहें, जिसमें अगले वर्ष के लिए या उसके बाद अगले वर्ष के लिए और इसी तरह आगे के लिए प्रावधान हो। इसमें कुछ अस्थायी प्रावधान हो सकते हैं, यह आवश्यक हो सकता है। लेकिन जहाँ तक संविधान की मूल प्रकृति की बात है, इसमें अवश्य ही राजनीतिक, सामाजिक, आर्थिक और दूसरे पहलू के मौलिक बिन्दुओं को ही शामिल करना चाहिए न कि ऐसे विवरणों को जो विधायिका का मामला है। आप पायेंगे कि यदि आप इन विवरणों के बहुत गहराई में जाते हैं और वास्तव में मूलभूत और मौलिक चीजों को महत्त्वपूर्ण, लेकिन जो गौण चीज हो, के साथ मिश्रित करते हैं तो आप मौलिक चीजों को भी गौण चीज के स्तर पर ला देते हैं।...मैंने अनुभव किया है कि हम सब नि:सन्देह महत्त्वपूर्ण मामलों के लिए समय खर्च कर रहे हैं, लेकिन तो भी गौण मामले विधायिका के लिए हैं, न कि संविधान के लिए।

'इस विशिष्ट विषय पर आता हूँ। माननीय वक्ता पण्डित कुंजरू जो अभी-अभी बोले हैं और डॉ. अंबेडकर के संशोधन का विरोध किये हैं, मैं उनके प्रति पूरा सम्मान रखते हुए कहना चाहता हूँ कि वे पूरी तरह से विषय के बाहर चले गये और इस सदन के क्रियाकलाप को लेकर सरकार को सन्देह की दृष्टि से देखने लगते हैं।

सरकार का इस सदन के क्रियाकलाप से कोई लेना-देना नहीं है, लेकिन यह सच्चाई है कि सरकार के कुछ सदस्य इसके बारे में मजबूती से विचार करते हैं और मैं इस सदन से चाहता हूँ कि वह डॉ. अंबेडकर द्वारा इस सदन के समक्ष आज रखे गये संशोधन पर पूरी तरह विचार करें। मैं सीधे-सीधे कह सकता हूँ कि जहाँ तक सरकार का सवाल है वह न्यायपालिका और कार्यपालिका को अलग करने के पूरी तरह पक्ष में है। मैं पुन: कहना चाहता हूँ कि इस दिशा में जल्द ही हम और अच्छा करेंगे और मैं बता सकता हूँ कि कुछ प्रान्तीय सरकारों ने कदम उठाना शुरू कर दिया है...।

'सामान्यतया मैं कहूँगा कि कुछ नीति निर्देशक वैधानिक नहीं हो सकते हैं, लेकिन संविधान में उसी निर्देशक नीतियों का अवश्य ही शक्तिशाली प्रभाव रखना चाहिए। ऐसे किसी निर्देशक सिद्धान्त में विस्तार और समय-सीमा इत्यादि नहीं होना चाहिए। यह निर्देशकीय है जिसे राज्य चाहता है और आपके द्वारा उसमें कोई सीमा निर्धारित करना इन राज्य नीतियों के ऊँचे स्तर को कम करता है।...मैं समझता हूँ कि डॉ. अंबेडकर का संशोधन उस आवश्यक बदलाव के महत्त्व को कहीं से भी कम करने वाला नहीं है, जिसे हम लाना चाहते हैं और जिसे हम इस देश के समक्ष ऊँचाई पर रखना चाहते हैं।...मेरा निवेदन है कि डॉ. अंबेडकर के संशोधन को स्वीकार कर लेना चाहिए।'[27]

पण्डित नेहरू अपने उक्त प्रतिक्रिया भाषण में किस मामले को गौण बताकर इसे विधायिका का, न कि संविधान का विषय बता रहे थे, यह स्पष्ट नहीं है। लेकिन यह सन्देह से परे है कि उक्त बातें, 'न्यायपालिका की स्वतंत्रता के सिद्धान्त' को संविधान में स्थान दिये जाने के प्रस्तावित प्रावधान के सन्दर्भ में व्यक्त की गयी थी। उनका कथन कि 'मैं समझता हूँ कि डॉ. अंबेडकर का संशोधन उस आवश्यक बदलाव के महत्त्व को कहीं से भी कम करने वाला नहीं है, जिसे हम लाना चाहते हैं और जिसे हम इस देश के समक्ष ऊँचाई पर रखना चाहते हैं' एक बहुत मँजा हुआ रणनीतिक वक्तव्य था। इसके माध्यम से वह यह सन्देश नहीं जाने देना चाहते थे कि उनकी सरकार, 'न्यायपालिका की स्वतंत्रता' के लिए संविधान के किसी उपबन्ध पर निर्भर है। पण्डित नेहरू दूसरा सन्देश यह देना चाहते थे कि इस दिशा में उनकी सरकार जो आवश्यक बदलाव कर रही है, वह ज्यादा महत्त्वपूर्ण है और डॉ. अंबेडकर का संशोधन-प्रस्ताव इसके महत्त्व को कम नहीं करता है।

यद्यपि यह एक शोध का विषय है कि पण्डित नेहरू का 'न्यायपालिका की स्वतंत्रता' के सम्बन्ध में वास्तविक विचार क्या था, क्योंकि एक बात महत्त्वपूर्ण है कि अपनी पूरे प्रतिक्रिया भाषण में पण्डित नेहरू ने 'न्यायपालिका की स्वतंत्रता के सिद्धान्त' को संवैधानिक स्थान देने वाले विचार का समर्थन या स्वागत नहीं किया। लेकिन एक बात तय है कि 'न्यायपालिका की स्वतंत्रता' से सम्बन्धित यह संवैधानिक उपबन्ध, भारत में 'कानून के शासन' और 'न्याय प्रशासन' के लिए डॉ. अंबेडकर के महानतम योगदानों में से एक गिना जायेगा।

डॉ. बक्शी टेक चन्द द्वारा डॉ. अंबेडकर के संशोधन-प्रस्ताव का समर्थन करते हुए कहा गया कि वर्ष 1852 में ही इस विचार का जन्म हो गया था, जब सैन्य-विद्रोह के

बाद बंगाल में कीस्टो दास पाल और राम गोपाल घोष के नेतृत्व में न्यायपालिका को कार्यपालिका से अलग करने के लिए प्रस्ताव पारित किया गया। इसके बाद मन मोहन घोष और सुरेन्द्र नाथ बनर्जी ने कई सार्वजनिक बैठकों में 'न्यायपालिका की स्वतंत्रता' के विषय को जोर-शोर से उठाते रहे। कांग्रेस पार्टी ने भी 1885 में इस सुधार के लिए प्रस्ताव पारित किया।

श्री लोकेन्द्र नाथ मिश्रा ने भी न्यायपालिका की स्वतंत्रता के लिए डॉ. अंबेडकर द्वारा प्रस्तावित संशोधन प्रस्ताव का समर्थन करने के साथ कानून को सरल बनाने की आवश्यकता पर भी बल दिया।

आम बहस समाप्त होने के बाद डॉ. अंबेडकर द्वारा प्रस्तावित पुन:संशोधित अनुच्छेद 39-ए (संविधान का अनुच्छेद 50) को संविधान सभा द्वारा स्वीकार कर अंगीकृत कर लिया गया।

वैश्विक परिदृश्य में भारत की भूमिका

अन्तरराष्ट्रीय सम्बन्धों पर भारत की नीतियाँ क्या होंगी? इस सम्बन्ध में कुछ मूलभूत सिद्धान्तों का उल्लेख प्रारूप-संविधान के अनुच्छेद 40 (संविधान का अनुच्छेद 51) में किया गया था। इन नीतियों को क्रमबद्ध करते हुए डॉ. अंबेडकर ने नये प्रावधान को प्रतिस्थापित करने के लिए अपना संशोधन-प्रस्ताव प्रस्तुत किया। डॉ. अंबेडकर द्वारा प्रस्तावित प्रारूप के अनुसार-

'राज्य,—

क. अन्तरराष्ट्रीय शान्ति और सुरक्षा में अभिवृद्धि करेगा;

ख. राष्ट्रों के मध्य न्यायसंगत और सम्मानपूर्ण सम्बन्धों को स्थापित करेगा; और

ग. संगठित लोगों के एक-दूसरे से व्यवहारों में अन्तरराष्ट्रीय विधि और सन्धि-बाध्यताओं के प्रति आदर को मान्य करेगा।'

अपने संशोधन-प्रस्ताव के समर्थन में डॉ. अंबेडकर ने कहा कि 'मूल प्रावधान को सरल बनाने के लिए इन विचारों को अलग-अलग भागों में बाँट दिया गया है ताकि पढ़ने वाले व्यक्ति को इस अनुच्छेद का स्पष्ट और पूर्ण अभिप्राय मालूम हो जाये। इस अनुच्छेद में प्रस्तावित किये गये प्रावधान इतने सरल हैं कि इसको और स्पष्ट करने के लिए इस सदन में लम्बा भाषण देना अति-उत्साह जैसा होगा।'[28]

श्री एच. वी. कामथ ने अपने संशोधन-प्रस्ताव के माध्यम से प्रारूप अनुच्छेद 40 में 'प्रयत्न करेगा' शब्द को तीनों खण्डों के लिए सामूहिक अर्थ में प्रयोग करने की तथा खण्ड (ख) से 'स्थापित करेगा' और खण्ड (ग) से 'प्रयत्न करेगा' को हटाने की माँग किया। अपना संशोधन प्रस्तुत करते हुए श्री कामथ ने कहा 'मैं आशा करता हूँ कि नया विश्व, जिसमें हम रह रहे हैं, जिसमें हम खेल रहे हैं और अपनी महत्त्वपूर्ण भूमिका निभाने जा रहे हैं, के लिए अन्तरराष्ट्रीय सम्बन्धों में महत्त्वपूर्ण बदलावों को लाने में हम अवश्य समर्थ होंगे ताकि जल्द-से-जल्द हम सब एक वैश्विक-सरकार या एक सुपर-राज्य प्राप्त कर सके, जिसमें विश्व के सभी देश अपनी संप्रभुता का त्याग करेंगे और जिसमें सभी

देश अपनी निष्ठा को व्यक्त करेंगे और जिस सुपर-स्टेट की संप्रभुता को हम स्वीकार करेंगे।

प्रो. के. टी. शाह ने वाक्य-रचना में कुछ बदलाव के साथ अपना संशोधन-प्रस्ताव प्रस्तुत किया और अन्तरराष्ट्रीय शान्ति के लिए सर्वतोन्मुखी नि:शस्त्रीकरण की आवश्यकता पर बल दिया। श्री दामोदर स्वरूप सेठ का संशोधन-प्रस्ताव अनुच्छेद 40 के अन्त में 'पिछड़े लोगों में राजनीतिक एवं आर्थिक सहभागिता और सांस्कृतिक उत्थान को प्रोत्साहित करने' जैसे कुछ प्रावधान को जोड़ने के लिए था। उनका तर्क था कि वैश्विक परिदृश्य में मजदूर वर्ग के सामाजिक अधिकारों के निमित्त कोई सार्थक कदम नहीं उठाये गये हैं।

प्रो. बी. एच. खाण्डेकर ने डॉ. अंबेडकर के संशोधन प्रस्ताव का समर्थन करते हुए कहा कि 'महान् विधिशास्त्री मि. आस्टिन कहते हैं—'अन्तरराष्ट्रीय विधि जैसी कोई चीज नहीं है और कुछ है तो वह केवल सकारात्मक नैतिकता है।' वह इसके लिए जिन तीन कारणों को बताते हैं वे यह हैं कि कोई अन्तरराष्ट्रीय विधायिका नहीं है, कोई अन्तरराष्ट्रीय न्यायपालिका नहीं है और कोई अन्तरराष्ट्रीय कार्यपालिका नहीं है।' मैं सोचता हूँ कि यह भी कहना गलत है कि कोई सकारात्मक नैतिकता जैसी चीज भी है। यदि देशों के मध्य आज कोई नैतिकता है तो वह लूट की नैतिकता है। यदि कोई कानून है तो वह जंगल का कानून है, जहाँ शक्ति ही सत्य है। इसलिए मैं समझता हूँ कि जो भूमिका भारत को निभानी है और जो उसने निभाया है वह डॉ. अंबेडकर के संशोधन-प्रस्ताव में विद्यमान हैं। यह संशोधन मात्र शाब्दिक सौन्दर्य नहीं है बल्कि आवश्यकता पड़ने पर इस देश द्वारा कुछ करने की इच्छाशक्ति को दर्शाता है। अन्तरराष्ट्रीय नैतिकता की बुनियाद रखी जानी है और यह भारत जैसा ही देश है जो अपने आध्यात्मिक विरासत के साथ ऐसा कर सकता है।'[29]

अन्तरराष्ट्रीय सम्बन्धों पर भारत की नीति की दिशा क्या होनी चाहिए, इस पर बोलते हुए प्रो. खाण्डेकर ने आगे कहा कि हमारे सामान्य समझ और अनुभव बताते हैं कि जो सभी के मित्र होते हैं, उनके पास कुछ समय कोई मित्र नहीं होते हैं। इसलिए जब हम साध्य और साधन को शुद्ध बनाये रखना चाहते हैं तो हमें अपनी नीति को स्पष्ट रखनी चाहिए। रूस के लिए हमे कहना चाहिए कि 'हम आपके उद्देश्य और विचारों को स्वीकार करते हैं और उसका सम्मान करते हैं, लेकिन आपके साधन अपरिष्कृत और सन्देहास्पद हैं' तथा इंग्लैड एवं अमेरिका के लिए हमें अवश्य कहना चाहिए 'हमें आपके मदिरा और विचारों पर बहुत सन्देह है बावजूद इसके कि आपके साधन ज्यादा स्वच्छ और शिष्ट हैं।'

श्री बिश्वनाथ दास ने भी डॉ. अंबेडकर के संशोधन का समर्थन करते हुए कहा कि यह प्रस्ताव देश को स्पष्ट सन्देश देता है। यह भारत के अन्तरराष्ट्रीय सम्बन्धों के सन्दर्भ में हमारी नीतियों एवं स्थिति को दोहराता है। भारत का शक्तिशाली योगदान मात्र वीरता और धन-सम्पन्नता के रूप में नहीं है बल्कि अन्तरराष्ट्रीय सम्बन्धों से जुड़े नीतियों में उन बौद्धिक एवं नैतिक प्रभावों को शामिल कराना है जिसे टैगोर एवं गाँधी जी ने हमें सिखाया है। शस्त्रीकरण के लिए गलाकाट प्रतियोगिता, जिसका स्वाभाविक परिणाम आर्थिक प्रतिस्पर्द्धा है, में भारत के लिए यह तय करना कठिन है कि उसका अन्तरराष्ट्रीय सम्बन्ध क्या हो? और विश्व में उसकी भूमिका क्या हो? डॉ. अंबेडकर का प्रस्ताव न

केवल यह उपबन्धित करता है कि हमें क्या करना चाहिए बल्कि उन सीमाओं का भी उल्लेख करता है जिसकी परिधि में रहकर उसे दूसरे देशों के साथ अपना अन्तरराष्ट्रीय दायित्व निभाना है।

श्री दास ने आगे कहा कि हम विश्व के लोगों से राजनीतिक एवं आर्थिक शोषण से मुक्ति की अपेक्षा करते हैं। भारत में इस महान् कार्यक्रम का समर्थन के लिए आवश्यक इच्छाशक्ति कहाँ है? यह सम्भव है कि कुछ समय बाद भारत विश्व के शोषित देशों की तरफ ध्यान केन्द्रित करे। यह हमारी उम्मीदें हैं।...मैं डॉ. अंबेडकर के संशोधन का समर्थन करता हूँ जो स्पष्ट व पूर्ण रूप से भारत की आकांक्षाओं को प्रस्तुत करता है।[30]

श्री बी. एम. गुप्ते ने भी डॉ. अंबेडकर के संशोधन का समर्थन करते हुए सन्तोष व्यक्त किया कि हमारी विदेश नीति के महत्त्वपूर्ण सिद्धान्तों को प्रारूप प्रावधान में वर्णित किया गया है ये प्रावधान शान्ति, अन्तरराष्ट्रीय शान्ति एवं सुरक्षा को प्रोत्साहित करने के लिए प्रेरित करता हैं। महात्मा गाँधी ने श्रमिक विवादों को निपटाने के लिए मध्यस्थता का सिद्धान्त प्रतिपादित किया था। इस सिद्धान्त को जीवन के अन्य विभागों और अन्तरराष्ट्रीय विवादों में भी लागू किया जा सकता है। मैं समझता हूँ कि यदि हम युद्ध को टालना चाहते हैं तो यह अच्छा होगा कि हम मध्यस्थता के प्रावधान को यहाँ भी स्थान दे। इसलिए मैं ज्यादा कृतज्ञ होऊंगा यदि हम यह प्रतिपादित करते है कि मध्यस्थता के माध्यम से हम अन्तरराष्ट्रीय नीतियों से उपजे विवादों को निपटाये जाने को प्रोत्साहित करेंगे। मैं स्वयं कोई संशोधन नहीं प्रस्तुत कर रहा हूँ। लेकिन मुझे खुशी होगी कि यदि मेरे सुझाव को प्रस्तावक द्वारा स्वीकार किया जाये और स्वयं इसके लिए वे संशोधन लेकर आगे आयें। इस सुझाव के साथ मैं डॉ. अंबेडकर के संशोधन का समर्थन करता हूँ।[31]

श्री एम. अनन्थसयनम अयंगर ने भाग 4 के इस आखिरी अनुच्छेद के प्रावधान को बहुत महत्त्वपूर्ण बताते हुए कहा कि यदि हम अपने देश में शान्ति और प्रगति चाहते हैं तो आवश्यक है कि हमारे आसपास के देशों में भी शान्ति कायम हो और वे आर्थिक एवं सामाजिक रूप से प्रगति पथ पर आगे बढ़ें।...इस उद्देश्य से अन्तरराष्ट्रीय विवादों को निपटाने के लिए मध्यस्थता एकमात्र माध्यम है। संयुक्त राष्ट्र संघ के चार्टर में भी इसके लिए स्थान है। इसलिए मैं डॉ. अंबेडकर के संशोधन-प्रस्ताव में निम्न खण्ड (घ) को जोड़ने की अनुमति चाहता हूँ। यह मि. गुप्ते का ही संशोधन है, जिसे उनके द्वारा प्रस्तुत नहीं किया गया। इसलिए यदि डॉ. अंबेडकर को स्वीकार हो तो मैं इस सदन के समक्ष नये प्रस्तावित खण्ड में निम्न प्रावधान जोड़ने का संशोधन प्रस्ताव प्रस्तुत करता हूँ—

'और (घ) अन्तरराष्ट्रीय विवादों को निपटाने के लिए मध्यस्थता को बढ़ावा देना।'

इसके बाद डॉ. पी. सुब्बारयन द्वारा उपधारा (ग) में '...के प्रति आदर को मान्य करने का' के स्थान पर '... के प्रति आदर बढ़ाने का' का प्रयोग करने के लिए संशोधन प्रस्ताव लाया गया। उनका तर्क था कि 'मान्य करने का' शब्द बाध्यता प्रदान करता है। मैं नहीं समझता हूँ कि हमें ऐसी किसी तरह की बाध्यता वर्तमान या भावी सरकार पर थोपनी चाहिए।

इसके बाद डॉ. अंबेडकर ने मि. कामथ के तीनों संशोधन, डॉ. सुब्बारयन के संशोधन को और मि. अयंगर के संशोधन को स्वीकार किया। संविधान सभा ने भी डॉ. अंबेडकर

द्वारा स्वीकृत इन संशोधनों को स्वीकार कर और बाकी संशोधनों को अस्वीकार कर यथासंशोधित प्रारूप अनुच्छेद 40 (संविधान का अनुच्छेद 51) को अंगीकृत कर लिया।

सन्दर्भ सूची

1. सी.ए.डी., खण्ड 7, पृष्ठ 476
2. सी.ए.डी., खण्ड 7, पृष्ठ 477
3. सी.ए.डी., खण्ड 7, पृष्ठ 489
4. सी.ए.डी., खण्ड 7, पृष्ठ 494
5. सी.ए.डी., खण्ड 7, पृष्ठ 495
6. सी.ए.डी., खण्ड 7, पृष्ठ 515
7. सी.ए.डी., खण्ड 7, पृष्ठ 516
8. सी.ए.डी., खण्ड 7, पृष्ठ 518
9. सी.ए.डी., खण्ड 7, पृष्ठ 523
10. सी.ए.डी., खण्ड 7, पृष्ठ 532
11. सी.ए.डी., खण्ड 7, पृष्ठ 540
12. सी.ए.डी., खण्ड 7, पृष्ठ 544
13. सी.ए.डी., खण्ड 7, पृष्ठ 546
14. सी.ए.डी., खण्ड 7, पृष्ठ 546
15. सी.ए.डी., खण्ड 7, पृष्ठ 549
16. सी.ए.डी., खण्ड 7, पृष्ठ 550
17. सी.ए.डी., खण्ड 7, पृष्ठ 555
18. सी.ए.डी., खण्ड 7, पृष्ठ 556
19. सी.ए.डी., खण्ड 7, पृष्ठ 566
20. सी.ए.डी., खण्ड 7, पृष्ठ 568
21. सी.ए.डी., खण्ड 7, पृष्ठ 577
22. सी.ए.डी., खण्ड 7, पृष्ठ 578
23. सी.ए.डी., खण्ड 7, पृष्ठ 582
24. सी.ए.डी., खण्ड 7, पृष्ठ 582
25. सी.ए.डी., खण्ड 7, पृष्ठ 585
26. सी.ए.डी., खण्ड 7, पृष्ठ 586
27. सी.ए.डी., खण्ड 7, पृष्ठ 588
28. सी.ए.डी., खण्ड 7, पृष्ठ 595
29. सी.ए.डी., खण्ड 7, पृष्ठ 600
30. सी.ए.डी., खण्ड 7, पृष्ठ 602

31 सी.ए.डी., खण्ड 7, पृष्ठ 603

9

संविधान यात्रा—सातवाँ चरण : मूल अधिकार

मूल अधिकार के सन्दर्भ में 'राज्य' का व्यापक स्वरूप

मूल अधिकार ऐसे अधिकार हैं जिनके अभाव में एक व्यक्ति की बौद्धिक, नैतिक, आध्यात्मिक और बहुमुखी विकास अवरुद्ध हो जाता है। ये नैसर्गिक और अप्रतिदेय अधिकार हैं, जो किसी व्यक्ति के गरिमामय जीवन के लिए आधारभूत एवं अपरिहार्य होते हैं। प्रारूप-संविधान में भी इन मूलभूत अधिकारों को सुरक्षित किया गया। इन मूलभूत अधिकारों की सुरक्षा उन मूल्यों का संरक्षण है जो एक स्वतंत्र और विकसित समाज के लिए अनिवार्य होते हैं। प्रारूप-संविधान के भाग 3 में गारण्टी किये गये मूल अधिकारों को 'राज्य' के विरुद्ध प्रदान किया गया।

चूँकि मूल अधिकारों का प्रवर्तन 'राज्य' के विरुद्ध ही किया जा सकता है, इसलिए 'राज्य' की परिभाषा व क्षेत्र बहुत महत्त्वपूर्ण हो जाता है। प्रारूप अनुच्छेद 7 (संविधान का अनुच्छेद 12) 'राज्य' को परिभाषित करता है। प्रारूप प्रावधान में 'राज्य' की परिभाषा में केन्द्र एवं राज्यों की विधायिका तथा कार्यपालिका और भारत क्षेत्र के अन्तर्गत आने वाले स्थानीय या अन्य प्राधिकारी को शामिल किया गया। किन्तु इसमें उन क्षेत्रों को शामिल नहीं किया जा सका था जो देश का भाग न होने के बावजूद सरकार के नियंत्रण में होते हैं। कोई क्षेत्र ऐसा भी हो सकता है जो क्षेत्रीयता की दृष्टि से देश का भाग न होते हुए भी वह सरकार के नियंत्रण में हो और इसलिए ऐसे क्षेत्र के लोगों के मूल अधिकारों को भी संरक्षित किया जाना चाहिए, ऐसी सम्भावना के विषय में सोचना इस बात पर निर्भर था कि नीति-निर्माताओं की दूरदृष्टि वहाँ तक पहुँचे। संविधान सभा भी ऐसी व्यापक सोच और दूरदृष्टि के लिए डॉ. अंबेडकर पर निर्भर रहती थी।

वे क्षेत्र जो, जो क्षेत्रीयता की दृष्टि से देश का भाग न होते हुए भी सरकार के नियंत्रण में होते हैं, को 'राज्य' की परिभाषा में शामिल करने के लिए डॉ. अंबेडकर द्वारा संशोधन-प्रस्ताव लाया गया। यह प्रस्ताव डॉ. अंबेडकर के दूरदृष्टि एवं व्यापक अन्तरराष्ट्रीय समझ को दर्शाता है।

प्रारूप अनुच्छेद 7 के अन्त में 'या भारत सरकार के नियंत्रण में' शब्दावली जोड़ने के लिए प्रस्तुत अपने संशोधन-प्रस्ताव के समर्थन में तर्क देते हुए डॉ. अंबेडकर ने कहा—

> 'महोदय, इस संशोधन को आवश्यक समझा गया क्योंकि भारत के भाग वाले क्षेत्रों के अलावा ऐसे दूसरे क्षेत्र भी हो सकते हैं जो भारत के भाग नहीं हों, लेकिन

तब भी वे भारत सरकार के नियंत्रण में हो सकते हैं। अन्तरराष्ट्रीय सम्बन्धों में ऐसे बहुत-से मामले आते हैं जब किसी आदेश या ट्रस्टशिप के अन्तर्गत कुछ क्षेत्रों को प्रशासन के लिए दूसरे देशों को सौपें जा सकते हैं। मैं समझता हूँ कि यह वांछनीय है कि भारत के नागरिकों और ऐसे क्षेत्र के निवासियों के मध्य मूल अधिकार को लेकर कोई भेदभाव नहीं होना चाहिए। इसलिए यह आवश्यक है कि इस तरह का संशोधन किया जाये ताकि मूल अधिकार का सिद्धान्त इन क्षेत्रों के निवासियों पर भी लागू हो।'[1]

इसके पश्चात मि. नजरुद्दीन अहमद द्वारा यह संशोधन-प्रस्ताव लाया गया कि अनुच्छेद 7 के प्रारूप से शब्दावली 'और भारत के क्षेत्र में या भारत सरकार के नियंत्रण में स्थानीय या अन्य प्राधिकारी' को हटा दिया जाये और नया खण्ड (2) जोड़कर यह कहा जाये कि इस भाग के प्रावधान 'भारत के क्षेत्र में या भारत सरकार के नियंत्रण में स्थानीय या अन्य प्राधिकारी' पर लागू होते हैं।

दूसरा संशोधन प्रस्ताव सैय्यद अब्दुर राऊफ का यह था कि अनुच्छेद 7 में 'स्थानीय या अन्य प्राधिकारी' से 'या' हटाकर इसके स्थान पर 'और' किया जाये।

आम बहस में भाग लेते हुए महबूब अली बेग साहिब बहादुर ने कहा कि मैं समझता हूँ कि यह परामर्श देने योग्य नहीं है कि एक विधायी कानून में एक अभिव्यक्ति का भिन्न-भिन्न भागों के लिए भिन्न-भिन्न मतलब होगा। इससे भ्रम पैदा होता है। जनरल क्लाज एक्ट में 'स्थानीय प्राधिकारी', 'जिला बोर्ड' और म्युनिसिपलिटी परिभाषित है लेकिन 'अन्य प्राधिकारी' क्या है, यह मैं नहीं जानता हूँ। जब यह परिभाषित नहीं है तो क्या इसका प्रयोग करना आवश्यक है? ... मैं चाहता हूँ कि इस संविधान को प्रस्तुत करने वाले इन्चार्ज सदस्य इसे और स्पष्ट करेंगे और हमें इस प्रस्ताव के पक्ष में मत देने के पहले सन्तुष्ट करेंगे।

इसके बाद उपाध्यक्ष डॉ. एच. सी. मुखर्जी ने कहा—

'मैं डॉ. अंबेडकर से निवेदन करूँगा कि वे मि. महबूब अली बेग द्वारा उठाये गये बिन्दुओं पर हमें प्रकाशित करें। हम सब साधारण व्यक्ति हैं और हम उन्हें सुनना चाहते हैं।'

संविधान सभा के उपाध्यक्ष महोदय द्वारा डॉ. अंबेडकर के प्रति इस स्तर का सम्मान-भाव अनूठा था। प्रारूप अनुच्छेद 7 के प्रावधान पर उठाये गये सवालों का जवाब देते हुए डॉ. अंबेडकर ने कहा—

'उपाध्यक्ष महोदय, मुझे अवश्य स्वीकार करना चाहिए कि यद्यपि मैंने अपना ध्यान संशोधन प्रस्तुत करने वाले अपने मित्र के भाषण की तरफ किया था, लेकिन मैं ठीक से समझ नहीं सका हूँ कि वह वास्तव में जानना क्या चाहते हैं। यदि उनका संशोधन पूरे अनुच्छेद 7 को हटाना है तो मैं उनको आसानी से स्पष्ट कर सकता हूँ कि इस प्रावधान को क्यों संविधान के भाग के रूप में बने रहना चाहिए।

'मूल अधिकार के उद्देश्य के दो सन्दर्भ हैं। पहला यह कि प्रत्येक नागरिक को इस स्थिति में होना चाहिए कि वह इन अधिकारों पर दावा कर सके। दूसरा कि वे सभी प्राधिकारियों पर बाध्यकारी हों। मैं अब 'प्राधिकारी' शब्द के अर्थ को स्पष्ट

करूँगा। जिसमें या तो कानून बनाने की शक्ति हो या स्वनिर्णय लेने की शक्ति हो, वह प्राधिकारी होता है। इसलिए यह बिलकुल स्पष्ट है कि यदि मूल अधिकार को स्वच्छ बने रहना है तो उसे न केवल केन्द्र सरकार पर बाध्यकारी होना चाहिए, उसे न केवल प्रान्तीय सरकार पर बाध्यकारी होना चाहिए, उसे न केवल भारतीय रियासतों के सरकार पर बाध्यकारी होना चाहिए, बल्कि उसे जनपदीय बोर्ड, स्थानीय बोर्ड, नगरपालिकाओं, यहाँ तक कि ग्राम पंचायतों और तालुकबोर्ड, वस्तुत: प्रत्येक प्राधिकारी जो कानून द्वारा स्थापित है और जिसे कानून, नियम, उपकानून या अधिसूचना बनाने का अधिकार होता है, पर भी बाध्यकारी होना चाहिए।

'यदि यह स्थिति स्वीकार्य है और मैं नहीं समझता कि ऐसा कोई, जो मूल अधिकारों की चिन्ता करते हैं, वे कानून द्वारा स्थापित प्राधिकारियों पर इस वैश्विक दायित्वों के सम्बन्ध में कोई आपत्ति कर सकते हैं, तब हमें अपने आशय को स्पष्ट करने के लिए और क्या करना है? ऐसा करने के दो तरीके हैं। एक तरीका यह कि एक 'दि स्टेट' जैसा कोई संयुक्त शब्द का प्रयोग करें जैसा कि हमने इस अनुच्छेद 7 में किया है। या फिर हम 'केन्द्र सरकार, प्रान्तीय सरकार, रियासत की सरकार, नगरपालिका, लोकल बोर्ड, पोर्ट ट्रस्ट या अन्य प्राधिकारी' को बार-बार दोहराते रहें। प्रत्येक बार इन शब्दों, जिसे हमें प्राधिकारी के सन्दर्भ में प्रयोग करना है, को दोहराते रहना न केवल कष्टदायक लगता है बल्कि मूर्खतापूर्ण भी लगता है। बुद्धिमत्ता का रास्ता यही है कि इसके लिए हम संयुक्त शब्द का प्रयोग कर शब्दों का बचत करें। मैं आशा करता हूँ मेरे मित्र अब समझ गये होंगे कि हमने इस अनुच्छेद में 'दि स्टेट' शब्द का प्रयोग क्यों किया है? और इस अनुच्छेद को क्यों इस संविधान का भाग बने रहना आवश्यक है?'[2]

इसके बाद प्रारूप अनुच्छेद 7 के प्रावधान के अन्त में 'या भारत सरकार के नियंत्रण में' को जोड़ने के डॉ. अंबेडकर के संशोधन-प्रस्ताव को स्वीकार और अन्य संशोधन-प्रस्तावों को अस्वीकार कर, यथासंशोधित अनुच्छेद 7 को संविधान सभा द्वारा अंगीकृत कर लिया गया।

कानून को बनाया व्यापक

प्रारूप अनुच्छेद 8 (संविधान का अनुच्छेद 13) मूल अधिकारों के सन्दर्भ में बहुत महत्त्वपूर्ण प्रावधान है। यह समस्त कानूनों को, चाहे वे संविधान लागू होने के पूर्व प्रवृत्त रहे हों या संविधान बनने के बाद बनाये जाने वाले हों, मूल अधिकार से असंगत होने पर शून्य घोषित करती है। इस प्रावधान के बिना मूल अधिकारों की घोषणा, मात्र कागजी घोषणा बनकर रह जाता, क्योंकि इसके बिना कोई भी कानून मूल अधिकारों से असंगत होने के बावजूद वैध बना रहता और इसको असंवैधानिक घोषित करने के लिए अलग से तंत्र स्थापित करना पड़ता या फिर न्यायालय की शरण लेना पड़ता।

प्रारूप अनुच्छेद 8 का खण्ड (1) के अनुसार इस संविधान के लागू होने के ठीक पूर्व भारत में प्रवृत्त कानून उस मात्रा तक शून्य होंगे जहाँ तक वे भाग 3 में उल्लिखित मूल अधिकारों से असंगत हैं और खण्ड (2) के अनुसार राज्य, मूल अधिकारों से

असंगत या इसे न्यून करने वाला कोई कानून नहीं बनायेगा और ऐसे सभी कानून जो इस खण्ड के विरुद्ध बनाये जाते हैं, वह शून्य होंगे।

पण्डित लक्ष्मीकान्त मैत्रे द्वारा खण्ड (2) को समाप्त करने के लिए और श्री लोकनाथ मिश्र द्वारा इस अनुच्छेद में नया खण्ड (3), जो किसी समुदाय के खिलाफ भेदभाव करने वाले कानून बनाने पर प्रतिबन्ध लगाता था, को जोड़ने के लिए संशोधन प्रस्ताव लाया गया।

इसके बाद एक महत्त्वपूर्ण संशोधन प्रस्ताव स्वयं डॉ. अंबेडकर द्वारा लाया गया, जो इस अनुच्छेद में नया खण्ड (3) जोड़ने के लिए था। डॉ. अंबेडकर द्वारा प्रस्तावित खण्ड (3) के प्रावधान में पूर्व खण्ड (1) और खण्ड (2) में प्रयुक्त शब्द 'विधि' और 'प्रवृत्त विधि' को परिभाषित करता था। प्रस्तावित खण्ड (3) के उपखण्ड (क) के अनुसार 'विधि' के अन्तर्गत अध्यादेश (आर्डिनेन्स), आदेश (आर्डर), उपविधि (बाई-लॉ), नियम (रूल), नियमावली (रेगुलेशन), अधिसूचना (नोटिफिकेशन), रूढ़ि (कस्टम) अथवा प्रथा (असेज) जो भारतीय क्षेत्र में कानून का बल रखते हैं, शामिल होंगे और उपखण्ड (ख) के अनुसार 'प्रवृत्त विधि' में वे कानून शामिल होंगे जो इस संविधान के लागू होने के ठीक पहले भारतीय क्षेत्र में विधायिका द्वारा पारित किये गये हैं या अन्य सक्षम प्राधिकारी द्वारा बनाये गये हैं और वह पूर्व में निरस्त नहीं किया गया है।

डॉ. अंबेडकर द्वारा प्रस्तावित खण्ड (3) बहुत ही महत्त्वपूर्ण प्रावधान था। यह संशोधन, उस कमी को समाप्त करने के लिए लाया गया था, जिसके कारण 'कानून' या 'प्रवृत्त कानून' को लेकर भ्रम बनने की सम्भावना बनी रहती। खासतौर से रूढ़ियों एवं प्रथाओं को लेकर, जो किसी विधायिका द्वारा नहीं बनाये जाने के बावजूद भिन्न-भिन्न स्वरूपों में मूल अधिकारों से असंगत होने के बावजूद, समाज के मध्य प्रचलन में रहते हैं। न्यायालयों एवं किसी अन्य संवैधानिक तंत्र में मूल अधिकारों से असंगत इन रूढ़ियों एवं प्रथाओं को लेकर किसी तरह की दुविधा न रहे, इसको स्पष्ट करने के लिए डॉ. अंबेडकर का संशोधन-प्रस्ताव बहुत महत्त्वपूर्ण था।

पैदा हो रही समस्याओं को सुलझाने की पारंगतता

डॉ. अंबेडकर द्वारा प्रस्तावित अनुच्छेद 8 के नये खण्ड (3) में प्रयुक्त 'रूढ़ि' शब्द को लेकर मि. नजरुद्दीन अहमद द्वारा आपत्ति किया गया कि खण्ड (2) में कहा गया है कि राज्य कोई ऐसा कानून नहीं बनायेगा ... और खण्ड (3) (क) में कानून को रूढ़ि अथवा प्रथा के रूप में भी परिभाषित किया गया है। इसका तात्पर्य राज्य कोई रूढ़ि या प्रथा बना सकता है, जबकि रूढ़ि या प्रथा किसी के द्वारा नहीं बनाये जाते हैं। ये विकसित होते हैं। इसलिए यह कहना गलत है कि रूढ़ि राज्य द्वारा बनाया जाता है। रूढ़ि सामान्यतया लोगों द्वारा लगातार मान्यताओं के आधार पर बनाया जाता है। ... ये शब्द सन्दर्भ में उचित नहीं हैं, इसे हटा देना चाहिए।

मि. नजरुद्दीन अहमद के उक्त आपत्ति का जवाब देने के साथ पैदा हो रहे समस्या का समाधान निकालते हुए डॉ. अंबेडकर ने कहा—

> 'मि. नजरुद्दीन अहमद के संशोधन से कुछ समस्याएँ खड़ी हो सकती हैं, जिसको स्पष्ट कर देना आवश्यक है। उनके अनुसार उनके संशोधन की मंशा इस

मसौदा-समिति द्वारा पैदा किये गये उस स्थिति को समाप्त करना है जिसे उन्होंने हास्यास्पद बताया है। यदि मैं सही समझ पा रहा हूँ, उनके तर्क का मतलब है कि कानून की परिभाषा में हमने रूढ़ि को शामिल कर लिया है और ऐसा करके हमने राज्य को ऐसा बना दिया है कि उसे कानून बनाने की शक्ति न हो। उनके अनुसार इसका मतलब राज्य को रूढ़ि बनाने की शक्ति प्राप्त हो जायेगी क्योंकि हमारी परिभाषा के अनुसार कानून में रूढ़ि शामिल है। मैं सोचता हूँ कि ऐसी व्याख्या सम्भव नहीं है। इसका सीधा-सा कारण है कि अनुच्छेद 8 का खण्ड (3), सम्पूर्ण अनुच्छेद 8 के प्रावधान पर लागू होता है। वह मात्र अनुच्छेद 8 के खण्ड (2) पर नहीं लागू होता है। ऐसा होने पर उचित व्याख्या यही है जिसे कोई कर सकता है या किया जाना सम्भव है, वह यह होगा कि शब्द 'कानून' को विभाजक तरीके से पढ़ा जाये ताकि जहाँ तक अनुच्छेद 8 के खण्ड (1) का सम्बन्ध है कानून में 'रूढ़ि' शामिल होगा, जबकि खण्ड (2) का जहाँ तक सम्बन्ध है कानून में 'रूढ़ि' शामिल नहीं होगा। यह मेरे निर्णय में उचित व्याख्या होगी और यदि इसे इस तरह पढ़ा गया होता तो हास्यास्पद होने की बात, जिसे मेरे मित्र द्वारा संदर्भित किया गया, पैदा नहीं होती।

'लेकिन मैं समझता हूँ कि एक व्यक्ति जो कानून के निर्वचन के नियमों को सही तरीके से नहीं जानता है, वह वैसे ही व्याख्या कर सकता है जैसा कि मेरे मित्र मि. नजरुद्दीन अहमद करने का प्रयास कर रहे हैं और इसलिए उठाये गये इस समस्या के सम्बन्ध में, यदि अनुमति हो, मेरा सुझाव है कि मेरे द्वारा प्रस्तुत किये गये अनुच्छेद 8 के खण्ड (3) में मुझे 'इस अनुच्छेद में' शब्दावली के बाद 'जब तक कि सन्दर्भ से अन्यथा अपेक्षित न हो' शब्दावली को जोड़ने की अनुमति दी जाये।

'इस तरह यदि अनुच्छेद 8 का खण्ड (1) माँग करता है कि 'कानून' शब्द का इस तरह प्रयोग हो कि इसमें 'रूढ़ि' शामिल हो, तो यह व्याख्या होना सम्भव होगा। यदि अनुच्छेद 8 के खण्ड (2) में यह आवश्यक नहीं है कि सन्दर्भ में 'कानून' शब्द को इस तरह पढ़ा जाये कि इसमें 'रूढ़ि' शामिल हो, तो यह पढ़ा जाना सम्भव नहीं होगा कि 'कानून' शब्द में 'रूढ़ि' शामिल हो। मैं समझता हूँ कि मेरे मित्र द्वारा इस संशोधन को लेकर जो समस्या उठायी गयी है, उसका समाधान हो गया होगा।'[3]

इसके बाद डॉ. अंबेडकर के संशोधन-प्रस्ताव को स्वीकार तथा अन्य संशोधन-प्रस्तावों को अस्वीकार कर संविधान सभा द्वारा यथासंशोधित प्रारूप अनुच्छेद 8 (संविधान का अनुच्छेद 13) को अंगीकृत कर लिया गया।

जनप्रतिनिधि वापस बुलाने का अधिकार और चुनावी खर्च वहन का राज्य- कर्त्तव्य

श्री लोकनाथ मिश्र द्वारा एक संशोधन-प्रस्ताव प्रारूप संविधान में नया अनुच्छेद 8-ए जोड़ने के लिए लाया गया। इस प्रस्तावित अनुच्छेद 8-ए में नागरिकों को मत देने का अधिकार, चुने हुए जनप्रतिनिधियों को वापस बुलाने का अधिकार, चुनावी खर्च को राज्य द्वारा वहन करने का दायित्व, सम्पूर्ण मतों के कम-से-कम एक-तिहाई मत से किसी जनप्रतिनिधि को चुने जाने की व्यवस्था करने के प्रावधान थे। जनप्रतिनिधियों को वापस बुलाने के अधिकार को मूल अधिकार बताते हुए श्री लोकनाथ मिश्र ने अपने संशोधन-

प्रस्ताव के समर्थन में तर्क दिया कि 'हम जानते हैं कि हम सब सभा में पाँच वर्ष के लिए लोगों का प्रतिनिधित्व करते हैं। लेकिन हम पार्टी-काकस/हाई कमान का ध्यान रखने लगते हैं और यदि हाई कमान खुश है तो सब-कुछ ठीक रहता है। हम सब जनता का ध्यान नहीं रखते हैं। इसलिए मेरा निवेदन है कि यदि हम वास्तव में जनता के प्रतिनिधि सदस्य हैं, तो हमारा पहला सरोकार 'जनता' होना चाहिए। वे हमारे मास्टर होने चाहिए। यदि हम उनकी सेवा करते हैं तो हम यहाँ हैं, यदि ऐसा हम नहीं करते हैं तो हमें बाहर जाना चाहिए। लेकिन ऐसा नहीं होता है। इसलिए यदि ठीक से काम नहीं हो रहा है, तो यह आवश्यक है कि जनता को अपने चुने हुए प्रतिनिधि को वापस बुलाने का अधिकार हो। लोकतंत्र में वापस बुलाने का अधिकार मूल अधिकार है। इसके बिना वास्तविक लोकतंत्र नहीं हो सकता है। इसलिए मेरा निवेदन है कि यदि हम जनता को चुनने का अधिकार देने जा रहे हैं तो उनके नाम पर कौन शासन करेगा? जो अच्छा करेगा, वही शासन करेगा। हमें इसी समय प्रतिनिधियों को वापस बुलाने का अधिकार दे देना चाहिए।...'

चुनाव के खर्च को राज्य द्वारा क्यो वहन करनी चाहिए, इसको स्पष्ट करते हुए श्री लोकनाथ मिश्र ने तर्क दिया कि 'यह कोई राज्य का व्यवसाय नहीं है। एक मतदाता को चुनने का अधिकार है और चुनाव के खर्च का भार राज्य द्वारा उठाया जाय। मैं ऐसा इसलिए कहता हूँ क्योंकि इस सभा में आना कोई व्यवसाय या फायदे का व्यवसाय नहीं है। यह राज्य का सरोकार है। यदि एक व्यक्ति जो सभा में लोगों की सेवा के लिए आता है, तो यह आवश्यक है कि राज्य देखे कि उसके चुनावी खर्च को राज्य द्वारा वहन किया जाये। अन्यथा कुछ जमींदार और पूँजीपति प्रत्याशी खड़ा करने के लिए पार्टी बनायेंगे और यही प्रत्याशी वापस आयेंगे। मान लीजिये कि एक गरीब व्यक्ति, अच्छा श्रमिक और ईमानदार व्यक्ति है लेकिन उसके पास न तो धन है और न ही पार्टी का सहयोग है। इस कारण से वह चुनाव के लिए खड़ा नहीं हो सकता है। यदि वह खड़ा होता है तो हँसी का पात्र होता है।'

श्री मिश्र ने आगे कहा कि 'यदि आप कहते हैं कि चुनाव राज्य के हित में है तो राज्य को चुनाव के खर्च का भार उठाना चाहिए।... यह हास्यास्पद हो सकता है लेकिन यह उचित और पारदर्शी है और जब तक ऐसा प्रावधान नहीं है कोई जागरूक, ईमानदार और वास्तविक श्रमिक कम-से-कम अगले पन्द्रह से बीस वर्ष तक वापस नहीं आ सकता है। यदि हम ऐसा नहीं करते हैं, हम केवल क्रान्ति को ही आमन्त्रित करेंगे और यह क्रान्ति सब-कुछ अव्यवस्थित कर देगा। तब यही काम हमें अपने बुद्धिमत्तायुक्त समझ के बजाय जनता की क्रान्ति के कारण करना होगा। इसलिए चुनावों के उचित और पारदर्शी खर्च को राज्य द्वारा इसलिए वहन करना होगा क्योंकि यह राज्य का सरोकार है न कि व्यक्तिगत सरोकार। इसको लेकर हमें अपने-आपको सन्देह में डालने की आवश्यकता नहीं है। हमें सदस्यों को यह अनुमति नहीं देनी चाहिए कि वे आयें, लाभ-हानि की गणना करें कि वे पाँच वर्ष में कितना धन बना रहे हैं और इस संसदीय निवेश के लिए कितना माँगते हैं, उधार लेते हैं या चुराते हैं।'[4]

श्री अलगू राय शास्त्री ने श्री मिश्र के उक्त संशोधन-प्रस्ताव का विरोध इस आधार पर किया कि उनके द्वारा उठाये गये सवाल का संविधान के इस भाग से कोई सम्बन्ध

नहीं है। श्री शास्त्री ने आगे कहा कि 'चुनाव से सम्बन्धित मामले का स्थान वहाँ पर है जहाँ यह प्रावधान है कि कैसे विधायिका का गठन होगा, कौन विधायिका का सदस्य होगा, उनके क्या अधिकार होंगे, उनके चुनाव की प्रक्रिया क्या होगी? प्रस्तावित संशोधन मूल अधिकार के इस भाग के लिए असंगत है। चुनाव के खर्च के सवाल पर यह आधार लिया गया है कि यह राज्य का व्यवसाय नहीं है। हमारे मित्र ऐसा आधार लेते समय यह भूल गये कि यदि राज्य ऐसा करना शुरू कर दे तो प्रत्येक व्यक्ति जिनका नाम मतदाता-सूची में होगा, वे सब चुनाव लड़ने के लिए आगे आ जायेंगे। कम-से-कम मजा लेने के लिए तो आ ही जायेंगे। विश्व के किसी देश में प्रत्याशियों के खर्च को राज्य द्वारा वहन करने की व्यवस्था नहीं है।'[5]

श्री लोक नाथ मिश्र के संशोधन-प्रस्ताव को डॉ. अंबेडकर द्वारा अस्वीकार कर दिये जाने के बाद संविधान सभा ने भी अस्वीकार कर दिया।

सन्दर्भ सूची

1. सी.ए.डी., खण्ड 7, पृष्ठ 607
2. सी.ए.डी., खण्ड 7, पृष्ठ 610
3. सी.ए.डी., खण्ड 7, पृष्ठ 644
4. सी.ए.डी., खण्ड 7, पृष्ठ 646
5. सी.ए.डी., खण्ड 7, पृष्ठ 649

10

भेदभाव और अस्पृश्यता के खिलाफ मूल अधिकार

भेदभाव के खिलाफ मूल अधिकार

'सामाजिक भेदभाव' का दोष और इसका वीभत्स रूप 'अस्पृश्यता' देश के चेहरे पर कलंक जैसा रहा है। आजादी मिलने के बाद देश के संविधान निर्माताओं के लिए इस कलंक के धब्बे को मिटाना पहली प्राथमिकता थी। देश के लिए यह सौभाग्य की बात थी कि संविधान-निर्माण का नेतृत्व डॉ. अंबेडकर के रूप में ऐसे व्यक्ति के हाथ में था, जो न केवल स्वयं 'भेदभाव' और 'अस्पृश्यता' के शिकार रहे, बल्कि जीवन भर इन सामाजिक दोषों के खिलाफ संघर्ष करते रहे। प्रारूप-संविधान में मूल अधिकारों का प्रवेश-द्वार प्रारूप अनुच्छेद 9 (संविधान का अनुच्छेद 15) का प्रावधान, इस कलंक की छाया से देश को मुक्त करने का संकल्प व्यक्त करते हुए किसी तरह के भेदभाव के खिलाफ सिद्धान्त प्रतिपादित करता है। प्रारूप अनुच्छेद 9 के दो खण्डों में से पहला खण्ड सामान्य नियम का उपबन्धन करता था जबकि दूसरा खण्ड महिलाओं और बालकों के पक्ष में अपवाद का उल्लेख करता था।

'1. राज्य, किसी नागरिक के विरुद्ध केवल धर्म, मूलवंश, जाति, लिंग या इनमें से किसी के आधार पर कोई विभेद नहीं करेगा। विशेषतया कोई नागरिक केवल धर्म, मूलवंश, जाति, लिंग, जन्म-स्थान या इनमें से किसी के आधार पर (क) दुकानों, सार्वजनिक भोजनालयों, होटलों और सार्वजनिक मनोरंजन के स्थानों में प्रवेश, या (ख) पूर्णत: या आंशिक रूप से 'राज्य का राजस्व' से पोषित या साधारण जनता के प्रयोग के लिए समर्पित कुओं, तालाबों, सड़कों और सार्वजनिक समागम के स्थानों के उपयोग के सम्बन्ध में किसी भी निर्योग्यता, दायित्व, निर्बन्धन या शर्त के अधीन नहीं होगा।

2. इस अनुच्छेद की कोई बात राज्य को स्त्रियों और बालकों के लिए कोई विशेष उपबन्ध करने से नहीं रोकेगी।'

इस प्रारूप अनुच्छेद के सम्बन्ध में पहला संशोधन-प्रस्ताव श्री सी. सुब्रमनियम द्वारा प्रस्तुत किया गया, जिसके माध्यम से इस अनुच्छेद के खण्ड (1) के दूसरे भाग को अलग कर नया खण्ड बनाये जाने और इस तरह बनने वाले नये खण्ड के शुरू में आ रहे 'विशेषतया' शब्द को हटाने की माँग की गयी थी। उनका तर्क था कि यह इस तरह

दिखता है जैसे सामान्य प्रावधान कि राज्य भेदभाव नहीं करेगा, को बनाने के बाद हम 'विशेषतया' शब्द का प्रयोग कर कुछ उदाहरण देते हैं कि राज्य इस आधार पर भेदभाव नहीं करेगा। जबकि ऐसा नहीं है। 'विशेषतया' शब्द के बाद यह भाग दुकान इत्यादि के प्रयोग को सन्दर्भित करता है। यह विषय है ही नहीं कि राज्य को भेदभाव करने की शक्ति प्राप्त हो गयी है। वस्तुत: इसे अलग खण्ड में होना चाहिए। इसलिए मैंने 'विशेषतया' शब्द को हटाने और पहले खण्ड के दूसरे भाग को अलग नया खण्ड (1-ए) के रूप में बनाने के लिए संशोधन-प्रस्ताव किया है।

इसके पश्चात् मि. सैय्यद अब्दुल राऊफ ने संशोधन-प्रस्ताव प्रस्तुत किया कि 'लिंग' के बाद 'जन्म-स्थान' शब्द को जोड़ा जाये। अपने प्रस्ताव के समर्थन में मि. राऊफ ने तर्क दिया कि इस अनुच्छेद के प्रावधान की मंशा धर्म, मूलवंश, जाति या लिंग के आधार पर भेदभाव को समाप्त करना है। धर्म के आधार पर भेदभाव के प्रयास की धृष्टता करना किसी व्यक्ति के लिए आसान आक्रमण हो सकता है। यही तर्क जाति के सन्दर्भ में लागू होता है। जहाँ तक 'लिंग' की बात है, मैं नहीं सोचता हूँ कि बीसवीं शताब्दी के मध्य में कोई ऐसा व्यक्ति है जो इस आधार पर भेदभाव करता हो। बीते दिनों जो होना सम्भव था, वह आज होना सम्भव नहीं है। एक उदाहरण लेते हैं और सवाल करते हैं कि क्या 'मूलवंश' शब्द से इस दशा को बचाया जा सकता है? 'मूलवंश' का बहुत विस्तृत अर्थ है। यह आर्यन मूलवंश हो या द्रविड़ या मंगोलियन या अन्य कोई, सभी पर लागू होता है। किन्तु यदि इस आधार पर भेदभाव होता है कि कोई व्यक्ति किसी विशेष प्रान्त का रहने वाला है तो शब्द 'मूलवंश' इसका निराकरण नहीं कर सकता। मेरे विचार से स्थानीय क्षेत्रीयता के बहाने 'जन्म-स्थान' के आधार पर नागरिकों के बीच भेदभाव करने का प्रयास हो सकता है। इस सम्भावना से सुरक्षा प्रदान करने के लिए मैंने यह संशोधन लाया है और आशा करता हूँ कि यह स्वीकार किया जायेगा।

एक अन्य संशोधन-प्रस्ताव प्रो. के. टी. शाह का था। उनके प्रस्ताव में माँग किया गया था कि अनुच्छेद 9(1) के दोनों उपखण्डों (क) और (ख) के स्थान पर एक संयुक्त उपखण्ड प्रतिस्थापित किया जाये। इस प्रस्तावित संयुक्त उपखण्ड में पहले से प्रयुक्त शब्दों के अलावा कॉलेज, मन्दिर, लाइब्रेरी, अस्पताल, होटल, सिनेमाघर इत्यादि शब्द भी उल्लिखित थे। इसी तरह श्री गुप्तनाथ सिंह ने उपखण्ड (ख) में कुआँ, टैंक के बाद 'स्नानघाट' को जोड़ने के लिए संशोधन-प्रस्ताव प्रस्तुत किये।

अगला संशोधन-प्रस्ताव स्वयं डॉ. अंबेडकर द्वारा प्रस्तुत किया गया। इस प्रस्ताव में 'राज्य के राजस्व' के स्थान पर 'राज्य कोष' शब्द करने का सुझाव था। डॉ. अंबेडकर का तर्क था कि अभी तक प्रशासनिक भाषा में यह बहुत लम्बे समय से प्रचलन में है कि हम सब प्रान्तीय सरकार के राजस्व बोलने के लिए अभ्यस्त रहे हैं। अब जबकि हम 'राज्य' शब्द का प्रयोग कर रहे हैं जिसमें केन्द्र सरकार, राज्य सरकार के साथ स्थानीय प्राधिकारियों को शामिल करने जा रहे हैं और जब हमारा आशय है कि यह प्रावधान न केवल केन्द्र सरकार, राज्य सरकार पर लागू हो बल्कि स्थानीय प्राधिकारियों पर भी लागू हो, इसलिए 'राज्य' शब्द ज्यादा उपयुक्त है। 'राज्य' शब्द के साथ राजस्व के स्थान पर 'कोष' शब्द ज्यादा उपयुक्त है।

श्री राज बहादुर ने आम चर्चा में भाग लेते हुए कहा कि प्रारूप अनुच्छेद 9 के प्रावधान में परिवार और वंशक्रम के आधार पर होने वाले भेदभाव पर भी रोक होनी चाहिए। श्री एस. नागप्पा ने कहा कि महात्मा गाँधी के कठिन मेहनत के बाद हमने राजनीतिक स्वतंत्रता हासिल की है, लेकिन इस प्रावधान के माध्यम से हम दोहरी आजादी प्राप्त कर रहे हैं— पहला राजनीतिक और दूसरा सामाजिक आजादी।

श्री भूपिन्दर सिंह मान ने मन्दिरों में प्रवेश के लिए किये जा रहे भेदभाव की ओर ध्यान आकर्षित करते हुए कहा कि पूजा-स्थलों को शामिल किये बिना यह मूल अधिकार अपूर्ण होगा। यह देखा गया है कि मन्दिरों और अन्य पूजागृहों के दरवाजे समाज के सभी वर्ग के लिए खुले नहीं होते हैं। यह एक काला पहलू है जो प्यार और भाईचारे को कम करता है। अछूत समाज के लिए मन्दिरों के दरवाजे खुलवाना राष्ट्रपिता की महान् उपलब्धि है। इस प्रावधान में मन्दिर का जिक्र न होना बहुत बड़ी कमी है और इस कलंक को भारत के चेहरे से हटना चाहिए।

प्रो. शिब्बन लाल सक्सेना ने इस प्रारूप के प्रावधान को अनावश्यक बताते हुए कहा कि अनुच्छेद 11 (संविधान का अनुच्छेद 17) पहले से ही अस्पृश्यता पर रोक लगाता है। इसके रहते हुए यह प्रावधान अनावश्यक है। जबकि श्री आर. के. सिधवा ने कहा कि अनुच्छेद 9 का उपखण्ड (ख) एक महत्त्वपूर्ण प्रावधान है और 'सार्वजनिक स्थानों' में थियेटर, सिनेमाघर इत्यादि शामिल हैं। जहाँ तक पूजागृह का सवाल है यह देश कई धर्मों को मानने वालों का देश है, इसलिए यह उपयुक्त नहीं है कि इस शब्द को इस अनुच्छेद में शामिल किया जाये। ऐसा तभी सम्भव है जब इस देश में एक ही धर्म हो।

आम बहस समाप्त होने के बाद डॉ. अंबेडकर ने 'जन्म-स्थान' को जोड़ने के लिए प्रस्तुत किये गये मि. राऊफ के संशोधन और 'विशेषतया' शब्द हटाने और विशेषतया के बाद वाले प्रावधान को नया खण्ड बनाने के सम्बन्ध में मि. सुब्रमनियम के संशोधन और 'स्नानघाट' शब्द जोड़ने के मि. गुप्तनाथ सिंह के संशोधन को स्वीकार किया। इन तीन संशोधनों को स्वीकार करने के पश्चात् डॉ. अंबेडकर ने माननीय सदस्यों द्वारा 'दुकान' और 'कब्रिस्तान' के सन्दर्भ में उठाये गये सवालों का जवाब देते हुए कहा—

> '... मित्र नागप्पा का सवाल कि क्या 'दुकान' में लाण्ड्री और सैलून भी शामिल है? मुझे कोई सन्देह नहीं है कि शब्द 'दुकान' में लाण्ड्री और सैलून भी शामिल है। यदि सामान्य रूप से 'दुकान' को परिभाषित किया जाय, एक व्यक्ति यह सोच सकता है कि 'दुकान' एक ऐसा स्थान है जिसको उसका मालिक किसी को भी अपनी सेवा देने के लिए खोला है। इसलिए एक लाण्ड्रीमैन अपने दुकान में बैठकर अपने उपभोक्ता का कपड़े धोने के लिए सभी लोगों की सेवा करने के लिए प्रस्ताव दे रहा होता है। इसी तरह सैलून का मालिक जो भी उसके सैलून में प्रवेश करता है उसको अपनी सेवा देने के लिए तैयार रहता है।...निश्चित रूप से इसमें डॉक्टर और वकील भी शामिल हैं जो सेवा करने का प्रस्ताव देते हैं।...यहाँ पर दुकान शब्द का कोई सीमित अर्थ नहीं है बल्कि व्यापक अर्थ में इसका प्रयोग किया गया है।
>
> 'दूसरा सवाल पूछा गया है कि क्या 'सार्वजनिक स्थल' में 'कब्रिस्तान' भी शामिल है। मैं सोचता हूँ कि कुछ ही व्यक्ति 'कब्रिस्तान' में रुचि रखते हैं क्योंकि

कोई व्यक्ति नहीं ध्यान देता है कि उसके मरने के बाद उसका क्या होगा? लेकिन चूँकि मेरे मित्र मि. नागप्पा इस बात में रुचि रख रहे हैं, मुझे कहने में कोई सन्देह नहीं है कि यदि कब्रिस्तान 'सार्वजनिक कोष' या इसके किसी भाग से संचालित हो रहा है तो वह 'सार्वजनिक स्थल' में शामिल होगा। यदि ऐसा नहीं है तो कोई व्यक्ति प्रवेश करने का दावा नहीं कर सकता है। जहाँ तक दूसरे मित्र द्वारा नदी, झील और जलस्रोतों के सम्बन्ध में उठाया गया सवाल है, यह सही है कि अनुच्छेद 9 में यह शामिल नहीं है लेकिन यह अनुच्छेद 11 के प्रावधानों से आच्छादित रहेगा।'[1]

इसके उपरान्त संविधान सभा द्वारा डॉ. अंबेडकर के संशोधन-प्रस्ताव कि 'राज्य के राजस्व' के स्थान पर 'राज्य कोष' कर दिया जाये, को तथा उनके द्वारा स्वीकृत किये गये तीन अन्य संशोधन-प्रस्तावों को स्वीकार कर प्रारूप अनुच्छेद 9 का यथासंशोधित निम्न प्रावधान अंगीकृत कर लिया गया।

'1. राज्य, किसी नागरिक के विरुद्ध केवल धर्म, मूलवंश, जाति, लिंग, जन्म-स्थान या इनमें से किसी के आधार पर कोई विभेद नहीं करेगा।

1ए. कोई नागरिक केवल धर्म, मूलवंश, जाति, लिंग, जन्म-स्थान या इनमें से किसी के आधार पर (क) दुकानों, सार्वजनिक भोजनालयों, होटलों और सार्वजनिक मनोरंजन के स्थानों में प्रवेश, या (ख) पूर्णतः या आंशिक रूप से राज्य कोष से पोषित या साधारण जनता के प्रयोग के लिए समर्पित कुओं, तालाबों, स्नानघाटों, सड़कों और सार्वजनिक समागम के स्थानों के उपयोग के सम्बन्ध में किसी भी निर्योग्यता, दायित्व, निर्बन्धन या शर्त के अधीन नहीं होगा।

2. इस अनुच्छेद की कोई बात राज्य को स्त्रियों और बालकों के लिए कोई विशेष उपबन्ध करने से नहीं रोकेगी।'

दलितों-पिछड़ों के विकास के नाम पर अलग तंत्र मंजूर नहीं

प्रारूप अनुच्छेद 9 के दूसरे खण्ड में महिलाओं और बालकों के हित में एक अपवाद का उल्लेख किया गया था। इस खण्ड के अनुसार राज्य, महिलाओं और बालकों के हित में कुछ भेदभाव करने वाले कानून बना सकता है। दलितों के भी हित में इस तरह का कानून बनाने की स्वतंत्रता राज्य को मिले, इसके लिए प्रो. के. टी. शाह ने यह संशोधन-प्रस्ताव रखा कि प्रारूप अनुच्छेद 9 के खण्ड 2 (वर्तमान में खण्ड 3) के अन्त में 'या अनुसूचित जाति या पिछड़े जनजाति के लिए या उनके लाभ, बचाव या सुधार के लिए' जोड़ा जाये। उनका तर्क था कि इस खण्ड में प्रावधान है कि यह अनुच्छेद राज्य को महिलाओं और बच्चों के लिए विशेष कानून बनाने से नहीं रोकेगा। अनुसूचित जाति और जनजाति जो पिछले कई वर्षों से उपेक्षा के शिकार रहे हैं और पिछड़ेपन के कारण जिनके अधिकारों एवं समान नागरिक के नाते होने वाले दावों को अस्वीकार किया जाता रहा है। इसलिए संशोधन आवश्यक है।

दलितों एवं पिछड़े वर्ग का विकास आवश्यक है, लेकिन इसके लिए अलग से तंत्र स्थापित करने की स्थिति बने या बनायी जाये, यह डॉ. अंबेडकर को स्वीकार नहीं था। वे एक ही तंत्र में दलित वर्ग के लोगों के विकास को सुनिश्चित करने के पक्षधर थे।

प्रो. के. टी. शाह के संशोधन-प्रस्ताव को अस्वीकार करते हुए डॉ. अंबेडकर ने तर्क दिया—

> 'प्रो. के. टी. शाह का संशोधन, जिसका उद्देश्य है कि महिलाओं और बालकों के साथ अनुसूचित जाति और अनुसूचित जनजाति को जोड़ा जाये, मुझे डर है कि इसका उलटा असर होगा। मैं सोचता हूँ कि कोई नहीं चाहता है कि जब गाँव में सामान्य स्कूल सभी समुदाय के बच्चों के लिए खुला है तो अनुसूचित जाति के बच्चों के लिए अलग स्कूल स्थापित किया जाये। यदि यह शब्द जोड़ दिया जाये, तो सम्भवत: राज्य को यह कहने के लिए अवसर दे देगा कि ठीक है, हम अनुसूचित जाति के लिए विशेष प्रावधान को लागू करने जा रहे हैं। मेरे विचार से यदि प्रोफेसर द्वारा चाहे गये तरीके से संशोधन कर दिया जाये तो राज्य इस अनुच्छेद की आड़ में ऐसा कहकर बच सकते हैं। इसलिए मैं इसे वांछनीय संशोधन नहीं मानता हूँ।'[2]

उक्त वक्तव्य के माध्यम से डॉ. अंबेडकर ने स्पष्ट कर दिया कि वे दलित एवं पिछड़े वर्ग के विकास के नाम पर अलग से तंत्र विकसित करने के पक्ष में नहीं हैं। वे सामाजिक एकता की कीमत पर विकास नहीं चाहते थे। बल्कि वे चाहते थे कि जातीय ऊँच-नीच के नाम पर भेदभाव को लेकर लोग अपनी सोच और नजरिया को बदलें; लोग एक-दूसरे के प्रति समभाव रखें और एक ही तंत्र में रहकर लोगों को विकास के समान अवसर उपलब्ध हों।

यद्यपि डॉ. अंबेडकर द्वारा अस्वीकार कर दिये जाने के पश्चात् प्रो. के. टी. शाह का संशोधन-प्रस्ताव भी संविधान सभा द्वारा अस्वीकार कर दिया गया। लेकिन इस तरह के दुरुपयोग की सम्भावना न होने से आश्वस्त होने के बाद डॉ. अंबेडकर के कानून मंत्री रहते ही संविधान संशोधन करके संविधान के अनुच्छेद 15 (प्रारूप अनुच्छेद 9) में 'सामाजिक और शैक्षणिक रूप से पिछड़े वर्ग' के हित में भी विशेष उपबन्ध बनाने की छूट प्रदान करने के लिए खण्ड (4) जोड़ दिया गया।

अस्पृश्यता का कलंक समाप्त

भारतीय समाज में भेदभाव रूपी सामाजिक दोष का वीभत्स रूप 'अस्पृश्यता' एक कलंक की तरह था। इसके किसी स्वरूप को समाप्त करने की प्रतिबद्धता प्रारूप संविधान में व्यक्त किया गया। प्रारूप अनुच्छेद 11 (संविधान का अनुच्छेद 17) के अनुसार—

> 'अस्पृश्यता समाप्त किया जाता है और उसका किसी भी रूप में आचरण करना निषिद्ध किया जाता है। अस्पृश्यता से उपजी किसी निर्योग्यता को लागू करना कानून के अन्तर्गत दण्डनीय अपराध होगा।'

मि. नजरुद्दीन ने प्रारूप-प्रावधान को अस्पष्ट बताया और इसमें प्रयुक्त 'अस्पृश्यता' को 'धर्म और जाति आधारित अस्पृश्यता' के रूप में स्पष्ट करने के लिए संशोधन-प्रस्ताव लाया। उन्होंने तर्क दिया कि कई स्थिति जैसे महामारी या फैलने वाली बीमारी के कारण भी अस्पृश्यता होता है, कुछ भोजन भी हिन्दू या मुसलमान के लिए अस्पृश्य होते हैं, कुछ स्थिति में महिलाएँ भी दूसरे परिवार के लिए अस्पृश्य होती हैं। इसलिए प्रावधान में 'अस्पृश्यता' का अर्थ स्पष्ट होना चाहिए।

प्रारूप अनुच्छेद 11 पर आम चर्चा में भाग लेते हुए श्री वी. आई. मुनिस्वामी पिल्लई ने कहा कि यह बड़े सन्तोष की बात है कि इस संविधान में यह महत्त्वपूर्ण प्रावधान लाया गया है और इसके माध्यम से इस महान् धरती से अस्पृश्यता को समाप्त किया जा रहा है। मुझे विश्वास है कि बहुत-सारे हिन्दू जो हरिजन हैं, जो अनुसूचित जाति हैं अनुभव करेंगे कि उन्हें भी समाज में स्थान मिला है।

डॉ. मनमोहन दास ने प्रावधान का समर्थन करते हुए कहा कि यह प्रावधान कोई विशिष्ट अधिकार नहीं प्रदान करता है बल्कि यह हमारी जनसंख्या के एक छठे भाग को सतत दमन एवं निराशा से और सतत अपमान एवं कलंक से बचाता है। अस्पृश्यता की परम्परा ने न केवल भारत के लाखों-करोड़ों लोगों को निराशा, शर्म और कलंक के अँधेरे में ढकेल दिया, बल्कि इसने हमारे देश के प्राण को भी खाया है। मुझे कोई शंका नहीं है कि यह खण्ड इस सदन द्वारा सर्वसम्मति से स्वीकार किया जायेगा।...स्वराज अर्थहीन होगा यदि भारतीय जनसंख्या के छठे भाग को सतत दमन में रखा जाये।...और अन्त में मैं अपने महान् एवं ख्यातिलब्ध कानूनमंत्री और इस मसौदा-समिति के अध्यक्ष डॉ. अंबेडकर के बारे में कुछ बातें कहने से खुद को नहीं रोक पा रहा हूँ—

> 'यह भाग्य का चमत्कार है कि जिस व्यक्ति को एक स्कूल से दूसरे स्कूल तक खदेड़ा गया, जिसको कक्षा से बाहर बैठाकर सबक लेने के लिए बाध्य किया गया, उसे आज स्वतंत्र भारत के संविधान के निर्माण का महान् कार्य सौंपा गया है और उन्होंने अस्पृश्यता की परम्परा को अन्तिम रूप से समाप्त कर दिया है जिसका शिकार उन्हें अपने युवा दिनों में होना पड़ा था।'[3]

श्री सान्तनु कुमार दास ने कहा कि इस प्रावधान का उद्देश्य समाज में व्याप्त सामाजिक असमानता, सामाजिक कलंक और सामाजिक अयोग्यता को समाप्त करना है। श्रीमती दक्षियानी वेलायुधन ने आशा व्यक्त किया कि समय के साथ समुदाय में अस्पृश्यता जैसा कुछ भी नहीं रह जायेगा और अन्तरराष्ट्रीय संगठनों में ऐसे सवाल उठाये जाने पर हमारे प्रतिनिधियों को शर्म से सर झुकाना नहीं पड़ेगा।

जबकि प्रो. के. टी. शाह ने प्रतिवाद किया कि पूरे संविधान में अस्पृश्यता परिभाषित नहीं है इसलिए हम इस स्थिति में नहीं हैं कि प्रावधान में प्रयोग किये गये अस्पृश्यता को समझ सकें। हम सब जानते हैं कि कुछ समय पूर्व महिलाओं को अस्पृश्य माना जाता था। क्या इसे इस अनुच्छेद के अन्तर्गत अपराध माना जायेगा? कुरान के कुछ सुरा में ऐसा वर्णित भी है। क्या आप इनको मानने वालों को अपराधी बनायेंगे?...कुष्ठ और अन्य फैलने वाली बीमारी या महामारी को पूरी तरीके से नजरअन्दाज किया गया है। मैं विश्वास करता हूँ कि मसौदा-समिति के अध्यक्ष हमारे सुझाव में कुछ समझदारी पायेंगे और इसको आगे बढ़ायेंगे।

इसके बाद डॉ. अंबेडकर ने मि. नजरुद्दीन के संशोधन को अस्वीकार कर दिया। उपाध्यक्ष महोदय द्वारा डॉ. अंबेडकर से कहा गया कि आप मि. शाह के सुझाव का जवाब देंगे। डॉ. अंबेडकर ने ऐसे किसी सुझाव का जवाब देने से मना कर दिया। इसके बाद संविधान सभा ने भी मि. नजरुद्दीन के संशोधन-प्रस्ताव को अस्वीकार कर प्रारूप अनुच्छेद 11 को मूलरूप में अंगीकृत कर लिया।

नौकरी में समानता के सिद्धान्त और आरक्षण के सिद्धान्त के मध्य सन्तुलन

प्रारूप-संविधान में सार्वजनिक पदों पर नियुक्ति के लिए समानता के सिद्धान्त को व्यापक परिप्रेक्ष्य में स्वीकार किया गया, जिसका अन्तर्निहित तत्त्व 'समान परिस्थिति वाले प्रत्येक व्यक्ति के साथ समान व्यवहार करना' है। इस कारण यह सिद्धान्त युक्तियुक्त वर्गीकरण करने की अनुमति भी प्रदान करता है, ताकि असमान परिस्थितियों में रहने वाले व्यक्ति को यथोचित सुरक्षा दी जा सके। सार्वजनिक पदों पर नियुक्ति के लिए समानता के सिद्धान्त को प्रारूप-संविधान के अनुच्छेद 10 (संविधान का अनुच्छेद 16) में अंगीकृत किया गया था। इस अनुच्छेद में चार खण्ड प्रस्तावित थे। पहला खण्ड अवसर की समानता का सामान्य नियम उपबन्धित करता था और दूसरा खण्ड इस नियम को विस्तारित करते हुए किसी नागरिक को धर्म, मूलवंश, जाति, लिंग, उद्‌भव, जन्म-स्थान के आधार पर अयोग्य नहीं करने के लिए कहता था। जबकि तीसरा खण्ड पिछड़े वर्ग के नागरिकों के पक्ष में आरक्षण के रूप में और चौथा खण्ड धार्मिक संस्थाओं में नियुक्ति के सन्दर्भ में कुछ अपवाद का उल्लेख करता था। प्रारूप अनुच्छेद 10 का निम्न प्रावधान संविधान सभा के समक्ष प्रस्तुत किया गया—

'1. राज्य के अधीन नियोजन के विषयों में सभी नागरिकों के लिए अवसर की समानता होगी।

2. राज्य के अधीन किसी पद के सम्बन्ध में केवल धर्म, मूलवंश, जाति, लिंग, उद्‌भव, जन्म-स्थान या इनमें से किसी के आधार पर कोई नागरिक अपात्र नहीं होगा।

3. इस अनुच्छेद की कोई बात राज्य को पिछड़े हुए नागरिकों के किसी वर्ग के पक्ष में, जिनका प्रतिनिधित्व राज्य की राय में राज्य के अधीन सेवाओं में पर्याप्त नहीं है, नियुक्ति या पदों के आरक्षण के लिए उपबन्ध करने से नहीं रोकेगी।

4. इस अनुच्छेद की कोई बात किसी ऐसे विधि के प्रवर्तन पर प्रभाव नहीं डालेगी जो यह उपबन्ध करती है कि किसी धार्मिक या साम्प्रदायिक संस्था के कार्यकलाप से सम्बन्धित कोई पदधारी या उसके शासी निकाय का कोई सदस्य किसी विशिष्ट धर्म को मानने वाला या विशिष्ट सम्प्रदाय का ही हो।'

उक्त प्रारूप अनुच्छेद के सम्बन्ध में मो. ताहिर द्वारा संशोधन-प्रस्ताव लाया गया कि खण्ड (1) में 'नियोजन' के बाद 'लाभप्राप्ति' को भी जोड़ा जाये और मि. नजरुद्दीन अहमद ने खण्ड (2) में प्रयोग किये गये 'केवल ... के आधार पर' शब्दावली से 'केवल' शब्द हटाकर ' ... के आधार पर' रखने का संशोधन-प्रस्ताव प्रस्तुत किया।

जबकि श्री लोकनाथ मिश्र द्वारा प्रारूप अनुच्छेद के प्रस्तावित खण्ड (2), (3) व (4) को हटाने के लिए संशोधन-प्रस्ताव लाया गया। श्री मिश्र का तर्क था कि खण्ड (2) की सारी बातें खण्ड (1) में शामिल कर ली गयी हैं। खण्ड (3) का प्रावधान, जो नियुक्ति में आरक्षण की बात करता है, अनावश्यक है और खण्ड (4) का प्रावधान, धर्मनिरपेक्ष राज्य के सिद्धान्त से बिलकुल असंगत है।

मि. नजरुद्दीन अहमद प्रारूप अनुच्छेद 10 के खण्ड (2) के प्रावधान को नये प्रावधान द्वारा प्रतिस्थापित करने के लिए संशोधन-प्रस्ताव ले आये। उनका तर्क था कि मूल प्रावधान की शुरुआत नकारात्मकता के साथ हुई है यानी 'किसी नागरिक के साथ भेदभाव नहीं किया जायेगा... जबकि उनके द्वारा प्रस्तावित प्रावधान सकारात्मक है जिसमें कहा गया है कि सभी नागरिक, उसके धर्म, जाति ... को ध्यान में लाये बिना, योग्य होंगे। मो. ताहिर ने खण्ड (2) में 'किसी पद' शब्दावली के बाद 'या नियोजन' जोड़ने के लिए, तो प्रो. के. टी. शाह ने 'जन्म-स्थान' के पूर्व 'भारत में' जोड़ने यानी इसे 'भारत में जन्म-स्थान' करने के लिए संशोधन-प्रस्ताव प्रस्तुत किया। प्रो. शाह का तर्क था कि ऐसा सुझाव रखना न ही अनुचित है और न ही गलत है क्योंकि नियोजन का स्थान और सेवा करने का अवसर देश के लोगों के लिए ही आरक्षित होना चाहिए।

मि. एम. अनंथसयनम अयंगर द्वारा खण्ड (1) में 'नियोजन के विषयों में' शब्द के स्थान पर 'किसी पद पर नियोजन या नियुक्ति के विषयों में' प्रतिस्थापित करने के लिए और खण्ड (2) में 'राज्य के अधीन किसी पद' के बाद 'या नियोजन' जोड़ने के लिए संशोधन-प्रस्ताव रखा गया। जबकि प्रो. के. टी. शाह द्वारा खण्ड 4 (वर्तमान खण्ड 5) में 'संस्था के कार्यकलाप से सम्बन्धित' में 'प्रबन्धन' जोड़कर इसे 'संस्था के प्रबन्धन और कार्यकलाप से सम्बन्धित' करने और 'या साम्प्रदायिक' शब्द को हटाने के लिए संशोधन-प्रस्ताव लाया गया।

दो अन्य महत्त्वपूर्ण संशोधन-प्रस्ताव श्री जसपत राय कपूर द्वारा 'जन्म-स्थान' शब्द के बाद 'निवास' शब्द जोड़ने के लिए और श्री अयंगर द्वारा निवास-अवधि तय करने के सम्बन्ध में कानून बनाने का अधिकार केवल संसद् को देने हेतु नया खण्ड 2-ए (वर्तमान खण्ड 3) जोड़ने के लिए लाये गये।

इस तरह प्रारूप अनुच्छेद 10 पर आम बहस के बाद मुख्यत: निम्न तीन महत्त्वपूर्ण बिन्दुओं पर संविधान सभा द्वारा विचार किया जाना था—

1. क्या राज्य सरकारों को अपने-अपने राज्यों में नियोजन के लिए उस राज्य में निवास की आवश्यकता जैसी कोई शर्त लगाने की छूट दी जा सकती है और यदि ऐसी छूट दी जा रही है तो देश की एकता के दृष्टिकोण से इसके दुरुपयोग से निपटने के क्या उपाय होने चाहिए?;
2. प्रारूप खण्ड (3) में प्राविधानित किये गये पिछड़े वर्ग के लिए आरक्षण का सिद्धान्त कितना स्वीकरणीय है एवं इस सिद्धान्त को समाप्त करने या इसमें बदलाव के लिए प्रस्तुत संशोधन-प्रस्ताव कितना औचित्यपूर्ण है?; और
3. संविधान में अल्पसंख्यकों के लिए आरक्षण की वास्तविक स्थिति क्या है?

प्रारूप अनुच्छेद पर चर्चा के दौरान मि. टी.टी. कृष्णामचारी द्वारा मसौदा-समिति पर अपने वकील सदस्यों के हित में काम करने का आरोप लगाते हुए कहा गया था कि इसके सदस्यगण संविधान को 'वकीलों का स्वर्ग' बना रहे हैं। मसौदा-समिति पर ऐसा आरोप गम्भीर प्रकृति का था। इसलिए न केवल उपर्युक्त तीन बिन्दुओं पर बल्कि इसके साथ मि. कृष्णामचारी के इस आरोप का जवाब देने की जिम्मेदारी डॉ. अंबेडकर पर थी।

संसार का कौन-सा संविधान वकीलों के लिए स्वर्ग नहीं है

अपने संशोधन-प्रस्तावों के माध्यम से श्री जसपत राय कपूर ने ख़ण्ड (2) में 'निवास' शब्द जोड़ने के लिए और श्री अयंगर ने निवास-अवधि तय करने के सम्बन्ध में कानून बनाने का अधिकार संसद् को देने हेतु नया खण्ड जोड़ने की माँग की थी। इन दोनों संशोधन-प्रस्तावों का समर्थन करते हुए श्री के. एम. मुन्शी द्वारा तर्क दिया जा रहा था। इसी दौरान मि. एच. वी. कामथ ने हस्तक्षेप करके कुछ सवाल पूछे, जिसको लेकर दोनों माननीय सदस्यों के मध्य आपसी बहस भी हुई। तत्पश्चात् श्री मुन्शी ने कहा कि इस सदन में उठाये जा रहे अन्य बिन्दुओं पर मेरे माननीय मित्र डॉ. अंबेडकर द्वारा विस्तार से तब प्रकाश डाला जायेगा, जब वे आम बहस में भाग लेते हुए जवाब देंगे।

इसी बीच आश्चर्यजनक रूप से मि. टी. टी. कृष्णामचारी द्वारा आक्रामक रवैया अपनाते हुए श्री के. एम. मुन्शी पर कटाक्ष किया गया और कहा कि मैं पाता हूँ कि वे अपनी वकालत करने की तकनीकी से जज को भी भ्रमित करते होंगे। वे इस सदन के सदस्यों के मस्तिष्क को भी भ्रमित कर रहे हैं, जो अनुच्छेद 10 के प्रावधान को लेकर कुछ सन्देह रखते हैं। मैं अभी जल्दी ही एक समाचार-पत्र में प्रसिद्ध विधिशास्त्री प्रो. एवर जेनींग्स की टिप्पणी को पढ़ रहा था, जिसमें उन्होंने इस मूल अधिकार के चैप्टर को 'वकीलों का स्वर्ग' कहा है। उन्होंने अनुच्छेद 10 के प्रावधान को एक हलके प्रारूप की चरम स्थिति बताया है। पहले खण्ड में कहा गया है कि राज्य के नियोजन में सभी नागरिकों को समान अवसर प्राप्त होंगे। किस तरह के नागरिकों को? साक्षर? निरक्षर? क्या एक निरक्षर व्यक्ति सुप्रीम कोर्ट में इस बात के लिए वाद दाखिल कर सकता है कि उसके समानता के अवसर को अस्वीकार किया गया है? यह मेरा अपना विचार नहीं है। यह प्रो. एवर जेनींग्स की टिप्पणी में व्यक्त किये गये विचार हैं।[4]

मि. कृष्णामचारी यहीं पर नहीं रुके। उन्होंने मसौदा-समिति की मंशा पर भी प्रश्नचिह्न लगाते हुए कहा कि 'नागरिकों का पिछड़ा वर्ग कौन है? मैं कहता हूँ कि पिछड़े-अगड़े को तय करने का आधार साक्षरता है। यदि यह आधार है तो 80 प्रतिशत लोग पिछड़े की श्रेणी में आ जायेंगे। अन्तत: यह अवार्ड कौन देने जा रहा है? सम्भवत: सुप्रीम कोर्ट। ... मेरे मित्र मि. मुन्शी सोचते हैं कि ये शब्द कोई स्वर्ग से आया हैं और मसौदा-समिति ने इसे अपनी बुद्धिमत्ता से झपट लिया हैं। मैं कहता हूँ—यह वकीलों के लिए स्वर्ग है। मैं नहीं जानता हूँ कहीं ये वकीलगण, जो समिति में हैं, ऐसा संविधान निर्माण करके वास्तव में अपने समुदाय के व्यवसाय को बढ़ाने का प्रयास तो नहीं कर रहे हैं?'[5]

मि. कृष्णामचारी द्वारा प्रयुक्त ऐसी भाषा पर श्री के. एम. मुन्शी ने यह कहते हुए आपत्ति की कि क्या मित्र मि. टी. टी. कृष्णामचारी मेरे वकील होने पर आक्रमण कर सकते हैं?

इस पर मि. कृष्णामचारी ने जवाब दिया कि मुझे डर है कि मुझे करना पड़ सकता है।

मि. टी. टी. कृष्णामचारी द्वारा वकील समुदाय पर किये गये कटाक्ष और मसौदा-समिति की मंशा पर उठाये गये सवालों का जवाब देने की जिम्मेदारी डॉ. अंबेडकर को ही उठानी पड़ी। डॉ. अंबेडकर ने इस सवाल का जवाब देते हुए कहा—

'मेरे मित्र मि. टी. टी. कृष्णामचारी द्वारा मसौदा-समिति पर ताना मारा गया कि सम्भवत: यह समिति संविधान बनाने के बजाय अपने कुछ सदस्यों के हित में वकीलों के लिए स्वर्ग बनाया है। मैं यह कहने के लिए नहीं तैयार हूँ कि यह संविधान कानूनी निर्वचन या न्यायिक निर्वचन से सम्बन्धित सवाल नहीं खड़ा करेगा। वास्तव में मैं कृष्णामचारी से पूछना चाहूँगा यदि वे एक उदाहरण बता सकें कि संसार का कौन-सा संविधान वकीलों के लिए स्वर्ग नहीं है। विशेष रूप से मैं उनसे पूछना चाहूँगा कि अमेरिका, कनाडा या अन्य देश के किसी संविधान के विधि रिपोर्टों में से किसी एक का उदाहरण बतायें। इसलिए मैं बिलकुल भी शर्मिन्दा नहीं हूँ यदि यह संविधान बाद में व्याख्या के लिए संघीय न्यायालयों में ले जाया जाये। यही दशा प्रत्येक संविधान और प्रत्येक मसौदा-समिति की होती है। इसलिए मैं इस बिन्दु पर ज्यादा श्रम नहीं करना चाहूँगा।'[6]

जितने जोश के साथ मि. टी. टी. कृष्णामचारी द्वारा कटाक्ष किया गया था और मसौदा-समिति पर आरोप लगाया गया था, डॉ. अंबेडकर ने बड़े ही चतुराई से इसमें उलझने के बजाय, आरोपों को स्वीकार कर उसे हलका और महत्त्वहीन कर दिया। इसके साथ ही उन्होंने मि. कृष्णामचारी के ही सवाल को इस तरह घुमाया कि उसका खुद मि. कृष्णामचारी के पास कोई जवाब नहीं था। पूरी संविधान सभा डॉ. अंबेडकर के इस चाणक्य स्वरूप का साक्षात् गवाह बनी।

राज्यों में निवास-अवधि तय करने का अधिकार संसद् को

प्रारूप अनुच्छेद 10(2) में जिन 'आधारों' पर नागरिकों को किसी पद के लिए अयोग्य न किये जा सकने का उल्लेख किया गया था, इसके साथ 'निवास' को भी जोड़ने के लिए श्री जसपत राय कपूर द्वारा संशोधन-प्रस्ताव लाया गया। श्री कपूर का तर्क था कि हमारे देश में एक नागरिकता स्वीकार की गयी है। हम किसी भी प्रान्त में जाते हैं इस नागरिकता को लेकर जाते हैं। यह अवश्य अनुभव होना चाहिए कि देश भर में कोई कहीं भी जाये, रोजगार के लिए उसके अधिकार या विशेषाधिकार एक समान होने चाहिए, इसलिए निवास के आधार पर भी भेदभाव नहीं होना चाहिए।

इसके पश्चात् श्री अल्लादी कृष्णास्वामी अय्यर ने खण्ड (2) के बाद नया खण्ड (2-ए) जोड़ने के लिए संशोधन-प्रस्ताव प्रस्तुत किया। इस प्रस्ताव के समर्थन में श्री अय्यर का तर्क था कि राज्य के अन्तर्गत नियोजन या नियुक्ति के लिए राज्य के अन्दर का निवासी होना एक आवश्यक योग्यता हो सकती है। मेरे संशोधन का उद्देश्य यह है कि इस योग्यता को किसी राज्य की स्वेच्छा पर छोड़ने के बजाय इसे एक सामान्य नियम बना दिया जाये कि मूल अधिकार के ऐसे मामलों में कानून बनाने का अधिकार 'संसद्' को ही हो, न कि किसी राज्य की विधायिका को।

किन्तु मि. टी. टी. कृष्णामचारी द्वारा 'निवास' शब्द को लेकर लाये गये उक्त दोनों संशोधन-प्रस्तावों पर आपत्ति की गयी। अपने आपत्ति में उन्होंने कहा कि इस खण्ड में श्री जसपत राय कपूर द्वारा प्रस्तावित 'निवास' शब्द को समायोजित करने के प्रयास में इस सदन को तमाम तरह के कष्ट में डाल दिया गया है। यह और कई कठिनाइयों की

शुरुआत है। इसके बाद श्री के. एम. मुन्शी और श्री अय्यर को भी संशोधन-प्रस्ताव रखने पड़े हैं। क्या 'निवास' को शामिल करना आवश्यक है? मैं सदन को बताना चाहता हूँ कि ऐसा बिलकुल भी आवश्यक नहीं है क्योंकि यदि निवास के आधार पर कोई भेदभाव होता है, जैसा कि हो सकता है, मात्र इसे यहाँ पर रखकर और प्रस्तावित खण्ड 2-ए में से इसे निकालकर इस भेदभाव को आप समाप्त नहीं करने जा रहे हैं। ... मेरा इस सदन को सुझाव है कि हमें इस मामले में निष्पक्ष होना होगा। हमें 'निवास' के आधार पर किसी अधिकार के सम्बन्ध में प्रस्तुत किये गये मि. जसपत राय कपूर के संशोधन-प्रस्ताव और श्री अल्लादी कृष्णास्वामी अय्यर के सुझाये गये नये खण्ड को, जहाँ तक सम्भव हो, अस्वीकार करना होगा।'[7]

अन्य प्रावधानों की तरह 'निवास' के बिन्दु पर भी उठाये गये सवालों का जवाब देने और संविधान सभा को सन्तुष्ट करने की जिम्मेदारी डॉ. अंबेडकर पर थी। लेकिन इस बार खास बात यह थी कि स्वयं श्री के. एम. मुन्शी द्वारा यह कहा जा चुका था कि इस सदन में उठाये गये बिन्दुओं पर मेरे माननीय मित्र डॉ. अंबेडकर द्वारा विस्तार से प्रकाश डाला जायेगा, जब वे आम चर्चा में भाग लेते हुए जवाब देंगे। श्री मुन्शी का वक्तव्य साबित करता है कि संविधान सभा के सदस्यगण किसी विपरीत स्थिति में होने पर डॉ. अंबेडकर पर भरोसा करते थे।

मि. टी. टी. कृष्णामचारी के 'वकीलों का स्वर्ग' वाली टिप्पणी का जवाब देने के बाद डॉ. अंबेडकर ने 'निवास' के बिन्दु पर स्पष्टता के साथ प्रकाश डालते हुए कहा—

> 'अब निवास के सवाल पर आता हूँ। मामला बहुत सरल है। मैं नहीं समझ पा रहा हूँ कि श्री टी. टी. कृष्णामचारी जैसे विद्वान् इस संशोधन के आधारभूत उद्देश्य को क्यों नहीं समझ पा रहे हैं?...मैं इस संशोधन के उद्देश्य को स्पष्ट करूँगा। हमने प्रान्तों और भारतीय रियासतों के क्षेत्रीय अधिकार को ध्यान में रखे बिना सम्पूर्ण भारत में एक समान नागरिकता की व्यवस्था स्थापित की है। इस सदन के सभी सदस्यों की भी यह भावना है। यह केवल साथ-साथ चलने वाली बात है कि एक विशेष राज्य में विशेष पद को धारण करने के लिए 'निवास' आवश्यक नहीं होना चाहिए क्योंकि जब आप 'निवास' को अर्हता बनाते हैं तो आप वास्तव में उस समान नागरिकता के महत्त्व को कम करते हैं जिसे हमारे संविधान ने स्थापित किया है। इसलिए मेरे विचार से यह तर्क कि 'निवास' राज्य में नियुक्ति के लिए योग्यता नहीं होनी चाहिए बिलकुल वैध और सार्थक तर्क है।
>
> 'इसके साथ यह भी समझना चाहिए कि आप, उन लोगों को यह अनुमति नहीं दे सकते कि जो लोग एक प्रान्त से दूसरे प्रान्त को, एक रियासत से दूसरी रियासत को भागते रहते हैं। उस विशिष्ट प्रान्त से सम्बन्ध रखे बिना, मात्र आये, पद के लिए आवेदन किये और फल प्राप्त किये और फिर भाग गये। इसलिए कुछ सीमा अनिवार्य है। जब इस मामले की खोजबीन की गयी, तो यह पाया गया कि कई प्रान्तीय सरकारों द्वारा पहले ही प्रान्तीय नियम बनाये गयें हैं और उस विशेष प्रान्त में कोई पद प्राप्त करने के लिए निवास की अवधि को लेकर अर्हता बनायी गयी हैं। इसलिए इस संशोधन-प्रस्ताव के माध्यम से प्रस्तावित किया गया है कि यद्यपि सामान्य नियम यह

है कि 'निवास' को अर्हता नहीं बनाया जाना चाहिए, किन्तु अपवाद, जो बिलकुल भी सामान्य नहीं है, हो सकते हैं। हम केवल एक परम्परा का पालन कर रहे हैं, जो कई प्रान्तों में पहले से ही स्थापित है। हमने पाया कि भिन्न-भिन्न प्रान्त अपने-अपने तरीके से अलग-अलग निवास की अवधि को तय किये हुए हैं और इस तय अवधि को अर्हता बनाये हुए हैं। कुछ प्रान्तों ने कहा है कि व्यक्ति स्थायी निवासी होना चाहिए। इसका क्या मतलब है, यह कोई नहीं जानता है। कुछ ने दस वर्ष, कुछ ने सात वर्ष और इस तरह अपनी-अपनी सुविधानुसार अलग-अलग अवधि निश्चित किये हुए हैं। इसलिए महसूस किया गया कि ऐसी अवधि को पूरे भारत में एक समान तय कर दिया जाय। निष्कर्षत: यदि ऐसा कोई उद्देश्य कि समान निवास-अवधि निश्चित किया जाये, प्राप्त किया जाना है, तो यह उद्देश्य केवल संसद् को ही अधिकार देकर प्राप्त किया जा सकता है, न कि किसी क्षेत्रीय इकाई को, चाहे वह प्रान्त हो या रियासत। यह निवास को अर्हता के रूप में बनाने सम्बन्धित संशोधन का निहित उद्देश्य है।'[8]

पिछड़े वर्ग के लिए आरक्षण का सिद्धान्त

प्रारूप अनुच्छेद 10 के खण्ड (3) के अन्तर्गत पिछड़े वर्ग के लिए, जिन्हें नौकरियों में पर्याप्त प्रतिनिधित्व नहीं मिल पाया है, को आरक्षण का लाभ देने की व्यवस्था स्वीकार की गयी थी।

आरक्षण के सिद्धान्त को स्वीकार करने वाले इस खण्ड को लेकर पूरा सदन दो भागों में बँट चुका था। कुछ इसके समर्थन में खड़े थे तो कुछ विरोध में। विषय के महत्त्व और संवेदनशीलता को देखते हुए संविधान सभा के उपाध्यक्ष डॉ. एच.सी. मुखर्जी ने बहस की बुनियाद रखते हुए कहा—

'जिस प्रावधान पर हम चर्चा करने जा रहे हैं वह ऐसे वर्ग को प्रभावित करती है जिनके साथ पिछले काफी दिनों से निर्दयता का व्यवहार किया जाता रहा है। यद्यपि हम अपने पूर्वजों द्वारा की गयी गलतियों को सुधारने के लिए तैयार हैं, तो भी आज कम-से-कम यहाँ-वहाँ पुरानी कहानी जारी है और भारत के बाहर भी इसे प्रधानता के साथ उठाया जाता है। हर पल जब भी हम अन्तरराष्ट्रीय फलक पर चर्चा के मौके खोजते हैं कि तभी हमारा मुँह एकाएक बन्द हो जाता है, जब कहा जाता है कि हम कुछ समुदाय के अपने भाइयों के साथ अन्यायपूर्वक व्यवहार करते रहे हैं। इसलिए मेरे लिये इस सदन की अनुमति लेना उचित होगा ताकि मैं इस विषय पर पिछड़े वर्ग के अपने बन्धुओं को चर्चा की पूर्ण आजादी दे सकूँ।

उपाध्यक्ष महोदय के उक्त सम्बोधन के पश्चात् श्री दामोदर स्वरूप सेठ ने प्रारूप अनुच्छेद 10 के खण्ड (3) को निरस्त करने के लिए संशोधन-प्रस्ताव प्रस्तुत किया। आरक्षण-व्यवस्था का विरोध करते हुए उन्होंने तर्क दिया कि सेवाओं और नियुक्तियों में पिछड़े वर्ग के लिए आरक्षण का मतलब दक्षता और सुशासन को नकारना है। 'पिछड़ेपन' को परिभाषित करना आसान नहीं है और न पिछड़ेपन के मापदण्ड को तय करना ही आसान है।

इसके बाद पण्डित हृदय नाथ कुंजरू द्वारा खण्ड (3) में आरक्षण हेतु दस वर्ष की समय-अवधि निश्चित करने के लिए संशोधन-प्रस्ताव लाया गया। उनका तर्क था कि जब हम एक समुदाय, जो जीवन के दौड़ में पीछे रह गये हैं, को सुरक्षा देने जा रहे हैं तो क्या यह उचित है कि ऐसे प्रावधान अनिश्चित काल के लिए लागू हों? क्या यह पिछड़े वर्ग के हित में नहीं है कि ऐसे विशेष प्रावधान कुछ सीमित अवधि के लिए हों? प्रारूप अनुच्छेद 305 (संविधान का अनुच्छेद 334) के अन्तर्गत अनुसूचित जातियों एवं अन्य अल्पसंख्यकों के लिए सीटों का आरक्षण बिना बदलाव के दस वर्ष के लिए लागू करने का प्रावधान है, जब तक कि पुन: संविधान संशोधन द्वारा इसे आगे के लिए न बढ़ा दिया जाये। इस समय-सीमा को अनुच्छेद 10 के प्रावधान पर भी लागू करना उचित होगा। इसके अलावा उनका तर्क था कि आरक्षण का लाभ केवल उन्हें दिया जाये जो शैक्षणिक और सांस्कृतिक रूप से पिछड़े हों।

इसी क्रम में मि. अजीज अहमद खान द्वारा 'पिछड़ा' शब्द को निरस्त करने के लिए संशोधन-प्रस्ताव लाया गया। उनका तर्क था कि इस सदन द्वारा स्वीकृत सरदार पटेल की अध्यक्षता वाली 'अल्पसंख्यक एवं मूल अधिकार समिति' की रिपोर्ट में कहीं भी पिछड़ा शब्द का प्रयोग नहीं किया गया है। उन्होंने आगे कहा कि यदि राज्य-सेवाओं पर किसी एक विशेष वर्ग द्वारा एकाधिकार कर लिया गया तो अन्य दूसरे यह सोच सकते हैं कि उनके अस्तित्व की उपेक्षा की जा रही है।

जबकि वकील समुदाय पर असामान्य टिप्पणी करने के बाद मि. टी. टी. कृष्णामचारी ने कहा कि खण्ड (3) की शब्दावली बहुत ही हलकी है। इन शब्दों के तरह-तरह के निर्वचन होंगे। जाति, समुदाय, साक्षरता या आर्थिक जैसे कुछ आधारों में से पिछड़ापन का आधार क्या होगा, यह अन्तत: सुप्रीम प्राधिकारी द्वारा ही तय किया जायेगा। इसलिए मैं मसौदा-समिति को इस विशेष शब्द को रखने के लिए बधाई नहीं दे सकता। उनके दिमाग में इसके प्रभाव जो भी हों, मैं यह अनुभव करते हुए कि यह खण्ड मुकदमेबाजी पैदा करेगा, मैं कुछ भी सहयोग नहीं कर सकता।

दूसरी ओर समाज की विसंगतियों का उल्लेख करते हुए डॉ. धर्म प्रकाश ने आरक्षण-व्यवस्था का समर्थन किया और कहा कि कोई भी ऐसा समुदाय नहीं है, जिसमें आर्थिक या शैक्षणिक या सामाजिक रूप से पिछड़ापन न हो। ... सभी माननीय सदस्य जानते हैं कि हमारी राष्ट्रीय सरकार ऐसी प्रशासनिक मशीनरी को विरासत में पा रही है जो साम्प्रदायिक या धार्मिक या क्षेत्रीय रूप से बहुत ही संकीर्ण रही है। आज भी यह अस्वीकार न किया जाने वाला तथ्य है कि किसी प्रान्त के लोग जो ज्यादातर पदों पर कब्जा किये हुए हैं या व्यक्ति जो किसी कार्यालय को सँभालता है, वह प्रान्तीय या व्यक्तिगत हितों के आधार पर नियुक्ति करते हैं। यदि कोई व्यक्ति किसी प्रान्त का है तो वह प्रान्तीय विचार से लोगों का पक्ष लेता है। इसी तरह विशेष सम्प्रदाय या जाति या उपजाति के लोगों द्वारा अपने लोगों का पक्ष लेने की धारणा रहती है। अधिकारी के मन में अभ्यर्थी की योग्यता का विचार नहीं रहता है। ...

डॉ. धर्म प्रकाश ने आगे कहा कि आज जब हम आजाद हैं हमें आरक्षण की आवश्यकता नहीं समझ में आती है। लेकिन जो बात आरक्षण की माँग को मानने के लिए

बाध्य करता है, वह यह है कि हमारे समाज में उदारता एवं निष्पक्षता नहीं है। भविष्य में इसमें सुधार की सम्भावना भी नहीं दिखती है। मेरा सुझाव है कि 'पिछड़ा' शब्द को स्पष्ट करके अनुसूचित जाति कर दिया जाये क्योंकि यह शब्द ज्यादा स्पष्ट अर्थ रखता है।...हिन्दू का वर्ग जो हरिजन कहलाता है वह वास्तव में बहुत पिछड़ा है, यह उचित है कि कुछ समय के लिए आरक्षण हो। यह आरक्षण कुछ समय के लिए होना चाहिए। जब वे अन्य वर्ग की तरह सांस्कृतिक रूप से बराबरी पर आ जायेंगे, मैं पहला व्यक्ति होऊँगा, जो किसी भी तरह के आरक्षण का विरोध करेगा।[9]

आरक्षण के पक्ष में लाये गये प्रारूप-प्रावधान का समर्थन करते हुए श्री चन्द्रिका राम ने कहा कि मेरे समाजवादी मित्र सेठ दामोदर स्वरूप और पण्डित लोकनाथ मिश्र ने 'पिछड़ा' शब्द को हटाने का संशोधन-प्रस्ताव लाया है। श्री सेठ, जो सोशलिस्ट पार्टी के सदस्य हैं, ऐसा चाहते हैं कि जनसंख्या के आधार पर प्रत्येक वर्ग का प्रतिनिधित्व होना चाहिए, क्या उन्हें पिछड़ों के हित पर आपत्ति करना चाहिए? मैं कहना चाहूँगा कि वे हमारे देश के इतिहास पर आँख बन्द कर लिये हैं।...मैं इस सन्दर्भ में मसौदा-समिति द्वारा किये गये परिश्रम का दिल से प्रशंसा करता हूँ।

श्री पी. कक्कन ने भी अनुच्छेद 10 के प्रावधान पर खुशी व्यक्त करते हुए कहा कि दलित अभ्यर्थी को सरकारी सेवाओं में उचित नियुक्ति नहीं मिल पाती है। उच्च अधिकारी अपने लोगों का चयन करते हैं, लेकिन दलित लोगों का नहीं। यदि आप केवल योग्यता को मानक बनायेंगे तो दलित आगे नहीं आ सकेंगे। इसलिए इनके विकास के लिए विशेष कदम उठाने की आवश्यकता है।

श्री वी. आई. मुन्निस्वामी पिल्लई ने भी आरक्षण-व्यवस्था का समर्थन करते हुए कहा— 'महोदय, इस देश के लिए संविधान-निर्माण के इस महायज्ञ में मैं अनुभव करता हूँ कि समुदाय, जो जीवन निर्वाह का आनन्द नहीं ले पाये हैं, उनको सेवाओं से वंचित नहीं किया जाना चाहिए। इस उद्देश्य से हमने पचास से अधिक सदस्यों के हस्ताक्षर वाले प्रपत्र सौंपे हैं। हमारे आदरणीय उप प्रधानमंत्री ने भी स्पष्ट रूप से कहा है कि दलित लोगों के साथ न्याय होना चाहिए और साथ-साथ उनके मामले को उदारता से देखा जाना चाहिए। इस विचार को देखते हुए मेरा आग्रह है कि इस सदन से स्पष्ट सन्देश जाना चाहिए कि वह अनुसूचित जाति के हित को ध्यान में रखेगा।

डॉ. अंबेडकर द्वारा प्रयोग किये गये 'पिछड़ा' शब्द का समर्थन करते हुए श्री टी. चिन्नैया ने कहा कि अलग-अलग क्षेत्रों में पिछड़ेपन के अलग-अलग पैमाने हैं। जैसे उत्तर में वे हिन्दू, जो कृषिकार्य में या शिल्पकला से जुड़े हैं, वे पिछड़े हैं जबकि दक्षिण में वे लोग पिछड़े माने जाते हैं जो सामाजिक और शैक्षणिक रूप से पिछड़े होते हैं।...पण्डित कुंजरू सोचते हैं कि यह आरक्षण केवल दस वर्ष के लिए लागू होना चाहिए। महोदय, मैं चाहता हूँ कि आरक्षण भी कम-से-कम 150 वर्ष के लिए हो जितने अवधि तक उन्हें अवसर से वंचित रखा गया है।

श्री शान्तनु कुमार दास ने कहा कि ऐसा कुछ लोगों का मत है कि आरक्षण को दस वर्ष तक रखा जाना चाहिए! दस वर्ष के लिए क्यों? यदि हम दो वर्ष में ही समान अधिकार

प्राप्त कर लेते हैं तो हम सब समान स्तर पर आ जायेंगे और उसके पश्चात आरक्षण की कोई आवश्यकता ही नहीं रह जायेगी।

श्री एच. जे. खाण्डेकर ने अनुच्छेद 10(3) के प्रारूप-प्रावधान के लिए मसौदा-समिति को बधाई देते हुए कहा कि अनुसूचित जाति के लोगों की स्थिति बहुत शोचनीय है।...मुझे इस बात का भय है कि यदि यह खण्ड लागू हो भी जाता है तो अनुसूचित जाति को अवसर ही नहीं मिल पायेगा क्योंकि अन्य जातियाँ भी पिछड़े के नाम पर दावा करने लगेंगी।

सेवा में आरक्षण के सिद्धान्त को लेकर पूरा सदन दो समूह में बँट गया था। यह सही है कि सरदार पटेल की अध्यक्षता वाली 'अल्पसंख्यक एवं मूल अधिकार समिति' की रिपोर्ट के खण्ड 5 के परन्तुक में 'पिछड़ा' शब्द का प्रयोग नहीं किया गया था। इस खण्ड का परन्तुक कहता था कि 'इस खण्ड में कही गयी कोई बात उन वर्गों को, जिनका लोक सेवा में उचित प्रतिनिधित्व नहीं है, के पक्ष में आरक्षण का प्रावधान बनाने से राज्य को नहीं रोकेगी।' यह भी सही है कि इस रिपोर्ट को संविधान-सभा द्वारा स्वीकृत भी किया जा चुका था। ऐसी स्थिति में प्रारूप-प्रावधान में 'पिछड़ा' शब्द का पुनः प्रयोग करना गम्भीर मामला था। इस शब्द के प्रयोग को स्पष्ट करने और आरक्षण के सिद्धान्त के औचित्य पर प्रकाश डालने की जिम्मेदारी डॉ. अंबेडकर पर थी। तमाम अन्तर्विरोधों के बीच सभी पक्षों के तर्कों को बड़ी कुशलता से समाहित करते हुए डॉ. अंबेडकर ने कहा—

> 'महोदय, अब मैं उस सवाल यानी अनुच्छेद 10(3) में प्रयोग किये गये 'पिछड़ा' शब्द पर आता हूँ जिसने इस सदन के सदस्यों को सबसे ज्यादा उद्वेलित किया है। मैं कुछ सामान्य बातों के साथ अपनी बात प्रारम्भ करना चाहता हूँ ताकि माननीय सदस्यगण इस खण्ड में 'पिछड़ा' शब्द के प्रयोग करने के यथार्थ वास्तविकता, महत्त्व एवं अनिवार्यता को समझने की स्थिति में हो सकें। यदि सदस्यगण इस विषय पर अपने विचारों का आदान-प्रदान करें, तो वे पायेंगे कि तीन तरह की दृष्टि है, जो हमें सन्तुष्ट करने के लिए आवश्यक है...।
>
> 'इन तीन दृष्टियों में से पहली दृष्टि यह है कि सभी नागरिकों को अवसर की समानता होगी। यह इस सदन के सभी सदस्यों की इच्छा है कि विशेष पद की योग्यता रखने वाले प्रत्येक व्यक्ति को आवेदन करने, परीक्षा में बैठने और अपनी क्षमता का परीक्षण करने की स्वतंत्रता हो और अवसर की समानता के इस सिद्धान्त पर कोई सीमा या रुकावट नहीं होनी चाहिए। दूसरी दृष्टि जो इस सदन के ज्यादातर सदस्यों को स्वीकार है वह यह है कि यह सिद्धान्त पूर्णता के साथ लागू होना चाहिए और यदि यह इस तरह लागू हो तो किसी भी वर्ग या समुदाय के लिए किसी तरह का कोई आरक्षण नहीं होना चाहिए और सभी नागरिक जो योग्य हैं, सम्बन्धित लोकसेवा के लिए समान रूप से रखे जाने चाहिए। यह दूसरी दृष्टि है जो हम पाते हैं। तब हम एक और शक्तिशाली मत पाते हैं जो जोर देकर कहता है कि यद्यपि सिद्धान्ततः अवसर की समानता का विचार अच्छा है, उसी समय एक ऐसा प्रावधान भी होना चाहिए, जिससे कुछ ऐसे समुदाय जो प्रशासन में बाहर रहे हैं, को अन्दर लाया जा सके।

'जैसा मैंने कहा है कि मसौदा-समिति ने इन तीनों दृष्टियों का एक समग्र उपाय निकाला है। पहला कि अवसर की समानता हो, दूसरा कुछ समुदाय, जो प्रशासन में उचित स्थान नहीं प्राप्त कर सके हैं, के पक्ष में आरक्षण हो। यदि माननीय सदस्यगण इन तथ्यों को दिमाग में रखें तो संविधान के अनुच्छेद 10 के खण्ड (3) में रखे गये प्रावधान से अच्छा कुछ नहीं हो सकता। वे पायेंगे कि उनके विचार जो विश्वास करते हैं कि समान अवसर उपलब्ध हो, वह अनुच्छेद 10 (1) में रखा गया है। यह एक सामान्य सिद्धान्त है। उसी समय, जैसा हमने कहा है, हमें इस सिद्धान्त को दूसरे समुदाय के उस माँग के साथ सन्तुलित करना था कि यह स्थिति समाप्त होनी चाहिए कि प्रशासन को एक समुदाय द्वारा या कुछ समुदाय द्वारा ही लगातार नियंत्रित किया जाता रहे और लोकसेवा में दूसरे समुदाय को भी सहभागिता के अवसर मिलने चाहिए।

'कुछ क्षण के लिए उदाहरणस्वरूप मान लें कि हम उस समुदाय, जो लोकसेवाओं में नियुक्ति से पूर्ण रूप से वंचित रहा है, की माँग को पूरी तरह मान लें, तो क्या होगा? पहली बात कि अवसर की समानता हो, जिस पर हम सभी सहमत हैं, को पूरी तरह नष्ट करना होगा। मुझे एक उदाहरण रखने दें। मान लीजिये कि एक समुदाय या समुदाय के एक समूह के लिए आरक्षण की व्यवस्था बनायी गयी जो राज्य के कुल पद का 70 प्रतिशत जैसा कुछ आये और केवल 30 प्रतिशत अनारक्षित रह जाये, जो सामान्य प्रतियोगिता के लिया खुला रहे, पहला सिद्धान्त कि अवसर की समानता हो, को लागू करने की दृष्टि से क्या सन्तोषजनक रहेगा? मेरे निर्णय में कदापि नहीं। इसलिए सीट आरक्षित हो, लेकिन आरक्षण को अनुच्छेद 10 (1) के अनुकूल होना होगा और सीट कुछ संख्या तक सीमित होंगी तभी संविधान में प्राविधानित पहले सिद्धान्त को प्रभावशाली तरीके से लागू किया जा सकेगा।

'यदि माननीय सदस्यगण इस सिद्धान्त को समझते हैं कि हम दोनों बातों कि अवसर के समानता का सिद्धान्त और साथ-साथ राज्य में उचित प्रतिनिधित्व से वंचित समुदाय की माँग, को सुरक्षित रखना है तो मैं निश्चिन्त हूँ कि वे सभी सहमत होंगे कि जब तक आप 'पिछड़ा' जैसे शब्दावली का प्रयोग नहीं करते हैं, आरक्षण के पक्ष में बनाया गया यह अपवाद 'नियम' को ही खा जायेगा। कोई नियम ही नहीं बचा रह पायेगा। यह न्यायोचित कारण हैं, जिसे मैं कह सकता हूँ, कि क्यों मसौदा-समिति ने 'पिछड़ा' शामिल करने की जिम्मेदारी अपने कन्धे पर ले ली है, जिसे मैं स्वीकार करता हूँ वह मूल अधिकार का वह मूल रूप नहीं है जिसे इस सभा द्वारा पारित किया गया था। लेकिन मैं समझता हूँ कि माननीय सदस्यगण महसूस करेंगे कि मसौदा-समिति, जिसकी कुछेक आधारों पर एक कमजोर प्रारूप तैयार करने के आरोप के साथ हँसी भी उड़ायी गयी है, को अभी भी इस आक्रमण के लिए तैयार रहना चाहिए कि उसने ऐसा प्रारूप-संविधान तैयार किया है, जिसमें इतनी अधिक संख्या में अपवाद हैं कि नियम को लागू करने के लिए कोई जगह ही नहीं बचा है। मैं सोचता हूँ कि यह न्यायोचित सिद्ध करने के लिए पर्याप्त है कि क्यों 'पिछड़ा' शब्द का प्रयोग किया गया है?'[10]

आरक्षण-व्यवस्था में अल्पसंख्यकों की स्थिति

प्रारूप अनुच्छेद 10 के खण्ड (3) द्वारा स्वीकृत आरक्षण के सिद्धान्त को 10 वर्ष की अवधि तक सीमित करने के लिए पण्डित हृदय नाथ कुंजरू द्वारा संशोधन प्रस्ताव प्रस्तुत किया गया। इसके समर्थन में बोलते हुए पण्डित कुंजरू ने अल्पसंख्यकों के आरक्षण का भी सवाल उठाया। उन्होंने कहा कि मैं जानना चाहता हूँ कि अनुच्छेद 10 के खण्ड (3) और अनुच्छेद 296 के मध्य क्या सम्बन्ध है? प्रारूप अनुच्छेद 296 (संविधान का अनुच्छेद 335) निर्दिष्ट करता है कि केन्द्र या पहली अनुसूची के भाग (1) में शामिल राज्यों से जुड़े सेवाओं और पदों पर नियुक्ति में उसकी प्रशासनिक क्षमता को योग्य बनाये रखने के साथ अल्पसंख्यक समुदाय के दावों पर विचार किया जायेगा। अब अनुच्छेद 10 के खण्ड (3), जो सभी राज्यों पर लागू होता है उसके और अनुच्छेद 296, जो केवल पहली अनुसूची के भाग 1 में शामिल राज्यों पर लागू होता है, के मध्य अन्तर स्पष्ट है। लेकिन इसके अलावा इन दोनों अनुच्छेदों में क्या सम्बन्ध है, यह दूर-दूर तक स्पष्ट नहीं है। अनुच्छेद 296 अल्पसंख्यकों से सम्बन्धित है। सेवाओं में नियुक्ति के लिए अल्पसंख्यकों के दावों पर विचार उनके पिछड़े होने के आधार पर किया जा सकता है। यद्यपि अनुच्छेद 296 में 'अल्पसंख्यक' शब्द का प्रयोग किया गया है और अनुच्छेद 10 (3) में 'पिछड़ा वर्ग' शब्द का प्रयोग किया गया है, मुझे लगता है कि देश हित में किसी वर्ग, चाहे इसे आप पिछड़ा वर्ग कहें या अल्पसंख्यक, को पिछड़ा होने के आधार पर और यदि इन्हें उनके ऊपर छोड़ दिया जाये तो वे अपने हितों की रक्षा करने के अयोग्य हों, के लिए संरक्षण प्रदान किया जा सकता है। यह दिखाता है कि इन दोनों अनुच्छेदों, जिसे मैंने सन्दर्भित किया है, के मध्य सम्बन्ध को स्पष्ट करने की आवश्यकता है।

मि. अजीज अहमद खान ने प्रारूप अनुच्छेद 10 के खण्ड (3) से 'पिछड़ा' शब्द को हटाये जाने की माँग अपने संशोधन-प्रस्ताव के माध्यम से किया। उनका तर्क था कि इस सदन में प्रस्तुत अल्पसंख्यक रिपोर्ट में 'पिछड़ा' शब्द का प्रयोग नहीं था। हम अन्तिम रूप से तय कर चुके हैं कि 'पिछड़ा' शब्द को शामिल करना अनावश्यक है। इसके अलावा यदि आप सब इस प्रारूप संविधान को देखेंगे तो पायेंगे कि कई अनुच्छेद ऐसे हैं, यदि यह संशोधन नहीं स्वीकार किया जाता है, तो इन अनुच्छेदों के प्रावधान अनुच्छेद 10 के विरुद्ध होगा। मैं अनुच्छेद 296 और 297 को सन्दर्भित करता हूँ। मैंने पण्डित कुंजरू के वक्तव्य को गम्भीरता से सुना। उनका आशय है कि भारत में उपजी नयी परिस्थितियों में, यदि कोई संरक्षण दिया जाये, तो कुछ विशेष समुदाय, जो शैक्षणिक एवं सांस्कृतिक रूप से पिछड़े हों, उनको दिया जाये। केवल ऐसे लोग संरक्षण पाने के अधिकारी हैं, किन्तु अल्पसंख्यक नहीं। उनके विचार में, ऐसे किसी वर्ग या समूह को वर्तमान परिस्थिति में किसी भी तरह के संरक्षण देने की आवश्यकता नहीं है। मेरे विचार से केवल उन्हीं लोगों को संरक्षण देने की आवश्यकता है जिनको लेकर सन्देह है कि यदि उन्हें सुरक्षा नहीं दी गयी तो उनके अधिकार सुरक्षित नहीं रहेंगे। ... तो भी यह एक तथ्य है कि बदलाव जो इस देश में हम लाने जा रहे हैं, उसको देखते हुए अल्पसंख्यकों को संरक्षण दिया जाना आवश्यक है। इनको संरक्षण दिया जाना चाहिए और ऐसा आसानी

से किया जा सकता है। अनुच्छेद 296 में इस तरह का संरक्षण दिया गया है और अनुच्छेद 299 (संविधान का अनुच्छेद 338) भी इसी तरह का प्रावधान है। मैं निवेदन करना चाहूँगा कि यदि हम इस देश को ऐसा स्वरूप देना चाहते हैं कि यहाँ कोई भेदभाव न हो, तो आवश्यक है कि ऐसी कोई रुकावट नहीं होनी चाहिए जो एक व्यक्ति के दिमाग में ऐसी सोच पैदा करे कि उसके शैक्षणिक और नागरिक योग्यताओं को उपेक्षित किया जा रहा है। इसलिए यदि इस अनुच्छेद में संशोधन नहीं किया गया तो अल्पसंख्यकों के दिमाग में सन्देह और अविश्वास पैदा होगा कि उन्हें उपेक्षित किया जा रहा है।[11]

प्रारूप अनुच्छेद 10 पर आम बहस के दौरान मोहम्मद इस्माइल साहिब ने भी अल्पसंख्यकों के लिए आरक्षण की व्यवस्था को सुनिश्चित करने की माँग की। मि. इस्माइल साहिब ने तर्क दिया कि '... ऐसा अर्थ नहीं निकाला जाना चाहिए कि पिछड़ा वर्ग के परिधि से अल्पसंख्यक वर्ग, जैसे- मुस्लिम, ईसाई और अनुसूचित जाति बाहर होंगे। यह एक तथ्य है कि गैर-बहुसंख्यकों में भी लोग पिछड़े हैं। ईसाई भी पिछड़े हैं। यह भी एक तथ्य है कि उनका प्रान्तों की सेवाओं में पर्याप्त प्रतिनिधित्व नहीं है। ऐसा मुसलमानों के साथ भी है और अनुसूचित जाति के साथ भी। यदि कोई प्रावधान बनाया जाता है, तो वह इन सभी पिछड़े लोगों के लिए बनाया जाये। ऐसा ही प्रावधान अनुच्छेद 296 में अल्पसंख्यकों के अधिकार के अन्तर्गत बनाया गया है। यद्यपि वहाँ पर सेवाओं में आरक्षण की बात नहीं कही गयी है जैसा कि खण्ड (3) में कहा गया है। ऐसा यहाँ पर है और मूल अधिकार में है जिसमें अल्पसंख्यक वर्ग, जैसे—मुस्लिम, ईसाई और अनुसूचित जाति के लिए अवश्य प्रावधान होना चाहिए।

मोहम्मद इस्माइल साहिब ने आगे कहा कि महोदय, जब भी हम आरक्षण और अधिकार की बात करते हैं तो इसे साम्प्रदायिकता से जोड़ दिया जाता है। इसमें साम्प्रदायिकता की बात नहीं आनी चाहिए क्योंकि लोग अपना अधिकार चाहते हैं। जब लोग पाते हैं कि उनका पर्याप्त प्रतिनिधित्व नहीं है और वे महसूस करते हैं कि उनको भी पर्याप्त प्रतिनिधित्व मिलना चाहिए, तब ऐसी माँग सामने आती है। ऐसी माँग की जाती है क्योंकि सेवा में उनका अपर्याप्त प्रतिनिधित्व है, क्योंकि उनमें असन्तोष है। जब ऐसा असन्तोष समाप्त हो जाता है, तब दिल की एकता आती है। दिल की एकता से, न कि भौतिक एकता के प्रयास से देश और लोगों का भला होगा। कुछ अन्तर होंगे लेकिन एकरूपता अवश्य ही होनी चाहिए और यही है जिसे हम वास्तव में पाना चाहते हैं। लोगों के मध्य सन्तोष का भाव पैदा करके इस एकरूपता को प्राप्त किया जा सकता है और सेवा में आरक्षण एक माध्यम है जिसको अंगीकृत करके हम लोगों में सन्तोष का भाव ला सकते हैं। तब आप यह कह सकते हैं कि 'देखो, आपको सेवा में उचित प्रतिनिधित्व मिला है और अब आपको कोई शिकायत नहीं होनी चाहिए।'[12]

सरदार हुकुम सिंह ने पण्डित कुंजरू के तर्क को दोहराते हुए कहा कि मुझे अनुच्छेद 10 और 296 में कुछ अन्तर्विरोध लगता है।...अनुच्छेद 10 अवसर की समानता की बात करता है। यह नकारात्मक प्रावधान कि किसी नागरिक के साथ धर्म या जाति के कारण भेदभाव नहीं किया जायेगा, पर जोर देता है। यह बिलकुल सही है, लेकिन जब ऐसा कोई इशारा नहीं किया गया है कि क्या यह अनुच्छेद 296 के प्रावधान पर प्रभावी होगा या

अनुच्छेद 296 इससे स्वतंत्र है, निश्चित तौर पर हम सन्देह की स्थिति में कर दिये गये हैं। अल्पसंख्यकों के भाग्य का क्या होगा?

संविधान में आरक्षण के सम्बन्ध में अल्पसंख्यकों की वास्तविक स्थिति क्या है, इसको लेकर उपजे भ्रम को समाप्त करते हुए डॉ. अंबेडकर ने कहा—

> 'अल्पसंख्यक के सम्बन्ध में अनुच्छेद 296 का विशेष सन्दर्भ है। जहाँ यह कहा गया है कि कुछ प्रावधान अल्पसंख्यकों के लिए बनाये गये हैं। वस्तुत: ऐसा हमने कुछ नहीं किया है, यह इस धारा से ही स्पष्ट हो जाता है। लेकिन हमने अल्पसंख्यकों को सर्वथा छोड़ा नहीं है। कोई मुझसे पूछ सकता है कि पिछड़ा समुदाय क्या है? हाँ, मैं समझता हूँ, जो भी प्रारूप की भाषा को पढ़ेगा, तो वह पायेगा कि यह स्थानीय सरकार को तय करने के लिए छोड़ दिया गया है। एक पिछड़ा समुदाय वह समुदाय है जो सरकार के विचार में पिछड़ा है। मेरे माननीय सदस्य मि. टी. टी. कृष्णामचारी ने मुझसे पूछा है कि क्या यह नियम न्यायोचित है। इसका एक दृढ़ उत्तर दिया जाना कठिन है। व्यक्तिगत रूप से मैं सोचता हूँ कि यह न्यायोचित है। यदि स्थानीय सरकार आरक्षण की श्रेणी में अधिक संख्या में सीटों को शामिल करती है तो मैं सोचता हूँ कि कोई व्यक्ति फेडरल कोर्ट या सुप्रीम कोर्ट जा सकेगा और कह सकता है कि अवसर की समानता के नियम को नष्ट कर दिया गया है और तब न्यायालय निष्कर्ष निकाल सकेगी कि क्या स्थानीय सरकार या राज्य सरकार ने तार्किक या बुद्धिमत्ता से काम किया है।
>
> 'मि. कृष्णामचारी ने यह भी पूछा है कि 'तर्कशाली व्यक्ति कौन है? और बुद्धिमान् व्यक्ति कौन है? यह सब मुकदमेबाजी का मामला है'। निश्चित तौर पर यह मुकदमेबाजी का मामला है, लेकिन मेरे माननीय मित्र मि. कृष्णामचारी को समझना होगा कि शब्द 'तर्कशाली व्यक्ति और बुद्धिमान् व्यक्ति' बहुत-सारे कानूनों में प्रयोग किये गये हैं। वह सम्पत्ति अन्तरण कानून का सन्दर्भ लेंगे तो पायेंगे कि बहुत-सारे मामलों में शब्द 'तर्कशाली व्यक्ति और बुद्धिमान् व्यक्ति' अच्छी तरह परिभाषित है और न्यायालय को इसे परिभाषित करने में कोई कठिनाई नहीं होगी। मैं आशा करता हूँ कि संशोधन, जिसे मैं स्वीकार किया हूँ, इस सदन द्वारा स्वीकार किया जायेगा।'[13]

खण्ड (3) के अलावा प्रारूप अनुच्छेद 10 में वर्णित सिद्धान्तों का दूसरा अपवाद खण्ड (4) में प्राविधानित किया गया था। प्रारूप खण्ड (4) किसी धार्मिक संस्था को अपने कार्यकलाप के लिए उस धर्म से जुड़े व्यक्ति को नियुक्त करने की स्वतंत्रता देता था। इसमें प्रावधानित किया गया था कि 'इस अनुच्छेद की कोई बात किसी ऐसे विधि के प्रवर्तन पर प्रभाव नहीं डालेगी जो यह उपबन्ध करती है कि किसी धार्मिक या साम्प्रदायिक संस्था के कार्यकलाप से सम्बन्धित कोई पदधारी या उसके शासी निकाय का कोई सदस्य किसी विशिष्ट धर्म को मानने वाला या विशिष्ट सम्प्रदाय का ही हो।' इस प्रावधान पर सामान्यतया किसी को आपत्ति नहीं था और इसी स्वरूप में खण्ड (4) को अंगीकृत कर लिया गया।

इसके पश्चात् माननीय उपाध्यक्ष महोदय द्वारा एक-एक करके संशोधन-प्रस्तावों को रखा गया। जिन चार संशोधन-प्रस्तावों को डॉ. अंबेडकर द्वारा स्वीकार किया गया था, उसे संविधान सभा द्वारा भी स्वीकार कर लिया गया और बाकी 8 संशोधन-प्रस्ताव, जो डॉ. अंबेडकर द्वारा नहीं स्वीकार किये गये थे, को संविधान सभा द्वारा भी अस्वीकृत कर दिया गया।

यथासंशोधित अनुच्छेद 10 का निम्न प्रावधान संविधान सभा द्वारा अंगीकृत कर लिया गया।

'1. राज्य के अधीन किसी पद पर नियोजन या नियुक्ति से सम्बन्धित विषयों में सभी नागरिकों को अवसर की समानता होगी।

2. राज्य के अधीन किसी नियोजन या पद के सम्बन्ध में केवल धर्म, मूलवंश, जाति, लिंग, उद्भव, जन्म-स्थान, निवास या इनमें से किसी के आधार पर न तो कोई नागरिक अपात्र होगा और न उससे विभेद किया जायेगा।

2ए. इस अनुच्छेद की कोई बात संसद् को कोई ऐसा विधि बनाने से नहीं रोकेगी जो पहली अनुसूची में वर्णित किसी राज्य या इसके क्षेत्र में किसी स्थानीय या अन्य प्राधिकारी के अधीन वाले किसी वर्ग या वर्गों के पद पर नियोजन या नियुक्ति के सम्बन्ध में, ऐसे नियोजन या नियुक्ति से पहले उस राज्य के भीतर निवास विषयक कोई अपेक्षा विहित करती है।

3. इस अनुच्छेद की कोई बात राज्य को पिछड़े हुए नागरिकों के किसी वर्ग के पक्ष में, जिनका प्रतिनिधित्व राज्य की राय में राज्य के अधीन सेवाओं में पर्याप्त नहीं है, नियुक्ति या पदों के आरक्षण के लिए उपबन्ध करने से नहीं रोकेगी।

4. इस अनुच्छेद की कोई बात किसी ऐसी विधि के प्रवर्तन पर प्रभाव नहीं डालेगी जो यह उपबन्ध करती है कि किसी धार्मिक या साम्प्रदायिक संस्था के कार्यकलाप से सम्बन्धित कोई पदधारी या उसके शासी निकाय का कोई सदस्य किसी विशिष्ट धर्म को मानने वाला या विशिष्ट सम्प्रदाय का ही हो।'

वर्तमान आरक्षण नीति की तीन विसंगतियाँ

सेवा में आरक्षण के सिद्धान्त को स्वीकार करने के पीछे हमारे संविधान-निर्माताओं की मंशा थी कि अस्पृश्यता जैसे सामाजिक दोषों के कारण और भू-स्वामित्व अधिकार जैसे तमाम मूलभूत अधिकारों से वंचित होने के कारण समाज की मुख्य धारा में पिछड़ गये लोगों को सामाजिक-आर्थिक-शैक्षणिक रूप से विकसित किया जाये। इस लक्ष्य को प्राप्त करने के लिए संविधान के अन्तर्गत राज्य को यह अधिकार दिया गया कि वह सेवाओं में पर्याप्त प्रतिनिधित्व नहीं प्राप्त कर सकने वाले पिछड़े वर्ग के पक्ष में आरक्षण-व्यवस्था लागू कर सकता है। आरक्षण का सिद्धान्त पिछड़े वर्ग के सम्बन्ध में ही लागू होगा, इसका श्रेय यदि किसी एक व्यक्ति को जाता है तो वह बाबा साहेब डॉ. अंबेडकर को जाता है। और सबसे खास बात यह है कि आरक्षण का सिद्धान्त सिर्फ उन पिछड़े वर्ग पर लागू होता है, जिसे सरकारी सेवाओं में पर्याप्त प्रतिनिधित्व नहीं मिल पाया है। बाबा साहेब ने आरक्षण के सिद्धान्त और समानता के सिद्धान्त के मध्य सन्तुलन स्थापित करने पर जोर

दिया यानी आरक्षण के सिद्धान्त को इस तरह नहीं लागू किया जा सकता जिसके कारण समानता का सिद्धान्त समाप्त हो जाये। आरक्षण किसी भी कीमत पर 50 प्रतिशत से ऊपर नहीं हो सकता, इस विचार की बुनियाद रखने का श्रेय भी डॉ. अंबेडकर को ही जाता है। पिछड़ापन का आधार क्या होगा? पर्याप्त प्रतिनिधित्व का पैमाना क्या होगा? इसको समय-समय पर तय करने का दायित्व संविधान-निर्माताओं ने भावी संसद् एवं नीति-निर्माताओं के सम्यक् दृष्टि पर छोड़ दिया।

संविधान में संविधान-निर्माताओं द्वारा स्वीकृत किये गये आरक्षण के सिद्धान्त को सभी भारतीयों ने बिना किसी गिले शिकवे के हृदय से स्वीकार किया। आरक्षणरूपी संवैधानिक सुरक्षा और इसे सम्पूर्ण समाज द्वारा मिली सर्वस्वीकृति का सम्मिलित प्रभाव है कि दलित वर्ग (अनुसूचित जाति), आदिवासी वर्ग (अनुसूचित जनजाति) एवं अन्य पिछड़े वर्ग के लोग, सेवाओं में प्रतिनिधित्व प्राप्त करने के साथ न केवल सामाजिक प्रतिष्ठा, राजनीतिक प्रभाव और आर्थिक प्रगति प्राप्त करने में सफल हुए हैं, बल्कि भौमिक स्वामित्व हासिल करने में भी आगे बढ़े हैं। कहीं-कहीं तो कुछ पिछड़ी जातियाँ और पिछड़े कहे जाने वाले लोग औसत रूप से कई अनारक्षित सवर्ण वर्ग के लोगों को पीछे छोड़ दिये हैं। भौमिक स्वामित्व के सम्बन्ध में यह बदलाव सामाजिक प्रतिष्ठा एवं सांस्कृतिक प्रगति के सन्दर्भ में बहुत ही महत्त्वपूर्ण है। यह हमारे संविधान की बहुत बड़ी उपलब्धि है।

आरक्षण के कारण पिछड़े वर्ग के लोगों को मिल रही तरक्की में अनारक्षित सवर्ण वर्ग के युवाओं, खासतौर से आज की तीसरी-चौथी पीढ़ी के युवाओं के त्याग की उपेक्षा नहीं की जा सकती है। सवर्ण वर्ग के इन युवाओं ने अपने पूवर्जों द्वारा की गयी गलतियों को बड़े विनम्रता से स्वीकार कर आरक्षण को लेकर सहज व सहिष्णु रहते हैं और अपने समाज के पिछड़े वर्ग के लोगों की तरक्की में आत्मसन्तुष्टि महसूस करते हैं। संविधान लागू होने के 65 वर्ष बाद भी अनारक्षित सवर्ण वर्ग के युवाओं में ऐसी सहिष्णुता अनोखी व बेमिसाल है।

लगभग आधी सदी बीत जाने के बाद आरक्षित वर्ग एवं जातियों में एक और महत्त्वपूर्ण परिवर्तन आया है। यह परिवर्तन है—पिछड़े वर्गों एवं जातियों में एक समृद्ध उपवर्ग का नवनिर्माण। पिछड़ी जातियों में आरक्षण का लाभ प्राप्त कर समृद्ध हो चुके लोगों का एक ऐसा उपवर्ग नवनिर्मित हुआ है, जो व्यक्तिगत स्तर पर न केवल आर्थिक एवं शैक्षणिक रूप से विकसित है, बल्कि सामाजिक एवं राजनीतिक स्तर पर प्रतिष्ठा भी हासिल किये है। इस उपवर्ग के निर्माण के साथ एक विसंगति यह पैदा हुई है कि आरक्षण सिद्धान्त का लाभ इस समृद्ध उपवर्ग के इर्द-गिर्द सिमटता जा रहा है। ये उपवर्ग उस आरक्षण सिद्धान्त के वास्तविक मंशा को निष्प्रभावी कर रहे होते हैं जिसने उनको आगे बढ़ने का मौका दिया।

ये नवनिर्मित समृद्ध उपवर्ग, समाज को दो तरह से नुकसान पहुँचा रहे हैं। एक यह कि इस नवनिर्मित समृद्ध उपवर्ग के लोग, अपने ही जाति/वर्ग के वंचित लोगों को आरक्षण का लाभ लेने व आगे बढ़ने से रोकते हैं और दूसरा यह कि ये उपवर्ग अनारक्षित सवर्ण वर्ग के युवाओं द्वारा किये जा रहे उस त्याग को निष्प्रभावी करते है, जो त्याग इसलिए

किया जा रहा है ताकि वास्तविक रूप से वंचित एवं पिछड़े लोग समाज की मुख्य धारा में शामिल हो सकें। खास बात यह है कि पिछड़े वर्ग में नवनिर्मित समृद्ध उपवर्ग लगभग स्थिर-सा होता जा रहा है। एक अनुमान के मुताबिक लगभग प्रत्येक पिछड़ी जातियों में नवनिर्मित समृद्ध उपवर्ग में शामिल लोगों की संख्या उस जाति के कुल संख्या का मात्र 10 से 15 प्रतिशत है। और यही समृद्ध उपवर्ग लगभग 85 से 90 प्रतिशत आरक्षित सीटों पर कब्जा कर लेते हैं। आरक्षण का लाभ प्राप्त कर समृद्ध हो चुके नागरिकों का यह नवनिर्मित उपवर्ग, अपने ही जाति के पिछड़े रह गये हाशिये के लोगों को प्रतियोगिता में पीछे ढकेलते रहते हैं और इन्हें आरक्षण का लाभ प्राप्त करने से वंचित कर देते हैं।

वर्तमान आरक्षण नीति में दूसरी विसंगति यह है कि एक वर्ग के अन्दर आने वाले भिन्न-भिन्न जातियों में व्यापक स्तर पर असमानता पैदा हुई है। इतना समय बीत जाने के बाद इस असमानता को अस्वाभाविक नहीं कहा जा सकता है। एक तरफ जहाँ कुछ जातियाँ तेजी से आगे बढ़कर समृद्ध हुई हैं तो इनकी तुलना में दूसरी कई जातियाँ आज भी काफी पीछे हैं और लगभग हाशिये पर हैं। पिछड़े वर्ग की समृद्ध हो चुकी जातियाँ भी, अपने वर्ग में पीछे रहने वाले जाति के लोगों को आरक्षण का लाभ लेने और आगे बढ़ने से रोकते हैं। इसे एक दृष्टान्त के माध्यम से समझने का प्रयास करते हैं। उत्तर प्रदेश राज्य में यादव जैसी सशक्त हो चुकी जातियाँ आज भी 'अन्य पिछड़े वर्ग' में शामिल है। प्रत्येक दृष्टि से इन जातियों की स्थिति बदल चुकी है। सामाजिक-शैक्षणिक-आर्थिक-राजनीतिक स्तर की बात हो या भौमिक शक्ति हासिल करने की बात, हर दृष्टि से ये जातियाँ औसतन काफी प्रभावशाली हो गयी हैं। इनके बच्चे सभी तरह की सुविधाओं व अनुकूल परिस्थितियों से युक्त रहते हैं। किन्तु इनके बच्चों के साथ, कोहार या कुम्हार या बढ़ई जैसी पिछड़ी जातियों के बच्चों को भी प्रतियोगिता करनी पड़ती है। और ऐसा नहीं है कि कोहार या कुम्हार या बढ़ई जैसी इन पिछड़ी जातियों में समृद्ध उपवर्ग अस्तित्व में नहीं रहते हैं। इनमें नवनिर्मित समृद्ध उपवर्ग कुछ हद तक अपने वर्ग के समृद्ध जातियों के साथ प्रतियोगिता कर लेता है और अपनी जाति में आरक्षण का लाभ अपने इर्द-गिर्द समेटकर हाशिये में पड़े उन पिछड़े लोगों को प्रतियोगिता से बाहर कर देता है, जो अपने ही जाति में समृद्ध उपवर्ग से अलग-थलग रह जाते हैं। हाशिये पर रह रहे ये पिछड़े लोग अपनी जातियों में मात्र संख्याबल का काम करते हैं और राजनेताओं की नजर में एक समृद्ध वोटबैंक से ज्यादा कुछ नहीं रहते हैं। पिछड़ी जातियों में हाशिये के इन लोगों के लिए आरक्षण नीति मात्र लालीपाप की तरह साबित होता है।

उक्त दो विसंगतियाँ ऐसी हैं जो आरक्षित वर्ग के भीतर समय के विकास के अनुक्रम पैदा हुई हैं। तीसरी विसंगति आम प्रभाव रखने वाली ऐसी विसंगति है, जो संविधान लागू होने के पहले दिन से ही हमारे समाज में व्याप्त है। यह ऐसी विसंगति है, जो सामन्तवाद को सुरक्षित बनाये रखने के लिए कृत्रिम खोल का काम करती है। सामन्तवाद को सुरक्षित रखने वाला यह कृत्रिम खोल समय के साथ लगातार मजबूत होता रहा है। 65 वर्ष के संवैधानिक काल के दौरान इस कृत्रिम खोल को न तो संविधान द्वारा स्वीकृत समानता का सिद्धान्त या आरक्षण का सिद्धान्त ही तोड़ पाया और न ही लोकतांत्रिक मूल्य ही इसे तोड़ पाया। यद्यपि यह कृत्रिम खोल और इसमें सुरक्षित रहने वाला सामन्तवाद का चरित्र

हमारे राजनीतिशास्त्र, कानूनशास्त्र, समाजशास्त्र एवं दर्शनविज्ञान के चिन्तकों एवं शोधार्थियों के लिए शोध का विषय हो सकता हैं, किन्तु यह एक सच्चाई है, यह एक वास्तविकता है। ऐसी वास्तविकता, जिसे हमारे नीति-निर्माता भी नियति पर छोड़ देना पसन्द करते हैं। इसलिए इस देश में यह सवाल पूछना गैर-वाजिब माना जाता है कि संविधान लागू होने के 65 वर्ष बाद भी देश के उच्चतर न्यायालयों जैसे न्यायिक संस्थानों और विश्वविद्यालयों जैसे उच्च शैक्षणिक संस्थानों में आरक्षण नीति को प्रभावशाली तरीके से क्यों नहीं लागू किया जा सका? जो मानक दूसरे संस्थानों यहाँ तक कि संसद् जैसे संस्थानों के लिए अनुचित नहीं है वह इन संस्थानों के लिए अनुचित कैसे है?

एक बचाव यह किया जाता है कि उच्चतर न्यायालयों एवं विश्वविद्यालयों में गुणवत्ता के साथ समझौता नहीं किया जा सकता। यदि आरक्षण नीति से संसद् जैसे कानून बनाने वाले संस्थानों की गुणवत्ता प्रभावित नहीं होती है तो इन उच्चतर संस्थानों के सन्दर्भ में गुणवत्ता प्रभावित होने का बचाव समझ के परे है। देश के किसी भी संवेदनशील नीति-निर्माताओं के लिए यह चिन्ता की बात होनी चाहिए कि आधी सदी से ज्यादा समय बीतने के बाद भी इस देश के तथाकथित पिछड़े वर्गों में ऐसी पीढ़ी क्यों नहीं पनप पायी, जो इन उच्चतर संस्थानों के लिए योग्यता रखती हो।

आज 65 वर्ष बाद इन संस्थानों से यह सवाल पूछा जाना चाहिए कि उन्होंने इस दिशा में ऐसा कौन-सा प्रयास किया जिससे पिछड़े वर्ग के लोगों में सुप्रीम कोर्ट या हाईकोर्ट का जज बनने या विश्वविद्यालयों में प्रोफेसर बनने की योग्यता पैदा हो सके। यदि इस दिशा में इनके द्वारा ईमानदारी से प्रयास नहीं किया गया तो संविधान और देश के प्रति उनकी निष्ठा पर कैसे विश्वास किया जाये। वस्तुत: देश के इन उच्चतर संस्थानों में सवर्ण वर्ग के कुछ खास लोगों का ही वर्चस्व स्वीकृत रूप से स्थापित है। गुणवत्ता की आड़ में इन उच्चतर संस्थानों में परिवारवाद और वंशवाद को बनाये रखने की सारी कवायद रहती है। यहाँ पर भी सवर्ण वर्ग का यह खास उपवर्ग पूरी तरह कुण्डली मारकर बैठा रहता है, जिससे आम सवर्णों का दूर-दूर तक कोई वास्ता नहीं रहता है। आम सवर्ण तो सिर्फ बदनाम रहता है। उच्च न्यायिक एवं उच्च शैक्षणिक संस्थानों में आरक्षण का प्रभावशाली तरीके से लागू न हो पाने का सबसे बड़ा खामियाजा इन आम सवर्णों को ही भुगतना है, क्योंकि इसके बिना आरक्षण को समाप्त करने का उनका दावा हमेशा खोखला रहेगा। इसलिए संविधान-संशोधन के माध्यम से संसद् एवं राज्य विधायिकाओं की तरह सुप्रीम कोर्ट एवं हाईकोर्ट में अनुसूचित जाति/जनजाति के लिए आरक्षण नीति को लागू करना वर्तमान व्यवस्था में बड़ी चुनौती है।

वस्तुत: देश के उच्चतर संस्थानों के सन्दर्भ में 'सवर्ण वर्ग के खास उपवर्ग' और अन्य दूसरी सेवाओं के सन्दर्भ में 'पिछड़े वर्ग के नवनिर्मित समृद्ध उपवर्ग' के मध्य एक तरह से अघोषित गठजोड़ विकसित हो गया है। दोनों एक-दूसरे के लिए ढाल प्रदान करते हैं। आरक्षण नीति में जड़ता बनी रहे और इसमें किसी तरह की गतिशीलता समाप्त हो जाये, यह इन दोनों के हित में है। इस जड़ता को समाप्त किये बिना और ऐसे अघोषित गठजोड़ को तोड़े बिना न तो हमारी आरक्षण नीति अपने वास्तविक उद्देश्य को प्राप्त कर पायेगी और न ही इस देश से आरक्षण-व्यवस्था को कभी समाप्त किया जा सकेगा। इसका

सबसे अधिक खामियाजा आम लोगों, खासकर आम युवाओं को ही भुगतते रहना होगा, चाहे वह सवर्ण वर्ग के आम लोग हों या पिछड़ा वर्ग के या दलित वर्ग के या फिर आदिवासी वर्ग के ही आम लोग क्यों न हों।

खामियाजा भुगतते रहने की मजबूरी के अलावा आम-युवाओं के पास दूसरा रास्ता यही होगा कि वह इस जड़ता को समाप्त करने के लिए नवक्रान्ति का बिगुल बजाये। लेकिन क्या ऐसी स्थिति एक संवैधानिक-लोकतांत्रिक व्यवस्था के लिए विडम्बना जैसी कुछ नहीं होगी? क्या ऐसी स्थिति हमारे राजनेताओं एवं नीति-निर्माताओं के लिए शर्मसार होने जैसी कुछ नहीं होगी? वर्तमान आरक्षण-व्यवस्था में समाजहित और राष्ट्रहित के विचार का लोप होना चिन्ताजनक है। क्या ऐसी ही स्थिति की कल्पना हमारे संविधान-निर्माताओं ने किया था?

आरक्षण और जातीय/वर्णीय पहचान का समाधान

आधी सदी पूर्व स्वीकार किये गये आरक्षण-सिद्धान्त को आज के परिदृश्य में कैसे और ज्यादा प्रभावशाली एवं उद्देश्यपरक बनाया जाये, इस पर जिस तरह हमारे नीति-निर्माता आँख-मिचौली करते हैं, ऐसे में महान् अमेरिकी विद्वान् मि. जेफरसन के विचार को उद्धृत करना प्रासंगिक लगता है। मि. जेफरसन ने कहा है—

> 'हम प्रत्येक पीढ़ी को एक निश्चित राष्ट्र मान सकते हैं, जिसे बहुमत की मंशा के द्वारा स्वयं को प्रतिबन्धित करने का अधिकार है, परन्तु जिस तरह उसे किसी अन्य देश के नागरिकों को प्रतिबन्धित करने का अधिकार नहीं है, ठीक उसी तरह भावी पीढ़ियों को बाँधने का अधिकार भी नहीं है।'
>
> '... राष्ट्र के उपयोग के लिए जिन संस्थाओं की स्थापना की गयी है, उन्हें अपने कृत्यों के लिए उत्तरदायी बनाने के लिए भी उनके संचालन के लिए नियुक्त लोगों के अधिकारों के बारे में भ्रान्त धारणाओं के अधीन यह विचार कि उन्हें छेड़ा या बदला नहीं जा सकता, एक निरंकुश राजा द्वारा सत्ता के दुरुपयोग के खिलाफ एक सराहनीय प्रावधान हो सकता है, परन्तु राष्ट्र के लिए वह बिलकुल बेतुका है। फिर भी हमारे अधिवक्ता और धर्मगुरु यह मानकर इस सिद्धान्त को लोगों के गले उतारते हैं कि पिछली पीढ़ियों की समझ हमसे कहीं अच्छी थी। उन्हें वे कानून हम पर थोपने का अधिकार था, जिन्हें हम बदल नहीं सकते थे और उसी प्रकार हम भी ऐसे कानून बनाकर उन्हें भावी पीढ़ियों पर थोप सकते हैं, जिन्हें बदलने का उन्हें भी अधिकार नहीं होगा। सारांश यह कि धरती पर मृत व्यक्तियों का हक है, जीवित व्यक्तियों का नहीं।'

65 वर्ष बाद आज आरक्षण नीति, पिछड़े वर्ग में नवनिर्मित समृद्ध उपवर्ग या समृद्ध जातियों को ही लाभ पहुँचा रहा है। ये ऐसे समृद्ध उपवर्ग हैं, जो अपनी जाति में हाशिये पर रह रहे लोगों को वंचित करके आरक्षण का लाभ तो ले लेता है, लेकिन शायद ही हाशिये के इन लोगों की हालत को लेकर चिन्तित रहता है और अपने जातीय समुदाय के समग्र विकास की बात सोचता है। यह समृद्ध उपवर्ग अपने-आप में एक अलग वर्ग की तरह होते हैं, जिनका सेवाओं में पर्याप्त प्रतिनिधित्व होने के बावजूद मात्र जाति आधार

पर पिछड़े होने का छद्म स्वरूप दिखाता है और आरक्षण का लाभ हड़प कर जाता है। यह समृद्ध उपवर्ग आरक्षण नीति के सन्दर्भ में यथास्थिति को बनाये रखना चाहता है ताकि वे और उनके बच्चे इसका लाभ प्राप्त करते रहें। वे प्रभावशाली होते हैं। वे नीति-निर्माण में दखल रखते हैं और हमारे राजनेताओं को भयभीत कर सकने की स्थिति में होते हैं और भयभीत करते भी हैं कि यदि आरक्षण नीति के वर्तमान स्वरूप के साथ छेड़छाड़ करने का प्रयास किया गया तो उनका वोटबैंक प्रभावित होगा। यद्यपि पिछड़े वर्ग में हाशिये के लोगों का वोटबैंक के इस कवायद से कुछ भी लेना-देना नहीं होता है, बावजूद इसके हमारे राजनेताओं को वोटबैंक दरकने का डर बना रहता है, इसलिए वे आरक्षण नीति में सुधार पर चर्चा करना तक पसन्द नहीं करते हैं।

वर्तमान आरक्षण नीति को संविधान-निर्माताओं द्वारा स्वीकृत आरक्षण-सिद्धान्त के पैमाने पर और बदली हुई परिस्थितियों के अनुरूप जाँचने-परखने के लिए हमारे नीति-निर्माताओं में इच्छाशक्ति नहीं दिखती है। सवाल पैदा होता है कि मि. जेफरसन का यह तीखा तंज कि 'धरती पर मृत व्यक्तियों का हक है, जीवित व्यक्तियों का नहीं" क्या हमारे देश की वर्तमान व्यवस्था के सन्दर्भ में सटीक नहीं है? आरक्षण के सन्दर्भ में क्या आज हम मृत व्यक्तियों द्वारा बनायी गयी व्यवस्था को वर्तमान पीढ़ी पर थोप नहीं रहे हैं? यदि ऐसा है तो क्या ऐसी व्यवस्था पर गर्व किया जा सकता है? जो व्यवस्था बदलते हालात के अनुरूप अपने को ढालने में अक्षम हो, उस पर आज की युवा पीढ़ी कैसे गर्व कर सकती है? क्या हमारे संविधान-निर्माताओं ने भविष्य के देश के लिए ऐसे ही व्यवस्था की कल्पना की थी, जिसमें बदलती परिस्थितियों के अनुरूप खुद को बदलने की क्षमता ही न हो?

पिछड़ी जातियों या वर्गों के अन्दर समृद्ध उपवर्ग, आरक्षण की सीढ़ी पर चढ़कर ही आगे बढ़ सका है। लेकिन यही उपवर्ग आरक्षण नीति की मंशा को तार-तार कर रहा है। वह आरक्षण का लाभ अपने तक सीमित कर उन वंचित पिछड़ों के हक पर कुण्डली मारकर बैठ जाता है, जिनके लिए हमारे संविधान-निर्माताओं ने आरक्षण-सिद्धान्त को स्वीकार किया था, जिनके लिए अनारक्षित सवर्ण वर्ग की युवा पीढ़ी आज भी त्याग किये जा रही है। अनारक्षित सवर्ण वर्ग के इन युवा पीढ़ी को यह जानने का अधिकार क्यों नहीं है कि उनके हक के एवज में जिस आरक्षण नीति को लागू किया जा रहा है, क्या उसे वास्तविक पिछड़े लोगों तक पहुँचाया जा रहा है? और यदि ऐसा नहीं हो पा रहा है तो क्या यह इन युवाओं के सब्र की परीक्षा नहीं है? इस युवा पीढ़ी का यह निहित हित है कि आरक्षण नीति का लाभ वास्तविक पिछड़े लोगों तक पहुँचना सुनिश्चित हो। यह उनकी जिम्मेदारी है कि वह इसकी देख-रेख करे और इसको सुनिश्चित कराने के लिए तत्पर रहे, अन्यथा डॉ. अंबेडकर और अन्य संविधान-निर्माताओं की यह कल्पना कि एक दिन सभी बराबर होंगे और आरक्षण-व्यवस्था समाप्त हो जायेगी, शायद ही कभी साकार हो सकेगा।

इसे अस्वीकार नहीं किया जा सकता कि आरक्षण-सिद्धान्त एक अपवाद ही है, कोई सामान्य नियम नहीं है। आरक्षण एक मार्ग है, जिसको हमारे संविधान-निर्माताओं ने वंचित रह चुके पिछड़े वर्ग को सेवाओं में उचित प्रतिनिधित्व देने के लिए स्वीकार किया था। आरक्षण नीति अपने लक्ष्य को पाने में सफल हो, इसके लिए आवश्यक है कि इसको

समय के साथ और व्यावहारिक व उद्देश्यपरक बनाया जाये। इसके साथ हमारे नीति निर्माताओं को इसका भी ध्यान रखना आवश्यक है कि कहीं आरक्षण-सिद्धान्त समाज में जातीय-स्थिरता का कारण न बन जाये। आरक्षण-सिद्धान्त की स्वीकृति के कारण समाज में जातीय स्थिति को मजबूती मिलना, समाजशास्त्रियों के लिए भी चिन्तन एवं मन्थन का विषय है। दवा का अर्थात् दुष्प्रभाव बीमारी से भी ज्यादा खतरनाक होने लगे और ऐसे इस दुष्प्रभाव पर यदि हमारा ध्यान न जाये तो इसका मतलब हम अपने शरीर के प्रति ईमानदार नहीं है। आरक्षण रूपी दवा का दुष्प्रभाव समाजरूपी शरीर के लिए नुकसानदायक न होने पाये, इसका ध्यान रखना ही होगा। समय रहते हमें आरक्षण के दुष्प्रभाव और इससे होने वाले नुकसान पर गम्भीरता से सोचना होगा। पूरा देश उस लक्ष्य को हासिल करने का इन्तजार कर रहा है जब सभी लोग, सामाजिक-सांस्कृतिक रूप से बराबरी पर हों इस लक्ष्य प्राप्ति में आरक्षण-सिद्धान्त ही स्वयं न आड़े आने पाये, इसका भी ध्यान रखना आवश्यक है।

संविधान सभा में दलितों के प्रतिनिधि-सदस्य डॉ. धर्म प्रकाश ने कहा था कि 'आरक्षण कुछ समय के लिए होना चाहिए और जब वे अन्य वर्ग की तरह सांस्कृतिक रूप से बराबरी पर आ जायेंगे, मैं पहला व्यक्ति होऊँगा, जो किसी भी तरह के आरक्षण का विरोध करूँगा।' संविधान-निर्माण के 70 वर्ष बीत जाने के बाद आज क्या हम सांस्कृतिक-सामाजिक बराबरी का दावा कर सकते हैं और क्या इसे आधार बनाकर आरक्षण-सिद्धान्त के औचित्य पर बहस करने की स्थिति में हैं? या क्या हम अगले 70 वर्ष बाद ऐसी बहस करने की इस स्थिति में आ सकेंगे? यदि हमने सांस्कृतिक-सामाजिक बराबरी का लक्ष्य प्राप्त कर लिया है, तो आरक्षण क्यों? और यदि नहीं प्राप्त कर पाये हैं, तो आरक्षण नीति पर समीक्षा क्यों नहीं? इन सब सवालों का जवाब खोजना हमारे नीति-निर्माताओं और समाजशास्त्रियों के लिए चुनौती की बात है ।

पिछड़े वर्ग के लोग, समाज की मुख्य धारा में आने में समर्थ हों, डॉ. अंबेडकर एवं अन्य संविधान-निर्माताओं के इस सपने को पूरा करने के लिए यह सुनिश्चित करना आवश्यक है कि आरक्षण का लाभ वास्तविक पिछड़े लोगों को ही प्राप्त हो न कि छद्म लोगों को। हमारे नीति-निर्माताओं को इसकी कड़ी निगरानी करने से पीछे नहीं हटना चाहिए। और शायद इसमें किसी को परेशानी हो कि आरक्षण उन्हीं लोगों को मिले जो वास्तविक रूप से इसके हकदार हैं और उन लोगों को छान दिया जाये जो अपने छद्म स्वरूप के साथ आरक्षण और इसके वास्तविक हकदारों के बीच आकर खड़े होकर आरक्षण के लाभ को हड़प लेते हैं। देश की युवा पीढ़ी गलत आरक्षण नीति के कारण अन्याय की शिकार न होने पाये, इसके लिए हमारे नीति-निर्माताओं एवं समाजशास्त्रियों दोनों को सुधारात्मक उपाय के लिए संकल्पित होना पड़ेगा। आरक्षण नीति में 'वरीयता, निस्यन्दन और वर्ग-प्रोन्नति के नियम (Rules of Preference, Filtration and Class-promotion- P.F.C. Rules)' को लागू करना होगा, जिसके निम्न सैद्धान्तिक पहलू हैं—

1. वरीयता के नियम के अन्तर्गत आरक्षित वर्ग के जिन व्यक्तियों को आरक्षण का लाभ नहीं मिल पाया हो, उनको उस वर्ग में उन व्यक्तियों पर वरीयता दिया जाये,

जिन्हें या जिनके पूर्वजों को आरक्षण का लाभ मिल चुका हो। इसके लिए आवश्यकतानुसार न्यूनतम योग्यता को और शिथिल किया जाये।

2. निस्यन्दन के नियम के अन्तर्गत न केवल एक निश्चित न्यूनतम आय अर्जित करने वाले, बल्कि न्यूनतम प्रतिष्ठा का पद धारण करने वाले और एक निश्चित न्यूनतम मात्रा से अधिक भूमि का स्वामित्व अर्जित करने वाले या इनमे सें किसी एक हैसियत पाने वाले किसी पिछड़े वर्ग के व्यक्ति को छानकर आरक्षण नीति के दायरे से बाहर किया जाये। और
3. वर्ग-प्रोन्नति के नियम के अन्तर्गत यदि किसी जाति में उपर्युक्त पैमाने को पूरा करने वालों की संख्या पचास प्रतिशत से अधिक हो जाये तो उस पूरे जाति का वर्ग-प्रोन्नति कर दिया जाये। इसके लिए एक निश्चित पैमाने को निर्धारित कर पिछड़े वर्ग में आने वाली समस्त जातियों को दो श्रेणियों— पिछड़ा वर्ग और अति पिछड़ा वर्ग तथा दलित वर्ग में आने वाली समस्त जातियों को दो श्रेणियों— दलित वर्ग और अति दलित वर्ग में विभाजित किया जाये। इस तरह बनने वाले पाँच आरक्षित वर्गों—आदिवासी वर्ग (अनुसूचित जनजाति), अति दलित वर्ग (अनुसूचित जाति-प्रथम श्रेणी), दलित वर्ग (अनुसूचित जाति-द्वितीय श्रेणी), अति पिछड़ा वर्ग (पिछड़ा वर्ग-प्रथम श्रेणी) और पिछड़ा वर्ग (पिछड़ा वर्ग-द्वितीय श्रेणी) तथा छठे सामान्य वर्ग में जातियों के विकास के साथ उनकी वर्ग-प्रोन्नति हो।

न केवल आरक्षण नीति में सुधारात्मक उपाय करना होगा, बल्कि समाज में जातीय एवं वर्णीय पहचान को प्रभावी तरीके से समाप्त करने के भी सुधारात्मक तरीके सोचने होंगे। इस दिशा में हिन्दुओं को अपने सामाजिक ढाँचे में मूलभूत वैचारिक परिवर्तन लाना होग।। किसी व्यक्ति की पहचान जातिगत या वर्णिक आधार पर आज भी प्रासंगिक क्यों है, यह सवाल बहुत-सारे समाजशास्त्रियों को बगले झाँकने के लिए मजबूर करता होगा। लेकिन यह एक वास्तविकता है कि आज भी यह पहचान कायम है और ताज्जुब तो इस बात को लेकर है कि यह जातिगत पहचान जन्म के आधार पर रहता है। कोई डॉक्टर बन जाये, शिक्षक बन जाये, वकील बन जाये, मंत्री, मुख्यमंत्री, प्रधानमंत्री बन जाये तो भी उसकी जन्म आधारित जातीय पहचान उसके साथ चिपकी ही रहती है! आज भी एक व्यक्ति, कर्म आधारित पहचान और जन्म आधारित जातीय/वर्णिक पहचान दोनों को साथ लेकर चलता है। जन्म आधारित जातीय/वर्णिक पहचान कैसे समाप्त हो, यह आज हमारे समाजशास्त्रियों के लिए चुनौती का विषय है। इस चुनौती से निपटने के लिए हम दो काम कर सकते हैं। पहला यह कि लोगों के कर्म आधारित पहचान को अधिक-से-अधिक सामाजिक महत्त्व मिले, इस दिशा में प्रयास किया जाए और दूसरा यह कि जातीय/वर्णिक संरचना को ध्वस्त किया जाये। इसके लिए कुछ सुधारात्मक उपायों को अंगीकृत किया जाना चाहिए।

1. अन्तर्जातीय/अन्तधार्मिक विवाह (जिसे मैं 'भेदमुक्त विवाह' कहना पसन्द करूँगा, ताकि जाति या धर्म के अस्तित्व को स्वीकृति ही न मिल सके) को सरकारी और सामाजिक दोनों स्तर पर प्रोत्साहन एवं संरक्षण मिले। उदाहरण के लिए भेदमुक्त विवाह करने वाले दम्पत्तियों को विभिन्न योजनाओं में वरीयता मिले, ऐसी दम्पत्ति

से पैदा होने वाले बच्चों को शिक्षा एवं सेवाओं में प्रवेश के लिए अतिरिक्त बोनस अंक मिले इत्यादि।

2. सभी सरकारी अभिलेखों में 'शूद्र' या 'वैश्य' या 'क्षत्रिय' या 'ब्राह्मण' या इनके समानार्थी शब्दों के प्रयोग पर रोक लगे।

3. किसी व्यक्ति के नाम के साथ लगे टाइटिल अर्थात् उपनाम का जातिगत सन्दर्भ निकाले जाने पर रोक लगे और देश में विद्यमान सभी उपनामों को गुणवत्तामूलक पहचान देने के लिए कार्य हो। सरकारी स्तर पर कुछ आदर्श उपनाम यथा 'कुमार', 'प्रसाद', 'मंगल', 'तिलक', 'बेसेण्ट' 'आजाद', 'बोस', 'गांधी', 'अंबेडकर', 'भगत', 'अशफाक', 'राजगुरु' की घोषणा किया जाये।

4. स्कूल के रिकार्ड में नाबालिग बच्चों के नाम के आगे किसी तरह के उपनाम लिखे जाने पर रोक हो। बालिग होने के उपरान्त इन बच्चों को कोई भी उपनाम, चाहे माँ-बाप का उपनाम या फिर सरकारी स्तर पर घोषित आदर्श उपनामों में से किसी एक उपनाम को धारण करने की छूट हो।

5. विभिन्न सेवाओं, चाहे वह श्रमिक सेवा हो या बौद्धिक सेवा हो, में कार्य करने वाले व्यक्ति को, उस सेवा की प्रकृति के अनुरूप पहचान मिले। इसके लिए सामाजिक एवं सरकारी दोनों स्तर पर प्रोत्साहन मिले।

संविधान लागू होने के 65 वर्ष बाद बदली हुई परिस्थितियों में आरक्षण नीति को प्रभावशाली और उद्देश्यपरक बनाने के लिए 'वरीयता, निःस्यन्दन और वर्ग-प्रोन्नति के नियम (पी.एफ.सी. रूल्स)' को लागू करना ही होगा। ताकि वास्तविक पिछड़े लोगों को आरक्षण का लाभ मिले तथा वे मुख्य धारा में शामिल हो सकें और यह भी उम्मीद बन सके कि आज नहीं तो कल या 25-50 वर्ष बाद या 100-150 वर्ष बाद या 150-200 वर्ष बाद आरक्षण-व्यवस्था अवश्य ही समाप्त होगी। इसके साथ समाज में जातीय/वर्णिक पहचान समाप्त करने के लिए भी उक्त सुधारात्मक उपायों को अमलीजामा पहनाने की दिशा में आगे बढ़ना होगा, ताकि देश के सभी नागरिक, जातीय/वर्णिक पहचान से मुक्त होकर सामाजिक-सांस्कृतिक रूप से समान धरातल पर आ सकेंगे।

डॉ. अंबेडकर ने एक जातिविहीन राष्ट्र की कल्पना करते हुए 25 नवम्बर, 1949 को कहा था—

> '... भारत में जातियाँ हैं। ये जातियाँ राष्ट्रविरोधी हैं। सर्वप्रथम इस कारण कि ये सामाजिक जीवन में भेद लाती हैं। ये इस कारण भी राष्ट्रविरोधी हैं क्योंकि ये जातियों में परस्पर ईर्ष्या और द्वेष पैदा करती हैं। लेकिन यदि हम वास्तव में एक राष्ट्र होना चाहते हैं तो हमें इन सब कठिनाइयों पर विजय प्राप्त करना है। क्योंकि बन्धुत्व तभी सत्य हो सकता है जब कि एक राष्ट्र हो। ...'

क्या हम डॉ. अंबेडकर के सपनों का 'एक राष्ट्र' बनाने के लिए उस कठिनाई को समाप्त करने के लिए तैयार हो सकेंगे जो भारतीय समाज में जातीय भावनाओं के गहरे होने के कारण है। विषमता समाप्त करने के लक्ष्य को पाने के लिए आरक्षण-व्यवस्था हो लेकिन यह कारगर व उद्देश्यपरक हो। आरक्षण वास्तविक लक्ष्य हासिल करने वाला होना चाहिए न कि खुद इसे लक्ष्य बना देना चाहिए। यह आरक्षण, विषमता दूर करने का

उपाय होने के बजाय स्वयं ही जातीय भावनाओं की पोषक बनकर 'एक राष्ट्र' के लिए कब्रगाह साबित हो, इसके पूर्व हमारे नीति निमार्ताओं को ईमानदारी से सोचना होगा। समाज की जन्म आधारित जातीय या वर्णिक संरचना, 'एक राष्ट्र' के लिए कब्रगाह साबित हो, उसके पूर्व इन्हें कब्र में दफनाना ही होगा। इसलिए बदलते समय के साथ हमें आरक्षण नीति में बदलाव लाकर 'वरीयता, निस्यन्दन और वर्ग-प्रोन्नति के नियम को लागू करना होगा और जातीय/वर्णिक ढाँचे को समाप्त करना होगा। इस देश के नागरिक बिना ऊँच-नीच का भाव रखे, सामाजिक एवं सांस्कृतिक रूप से बराबर हैसियत वाले हों, तभी हम बाबा साहेब डॉ. अंबेडकर के सपनों का 'आदर्श समाज' और 'एक राष्ट्र' की स्थापना कर पायेंगे।

उपाधि धारण करने पर निषेध

ब्रिटिश शासन के दौरान सत्ता द्वारा ऐसे लोगों को, जो शासन के अनुकूल होते थे या जिनको अनुकूल किया जाना होता था, दीवान, बहादुर जैसी उपाधि देकर उपकृत कर उन्हें अपने साथ जोड़े रखा जाता था। वस्तुत: ये शासकीय उपाधियाँ साम्राज्यवाद की प्रतीक बन चुकी थीं और यदा-कदा इन प्रतीकों का दुरुपयोग आम आदमी के शोषण के लिए भी किया जाता था। प्रारूप अनुच्छेद 12 (संविधान का अनुच्छेद 18) का प्रावधान शासकीय उपाधि प्रदान करने या धारण करने की सामन्तशाही व्यवस्था का अन्त करता है।

प्रारूप अनुच्छेद 12 के प्रावधान में चार खण्ड थे। पहले तीन खण्ड उपाधियों के सन्दर्भ में थे और चौथा खण्ड भेंट, उपलब्धि या पद के सन्दर्भ में था। पहला खण्ड भारतीय राज्य पर लागू होता था तो अगले तीन खण्ड विदेशी राज्यों पर। पहला खण्ड कहता था कि 'राज्य द्वारा कोई उपाधि प्रदान नहीं की जायेगी।' दूसरा खण्ड नागरिकों पर रोक लगाता था कि 'वह किसी विदेशी राज्य से कोई उपाधि स्वीकार नहीं करेगा।' जबकि तीसरा खण्ड गैर नागरिकों के लिए यह रोक लगाता था कि 'कोई व्यक्ति जो भारत का नागरिक नहीं है, राज्य के अधीन लाभ या विश्वास का पद धारण करते हुए किसी विदेशी राज्य से कोई उपाधि राष्ट्रपति की सहमति के बिना स्वीकार नहीं करेगा।' इसके अलावा चौथा खण्ड नागरिकों और गैर नागरिकों पर समान रूप से लागू होता है और रोक लगाता है कि 'राज्य के अधीन लाभ या विश्वास का पद धारण करने वाला कोई व्यक्ति किसी विदेशी राज्य से या उसके अधीन किसी रूप में कोई भेंट, उपलब्धि या पद राष्ट्रपति की सहमति के बिना स्वीकार नहीं करेगा।'

इस प्रारूप अनुच्छेद के सम्बन्ध में पहला संशोधन-प्रस्ताव मि. टी. टी. कृष्णामचारी ने प्रस्तुत किया। इस प्रस्ताव के माध्यम से मि. टी. टी. कृष्णामचारी ने खण्ड (1) में 'उपाधि' शब्द के बाद 'सेना या विद्या सम्बन्धी सम्मान के सिवाय' शब्दावली जोड़ने के लिए माँग किया। मि. टी. टी. कृष्णामचारी का तर्क था कि हम सब जानते हैं कि 'आजादी के बाद ब्रिटिश शासकों द्वारा प्रदान की गयी 'उपाधि' को बहुत लोगों द्वारा वापस कर दिया गया, लेकिन कुछ लोग अभी भी रखे हुए हैं। मसौदा-समिति के सदस्यों की मंशा है कि आनुवंशिक 'उपाधि' या जन्म के कारण मिलने वाले

विशेषाधिकार को समाप्त किया जाये। ... मेरे विचार से यह अनुच्छेद पूर्ण नहीं है क्योंकि जब तक ब्रिटिश शासन द्वारा पूर्व में दी गयी 'उपाधि' को अमान्य नहीं किया जाता है, उन लोगों को, जो अपनी 'उपाधि' को वापस कर चुके हैं, कोई लाभ नहीं मिलेगा। कुछ लोग जो अभी भी 'उपाधि' रखे हुए हैं और सरकार उनको मान्यता दे रही है, यह स्थिति उन लोगों के लिए दु:खदायी है, जिन्होंने आजादी के बाद अपनी 'उपाधि' वापस कर दिये हैं।

मि. कृष्णामचारी ने आगे कहा कि कुछ उपाधियों की अनुमति देनी ही पड़ेगी। उदाहरण के लिए जैसा हम सब जानते हैं कि सरकार ने तीन तरह की सैनिक उपाधियाँ— महावीर चक्र, परमवीर चक्र और वीर चक्र स्वीकार किये हैं। यह संशोधन ऐसे 'सैनिक विशिष्टता' हेतु प्रावधान बनाने के लिए हैं।...'एकेडमिक विशिष्टता' के सन्दर्भ में यह सम्भव है कि कुछ समय के बाद राज्य 'महामहोपाध्याय' जैसी उपाधि को एकेडमिक वर्ग का बनाकर पुनर्जीवित कर दें। इसी तरह प्रारूप अनुच्छेद 7 के अन्तर्गत 'राज्य' की परिभाषा में 'विश्वविद्यालय' भी एक राज्य है। इन विश्वविद्यालय या एकेडमिक संस्थाओं द्वारा प्रदान की गयी उपाधियों को, अनुच्छेद 12 के खण्ड (1) के प्रावधान, जैसा कि अभी है, के दायरे से बाहर नहीं किया जा सकता है। यह सदन पूछ सकता है कि उपाधि जो हम सबने परीक्षा में बैठकर हासिल किया है, क्या वह अनुच्छेद 12 के दायरे में आयेगी? क्योंकि धारक को परीक्षा में बैठना पड़ा है और तब जाकर उसे उपाधि प्राप्त हुई है, इसलिए यह अनुच्छेद 12 के अन्तर्गत नहीं आयेगी। यह सम्मानार्थ प्रदान की गयी उपाधि है। उदाहरण के लिए यह सदन जानता है कि हमारे प्रधानमंत्री, उप मंत्री, मंत्रिगण और गवर्नर जनरल डॉक्टरेट उपाधि से सम्मानित हैं ... इस समस्या से निपटने के लिए हम संशोधन प्रस्ताव लाये हैं ताकि 'एकेडमिक विशिष्टता' को भी अनुच्छेद 12 के इस खण्ड से बाहर किया जाये। मुझे विश्वास है कि सदन इस संशोधन का मतलब समझ गया है।[14]

इसी क्रम में श्री एच. वी. कामथ ने सन्देह व्यक्त करते हुए सवाल किया कि क्या अनुच्छेद 12 न्यायालय द्वारा प्रवर्तनीय मूल अधिकार हो सकता है? यदि राज्य असावधानी से या भूल से या कुछ अन्य कारणों से उपाधि प्रदान करता है, तो राज्य के खिलाफ क्या किया जा सकता है? मुझे डॉ. अंबेडकर से सुनकर खुशी होगा कि यह सिद्धान्त कैसे स्वीकरणीय है?

आम बहस समाप्त होने के उपरान्त डॉ. अंबेडकर ने केवल मि. टी. टी. कृष्णामचारी के संशोधन-प्रस्ताव को स्वीकार किया। इसके बाद मि. नजरुद्दीन अहमद के संशोधन-प्रस्ताव और मि. कामथ द्वारा आम बहस के दौरान उठाये गये सवालों का जवाब देते हुए डॉ. अंबेडकर ने कहा—

> 'मि. नजरुद्दीन अहमद के संशोधन-प्रस्ताव का जहाँ तक सवाल है, वे चाहते हैं कि 'स्वीकार' शब्द के स्थान पर 'मान्य' रखा जाये। उनका तर्क है कि मान लिया जाये कि नागरिक ने कोई उपाधि ग्रहण कर ली है तो संविधान में क्या दाण्डिक प्रावधान है जो ऐसे कृत्य को शून्य घोषित कर दे? मेरा इसका उत्तर बहुत सरल है कि संविधान के अन्तर्गत संसद् अपने अवशिष्ट शक्तियों का प्रयोग कर इस प्रावधान

के विरुद्ध उपाधि धारण करने वाले व्यक्ति के खिलाफ कानून बना सकता है।

'जहाँ तक मि. कामथ द्वारा उठाये गये दूसरे विषय का सवाल है, यदि मैं सही समझ पा रहा हूँ, वह पूछते हैं कि क्या यह अधिकार न्यायालय में प्रवर्तनीय है? इसका भी मेरा जवाब बहुत सरल है कि यह न्यायालय द्वारा प्रवर्तनीय अधिकार नहीं है। उपाधि ग्रहण न करना नागरिकता बनाये रखने की एक पूर्व शर्त है। यह अधिकार नहीं है, यह एक कर्त्तव्य है, जो लोगों पर डाला गया है कि यदि वह देश की नागरिकता बनाये रखना चाहते हैं तो उसे कुछ शर्त मानना आवश्यक है। इसमें से एक शर्त है कि वह उपाधि ग्रहण नहीं करेगा। यह संसद् के ऊपर है कि कानून द्वारा यह प्रावधानित करे कि उस व्यक्ति का क्या किया जाना चाहिए जो इस अनुच्छेद के प्रावधान का उल्लंघन करता है। संसद् दण्ड का प्रावधान भी बना सकती है। उसमें से एक दण्ड यह भी हो सकता है कि उस व्यक्ति की नागरिकता ही समाप्त कर दी गयी। इसलिए यह समझने में कोई समस्या नहीं है कि यह प्रावधान नागरिकता की पूर्व शर्त है, यह कोई न्यायालय द्वारा प्रवर्तनीय अधिकार नहीं है।'[15]

इस दौरान श्री एच. वी. कामथ द्वारा कहा गया कि उनका सवाल राज्य द्वारा पहले से मौजूद उपाधियों के सन्दर्भ में है। डॉ. अंबेडकर ने इसका जवाब दिया—

'जैसा मैंने मि. नजरुद्दीन अहमद के सवाल के जवाब में कहा है वही जवाब इस सम्बन्ध में भी होगा कि यह संसद् के लिए खुला रहेगा कि वह जैसा चाहे इसके खिलाफ कार्यवाही के लिए कानून बना सकता है। यह भी कि संसद् इन उपाधियों को मान्यता न दे।'

इसके पश्चात् माननीय उपाध्यक्ष महोदय द्वारा एक-एक करके संशोधन-प्रस्तावों को रखा गया। एक प्रस्ताव, जो डॉ. अंबेडकर द्वारा स्वीकार किया गया था, वह संविधान सभा द्वारा भी स्वीकार कर लिया गया और बाकी चार संशोधन प्रस्ताव, जो डॉ. अंबेडकर द्वारा स्वीकार नहीं किये गये थे, उसे संविधान सभा द्वारा भी अस्वीकार कर दिया गया।

सन्दर्भ सूची

1. सी.ए.डी., खण्ड 7, पृष्ठ 661
2. सी.ए.डी., खण्ड 7, पृष्ठ 661
3. सी.ए.डी., खण्ड 7, पृष्ठ 665
4. सी.ए.डी., खण्ड 7, पृष्ठ 697
5. सी.ए.डी., खण्ड 7, पृष्ठ 699
6. सी.ए.डी., खण्ड 7, पृष्ठ 700
7. सी.ए.डी., खण्ड 7, पृष्ठ 698
8. सी.ए.डी., खण्ड 7, पृष्ठ 700
9. सी.ए.डी., खण्ड 7, पृष्ठ 686
10. सी.ए.डी., खण्ड 7, पृष्ठ 701
11. सी.ए.डी., खण्ड 7, पृष्ठ 681
12. सी.ए.डी., खण्ड 7, पृष्ठ 692
13. सी.ए.डी., खण्ड 7, पृष्ठ 702
14. सी.ए.डी., खण्ड 7, पृष्ठ 704
15. सी.ए.डी., खण्ड 7, पृष्ठ 708

11

वैयक्तिक आजादी का मूल अधिकार

'आजादी' के मूल अधिकार के साथ राष्ट्र के प्रति जिम्मेदारी भी

डॉ. अंबेडकर की अध्यक्षता में मसौदा-समिति ने संविधान में मूलतः दो तरह के 'आजादी' का विचार दिया। पहला वैयक्तिक आजादी और दूसरा धार्मिक आजादी। कुछ वैयक्तिक आजादी नागरिक एवं गैर-नागरिक में अन्तर किये बिना सभी व्यक्तियों को प्राप्त है तो कुछ वैयक्तिक आजादी केवल देश के नागरिकों को ही प्रदान किया गया है। प्रारूप-संविधान का अनुच्छेद 13 (संविधान का अनुच्छेद 19) ऐसे ही महत्त्वपूर्ण आजादी का उल्लेख करता है जो सिर्फ नागरिकों को प्रदान किया गया। नागरिकों को प्रदत्त आजादी के ये अधिकार असीमित और आत्यन्तिक अधिकार के रूप में नहीं, बल्कि ऐसे मर्यादाओं एवं निर्बन्धनों के साथ प्रदान किये गये, जो देश की एकता और समाज की व्यवस्था को बनाये रखने के लिए अति आवश्यक है।

प्रारूप अनुच्छेद 13 के खण्ड (1) के अन्तर्गत 'सात' तरह के बुनियादी स्वतंत्रता के अधिकार प्रदान किये गये। प्रारूप खण्ड (1) के अनुसार—

> 'इस अनुच्छेद के अन्य प्रावधानों के अधीन, सभी नागरिकों के पास
> (क). वाक् एवं अभिव्यक्ति की स्वतंत्रता का;
> (ख). शान्तिपूर्वक और बिना शस्त्र के सभा करने का;
> (ग). संगम या संघ बनाने का;
> (घ). भारत के राज्य क्षेत्र में सर्वत्र अबाध भ्रमण करने का;
> (ङ). भारत के राज्य क्षेत्र के किसी भाग में निवास करने और बस जाने का;
> (च). सम्पत्ति का; और
> (छ). कोई वृत्ति, उपजीविका, व्यापार या कारोबार करने का अधिकार होगा'।

आजादी के इन अधिकारों की उद्घोषणा के साथ इन अधिकारों पर अलग-अलग निर्बन्धन भी लगाये गये थे, जो प्रारूप अनुच्छेद 13 के खण्ड (2) से (6) में उल्लिखित किये गये थे। संविधान सभा में सबसे अधिक विवाद का विषय खण्ड (2) से (6) में उल्लिखित ये निर्बन्धन थे।

श्री दामोदर स्वरूप सेठ ने अनुच्छेद 13 के मौजूदा प्रावधान के स्थान पर नये प्रावधान को प्रतिस्थापित करने के लिए संशोधन-प्रस्ताव रखा, जिसमें प्रेस की स्वतंत्रता, पोस्टल, टेलीग्राफिक एवं टेलीफोनिक संचार की गोपनीयता को भी शामिल किया गया था। इसके

अलावा उन्होंने भ्रमण की स्वतंत्रता के सम्बन्ध में एक नया अनुच्छेद 13-ए जोड़ने का प्रस्ताव किया। श्री सेठ का तर्क था कि वर्तमान युग प्रेस का युग है जो शक्तिशाली होता जा रहा है। इसलिए उचित है कि प्रेस की आजादी को अलग से वर्णित किया जाये। श्री सेठ ने आगे कहा कि स्वतंत्रता का अधिकार असीमित और पूर्ण मूल अधिकार के रूप में स्वीकार किया जाना चाहिए, जिसमें विधायिका और कार्यपालिका का कोई दखल न हो। डॉ. अंबेडकर नागरिक आजादी को सीमित करने को न्यायोचित बताते समय कहते हैं कि नागरिक आजादी को पूर्ण स्वरूप में स्वीकार करने और इसे पुलिस शक्ति के सिद्धान्त का आविष्कार करने के लिए सुप्रीम कोर्ट पर निर्भर करने के बजाय उन्होंने सीधे-सीधे राज्य को अधिकार दे दिया है कि वह नागरिक आजादी को सीमित कर सके। अब यदि हम अमेरिका में लागू पुलिस शक्ति के कानून का अध्ययन करें तो यह स्पष्ट हो जायेगा कि वहाँ की अपेक्षा हमने प्रारूप संविधान में निर्बन्धनों को ज्यादा व्यापक स्वरूप में स्वीकार किया है।

श्री मिहिर चन्द्र चट्टोपाध्याय द्वारा खण्ड (1) के शुरुआत में प्रयुक्त शब्दावली 'इस अनुच्छेद के अन्य प्रावधानों के अधीन' को अनावश्यक बताते हुए इसे हटाने के लिए संशोधन-प्रस्ताव लाया गया। उनका तर्क था कि यह अनुच्छेद मूल अधिकार से सम्बन्धित प्रावधान है और इस कारण से प्रारम्भ में इन अधिकारों का सकारात्मक निर्देश होना चाहिए। इसको किसी परन्तुक से नहीं प्रारम्भ किया जाना चाहिए। परन्तुक अपने नैसर्गिक क्रम में बाद में आयेगा।

प्रो. के. टी. शाह ने भी 'इस अनुच्छेद के अन्य प्रावधानों के अधीन' शब्दावली के स्थान पर 'इस संविधान और इसके अन्तर्गत बने प्रवृत्त कानून के अधीन' शब्दावली प्रतिस्थापित करने और 'गारण्टी' शब्द जोड़ने के लिए संशोधन-प्रस्ताव प्रस्तुत किया और कहा कि इस अनुच्छेद में अपवादों को इतना व्यापक बनाया गया है कि वे नहीं समझ पा रहे हैं कि क्या वह चीज नहीं है जिसे इस आजादी के अपवाद के रूप में नहीं शामिल किया जा सकता। वस्तुत: इस अनुच्छेद में गारण्टी किये गये आजादी इतने रक्षात्मक हो गये हैं कि इन्हें खोजने के लिए माइक्रोस्कोप की आवश्यकता होगी कि यह आजादी कहाँ है।

प्रो. के. टी. शाह द्वारा खण्ड (1) में 'अभिव्यक्ति' शब्द के पश्चात् 'विचार और पूजा का; प्रेस और प्रकाशन का' को जोड़ने के लिए दूसरा संशोधन प्रस्ताव लाया गया। इसके समर्थन में तर्क देते हुए प्रो. शाह ने कहा कि संसार के अधिकतर आधुनिक संविधानों में पूजा की स्वतंत्रता प्रदान की गयी है। मैं महसूस करता हूँ कि यह भूल आश्चर्यजनक है।...यह हमारे संविधान में बहुत बड़ी कमी है और यदि इस आजादी को हम छोड़ देते हैं तो यह कमी बनी रहेगी। यही तर्क 'प्रेस और प्रकाशन' के स्वतंत्रता पर लागू होता है। ...

मि. नजरुद्दीन अहमद ने खण्ड (1) के उपखण्ड (ग) के प्रारम्भ में 'किसी वैधानिक उद्देश्य के लिए' को जोड़ने के लिए संशोधन प्रस्ताव लाया। किन्तु श्री के. संथानम ने इस संशोधन पर आपत्ति की कि यह बात खंड (4) में व्यापक तरीके से शामिल की गयी है।

इसके बाद प्रो. के. टी. शाह द्वारा एक और संशोधन-प्रस्ताव लाया गया जिसमें उन्होंने अनुच्छेद 13 के खण्ड (1) के बाद नया खण्ड जोड़ने की माँग की थी। इस प्रस्तावित खण्ड में प्रावधान था कि 'व्यक्ति की आजादी की गारण्टी है और कोई भी व्यक्ति कानून की प्रक्रिया के बिना इससे वंचित नही किया जायेगा, या गिरफ्तार नहीं किया जायेगा, या कारावास में निरुद्ध नहीं किया जायेगा और कोई भी व्यक्ति कानून के समक्ष समानता या कानून के समान संरक्षण के अधिकार से वंचित नहीं किया जायेगा।'

इस्माइल साहिब, सरदार हुकुम सिंह और महबूब अली बेग साहिब बहादुर द्वारा भी अलग-अलग संशोधन-प्रस्तावों के माध्यम से, आजादी पर निर्बन्धन लगाने वाले खण्ड (2), (3), (4), (5) और (6) को समाप्त करने की माँग की गयी। इस्माइल साहिब द्वारा इन अलग-अलग निर्बन्धनों के स्थान पर सामूहिक स्वरूप वाले एक परन्तुक को जोड़ने की माँग की गयी।

निर्बन्धन लगाने वाले प्रावधानों को हटाने के लिए प्रस्तुत किये गये अपने संशोधन-प्रस्ताव के समर्थन में सरदार हुकुम सिंह ने कहा कि 'अमेरिका में न्यायपालिका के प्रति पूरा भरोसा व्यक्त किया गया है और लम्बे समय के बाद भी यह भरोसा बना हुआ है। हम सबको व्यक्तिगत आजादी और राज्यहित को सुरक्षित करने हेतु इस संरक्षक पर क्यों नहीं निर्भर होना चाहिए? बजाय कि हम इतने अपवादों द्वारा आजादी को सीमित करें।'

'प्रवृत्त विधि' के सम्बन्ध में महत्त्वपूर्ण संशोधन-प्रस्ताव के अलावा डॉ. अंबेडकर द्वारा तीन अन्य संशोधन-प्रस्ताव प्रस्तुत किया गया। पहला प्रस्ताव खण्ड (4) में 'साधारण जनता' के स्थान पर 'लोक व्यवस्था या सदाचार' प्रतिस्थापित करने के लिए; दूसरा प्रस्ताव 'आदिवासी जनजाति' के स्थान पर 'अनुसूचित जनजाति' प्रतिस्थापित करने के लिए और तीसरा संशोधन-प्रस्ताव खण्ड (6) में 'लोक व्यवस्था, सदाचार या स्वास्थ्य' के स्थान पर 'साधारण जनता' प्रतिस्थापित करने के लिए लाया गया था।

इसके बाद मि. मोहम्मद ताहिर ने अनुच्छेद 13 के खण्ड (5) से 'या किसी आदिवासी जनजाति के हित के संरक्षण के लिए' को हटाने के लिए संशोधन-प्रस्ताव लाया। उनका तर्क था कि इस संशोधन से यह खण्ड सामान्य चरित्र का हो जायेगा।

प्रारूप अनुच्छेद 13 पर संशोधन-प्रस्तावों के बाद आम चर्चा शुरू की गयी। आम बहस में भाग लेते हुए सेठ गोविन्द दास ने कहा कि 'कल श्री दामोदर स्वरूप सेठ और श्री के. टी. शाह द्वारा प्रस्तुत किये गये संशोधन का उद्देश्य है कि एक हाथ से अधिकार तो दिये गये हैं, लेकिन दूसरे हाथ से वापस भी ले लिये गये हैं।...मैं भी यही चाहता हूँ कि इन अधिकारों को बिना किसी 'निर्बन्धन' के प्रदान किया जाय। लेकिन हमारे देश की स्थिति ऐसा करने की अनुमति नहीं देती है। पहला खण्ड जिसके द्वारा वाक् और अभिव्यक्ति की स्वतंत्रता का अधिकार दिया गया है उस पर लगाये गये निर्बन्धन में से एक 'राजद्रोह' भी है। 'राजद्रोह' शब्द को हटाने के लिए संशोधन प्रस्तुत किया गया है। इसे स्वीकार होने पर मुझे खुशी होगी।

काजी सैय्यद करीमुद्दीन ने इस अनुच्छेद के प्रावधान को 'प्रारूप संविधान का जीवन' बताते हुए कहा कि इसके बिना संविधान मृतक समान है। लेकिन इसका खण्ड (2) से (6) लोगों के अधिकार पर डाका डालता है। ये बहुत ही खतरनाक हैं। उन्होंने मोहम्मद

इस्माइल और मोहम्मद ताहिर के संशोधन-प्रस्ताव को आवश्यक बताते हुए इसका समर्थन किया।

श्री अलगू राय शास्त्री ने आजादी के साथ जिम्मेदारी को आवश्यक बताते हुए कहा कि जो मित्र यह तर्क करते हैं कि जो अधिकार इस अनुच्छेद में दिये गये हैं वह खण्ड (2), (3), (4), (5) और (6) द्वारा वापस ले लिये गये हैं, वे ऐसा कहने के पूर्व यह विचार नहीं किये हैं कि इन खण्डों में लगाये गये निर्बन्धनों को लोगों द्वारा चुने गये प्रतिनिधियों द्वारा ही लागू किया जायेगा। कोई ऐसा निर्बन्धन नहीं है जो लोगों के आजादी को समाप्त करता हो। पूर्ण आजादी का मतलब यह नहीं होता कि कोई मर्यादा या निर्बन्धन हो ही नहीं सकता। आजादी की प्रकृति में अपने-आप मर्यादाएँ व निर्बन्धन शामिल रहते हैं। हमने आजादी प्राप्त कर ली है और अब हमें डरने की आवश्यकता नहीं है। अच्छा नागरिक बनना हमारा दायित्व है। हमें देखना होगा कि आजादी का दुरुपयोग न हो। उत्पादन के सभी साधन और वस्तुओं का वितरण राज्य द्वारा स्वीकृत एवं नियंत्रित किया जाना चाहिए न कि व्यक्तियों द्वारा। जब तक व्यक्तिगत स्वामित्व का स्थान सामूहिक स्वामित्व या सामाजिक स्वामित्व न ले ले, वास्तविक स्वराज्य नहीं आ सकता है। इस लक्ष्य को प्राप्त करने के लिए निर्बन्धन वाले प्रावधान आवश्यक हैं।[1]

श्री टी. टी. कृष्णामचारी ने कहा कि माननीय मित्र डॉ. अंबेडकर द्वारा प्रस्तावित संशोधन के माध्यम से मूल प्रारूप में महत्त्वपूर्ण सुधार किया गया है। मेरा विचार है कि ये संशोधन मूल प्रारूप में मौजूद कमियों को समाप्त कर सकते हैं।

इसी क्रम में श्री देशबन्धु गुप्त ने कहा कि मुझे एक बार मसौदा-समिति की संस्तुति पर अपना विचार रखने का अवसर मिला था। उस समय चीफ कमिश्नर के प्रान्तों के सम्बन्ध में कुछ संस्तुतियों के कारण मैं डॉ. अंबेडकर और मसौदा-समिति को बधाई देने की स्थिति में नहीं था। लेकिन आज मैं महसूस करता हूँ कि अनुच्छेद 13 और विशेष रूप से इस संशोधन के बाद, मसौदा-समिति हमारे दिल की गहराई से बधाई की पात्र है।

प्रारूप अनुच्छेद 13 पर प्रस्तुत किये गये संशोधन-प्रस्तावों और आम बहस के बाद संविधान सभा द्वारा मुख्यत: निम्न पाँच महत्त्वपूर्ण विषयों पर निर्णय लिया जाना था—

1. मूल अधिकार से असंगत 'प्रवृत्त विधि' का प्रशासन पर क्या प्रभाव है?
2. संविधान में प्रेस एवं प्रकाशन की आजादी के मायने क्या हैं?
3. आजाद भारत में शस्त्र धारण करने के अधिकार की कितनी प्रासंगिकता है?
4. व्यक्तिगत कानून के अधिकार के सम्बन्ध में धर्म की सीमाएँ क्या हैं और इसे संवैधानिक संरक्षण देना कितना आवश्यक है? और
5. संविधान में आदिवासियों की वास्तविक स्थिति क्या है?

मूल अधिकार से असंगत 'विद्यमान विधि' का प्रभाव

प्रारूप अनुच्छेद 13 के सम्बन्ध में पण्डित ठाकुरदास भार्गव द्वारा तीन संशोधन प्रस्ताव लाया गया पहला संशोधन-प्रस्ताव, खण्ड (2), (3), (4), (5) और (6)

से शब्दावली 'कोई विद्यमान विधि के प्रवर्तन पर प्रभाव या' को हटाने के लिए; दूसरा 'निर्बन्धन' शब्द के पहले 'युक्तियुक्त' शब्द को जोड़ने और तीसरा संशोधन-प्रस्ताव खण्ड (2) से 'राजद्रोह' शब्द को हटाने के लिए था।

इसके बाद उपाध्यक्ष महोदय ने पण्डित भार्गव से कहा कि आप इस मामले को कैसे उठा सकते हैं जब तक कि वह डॉ. अंबेडकर द्वारा अपने संशोधन-प्रस्ताव के माध्यम से न प्रस्तुत नहीं कर दिया जाये।

जवाब में पण्डित भार्गव द्वारा कहा गया कि केवल समय बचाने के लिए ऐसा किया गया अन्यथा मैं डॉ. अंबेडकर के संशोधन-प्रस्ताव के बाद बोलूँगा।

तत्पश्चात् उपाध्यक्ष महोदय की अनुमति मिलने के बाद पण्डित भार्गव ने बोलना आरम्भ किया और तर्क दिया कि अनुच्छेद 8 (संविधान का अनुच्छेद 13) कहता है कि इस संविधान के लागू होने के ठीक पूर्व भारत में प्रवृत्त कानून उस मात्रा तक शून्य होंगे जितना वह भाग 3 में उल्लिखित मूल अधिकारों से असंगत हैं। इसका प्रभाव यह है कि मूल अधिकार से असंगत कानून लागू करने योग्य नहीं होना चाहिए। इसलिए यदि 'कोई विद्यमान विधि के प्रवर्तन पर प्रभाव या' शब्दावली नहीं होगी तो कोई अन्तर नहीं पैदा होगा। और यदि डॉ. अंबेडकर का संशोधन देखेंगे तो परिणाम एक ही है क्योंकि उनके संशोधन में 'जहाँ तक यह अधिरोपित करती है' जोड़ा जाना प्रस्तावित है। इस तरह मेरे और उनके संशोधन से अनुच्छेद 8 के प्रावधान, अनुच्छेद 13 को संचालित करेंगे। इसलिए डॉ. अंबेडकर का संशोधन-प्रस्ताव अनावश्यक है।

इसके उपरान्त उपाध्यक्ष महोदय ने कहा कि मुझे लगता है कि यदि डॉ. अंबेडकर अपना संशोधन-प्रस्ताव प्रस्तुत करते हैं तो आपका संशोधन बिलकुल अनावश्यक होगा।

लेकिन भार्गव द्वारा कहा गया कि उनके संशोधन में और भी विषय शामिल हैं। ... इसके बाद अपने संशोधन-प्रस्ताव के समर्थन में बोलते हुए पण्डित भार्गव ने माननीय सरदार पटेल के एक उस वक्तव्य को याद किया जिसमें उन्होंने कुछ दिन पूर्व एक समारोह में कहा था कि खेतों में मजदूर और गलियों के आम आदमी, भारत की आजादी की चमक का अनुभव नहीं कर रहे हैं। आज भी कोई चमक का अनुभव नहीं करता बावजूद इसके कि भारत आजाद है। ऐसा क्यों है? यदि मूल अधिकार हैं और यदि लोग इसका आनन्द ले रहे हैं तो आजादी की चमक क्यों नहीं है? इसका कारण है कि अपवादों के रूप में आघात पहुँचाने वाले शब्द उसे शून्य कर देते हैं जो अनुच्छेद 8 मौजूदा कानूनों के सन्दर्भ में प्रदान करता है। इसलिए जनता हमें गम्भीरता से नहीं लेती है।...किसी ने पूछा कि बेजान अनुच्छेद 13 की आत्मा कहाँ है? मैंने इस आत्मा को डाल दिया है। यदि आप 'युक्तियुक्त' शब्द को डाल देंगे तो न्यायालय को देखने का अवसर होगा कि कार्यपालिका या विधायिका द्वारा लगाया गया कोई निर्बन्धन मामले की परिस्थितियों में तर्कसंगत, उचित व आवश्यक है या नहीं।...मैं समझता हूँ कि डॉ. अंबेडकर इस पर सहमत होंगे।[2]

प्रारूप प्रावधान में प्रयोग किये गये 'विद्यमान विधि' के सम्बन्ध में डॉ. अंबेडकर द्वारा भी दो महत्त्वपूर्ण संशोधन-प्रस्ताव प्रस्तुत किया गया। पहला संशोधन-प्रस्ताव खण्ड (3), (4), (5) और (6) में 'कोई विद्यमान विधि' शब्द के बाद 'जहाँ तक यह

अधिरोपित करती है' शब्दावली जोड़ने के लिए था और दूसरा प्रस्ताव खण्ड (6) में 'विशिष्टतया' शब्द के बाद 'उक्त उपखण्ड की कोई बात विद्यमान विधि के प्रवर्तन को वहाँ तक प्रभावित नहीं करेगा जहाँ तक यह किसी प्राधिकारी को निर्देशित करती है या अधिकारयुक्त बनाती है कि वह राज्य को कानून बनाने हेतु निर्देश दे या रोके' शब्दावली जोड़ने के लिए था। अपने संशोधन-प्रस्ताव के समर्थन में डॉ. अंबेडकर ने कहा—

'अनुच्छेद 13 के परन्तुकों में प्रयोग किये गये शब्द 'विद्यमान विधि' के वास्तविक मंशा को लेकर भारी गलतफहमी हो रही है। प्रारूप अनुच्छेद 8 का प्रावधान बिना कोई अपवाद रखे कहता है कि कोई विद्यमान विधि, जो संविधान के इस भाग में उल्लिखित मूल अधिकारों से असंगत है, शून्य है। यह एक मौलिक स्थिति है और मुझे इस बारे में कोई सन्देह नहीं है कि किसी भी प्रशिक्षित अधिवक्ता से अनुच्छेद 13 के इस खण्ड में उल्लिखित शब्द 'विद्यमान विधि' की व्याख्या करने के लिए पूछा जाये, वह 'विद्यमान विधि' को उतना ही पढ़ेगा, जितना यह मूल अधिकार से असंगत नहीं है। कोई सन्देह नहीं है कि यही एक रास्ता है जिसमें हम 'विद्यमान विधि' की व्याख्या कर सकते हैं। यह अनावश्यक है कि अनुच्छेद 8 में 'विद्यमान विधि' को लेकर व्यक्त इस सिद्धान्त को हम बार-बार दुहराते रहें। क्योंकि यह निर्वचन का सिद्धान्त है कि किसी कानून की व्याख्या के लिए सभी सम्बन्धित धाराओं को विचार में लिया जायेगा और इस तरह पढ़ा जायेगा कि एक धारा दूसरे को सन्तुष्ट करे।

'इसलिए मसौदा-समिति ने यह अनुभव किया कि अनुच्छेद 8 में एक पूर्ण सिद्धान्त प्रतिपादित किया जाय कि कोई 'विद्यमान विधि' जो मूल अधिकार से असंगत है, निरस्त समझा जायेगा। मसौदा-समिति ने ऐसा करना आवश्यक नहीं समझा है कि विभिन्न खण्डों में हर जगह जहाँ भी 'विद्यमान विधि' है, उसके साथ इन विशेषताओं को शामिल करें। जैसा कि मैं देखता हूँ, बहुत लोग, इस रूप में इस खण्ड को पढ़ नहीं पाते हैं। 'विद्यमान विधि' को पढ़ने में वे अनुच्छेद 8 में कही गयी बातों को भूल जाते हैं। इस गलतफहमी को दूर करने के लिए मैंने खण्ड (3), (4), (5) और (6) में संशोधन-प्रस्ताव लाया हूँ। ...

'मैं पण्डित भार्गव के 'निर्बन्धन' के पूर्व 'युक्तियुक्त' जोड़े जाने के लिए प्रस्तुत संशोधन-प्रस्ताव को स्वीकार करता हूँ। ...

'अब मेरे मित्र पण्डित ठाकुरदास भार्गव, मसौदा-समिति के विरुद्ध निन्दासूचक वाक्यों का प्रयोग करते हुए आरोपित करते हैं कि मसौदा-समिति 'विद्यमान विधि' का बचाव करने के लिए अपने रास्ते से भटक गयी है। मैं नहीं जानता हूँ कि वे मसौदा-समिति से क्या चाहते हैं? क्या वह चाहते हैं कि हम सीधे-सीधे कह दें कि संदिधान के अस्तित्व में आते ही सभी 'विद्यमान विधि' समाप्त हो जाये।

पण्डित ठाकुरदास भार्गव ने कहा— नहीं ऐसा नहीं है।

डॉ. अंबेडकर अपने सम्बोधन जारी रखते हुए कहा—

'जैसा मैंने कहा है कि 'विद्यमान विधि' उस मात्रा तक जितना यह मूल अधिकारों से असंगत है, शून्य हो जायेगा। निश्चित रूप से देश का प्रशासन आज लागू कानूनों पर निर्भर है। यदि हम सभी 'विद्यमान विधि' को पूरी तरह समाप्त कर दें तो पूरा प्रशासन बिखर जायेगा।

'अब मैं अनुच्छेद 307 (संविधान का अनुच्छेद 372) पर आता हूँ। वे शिकायत करते हैं कि हमने ऐसा प्रावधान बनाया है कि 'विद्यमान विधि' जब तक संशोधित न हो जाये, जारी रहेगा। मैं सोचता हूँ कि एक व्यक्ति जो कानून को समझता है, वह इसे महसूस करेगा कि संविधान के अस्तित्व में आने के बाद देश में कानून बनाने की अनन्य शक्ति या तो संसद् के पास है या अपने-अपने क्षेत्राधिकार में स्थानीय विधायिकाओं को है। यदि आप यह सिद्धान्त अपनाते हैं कि कोई कानून तब तक लागू नहीं होगा जब तक संसद् द्वारा पारित नहीं हो जाता है, तो स्थिति क्या होगी? स्थिति यह होगी कि सभी कानून जो पूर्व की विधायिकाओं चाहे केन्द्रीय विधायिकाओं या प्रान्तीय विधायिकाओं द्वारा बनाये गये हैं, तुरन्त समाप्त हो जायेंगे क्योंकि संसद् या क्षेत्रीय विधायिकाओं द्वारा पारित न होने के कारण कोई बल नहीं रखेंगे। इसलिए यह आवश्यक है कि संविधान में ऐसा प्रावधान हो जो यह कहे कि कोई कानून, जो पहले बनाये गये हैं, केवल इस कारण समाप्त नहीं माना जायेगा क्योंकि वह संसद् द्वारा पारित नहीं किया गया है। यही कारण है कि अनुच्छेद 307 को संविधान में अंगीकृत किया गया है।'[3]

संविधान में प्रेस एवं प्रकाशन की आजादी के मायने

प्रो. के. टी. शाह ने खण्ड (1) में 'अभिव्यक्ति' शब्द के बाद 'विचार और पूजा का; प्रेस और प्रकाशन का' को जोड़ने के लिए संशोधन-प्रस्ताव प्रस्तुत किया। प्रो. शाह का तर्क था कि '...प्रेस की आजादी उन अधिकारों में से एक है, जिसके इर्द-गिर्द सभी उदारवादी संविधानों के संवैधानिक संघर्ष केन्द्रित रहे हैं। तमाम त्याग और कष्ट के बाद इसे प्राप्त किया गया और अब इन्हें इन देशों में संवैधानिक तौर पर सुरक्षित कर लिया गया। ... जहाँ पर लिखित संविधान नहीं है वहाँ पर परम्परा या न्यायिक निर्णय से इस आजादी को स्वीकार किया गया है और जहाँ लिखित संविधान है, उन्होंने प्रेस की आजादी को स्पष्ट रूप से शामिल किया है। यहाँ तक कि संयुक्त राष्ट्र संघ का चार्टर भी 'प्रेस की आजादी' को स्पष्ट एवं विशिष्ट स्वरूप प्रदान करता है। हमारे मसौदाकर्त्ता क्यों भूल गये, यह हमारे कल्पना के बाहर है। मैं यह कहने का दुस्साहस करता हूँ कि प्रारूप में प्रेस की आजादी को न शामिल करने का बहुत अच्छा कारण होना चाहिए। प्रो. शाह ने डॉ. अंबेडकर की ओर इशारा करते हुए कहा—'इस सभा में ऐसे विद्वान् व्यक्तियों के रहते हुए मैं आश्चर्यचकित हूँ कि इस प्रारूप-संविधान में प्रेस की आजादी को छोड़ने की स्पष्ट रूप से दिखने वाली गलती हुई है। मैं कल्पना भी नहीं कर सकता कि इतने अनुभवी और परिपक्व मसौदाकर्त्ता के होते हुए क्यों प्रेस की आजादी को छोड़ देना उचित समझा गया और इसे प्रशासकों के भरोसे छोड़ दिया गया है।[4]

प्रो. शिब्बन लाल सक्सेना ने भी प्रो. शाह का समर्थन करते हुए कहा कि यह अनुच्छेद हमारे स्वतंत्रता का चार्टर है और सम्भवतः पूरे संविधान-प्रस्ताव सबसे महत्त्वपूर्ण अनुच्छेद है। मूल रूप में इसके आलोचना के कई आधार थे। लेकिन अब इसमें कई मूलभूत बदलाव हो गये हैं। डॉ. अंबेडकर द्वारा मि. भार्गव के संशोधन को स्वीकार कर लेने के बाद यह वास्तव में हमारे स्वतंत्रता का वास्तविक चार्टर होगा। ... मैं डॉ. अंबेडकर से आशा करता हूँ कि वे प्रेस की आजादी के लिए उपयुक्त संशोधन लायेंगे।

जबकि मि. अनंथसयनम अयंगर ने प्रो. के. टी. शाह के उक्त प्रस्ताव का विरोध करते हुए कहा कि प्रेस की आजादी का मतलब अभिव्यक्ति की आजादी है, जिसे संविधान में मूल अधिकार के रूप में पहले ही शामिल किया जा चुका है। मि. अयंगर ने आगे कहा कि जहाँ तक टेलीग्राफिक एवं टेलीफोनिक संचार के गोपनीयता का सम्बन्ध है, यह विस्तृत चर्चा का विषय है और इसके लिए हमें वर्तमान प्रावधानों में बदलाव नहीं करना चाहिए। डॉ. अंबेडकर द्वारा स्वीकार किये गये संशोधन-प्रस्तावों के अलावा बाकी संशोधन-प्रस्ताव आपत्तियोग्य हैं, जिन्हें स्वीकार नहीं किया जाना चाहिए।

डॉ. अंबेडकर प्रारूप अनुच्छेद 13 पर उठाये गये सभी बिन्दुओं पर जवाब देने के साथ 'प्रेस की आजादी' के लिए लाये गये संशोधन-प्रस्ताव पर अपना विचार स्पष्ट करते हुए कहा—

'अनुच्छेद 13 पर किये गये विरोध मुख्यतः खण्ड (1) के उपखण्डों पर केन्द्रित है। मैं कह सकता हूँ कि अब सदन यह महसूस करने की स्थिति में होगा कि अनुच्छेद अपने संशोधनों के साथ इस स्वरूप में प्राप्त होगा जो सबके लिए सन्तोषजनक है। अनुच्छेद 8 के महत्त्व पर मेरा स्पष्टीकरण, 'विद्यमान विधि' पर लाया गया मेरा संशोधन और 'युक्तियुक्त' शब्द को शामिल किये जाने के बाद उन दोषों को दूर कर लिया गया है जिसे माननीय सदस्यों द्वारा बताया गया। मैं समझता हूँ कि मेरे मित्र प्रो. शिब्बन लाल सक्सेना, मि. टी. टी. कृष्णामचारी एवं मि. अलगू राय शास्त्री के भाषण इस सदन को सन्तुष्ट कर दिये होंगे कि संशोधन के बाद इस अनुच्छेद को स्वीकार करने में इस सदन को कोई कठिनाई नहीं होनी चाहिए। मैं अपने इन मित्रों द्वारा इस अनुच्छेद के समर्थन में कही गयी बातों में कुछ जोड़ना नहीं चाहता हूँ। वस्तुतः मुझे इनके इस अनुच्छेद के समर्थन में दिये गये तर्कों में कुछ भी सुधार करने में कठिनाई महसूस हो रही है।

'इसलिए मैं दूसरे विषयों पर जवाब दूँगा। अधिकतर बिन्दुओं पर मेरे मित्र मि. अनंथसयनम अयंगर द्वारा प्रकाश डाला गया है। महोदय, यदि आप मुझे बोलने के लिए नहीं बुलाया होता तो मैं यह कहता कि उनके भाषण को मेरा भाषण माना जाये क्योंकि उन्होंने सभी बिन्दुओं पर प्रकाश डाला है, जिन्हें मैंने लिखा है।

'केवल एक बात जिसे हमने नोट की है कि अपने जवाब में इसका सन्दर्भ लूँगा वह है प्रो. के. टी. शाह द्वारा उठाया गया विषय कि यह अनुच्छेद 'प्रेस की स्वतंत्रता' के बारे में नहीं बोलता है। इस सम्बन्ध में मेरे मित्र मि. अनंथसयनम अयंगर द्वारा दिया गया जवाब मेरे निर्णय में पूर्ण जवाब है। प्रेस, एक व्यक्ति या नागरिक को

पुकारने का दूसरा रास्ता मात्र हैं। प्रेस का कोई विशेष अधिकार नहीं है जिसको प्रदान नहीं किया गया है या जिसे नागरिकों द्वारा व्यक्तिगत क्षमता के अनुसार प्रयोग नहीं किया जा सकता है। प्रेस के सम्पादक या प्रबन्धक एक नागरिक होते हैं और इसलिए जब वे समाचार-पत्र में कुछ लिखते हैं वे अपने अभिव्यक्ति के अधिकार का प्रयोग करते हैं और मेरे निर्णय में प्रेस की स्वतंत्रता का विशेष उल्लेख करने की कोई आवश्यकता नहीं है।'[5]

शस्त्र रखना : अधिकार नहीं राष्ट्र के प्रति कर्त्तव्य

प्रारूप अनुच्छेद 13 के सन्दर्भ में श्री एच. वी. कामथ द्वारा एक महत्त्वपूर्ण संशोधन प्रस्ताव खण्ड (1) में उपखण्ड (ज) और नया खण्ड (7) जोड़ने के लिए लाया गया। प्रस्तावित उपखण्ड (ज) 'शस्त्र रखने और लेकर चलने की स्वतंत्रता' का अधिकार प्रदान करता था और खण्ड (7) में इस अधिकार पर लगाये जाने वाले निर्बन्धनों का उल्लेख था। शस्त्र रखने के अधिकार के समर्थन में तर्क देते हुए श्री कामथ ने कहा कि पिछले शताब्दी में पारित किये गये अपमानजनक व अमानवीय कानून 'शस्त्र अधिनियम' के खिलाफ हम सब संघर्ष कर रहे हैं और स्वयं की रक्षा करने के अधिकार की माँग पिछले दो दशकों में कांग्रेस द्वारा कई बार किया गया। इस सम्बन्ध में सबसे महत्त्वपूर्ण प्रस्ताव कराची में पारित मूल अधिकार का प्रस्ताव है, जो कहता है—'यह कांग्रेस इस विचार की है कि...लोगों के शोषण को समाप्त करने के लिए राजनीतिक आजादी में आर्थिक आजादी शामिल है इसलिए कांग्रेस यह घोषित करती है कि स्वराज-सरकार जब कभी संविधान बनाने पर सहमत होगी तो उसमें निम्न मूल अधिकार के प्रावधान शामिल किये जायेंगे—'प्रत्येक नागरिक को शस्त्र रखने और लेकर चलने का अधिकार हो।' सिवाय 'शस्त्र रखने के अधिकार' के कराची प्रस्ताव में पारित सभी अधिकारों को इस प्रारूप-संविधान में स्वीकार किया गया है। यह बहुत बड़ी भूल है। करांची प्रस्ताव के मूलभूत विचार का त्याग करके क्या हम देश के लोगों की अपेक्षा पर खरे उतर सकते हैं? 1924 में शस्त्र अधिनियम के खिलाफ देश भर में सत्याग्रह आन्दोलन चलाया गया और कांग्रेस ने भी इस पर अपनी मुहर लगायी थी। ... मैं माननीय डॉ. अंबेडकर का ध्यान कमेटी की रिपोर्ट के पृष्ठ सं. 21 और 29 की तरफ आकर्षित कराना चाहता हूँ। पेज नं. 21 पर सरदार पटेल की अध्यक्षता वाली मूल अधिकार उपसमिति की रिपोर्ट है और अगले पेज पर सभा द्वारा की गयी चर्चा का वर्णन है।...इस पर डॉ. अंबेडकर के स्पष्टीकरण की आवश्यकता है।

श्री कामथ ने आगे कहा कि यदि हम शस्त्र धारण करने की बहुत न्यून आजादी को नहीं स्वीकार करते हैं तो मुझे डर है कि देशवासियों के मन में एक गलत सन्देश जायेगा कि सरकार को जनता पर विश्वास नहीं है और यह कि सरकार जनता से डरी हुई है। इस आजादी के खिलाफ यह भी तर्क दिया जा सकता है कि महात्मा गाँधी और अन्य नेताओं ने अहिंसा द्वारा अपना बचाव करने के लिए कहा है न कि हिंसा द्वारा। लेकिन मैं इस सदन का ध्यान महात्मा गाँधी के उस कथन की तरफ आकर्षित कराना चाहता हूँ

जिसमें उन्होंने कहा था—'प्रतिकार करें और बचाव करें, अहिंसा से यदि सम्भव हो, लेकिन हिंसा से यदि अनिवार्य हो। मैं कायरता से घृणा करता हूँ।' सरदार पटेल ने भी कहा है कि 'भागो मत, कायर मत बनो, यदि आवश्यक हो तो हिंसा से प्रतिकार करो।' अन्त में मैं कहूँगा कि हम कांग्रेस पार्टी के लोग, जो बहुमत में है, यदि हम अपने द्वारा पारित प्रस्ताव को लागू करना चाहते हैं, तो हमें अपने इस पूर्व लक्ष्य को सच साबित करना चाहिए।'[6]

मौलाना हसरत मोहानी ने मि. कामथ, मो. इस्माइल और प्रो. के. टी. शाह के संशोधन-प्रस्तावों का समर्थन तो किया लेकिन उन्हें यह भी आभास था कि बिना डॉ. अंबेडकर के सन्तुष्ट हुए कोई फायदा नहीं है। शायद इसी को ध्यान में रखकर उन्होंने कहा कि 'कामथ महोदय ने कहा है कि प्रत्येक व्यक्ति को शस्त्र रखने का अधिकार होना चाहिए। यह संशोधन एक परीक्षा की तरह है। यदि डॉ. अंबेडकर और उनकी समिति ईमानदार है तब उन्हें निश्चित ही इस धारा को स्वीकार कर लेना चाहिए और इसे तुरन्त अनुच्छेद में शामिल कर लेना चाहिए। यदि वह इसे अस्वीकार करते हैं या आपत्ति उठाते हैं जैसा कि मैं जानता हूँ कि **डॉ. अंबेडकर की कानूनी योग्यताएँ स्थापित हो चुकी हैं और वह कुछ भी सिद्ध कर सकते हैं। यदि वह चाहें तो रात को दिन में और दिन को रात में बदल सकते हैं और इसको निष्कर्ष रूप से सिद्ध भी कर सकते हैं।** मैं उनको बताना चाहूँगा कि यह संशोधन एक परीक्षा है। यदि आप इसको शामिल नहीं करते हैं तो इसका मतलब होगा कि आपकी प्रवृत्ति ब्रिटिश सरकार की तरह है।'[7]

प्रो. शिब्बन लाल सक्सेना ने भी मि. कामथ का समर्थन करते हुए कहा कि...मैं समझता हूँ कि आजादी के बाद कम-से-कम हमें इसकी स्वतंत्रता मिलनी चाहिए क्योंकि एक शस्त्र रखने वाला व्यक्ति ही सरकार की सहायता कर सकता है। मैं आशा करता हूँ कि डॉ. अंबेडकर इस बारे में कुछ करेंगे।

शस्त्र रखने और लेकर चलने की स्वतंत्रता के अधिकार के लिए श्री कामथ द्वारा की गयी माँग को डॉ. अंबेडकर ने अस्वीकार कर दिया। इसके लिए डॉ. अंबेडकर ने अनूठा तर्क दिया कि इसे अधिकार के रूप में नहीं, बल्कि देश के प्रति दायित्व के रूप में लेना चाहिए। ऐसा तर्क सम्भवत: प्रस्तावक-सदस्य एवं संशोधन समर्थक सदस्यों के लिए अविश्वसनीय था। शस्त्र रखने के अधिकार को देश के लिए खतरनाक बताते हुए डॉ. अंबेडकर ने कहा—

> 'अब शस्त्र रखने के सवाल पर आता हूँ, जिस पर मि. कामथ भयंकर रूप से उत्तेजित हैं। मैं समझता हूँ कि हमने जो स्थिति लिया है वह बिलकुल स्पष्ट है। यह बिलकुल सत्य है और हम सभी लोग जानते हैं कि कांग्रेस पार्टी ने इस बात के लिए संघर्ष किया था कि शस्त्र रखने का अधिकार होना चाहिए। इसको इनकार नहीं किया जा सकता। यह एक इतिहास है। इसके साथ ही इस सदन को यह नहीं भूलना चाहिए कि वह परिस्थितियाँ जो कांग्रेस द्वारा प्रस्ताव पारित करने के समय मौजूद थीं, वह अब नहीं हैं।

बीच में बोलते हुए मि. कामथ ने कहा— 'यह बहुत ही सुविधाजनक तर्क है।' लेकिन डॉ. अंबेडकर ने अपना सम्बोधन जारी रखते हुए कहा—

'ऐसा इसलिए है कि ब्रिटिश सरकार ने भारतीयों को शस्त्र रखने से मना कर दिया था। मना करने का कारण 'कानून और व्यवस्था' नहीं था, बल्कि लोगों को शस्त्र रखने का अधिकार इसलिए नहीं होना चाहिए ताकि वे अपने विदेशी सरकार के खिलाफ इसका इस्तेमाल न कर सकें, ताकि वे संगठित होकर सरकार का तख्ता पलट न कर दें। इस कारण मेरे निर्णय में जिन मूल विचारों के आधार पर प्रस्ताव पारित किया गया था, वह समाप्त हो चुका है। वर्तमान परिस्थिति में मैं व्यक्तिगत रूप से खुद को सन्तुष्ट नहीं कर सकता कि कैसे एक राज्य के लिए प्रशासन चलाना सम्भव होगा यदि प्रत्येक व्यक्ति बाजार जाये और बिना किसी रुकावट के आक्रमण करने के सारे हथियार खरीदने का उसे अधिकार हो।

बीच में पुनः मि. कामथ द्वारा हस्तक्षेप करते हुए कहा गया कि अन्य अधिकारों की तरह इस अधिकार को परन्तुक द्वारा निर्बन्धित किया जा सकता है। मि. कामथ के इस जवाब में काफी बल था क्योंकि स्वतंत्रता सम्बन्धित कई मूल अधिकारों को इस तरह परन्तुक लगाकर निर्बन्धित किया गया था। स्वाभाविक रूप से शस्त्र रखने के मूल अधिकार को भी निर्बन्धित किया जा सकता था। लेकिन यह भी एक सच्चाई थी कि 'शस्त्र रखने और लेकर चलने के अधिकार' को मूल अधिकार के रूप में स्वीकृति देना देश के लिए और 'कानून एवं व्यवस्था' के लिए खतरनाक था। किसी भी रूप में इसका समर्थन या बचाव करना या इसके पक्ष में दिये जा रहे तर्क पर चुप रहना देशहित और समाजहित में नहीं था।

बावजूद इसके कि उस समय अमेरिका जैसे देश में 'शस्त्र के अधिकार' को मान्यता मिली हुई थी, डॉ. अंबेडकर ने शस्त्र रखने के अधिकार को एक संप्रभु-लोकतांत्रिक देश के लिए अनावश्यक और खतरनाक माना। सैकड़ों साल बीत जाने के बाद आज जब अमेरिका और कई विकसित देश 'शस्त्र के अधिकार' पर पुनर्विचार करने के लिए मजबूर हो रहे हैं, जिसे डॉ. अंबेडकर ने संविधान निर्माण के समय ही समझ लिया था। यह उनकी दूरदृष्टि का अनूठा उदाहरण है।

देशहित एवं समाजहित के लिए मि. कामथ के तर्क का जवाब देना आवश्यक था और यह डॉ. अंबेडकर की योग्यता थी कि मि. कामथ के उपर्युक्त तर्क का बड़ी कुशलता से जवाब ढूँढ़ लिया। डॉ. अंबेडकर ने अपनी चर्चा को जारी रखते हुए मि. कामथ के तर्क का जवाब देते हुए कहा—

'परन्तुक क्या करता है? परन्तुक क्या कहता है? एक 'परन्तुक' विनियमन जैसा कुछ कर सकता है और 'विनियमन' शब्द की न्यायिक व्याख्या शर्तों को वर्णित करने की तरह की गयी है, लेकिन शर्तें ऐसी नहीं हो सकती हैं जो नागरिकों के शस्त्र रखने के अधिकार को पूरी तरीके से समाप्त कर दें। इसलिए परन्तुक खुद ऐसे नागरिकों को नहीं रोक पायेगा जो शस्त्र रखने के लिए किसी तरह का अधिकार चाहते हैं। मेरा सवाल सभी नागरिकों को अन्धाधुन्ध मूल अधिकार देने

की व्यवस्था पर ही है। मान लीजिये कि मि. कामथ का यह प्रस्ताव कि प्रत्येक नागरिक को शस्त्र रखने का मूल अधिकार प्राप्त होगा, को स्वीकार कर लिया गया। हजारों-लाखों ऐसे नागरिक, जिन्हें आज आपराधिक जनजाति कहा जाता है, के लिए खुला होगा कि वे शस्त्र रखें। वे सभी लोग, जो आपराधिक रूप से आदती होते हैं, शस्त्र पाने और लेकर चलने के अधिकार का दावा करेंगे। तब आप यह नहीं कह सकते कि परन्तुक में एक व्यक्ति शस्त्र रखने का अधिकारी नहीं है क्योंकि वह किसी विशेष वर्ग का है। ...

'मैं मसौदा-समिति द्वारा ली गयी स्थिति को स्पष्ट कर रहा हूँ। विषय यह है कि ऐसे अन्धाधुन्ध अधिकार की अनुमति देना सम्भव नहीं है। इसके साथ जहाँ तक शस्त्र रखने का सवाल है मेरा निवेदन है कि जिस पर हमें जोर देना चाहिए वह यह है कि **शस्त्र रखना एक व्यक्ति का अधिकार नहीं है बल्कि कर्त्तव्य है।** वस्तुत: जो हम प्राप्त करना चाहते हैं कि जब कभी आपात्काल की स्थिति आये, जब कभी युद्ध की स्थिति बने या जब राजविद्रोह हो या देश की स्थिरता और सुरक्षा खतरे में हो, राज्य को अधिकार होगा कि वह प्रत्येक नागरिक को बुलाकर शस्त्र रखने के लिए कहे और राज्य की सुरक्षा करवाये।'[8]

इसी दौरान श्री कामथ पुन: खड़ा होकर कुछ बोलना चाह रहे थे, लेकिन उपाध्यक्ष महोदय ने उनसे कहा कि मि. कामथ, आप हस्तक्षेप न करें। आप यह नहीं कह सकते कि मैंने आपको पूरा समय नहीं दिया है।

धर्म की सीमाएँ और व्यक्तिगत कानून का अधिकार

मि. मौलाना इस्माइल साहिब द्वारा अनुच्छेद 13 के खण्ड (1) के उपखण्ड (छह) के बाद नया उपखण्ड (ज) और (झ) जोड़ने के लिए संशोधन-प्रस्ताव प्रस्तुत किया गया। प्रस्तावित उपखण्ड (ज) में 'अपने समूह या समुदाय, जिसको वह मानता है, के व्यक्तिगत कानून को मानने की स्वतंत्रता' का और प्रस्तावित उपखण्ड (झ) में 'व्यक्तिगत आजादी और कानून के सक्षम न्यायालय द्वारा इसका परीक्षण कराने की स्वतंत्रता' का प्रावधान था।

मि. साहिब के उक्त संशोधन-प्रस्ताव पर श्री सी. सुब्रमनियम द्वारा मूलत: दो आपत्तियाँ की गयी। पहली आपत्ति यह की गयी कि इस तरह के सुझाव पर हम पहले ही 'साझा नागरिक संहिता' पर बहस के दौरान चर्चा कर चुके हैं और दूसरी आपत्ति यह की गयी कि इस संशोधन-प्रस्ताव पर चर्चा प्रारूप अनुच्छेद 15 के प्रावधान के साथ किया जाना चाहिए।

लेकिन उपाध्यक्ष महोदय द्वारा मि. साहिब को अपना संशोधन-प्रस्ताव रखने और इस पर बोलने की अनुमति प्रदान कर दी गयी।

इसके बाद व्यक्तिगत कानून को किसी समुदाय के धर्म का अंग बताते हुए मि. इस्माइल साहिब ने अपने संशोधन-प्रस्ताव का समर्थन किया और कहा कि व्यक्तिगत कानून में किसी तरह का हस्तक्षेप उस समुदाय द्वारा और आम जनता द्वारा अपने धर्म में हस्तक्षेप

माना जाता है। कुछ धर्म ऐसे हैं जिनके पास अपना व्यक्तिगत कानून नहीं है, किन्तु हिन्दू और इस्लाम जैसे दूसरे धर्मों, जिनके पास व्यक्तिगत कानून है, के लोगों को अपने-अपने व्यक्तिगत कानून को मानने की आजादी मिलनी चाहिए।...डॉ. अंबेडकर के वक्तव्य को उद्धृत करते हुए मि. साहिब ने कहा कि वे कहते हैं कि व्यक्तिगत कानून को मानने का अधिकार अपरिवर्तनीय नहीं है! मुस्लिमों में कुछ वर्ग इस्लाम के व्यक्तिगत कानून को नहीं मानते हैं, लेकिन यह एक अलग मामला है। यह कहना तर्कसंगत नहीं है कि सिर्फ इस कारण कि एक धर्म के कुछ कानूनों को कुछ वर्ग के लोगों द्वारा नहीं अपनाया गया है, इसलिए दूसरे लोगों को भी नहीं अपनाना चाहिए।...यह तर्क युक्तियुक्त नहीं है। जो कानून और धर्म को मानते हैं, उन लोगों के लिए अपरिवर्तनीय है क्योंकि लोगों को, जब भी वह चाहें, अपना धर्म बदलने का अधिकार नहीं है। कुछ ऐसे लोग हो सकते हैं जो अपने ही धर्म का विरोध करते हैं, लेकिन इसका अर्थ नहीं है कि हम दूसरे लोगों को ऐसा करने के लिए बाध्य करें।...यह सदन याद रखे कि अल्पसंख्यक समुदाय, जिसे गाय का वध करने और मांस खाने का अधिकार है, ने अपने मित्रों के विचार और भावना को सम्मान देने के लिए गौ-हत्या के खिलाफ प्रस्ताव का समर्थन किया है।

इसी बीच हस्तक्षेप करते हुए पण्डित ठाकुरदास भार्गव ने कहा कि क्या ये माननीय सदस्य जानते हैं कि पाकिस्तान, अफगानिस्तान और बहुत-से मुस्लिम देशों में भी गौ-वध पर रोक है। भारत में भी मुस्लिम शासन के दौरान यह रोक लगी हुई थी।

मि. साहिब ने अपना सम्बोधन जारी रखते हुए कहा कि यह अल्पसंख्यक या बहुसंख्यक लोगों द्वारा अपना-अपना व्यक्तिगत कानून मानने की आजादी के अधिकार का सवाल है। बहुत-सारे हिन्दू भी सोचते हैं कि उनके व्यक्तिगत कानून में हस्तक्षेप, उनके धर्म के मामलों में हस्तक्षेप है। यह केवल मुस्लिम ही नहीं, हिन्दू भी सोचते हैं कि यह एक धार्मिक मामला है, जिसमें हस्तक्षेप नहीं होना चाहिए। मि. मुन्शी ने कहा था कि मिस्र और तुर्की जैसे देशों में व्यक्तिगत कानून जैसा कोई नियम नहीं लागू है। तुर्की में समझौते के अन्तर्गत गैर-मुस्लिम अल्पसंख्यकों को अपनी परम्परा के अनुसार पारिवारिक कानून और व्यक्तिगत कानून को विनियमित करने का अधिकार है। जहाँ तक मिस्र देश का सवाल है वहाँ पर ऐसा सवाल उठा ही नहीं है। लेकिन वहाँ पर अल्पसंख्यकों को उनके द्वारा चाहे गये अधिकार मिले हुए हैं। यूगोस्लाविया में मुस्लिम अल्पसंख्यकों को व्यक्तिगत कानून मानने के अधिकार मिले हैं। इसलिए इस अधिकार को खण्ड (2) से (6) में उल्लिखित निर्बन्धनों के बिना स्वीकार किया जाना चाहिए।

व्यक्तिगत कानून के अधिकार के स्थान को लेकर की गयी आपत्ति का जवाब देते हुए श्री साहिब ने अनुच्छेद 13 के प्रावधान को अनुच्छेद 15 की तुलना में ज्यादा उपयुक्त बताया और इसके खण्ड (1) में ही उपखण्ड (झ) जोड़ने पर बल देते हुए कहा कि इतना विशाल होने के बावजूद व्यक्तिगत कानून की आजादी जैसे महत्त्वपूर्ण अधिकार के लिए संविधान में स्थान नहीं है। ... जिस रूप में अनुच्छेद 15 में व्यक्तिगत आजादी को वर्णित किया गया है, वह मजाक से ज्यादा कुछ नहीं है। श्री साहिब ने आगे कहा कि उपखण्ड (झ) में प्रस्तावित व्यक्तिगत आजादी के अधिकार, खण्ड (2) से (6) में

उल्लिखित निर्बन्धनों से प्रभावित न हो, इसके लिए नया खण्ड (8) जोड़ने के लिए भी वे संशोधन-प्रस्ताव ले आये हैं।[9]

जबकि श्री एम. अनन्थसंयनम अयंगर ने व्यक्तिगत कानून के मूल अधिकार का विरोध किया। अनुच्छेद 13 के प्रावधान को महत्त्वपूर्ण बताते हुए उन्होंने कहा कि इस सम्बन्ध में कुछ संशोधन लाये गये हैं, जिन पर विस्तार से विचार करने की आवश्यकता है। पहला संशोधन व्यक्तिगत कानून के अधिकार को लेकर है। हमें इसके अर्थ को समझना होगा। हम पहले भी व्यक्तिगत कानून को लेकर 'साझा नागरिक संहिता' पर विचार करते समय चर्चा कर चुके हैं। संशोधन प्रस्तुत किया गया है कि जब तक इस प्रावधान को मूल अधिकार नहीं बनाया जाता है और सुरक्षित नहीं किया जाता है, बहुसंख्यक अपने व्यक्तिगत कानून लागू कर सकते हैं और दूसरे समुदाय के व्यक्तिगत कानून का उल्लंघन कर उन पर थोप सकते हैं। ... मूल अधिकारों वाले भाग में ऐसा कोई प्रावधान नहीं है जिसे किसी समुदाय के व्यक्तिगत कानूनों पर जबरदस्ती थोपा जा सके।

श्री अयंगर ने आगे कहा कि कुछ हमारे मित्र जिन्होंने संशोधन प्रस्तुत किये हैं, वे दो गारण्टी चाहते हैं। पहला यह कि उनके व्यक्तिगत कानून में हस्तक्षेप न हो। मेरा निवेदन है कि प्रगतिशील समाज में यह बिलकुल अव्यावहारिक है। यहाँ तक कि एक विशेष समुदाय के सदस्य यह महसूस कर सकते हैं कि उनके व्यक्तिगत कानून में बदलाव होना चाहिए। हम इस्लाम को लेते हैं। मैं दो या तीन संशोधनों का सन्दर्भ लूँगा, जो उस कानून को बनाने के लिए लाया गया था जैसा शरीयत में था। 1939 में ही केन्द्रीय विधायिका ने कुछ परिस्थितियों में मुस्लिम विवाह विच्छेद की अनुमति देने के लिए कानून बनाया। मुस्लिम कानून के अन्तर्गत पुरुष को एकपक्षीय अधिकार है कि वह अपने विवाह को तलाक कहकर शून्य घोषित कर ले और इसी तरह 'कुलम्प' के रूप में तलाक के दूसरे तरीके हैं। महिलाओं को सामान्यतया विवाह विच्छेद करने का अधिकार नहीं है। उसे नपुंसकता जैसे कुछ सीमित आधार पर इसके लिए न्यायालय जाना पड़ता है। इसे अब आसान बनाया गया है। दूसरी बात यह कि एक महिला, जो अपने पति के साथ उसी घर में खुशहाल पारिवारिक जीवन नहीं व्यतीत कर सकती है, को कुछ परिस्थिति में अलग होने का अधिकार है, इस सम्बन्ध में अब तक मुस्लिम विवाह विच्छेद कानून में प्रावधान नहीं बनाया गया है।... एक समय आ सकता है कि किसी विशेष समुदाय के लोग यह महसूस करें कि समुदाय के हित में प्रगतिशील कानून बनना ही चाहिए। लेकिन यदि हमने यह प्रावधान बना दिया कि व्यक्तिगत कानून में हस्तक्षेप नहीं किया जा सकेगा, तो समुदाय के उस सदस्य के पास कोई अधिकार नहीं रह जायेगा कि वह कानून में सुधार करा सके। इसलिए कोई आवश्यक नहीं है कि हम इसे मूल अधिकार के रूप में शामिल करें। संविधान में ऐसा कुछ नहीं है कि बहुसंख्यक, अल्पसंख्यकों पर प्रभावी हो सकेंगे। यह केवल एक योग्य बनाने वाला प्रावधान है।[10]

'व्यक्तिगत कानून की स्वतंत्रता' को संवैधानिक संरक्षण दिया जाना चाहिए या नहीं, यह विषय प्रारूप अनुच्छेद 13 के सम्बन्ध में दूसरा सबसे महत्त्वपूर्ण विषय संविधान सभा के समक्ष था। अपने-अपने तर्कों के साथ पक्ष-विपक्ष में बहस किये जा रहे थे। चूँकि यह

विषय मुख्यत: अल्पसंख्यक समुदाय का प्रतिनिधित्व करने वाले माननीय सदस्यों द्वारा उठाया गया था, इसलिए तत्कालीन परिस्थितियों में यह विषय और भी संवेदनशील था, किन्तु भावुकता में लिया गया कोई भी निर्णय खुद अल्पसंख्यक समुदाय की प्रगतिशील विचारधारा को नुकसान पहुँचा सकता था।

एक सामाजिक तत्त्वज्ञानी के रूप में किसी धर्म के व्यक्तिगत कानून को सामाजिक सुधार से जोड़ते हुए और एक राजनीतिक-धार्मिक दार्शनिक के रूप में किसी व्यक्ति के जीवन में धर्म की सीमाओं का एवं धार्मिक मामलों में राज्य के संप्रभुता की सीमाओं का उल्लेख करते हुए डॉ. अंबेडकर ने कहा—

> 'अब मैं व्यक्तिगत कानून को बचाने के सवाल पर आता हूँ, मैं समझता हूँ इस विषय पर काफी और पर्याप्त बहस की जा चुकी है जब हम संविधान के निर्देशक सिद्धान्तों में से एक 'साझा नागरिक संहिता' पर चर्चा किये थे। मैं नहीं सोचता हूँ कि इस पर पुन: सन्दर्भ लिये जाने की कोई आवश्यकता है, लेकिन मुझे यह कहना चाहिए कि यदि संविधान में ऐसे कोई सुरक्षात्मक उपबन्ध जोड़े जाते हैं तो यह भारत की विधायिकाओं को सामाजिक सुधार पर कानून बनाने से अयोग्य करेगा । इस देश में धार्मिक विचार इतने विस्तृत हैं कि वह जन्म से लेकर मृत्यु तक, जीवन के सभी क्षण को प्रभावित कर लेता है। ऐसा कुछ भी नहीं है जहाँ धर्म न हो और यदि हम व्यक्तिगत कानून को बचाते हैं तो मैं इस बारे में निश्चित हूँ कि सामाजिक मामलों पर हम ठहराव की स्थिति में आ जायेंगे। मैं नहीं सोचता हूँ कि यह स्थिति स्वीकार करना सम्भव है। ऐसा कहना असाधारण नहीं है कि हमें धर्म की परिभाषा को सीमित करने का प्रयास इस तरह से करना चाहिए कि शिष्टाचार से जुड़े विश्वास और रीतियों, जो आवश्यक रूप से धार्मिक ही हैं, से आगे नहीं बढ़ेंगे।
>
> 'यह आवश्यक नहीं है कि कानून, जैसे किरायेदारी के कानून या उत्तराधिकार के कानून, धर्म द्वारा संचालित हों। यूरोप में ईसाइयत है, लेकिन ईसाइयत का अर्थ यह नहीं होता है कि ईसाई पूरे विश्व या यूरोप में जहाँ भी रहते हैं, उत्तराधिकार के समान व्यवस्था रखेंगे। ऐसी किसी चीज का अस्तित्व नहीं होता है। मैं व्यक्तिगत रूप से नहीं समझता हूँ कि धर्म को इतना विस्तृत और व्यापक क्षेत्र क्यों दिया जाना चाहिए जो सम्पूर्ण जीवन पर कब्जा कर ले और विधायिका को इन क्षेत्रों में हस्तक्षेप करने से रोके। सबके बाद, हम इस स्वतंत्रता को किसके लिए रख रहे हैं? हम सब इस स्वतंत्रता का प्रयोग उस सामाजिक व्यवस्था में सुधार लाने के लिए रखते हैं, जो अन्याय, भेदभाव और ऐसी तमाम चीजों से भरे पड़े हैं, जो मूल अधिकारों से असंगत होते हैं। इसलिए किसी के लिए यह अनुमान करना बिलकुल असम्भव है कि व्यक्तिगत कानून राज्य के क्षेत्राधिकार से बाहर रखा जायेगा।
>
> 'यह कहा गया था कि मुझे इस पर भी प्रकाश डालना चाहिए कि इस विषय पर कानून बनाने की शक्ति के लिए क्या राज्य दावा कर रहा है। राज्य पर ऐसा कोई दायित्व नहीं है कि वह व्यक्तिगत कानूनों को हटाये। ... इसलिए किसी को इस बात को लेकर सशंकित होने की आवश्यकता नहीं है कि यदि राज्य के पास शक्ति होगी

तो वह इस शक्ति का प्रयोग तुरन्त इस तरह करेगा, जो मुसलमान या ईसाई या भारत में दूसरे समुदाय के लिए आपत्तिजनक पाया जाये।

'उन सभी मुस्लिम समुदाय के सदस्यों, जो इस विषय पर बोले हैं, जिनकी भावनाएँ प्रशंसनीय हैं, के साथ हमें याद रखना चाहिए कि संप्रभुता हमेशा सीमित होती है। इसका कोई मतलब नहीं है यदि आप दृढ़तापूर्वक कहें कि वह असीमित है क्योंकि संप्रभुता को अपनी शक्ति का प्रयोग करने के दौरान विभिन्न समुदायों के भावनाओं के साथ खुद तालमेल करना चाहिए। कोई सरकार अपनी शक्ति का प्रयोग इस तरह नहीं कर सकता जो मुस्लिम समुदाय को विद्रोह के लिए खड़े होने के लिए उकसाये। मैं समझता हूँ कि ऐसा करने वाली कोई सरकार पागल सरकार ही होगी। लेकिन यह एक ऐसा मामला है जो शक्ति के प्रयोग करने से सम्बन्धित है न कि स्वयं शक्ति से सम्बन्धित।'[11]

संविधान में आदिवासियों की स्थिति को किया स्पष्ट

यद्यपि सभी सम्मानित सदस्यों द्वारा उठाये गये सवालों पर अन्तिम रूप से जवाब देने के लिए संविधान सभा के सभापति द्वारा डॉ. अंबेडकर को बुलाया जाता था और डॉ. अंबेडकर भी सहर्ष अपने इस राष्ट्रीय जिम्मेदारी को स्वीकार करते हुए जवाब देते थे। लेकिन संविधान सभा में ऐसी भी स्थिति आती थी कि सदस्यगण अपनी बात कहते-कहते डॉ. अंबेडकर से ही स्पष्टीकरण माँगने लगते थे। ऐसा ही कुछ हुआ जब आम बहस के दौरान आदिवासियों का सवाल उठाते हुए श्री जयपाल सिंह ने कहा कि मैं चाहता हूँ कि डॉ. अंबेडकर कुछ बिन्दुओं पर प्रकाश डालें। पहला यह कि संशोधन-प्रस्ताव जो उन्होंने प्रस्तुत किया है कि 'आदिवासी जनजाति' शब्द के स्थान पर 'अनुसूचित जनजाति' शब्द प्रतिस्थापित किया जाये, इस पर वे स्पष्टीकरण दें। दूसरा बिन्दु जिस पर मैं डॉ. अंबेडकर से जानना चाहता हूँ कि उन लाखों आदिवासियों, जो शेड्यूल्ड क्षेत्र से बाहर हैं, उनके बारे में क्या होने जा रहा है? और अब मैं अनुच्छेद 13(1)(ख) में प्रदान किये गये शान्तिपूर्वक और बिना शस्त्र के सभा करने की स्वतंत्रता के अधिकार पर आता हूँ। मैं कहना चाहता हूँ कि शस्त्र कानून को गलत तरीके से आदिवासियों पर लागू किया गया है।...क्योंकि आदिवासी अपने सामान्य जीवन के दौरान भी धनुष-बाण, लाठी-भाला लेकर चलते हैं जो वे पीढ़ी-दर-पीढ़ी करते आये हैं और आज भी कर रहे हैं। क्या उन्हें समस्या में नहीं डाला जा रहा है?[12]

डॉ. अंबेडकर किसी भी विषय पर हर तरह के जटिलतम सवालों का जवाब देने के लिए सभी तथ्यों और सम्बन्धित कानून के साथ पूरी तैयारी करके संविधान सभा में मौजूद रहते थे। आदिवासियों पर श्री जयपाल सिंह द्वारा उठाये गये सवालों पर डॉ. अंबेडकर द्वारा उसी दिन दिया गया यह जवाब उनके गहरी तैयारी और बौद्धिक क्षमता को दर्शाता है। आदिवासियों के सन्दर्भ में श्री जयपाल सिंह द्वारा किये गये सवालों का जवाब देते हुए डॉ. अंबेडकर ने कहा—

'श्री जयपाल सिंह ने मुझसे आदिवासियों के बारे में कुछ सवाल किये हैं। मैं सोचता था कि इस बारे में उचित होता कि पाँचवीं और छठी अनुसूची पर चर्चा के

समय जवाब देता लेकिन जैसा कि उन्होंने सवाल उठाया है और मुझसे, उन कठिनाइयों, जिसे वे पाये हैं, पर स्पष्टीकरण माँगा है, इसलिए मैं इसी समय इस पर प्रकाश डाल रहा हूँ। यह सदन महसूस करेगा कि इस प्रारूप-संविधान में आदिवासियों के सन्दर्भ में क्या स्थिति ली गयी है? दो श्रेणी के क्षेत्र हैं—'अनुसूचित क्षेत्र' और 'जनजाति क्षेत्र'। 'जनजाति क्षेत्र' वह क्षेत्र है जो आसाम प्रान्त से सम्बन्धित है जबकि 'अनुसूचित क्षेत्र' वह क्षेत्र है जो आसाम के अलावा दूसरे प्रान्तों में फैला है। ये बिलकुल अलग नाम हैं जिसके लिए भारत सरकार एक्ट, 1935 में 'आंशिक अपवर्जित क्षेत्र' का प्रयोग किया गया है। इसके परे कुछ नहीं है। अनुसूचित जनजाति दोनों क्षेत्रों यानी अनुसूचित क्षेत्र और जनजाति क्षेत्र में रहते हैं।

'अनुसूचित क्षेत्र में अनुसूचित जनजाति' और 'जनजाति क्षेत्र में अनुसूचित जनजाति' की स्थिति में अन्तर यह है—'अनुसूचित क्षेत्र में अनुसूचित जनजाति' पाँचवीं अनुसूची के पैराग्राफ सं. 5 के प्रावधान से संचालित होते हैं। इस अनुसूची के अनुसार संसद् या स्थानीय विधायिका द्वारा पारित सामान्य कानून अपने-आप लागू हो जाता है जब तक सरकार घोषणा नहीं करती है कि यह कानून लागू नहीं होगा। और 'जनजाति क्षेत्र में अनुसूचित जनजाति' के मामले में स्थिति थोड़ी अलग है। यहाँ पर संसद् द्वारा बनाया गया कानून या आसाम के स्थानीय विधायिका द्वारा पारित कानून तब तक लागू नहीं होता जब तक कि राज्यपाल द्वारा इसे 'जनजातीय क्षेत्र' के लिए विस्तारित न कर दिया जाये। एक मामले में यह लागू होता है जब तक मना न हो और दूसरे मामले में यह लागू नहीं होता है जब तक लागू किये जाने के लिए विस्तारित न किया गया हो। यह स्थिति है।

'अब इस सवाल पर आते हैं कि हमने 'आदिवासी' शब्द के स्थान पर 'अनुसूचित' शब्द क्यों प्रतिस्थापित किये हैं? स्पष्टीकरण यह है कि जैसा मैंने कहा है कि शब्द 'अनुसूचित जनजाति' का एक स्थिर अर्थ होता है क्योंकि यह जनजातियों को वर्णित करता है। शब्द 'आदिवासी' एक सामान्य शब्द है जिसका कोई विशिष्ट कानूनी अनुमान नहीं है। उसी तरह जैसे 'अस्पृश्यता' का। यह भी एक सामान्य शब्द है। कोई भी अपने को इस शब्द 'अस्पृश्यता' में शामिल कर सकता है। इसका कोई निश्चित कानूनी अर्थ नहीं है। इसलिए भारत सरकार एक्ट, 1935 में 'अस्पृश्यता' शब्द को निश्चित कानूनी अर्थसूचक शब्द का रूप देना आवश्यक महसूस किया गया। एकमात्र रास्ता, जो इसे करने के लिए सम्भव पाया गया वह यह था कि विभिन्न भाग के वे समुदाय जो अस्पृश्यता के मानक को सन्तुष्ट करते हों, को इसमें वर्णित किया जाये। इसी तरह का सवाल आदिवासी के सम्बन्ध में भी उठता है। आदिवासी कौन हैं? यह सवाल प्रासंगिक है क्योंकि इस संविधान में हम कुछ विशिष्ट अधिकार इन आदिवासियों को देने जा रहे हैं। यदि ऐसे मामले न्यायालय में ले जाये जायें तो वहाँ पर एक स्पष्ट परिभाषा होनी चाहिए कि ये आदिवासी कौन हैं? विचार करने के बाद यह तय किया गया कि एक दूसरी श्रेणी जिसे 'अनुसूचित जनजाति' कहा जाये, बनायी जाये जिसमें आदिवासी वर्णित हों।

'उन्होंने एक अन्य सवाल किया कि मान लीजिये जनजाति क्षेत्र या अनुसूचित क्षेत्र में रहने वाला एक अनुसूचित जनजाति का सदस्य भारत क्षेत्र के किसी दूसरे भाग, जो अनुसूचित क्षेत्र और जनजाति क्षेत्र दोनों के बाहर हो, में प्रवास कर जाता है, क्या वह स्थानीय सरकार से यह दावा करने योग्य रहेगा कि उसे वहीं विशिष्ट अधिकार दिये जायें जो वह अनुसूचित क्षेत्र या जनजाति क्षेत्र में रहते हुए प्राप्त करता था? यह एक कठिन सवाल है जिसका मैं उत्तर दूँ। यदि यह मामला वहाँ पर उठाया जाता जहाँ पर ऐसे मामलों में निर्णय दिया जाता है, हम निश्चित रूप से संविधान के प्रावधानों की परिधि में रहकर इस सवाल का जवाब देने में सक्षम होते। लेकिन जहाँ तक इस संविधान की स्थिति है अनुसूचित क्षेत्र से बाहर जाने वाला अनुसूचित जनजाति का एक सदस्य निश्चित रूप से अपने साथ उन विशिष्ट अधिकारों को साथ लेकर नहीं जायेगा जो वह जनजाति क्षेत्र या अनुसूचित क्षेत्र में रहते हुए प्राप्त करने का अधिकारी था। मैं जो देख सकता हूँ कि जनजाति क्षेत्र या अनुसूचित क्षेत्र में लागू प्रावधान को अन्य क्षेत्रों में लागू करना व्यावहारिक रूप से असम्भव है।'[13]

डॉ. अंबेडकर के सम्बोधन के बाद माननीय उपाध्यक्ष महोदय द्वारा प्रारूप अनुच्छेद 13 के सम्बन्ध में लाये गये सभी 34 संशोधन-प्रस्तावों को रखा गया। जिन 6 प्रस्तावों को डॉ. अंबेडकर द्वारा स्वीकार किया गया था, वे संविधान सभा द्वारा भी स्वीकृत कर लिये गये और बाकी 28 संशोधन-प्रस्ताव, जो डॉ. अंबेडकर द्वारा स्वीकार नहीं किये गये थे, संविधान-सभा द्वारा भी अस्वीकृत कर दिये गये।

राष्ट्रीय एकता के लिए अखिल भारतीय व्यापार का अधिकार

आजादी के समय रियासतों का देश में विलय पूर्ण न होकर सीमित था। कुछ समझौतों के कारण इन रियासतों को कई विशेषाधिकार मिले थे। वे केवल विदेश, रक्षा और संचार के विषय में भारत संघ के निर्णयों को मानने के लिए बाध्य थे। दूसरे अन्य मामलों में ये रियासत निर्णय लेने के लिए स्वतंत्र थे। मसौदा-समिति और संविधान-सभा भी ऐसा प्रावधान नहीं बना सकती थी, जो इन समझौतों के खिलाफ हो। किन्तु देश के आर्थिक विकास और राष्ट्रीय एकता के लिए देशभर में 'व्यापार और वाणिज्य' का स्वतंत्र समागम आवश्यक था। इस स्वतंत्र समागम में सबसे अधिक अवरोध की सम्भावना रियासतों को मिले विशेषाधिकारों के कारण था। ऐसा कोई भी अवरोध देश की एकता, अखण्डता और आर्थिक विकास के लिए खतरनाक हो सकता था।

यह मात्र राजनीतिक समस्या नहीं थी, बल्कि देश के लिए यह एक आर्थिक समस्या भी थी। लीक से हटकर ऐसी गम्भीर समस्याओं का निराकरण करने के लिए संवैधानिक समाधान निकालना और इस समाधान पर तर्कों के साथ अडिग रहना डॉ. अंबेडकर के दृढ़ व्यक्तित्व को दर्शाता है। प्रारूप अनुच्छेद 16 पर की गयी बहस डॉ. अंबेडकर की तर्कशीलता और दृढ़ व्यक्तित्व का एक उत्कृष्टतम उदाहरण है। प्रारूप-प्रावधान साबित करता है कि डॉ. अंबेडकर, देश की एकता और इसके सामने आने वाली

समस्याओं को लेकर कितने गम्भीर और सजग थे। 'वस्तुतः जिस तरह हम देशवासी सरदार पटेल को राष्ट्रीय एकता के प्रति उनके महान् योगदान के लिए 'एकता पुरुष' के रूप में याद करते हैं, उसी तरह बाबा साहेब को उनके महान् योगदान के लिए हम देशवासी और आने वाली पीढ़ी 'निर्माण-पुरुष' के रूप में याद रखेंगे। ऐसे 'निर्माण-पुरुष' के रूप में, जिन्होंने बराबरी पर आधारित समाज-निर्माण की आधारशिला रखी, संविधान-निर्माण के माध्यम से राष्ट्रीय एकता को संवैधानिक स्वरूप देकर इसे दृढ़ता एवं पूर्णता प्रदान की और राष्ट्र-निर्माण की बुनियाद बनायी। वस्तुतः बाबा साहेब, समाज-निर्माण में सामाजिक जटिलताओं के खिलाफ किये गये संघर्ष की पवित्रता, संविधान-निर्माण में अपने दृढ़तायुक्त किन्तु लचीले व्यक्तित्व और राष्ट्र-निर्माण में चमकयुक्त भूमिका के कारण 'देश के स्वर्ण-पुरुष' हैं।'

रियासतों के किसी तरह के हस्तक्षेप से मुक्त रहकर सम्पूर्ण देश में व्यापार करने की आजादी सुनिश्चित रहे, इस आशय से व्यापार, वाणिज्य और समागम की आजादी के अधिकार को मूल अधिकार वाले भाग 3 में स्थान दिया गया। प्रारूप अनुच्छेद 16 (संविधान का अनुच्छेद 301) के अनुसार—

> 'इस संविधान के अनुच्छेद 244 के प्रावधान और संसद् द्वारा बनाये गये कानून के अधीन भारत के राज्यक्षेत्र में व्यापार, वाणिज्य और समागम स्वतंत्र होगा।'

प्रारूप अनुच्छेद 16 के प्रावधान को मूल अधिकार के रूप में अंगीकृत करने पर आपत्ति करते हुए श्री सी. सुब्रमनियम ने प्रारूप-संविधान में मौजूद 'व्यापार और वाणिज्य' से सम्बन्धित अन्य प्रावधानों का सहारा लिया। मूल अधिकार के आधारभूत सिद्धान्तों को व्यक्त करते हुए श्री सुब्रमनियम ने कहा कि ये ऐसे अधिकार हैं जो केन्द्र या राज्यों की विधायिका के अधिकार-क्षेत्र से बाहर कर दिये जाते हैं। इसको इस तरह समझते हैं कि संप्रभुता जनता में अन्तर्निहित होती है लेकिन जनता द्वारा यह संप्रभुता विधायिका को प्रत्यायोजित की गयी होती है, इसलिए कुछ विषयों में यह संप्रभुता विधायिकाओं एवं सरकार के माध्यम से व्यक्त की जाती है। लेकिन मूल अधिकारों के सन्दर्भ में हम कह सकते हैं कि संसद् या सरकार को इसमें हस्तक्षेप करने का अधिकार नहीं होता है। इस मामले में जनता की संप्रभुता ही सब-कुछ होती है। यह न तो प्रत्यायोजित होती है और न कोई संस्था इस संप्रभुता को प्रभावित करने के लिए प्राधिकृत होता है। यदि हम इस दृष्टिकोण से अनुच्छेद 16 के प्रावधान का परीक्षण करें, तो इस अधिकार का कौन-सा अवशेष बचेगा जिसको विधायिका द्वारा छुआ नहीं जा सकेगा। इसमें कहा गया है कि संसद् द्वारा बनाये गये कानून के अधीन भारत क्षेत्र में व्यापार, वाणिज्य और समागम स्वतंत्र होगा। यहाँ पर संसद् की संप्रभुता सम्पूर्ण है। इस भाग में ऐसे अधिकार के लिए स्थान होना चाहिए जिसे न तो केन्द्र की और न ही राज्य की विधायिका छू सके। जबकि अनुच्छेद 16 में बिना कोई सीमा निर्धारित किये संसद् द्वारा बनाये गये कानून पर इस अधिकार को निर्भर बना दिया गया है।[14]

अन्त में श्री सी. सुब्रमनियम ने सवाल किया कि प्रारूप अनुच्छेद 16 में क्या कोई अधिकार बचैगा जिसे विधायिका और सरकार के क्षेत्राधिकार के बाहर रखा जा सके?

और क्या ऐसी स्थिति में यह उचित है कि अनुच्छेद 16 के प्रावधान को मूल अधिकार वाले चैप्टर में शामिल किया जाये?

इसके बाद श्री के. संथानम ने अनुच्छेद 16 के प्रावधान का समर्थन करते हुए तर्क दिया कि 'अनुच्छेद 16 आवश्यक है या नहीं, यह जानने का एकमात्र पैमाना यह है कि इसको हटाने के परिणाम का पता किया जाये।...बहुत-सारे मामलों में हमने प्रावधान बनाये हैं जिसमें राज्य विधायिका हालाँकि कुछ नहीं कर सकता है लेकिन संसद् हस्तक्षेप कर सकता है। यदि हम इस पैमाने पर इस मूल अधिकार का परीक्षण करें, तो पायेंगे कि व्यापार के स्वतंत्रता को संसद् के कानून के अधीन रखने में कोई कमी नहीं है। अनुच्छेद 16 का प्रावधान अतिआवश्यक हैं।

श्री एम. अनंथसयनम अयंगर ने भी कहा कि मैं कोई भी असंगतता नहीं पाता हूँ। न ही मैं पाता हूँ कि अनुच्छेद 16 अनावश्यक है।...अनुच्छेद 16 सम्पूर्ण देश में व्यापार, वाणिज्य और समागम की स्वतंत्रता को सुनिश्चित करता है। यह मूल अधिकार है। इसका एक अपवाद अनुच्छेद 244 है, जो राज्यों के पक्ष में है और दूसरा इसे संसद के कानून के अधीन किया गया है। जहाँ तक संसद् द्वारा बनाये गये कानून का सम्बन्ध है, संसद् पहली अनुसूची के अन्तर्गत दी गयी शक्ति का प्रयोग कर सकता है। जहाँ तक राज्य का सम्बन्ध है वे दूसरी अनुसूची के अन्तर्गत ऐसा कर सकते हैं। 'राज्य अनुसूची' में विषय नं. 32 राज्य में व्यापार और वाणिज्य को सन्दर्भित करता है। जहाँ तक राज्यों में व्यापार और वाणिज्य का सम्बन्ध है, यह राज्यों के एकमात्र क्षेत्राधिकार में है। मैं यह उदाहरण इसलिए दे रहा हूँ ताकि सिद्ध कर सकूँ कि क्यों इसे मूल अधिकार के चैप्टर में शामिल करना आवश्यक है।

प्रारूप अनुच्छेद 16 को मूल अधिकार के रूप में शामिल करने के औचित्य पर उठाये गये सवालों का जवाब देते हुए डॉ. अंबेडकर ने कहा—

> 'मैं जो समझ रहा हूँ कि मि. सुब्रमनियम का आशय अनुच्छेद 16 पर आपत्ति नहीं है, बल्कि उनकी आपत्ति इसके स्थान को लेकर है जहाँ पर इसे रखा गया है। वे कहते हैं कि यद्यपि इसकी उपयोगिता और आवश्यकता हो सकती है, लेकिन इसे मूल अधिकार के रूप में नहीं शामिल किया जाना चाहिए और दूसरी बात, यदि मैं उन्हें सही तरीके से समझ पा रहा हूँ, यह है कि इस अनुच्छेद को अनुच्छेद 244 के अधीन रखा गया है और इस तरह अनुच्छेद 16 को पूरी तरह विफल किया जा सकता है। यदि अनुच्छेद 244 की शक्ति का प्रयोग किया जायेगा तो इस अनुच्छेद में कुछ भी नहीं बचा रह पायेगा।
>
> 'मैं इस तर्क की प्रशंसा करता हूँ कि अनुच्छेद 16 को मूल अधिकार की सूची से बाहर होना चाहिए। इस सीमा तक मैं मि. सुब्रमनियम से सहमत हूँ। लेकिन मैं स्पष्ट कर सकता हूँ कि इसे क्यों मूल अधिकार के रूप में शामिल किया गया है। मैं अपने मित्र को याद दिलाता हूँ कि जब संविधान-सभा आरम्भ हुई तो हमें कुछ सीमाओं के साथ शुरुआत करनी पड़ी है। एक सीमा यह थी कि भारतीय रियासत

सिर्फ तीन विषयों—विदेश, रक्षा और संचार पर संघ में सम्मिलित हुए हैं। इसके अलावा अन्य किसी विषय पर वे संघ को अनुमति देना स्वीकार नहीं करेंगे। इसलिए वे महसूस करेंगे कि संविधान-सभा और मसौदा-समिति एक बहुत गम्भीर सीमा से बँधी है।

'एक तरफ यह महसूस किया गया था कि अखिल भारतीय संघ के गठन का कोई उपयोग और उद्देश्य नहीं रह जायेगा यदि व्यापार और वाणिज्य सम्पूर्ण भारत में आजाद न हो। यह सामान्य विचार था। दूसरी तरफ यह भी पाया गया कि जहाँ तक रियासतों की स्थिति का सम्बन्ध है, जैसा कि मैंने पहले सन्दर्भित कर दिया है, वे व्यापार और वाणिज्य को पूरे भारत में संघीय संसद् के विधायी अधिकार में लाये जाने के लिए तैयार नहीं हैं। इसे सारांश में और दूसरी भाषा में रखें, वे 'व्यापार और वाणिज्य' को प्रथम सूची में शामिल किये जाने को तैयार नहीं हैं। यदि 'व्यापार और वाणिज्य' को प्रथम सूची में शामिल किया जाना सम्भव होता, जिसका मतलब संसद् को पूरे भारत में 'व्यापार और वाणिज्य' पर कानून बनाने का अधिकार होता, तब अनुच्छेद 16 के अन्तर्गत 'व्यापार और वाणिज्य' को मूल अधिकार के रूप में लाया जाना आवश्यक नहीं था। लेकिन चूँकि संविधान-सभा के समक्ष उक्त कारणों से यह दरवाजा बन्द हो गया था, इसलिए हमें किसी-न-किसी रूप में पूरे भारत में 'व्यापार और वाणिज्य' की समानता लाने के लिए स्थान खोजना ही था। सारे प्रतिभा प्रयोग के बाद, देश के बहुमत की इच्छा कि पूरे भारत में 'व्यापार और वाणिज्य' स्वतंत्र हो, को मूर्तरूप देने के लिए हमने पाया कि इसे मूल अधिकार में शामिल किया जाये। यही कारण है कि, भले ही यह जितना भी भद्दा लगे, हमने सोचा कि इसके अलावा हमारे पास और कोई रास्ता नहीं बचा है कि 'व्यापार और वाणिज्य' को मूल अधिकार में शामिल किया जाये। मैं सोचता हूँ कि यह मेरे मित्र मि. सुब्रमनियम को सन्तुष्ट करेगा कि क्यों हमने 'व्यापार और वाणिज्य' को मूल अधिकार के सूची में स्थान दिया है, यद्यपि सैद्धान्तिक रूप से मैं सहमत हूँ कि यह विषय मूल अधिकार का विषय नहीं है।

'जहाँ तक दूसरे तर्क का सवाल है कि चूँकि 'व्यापार और वाणिज्य' को अनुच्छेद 244 के अधीन रखा गया है, इसलिए हमने व्यावहारिक रूप से मूल अधिकार को नष्ट कर दिया है, मैं सोचता हूँ और मैं स्पष्ट रूप से कह सकता हूँ कि मेरे मित्र मि. सुब्रमनियम ने या तो अनुच्छेद 244 को पढ़ा नहीं है या इस अनुच्छेद को अशुद्ध रूप से पढ़ा है। अनुच्छेद 244 का बहुत सीमित दायरा है। यह प्रान्तीय विधायिका को अन्तरराज्यीय व्यापार और वाणिज्य के सन्दर्भ में दूसरे राज्यों में बने सामानों को अपने राज्य में प्रवेश को लेकर कुछ निर्बन्धन लगाने की शक्ति देता है परन्तु इस निर्बन्धन में अपने राज्य में बने या दूसरे राज्य में बने सामान के मध्य भेदभाव नहीं होना चाहिए। अब मैं निश्चित हूँ कि वह सहमत होंगे कि यह बहुत सीमित कानून है। यह व्यापार, वाणिज्य और समागम, जिसे पूरे भारत में स्वतंत्र होना चाहिए, के अधिकार को नहीं छीनता है।'[15]

इसके बाद मि. सुब्रमनियम द्वारा सवाल किया गया— 'परन्तु यह खण्ड कहता है कि यह राज्य के लिए वैध होगा कि वह कानून द्वारा व्यापार, वाणिज्य और समागम के अधिकार पर युक्तियुक्त निर्बन्धन, जैसा जनहित में आवश्यक हो, लगा सकता है।'

इस पर डॉ. अंबेडकर द्वारा जवाब दिया गया—

> 'हाँ, लेकिन युक्तियुक्त निर्बन्धन का अर्थ यह नहीं है कि निर्बन्धन ऐसा होगा जो व्यापार की स्वतंत्रता और समानता को ही नष्ट कर दे। ऐसा कोई भी अर्थ नहीं है।'

डॉ. अंबेडकर के सम्बोधन के पश्चात् प्रारूप अनुच्छेद 16 को संविधान-सभा द्वारा अंगीकृत कर लिया गया। यद्यपि संविधान-सभा द्वारा तत्कालीन परिस्थितियों में प्रारूप-अनुच्छेद 16 को मूल अधिकार के रूप में स्वीकार कर लिया गया था, लेकिन संविधान को अन्तिम स्वरूप देते समय भारत संघ में रियासतों की बदल गयी स्थिति के कारण, इसे मूल अधिकार वाले भाग 3 से निकालकर प्रारूप अनुच्छेद 274ए (संविधान का अनुच्छेद 301) के रूप स्वीकार किया गया।

सन्दर्भ सूची

1. सी.ए.डी., खण्ड 7, पृष्ठ 767
2. सी.ए.डी., खण्ड 7, पृष्ठ 739
3. सी.ए.डी., खण्ड 7, पृष्ठ 740
4. सी.ए.डी., खण्ड 7, पृष्ठ 715
5. सी.ए.डी., खण्ड 7, पृष्ठ 780
6. सी.ए.डी., खण्ड 7, पृष्ठ 719
7. सी.ए.डी., खण्ड 7, पृष्ठ 758
8. सी.ए.डी., खण्ड 7, पृष्ठ 780
9. सी.ए.डी., खण्ड 7, पृष्ठ 721
10. सी.ए.डी., खण्ड 7, पृष्ठ 777
11. सी.ए.डी., खण्ड 7, पृष्ठ 781
12. सी.ए.डी., खण्ड 7, पृष्ठ 752
13. सी.ए.डी., खण्ड 7, पृष्ठ 782
14. सी.ए.डी., खण्ड 7, पृष्ठ 798
15. सी.ए.डी., खण्ड 7, पृष्ठ 802

12

जीवन का मूल अधिकार

मृत्युदण्ड के सम्बन्ध में संविधान सभा का नजरिया

प्रारूप अनुच्छेद 11 को अंगीकृत करने के बाद प्रो. जेड. एच. लारी द्वारा अनुच्छेद 11-ए और 11-बी के रूप में नये प्रावधान को जोड़ने के लिए संशोधन-प्रस्ताव लाया गया। अनुच्छेद 11-ए किसी ऋण के सन्दर्भ में कारावास की सजा को समाप्त करने के लिए और अनुच्छेद 11-बी देशद्रोह के अलावा बाकी अपराध के लिए मृत्युदण्ड की सजा को समाप्त करने के लिए प्रस्तावित किया गया था।

यद्यपि कुछ समय बाद प्रो. लारी ने अनुच्छेद 11-ए के सम्बन्ध में प्रस्तुत संशोधन-प्रस्ताव वापस ले लिया, लेकिन अनुच्छेद 11-बी के समर्थन में तर्क देते हुए कहा कि न्यूजीलैण्ड, रूस, हालैण्ड, बेल्जियम, स्विट्जरलैण्ड जैसे कम-से-कम 30 देशों में मृत्युदण्ड की सजा समाप्त कर दी गयी है। प्रो. लारी द्वारा मृत्युदण्ड की सजा को समाप्त करने के समर्थन में तीन आधार बताया गया। पहला आधार यह लिया कि मानवीय निर्णयों में भूल न हो, ऐसा नहीं हो सकता है। सभी न्यायाधीश गलती कर सकते हैं, लेकिन मृत्युदण्ड की सजा अपरिवर्तनीय है। दूसरा आधार यह लिया कि मानवीय जीवन की पवित्रता सभी लोगों द्वारा स्वीकार्य है और यह एक ऐसी सजा है जो वास्तव में आघात पहुँचाने वाली और असभ्य है, जिसे आधुनिक शताब्दी में प्रचलित भावनाओं के अनुरूप नहीं कहा जा सकता है। और तीसरा यह कि सजा में सुधारात्मक तत्त्व बहुत महत्त्वपूर्ण और प्रभावशाली होता है। इसलिए यदि हम मृत्युदण्ड को समाप्त करने के लिए कुछ कर सकें तो यह अपने देश और लोगों के लिए बहुत अच्छी बात होगी। इसलिए हमें देशद्रोह के अपवाद को स्वीकार करते हुए मृत्युदण्ड की सजा को समाप्त करने के लिए आगे आना चाहिए।[1]

श्री अमियो कुमार घोष ने चर्चा में भाग लेते हुए कहा कि हम प्रस्तावित संशोधन के सिद्धान्त का विरोध नहीं करते हैं, लेकिन हम इसे संविधान में शामिल करने के विरोध में हैं। ऐसा करके हम राज्य के हाथ को हमेशा के लिए बाँध देंगे और वह विषम परिस्थिति में यदि ऐसी सजा की आवश्यकता हो तो भी वह इस सजा का प्रयोग नहीं कर सकता है। यह सही है कि मृत्युदण्ड की सजा अमानवीय है। यह भी सत्य है कि न्यायाधीश से गलती हो सकती है। लेकिन यह नहीं भूलना चाहिए कि इस समाज में दुष्ट तत्त्व विद्यमान

हैं और इन्हें पूरे समाज को हड़पने से रोकने के लिए राज्य को ऐसी सजा देने का अधिकार प्राप्त होना चाहिए। मैं समझता हूँ कि संवेदना-वृद्धि और समाज के उत्थान के साथ राज्य को इस सजा पर पुनर्विचार करना चाहिए लेकिन संविधान इसके लिए उचित स्थान नहीं है। हम सब ऐसे परिवर्तन-काल से गुजर रहे हैं जब तमाम समस्याएँ हमारे सामने हैं। प्रत्येक दिन नयी-नयी तरह की स्थितियाँ पैदा हो रही हैं। कुछ परिस्थिति में राज्य को ऐसी गम्भीर सजा देने की आवश्यकता हो सकती है। इसलिए महोदय, मैं सिद्धान्ततः स्वीकार करता हूँ कि मृत्युदण्ड की सजा समाप्त होनी चाहिए, लेकिन संविधान में इसके लिए प्रावधान बनाना और राज्य का हाथ बाँध देना उचित नहीं है। इसके लिए भारतीय दण्ड संहिता में संशोधन कर सकते हैं या अन्य कानून के माध्यम से ऐसा कर सकते हैं। इस कारण मैं मि. लारी के संशोधन-प्रस्ताव का विरोध करता हूँ।[2]

श्री के. हनुमन्थैया ने भी संशोधन-प्रस्ताव का विरोध करते हुए कहा कि मृत्युदण्ड की सजा को दो नजरिये से देखा जा सकता है। एक दोषसिद्ध व्यक्ति के नजरिये से और दूसरा 'राज्य' के नजरिये से। जहाँ तक दोषसिद्ध व्यक्ति का सवाल है हमारे मन में एक विचार था कि दोषसिद्ध व्यक्ति के लिए मौत की सजा के बजाय हलके कारावास की सजा आनन्ददायी होती होगी। लेकिन कुछ दिन पहले हमें बर्नार्ड शॉ द्वारा लिखित एक ड्रामा पढ़ने को मिला। यह ड्रामा फ्रांस के एक महान् हीरोइन पर आधारित था, जिसने जेल में लम्बे समय के लिए कैद रहने से अच्छा जिन्दा ही जलकर मर जाने को प्राथमिकता दी। इसके बाद मेरा यह विचार कि एक दोषसिद्ध को समाज से अलग जेल की चहारदीवारी में कैदी की तरह जीवित रखना ज्यादा उचित होगा, बदल गया। जेल के दीवारों में जीवनभर एक मृतक व्यक्ति की तरह रखने से बेहतर है उस दोषसिद्ध व्यक्ति को संसार से विदा कर दिया जाये। जहाँ तक 'राज्य' की नजर से देखने का सवाल है तो एक व्यक्ति, जिसने दूसरे मानव-जीवन का ध्यान नहीं दिया हो, वह अपने जीवन के लिए ध्यान पाने का हकदार नहीं रह जाता है। समाज केवल सुधारात्मक विचारों पर ही आधारित नहीं रहता, बल्कि भय की प्रवृत्ति भी इसी समाज का एक आवश्यक सिद्धान्त है। दूसरे का जीवन समाप्त करने वाले व्यक्ति को यदि यह निश्चिन्तता हो कि उसके जीवन को कोई छू नहीं सकता, यह मात्र कैद की सजा का सवाल है तो सजा के निवारक सिद्धान्त का कोई महत्त्व ही नहीं रह जायेगा। इसलिए राज्य की सुरक्षा और समाज के स्थायित्व की दृष्टि से यह बुद्धिमानी नहीं होगी कि मृत्युदण्ड समाप्त किया जाये।'[3]

चूँकि प्रारूप अनुच्छेद 15 (संविधान का अनुच्छेद 21) के अन्तर्गत लोगों के जीवन के अधिकार को मूल अधिकार के रूप में स्वीकार कर पर्याप्त सुरक्षा प्रदान किया गया था और यह उपबन्धित किया गया था कि विधि द्वारा स्थापित प्रक्रिया के बिना किसी व्यक्ति को उसके प्राण से वंचित नहीं किया जायेगा, मृत्युदण्ड की सजा के खिलाफ संविधान के प्रावधान बनाना उचित नहीं था। मृत्युदण्ड को बनाये रखा जाये या नहीं, इस सम्बन्ध में बदलती परिस्थितियों में उचित निर्णय लेकर कानून बनाने की स्वतंत्रता संसद् को प्राप्त था। बिना भावी परिस्थितियों को जाने, संविधान में मृत्युदण्ड के खिलाफ प्रावधान बनाकर सरकार और संसद् के हाथ को बाँधना उचित नहीं था। इसलिए मृत्युदण्ड की सजा के खिलाफ प्रो. लारी द्वारा प्रस्तुत किये गये संशोधन-प्रस्ताव को डॉ. अंबेडकर द्वारा

अस्वीकार कर दिया गया। तत्पश्चात् संविधान-सभा ने भी प्रो. लारी के संशोधन-प्रस्ताव को अस्वीकार कर दिया।

आपराधिक मामलों के सम्बन्ध में मूलभूत अधिकार

आपराधिक मामलों के सम्बन्ध में कुछ मूलभूत सिद्धान्त ऐसे होते हैं, जो व्यक्ति के जीवन के अधिकार से इतना प्रत्यक्ष रूप से जुड़े होते हैं कि इन्हें संसद् या सरकार के अधीन नहीं रखा जा सकता। ये मूलभूत सिद्धान्त, जनता की प्रत्यक्ष संप्रभुता के विषय होते हैं न कि जनता की प्रत्यायोजित संप्रभुता के। इसलिए ऐसे मूलभूत सिद्धान्तों को प्रारूप-संविधान में मूल अधिकार के रूप में स्वीकार किया गया। प्रारूप-संविधान के अनुच्छेद 14 (संविधान का अनुच्छेद 20) में उपबन्धित प्रावधान चार मूल सिद्धान्तों को प्रतिपादित करता है। पहला यह कि किसी व्यक्ति को अपराध के समय प्रवृत्त कानून के अन्तर्गत ही दोषी ठहराया जा सकता है। दूसरा यह कि कोई व्यक्ति उससे अधिक दण्ड से दण्डित नहीं किया जा सकता, जो अपराध करते समय प्रवृत्त कानून में प्राविधानित था। तीसरा यह कि किसी व्यक्ति को एक ही अपराध के लिए एक बार से अधिक 'दण्डित' नहीं किया जाये और चौथा यह कि किसी अपराध के सन्दर्भ में किसी अभियुक्त को स्वयं अपने विरुद्ध साक्षी होने के लिए बाध्य नहीं किया जाये। प्रारूप अनुच्छेद 14 के अनुसार—

'1. किसी व्यक्ति को किसी अपराध के लिए तब तक दोषसिद्ध नहीं ठहराया जायेगा, जब तक कि उसने ऐसा कोई कार्य करने के समय, जो अपराध के रूप में आरोपित है, किसी प्रवृत्त विधि का अतिक्रमण नहीं किया है या वह उससे अधिक दण्ड का भागी नहीं होगा जो उस अपराध के किये जाने के समय विधि के अन्तर्गत अधिरोपित किया जा सके।

2. किसी व्यक्ति को एक ही अपराध के लिए एक बार से अधिक 'दण्डित' नहीं किया जायेगा।

3. किसी अपराध के लिए अभियुक्त किसी व्यक्ति को स्वयं अपने विरुद्ध साक्षी होने के लिए बाध्य नहीं किया जायेगा।'

पण्डित ठाकुरदास भार्गव ने खण्ड (1) के दूसरे भाग के लिए संशोधन-प्रस्ताव प्रस्तुत किया कि शब्दावली 'अपराध के किये जाने के समय विधि के अन्तर्गत' के स्थान पर शब्दावली 'अपराध के किये जाने के समय प्रवृत्त विधि के अन्तर्गत' प्रतिस्थापित किया जाये। उनका तर्क था कि 'विधि' और 'प्रवृत्त विधि' के अलग अर्थ हैं। पहले भाग में 'प्रवृत्त विधि' का प्रयोग किया गया है। अत: इस भाग में भी ऐसा किया जाना उपयुक्त है।

मि. नजरुद्दीन अहमद द्वारा अपने संशोधन प्रस्ताव के माध्यम से खण्ड (2) के अन्त में 'आपराधिक प्रक्रिया संहिता, 1898 द्वारा अन्यथा स्वीकार्य न हो' जोड़ने के लिए कहा गया। इस दौरान मि. नजरुद्दीन ने डॉ. अंबेडकर के लिए एक दिलचस्प बात कही। उन्होंने कहा—'महोदय, मैं आदरणीय सदस्य मसौदा-समिति के अध्यक्ष का ध्यान आकर्षित कराना चाहता हूँ अन्यथा हमारे तर्कों का कोई उपयोग नहीं होगा। यदि वे 'नहीं' कह देंगे तो पूरा सदन उनकी आवाज को दोहरायेगा।' तब उपाध्यक्ष महोदय ने डॉ. अंबेडकर की ओर इशारा कर हँसते हुए कहा—

'डॉ. अंबेडकर, मि. नजरुद्दीन अहमद आपका ध्यान चाहते हैं। वह कहते हैं कि यदि आप 'नहीं' कहते हैं तो सदन भी 'नहीं' ही कहता है।'

इसके बाद काजी सैय्यद करीमुद्दीन ने प्रारूप प्रावधान में नया खण्ड (4) जोड़ने के लिए एक महत्त्वपूर्ण संशोधन-प्रस्ताव लाया, जो तलाशी और जब्ती के सम्बन्ध में कुछ मूलभूत सुरक्षा प्रदान करने की बात करता था। इस प्रस्तावित खण्ड में कहा गया था कि 'लोगों के अपने शरीर, घरों, कागजातों की सुरक्षा करने और अयुक्तियुक्त तलाशी और जब्ती के विरुद्ध अधिकार का अतिक्रमण नहीं किया जायेगा और शपथ और पुष्टीकरण से समर्थित सम्भाव्य कारण के बिना एवं विशेषकर तलाशी ली जाने वाले स्थान और जब्ती किये जाने वाले व्यक्ति और वस्तु का वर्णन किये बिना वारण्ट जारी नहीं किया जायेगा।'

काजी सैय्यद करीमुद्दीन ने उक्त प्रावधान को बहुत महत्त्वपूर्ण बताते हुए कहा कि इसी तरह का अधिकार अमेरिकन संविधान के अनुच्छेद 4, आयरिश संविधान के खण्ड 2 और 5 तथा जर्मन संविधान के अनुच्छेद 114 और 115 में प्रदान किये गये हैं। अपने पुस्तक—'माइनारीटीज एण्ड स्टेट्स' के पेज सं. 11 पर पैरा सं. 10 में भी डॉ.अंबेडकर ने उक्त अधिकार पर अपनी स्वीकृति दी है। उन्होंने पुन: तर्क दिया कि भारत में लगभग सभी प्रान्तों में 'गुण्डा एक्ट' और 'पब्लिक सेफ्टी एक्ट' लागू है जो अपील या प्रत्यावेदन की व्यवस्था नहीं प्रदान करते और न स्वयं का बचाव करने का व्यक्ति को अवसर देते। बिना वारण्ट के गिरफ्तारी और बिना औचित्य के तलाशी लिये जाते हैं। हम कानून-विहीन कानून से संचालित होते हैं और इस अनधिकृत गिरफ्तारी और तलाशी के कारण होने वाली पीड़ा के लिए कोई उपचार भी नहीं है। उन्होंने 1947 और 1948 में सैकड़ों-हजारों मुस्लिम अल्पसंख्यक समुदाय के सदस्यों के साथ किये गये अनैतिक गिरफ्तारी और तलाशी का उदाहरण देते हुए कहा कि इस देश में इनसे अपराधी की तरह व्यवहार किया गया है। इसलिए इसके निराकरण के लिए प्रस्तावित प्रावधान को मूल अधिकार के रूप में अंगीकृत करना आवश्यक है।[4]

श्री टी. टी. कृष्णामचारी ने अनुच्छेद 14 के खण्ड (2) को पढ़ते हुए कहा कि ऐसा मुझे और बहुत-से सदस्यों को लगता है यह प्रावधान उन मामलों को प्रभावित कर सकता है जिसमें विभागों द्वारा जाँच कर सजा हो गयी हो और इससे जुड़ा आपराधिक मामला न्यायालय में लम्बित है। इस प्रावधान के कारण न्यायालय सजा नहीं दे पायेगा। इसी तरह यदि न्यायालय द्वारा आपराधिक मामलों में दण्डित किया गया है तो सरकार के अनुशासनात्मक कार्यवाही से बच जायेंगे...मैं सोचता हूँ कि हम एक विशेष तरह की कार्यवाही पर रोक लगाने जा रहे हैं, इसलिए मामले को स्पष्ट करना ठीक होगा। मैं मानता हूँ कि मुझे यह संशोधन प्रस्तुत करने में देर हुई है। मेरा संशोधन स्वीकार हो जाने के बाद प्रावधान इस तरह हो जायेगा—'कोई भी व्यक्ति एक बार से अधिक 'अभियोजित' और 'दण्डित' नहीं किया जायेगा।' यदि मेरे माननीय मित्र डॉ. अंबेडकर 'दंडित' शब्द के पहले 'अभियोजित और' शब्द को जोड़ना स्वीकार करते हैं और आप एवं यह सदन उन्हें इसके लिए अनुमति देते हैं तो ऐसा करना न केवल बुद्धिमानी होगा बल्कि सरकार को भविष्य में कई परेशानियों से बचायेगा।...'[5]

इसके बाद उपाध्यक्ष महोदय द्वारा डॉ. अंबेडकर को श्री कृष्णामचारी के संशोधन-प्रस्ताव पर अपने विचार देने के लिए बुलाया गया।

डॉ. अंबेडकर ने श्री कृष्णामचारी के संशोधन-प्रस्ताव को स्वीकार करते हुए कहा—

> यद्यपि संशोधन की आवश्यकता नहीं है, लेकिन चूँकि कुछ सन्देह व्यक्त किया गया है कि 'दण्डित' शब्द का कई तरह से व्याख्या किया जा सकता है। मेरा मानना है कि 'अभियोजित और दण्डित' कर देना उचित होगा।...

इसके अलावा डॉ. अंबेडकर ने पण्डित भार्गव एवं सैय्यद करीमुद्दीन के संशोधन-प्रस्तावों को भी स्वीकार किया। सैय्यद करीमुद्दीन के संशोधन-प्रस्ताव के बारे में कहा— 'वह इसे स्वीकार करने के लिए तैयार हैं। यह एक उपयोगी प्रावधान है और संविधान में इसे स्थान दिया जा सकता है। इसमें कोई नया नहीं है क्योंकि आपराधिक प्रक्रिया संहिता में पहले से इसके लिए प्रावधान किये गये हैं।...जहाँ तक व्यक्तिगत स्वतंत्रता का सम्बन्ध है यह एक महत्त्वपूर्ण है और इसलिए इसे विधायिका के क्षेत्राधिकार के बाहर कर संविधान में प्राविधानित करना वांछित है। इसलिए मैं उनके संशोधन को स्वीकार करने के लिए तैयार हूँ।'

डॉ. अंबेडकर द्वारा स्वीकृत सभी संशोधन-प्रस्ताव संविधान-सभा द्वारा स्वीकृत कर लिया गया। सैय्यद करीमुद्दीन के संशोधन-प्रस्ताव के सम्बन्ध में उपाध्यक्ष महोदय द्वारा दो बार इसे सभा द्वारा स्वीकार किया जाना बताया गया। लेकिन दोनों बार श्री टी. टी. कृष्णामचारी द्वारा उपाध्यक्ष के निर्णय पर आपत्ति की गयी कि सदन का बहुमत इस संशोधन के खिलाफ है। इस कारण हाथ उठाकर डिविजन कराने की स्थिति आ गयी थी। इस विवाद के बाद श्री महावीर त्यागी ने सलाह दिया कि इस मामले को कुछ समय के लिए टाल दिया जाये ताकि सदस्यगण अपने निर्णय के विषय में सोच सकें। इसके बाद पण्डित जवाहरलाल नेहरू की सलाह पर सैय्यद करीमुद्दीन के संशोधन-प्रस्ताव को उपाध्यक्ष महोदय द्वारा कुछ समय के लिए टाल दिया गया और 5 दिन बाद 6 दिसम्बर, 1948 को संविधान-सभा ने सैय्यद करीमुद्दीन के संशोधन-प्रस्ताव को अस्वीकार कर दिया। और श्री टी. टी. कृष्णामचारी के संशोधन-प्रस्ताव कि 'दण्डित' शब्द के पहले 'अभियोजित और' शब्द को जोड़ा जाये, को संविधान सभा द्वारा स्वीकार कर यथासंशोधित प्रारूप अनुच्छेद 14 के निम्न प्रावधान को अंगीकृत कर लिया गया—

'1. किसी व्यक्ति को किसी अपराध के लिए तब तक दोषसिद्ध नहीं ठहराया जायेगा, जब तक कि उसने ऐसा कोई कार्य करने के समय जो अपराध के रूप में आरोपित है, किसी प्रवृत्त विधि का अतिक्रमण नहीं किया है या वह उससे अधिक दण्ड का भागी नहीं होगा जो उस अपराध के किये जाने के समय प्रवृत्त विधि के अन्तर्गत अधिरोपित की जा सके।

2. किसी व्यक्ति को एक ही अपराध के लिए एक बार से अधिक 'अभियोजित और दण्डित' नहीं किया जायेगा।

3. किसी अपराध के लिए अभियुक्त किसी व्यक्ति को स्वयं अपने विरुद्ध साक्षी होने के लिए बाध्य नहीं किया जायेगा।'

जीवन और व्यक्तिगत आजादी का अधिकार

जीवन एवं व्यक्तिगत आजादी का सम्मान व संरक्षण किसी सभ्य समाज और प्रगतिशील देश की संवेदनशीलता का परिचायक होता है। ये अधिकार व्यक्तियों को इस बात से निरपेक्ष होकर प्रदान किये जाते हैं कि वे देश के नागरिक हैं या नहीं। प्रारूप संविधान में भी भारत में रह रहे सभी व्यक्तियों, चाहे वह भारत के नागरिक हों या न हों, के जीवन एवं व्यक्तिगत आजादी के मूल अधिकार की गारण्टी देने का प्रस्ताव किया गया था। प्रारूप अनुच्छेद 15 (संविधान का अनुच्छेद 21) के अनुसार—

> 'किसी व्यक्ति को उसके जीवन या व्यक्तिगत स्वतंत्रता से, सिवाय विधि द्वारा स्थापित प्रक्रिया के, वंचित नहीं किया जायेगा।'

किन्तु उक्त प्रावधान को संवैधानिक कानून के इतिहास का बुरा चैप्टर खोलने वाला प्रावधान बताते हुए मि. काजी सैय्यद करीमुद्दीन द्वारा संशोधन-प्रस्ताव लाया गया, जिसमें प्रारूप अनुच्छेद के स्थान पर नये प्रावधान को प्रतिस्थापित करने के लिए कहा गया था।

मि. करीमुद्दीन द्वारा प्रस्तावित प्रावधान के अनुसार—'किसी व्यक्ति को उसके जीवन या स्वतंत्रता से, सिवाय सम्यक् विधि प्रक्रिया के, वंचित नहीं किया जायेगा।' मि. करीमुद्दीन का तर्क था कि संविधान-सभा द्वारा गठित मूल अधिकार की सलाहकार-समिति ने सुझाव दिया था कि 'किसी व्यक्ति को उसके जीवन या स्वतंत्रता से, सिवाय सम्यक् विधि प्रक्रिया के, वंचित नहीं किया जायेगा और मैं वास्तव में समझ नहीं पाया कि कैसे मसौदा-समिति द्वारा अनुच्छेद 15 के प्रावधान में 'व्यक्तिगत' और 'विधि द्वारा स्थापित प्रक्रिया' को शामिल कर दिया गया। यदि 'विधि द्वारा स्थापित प्रक्रिया' को शामिल कर लिया गया तो यह इस देश के कानूनी न्यायालयों के लिए बहुत बड़ा अन्याय होगा क्योंकि जैसे ही 'विधि द्वारा स्थापित प्रक्रिया' का अनुपालन किसी न्यायालय द्वारा किया जायेगा, उसी समय उसके कर्त्तव्य का अन्त हो जायेगा और यदि न्यायालय सन्तुष्ट है कि प्रक्रिया का पालन किया गया है तब न्यायाधीश किसी भी कानून के अतार्किक, अनुचित या मनमानापूर्ण होने के बावजूद इसमें हस्तक्षेप नहीं कर सकता। प्रावधान जिस रूप में है वह इस देश में बहुत बड़ा अनिष्ट कर सकता है, जो राजनीतिक पार्टियों के तूफान का केन्द्र होगा और जहाँ अनुशासन की कोई खबर नहीं होगी। उन्होंने अमेरिकन संविधान का उदाहरण देते हुए कहा कि यदि 'विधि द्वारा स्थापित प्रक्रिया' को बनाये रखा गया तब न्यायालय के लिए कानून के अन्यायपूर्ण या मनमानापन को देखने की आजादी नहीं होगी। इसलिए प्रारूप-प्रावधान से 'विधि द्वारा स्थापित प्रक्रिया' हटाकर 'सम्यक् विधि प्रक्रिया' प्रतिस्थापित करना उचित है।[6]

महबूब अली बेग साहिब बहादुर द्वारा भी अनुच्छेद 15 के प्रारूप-प्रावधान से 'विधि द्वारा स्थापित प्रक्रिया' को हटाकर उसके स्थान पर 'सम्यक् विधि प्रक्रिया' प्रतिस्थापित करने के लिए संशोधन-प्रस्ताव लाया गया, जबकि व्यक्तिगत स्वतंत्रता को बनाये रखने का समर्थन किया। उनका तर्क था कि इस सभा द्वारा 1947 में पारित प्रावधान में 'स्वतंत्रता' के साथ व्यक्तिगत जोड़ा गया है। इसके पीछे तर्क दिया गया था कि जब तक 'व्यक्तिगत' शब्द नहीं जोड़ा जाता है, यह बहुत व्यापक हो जायेगा और प्रारूप अनुच्छेद 13 में उल्लिखित अधिकारों को अपने में समाहित कर लेगा। 'सम्यक् विधि प्रक्रिया' को

हटाने और उसके स्थान पर 'विधि द्वारा स्थापित प्रक्रिया' शामिल करने के पीछे प्रारूप के फुटनोट में यह तर्क दिया गया है कि यह ज्यादा निश्चित शब्दावली है और जापान के संविधान में इसका प्रयोग किया गया है। 'विधि द्वारा स्थापित प्रक्रिया' का मतलब जैसा मैं समझता हूँ कि भावी विधायिका नागरिकों के अधिकार का अतिक्रमण करने वाला कानून बना सकता है।...मेरा निवेदन है कि नागरिकों को यह सिद्ध करने के लिए न्यायालय जाने का अधिकार होना चाहिए कि वह निर्दोष है और उसको गिरफ्तार किया जाना गलत है। यह उस कार्यपालिका के खिलाफ एक बुनियादी अधिकार है, जो दलगत विधायिका द्वारा अधिकारयुक्त बनाया जा सकता है कि वह कुछ परिस्थितियों में नागरिकों के स्वतंत्रता के अधिकार को छीन ले। ऐसी स्थिति में उसे न्यायालय में जाने का अधिकार होगा और वह अपने को निर्दोष साबित करे।...इसलिए मैं 'विधि द्वारा स्थापित प्रक्रिया' पर आपत्ति करता हूँ।[7]

पण्डित ठाकुरदास भार्गव ने सैय्यद करीमुद्दीन के स्वतंत्रता के पूर्व 'व्यक्तिगत' हटाने के संशोधन-प्रस्ताव का विरोध किन्तु 'विधि द्वारा स्थापित प्रक्रिया' को हटाकर इसके स्थान पर 'सम्यक् विधि प्रक्रिया' शामिल करने का समर्थन किया। उनका तर्क था कि 'सम्यक् विधि प्रक्रिया' का प्रयोग कर हम चाहते हैं कि न्यायालय को मौलिक कानून और प्रक्रियात्मक कानून दोनों के सवाल पर निर्णय लेने का अधिकार मिले। ... न्यायालय को इस सवाल में जाने का अधिकार मिले कि संसद् द्वारा पारित कोई कानून न्यायोचित है या नहीं; अच्छा है या नहीं; यह लोगों की स्वतंत्रता को सुरक्षित करने वाला है या नहीं। ... यदि संशोधन अंगीकृत कर लिया जाता है, तो यह अनुच्छेद हमारे स्वतंत्रता का चार्टर साबित होगा। अनुच्छेद 13 के साथ यह 'मैग्ना कार्टा' होगा। यह विधायिका की निरंकुशता के खिलाफ न्यायपालिका की जीत होगी। वस्तुत: हम अपनी स्वतंत्रता के लिए सुरक्षा के दो स्तर चाहते हैं। एक विधायिका और दूसरी न्यायपालिका। लेकिन यदि विधायिका जो दलगत आस्था से चल रही हो और कभी-कभी भयभीत करने वाली हो जाये, तो न्यायपालिका हमें विधायिका और कार्यपालिका की निर्दयता से बचायेगी। लोकतंत्र में न्यायालय नागरिकों को उनके अधिकार को बचाने के लिए अन्तिम शरणस्थली होती है।[8]

श्री चिमनलाल चक्कूबाई शाह ने भी 'विधि द्वारा स्थापित प्रक्रिया' के स्थान पर 'सम्यक् विधि प्रक्रिया' को प्रतिस्थापित करने का समर्थन करते हुए कहा कि अनुच्छेद 13 द्वारा प्रदत्त मूल अधिकार अत्यन्त महत्त्वपूर्ण है। जीवन और व्यक्तिगत स्वतंत्रता के बिना अन्य अधिकार अर्थहीन है। इसलिए यह आवश्यक है कि इस अधिकार को परिभाषित करने में हमें स्पष्ट होना चाहिए, जिसे हम प्रदत्त करना चाहते हैं। और इस अधिकार के प्रयोग पर ऐसा निर्बन्धन न लगायें जो इसे उपयोगहीन और निरर्थक कर दें।

श्री कृष्णचन्द्र शर्मा ने पण्डित भार्गव के विचार का समर्थन किया और उन्होंने एडवर्ड शासन के स्टेट्यूट नं. 28 और अमेरिकन संविधान में प्रयोग किये गये 'सम्यक् विधि प्रक्रिया' का उदाहरण देते हुए कहा कि 'सम्यक् विधि प्रक्रिया' राज्य, चाहे वह विधायिका हो या कार्यपालिका, की शक्ति पर आवश्यक सीमा लगाता है।

श्री एच. वी. पाटस्कर ने दलगत राजनीति के परिणाम से सावधान करते हुए कहा कि हम ऐसे राज्य में हैं जो लोकतंत्र बनने जा रहा है। लोकतंत्र, दलगत-सरकार को

प्रतिष्ठित करता है और हमारे देश में दलगत सरकार अभी नया है। ऐसे उदाहरण हैं जो यह सोचने के लिए विवश करते हैं कि कार्यरत पार्टियाँ ऐसी प्रक्रिया बना सकती हैं जो उन प्रावधानों को निरर्थक कर दें जिसे हम मूल अधिकार के रूप में रखे हुए हैं और जिसे हम लोगों को देने जा रहे हैं। अपने अनुभवों से हम जानते हैं कि कुछ प्रान्तों में पहले से ही कानून उपबन्धित है जो कैद करने के लिए कुछ प्रक्रिया निर्धारित किये हुए हैं और जिसकी लोगों द्वारा बहुत तीक्ष्णता के साथ आलोचना भी की गयी। इसलिए मेरा निवेदन है कि व्यक्तिगत स्वतंत्रता के अधिकार के दृष्टिगत यह बहुत आवश्यक है कि शब्द 'विधि की सम्यक् प्रक्रिया' यहाँ पर विशेष तौर पर हो।

श्री के. एम. मुंशी ने भी 'विधि द्वारा स्थापित प्रक्रिया' के स्थान पर 'सम्यक् विधि प्रक्रिया' शामिल करने का समर्थन करते हुए कहा कि मेरे विचार से यदि यह प्रावधान जिस रूप में है, यदि बना रहने दिया जाये तो इसका कोई अर्थ नहीं होगा, क्योंकि यदि 'विधि द्वारा स्थापित प्रक्रिया' को न्यायालयों द्वारा माना नहीं गया, तो चीजों को ठीक करने के लिए प्रत्येक मामले में वहाँ पर अपील कोर्ट होगा। यह प्रावधान तभी अर्थपूर्ण होगा जब न्यायालय न केवल इसका परीक्षण कर सके कि दोषसिद्ध की सजा कानून के अनुसार है या उचित प्रक्रिया के अनुसार है, बल्कि यह भी परीक्षण कर सके कि कानून का प्रक्रियात्मक और मौलिक भाग, ऐसा है जो मामले की परिस्थितियों में उचित और न्यायोचित है।...अब सवाल जिस पर हमें विचार करना है वह केवल यह है कि 'सम्यक् प्रक्रिया' का प्रभाव क्या है? 'सम्यक् प्रक्रिया' अब व्यक्तिगत स्वतंत्रता तक सीमित है। यह खण्ड, न्यायालयों को अधिकारयुक्त बनाता है कि वह न केवल प्रक्रियात्मक भाग का, न्यायालयों के क्षेत्राधिकार का, विधायिका के क्षेत्राधिकार का बल्कि मौलिक विधि का भी परिक्षण करे। जब ऐसा कानून पारित होता है जो सरकार को लोगों के व्यक्तिगत स्वतंत्रता को छीनने का अधिकार देता है, तब न्यायालय विचार कर सकता है कि क्या कानून जिसे पारित किया गया है ऐसा है जिसकी मामले की आवश्यकता माँग करती हैं। इसलिए जैसा मैंने कहा है, व्यक्तिगत स्वतंत्रता और सामाजिक नियंत्रण के मध्य सन्तुलन स्थापित करना होगा। परिणामत: सरकार को न्यायालय आना ही होगा और नागरिक के व्यक्तिगत स्वतंत्रता का अतिक्रमण करने के लिए प्रयोग किये गये विशिष्ट तरीकों को न्यायोचित सिद्ध करना होगा।[9]

प्रारूप-प्रावधान में प्रयोग किये गये 'विधि द्वारा स्थापित प्रक्रिया' पर उठाये गये विषय पर बोलते हुए मसौदा-समिति के दूसरे सदस्य श्री अल्लादी कृष्णास्वामी अय्यर ने कहा कि इस अनुच्छेद पर हो रही बहस दिखाती है कि इस सदन के अधिकांश सदस्य 'सम्यक् विधि प्रक्रिया' को बनाये रखने और उस 'विधि द्वारा स्थापित प्रक्रिया' को प्रतिस्थापित नहीं करने के पक्ष में झुके हुए हैं, जिसे मसौदा-समिति द्वारा अन्तिम समय में सुझाया गया था। मैं 'अंतिम समय में' का प्रयोग कर रहा हूँ क्योंकि मेरे माननीय मित्र मि. मुन्शी ने इसके विरोध में विचार रखा है। महोदय, कम-से-कम मसौदा-समिति द्वारा सुझाये गये बदलाव के औचित्य के समर्थन में मैं स्वयं के प्रति और मसौदा-समिति के माननीय अध्यक्ष के प्रति दायित्वाधीन हूँ कि मैं कुछ शब्द कहूँ।

श्री अय्यर ने आगे कहा कि पद 'सम्यक् विधि प्रक्रिया' जिसका स्वयं एक इंग्लिश न्यायाधीश द्वारा व्याख्या की गयी कि यह अधिकारों के संरक्षण के लिए स्थापित नियमों के अनुसार कानूनी प्रक्रिया की सम्यक् क्रियाविधि मात्र है और किसी मामले में लागू कार्यवाही के ढंग के अनुसार न्यायालय में एक न्यायोचित विचारण है। सम्भवत: यदि इस पद को, इसके तत्त्व और इंग्लिश न्यायाधीश द्वारा उक्त व्याख्या के अनुसार समझा जाये, तो कोई समस्या नहीं पैदा होती है। यूनाइटेड स्टेट सुप्रीम कोर्ट ने इस पद का अलग अर्थ निकाला है। प्रोफेसर विल्स के अनुसार इस पद का अर्थ है—'सुप्रीम कोर्ट कहता है कि इसका मतलब विशेष मामलों पर निर्भर है। यह सम्भव है कि कोई तीव्र सोच वाला डेमोक्रेट, लोकप्रिय विधायिका के कानून में व्यक्त चैतन्य इच्छा की तुलना में न्यायपालिका में ज्यादा गहरा विश्वास रख सकता है।' ...इस संशोधन ने जो समर्थन प्राप्त किया है, साबित करता है कि विधायिका और संविधान-सभा को इस देश के न्यायपालिका पर विश्वास है। 'सम्यक् विधि की प्रक्रिया' के स्थान पर 'विधि द्वारा स्थापित प्रक्रिया' का सुझाव देकर मसौदा-समिति, कानून को तोड़ने-मोड़ने के न्यायपालिका की बौद्धिक चपलता से भयग्रस्त होने की सम्भवत: दोषी थी। मसौदा-समिति ने मात्र सुझाव दिया है। क्या यह सही है? इस पर अन्तत: इस सदन को राज्यों की सुरक्षा पर विचार करते हुए, व्यक्तियों की स्वतंत्रता की आवश्यकता को देखते हुए और दोनों के मध्य सन्तुलन बनाते हुए निष्कर्ष पर पहुँचना है। मैं अभी भी सजा के लिए तैयार हूँ और यदि कोई दूसरा तर्क आता है तो मैं अपना निष्कर्ष बदल सकता हूँ।[10]

मि. जेड. एच. लारी ने भी कहा कि यह न केवल व्यक्तिगत स्वतंत्रता के लिए बल्कि विधायिका के उचित क्रियाकलाप के हित में आवश्यक है कि 'सम्यक् विधि प्रक्रिया' को संविधान में स्थान दिया जाये।

प्रारूप अनुच्छेद 15 पर आम बहस 6 दिसम्बर, 1948 को समाप्त हो गयी। इसके बाद डॉ. अंबेडकर ने अपनी प्रतिक्रिया के लिए मामले को कुछ समय तक के लिए टाल देने का सुझाव दिया जिसे सदन द्वारा स्वीकार कर लिया गया।

'विधि द्वारा स्थापित प्रक्रिया' या 'सम्यक् विधि प्रक्रिया' : उलझन से निकाला

7 दिन बाद 13 दिसम्बर, 1948 को डॉ. अंबेडकर ने प्रारूप अनुच्छेद 15 में 'विधि द्वारा स्थापित प्रक्रिया' पर उठाये गये सवालों पर अपना विचार रखा। प्रारूप-प्रावधान का बचाव करने के लिए डॉ. अंबेडकर ने जो तरीका अपनाया वह अपने-आप में अद्‌भुत, अनोखा और अविश्वसनीय-सा है। संविधान-सभा में पूरा माहौल संशोधन के पक्ष में और 'विधि द्वारा स्थापित प्रक्रिया' के खिलाफ था। इस विषय पर बोलने वाले लगभग सभी सदस्यों द्वारा अपने-अपने तर्कों के साथ 'विधि द्वारा स्थापित प्रक्रिया' का विरोध और 'सम्यक् विधि प्रक्रिया' का समर्थन किया था। खुद मसौदा-समिति के कानूनविद् सदस्य श्री के. एम. मुंशी संशोधन के पक्ष में आ गये और दूसरे कानूनविद् सदस्य श्री अल्लादी कृष्णास्वामी अय्यर अस्पष्ट और दुविधा की स्थिति में दिखायी दिये।

किन्तु डॉ. अंबेडकर द्वारा 'विधि द्वारा स्थापित प्रक्रिया' का बचाव जिस स्पष्टता और कुशलता के साथ किया गया, वह साबित करता है कि क्यों उन्हें संविधान निर्माता कहा

जाता है? 'विधि द्वारा स्थापित प्रक्रिया' के बचाव के लिए डॉ. अंबेडकर ने बड़े रणनीतिक अन्दाज में इस स्वाभाविक सवाल को उठाया कि हमें जनता द्वारा चुनी गयी विधायिका पर क्यों नहीं विश्वास करना चाहिए और बजाय विधायिका पर विश्वास करने के, हम ऐसे पाँच-छह भद्रपुरुष वाली सुप्रीम कोर्ट पर क्यों निर्भर हों, जो व्यक्तिगत संवेदनाओं या पक्षपात से प्रभावित हो सकती है? न केवल संविधान-निर्माण के इतिहास में, बल्कि कानून-निर्माण के सन्दर्भ में डॉ. अंबेडकर का यह सम्बोधन देश के नीति नियन्ताओं के लिए नित पथ प्रदर्शक का काम करता रहेगा कि उन्हें किस दिशा में चलना है। 'विधि द्वारा स्थापित प्रक्रिया' को स्वीकार करके संविधान निर्माताओं ने एक तरह विधायिका पर अपना पूर्ण भरोसा व्यक्त किया।

प्रारूप अनुच्छेद 15 में प्रस्तावित 'विधि द्वारा स्थापित प्रक्रिया' शब्दावली और संशोधन-प्रस्ताव में प्रस्तावित 'सम्यक् विधि प्रक्रिया' शब्दावली के सभी पहलुओं का विश्लेषणात्मक पक्ष रखते हुए डॉ. अंबेडकर ने कहा—

'उपाध्यक्ष महोदय, मुझे स्वीकार करना चाहिए कि मैं अनुच्छेद 15 के सन्दर्भ में अपने मित्र पण्डित भार्गव द्वारा 'विधि द्वारा स्थापित प्रक्रिया' को हटाने और 'सम्यक् विधि प्रक्रिया' को प्रतिस्थापित करने के लिए जो संशोधन प्रस्तुत किया गया है उसको लेकर कुछ कठिन स्थिति में हूँ। यह स्पष्ट है कि जो भी, इस पर हुए बहस को सुना है वह पायेगा कि दो दृष्टिकोण निकलकर आया है। एक दृष्टिकोण कहता है कि 'सम्यक् विधि प्रक्रिया' को इस अनुच्छेद में अवश्य ही स्थान मिलना चाहिए अन्यथा यह अनुच्छेद निरर्थक होगा और दूसरा दृष्टिकोण यह है कि प्रारूप अनुच्छेद का प्रावधान, उद्देश्य प्राप्ति के लिए बिलकुल पर्याप्त है।

'अब मुझे 'सम्यक् विधि प्रक्रिया' क्या है, को स्पष्ट करने दें। मेरे निर्णय में 'सम्यक् विधि प्रक्रिया' का सवाल जो उठाया गया है, वह विधायिका और न्यायपालिका के मध्य सम्बन्ध का सवाल है। संघात्मक संविधान में न्यायपालिका के लिए यह तय करने की स्वतंत्रता रहती है कि विधायिका द्वारा कोई कानून इस संविधान द्वारा उस विधायिका को प्रदत्त शक्ति-सीमा के अन्दर बनाया गया है या बाहर। यदि विधायिका द्वारा बनाया गया कानून इसको मिले शक्ति-सीमा के बाहर जाकर बनाया गया है तो ऐसा कानून अधिकारातीत और असंवैधानिक होगा। यह एक सामान्य बात है जो संघात्मक संविधान में होता है। संघात्मक संविधान में प्रत्येक कानून चाहे वह केन्द्र के संसद् द्वारा बनाया गया हो या राज्यों की विधायिका द्वारा वह हमेशा न्यायपालिका के परीक्षण के अधीन होता है कि वह, विधायिका के कानून बनाने के प्राधिकार के अधीन है या नहीं।

'मेरे निर्णय में 'सम्यक् विधि प्रक्रिया' न्यायपालिका को विधायिका द्वारा बनाये गये कानून पर एक अन्य आधार पर सवाल करने की शक्ति देता है। यह आधार होगा कि क्या वह कानून व्यक्तियों के अधिकारों से सम्बन्धित मूलभूत सिद्धान्तों को ध्यान में रखकर बनाया गया है। दूसरे शब्दों में न्यायपालिका को कानून पर न केवल विधायिका के प्राधिकार-क्षेत्र के बाहर होने के आधार पर, बल्कि इस आधार पर भी सवाल करने का अधिकार मिल जाता है कि क्या यह कानून अच्छा कानून है? जहाँ

तक विधायिका के प्राधिकार क्षेत्र का सवाल है कानून पूर्णतया अच्छा और वैध हो सकता है। लेकिन यह अच्छा कानून नहीं हो सकता है, यदि यह कुछ मूलभूत सिद्धान्तों का उल्लंघन करता है और न्यायपालिका को कानून को अवैध घोषित करने की एक अतिरिक्त शक्ति मिल जाती है। विंभिन्न विधायी निकायों द्वारा बनाये गये कानून की वैधता को इस आधार पर परीक्षण करने की न्यायपालिका की शक्ति पर कोई सन्देह नहीं है कि क्या वह कानून उसको प्रदत्त शक्ति के अनुसार है या नहीं? यहाँ 'सम्यक् प्रक्रिया' को शामिल करने से जो सवाल पैदा होता है कि क्या न्यायपालिका को किसी कानून पर प्रश्नचिह्न लगाने की इस आधार पर अतिरिक्त शक्ति मिलनी चाहिए कि वह कुछ मूलभूत सिद्धान्तों का उल्लंघन करता है?

'यहाँ पर दो विचारधाराएँ हैं। एक विचारधारा है कि विधायिका पर विश्वास किया जा सकता है कि वह ऐसा कानून नहीं बनायेगी जो किसी व्यक्ति के मूल अधिकार का उल्लंघन करे और परिणामत: कोई खतरा नहीं पैदा होता जो 'सम्यक् प्रक्रिया' को शामिल न करने से होता है। और दूसरी विचारधारा यह है कि विधायिका पर विश्वास करना सम्भव ही नहीं है, विधायिका गलती कर सकती है, विधायिका उत्तेजना में दलगत-पूर्वाग्रह से या दलगत विचारों के कारण रास्ते से भटक सकती है और विधायिका ऐसा कानून बना सकती है, जो नागरिकों के व्यक्तिगत अधिकार को बचाने वाले मूलभूत सिद्धान्तों का उल्लंघन करता हो। इसलिए हम दो विभिन्न कठिनाइयों के बीच खड़े हैं। एक यह कि न्यायपालिका को विधायिका की इच्छा के ऊपर निर्णय देने की और उसके द्वारा बनाये गये कानूनों को इस आधार पर कि वह मूलभूत सिद्धान्तों के अनुरूप अच्छा कानून नहीं है, पर सवाल करने का प्राधिकार दिया जाये। क्या यह वांछित सिद्धान्त है? दूसरी स्थिति यह है कि विधायिका पर विश्वास किया जाना चाहिए कि वह बुरा कानून नहीं बनायेगी। किसी निष्कर्ष पर पहुँचना बहुत कठिन है। दोनों तरफ खतरे हैं। मैं सर्वथा इस सम्भावना का त्याग नहीं कर सकता कि पार्टी के लोगों से पटी हुई विधायिका ऐसे कानून बनाये, जो व्यक्तियों के जीवन और स्वतंत्रता से सम्बन्धित मूलभूत सिद्धान्तों का उल्लंघन करता हो। लेकिन उसी समय मैं नहीं समझता हूँ कि कौन-सा कानून अच्छा और कौन-सा कानून बुरा है, इसको तय करने के लिए, पाँच या छह भद्रपुरुष वाली फेडरल या सुप्रीम कोर्ट पर कैसे विश्वास किया जाये , जो बैठकर विधायिका द्वारा बनाये गये कानून का अपने व्यक्तिगत संवेदनाओं या अपने पक्षपातपूर्ण निर्णयों के प्रहारों से परीक्षण करेंगे।...मैं अब इसे इस सदन को जैसा वह चाहे, निर्णय लेने के लिए छोड़ता हूँ।[11]

ऐसे समय में जब पूरी संविधान-सभा का माहौल 'विधि द्वारा स्थापित प्रक्रिया' के खिलाफ और 'सम्यक् विधि प्रक्रिया' के पक्ष में था, डॉ. अंबेडकर द्वारा दिये गये उक्त सम्बोधन ने संविधान-सभा का पूरा माहौल ही बदल दिया। संविधान सभा ने एक स्वर में मसौदा-समिति द्वारा प्रस्तावित 'विधि द्वारा स्थापित प्रक्रिया' को स्वीकार कर प्रस्तुत संशोधन-प्रस्ताव अस्वीकार कर दिया। इस प्रारूप-प्रावधान के माध्यम से संविधान-सभा ने कानून-निर्माण के सवाल पर विधायिका पर पूरा विश्वास व्यक्त किया, जिसका श्रेय यदि किसी एक व्यक्ति को जाता है, तो वह बाबा साहेब डॉ. अंबेडकर जी हैं।

डॉ. अंबेडकर के सम्बोधन के बाद प्रारूप अनुच्छेद 15 पर लाये गये सभी पाँच संशोधन प्रस्ताव, संविधान सभा द्वारा अस्वीकार कर दिया गया और प्रारूप अनुच्छेद 15 के मूल प्रावधान को अंगीकृत कर लिया गया।

दासता और बेगारी से मुक्ति

पशुओं की तरह इन्सानों को भी खरीदने-बेचने की परम्परा अति प्राचीन काल से प्रचलित था। दास प्रथा के रूप में प्रचलित बेगारी जैसी कलंकित परम्परा का सबसे अधिक शिकार हाशिए पर रह रहे वंचित समाज के लोग होते थे। इसे समाज, वह भी सभ्य समाज कहे जाने वाले लोगों के बीच मान्यता मिला हुआ था। इसी तरह 'बेगार' यानी बिना वेतन के बलपूर्वक काम कराना भी सामान्य बात हुआ करती थी। ये सामाजिक दोष मानवता के चेहरे पर बदनुमा धब्बे जैसे थे। इसके अलावा धर्म के नाम पर देवदासिनी की कुप्रथा, जिसमें युवा महिलाओं को मंदिरों में समर्पित कर दिया जाता था, एक सभ्य समाज के माथे पर कलंक था। देश में इन कुप्रथाओं और कुरीतियों को डॉ. अंबेडकर ने बहुत नजदीक से देखा और समझा था।

प्रारूप-संविधान के अनुच्छेद 17 (संविधान का अनुच्छेद 23) के माध्यम से इस देश से दासप्रथा और बेगारी को समाप्त करने का संकल्प समाज-निर्माण की दिशा में महत्त्वपूर्ण कदम था। दो खण्डों वाले इस प्रारूप अनुच्छेद में पहला खण्ड सामान्य सिद्धान्त प्रतिपादित करता था और दूसरा खण्ड राष्ट्रहित में इस सिद्धान्त के एक अपवाद का उल्लेख करता था। प्रारूप अनुच्छेद के अनुसार—

'1. 'मानव का दुर्व्यापार और बेगार तथा इसी प्रकार का अन्य बलातृश्रम प्रतिषिद्ध किया जाता है और इस उपबन्ध का कोई भी उल्लंघन अपराध होगा जो विधि के अनुसार दण्डनीय होगा।

2. इस अनुच्छेद की कोई बात राज्य को सार्वजनिक प्रयोजनों के लिए अनिवार्य सेवा अधिरोपित करने से निवारित नहीं करेगी। ऐसी सेवा अधिरोपित करने में राज्य धर्म, मूलवंश, जाति या वर्ग या इनमें से किसी के आधार पर कोई विभेद नहीं करेगा।'

काजी सैय्यद करीमुद्दीन द्वारा अपने संशोधन-प्रस्ताव के माध्यम से प्रारूप अनुच्छेद के स्थान पर नया प्रावधान प्रतिस्थापित करने के लिए लाया गया, जिसमें कैदियों को अपवाद बनाया गया था। उनका तर्क था कि प्रारूप-प्रावधान में कैदियों की स्थिति स्पष्ट नहीं है जबकि उनसे भी उनकी इच्छा के विरुद्ध कार्य लिया जाता है। ऐसी स्थिति में जेल अधिकारी इन कैदियों से काम नहीं ले सकेंगे।

श्री दामोदर स्वरूप सेठ ने प्रारूप-प्रावधान में दासता के अन्य दूसरे रूपों जैसे 'सर्फडॉम' और 'सर्विच्यूड' को जोड़ने के लिए संशोधन-प्रस्ताव प्रस्तुत किया। उनका कहना था कुछ राज्यों में दासप्रथा के ऐसे स्वरूप भी प्रचलन में हैं। इन्हें भी समाप्त करने का प्रावधान होना चाहिए।

प्रो. के. टी. शाह का संशोधन-प्रस्ताव देवदासिनी प्रथा को भी इसके प्रावधान में जोड़ने के लिए था। उन्होंने शब्दावली 'मानव का दुर्व्यापार और बेगार' के स्थान पर

'मानव का दुर्व्यापार या देवदासी जैसे धर्म के नाम पर समर्पण या दासीकरण के दूसरे स्वरूपों और अध:पतन और बेगार' को प्रतिस्थापित करने के लिए प्रस्ताव प्रस्तुत किया। प्रो. शाह का तर्क था कि इस देश में धर्म के नाम पर युवा महिलाओं को समर्पित करने की देवदासिनी परम्परा प्रचलित रही है। मैं सोचता हूँ कि यह प्रथा भी समाप्त होनी चाहिए। यदि इस प्रारूप अनुच्छेद की मंशा सभी तरह के अमानवीय व्यापार को रोकना है, तो धर्म की आड़ में इस तरह के अनैतिक कार्य करने वालों को प्रश्रय नहीं मिलना चाहिए।...मानव व्यापार आज केवल दास रूप में ही प्रचलित नहीं है। अब यह और भी व्यापक स्वरूप में जिसे 'ह्वाइट स्लेव ट्रैफिक' यानी 'युवा महिलाओं को एक देश से दूसरे देश को आयात और निर्यात के लिए खरीदना और बेचना' कहते हैं, के रूप में घटित हो रहा है। अब ऐसे कार्य कानूनी संविदाओं के माध्यम से हो रहे हैं, जिसमें पक्षकार एक स्वतंत्र एजेण्ट के रूप में कार्य करते हैं। ऐसे संविदा सभ्य समाज के विरुद्ध हैं।

ज्ञानी गुरुमुख सिंह मुसाफिर द्वारा वेश्यावृत्ति को भी इसमें शामिल करने के लिए संशोधन-प्रस्ताव लाया गया। तो सरदार भूपिन्दर सिंह मान ने खण्ड (2) में '...निवारित नहीं करेगी' के बाद 'और इसके लिए पर्याप्त प्रतिकर दिया जायेगा' जोड़ने के लिए संशोधन-प्रस्ताव प्रस्तुत किया। उन्होंने तर्क दिया कि सामान्य नियम है कि किसी से उसकी इच्छा के विरुद्ध काम नहीं लिया जायेगा। खण्ड (2) एक अपवाद है कि राज्य सार्वजनिक उद्देश्य के लिए अनिवार्य सेवा अधिरोपित कर सकता है और इसमें व्यक्ति की इच्छा महत्त्वपूर्ण नहीं है। लेकिन इस इच्छा के विरुद्ध लिये जा रहे अनिवार्य सेवा के बदले में प्रतिकर या मूल्य के भुगतान के प्रावधान होने चाहिए। इसलिए यह संशोधन आवश्यक है।

श्री एच. वी. कामथ ने खण्ड (2) में प्रयोजन के पूर्व प्रयोग किये गये शब्द 'सार्वजनिक' के स्थान पर 'सामाजिक या राष्ट्रीय' प्रतिस्थापित करने के लिए संशोधन-प्रस्ताव प्रस्तुत किया। उनके अनुसार सार्वजनिक सेवा के स्थान पर सामाजिक सेवा या राष्ट्रीय सेवा ज्यादा व्यापक और महत्त्वपूर्ण होगा।...मेरे मित्र डॉ. अंबेडकर कल ऐसे ही राष्ट्रीय सेवा की चर्चा कर रहे थे। जब युद्ध की स्थिति हो, आपात्काल हो, राज्य की स्थिरता खतरे में हो, राजविद्रोह हो, ऐसे परिस्थितियों में राष्ट्रीय सेवा का सवाल पैदा होगा और तब जैसा उनके द्वारा सन्दर्भित किया गया कि नागरिकों को शस्त्र धारण करना कर्त्तव्य बन जाता है। इसलिए 'राष्ट्रीय सेवा', 'सामाजिक सेवा' की तुलना में ज्यादा उच्च अर्थवाला शब्द है।

इसी क्रम में प्रो. के. टी. शाह ने खण्ड (2) में 'धर्म, मूलवंश, जाति या वर्ग' के पूर्व 'केवल' शब्द जोड़ने के लिए संशोधन-प्रस्ताव प्रस्तुत किया।

आम बहस में भाग लेते हुए ज्ञानी गुरुमुख सिंह ने वेश्यावृत्ति पर भी रोक लगाये जाने पर बल देते हुए सरदार भूपिन्दर सिंह मान के उस संशोधन का समर्थन किया जिसमें प्रतिकर देने की बात कही गयी थी।

श्रीमती जी. दुर्गाबाई ने देवदासिनी को प्रारूप-प्रावधान में शामिल करने के सवाल पर कहा कि देवदासिनी के समर्पण की प्रथा जो धर्म के नाम पर होती है मद्रास प्रान्त में लम्बे समय से प्रचलित है। मैं यद्यपि प्रो. शाह के देवदासिनी दोष को समाप्त करने वाले

संशोधन-प्रस्ताव के मंशा की प्रशंसा करती हूँ, लेकिन मैं संशोधन-प्रस्ताव को अनावश्यक मानती हूँ क्योंकि मद्रास ने पहले ही कुछ वर्ष पूर्व इस पर रोक लगा रखी है। अब यह प्रचलन में नहीं है। इस दिशा में मैं सामाजिक सुधारक मि. मुथुलाक्ष्मी रेड्डी के प्रयास की प्रशंसा करती हूँ। उनके प्रयास के कारण ही यह सामाजिक दोष अब समाप्त हुआ है। हम सब उनके प्रति आभारी हैं। जैसा कि मैंने कहा है कि मद्रास में पहले से इस असामाजिक प्रथा को रोकने के लिए कानून बन गया है। इसलिए अनुच्छेद 13 में इसे शामिल करना आवश्यक नहीं है।

श्री बी. दास ने वेश्यावृत्ति को सामाजिक दोष बताते हुए इसे 'महिलाओं का व्यापार' बताया, जिसके लिए पुरुष ज्यादा जिम्मेदार हैं। ... हमें इस देश में महिलाओं के व्यापार होने की स्थिति को स्वीकार करना चाहिए। इसलिए मैंने भी संशोधन की नोटिस दी है कि 'विशेषकर महिला व्यापार' जोड़ा जाये।

दासता, बेगारी और बँधुआ मजदूरी जैसे सामाजिक दोषों से सम्बन्धित दिल को दहला देने वाली कुछ घटनाओं का जिक्र करते हुए श्री राजबहादुर ने कहा— 'दासता की तरह बेगारी के पीछे अन्धकारमय और पीड़ायुक्त इतिहास है। भारतीय रियासत से आने के कारण मैं जानता हूँ बेगार क्या है? और बँधुआ मजदूरी का दबे-कुचले एवं मूक लोगों के सन्दर्भ में क्या अर्थ है? यदि बेगार की सभी कहानियों को लिखा जाये तो यह मानव की मुसीबत, मानवीय कष्ट, खून और आँसुओं से भर जायेगा। मैं जानता हूँ कि कैसे कुछ राजकुमार आम आदमी के खर्च पर ठाठ-बाट, ऐश्वर्य और आलसी जीवन व्यतीत किये हैं, कैसे वे हाशिये पर रहने वाले भोले-भाले लोगों का शोषण अपने खुशी के लिए किये हैं। मैं जानता हूँ कैसे बत्तख निशानेबाजी के लिए बड़ी संख्या में लोग कड़ाके के ठिठुरन के दिनों में कीचड़दार मिट्टी में रस्सी से बाँधकर पूरे दिन खड़े रहने के लिए मजबूर किये जाते रहे हैं। मैं जानता हूँ कैसे खेल के बहाने शेर को मारने के लिए बड़ी संख्या में लोगों को रस्सी से बाँध दिया जाता था ताकि राजकुमार उस पर निशाना लगा सकें। मैंने देखा है कि कैसे गरीब लोग घरेलू कामों और अन्य तरह के श्रम के लिए, बिना इसका ध्यान दिए, रखे जाते हैं कि उन पर क्या व्यथा बीत रही होती है या उनके परिवार के कोई सदस्य बीमार हैं। इन लोगों को कुछ भी भुगतान नहीं किया जाता है या बहुत थोड़ा-सा भुगतान किया जाता है जो उनके श्रम के बदले बहुत कम होता है। यही सारी कहानी नहीं है। मैंने शुरुआत में कहा था कि सारी कहानी को कहना-सुनना बहुत भयानक है। मैं जानता हूँ कि अक्सर छोटे-छोटे अधिकारियों द्वारा गरीब लोगों पर अत्याचार का अपराध किया जाता रहा है। न केवल ऐसा अमानवीय अपराध किया जाता था बल्कि बेगारी करने से इनकार करने पर इनसे जबरदस्ती धन वसूला जाता था।[१८]

सरदार भूपिन्दर सिंह मान द्वारा प्रस्तुत प्रतिकर का भुगतान करने वाले संशोधन-प्रस्ताव का विरोध करते हुए श्री राजबहादुर ने कहा कि अनुच्छेद 13 के प्रावधान एक आम आदमी के स्वतंत्रता के लिए चार्टर है और भारतीय रियासतों के गरीब, दबे-कुचले एवं मूक लोगों को बेगारी के शाप से आजाद करता है। यह बेगारी मानवता पर कलंक हो गयी है और मानव सभ्यता में अच्छाइयों एवं आदर्शों को नकारता रहा है। मसौदा-समिति और संविधान-सभा के सदस्य धन्यवाद के पात्र हैं।

श्रीमती रेणुका राय ने कहा यदि हम मि. बी. दास के संशोधन को नहीं स्वीकार करते हैं तो यह इसलिए नहीं होगा क्योंकि उनका उद्देश्य प्रशंसनीय नहीं है। हम महसूस करते हैं कि उनकी इच्छा महिला व्यापार पर विशेष जोर देने की है, लेकिन मैं सोचती हूँ कि यह अनुच्छेद जिस रूप में है, वह इसे भी समाहित करता है। देवदासिनी प्रथा पर प्रो. के. टी. शाह के संशोधन-प्रस्ताव का समर्थन करते हुए श्रीमती राय ने कहा कि कुछ क्षेत्रों में अभी यह प्रथा प्रचलन में है। इसलिए संविधान के स्पष्ट प्रावधान से इसे समाप्त कर देना चाहिए।

हरिजनों की दयनीय स्थिति की चर्चा करते हुए श्री एस. नागप्पा ने कहा कि 'जब किसी का कोई पशु मरता है, वह चाहता है कि कोई हरिजन आये और मृत पशु को हटाये, उसके चमड़े को हटाये, उसका चप्पल बनाकर बिना धन लिये उसे पहुँचा दे। इसके बदले में उसे क्या मिलता है? कुछ त्योहार के दिनों में कुछ भोजन। कभी-कभी यह बलात्श्रम सरकार द्वारा भी किया जाता है। मुझे खुशी है कि इस अनुच्छेद के माध्यम से अब इसे समाप्त किया जा रहा है।'

श्री टी. टी. कृष्णामचारी ने प्रारूप-प्रावधान का समर्थन और प्रो. के. टी. शाह के संशोधन-प्रस्ताव का विरोध करते हुए कहा कि इस भाग के माध्यम से हम चाहते हैं कि व्यक्तियों के कुछ अधिकारों को सुरक्षित किया जाये। हम यह भी चाहते हैं कि विधायिकाओं द्वारा इन अधिकारों का अतिक्रमण किये जाने पर रोक लगायी जाये। किसी भी स्थिति में हमारी यह कोशिश नहीं है कि समाज में हो रहे सभी दुरुपयोगों को सुधारा जाये। यदि ये दुरुपयोग स्थायी भाव का रूप ले लें तो मैं सोचता हूँ कि इनके खिलाफ व्यवस्था बनानी होगी। लेकिन यदि जनमानस ऐसे दुरुपयोग के खिलाफ जागरूक हैं, तो मैं नहीं समझता हूँ कि इस दुरुपयोग पर रोक लगाने के लिए अपने संविधान में प्रावधान बना करके भारत के सुन्दर नाम पर इस धब्बे को रखना ही चाहिए। जो दुरुपयोग, समय के साथ समाप्त हो जायेंगे, वे एक बार में मात्र इसलिए नहीं समाप्त होंगे क्योंकि हमने इसे संविधान में रख दिया है।[13]

आम बहस समाप्त होने के बाद डॉ. अंबेडकर ने मात्र प्रो. शाह का खण्ड (1) में 'केवल' शब्द जोड़ने के लिए लाये गये संशोधन-प्रस्ताव को स्वीकार किया और अन्य सभी संशोधन-प्रस्तावों को अस्वीकार कर दिया। प्रारूप अनुच्छेद के खण्ड (2) में अनिवार्य श्रम के बदले प्रतिकर-भुगतान के सन्दर्भ में लाये गये सरदार मान के संशोधन-प्रस्ताव को अस्वीकार करने के लिए डॉ. अंबेडकर द्वारा दिया गया तर्क अद्‌भुत था। यह तर्क साबित करता है कि वे राष्ट्रहित में कितना व्यापक सोच रखते थे। वे विशेष हालात में नागरिकों की देश के प्रति जिम्मेदारी को किसी शर्त से नहीं बाँधना चाहते थे। डॉ. अंबेडकर के अनुसार इस सम्बन्ध में किसी तरह के संवैधानिक निर्बन्धन का मतलब भावी सरकार को पंगु करने जैसा होता। देश के प्रति सार्वजनिक सेवा के बदले में प्रतिकर-भुगतान के सम्बन्ध में डॉ. अंबेडकर द्वारा दिये गये तर्क का परिणाम यह हुआ कि सरदार भूपिन्दर सिंह मान ने अपना प्रस्ताव वापस ले लिया। डॉ. अंबेडकर ने अपने जवाब में कहा—

> 'देवदासिनी शब्द को शामिल कराने को लेकर उपयुक्त जवाब कई सदस्यों द्वारा दिया जा चुका है जिसे दोहराने की आवश्यकता मैं उचित नहीं समझता हूँ। जहाँ तक

मि. एच. वी. कामथ के संशोधन का सवाल है वह चाहते हैं कि 'सार्वजनिक' के स्थान पर 'सामाजिक या राष्ट्रीय' शब्द लाया जाये। मैं समझता हूँ कि 'सार्वजनिक' शब्द अपने-आप में पर्याप्त है, जिसमें 'सामाजिक या राष्ट्रीय' शामिल हो जाते हैं। इसलिए यह अनावश्यक है कि हम दो शब्दों का प्रयोग करें जब एक ही शब्द से उद्देश्य पूरा हो जाता है।

'जहाँ तक मित्र सरदार भूपिन्दर सिंह मान के संशोधन का सवाल है, वह चाहते हैं कि अनिवार्य श्रम प्रतिरोपित किये जाने वाले खण्ड (2) के साथ एक परन्तुक होना चाहिए कि राज्य इस अनिवार्य सेवा के बदले प्रतिकर का भुगतान करे। अब मैं नहीं सोचता हूँ कि राज्य पर अनिवार्य सेवा लगाये जाने को लेकर उस पर इस तरह की सीमा को लगाना वांछनीय है। यह पूरी तरह सम्भव है कि राज्य, अनिवार्य श्रम ऐसे समय कराये ताकि उस व्यक्ति के लिए अपने जीविकोपार्जन को चलाने के लिए पर्याप्त समय बचा रहे या यदि ऐसा अनिवार्य श्रम, अवकाश के समय तक सीमित हो जब वह अपने जीविकोपार्जन के लिए व्यस्त नहीं होता है, तो राज्य के लिए यह कहना उचित होगा कि वह प्रतिकर का भुगतान नहीं करेगा।

'इस खण्ड में, यह देखा जा सकता है कि प्रतिकर का भुगतान नहीं करना विरोध का आधार नहीं है क्योंकि इस खण्ड का मौलिक सिद्धान्त यह है कि जब भी अनिवार्य श्रम या अनिवार्य सेवा माँगी जाये, यह सभी से माँगा जायेगा और यदि राज्य सभी से ऐसी सेवा माँगता है और वह इसके बदले कोई भुगतान नहीं करता है, तो यह नहीं कहा जा सकता है कि राज्य कोई गम्भीर असमानता कर रहा है। मैं अनुभव करता हूँ कि महोदय, यह वांछनीय है कि स्थिति को समय पर छोड़ देना चाहिए जैसा कि इस अनुच्छेद के प्रावधान में किया गया है।[14]

डॉ. अंबेडकर के उक्त जवाब के बाद सरदार मान ने अपना संशोधन-प्रस्ताव वापस ले लिया और संविधान-सभा ने डॉ. अंबेडकर द्वारा स्वीकार किये गये प्रो. के. टी. शाह के खण्ड (1) में 'केवल' शब्द जोड़ने के लिए लाये गये संशोधन-प्रस्ताव को स्वीकार कर लिया और बाकी संशोधन-प्रस्ताव जो डॉ. अंबेडकर द्वारा स्वीकार नहीं किया गया था, को अस्वीकार कर यथासंशोधित प्रारूप अनुच्छेद 17 (संविधान का अनुच्छेद 23) को अंगीकृत कर लिया।

बच्चों की सुरक्षा और उनके नैसर्गिक विकास की चिन्ता

किसी देश का भविष्य उसके बच्चों के नैसर्गिक विकास पर निर्भर रहता है। भारत जैसे विकासशील देश में यह और भी महत्त्वपूर्ण हो जाता है कि बच्चों को उनके नैसर्गिक विकास के लिए शिक्षा का उचित माहौल मिले और किसी विपरीत परिस्थिति के कारण उन्हें कारखानों में नियोजित नहीं होना पड़े। प्रारूप-संविधान में बालकों को इस तरह के नियोजन से बचाने का निर्देशन राज्यों को दिया गया था। प्रारूप अनुच्छेद 18 (संविधान का अनुच्छेद 24) के अनुसार—

'चौदह वर्ष से कम आयु के किसी बालक को किसी कारखाने या खान में काम करने के लिए नियोजित नहीं किया जायेगा या किसी अन्य खतरनाक नियोजन में नहीं लगाया जायेगा।'

श्री दामोदर स्वरूप सेठ ने उक्त प्रावधान के अन्त में 'न तो किसी महिला को उनके स्वास्थ्य के विपरीत खान और कारखानों में नियोजित किया जायेगा' को जोड़ने के लिए संशोधन-प्रस्ताव लाया। उनका तर्क था कि यद्यपि 14 वर्ष से कम उम्र के बच्चों को संरक्षण दिया गया है लेकिन दुर्भाग्य से ऐसा संरक्षण महिलाओं को नहीं दिया गया है जिन्हें रात में भी अपने स्वास्थ्य से समझौता करके कारखानों और खानों में काम करना पड़ता है। इसलिए मैं सोचता हूँ कि उक्त प्रावधान को जोड़ना न्यायोचित और वांछनीय है।

प्रो. शिब्बन लाल सक्सेना ने प्रावधान पर खुशी जाहिर करते हुए कहा कि वस्तुत: स्वतंत्रता के चार्टर के खिलाफ एक शिकायत यह है कि इसमें आर्थिक अधिकार को लेकर कोई प्रावधान नहीं है। यदि हम दूसरे संविधान के मूल अधिकारों का अध्ययन करें तो पायेंगे कि इसके बहुत-सारे प्रावधान आर्थिक अधिकारों से सम्बन्धित हैं। रूस में विशेषकर काम के अधिकार, आराम और अवकाश के अधिकार, वृद्धावस्था और बीमारी में भरण-पोषण के अधिकार की गारण्टी प्रदान की गयी है। हमने इन अधिकारों को निर्देशक सिद्धान्तों में शामिल किये हैं, यद्यपि मैं सोचता हूँ इनको इस चैप्टर में होना चाहिए था।

महिलाओं के सन्दर्भ में श्री सेठ के विचार को आगे बढ़ाते हुए प्रो. सक्सेना ने कहा कि 'मैं यह भी चाहता हूँ कि स्त्रियों को सन्ध्या के बाद और अरुणोदय के पूर्व कारखानों में नियोजित नहीं किया जाना चाहिए। वस्तुत: विश्व के सभी प्रगतिशील देशों में सन्ध्या के बाद और अरुणोदय के पूर्व महिला श्रम पर रोक है। संसद् में कारखाना कानून पारित किये जाने के समय लम्बी बहस चली थी। मैं सोचता हूँ कि यह सवाल बहुत ही सारवान् महत्त्व का है और इसे मूल अधिकार के रूप में शामिल किया जाना चाहिए कि राज्य, महिलाओं को सन्ध्या के बाद और अरुणोदय के पूर्व नियोजित नहीं करेगी। यदि ऐसा महत्त्वपूर्ण कार्य कर दिया जाये, तो देश की असंख्य महिलाओं द्वारा हमारा अभिवादन किया जायेगा। आप जानते हैं कि युद्ध के समय देश में बहुत गुस्सा था जब महिलाओं को खान में काम करने के लिए बाध्य किया गया था और मैं व्यक्तिगत रूप से सोचता हूँ कि अति महत्त्वपूर्ण मानते हुए इस पर अवश्य ही विचार किया जाना चाहिए। उम्मीद करता हूँ कि डॉ. अंबेडकर इसको शामिल करने के लिए रास्ता निकालेंगे।'[15]

वस्तुत: महिलाओं की समानता के सम्बन्ध में विशेष प्रावधान प्रारूप-संविधान के अनुच्छेद 31(क), 31(घ), 31(ङ) और 33 के अन्तर्गत निर्देशक सिद्धान्त के रूप में शामिल किये जा चुके थे। संविधान में किसी उपबन्ध द्वारा इस तरह की सीमा निर्धारित करना कि महिलाएँ सन्ध्या के बाद और अरुणोदय के पूर्व नियोजित नहीं की जा सकेंगी और इसे मूल अधिकार के रूप में स्वीकार करना न केवल सरकार के लिए समस्या का कारण होता बल्कि ऐसा कोई उपबन्ध स्वयं उन महिलाओं के अधिकार का उल्लंघन करता, जो बिना किसी सीमा के अपने जीविकोपार्जन का अधिकार चाहती हैं। संविधान के माध्यम से ऐसी कोई सीमा नहीं थोपी जा सकती थी। सन्ध्या के बाद और अरुणोदय के पूर्व महिलाओं द्वारा काम करना या काम लिया जाना गलत नहीं है, जो गलत है और देखने का विषय है, वह यह है कि किसी महिला की इच्छा के खिलाफ उससे किसी तरह का कार्य नहीं कराया जाये या महिलाओं से काम लेने के दौरान सुरक्षा की जिम्मेदारी नियोक्ता ले या 'समान कार्य के लिए समान वेतन' के सिद्धान्त का पालन हो, इत्यादि-

इत्यादि। इस दिशा में आवश्यक कदम उठाना राज्य की जिम्मेदारी है। इसलिए डॉ. अंबेडकर द्वारा श्री दामोदर स्वरूप सेठ के संशोधन-प्रस्ताव और प्रो. सक्सेना के सुझाव को स्वीकार नहीं किया गया। इसके उपरान्त संविधान-सभा द्वारा भी श्री सेठ के संशोधन-प्रस्ताव को अस्वीकार कर प्रारूप अनुच्छेद 18 के मूल प्रावधान को अंगीकृत कर लिया गया।

सन्दर्भ सूची

1. सी.ए.डी., खण्ड 7, पृष्ठ 669
2. सी.ए.डी., खण्ड 7, पृष्ठ 671
3. सी.ए.डी., खण्ड 7, पृष्ठ 671
4. सी.ए.डी., खण्ड 7, पृष्ठ 794
5. सी.ए.डी., खण्ड 7, पृष्ठ 795
6. सी.ए.डी., खण्ड 7, पृष्ठ 842
7. सी.ए.डी., खण्ड 7, पृष्ठ 844
8. सी.ए.डी., खण्ड 7, पृष्ठ 846
9. सी.ए.डी., खण्ड 7, पृष्ठ 851
10. सी.ए.डी., खण्ड 7, पृष्ठ 853
11. सी.ए.डी., खण्ड 7, पृष्ठ 999
12. सी.ए.डी., खण्ड 7, पृष्ठ 809
13. सी.ए.डी., खण्ड 7, पृष्ठ 811
14. सी.ए.डी., खण्ड 7, पृष्ठ 812
15. सी.ए.डी., खण्ड 7, पृष्ठ 815

13

धार्मिक आजादी और सांस्कृतिक सुरक्षा का मूल अधिकार

अन्तःकरण की और धर्म को मानने की स्वतंत्रता

किसी व्यक्ति के जीवन में आध्यात्मिक शान्ति का उतना ही महत्त्व है, जितना लौकिक विकास का। इस आध्यात्मिक शान्ति के लिए लोग धर्म का सहारा लेते हैं। एक व्यक्ति किस धर्म को मानता है, यह उसका निजी मामला है। राज्य, किसी व्यक्ति की इस धार्मिक आजादी में हस्तक्षेप नहीं कर सकता है। किन्तु राज्य के लिए यह देखना आवश्यक है कि एक प्रभावशाली धर्म, इस आजादी का सहारा लेकर संख्या में अल्प या कमजोर धर्म को दबा न सके। इस कारण धर्मनिरपेक्ष होने के बावजूद, एक राज्य का कर्त्तव्य है कि वह न केवल अपने नागरिकों को धार्मिक आजादी प्रदान करे बल्कि वह अपने नागरिकों की धर्म आधारित आस्था को दूसरे धर्मों के प्रहार से सुरक्षित भी रखे। प्रारूप-संविधान में भी धार्मिक आजादी के इन दोनों पक्षों को स्वीकार किया गया। एक यह कि लोगों को धर्म एवं अन्तःकरण को मानने की आजादी है और दूसरा यह कि इस धार्मिक आजादी पर इस तरह नियंत्रण हो कि वह दूसरे के आजादी में हस्तक्षेप न कर सके और अराजकता का कारण न बनने पाये।

प्रारूप अनुच्छेद 19 (संविधान का अनुच्छेद 25) के अनुसार—

'1. लोक व्यवस्था, सदाचार और स्वास्थ्य तथा इस भाग के अन्य उपबन्धों के अधीन रहते हुए, सभी व्यक्तियों को अन्तःकरण की स्वतंत्रता और धर्म को 'अबाध रूप से मानने', 'आचरण करने' और 'प्रचार करने' का समान हक होगा।

2. इस अनुच्छेद की कोई बात किसी ऐसी विद्यमान विधि के प्रवर्तन पर प्रभाव नहीं डालेगी या राज्य को कोई ऐसी विधि बनाने से नहीं रोकेगी, जो

(क) धार्मिक आचरण से सम्बद्ध किसी आर्थिक, वित्तीय, राजनीतिक या अन्य लौकिक क्रियाकलापों का विनियमन या निर्बन्धन करती है,

(ख) सामाजिक कल्याण और सुधार का उपबन्ध करती है या सार्वजनिक प्रकार की हिन्दुओं की धार्मिक संस्थाओं को हिन्दुओं के किसी वर्गों और विभागों के लिए खोलती है।

स्पष्टीकरण 1—कृपाण धारण करना और लेकर चलना सिख धर्म के मानने का अंग समझा जायेगा।

स्पष्टीकरण 2—खण्ड (2) के उपखण्ड (ख) में हिन्दुओं के प्रति निर्देश का यह अर्थ लगाया जायेगा कि उसके अन्तर्गत सिख, जैन या बौद्ध धर्म के मानने वाले व्यक्तियों के प्रति निर्देश है और हिन्दुओं की धार्मिक संस्थाओं के प्रति निर्देश का अर्थ तदनुसार लगाया जायेगा।'

उक्त प्रारूप अनुच्छेद पर मि. तजामुल हुसैन द्वारा एक संशोधन-प्रस्ताव लाया गया जिसमें प्रारूप-प्रावधान के पहले स्पष्टीकरण को हटाकर नया स्पष्टीकरण जोड़ने के लिए कहा गया था। मि. हुसैन द्वारा प्रस्तावित स्पष्टीकरण के अनुसार— 'कोई भी व्यक्ति दिखने वाला ऐसा चिह्न या संकेत नहीं रखेगा और किसी भी व्यक्ति का पहनावा ऐसा नहीं होगा जिससे उसके धर्म की पहचान हो सके।' उनका तर्क था कि 'धर्म' व्यक्ति और ईश्वर के मध्य एक निजी मामला है। ... इसलिए ऐसा क्यों हो जो किसी के धर्म की पहचान कराता हो। उन्होंने उदाहरण दिया कि यूरोपियन जैसे सभ्य देशों में लोगों के नाम या पहनावे के आधार पर यह पहचान नहीं की जा सकती है कि वह पारसी धर्म का मानने वाला है या ईसाई या इस्लाम। लेकिन अपने देश में ऐसा नहीं है। यहाँ पर किसी व्यक्ति के नाम और पहनावे से यह पहचान हो जाती है कि वह किस धर्म या जाति का है।

इसके बाद श्री एच. वी. कामथ ने 'आत्मिक प्रशिक्षण' को जीवन के लिए मूलभूत बताते हुए खण्ड (1) के बाद नया खण्ड (2) जोड़ने के लिए संशोधन-प्रस्ताव लाया जिसमें उपबन्ध था कि राज्य किसी विशेष धर्म को स्थापित, मान्य या संरक्षित नहीं करेगा और इस उपबन्ध की कोई बात राज्य को संघ के नागरिकों को 'आत्मिक प्रशिक्षण' प्रदान करने से नहीं रोकेगा।

मि. मोहम्मद इस्माइल साहिब द्वारा खण्ड (2) के बाद नया खण्ड (3) जोड़ने के लिए संशोधन-प्रस्ताव लाया गया, जो कहता है कि 'खण्ड (2) की कोई बात किसी नागरिक के अपने समूह या समुदाय, जिसमें वह रहता है या रहने की प्रतिज्ञा करता है, के व्यक्तिगत कानून को मानने के अधिकार को प्रभावित नहीं करेगा।' मि. साहिब का तर्क था कि इसके पहले निर्देशक सिद्धान्त के समय 'व्यक्तिगत अधिकार' को लेकर प्रस्तुत मेरा संशोधन-प्रस्ताव सकारात्मक स्वरूप में था और अब वह इसे नकारात्मक स्वरूप में रख रहे हैं। यह प्रावधान, जिसका मैं सुझाव दे रहा हूँ, लोगों द्वारा परिवार और समुदाय के भीतर दीर्घकाल से माने जा रहे व्यक्तिगत कानून को मान्यता देता है। यह दूसरे समुदाय के सदस्यों को किसी तरह प्रभावित नहीं करता है। यह दूसरे समुदाय के सदस्यों के अपने व्यक्तिगत अधिकारों को मानने के अधिकारों का उल्लंघन नहीं करता है। इसका मतलब दूसरे समुदाय के सदस्यों द्वारा त्याग करना नहीं है। हमारी मान्यता है कि हमारे एक समुदाय के भीतर अपने परिवार के सदस्यों के कुछ आचरण हैं। यह एक पारिवारिक आचरण है और उत्तराधिकार, विरासत और वक्फ एवं वसीयत के तरीकों से सम्पत्तियों का निस्तारण करने के मामलों में व्यक्तिगत कानून लागू होता है। केवल इन्हीं मामलों से व्यक्तिगत कानून का सम्बन्ध है।

इसके बाद डॉ. अंबेडकर ने खण्ड (2) में 'रोकने' शब्द के स्थान पर 'निवारित करने' शब्द को प्रतिस्थापित करने के लिए संशोधन-प्रस्ताव प्रस्तुत किया।

प्रो. के. टी. शाह ने भी दो संशोधन-प्रस्ताव प्रस्तुत किये। पहला खण्ड (2) के उपखण्ड (क) में 'आर्थिक, वित्तीय, राजनीतिक या अन्य लौकिक क्रियाकलापों का विनियमन या निर्बन्धन' के बाद 'निषेध' शब्द जोड़ने के लिए और दूसरा संशोधन-प्रस्ताव उपखण्ड (ख) में हिन्दू शब्द के बाद 'जैन, बौद्ध या ईसाई' जोड़ने के लिए था।

एक महत्त्वपूर्ण संशोधन-प्रस्ताव श्रीमती जी. दुर्गाबाई द्वारा खण्ड (2) के उपखण्ड (ख) में 'किसी वर्गों और विभागों' शब्द के स्थान पर 'सभी वर्गों और विभागों' शब्द को प्रतिस्थापित करने के लिए लाया गया। उनका तर्क था कि इस प्रस्ताव का उद्देश्य इस उपखण्ड के अभिप्राय को व्यापक करना है। मेरे विचार से खण्ड जिस रूप में है, उसका उद्देश्य व्यापक तरीके से लाभ प्राप्त करना है और इसे सभी वर्ग और विभागों पर लागू करना है। महोदय, इसको देखते हुए यह खण्ड जिस रूप में है, वह इसके अभिप्राय को संकुचित कर देता है और मेरे संशोधन का उद्देश्य व्यापक तरीके से हित को साधना है और इसे सभी वर्ग एवं विभाग पर लागू होने योग्य बनाना है।

आम बहस में भाग लेते हुए श्री रोहिणी कुमार चौधरी ने मि. कामथ द्वारा 'आध्यात्मिक प्रशिक्षण' के सुझाव का विरोध किया और कहा कि 'आत्मिक प्रशिक्षण' शब्द अस्पष्ट है। चैम्बर्स शब्दकोश में 'आत्मा' को 'भूत' के रूप में परिभाषित किया गया है। विश्व में ऐसे लोग हैं जो ईश्वर से नहीं डरते हैं बल्कि वे भूतों से डरते हैं क्योंकि भूत कष्ट देते हैं और ईश्वर ऐसा नहीं करता है। मेरे लिए शब्द 'आत्मिक प्रशिक्षण' को स्वीकार करना बहुत कठिन है। मेरे मित्र मि. कामथ का 'आत्मिक प्रशिक्षण' से क्या तात्पर्य है? 'आत्मिक प्रशिक्षण' क्या है जिसको वे सन्दर्भित कर रहे हैं? क्या यह प्रशिक्षण भूतों में विश्वास करने के लिए है या उनकी उपेक्षा करने के लिए?

आम बहस के बाद उपाध्यक्ष महोदय ने डॉ. अंबेडकर को जवाब के लिए बुलाया। डॉ. अंबेडकर द्वारा अपने संक्षिप्त वक्तव्य में मात्र श्रीमती दुर्गाबाई के संशोधन-प्रस्ताव को स्वीकार किया गया। इसके तुरन्त बाद श्री कामथ द्वारा कहा गया कि 'मैं पूछता हूँ कि क्या डॉ. अंबेडकर द्वारा यह कहा जाना कि 'मैं विरोध करता हूँ या मुझे कुछ नहीं कहना है' पर्याप्त है। मैं समझता हूँ कि इस सदन के प्रति न्याय के लिए उन्हें संशोधन-प्रस्तावों के पक्ष में या आम बहस के दौरान उठाये गये बिन्दुओं पर जवाब देना चाहिए।

इस पर उपाध्यक्ष महोदय द्वारा कहा गया कि वे डॉ. अंबेडकर को कारण बताने के लिए मजबूर नहीं कर सकते।

धर्म का प्रचार करने की स्वतंत्रता भी है मूल अधिकार

प्रारूप अनुच्छेद 19 के सम्बन्ध में एक महत्त्वपूर्ण संशोधन-प्रस्ताव मि. तजामुल हुसैन ने 'अबाध रूप से मानने' शब्द के पूर्व 'निजी रूप से' शब्द को जोड़ने के लिए और 'प्रचार करने की स्वतंत्रता' को हटाने के लिए प्रस्तुत किया था। इस तरह उनका संशोधन स्वीकार होने के बाद दो अन्तर पैदा होता। पहला यह कि धर्म का प्रचार करने की स्वतंत्रता

समाप्त हो जाता और दूसरा धर्म को अबाध मानने और आचरण करने की 'निजी रूप से' ही आजादी प्राप्त होता।

मि. तजामुल हुसैन ने अपने प्रस्ताव के पक्ष में तर्क दिया कि धर्म एक व्यक्ति और उसके ईश्वर के मध्य निजी मामला है। मेरा धर्म मेरा विश्वास है और आपका धर्म आपका विश्वास है। आपको मेरे धर्म में क्यों हस्तक्षेप करना चाहिए और मुझे आपके धर्म में क्यों हस्तक्षेप करना चाहिए। धर्म का एकमात्र अर्थ मोक्ष प्राप्त करने का साधन है। मान लीजिये कि मैं ईमानदारी से विश्वास करता हूँ कि मैं इस वैचारिक रास्ते के अनुसार एवं अपने धर्म के अनुसार मोक्ष प्राप्त कर सकता हूँ और आप विश्वास करते हैं कि आप अपने वैचारिक रास्ते के अनुसार मोक्ष प्राप्त कर सकते हैं। तब मुझे क्यों आपसे कहना चाहिए कि आप मेरे रास्ते पर चलकर मोक्ष प्राप्त करेंगे या आप मुझसे अपने रास्ते के अनुसार मोक्ष प्राप्त करने के लिए क्यों कहें? तब ईमानदारी से धर्म को 'अबाध मानने', 'आचरण' करने की स्वतंत्रता घर में हो। प्रचार के बहाने इसका प्रदर्शन न करें। मैं इस संशोधन-प्रस्ताव को इस सदन के समक्ष रख रहा हूँ। खासतौर से माननीय डॉ. अंबेडकर से आशा करता हूँ कि वह इसको स्वीकार करेंगे।

धर्म परिवर्तन के लिए संस्थाओं का दुरुपयोग होने की बात करते हुए प्रो. के. टी. शाह ने एक संशोधन-प्रस्ताव अनुच्छेद 19 (1) के साथ एक परन्तुक जोड़ने के लिए लाया। प्रस्तावित परन्तुक के अनुसार 'किसी स्कूल या कॉलेज या अन्य शैक्षणिक संस्थाओं, अस्पतालों, शरण-स्थल या ऐसे संस्थान जहाँ पर व्यक्ति या ऐसे व्यक्तियों जिनको उनके अल्पायु या दुर्बल मस्तिष्क या शरीर के कारण शिक्षकों, नर्सों, या चिकित्सकों या रक्षकों या संरक्षकों या अन्य कोई प्रभावशाली व्यक्ति अपना अनुचित प्रभाव दिखा सके, में धर्म का प्रचार करने का अधिकार नहीं होगा।' प्रो. शाह का तर्क था कि परन्तुक, 'प्रचार करने की स्वतंत्रता के अधिकार' का दुरुपयोग होने से बचायेगा।

आम बहस में भाग लेते हुए पण्डित लक्ष्मी कान्त मैत्रे ने कहा कि प्रारूप-संविधान का अनुच्छेद 19 प्रत्येक व्यक्ति को अपने धर्म को 'अबाध रूप से मानने', 'आचरण करने' और 'प्रचार करने' का अधिकार देता है। लेकिन इस अधिकार को कुछ शर्तों से घेर दिया गया है जिसे राज्य लोक सदाचार, लोक व्यवस्था और लोक स्वास्थ्य के हित में लागू करने के लिए स्वतंत्र है और यह भी कि यह अधिकार किसी भी तरह इस संविधान के अन्य प्रावधानों से असंगत न हो। मेरे कुछ मित्रों ने तर्क दिया कि इस अधिकार को प्रारूप-संविधान में स्थान नहीं मिलना चाहिए क्योंकि हमने एक धर्मनिरपेक्ष राज्य घोषित किया है इसलिए धर्म के आचरण को मूल अधिकार के रूप में अनुमति नहीं मिलनी चाहिए। यह भी तर्क दिया गया है कि धर्म या आस्था का प्रचार करने के अतिरिक्त अधिकार को प्रदान करके हमने हर तरीके से कठिनाइयों और अन्तर्विरोधों के लिए दरवाजे खोल दिये हैं जो अन्ततः राज्य के सामान्य जीवन को निष्प्राण ही करेगा। मैं कहना चाहूँगा कि धर्मनिरपेक्ष राज्य के सम्बन्ध में ऐसा विचार बिलकुल गलत है। धर्मनिरपेक्ष राज्य, जैसा मैं समझता हूँ, का अर्थ है कि राज्य धर्म या सम्प्रदाय के आधार पर किसी भी व्यक्ति जो किसी विशिष्ट धार्मिक आस्था को मानता है, के विरुद्ध किसी तरह का भेदभाव नहीं करेगा। निष्कर्षतः इसका अर्थ है कि राज्य में उसके द्वारा किसी भी विशेष धर्म को संरक्षण

नहीं प्राप्त होगा। राज्य किसी धर्म-विशेष को दूसरे धर्म पर वरीयता देकर स्थापित या मान्य या संरक्षित नहीं करने वाला है और राज्य में किसी नागरिक को मात्र इस आधार पर कि वह कोई विशिष्ट धर्म को मानने वाला है, किसी तरह की प्राथमिकता नहीं मिलेगी या उसके खिलाफ भेदभाव नहीं होगा। दूसरे शब्दों में राज्य के मामलों में कोई भी 'धर्म-विशेष' कभी भी विचार का विषय नहीं होगा। इसे मैं धर्मनिरपेक्ष राज्य का निष्कर्ष मानता हूँ।

मि. मैत्रे ने 'प्रचार करने' को लेकर कुछ सदस्यों द्वारा की गयी आपत्ति को नकारते हुए कहा कि सम्भवत: ये मित्र उन शर्तों की तरफ ध्यान नहीं दिये जो अनुच्छेद के शुरुआत में ही लगाया गया है।...मैं कहना चाहता हूँ कि ईसाई समुदाय के प्रति गलत धारणा रखना, उनके साथ बहुत बड़ा अन्याय होगा। भारतीय ईसाई समुदाय पूरे भारत में सबसे अधिक अनाक्रामक समुदाय है। यह मेरा व्यक्तिगत विचार है और मुझे मेरी इस मान्यता का विरोध करने वाला कोई व्यक्ति नहीं दिखता है। मुझे मालूम है कि भारतीय ईसाई समुदाय शैक्षणिक उत्थान, आरोग्य के लिए चिकित्सीय सहायता इत्यादि में प्रत्येक वर्ष लगभग दो करोड़ खर्च करते हैं। इनके द्वारा प्रभावशाली और गुणकारी तरीके से सभी वर्ग और समुदायों के लिए चलाये जा रहे शैक्षणिक संस्थानों और अस्पतालों को देखना चाहिए।[1]

'प्रचार करने की स्वतंत्रता' को प्रारूप में शामिल किये जाने का समर्थन करते हुए श्री एल. कृष्णास्वामी भारती ने कहा कि सामान्यतया ऐसा समझा जाता है कि 'प्रचार करने' का प्रावधान केवल ईसाई समुदाय के लिए आशयित है। लेकिन मैं सोचता हूँ कि वर्तमान परिस्थिति में यह बिलकुल आवश्यक है कि हमें अपने लोगों को अवश्य ही धार्मिक मत और सिद्धान्तों की शिक्षा देनी चाहिए। जहाँ तक मेरा अनुभव है, ईसाई समुदाय ने अपने धार्मिक विचार का प्रचार करने में किसी सीमा का उल्लंघन नहीं किया है और यथार्थ में उन्होंने बहुत अच्छा कार्य किया है। यह दूसरे समुदायों के लिए प्रेरित करने वाली और उन्हें भी अपने धर्म का प्रचार करने वाली बात है। सामान्यतया समझा जाता है कि जैसे यह शब्द केवल ईसाई धर्म को सन्दर्भित किया गया हो। जैसा हम इस खण्ड को पढ़ते हैं, यह सभी वर्गीय धर्म को अधिकार देता है और यह सर्वज्ञात है कि सबके बावजूद सभी धर्मों का एक उद्देश्य है और यदि यह सभी लोगों द्वारा समझा जाता है तो वे जानेंगे कि सभी धर्म एक हैं और समान हैं। ईश्वर एक है यद्यपि उसके नाम अनेक हैं।...यह नहीं समझना चाहिए कि जब एक व्यक्ति अपने धर्म का प्रचार करता है तो उस समय वह दूसरे धर्म को नीचे गिराता है। किसी धर्म की शिक्षा दूसरे धर्म को नीचे गिराना नहीं है। इसलिए यह बिलकुल आवश्यक है और यह अधिकार अवश्य होना चाहिए।[2]

किसी धर्म का प्रचार करने को अभिव्यक्ति की स्वतंत्रता जैसा बताते हुए श्री के. संथानम ने भी प्रारूप-प्रावधान का समर्थन किया और कहा कि एक बात ध्यान में रखना चाहिए कि 'धर्म-परिवर्तन' जैसा कोई शब्द यहाँ पर नहीं है। व्यापक धर्म-परिवर्तन इस देश में ईसाई मिशनरियों के क्रियाकलाप का एक भाग था और इसके खिलाफ लोगों द्वारा आपत्ति भी की गयी। जिन्होंने इस संविधान का प्रारूप बनाया है, उन्होंने किसी तरह के असीमित धर्म-परिवर्तन का अधिकार न देकर सावधानी दिखायी है।

श्री टी. टी. कृष्णामचारी ने भी प्रारूप-प्रावधान का समर्थन करते हुए कहा कि 'प्रचार करने' की स्वतंत्रता के अधिकार का मतलब किसी के अधिकार को छीनना नहीं है। ...

मैं जानता हूँ कि एक व्यक्ति जो चौदह वर्ष तक ईसाई संस्थाओं में पढ़ाई-लिखाई किया है और वहाँ पर कभी भी अपने विश्वास में बदलाव करने और ईसाइयत का आचरण करने के लिए प्रयास नहीं किया गया। मुझे ऐसे किसी प्रभाव की जानकारी है कि ईसाइयत को कभी हमारे विचार एवं दृष्टिकोण पर थोपा गया। मैं इसके लिए तैयार नहीं हूँ कि उनको अपने धर्म का प्रचार करने से रोकना चाहिए। मैं इस सदन से कहना चाहता हूँ कि वे धर्म-परिवर्तन के इतिहास पर गौर करें। यह उस रास्ते पर निर्भर करता है जिस पर चलकर कुछ धर्म परायण लोगों एवं कुछ समुदायों द्वारा अपने ही कम सौभाग्यशाली भाइयों के साथ व्यवहार किया जाता है। यह तथ्य कि इस देश में बहुत-से लोगों ने ईसाइयत को गले लगाया है तो इसके पीछे कारण उनकी सामाजिक स्थिति रही है जो उन्हें दिया गया था। हम इस विशेष तथ्य को क्यों भूल रहे हैं, जो हमने अनुभव किया है। एक अस्पृश्य व्यक्ति ईसाई बनने के बाद हर दृष्टि से उच्च वर्ण हिन्दू के समकक्ष हो जाता है और यदि हम इस विशेष लाभ को पाने की आवश्यकता को समाप्त करते हैं, जिसको वह सम्भवत: प्राप्त करता है, जो निश्चित रूप से बहुत महत्त्वपूर्ण लाभ है इसके बावजूद कि वह अपने धर्म में विश्वास करता है, किसी भी व्यक्ति को ईसाई बनने का उत्प्रेरक ही नहीं बचा रह पायेगा।

धर्म-परिवर्तन के कारणों और उसके प्रभाव का उल्लेख करने के साथ धर्म के मामले में यथास्थिति बनाये रखने पर जोर देते हुए श्री टी. टी. कृष्णामचारी ने आगे कहा—'महोदय, मुझे कोई सन्देह नहीं है कि हम अब इस स्थिति में आ गये हैं जब यह कोई मामला नहीं रह जाता है कि एक व्यक्ति किस धर्म को मानता है। यह कोई विषय नहीं रह जाता है कि वह किसी धर्म-विशेष के किस उपवर्ग को या किस समुदाय को मानता है। वह कानून की नजर में और समाज में बराबर होगा और सभी अधिकारों, जो सौभाग्य से प्रस्तुत किया गया है, का प्रयोग करने के लिए बराबर होगा। इसलिए मैं महसूस करता हूँ कि अनुचित प्रभाव जो लोगों को अपना धर्म बदलने के लिए प्रयोग में लाया जाता था या असम्बद्ध विचार जो किसी विशेष धर्म पर अपने विश्वास से अलग होने और दूसरे विश्वास को स्वीकार करने के लिए प्रयोग में लाया जाता था, अब अस्तित्व में नहीं रह गया है। इन परिस्थितियों में मैं सोचता हूँ कि यह उचित है कि हम सबको धर्म के मामलों में यथास्थिति बनाना चाहिए और सभी धर्मों को समान अधिकार देते हुए इसे मूल अधिकार में शामिल करना चाहिए।'[3]

श्री के. एम. मुन्शी ने 'हिन्दू' को व्यापक रूप से परिभाषित करने के लिए प्रो. के. टी. शाह द्वारा लाये गये संशोधन-प्रस्ताव का समर्थन किया। धर्म का 'प्रचार करने' के अधिकार पर की गयी आपत्तियों के सम्बन्ध में उन्होंने कहा कि इस संविधान के अन्तर्गत हम जो व्यवस्था बनाने जा रहे हैं, उसमें राज्य धर्मनिरपेक्ष है। इसलिए किसी भी समुदाय को दूसरे पर विशेष लाभ नहीं प्राप्त होगा और न ही किसी एक समुदाय को बढ़ाने से किसी को कोई राजनीतिक लाभ ही हासिल होगा। ऐसी परिस्थिति में 'प्रचार करने' शब्द का किसी तरह का नुकसानदायक प्रभाव नहीं होगा, जैसा कुछ सदस्य सोचते हैं कि ऐसा होगा।

आम बहस के बाद एक-एक करके संशोधन-प्रस्ताव रखे गये। डॉ. अंबेडकर का संशोधन-प्रस्ताव और उनके द्वारा स्वीकृत श्रीमती दुर्गाबाई के संशोधन-प्रस्ताव को

संविधान-सभा द्वारा स्वीकृत कर लिया गया। एक प्रस्ताव को माननीय प्रस्तावक सदस्य द्वारा वापस ले लिया गया और 'प्रचार करने' शब्द को निकालने के लिए प्रस्तुत संशोधन-प्रस्ताव सहित बाकी सभी 12 संशोधन-प्रस्ताव संविधान-सभा द्वारा अस्वीकार कर यथासंशोधित प्रारूप अनुच्छेद 19 (संविधान का अनुच्छेद 25) को अंगीकृत कर लिया गया।

धर्म विषयक कार्यों के प्रबन्धन की स्वतंत्रता

प्रारूप-संविधान के अनुच्छेद 20 के अन्तर्गत किसी भी नागरिक या उसके धार्मिक समूह को उसके धर्म से सम्बन्धित या अन्य किसी कल्याणकारी कार्य के लिए संस्थाओं की स्थापना, धर्म विषयक कार्यों के प्रबन्धन के अधिकार की घोषणा की गयी थी। प्रारूप अनुच्छेद 20 के प्रावधान के अनुसार—

'प्रत्येक धार्मिक सम्प्रदाय या उसके किसी वर्ग को,

(क) धार्मिक एवं कल्याणकारी उद्देश्यों के लिए संस्थाओं की स्थापना और पोषण का,

(ख) अपने धर्म विषयक कार्यों का प्रबन्ध करने का,

(ग) चल एवं अचल सम्पत्ति के अर्जन और स्वामित्व का, और

(घ) ऐसी संपत्ति का विधि के अनुसार प्रशासन करने का अधिकार होगा।'

डॉ. अंबेडकर ने प्रारूप-प्रावधान के प्रारम्भ में 'लोकव्यवस्था, सदाचार और स्वास्थ्य के अधीन रहते हुए' जोड़ने का संशोधन-प्रस्ताव प्रस्तुत किया। उनका तर्क था कि ऐसा न हो पाना मात्र भूल है। प्रारूप अनुच्छेद 19 भी इस तरह के शर्तों के अधीन है। प्रारूप अनुच्छेद 20 में भी धर्म से जुड़े अधिकार हैं जो असीमित अधिकार नहीं हैं। राज्य ऐसे सभी संस्थाओं के मामलों को लोकव्यवस्था, नैतिकता और स्वास्थ्य के आधार पर इन अधिकारों को नियमित कर सकता है।'

एक अन्य संशोधन-प्रस्ताव श्री लोकनाथ मिश्र द्वारा लाया गया जिसमें 'पोषण' शब्द के बाद 'प्रबन्धन और प्रशासन' जोड़ने के लिए कहा गया था। श्री सैय्यद अब्दुल राऊफ द्वारा खण्ड (1) के उपखण्ड (क) में 'धार्मिक और कल्याणकारी उद्देश्यों' शब्दावली के स्थान पर 'धार्मिक, कल्याणकारी और शैक्षणिक उद्देश्यों' को प्रतिस्थापित करने के लिए संशोधन-प्रस्ताव लाया गया। तो श्री जसपत राय कपूर ने खण्ड (1) के उपखण्ड (क) से 'और कल्याणकारी' को हटाने के लिए संशोधन-प्रस्ताव लाया। श्री कपूर का तर्क था कि धर्म को मानने और प्रचार करने के अधिकार को अंगीकृत करने के बाद अब यह आवश्यक हो गया है कि धार्मिक संस्थाओं को स्थापित एवं पोषित करने के अधिकार को स्वीकार किया जाये। लेकिन यह मूल अधिकार कि कोई धार्मिक सम्प्रदाय या उसका वर्ग अनन्य रूप से अपने हित के लिए कल्याणकारी संस्था पोषित कर सकता है, जिसका लाभ समाज के दूसरे वर्ग के लिए निषेध हो, को स्वीकार करना निश्चित रूप से सौहार्द और समान राष्ट्रीयता के विचार के खिलाफ है।

जबकि मि. तजामुल हुसैन ने श्री कपूर के विचार से असहमति व्यक्त करते हुए कहा कि 'मैं इस सदन को एक बात बताना चाहता हूँ कि इस देश में कोई 'अल्पसंख्यक' नहीं

है। मैं अपने को 'अल्पसंख्यक' नहीं मानता हूँ। एक धर्मनिरपेक्ष देश में 'अल्पसंख्यक' जैसी कोई चीज नहीं है। मुझे वही अधिकार, सामाजिक स्थिति और दायित्व मिला है जो अन्य व्यक्ति के पास है। मैं उनसे कहना चाहता हूँ जो अपने को बहुसंख्यक मानते हैं कि वे भूल जायें कि इस देश में कोई अल्पसंख्यक है।...प्रारूप अनुच्छेद 20 सभी को, चाहे वह किसी भी धर्म का मानने वाला हो, अधिकार प्रदान करता है कि वह अपनी निजी धार्मिक संस्था रखे, यदि वह ऐसा चाहता है। यदि एक व्यक्ति के पास धन है और मृत्यु के समय वह वसीयत करता है और अपनी सम्पत्ति को किसी निजी प्रकृति वाले कल्याणकारी उद्देश्य या धार्मिक उद्देश्य को समर्पित करना चाहता है तो महोदय मैं नहीं समझता हूँ कि इसमें किसी को कोई आपत्ति होनी चाहिए।...मैं कोई कारण नहीं समझता हूँ कि क्यों राज्य को इसमें हस्तक्षेप करना चाहिए? यह कोई जनहित का मामला नहीं है। यह एक व्यक्ति का निजी मामला है जो इच्छा करता है कि वह अपने तरीके से अपने धर्म को माने।[4]

प्रारूप अनुच्छेद पर आम बहस के उपरान्त डॉ. अंबेडकर ने कुछ भी बोलने से मना कर दिया। उसके पश्चात् संविधान सभा ने डॉ. अंबेडकर के संशोधन-प्रस्ताव कि प्रारूप अनुच्छेद को लोकव्यवस्था, नैतिकता और स्वास्थ्य के अधीन किया जाये, को स्वीकार कर लिया और अन्य चार संशोधन-प्रस्तावों को अस्वीकार कर दिया और तदनुसार यथासंशोधित प्रारूप अनुच्छेद 20 (संविधान का अनुच्छेद 26) को संविधान-सभा द्वारा अंगीकृत कर लिया गया।

शैक्षणिक संस्थाओं में धार्मिक शिक्षा

प्रारूप-संविधान के अनुच्छेद 22 (संविधान का अनुच्छेद 28) के माध्यम से शिक्षण संस्थाओं में धार्मिक शिक्षा के सम्बन्ध में संवैधानिक स्थिति को स्पष्ट किया गया। इसके खण्ड (1) में एक सामान्य नियम प्रतिपादित किया गया था कि राज्य-निधि से पोषित शिक्षण संस्थाओं में धार्मिक शिक्षा नहीं प्रदान की जायेगी और खण्ड (2) और (3) में इसके तीन अपवादों को उपबन्धित किया गया था। प्रारूप अनुच्छेद 22 के अनुसार—

'1. राज्य द्वारा पूर्णतः राज्य-निधि से पोषित किसी शिक्षण संस्था में कोई धार्मिक शिक्षा नहीं प्रदान की जायेगी।
2. खण्ड (1) की कोई बात ऐसी शिक्षण संस्था को लागू नहीं होगी जिसका प्रशासन राज्य करता है किन्तु जो किसी ऐसे विन्यास या न्यास के अधीन स्थापित हुई है जिसके अनुसार उस संस्था में धार्मिक शिक्षा देना आवश्यक है और राज्य में मान्यता प्राप्त या राज्यनिधि से सहायता पाने वाली शिक्षण संस्था में उपस्थित होने वाले किसी व्यक्ति को ऐसी संस्था में दी जाने वाली धार्मिक शिक्षा में भाग लेने के लिए या ऐसी संस्था में या उससे संलग्न स्थान में की जाने वाली धार्मिक उपासना में उपस्थित होने के लिए तब तक बाध्य नहीं किया जायेगा जब तक कि उस व्यक्ति ने या यदि वह अवयस्क है, तो उसके संरक्षक ने, इसके लिए अपनी सहमति नहीं दे दी है।
3. इस अनुच्छेद की कोई बात किसी समुदाय या सम्प्रदाय को शैक्षणिक संस्था में कार्य-समय के अलावा बाकी समय में अपने समुदाय या सम्प्रदाय के शिष्यों को धार्मिक शिक्षा प्रदान करने से नहीं रोकेगी।'

अपने संशोधन-प्रस्ताव में मि. मोहम्मद इस्माइल साहिब ने तीन खण्ड वाले प्रारूप-प्रावधान के स्थान पर एक खण्ड वाला नया प्रावधान प्रतिस्थापित करने के लिए कहा। उनके द्वारा प्रस्तावित प्रावधान कहता था 'राज्य द्वारा पोषित, सहायता प्राप्त या मान्यता प्राप्त शिक्षण संस्था में किसी व्यक्ति को बिना उसकी सहमति के या यदि वह नाबालिग है तो बिना उसके माता-पिता या संरक्षक की सहमति के, धार्मिक शिक्षा प्राप्त करने की आवश्यकता नहीं होगी।' अपने संशोधन-प्रस्ताव के समर्थन में मि. साहिब ने तर्क दिया कि उनके प्रावधान के अन्तर्गत धार्मिक शिक्षा देने के लिए राज्य के उदार और धर्मनिरपेक्ष प्रकृति से समझौता नहीं होगा। मेरा संशोधन-प्रस्ताव स्कूलों में धार्मिक शिक्षा दिये जाने की आवश्यकता के सम्बन्ध में सुरक्षित रास्ता प्रस्तावित करता है। यह विषय को नकारात्मक स्वरूप में प्रस्तुत करता है। यह नहीं कहता है कि किसी भी तरह शैक्षणिक संस्थाओं में धार्मिक शिक्षा अवश्य ही दी जाये। यह केवल कहता है कि किसी व्यक्ति को किसी विद्यालय में ऐसे धर्म का अध्ययन करने के लिए बाध्य नहीं किया जायेगा, जिससे वह सम्बन्धित नहीं होता है। इसलिए मेरा संशोधन हानिरहित है और संविधान की आत्मा के खिलाफ नहीं जाता है।

प्रो. शिब्बन लाल सक्सेना द्वारा इस अनुच्छेद के खण्ड (1) और (3) को हटाने और इसके स्थान पर नया प्रावधान प्रतिस्थापित करने के लिए संशोधन-प्रस्ताव लाया गया। उनका तर्क था कि बँटवारे के बाद 30 से 33 करोड़ जनसंख्या बहुसंख्यकों की है। यदि यह खण्ड पारित हो गया तो वे लोग, जो चाहते हैं कि उनके बच्चों को उनके धर्म के विषय में भी शिक्षा मिलनी चाहिए, ऐसा नहीं कर पायेंगे।...मैं चाहता हूँ कि खण्ड (1) को हटाया जाना चाहिए, क्योंकि तभी राज्य द्वारा धार्मिक शिक्षा दिया जाना सम्भव हो पायेगा।

इसी तरह प्रो. के. टी. शाह द्वारा खण्ड (1) में 'पूर्णतः पोषित' के स्थान पर 'पूर्णतः या आंशिक रूप से पोषित' करने के लिए; सरदार हुकुम सिंह द्वारा 'प्रदान की जायेगी' के स्थान पर 'प्रदान या अनुमति दी जायेगी' करने के लिए; सरदार भूपिन्दर सिंह मान द्वारा खण्ड (1) से संस्था के पहले लगे 'शिक्षण' को हटाने के लिए; स्वयं डॉ. अंबेडकर द्वारा खण्ड (1) से 'राज्य द्वारा' शब्द हटाने के लिए; मि. ताजमुल हुसैन द्वारा खण्ड (1) से 'राज्य द्वारा' और 'पूर्णतः राज्य-निधि द्वारा पोषित' दोनों शब्दावलियों को हटाने के लिए; श्री जसपत राय कपूर द्वारा खण्ड (3) को हटाने के लिए और इसी तरह खण्ड (3) में संशोधन के लिए मि. एच. वी. कामथ, मि. मोहम्मद इस्माइल साहिब और प्रो. के. टी. शाह द्वारा अलग-अलग प्रस्ताव प्रस्तुत किये गये।

अपने संशोधन-प्रस्ताव के समर्थन में डॉ. अंबेडकर द्वारा तर्क दिया गया कि इस संशोधन का उद्देश्य उस शंका की सम्भावना को समाप्त करना है जो पैदा हो सकती है। शब्द 'राज्य द्वारा' प्रारूप में जिस तरह है, इसकी व्याख्या इस तरह हो सकती है कि यह अनुच्छेद राज्य के अलावा अन्य संस्थाओं को धार्मिक शिक्षा प्रदान करने की अनुमति देता है। इस अनुच्छेद का अन्तर्निहित सिद्धान्त यह है कि कोई संस्था जो राज्य कोष से पूर्णतया पोषित है, का उपयोग धार्मिक शिक्षा देने के लिए नहीं किया जायेगा, चाहे धार्मिक शिक्षा राज्य द्वारा दी जाये या किसी अन्य संस्था द्वारा।

एक अन्य महत्त्वपूर्ण संशोधन-प्रस्ताव श्री जसपत राय कपूर द्वारा खण्ड (3) को हटाने के लिए लाया गया था। श्री कपूर का तर्क था कि खण्ड (3), न केवल खण्ड (1) से असंगत है बल्कि खण्ड (2) में उपबन्धित प्रावधान को देखते हुए अनावश्यक है। इसका खण्ड (1) कहता है कि राज्य द्वारा पोषित किसी संस्था में धार्मिक शिक्षा नहीं प्रदान की जायेगी और खण्ड (3) कहता है कि ऐसी धार्मिक शिक्षा कार्यसमय के अलावा समय में दी जा सकती है। यदि खण्ड (1) बना रहेगा तो खण्ड (3) को अवश्य ही जाना होगा। खण्ड (1) के रहते खण्ड (3) नहीं रह सकता है। दूसरा तर्क यह है कि खण्ड (3) के बने रहने के कारण धार्मिक सम्प्रदायों के मध्य मतभेद को बढ़ावा मिलेगा क्योंकि भिन्न-भिन्न धार्मिक-साम्प्रदायिक संस्थाओं द्वारा अपने-अपने शिष्यों को एक ही समय और एक ही स्थान पर धार्मिक शिक्षा देने का दावा किया जा सकता है। ऐसी स्थिति में यह आपसी तनाव को बढ़ायेगा।

श्री जसपत राय कपूर ने तीसरा तर्क यह दिया कि साम्प्रदायिक संस्थाओं के प्रबन्धतंत्र सम्भवत: नहीं चाहेंगे कि उनकी संस्था में कोई दूसरे धर्म का मानने वाला व्यक्ति धार्मिक शिक्षा प्रदान करे। एक मुस्लिम विद्यालय, जो सम्भवत: एक मस्जिद में भी चल सकता है, में हिंदुओं के वैदिक धर्म की धार्मिक शिक्षा दी जाये, निश्चित रूप से वे यह नहीं चाहेंगे। इसी तरह आर्यसमाज द्वारा चलायी जा रही शैक्षणिक संस्था नहीं चाहेगा कि वहाँ पर कुरान की धार्मिक शिक्षा प्रदान की जाये। इस कारण इस खण्ड को अवश्य ही जाना होगा। इसी तरह चौथा आधार यह लिया कि खण्ड (2) के प्रावधान को देखते हुए यह बिलकुल अनावश्यक है। खण्ड (2) पहले से ही यह प्राविधानित करता है कि एक शैक्षणिक संस्था के प्रबन्धतंत्र द्वारा धार्मिक शिक्षा दी जा सकती है यदि छात्र या संरक्षक, छात्र के नाबालिग होने पर, इसके लिए सहमत हो।[5]

आम बहस में भाग लेते हुए श्रीमती रेणुका रे ने मि. कपूर के खण्ड (3) को हटाने के प्रस्ताव का समर्थन करने के बाद कहा कि प्रो. के. टी. शाह द्वारा उठाया गया बिन्दु कि यदि कोई भी किसी सार्वजनिक स्कूल में छोटा-सा अंशदान कर दे तो यह कहा जा सकता है कि वह स्कूल राज्य-निधि द्वारा पूर्ण पोषित नहीं है और इसलिए धार्मिक-साम्प्रदायिक शिक्षा दी जा सकती है। मैं उम्मीद करती हूँ कि डॉ. अंबेडकर इस बारे में कुछ बोलेंगे और इस बिन्दु को स्पष्ट करेंगे क्योंकि यह बहुत ही महत्त्वपूर्ण है। यदि ऐसी व्याख्या सम्भव है तो इसके खिलाफ उचित उपाय किया जाना आवश्यक है।

श्री वी. आई. मुनिस्वामी पिल्लई ने भी प्रारूप-प्रावधान का समर्थन करते हुए कहा कि यह अनुच्छेद स्पष्ट करता है कि राज्य द्वारा सहायता प्राप्त शैक्षणिक संस्थाओं में राज्य को धार्मिक शिक्षा के विषयों को शामिल नहीं करना चाहिए।

खण्ड (3) के अलावा बाकी प्रावधान का समर्थन करते हुए श्री वी. एस. सरवाते ने कहा कि यह प्रावधान राज्यों को इस तरह की संस्थाओं को सहायता देने से नहीं रोकता है। इसके अन्तर्गत किसी भी व्यक्ति को उसकी इच्छा के विरुद्ध धार्मिक शिक्षा या पूजा में भाग लेने के लिए बाध्य नहीं किया जायेगा और मैं समझता हूँ कि यह एक बहुत ही अभिवादन योग्य प्रावधान है। राज्यों को इन संस्थाओं को सहायता देने की अनुमति भी

आवश्यक है अन्यथा मैं विश्वास करता हूँ कि देश की कुछ अच्छी संस्थाओं के लिए बहुत कष्टदायक होगा।

काजी सैय्यद करीमुद्दीन ने श्री के. टी. शाह और मि. तजामुल हुसैन द्वारा प्रस्तुत संशोधन-प्रस्ताव का विरोध किया और कहा कि खण्ड (3) के अलावा बाकी प्रावधान अभिवादन योग्य हैं और मैं वस्तुत: नहीं समझ पाया कि मद्रास के मि. इस्माइल द्वारा कैसे इन प्रावधानों का विरोध किया गया है। मेरे विचार से स्कूलों में धार्मिक शिक्षा को पढ़ाये जाने या अन्य धार्मिक विवादों, अन्तर्विरोधों से दूर रहना अल्पसंख्यकों के लिए सर्वोत्तम है। काजी करीमुद्दीन ने आगे कहा कि कैसे ईसाई स्कूलों में लोगों को अनुचित तरीके से प्रभावित करके या धनलोभ देकर एक विश्वास से दूसरे विश्वास में परिवर्तन करने के लिए उकसाया जाता है। आज एक धर्मनिरपेक्ष राज्य में, जहाँ धर्म एक व्यक्तिगत मामला रह गया है, मेरा निवेदन है कि पूर्णतया राज्य द्वारा संचालित या पोषित शैक्षणिक संस्थाओं में सरकार द्वारा धार्मिक शिक्षा नहीं दी जानी चाहिए। ऐसा कहा गया है कि जब तक राज्यों द्वारा आर्थिक सहायता प्राप्त स्कूलों में धार्मिक शिक्षा नहीं दी जायेगी, अल्पसंख्यकों के लिए धर्म में शिक्षित होना सम्भव नहीं होगा। मेरा निवेदन है कि यदि समुदाय चाहते हैं कि उनके बच्चों को शिक्षित होना चाहिए या धार्मिक शिक्षा दी जानी चाहिए तब यह उनका कर्त्तव्य है कि उनके बच्चों को स्कूलों में शिक्षा दी जाये। प्रो. शाह का संशोधन मेरे विचार से इस समय स्वीकरणीय नहीं है।

मि. अनंथसयनम अयंगर ने भी प्रारूप अनुच्छेद का समर्थन किया, लेकिन इसके खण्ड (3) का विरोध भी किया। किन्तु समर्थन के साथ यह भी कहने से पीछे नहीं हुए कि 'इस प्रावधान का समर्थन करते समय मुझे पीड़ा है कि धर्मों से भरे देश में किसी भी स्कूल में धार्मिक शिक्षा नहीं दी जा सकेगी। स्कूलों के अन्दर हम बच्चों को धर्म की शिक्षा देने से मना कर सकते हैं, लेकिन स्कूल के बाहर हम अपने सम्प्रदाय को भूल नहीं सकते हैं। मेरे अनुसार धर्म किसी समाज के लिए आधारभूत बुनियाद है। सभी सदाचार और अच्छे सिद्धान्त धर्म से ही निकलते हैं। लेकिन जैसी स्थिति में हम हैं, यह दुर्भाग्यपूर्ण है कि हम अपने स्कूलों में अपने बच्चों को धर्म की शिक्षा के सम्बन्ध में कोई प्रबन्धन करने के लिए सक्षम नहीं हैं।'

स्कूलों में धार्मिक शिक्षा : समन्वय की स्थिति स्वीकार्य

धार्मिक बहुलता वाले इस देश के लिए संविधान के निर्माण के दौरान 'धार्मिक शिक्षा' का विषय सबसे संवेदनशील विषयों में से एक था। और इस कारण प्रारूप अनुच्छेद 22 का प्रावधान ज्यादा महत्त्वपूर्ण था। इतने संवेदनशील विषय पर जब सदस्यों द्वारा भिन्न-भिन्न विचारों के साथ अपने तर्क दिये जा चुके थे, ऐसी स्थिति में एक सर्वस्वीकार्य निर्णय पर पहुँचना बहुत कठिन काम था। शिक्षण संस्थाओं में धार्मिक शिक्षा की क्या स्थिति हो, उसकी सीमाएँ क्या हों, इन सब सवालों का जवाब देने के लिए जब डॉ. अंबेडकर खड़े हुए तो उनके सामने सबसे बड़ी चुनौती थी कि नागरिकों की धार्मिक आस्था और राज्य-हित के मध्य समन्वय बनाते हुए कैसे सभी धार्मिक समुदायों और संविधान-सभा सदस्यों को सन्तुष्ट किया जाये। न केवल संविधान-सभा के अन्दर, बल्कि सदन के बाहर भी

लोगों की नजर डॉ. अंबेडकर की तरफ थी। देश के बहुलता और विविधता, खासतौर से बँटवारे के बाद उपजे हालात को देखते हुए प्रारूप अनुच्छेद 22 पर डॉ. अंबेडकर द्वारा 7 दिसम्बर, 1948 को दिया गया जवाब और भी महत्त्वपूर्ण हो गया था।

यह डॉ. अंबेडकर की प्रतिभा थी कि वे सदस्यों के सभी तरह के विचारों को, चाहे वे समर्थन में व्यक्त किये गये हों या विरोध में, अपने अनुकूल बना लेते थे। ऐसा लगता है जैसे सदस्यों द्वारा पक्ष या विरोध में दिये गये विचार, सिर्फ इसीलिए दिये गये थे ताकि इसको आधार बनाकर डॉ. अंबेडकर देशवासियों को यह सन्देश दे सकें कि उन्हें किस दिशा में देश और समाज को लेकर आगे बढ़ना है। यह डॉ. अंबेडकर का कौशल होती थी कि वे प्रारूप-प्रावधान के विरोध में व्यक्त विचार को भी प्रावधान का बचाव करने का आधार बना लेते थे। प्रारूप अनुच्छेद 22 पर बाबा साहेब डॉ. अंबेडकर द्वारा दिया गया सम्बोधन इसका एक उत्कृष्ट उदाहरण है।

प्रारूप अनुच्छेद 22 के सम्बन्ध में प्रस्तुत संशोधन-प्रस्तावों में से सिर्फ मि. कपूर के प्रस्ताव, जो खण्ड (3) को हटाने के लिए था, को स्वीकार करने और अन्य प्रस्तावों को अस्वीकार करने के कारणों का उल्लेख करते हुए और शेष उपबन्धों का बचाव करते हुए डॉ. अंबेडकर ने जो भाषण दिया वह भारत के संवैधानिक इतिहास में स्वर्णाक्षरों में अंकित रहेगा। डॉ. अंबेडकर के शब्दों में—

> 'बहुतायत विचारों, जैसा इस सदन के पटल पर रखा गया, को देखते हुए यह सम्भवत: वांछित है कि इस अनुच्छेद की मंशा को स्पष्ट किया जाये। सभी संशोधन-प्रस्तावों को देखते हुए यह स्पष्ट है कि तीन तरह के अलग-अलग विचार निकलकर आ रहे हैं। पहले विचार का प्रतिनिधित्व मद्रास के मेरे मित्र मि. इस्माइल कर रहे हैं। उनके विचार से धार्मिक शिक्षा पर किसी तरह का प्रतिबन्ध नहीं होना चाहिए। केवल एक प्रतिबन्ध जिसकी वह वकालत करते हैं कि किसी भी व्यक्ति को इसे ग्रहण करने के लिए बाध्य नहीं किया जाना चाहिए। ... दूसरा अन्य विचार, जिसका प्रतिनिधित्व मेरे मित्र मि. मान और मि. ताजामुल हुसैन कर रहे हैं। उनके अनुसार कोई भी धार्मिक शिक्षा होनी ही नहीं चाहिए, यहाँ तक कि उन संस्थाओं में भी नहीं, जो शैक्षणिक हैं। तीसरी विचारधारा प्रो. के. टी. शाह द्वारा व्यक्त की गयी है, जो कहते हैं कि धार्मिक शिक्षा की अनुमति किसी भी संस्था में नहीं होनी चाहिए, चाहे वह राज्यनिधि से पूर्णतया संचालित हो रही हो या आंशिक रूप से।
>
> 'अब मैं कहने की आजादी चाहता हूँ कि प्रस्तुत प्रारूप बीच का रास्ता निकालता है, जिसको मैं उम्मीद करता हूँ कि इस सदन द्वारा स्वीकार्य होगा। मेरे निर्णय में तीन कारण हैं जो मेरे मित्र मि. इस्माइल के इस विचार को स्वीकार करने के विरुद्ध हैं कि धार्मिक शिक्षा पर किसी तरह का प्रतिबन्ध नहीं होना चाहिए अर्थात् धार्मिक शिक्षा प्रदान की जानी चाहिए। मैं इन कारणों का संक्षेप में उल्लेख करूँगा।
>
> 'पहला कारण यह है कि हम सबने प्रारूप अनुच्छेद 21 में इस स्थिति को स्वीकार किया है कि टैक्स से बनाये गये सार्वजनिक कोष का प्रयोग किसी समुदाय-विशेष के लिए नहीं करेंगे। उदाहरण के लिए यदि हम किसी विशेष धार्मिक शिक्षा

को अनुमति देते हैं, जैसे जनपद या स्थानीय बोर्ड द्वारा स्थापित स्कूल धार्मिक शिक्षा इस आधार पर देता है कि उस स्कूल में पढ़ने वाले बच्चों का बहुमत हिन्दुओं का है। इसका प्रभाव यह होगा कि ऐसा कार्य अनुच्छेद 21 के प्रावधान के विरुद्ध होगा। जनपद बोर्ड अपने जिला क्षेत्र में रह रहे सभी व्यक्तियों से कर वसूलता है। यह एक सामान्य कर होगा और यदि जनपद या स्थानीय बोर्ड में धार्मिक शिक्षा दी जाये जो बहुसंख्यक बच्चों तक सीमित हो, तो यह अनुच्छेद 21 का दुरुपयोग होगा क्योंकि मुस्लिम समुदाय के बच्चे या अन्य समुदाय के बच्चे, जो इन स्कूलों में ऐसे धार्मिक शिक्षा का ध्यान नहीं देते हैं, फिर भी वे जनपद या स्थानीय बोर्ड के कोष में योगदान करने के लिए बाध्य होंगे।

'दूसरी कठिनाई तो पहली समस्या की तुलना में ज्यादा वास्तविक है। यह कठिनाई है देश में पाये जाने वाले धर्मों की बहुलता। उदाहरण के लिए, बाम्बे जैसे एक शहर को लेते हैं जहाँ विभिन्न मतों वाले लोगों की मिली-जुली जनसंख्या होती है। मान लीजिये, बाम्बे शहर में एक स्कूल नगरपालिका द्वारा संचालित है। निश्चित रूप से ऐसे स्कूल में हिन्दू धर्म में विश्वास करने वाले हिन्दू बच्चे होंगे। ईसाई समुदाय, जोरोस्ट्रियन समुदाय या पारसी समुदाय को मानने वाले बच्चे भी होंगे। यदि कोई इससे और आगे बढ़े तो मैं समझता हूँ, आगे बढ़ना वांछनीय भी होगा, हिन्दू भी कई सम्प्रदाय में बँटे हैं, सनातनी हिन्दू होंगे, वैदिक धर्म में विश्वास करने वाले वैदिक हिन्दू होंगे, बौद्ध को मानने वाले होंगे, जैन को मानने वाले होंगे, यहाँ तक हिन्दू में कुछ शैव होंगे, कुछ वैष्णव होंगे। क्या शिक्षण संस्थाओं से इन सभी बच्चों के साथ समान व्यवहार करने और धार्मिक शिक्षा प्रदान करने की अपेक्षा की जा सकती है? मुझे ऐसा लगता है कि राज्य को ऐसे लक्ष्य देना एक असम्भव कार्य देना होगा।

'तीसरी बात जिसे मैं इस सन्दर्भ में कहना चाहूँगा कि दुर्भाग्य से इस देश में प्रचलित धर्म केवल असामाजिक ही नहीं हैं, जहाँ तक उनके आपसी व्यवहार की बात है, वे समाज विरोधी भी हैं। एक धर्म दावा करता है कि उसकी शिक्षा ही मोक्ष के लिए सही रास्ता दिखाता है और बाकी दूसरे की गलत है। मुसलमान मानता है कि कोई जो इस्लाम में विश्वास नहीं करता है वह काफिर है और मुसलमानों द्वारा भाईचारा रखे जाने का हकदार नहीं है। ईसाई भी ऐसा ही विश्वास करता है। इस दृष्टि से ऐसा मुझे लगता है कि यदि किसी विशेष धर्म के सत्यपूर्ण व्यवहार और दूसरे धर्म के दोषपूर्ण व्यवहार के परस्पर विरोधी विवादों को इन स्कूलों में लाते हैं, तो हम लोग एक संस्था के शान्तिपूर्ण वातावरण को खराब कर देंगे। इसलिए मैं कहता हूँ कि अनुच्छेद 22(1) में यह प्रावधान कि राज्य-संस्थाओं में कोई धार्मिक शिक्षा नहीं प्रदान की जायेगी, से हम सब सुरक्षित रहेंगे।

'दूसरे खण्ड के सम्बन्ध में मैं समझता हूँ कि इसे पर्याप्त रूप से नहीं समझा गया है। हमने उन समुदायों के दावों को सुलझाने का प्रयास किया है जो शैक्षणिक या सांस्कृतिक मामलों में अपने बच्चों की प्रगति के लिए संस्थाओं को शुरू किये

हैं। ऐसी संस्थाओं में धार्मिक शिक्षा प्रदान करने की अनुमति इस तथ्य के बावजूद है कि इन्हें राज्य से कुछ आर्थिक सहायता प्राप्त होती है। वस्तुत: राज्य, सहायता देने या सहायता नहीं देने के लिए स्वतंत्र है। एकमात्र सीमा हमने जो रखी है कि राज्य संस्थाओं को ग्राण्ट-इन-एड के अन्तर्गत सहायता का दावा करने से मात्र इस आधार पर अयोग्य नहीं करेगा कि वह सार्वजनिक संस्था के बजाय किसी समुदाय द्वारा संचालित एवं पोषित किया जा रहा है। हमने एक विशेषता यह भी बनाया है कि जब संस्था में धार्मिक शिक्षा प्रदान किया जाना नि:शुल्क हो तो राज्य द्वारा सहायता दिये जाने के कारण ऐसी संस्थाओं को धार्मिक शिक्षा प्रदान करने पर रोक नहीं लगेगी और यह संस्था कोई ऐसी धार्मिक शिक्षा दूसरे समुदाय के बच्चों के लिए अनिवार्य तब तक नहीं करेगी जब तक इन बच्चों के माँ-बाप सहमति नहीं देते है। मैं सोचता हूँ कि यह एक अभिवादन योग्य प्रावधान है। इसके दो कार्य हैं—

इसी बीच श्री एच. वी. कामथ ने जानना चाहा कि एक समुदाय या अल्पसंख्यक द्वारा अपने बच्चों के लिए संचालित संस्थाओं या स्कूलों के बारे में क्या कहना है? एक ऐसे स्कूल के लिए नहीं जिसमें सभी समुदाय मिश्रित रहते हैं, लेकिन ऐसे स्कूल के लिए जो समुदाय द्वारा अपने बच्चों के लिए संचालित होते हैं।

डॉ. अंबेडकर ने जवाब दिया—

'यदि मेरे मित्र मि. कामथ अन्य अनुच्छेद के प्रावधानों को पढ़ेंगे तो वे देखेंगे कि एक बार एक संस्था, चाहे वह समुदाय द्वारा संचालित है या नहीं, सरकारी सहायता पाती है, तो एक शर्त होती है कि वह स्कूल सभी समुदायों के लिए खुला रखेगा। यह प्रावधान उन्होंने नहीं पढ़ा है।

'इसलिए खण्ड (2) द्वारा हम दो उद्देश्यों को प्राप्त करते हैं। पहला यह कि हम किसी समुदाय, जो अपने बच्चों के धार्मिक या सांस्कृतिक जीवन के विकास के लिए संस्था स्थापित किये हैं, को धार्मिक शिक्षा देने की अनुमति प्रदान करते हैं। हम यह भी प्रावधान करते हैं कि दूसरे समुदाय के बच्चे, जो ऐसे स्कूल में जाते हैं, को स्कूल-संचालक द्वारा अपनी धार्मिक शिक्षा के लिए इन बच्चों को बाध्य नहीं किया जायेगा जब तक कि इस बच्चे के माँ-बाप की सहमति न हो। जैसा मैंने कहा है कि हम दो उद्देश्यों की प्राप्ति करते हैं। जो धार्मिक शिक्षा देना चाहते हैं, वे संस्था स्थापित करके ऐसा करने के लिए स्वतंत्र हैं और राज्य से आर्थिक सहायता प्राप्त करने का दावा कर सकते हैं। लेकिन वे दूसरे समुदाय को धार्मिक शिक्षा के लिए बाध्य करने की स्थिति में नहीं रहेंगे। इसलिए यह कहना उचित नहीं है कि इस अनुच्छेद द्वारा हमने धार्मिक शिक्षा पर रोक लगा दी है। कुछ शर्तों के अधीन प्रत्येक समुदाय को अपने उद्देश्य के अनुसार धार्मिक शिक्षा को पढ़ाने और प्रदान करने के लिए छूट दे रखी है। केवल एक रोक यह है कि पूरी तरीके से सार्वजनिक कोष से संचालित संस्थाओं में राज्य धार्मिक शिक्षा प्रदान करने के लिए स्वतंत्र नहीं रहेगा।'

इसी दौरान पण्डित लक्ष्मी कान्त मैत्रे ने कहा— क्या मैं अपने माननीय मित्र से एक सवाल कर सकता हूँ? जैसे कोई ऐसी संस्था है जो पूर्ण रूप से सरकार द्वारा

संचालित है जैसे कलकत्ता में संस्कृत कॉलेज। वहाँ पर वेद पढ़ाये जाते हैं, स्मृति पढ़ायी जाती हैं, गीता पढ़ायी जाती हैं, उपनिषद् पढ़ाये जाते हैं। इसी तरह बंगाल के कई भाग में संस्कृत संस्थाएँ चल रही हैं जहाँ इस विषय की शिक्षा दी जाती है। आपने अनुच्छेद 22 (1) में व्यवस्था दी है कि ऐसी संस्थाओं में जो पूर्णत: राज्य द्वारा पोषित है, में धार्मिक शिक्षा नहीं दी जायेगी। ये संस्थाएँ राज्य द्वारा ही पोषित हैं। मेरा सवाल है कि क्या ऐसी व्याख्या होगी कि वेद या स्मृति या शास्त्र या उपनिषद् इत्यादि भी धार्मिक शिक्षा के अर्थ में आ जायें? ऐसी स्थिति में इन सब संस्थाओं को बन्द होना होगा।

डॉ. अंबेडकर ने जवाब दिया—

> 'मैं इन संस्थाओं, जिनका सन्दर्भ मेरे मित्र मि. मैत्रे द्वारा दिया गया है, की वास्तविकता के बारें में नहीं जानता हूँ, इसलिए मेरे द्वारा कुछ कहना कठिन है।'

पण्डित लक्ष्मी कान्त मैत्रे ने फिर कहा— उदाहरण के लिए शासकीय संस्कृत कॉलेज और स्कूलों को लें, जहाँ गीता, उपनिषद्, वेद और इस तरह की चीजे पढ़ायी जाती हैं।

पण्डित लक्ष्मी कान्त मैत्रे के असहज करने वाले किन्तु सही लगने वाले सवाल का ऐसा जवाब देना जो सन्तुलित हो और किसी पक्ष के लिए असन्तोष का कारण न बने, आसान नहीं था। इस सवाल का 'हाँ' या 'नहीं' दोनों में से कोई भी जवाब, नुकसानदायक हो सकता था, खासतौर से देश की तत्कालीन परिस्थितियों को देखते हुए। लेकिन डॉ. अंबेडकर द्वारा इसके लिए जो जवाब दिया गया, वह उनके प्रतिभा का एक और उत्कृष्ट उदाहरण है। अपने जवाब में डॉ. अंबेडकर ने शोधकार्य के मामले को धार्मिक शिक्षा से अलग विषय बताते हुए कहा—

> 'मेरा अपना विचार है कि धार्मिक शिक्षा को शोधकार्य या अध्ययन से अलग माना जाये। यह बिलकुल अलग बात है। धार्मिक शिक्षा का अर्थ अलग है। उदाहरण के लिए इस्लाम धर्म कहता है कि तुम अल्लाह में विश्वास करो, तुम विश्वास करो कि मोहम्मद साहब आखिरी पैगम्बर हैं इत्यादि। दूसरे शब्दों में हम इसे 'मत' कह सकते हैं। कोई मत, 'अध्ययन' से बिलकुल अलग होता है।'

इस बीच उपाध्यक्ष महोदय ने कहा— क्या वे एक मिनट के लिए बोल सकते हैं? मैं कलकत्ता विश्वविद्यालय के लिए बतौर कॉलेज-परीक्षक के रूप में संस्कृत कॉलेजों में परीक्षण के लिए जाया करता था। पण्डित मैत्रे जानते हैं कि वहाँ पर छात्रों को विश्वविद्यालय के पाठ्यक्रम से अलग संस्कृत साहित्य की दूसरी पुस्तकों का भी अध्ययन करना पड़ता है। लेकिन इसको धार्मिक शिक्षा कभी नहीं माना गया, इसे संस्कृत का एक पाठ्यक्रम माना जाता था।

पण्डित लक्ष्मी कान्त मैत्रे ने पुन: कहा— मेरा भी यही विषय है। यह शोधकार्य का सवाल नहीं है। यह मात्र धार्मिक शिक्षा की एक शाखा का अध्ययन है। मैं पूछता हूँ कि क्या गीता और उपनिषद् पर व्याख्यान देने को धार्मिक शिक्षा माना जायेगा? उपनिषद् की शिक्षा देना क्या शोधकार्य का मामला नहीं है?

उपाध्यक्ष महोदय ने कहा कि यह विद्यार्थियों को पढ़ाने का प्रश्न है। एक उदाहरण मैं जानता हूँ कि एक संस्कृत कॉलेज में एक मुसलमान विद्यार्थी भी था।

इसके उपरान्त श्री एच.वी. कामथ ने कहा कि स्पष्टीकरण के तौर पर क्या मेरे मित्र डॉ. अंबेडकर का कहना यह है कि एक समुदाय द्वारा संचालित स्कूल, जो केवल उस समुदाय के विद्यार्थियों के लिए हैं, में धार्मिक शिक्षा अनिवार्य नहीं होनी चाहिए?

डॉ. अंबेडकर—यह उन पर छोड़ दिया गया है। यह उस समुदाय पर छोड़ा गया है कि वह इसे अनिवार्य बनाये या नहीं। जो हमने किया है कि उस समुदाय को, जो स्कूल चला रहे हैं, उन्हें अपनी धार्मिक शिक्षा को दूसरे समुदाय के बच्चों के लिए अनिवार्य करने का अधिकार नहीं होगा।

प्रो. शिब्बन लाल सक्सेना ने पूछा कि जिस तरह से शब्द 'धार्मिक शिक्षा' को आपने वर्णित किया है, क्या उसे संविधान में स्थान मिलना चाहिए?

डॉ. अंबेडकर—मैं सोचता हूँ कि यह न्यायालय को तय करना हैं जब मामला उसके सामने आयेगा।

मि. नजरुद्दीन अहमद द्वारा पूछा गया कि माननीय सदस्य खण्ड (3) को हटाने के प्रस्ताव को स्वीकार कर चुके हैं। यह एक व्याख्यात्मक कथन है। मैं पूछना चाहूँगा कि क्या इसका हटाया जाना उस सिद्धान्त को भी समाप्त करेगा जो इसे हटाये जाने के पहले उसमें मौजूद था।

डॉ. अंबेडकर—मैं जो विचार रखता हूँ, वह यह है कि खण्ड (3) वास्तव में अनावश्यक है। यह एक समुदाय द्वारा संचालित स्कूल से सम्बन्धित है। स्कूल अवधि के उपरान्त समुदाय इसका प्रयोग अपने तरीके से करने के लिए स्वतंत्र है। संविधान में इस तरह के प्रावधान नहीं होने चाहिए।

माननीय सदस्यों के साथ इतने त्वरित सवाल-जवाब के बाद भी डॉ. अंबेडकर, ट्रस्ट के सम्बन्ध कुछ सदस्यों द्वारा उठाये गये सवाल का जवाब देना भूले नहीं। अपने सम्बोधन को जारी रखते हुए डॉ. अंबेडकर ने कहा—

> 'अब महोदय, एक विषय है जिसका सन्दर्भ मैं लेना चाहूँगा और यह विषय प्रो. के. टी. शाह द्वारा उठाया गया है कि परन्तुक राज्य को ऐसी संस्थाओं, जिसके ट्रस्टशीप को राज्य ने स्वीकार किया है, में धार्मिक शिक्षा को जारी रखने की अनुमति देता है। मैं वास्तव में नहीं समझता हूँ कि प्रो. के. टी. शाह द्वारा उठाये गये विषय में कोई ज्यादा सार है। मैं समझता हूँ कि वह महसूस करेंगे कि ऐसे मामले आये हैं जब देश के प्रारम्भिक इतिहास में संस्थाएँ धार्मिक शिक्षा प्रदान करने के उद्देश्य से स्थापित की गयीं और कुछ कारणों से वे अपने प्रबन्धन के लिए लोगों को बनाये रखने में असमर्थ हो गयीं और बाद में ट्रस्टी के रूप में राज्य को इन्हें अपने हाथ में लेना पड़ गया। अब यह स्पष्ट है कि जब आप एक ट्रस्ट को स्वीकार करते हैं तो आपको उस ट्रस्ट को सभी अर्थों में पूरा करना चाहिए। यदि राज्य ने इन संस्थाओं को अपने हाथ में ले लिया और अपनी स्थिति को एक ट्रस्टी के रूप में बना लिया तब स्पष्टतया आप सरकार से यह नहीं कह सकते कि अब आप ऐसी शिक्षा नहीं देंगे, जबकि आप

इन संस्थाओं में धार्मिक शिक्षा दे रहे थे। मैं समझता हूँ कि ऐसा करना राज्य को ट्रस्ट को भंग करने के लिए विवश करने जैसा होगा। इसलिए इस स्थिति को स्पष्ट करने के लिए हमने इस परन्तुक को शामिल करना वांछित और आवश्यक समझा, जो कुछ हद तक नि:सन्देह अनुच्छेद 20 के खण्ड (1) में व्यक्त किये गये मूल सिद्धान्त के अनुरूप नहीं है। मैं विश्वास करता हूँ कि यह सदन इस अनुच्छेद को, जैसा है, उसे सन्तोषजनक पायेगा और स्वीकार करेगा।'[6]

इसके पश्चात् माननीय उपाध्यक्ष महोदय द्वारा एक-एक करके संशोधन-प्रस्तावों को रखा गया। श्री जसपत राय कपूर के जिस प्रस्ताव को डॉ. अंबेडकर द्वारा स्वीकार किया गया था, एकमात्र वही प्रस्ताव संविधान-सभा पारित किया गया और बाकी 12 संशोधन-प्रस्ताव, जो डॉ. अंबेडकर द्वारा स्वीकार नहीं किये गये थे, संविधान-सभा द्वारा भी अस्वीकृत कर दिये गये। यथासंशोधित अनुच्छेद 22 (संविधान का अनुच्छेद 28) का प्रावधान संविधान-सभा द्वारा अंगीकृत कर लिया गया।

क्षेत्रवाद के खिलाफ भाषा और संस्कृति का अधिकार

प्रारूप अनुच्छेद 23 (संविधान का अनुच्छेद 29 और 30) उन तमाम महत्त्वपूर्ण प्रावधानों में से एक है जो इन आरोपों को निर्मूल साबित करता है कि भारतीय संविधान में कुछ भी नया नहीं है, बल्कि यह अन्य संविधानों और व्यवस्थाओं की नकलमात्र है। अक्सर संविधान निर्माण में डॉ. अंबेडकर की भूमिका को कमतर सिद्ध करने वाले लोग ऐसा आरोप लगाते हैं। किन्तु देश के लिए एक श्रेष्ठतम और दोषरहित संविधान बनाने के लिए डॉ. अंबेडकर ने ऐसे तमाम बदलाव करने का जोखिम उठाया जो असाधारण प्रतिभा, साहस, तर्कयुक्त दृढ़ता, दूरदृष्टि और आत्मविश्वास के बिना सम्भव नहीं है। डॉ. अंबेडकर ने संविधान के प्रावधानों को प्रभावशाली एवं उपयोगी बनाने के लिए उस मूल प्रारूप को भी बदलने में संकोच नहीं किया जो सरदार पटेल की अध्यक्षता में सलाहकार-समिति द्वारा प्रस्तावित और संविधान-सभा द्वारा स्वीकृत किया जा चुका था। तत्कालीन परिस्थिति में पटेल जी जैसे कद वाले व्यक्ति के विचार से अलग विचार रखना आसान नहीं था। लेकिन यह डॉ. अंबेडकर जी ही थे, जो देशहित में आवश्यक होने पर ऐसे अलग विचार को न केवल रखते थे, बल्कि उस पर तर्कों के साथ दृढ़तापूर्वक कायम भी रहते थे। भाषा, लिपि और संस्कृति के संरक्षण के लिए सलाहकार-समिति द्वारा प्रस्तावित मूल प्रावधान में प्रयोग किये गये 'अल्पसंख्यक' जैसे संवेदनशील शब्द को निकालने में भी डॉ. अंबेडकर हिचके नहीं, क्योंकि ऐसा बदलाव करना उन्हें देशहित में लगा और विरोध के बावजूद इस पर कायम रहे।

संवैधानिक इतिहास में मौजूद समस्त व्यवस्थाओं के समग्र अध्ययन, शोध एवं परिष्करण के उपरान्त डॉ. अंबेडकर द्वारा किया गया यह बदलाव, सुधार के लिए और प्रावधान को व्यापक बनाने के लिए किया गया बदलाव था; यह बदलाव, नागरिक अधिकार और राज्यहित के मध्य सन्तुलन को साधने के लिए किया गया बदलाव था; सांस्कृतिक, भाषायी अल्पसंख्यकों के हित में किया गया यह बदलाव क्षेत्रवाद से निपटने

के लिए किया गया बदलाव था ताकि 'मराठी मानुष' या 'माँ-माटी-मानुष' जैसे क्षेत्रवाद की खतरनाक मानसिकता और इसके खतरों से निपटने में हमारा संविधान सक्षम रहे और क्षेत्रवाद की संकीर्ण सोच, राष्ट्रीय सद्भाव और अखण्डता के लिए चुनौती न बन सके।

प्रारूप-संविधान का अनुच्छेद 23, जो भाषायी एवं सांस्कृतिक अल्पसंख्यकों को सुरक्षा प्रदान करने के विषय में था, के अनुसार—

1. भारत के राज्य क्षेत्र या उसके किसी भाग के निवासी नागरिकों के किसी वर्ग को, जिसकी अपनी विशेष भाषा, लिपि और संस्कृति है, उसे बनाये रखने का अधिकार होगा।
2. राज्य द्वारा पोषित किसी शिक्षण संस्था में प्रवेश से किसी भी अल्पसंख्यक को केवल धर्म, समुदाय या भाषा के आधार पर वंचित नहीं किया जायेगा।
3. (क) धर्म या भाषा पर आधारित सभी अल्पसंख्यक वर्गों को अपनी रुचि की शिक्षण संस्थाओं की स्थापना और प्रशासन का अधिकार होगा।

   (ख) शिक्षण संस्थाओं को सहायता देने में राज्य किसी शिक्षण संस्था के विरुद्ध इस आधार पर विभेद नहीं करेगा कि वह धर्म, समुदाय या भाषा पर आधारित किसी अल्पसंख्यक वर्ग के प्रबन्ध में है।

खण्ड (1) के लिए एक संशोधन-प्रस्ताव स्वयं डॉ. अंबेडकर का था जिसमें 'लिपि और संस्कृति' के स्थान पर 'लिपि या संस्कृति' प्रतिस्थापित करने के लिए कहा गया था। प्रो. के. टी. शाह का संशोधन-प्रस्ताव, खण्ड (1) में 'बनाये रखने' के बाद 'और विकसित करने' शब्दावली को जोड़ने के लिए था। जबकि लोकनाथ मिश्र द्वारा लाये गये संशोधन--प्रस्ताव में तीन खण्डों के स्थान पर एक खण्ड वाला संयुक्त प्रावधान प्रस्तावित किया गया था, जिसमें देश के आध्यात्मिक विरासत और सांस्कृतिक एकता को सुरक्षित करने की भी बात कही गयी थी। मि. जेड. एच. लारी ने नया खण्ड (4) जोड़ने के लिए संशोधन-प्रस्ताव प्रस्तुत किया, जिसका उद्देश्य अल्पसंख्यक समुदाय के बच्चों को उनकी मातृभाषा में प्राथमिक शिक्षा प्राप्त करने को मूल अधिकार के रूप में स्वीकार कराना था।

खण्ड (2) और (3) के लिए एक महत्त्वपूर्ण संशोधन-प्रस्ताव पण्डित ठाकुरदास भार्गव का था। प्रस्ताव का पहला भाग खण्ड (2) के प्रारूप को नये प्रावधान से प्रतिस्थापित करने के लिए था और दूसरा भाग खण्ड (3) को अलग कर नया अनुच्छेद 23-ए बनाने के लिए था। एक अन्य संशोधन प्रस्ताव सं. 690 के माध्यम से पण्डित भार्गव ने खण्ड (3) से 'समुदाय' को हटाने की माँग किया। पण्डित भार्गव द्वारा प्रस्तावित नया खण्ड (2) यह कहता था कि 'कोई भी नागरिक राज्य द्वारा पोषित या राज्यनिधि से सहायता प्राप्त शिक्षण संस्था में केवल धर्म, मूलवंश, जाति, भाषा या इसमें से किसी के आधार पर वंचित नहीं किया जायेगा।' उक्त प्रस्ताव के समर्थन में पण्डित भार्गव ने कहा कि नये प्रस्ताव और प्रारूप-प्रावधान में तीन अन्तर है। पहला यह कि 'किसी भी अल्पसंख्यक' के स्थान पर 'किसी भी नागरिक' शब्दावली रखा गया है। दूसरा, इसकी परिधि में न केवल वे संस्थाएँ हैं जो राज्य द्वारा संचालित हैं, बल्कि उन संस्थाओं को भी शामिल किया गया है जो राज्य-निधि से सहायता पा रही हैं। तीसरा अन्तर यह है

कि 'धर्म, समुदाय या भाषा के आधार पर' के स्थान पर 'धर्म, मूलवंश, जाति, भाषा या इसमें से किसी के आधार पर' शब्दावली को रखा गया है।

अपने संशोधन-प्रस्ताव के समर्थन में पण्डित भार्गव द्वारा तर्क दिया गया कि खण्ड (2) को पढ़ने से लगता है कि अल्पसंख्यकों को एक निश्चित अधिकार दिये गये हैं जबकि राष्ट्रीय हित में आवश्यक है कि इस विषय में बहुसंख्यक के खिलाफ भी भेदभाव नहीं होना चाहिए। दुर्भाग्य है कि हमने यह सोच बना ली है कि कुछ विशेष अधिकार मात्र अल्पसंख्यक के पास हो और उसे बहुसंख्यकों को न दिया जाये। यह आदत अंग्रेजी शासकों की देन है जो हमेशा अल्पसंख्यकों और बहुसंख्यकों के मध्य भेदभाव पैदा करना चाहते थे। कभी अल्पसंख्यकों को तो कभी बहुसंख्यकों को लगता है कि उनके साथ भेदभाव किया जा रहा है। यह संशोधन अल्पसंख्यकों और बहुसंख्यकों को समान स्थिति में लायेगा। राष्ट्रीय परिप्रेक्ष्य में मैं नहीं समझता हूँ कि कैसे शैक्षणिक मामलों में अल्पसंख्यक या बहुसंख्यक के पक्ष में भेदभाव न्यायोचित है? संशोधन-प्रस्ताव यह कहता है कि शैक्षणिक संस्थाओं में प्रवेश के लिए अल्पसंख्यकों और बहुसंख्यकों में कोई भेदभाव नहीं किया जायेगा। इसलिए मैं कहना चाहता हूँ कि यह अल्पसंख्यक और बहुसंख्यक दोनों वर्ग के छात्रों के लिए स्वतंत्रता का चार्टर साबित होगा।

पण्डित भार्गव द्वारा आगे कहा गया कि उन्होंने अपने दूसरे संशोधन के माध्यम से 'समुदाय' को हटाने की बात की है क्योंकि 'समुदाय' का कोई निश्चित अर्थ नहीं है। यदि समुदाय के अस्तित्व को किसी सामान्य पद द्वारा तय किया जाये तो सभी समुदाय धर्म एवं भाषा की परिधि में आ जाते हैं। यदि यह एक तथ्य है तो समुदाय का कोई आधार ही नहीं रह जाता है। शब्द 'समुदाय' यहाँ पर निरर्थक है, इसलिए इसे हटाकर इसके स्थान पर 'मूलवंश या जाति' शब्द प्रतिस्थापित किया गया है।[7]

आम बहस में भाग लेते हुए श्री मिहिर लाल चट्टोपाध्याय ने प्रारूप अनुच्छेद का समर्थन किया और कहा कि हमारे देश में कई तरह के अल्पसंख्यक हैं। भाषा, लिपि या संस्कृति आधारित सभी तरह के अल्पसंख्यक इस अनुच्छेद के कारण स्वयं को सुरक्षित पायेंगे। यह एक तथ्य है कि देश के विभिन्न प्रान्तों में ऐसे अल्पसंख्यक रहते हैं जिनकी बहुसंख्यकों से अलग अपनी भाषा होती है। और यह भी एक तथ्य है कि भारत के बहुत-से प्रान्तों में भाषायी-अल्पसंख्यकों पर तमाम तरह की अयोग्यताएँ लाद दी गयीं। परिणामत: बीते कुछ समय में भाषायी क्रूरता और साम्राज्यवादी सोच को अधीन करने वाली आवाज सुनायी पड़ी है।...इसलिए अनुच्छेद 23, विभिन्न प्रान्तों में बहुसंख्यकों के लिए भाषा एवं संस्कृति आधारित अल्पसंख्यकों के हितों का ध्यान रखने का स्पष्ट निर्देश देता है।

श्री आर. के. सिधवा ने प्रारूप अनुच्छेद में अन्तर्विरोधों का जिक्र करते हुए कहा कि व्यक्तिगत रूप से मैं महसूस करता हूँ कि जहाँ तक धार्मिक शिक्षा का सवाल है इसे निश्चित अर्थ वाले शब्द में वर्णित होना चाहिए और जो भी शैक्षणिक संस्थाएँ सहायता प्राप्त करती हैं, उनमें धार्मिक शिक्षा नही पढ़ायी जानी चाहिए। एक तरफ राज्य किसी धर्म को मान्यता नहीं देता है, वहीं यह उन संस्थाओं को धार्मिक शिक्षा देने की अनुमति देता

है जो सहायता प्राप्त नहीं हैं। मैं धार्मिक पुस्तकों के विभिन्न पदों पर नहीं जाना चाहता हूँ जो विभिन्न स्कूलों में पढ़ाया जाता है। मैं ऐसे दृष्टान्तों को जानता हूँ जहाँ धर्म के नाम पर साम्प्रदायिक घृणा को सिखाया जाता है। मैं नहीं जानता हूँ कि नये युग में जब हम इस संविधान के अन्तर्गत कार्य करना शुरू करेंगे, तो क्या उसी तरह की धार्मिक शिक्षा को सिखाया जायेगा? विभिन्न स्कूलों में दी जाने वाली धार्मिक शिक्षा के सम्बन्ध में ऐसा कोई निर्बन्धन नहीं है।

जबकि श्री बिश्वनाथ प्रसाद ने सम्पूर्ण प्रावधान से असहमति व्यक्त करते हुए कहा कि वे सिवाय इस अनुच्छेद को अमान्य करने के अलावा कुछ नहीं कर सकते। महोदय, हम सभी दो संस्कृति को मानने के आदती हो चुके हैं। एक प्राचीन संस्कृति और दूसरा पाश्चात्य संस्कृति। लेकिन हमारे मसौदा-समिति के बुद्धिमान् सदस्यगण द्वारा बहुसंस्कृति का न केवल विचार दिया गया है बल्कि इन अलग-अलग सांस्कृतिक क्षेत्रों को स्थिर भी कर दिया गया है। वे न केवल इन सांस्कृतिक क्षेत्रों को स्थिर होने का अवसर दे रहे हैं बल्कि उन्होंने विभिन्न तरह की भाषायी एवं लिपि से सम्बन्धित समस्याओं को पनपने का भी अवसर दे रहे हैं। यह प्रयास न केवल भारत में बल्कि राज्यों में भी किया गया है।...क्या आप उनकी लिपि और भाषा को, भले ही वह कितने भी छोटे हों या अल्प हों, स्थिर नहीं करने जा रहे हैं?...धार्मिक अल्पसंख्यक क्या है? मेरा दावा है कि मेरे मुसलमान भाई का रक्त मेरा रक्त है और उनकी अस्थि मेरी अस्थि है। वे मेरे हैं और मैं उनका हूँ। जहाँ तक संस्कृति का सवाल है कोई अन्तर नहीं है। संस्कृति हम सब की एक है।

प्रारूप अनुच्छेद 23 पर हुए आम बहस में मि. जेड. एच. लारी, मि. मौलाना हसरत मोहानी, श्री के. संथानम, मि. करीमुद्दीन, पण्डित गोविन्द वल्लभ पन्त ने प्रमुख रूप से भाग लिया। प्रस्तुत संशोधन-प्रस्तावों और आम बहस के उपरान्त प्रमुख रूप से निम्न दो विषय निकलकर आये, जिस पर संविधान-सभा द्वारा निर्णय लिया जाना था—

‘1. प्रारूप अनुच्छेद 23 के प्रावधान में अल्पसंख्यकों की मौलिक स्थिति क्या है और मूल प्रारूप के प्रावधान से अलग इसमें ‘अल्पसंख्यक’ शब्द का प्रयोग न करने का क्या प्रभाव है?

2. क्या संविधान के अन्तर्गत अल्पसंख्यकों को उनकी मातृभाषा के माध्यम से प्राथमिक शिक्षा प्राप्त करने का मूल अधिकार मिलना चाहिए?’

सांस्कृतिक अधिकार के सम्बन्ध में ‘अल्पसंख्यक’ का व्यापक अर्थ

प्रारूप अनुच्छेद 23 के सम्बन्ध में एक महत्त्वपूर्ण संशोधन-प्रस्ताव मि. जेड. एच. लारी का था, जिसके माध्यम से खण्ड (1) को नये प्रावधान द्वारा प्रतिस्थापित करने की माँग की गयी थी। उनके द्वारा प्रस्तावित नये प्रावधान के अनुसार ‘प्रत्येक इकाई में अल्पसंख्यकों को उनकी भाषा, लिपि और संस्कृति को संरक्षण मिलेगा और कोई भी ऐसा कानून या विनियमन नहीं बनाया जा सकता जिसे लागू करने पर ऐसे संरक्षण के लिए उत्पीड़क या हानिकारक साबित हो।’

मि. लारी द्वारा प्रस्तावित नया प्रावधान शब्दशः वही था जिसकी संस्तुति 'सरदार पटेल की अध्यक्षता वाली मूल अधिकार समिति' द्वारा अप्रैल, 1947 में प्रस्तुत रिपोर्ट में की गयी थी। मि. लारी ने अपने संशोधन-प्रस्ताव के पक्ष में तर्क देते हुए कहा कि मुझे स्पष्ट करने दें कि क्यों मूल प्रारूप को पुनःस्थापित किया जाना चाहिए । महोदय, मैं विश्वास करता हूँ कि यह सर्वस्वीकरणीय है कि सांस्कृतिक और शैक्षणिक अधिकारों की सुरक्षा होनी ही चाहिए और यही अनुच्छेद 23 का आशय है। इस बिन्दु पर कोई भी विरोध नहीं है। यह धारा जैसी मूलरूप में थी और जैसी इस सदन द्वारा अनुमोदित की गयी थी, का आशय था कि कोई ऐसा कानून या विनियमन पारित नहीं किया जायेगा जो अल्पसंख्यकों की संस्कृति और भाषा के पोषण एवं प्रोत्साहन को विपरीत तरीके से प्रभावित करे। इसका अर्थ था कि कोई ऐसा कानून नहीं पारित किया जायेगा जो स्वीकार किये गये भाषायी अल्पसंख्यकों के अधिकारों को विफल करे।

मि. लारी द्वारा लगाया गया यह आरोप सही था कि मूल प्रारूप से अलग प्रारूप अनुच्छेद 23 का प्रावधान बनाया गया और इस प्रावधान से 'अल्पसंख्यक' जैसे शब्द को हटा दिया गया था। इस बदलाव के औचित्य और प्रारूप-प्रावधान की मंशा को स्पष्ट करते हुए डॉ. अंबेडकर ने सिद्ध किया कि कैसे प्रारूप-प्रावधान, मूल प्रारूप के प्रावधान की तुलना में ज्यादा प्रभावशाली और नागरिक हित में ज्यादा उपयोगी है। प्रारूप-प्रावधान सुधार की दिशा में उठाया गया कदम है न कि कोई क्षति, इसको सिद्ध करते हुए डॉ. अंबेडकर ने अपने सम्बोधन में कहा—

> 'मेरे मित्र मि. लारी और मि. मौलाना हसरत मोहानी द्वारा मसौदा-समिति पर यह आरोप लगाया गया है कि उसने इस सदन से पारित मूल अधिकार के मूल स्वरूप को बदल दिया। यह बिलकुल सत्य है कि प्रारूप-प्रावधान में जो भाषा प्रयोग की गयी है, वह 'मूल अधिकार समिति' के पैरा 18 में प्रयोग की गयी भाषा से बदली हुई है। लेकिन मुझे यह कहने में कोई हिचकिचाहट नहीं है कि मसौदा-समिति द्वारा भाषा में इस तरह से बदलाव करने के पीछे पर्याप्त कारण हैं।
>
> 'पहला बिन्दु यह है कि क्यों मसौदा-समिति ने पैरा 18 में प्रयुक्त भाषा से बदलाव करना आवश्यक समझा। मूल अधिकार की मौलिक धारा को पढ़ने के बाद यह पाया गया कि यहाँ पर 'अल्पसंख्यक' शब्द उस तकनीकी अर्थ में नहीं प्रयोग किया गया जैसा कि हम सब, कुछ राजनीतिक बचाव के लिए इसका प्रयोग करने के आदती होते हैं—जैसे विधायिका में प्रतिनिधित्व या सेवाओं में प्रतिनिधित्व इत्यादि। यहाँ पर 'अल्पसंख्यक' शब्द सिर्फ तकनीकी सन्दर्भ में नहीं बल्कि सांस्कृतिक और भाषायी सन्दर्भ में भी संकेत करता है। अनुच्छेद 23 के उद्देश्य को जानने के लिए एक उदाहरण लेते हैं। यदि कुछ लोग मद्रास से चलें और बाम्बे में आकर कुछ निश्चित उद्देश्यों के लिए बस जायें। यद्यपि वे तकनीकी अर्थ में अल्पसंख्यक नहीं हैं लेकिन सांस्कृतिक अल्पसंख्यक होते हैं। इसी तरह से यदि कुछ महाराष्ट्रियन महाराष्ट्र से चलकर बंगाल में बस जायें, यद्यपि वे तकनीकी अर्थ में अल्पसंख्यक नहीं हैं लेकिन बंगाल में सांस्कृतिक और भाषायी अल्पसंख्यक होंगे।

'इस अनुच्छेद का आशय संस्कृति, भाषा और लिपि के मामलों में सुरक्षा देना है। तकनीकी अर्थों में मात्र नहीं बल्कि व्यापक अर्थ में अल्पसंख्यकों को सुरक्षा देता है, जैसा कि मैंने स्पष्ट किया है। यही कारण है कि हमने 'अल्पसंख्यक' शब्द को हटा दिया है क्योंकि हमने महसूस किया कि इस शब्द का संकीर्ण अर्थों में व्याख्या किया जा सकता है। जबकि इस सदन का आशय, जब पैरा 18 को पारित किया जा रहा था तो 'अल्पसंख्यक' को व्यापक अर्थों में प्रयोग करना था, ताकि उन लोगों को सांस्कृतिक सुरक्षा दी जा सके जो तकनीकी रूप से अल्पसंख्यक नहीं हैं लेकिन फिर भी अल्पसंख्यक हैं। ऐसा महसूस किया गया कि यह सुरक्षा आवश्यक है और इसका सीधा-सा कारण है कि जो एक प्रान्त से दूसरे प्रान्त जाकर बसते हैं वहाँ वे स्थायी रूप से नहीं रहते हैं। वे उस प्रान्त से जिसको वे छोड़े रहते हैं, अपने सम्बन्ध को जड़त: समाप्त नहीं किये रहते हैं, बल्कि अपने सम्बन्ध बनाये रखते हैं। वे विवाह या इसी तरह के अन्य उद्देश्यों से अपने मूल प्रान्त आते-जाते रहते हैं और यदि यह संरक्षण उनको न दिया जाये तो ऐसी स्थिति में वे जब स्थानीय विधायिका के अधीन होंगे और जब स्थानीय विधायिका इन्हें अपनी संस्कृति को बनाये रखने का अवसर देने से मना करेगी, तब इनके लिए अपने मूल प्रान्त वापस जाना और मूल लोगों के साथ तालमेल करना बहुत कठिन होगा। एक प्रान्त से दूसरे प्रान्त में प्रव्रजन की स्थिति से निपटने के लिए हमने इस संविधान में इस तरह का प्रावधान शामिल करना वांछित समझा।

'मैं सोचता हूँ कि अनुच्छेद 23 को पढ़ने में एक बात और दिमाग में रखनी चाहिए कि यह राज्य पर कोई दायित्व या भार नहीं थोपता है। यह नहीं कहता है कि जब मद्रास के लोग बाम्बे आयें तो बाम्बे सरकार पर तमिल भाषा में या आन्ध्र भाषा में या अन्य किसी भाषा में शिक्षा हेतु किसी योजना के लिए आर्थिक सहयोग का कानून बनाने का दायित्व होगा। ऐसा कोई भी दायित्व राज्यों पर नहीं है। अनुच्छेद 23 द्वारा एकमात्र सीमा यह बनायी गयी है कि यदि कोई सांस्कृतिक अल्पसंख्यक है जो अपनी भाषा, अपनी लिपि और अपनी संस्कृति को सुरक्षित रखना चाहते हैं, तो राज्य कानून बनाकर उन पर दूसरी संस्कृति, चाहे वह स्थानीय हो या अन्य, को थोप नहीं सकता है। इसलिए इस अनुच्छेद को वास्तव में व्यापक अर्थों में पढ़ा जाना चाहिए और केवल उन पर नहीं लागू किया जाना चाहिए जो तकनीकी अर्थों में अल्पसंख्यक हैं जैसा कि हमने इस संविधान में प्रयोग किये हैं। यही कारण है कि हमने मूल धारा में प्रयुक्त 'अल्पसंख्यक' शब्द को निकाल दिया है।

'मैं सोचता हूँ कि मेरे मित्र मि. लारी, यह देखना भूल गये कि जब हम 'अल्पसंख्यक' शब्द को हटा रहे थे, तो इसके साथ हमने मौलिक प्रावधान में वर्णित मूल अधिकार में कई बुनियादी सुधार भी किये हैं। जैसा कि मौलिक प्रावधान में केवल राज्यों के लिए कुछ कर्त्तव्य बनाये गये थे कि वह उनकी संस्कृति, उनकी लिपि और उनकी भाषा की सुरक्षा करेगा। मौलिक प्रावधान में इन विभिन्न समुदायों को मूल अधिकार नहीं प्रदान किया है। यह केवल एक कर्त्तव्य सौंपता है और एक धारा जोड़ता

है कि जब राज्य के पास भाषा, संस्कृति और लिपि पर सीमाएँ लगाने का अधिकार हो, राज्य ऐसा कानून नहीं बनायेगा जिसे उत्पीड़क कहा जा सके। ऐसा नहीं है कि राज्य इस तरह के मामलों को प्रभावित करने वाला कानून नहीं बना सकता है, बल्कि यह है कि कानून उत्पीड़क नहीं होगा। अब मैं इस बारे में निश्चित हूँ कि मौलिक धारा में प्रदान की गयी सुरक्षा बहुत ही असुरक्षित थी। यह राज्य की शुभेच्छा पर निर्भर करता था। अब, जैसा अनुच्छेद 23 में कहा गया है, हमने इसे मूल अधिकार में बदल दिया है ताकि यदि राज्य कोई कानून बनाता है जो इस अनुच्छेद के प्रावधान से असंगत हो तब ऐसा कानून अनुच्छेद 8 (प्रारूप) के आधार पर अवैध होगा, जिसे हमने पहले ही पारित कर दिया है।

'मेरे मित्र मि. लारी और मि. मौलाना इसलिए समझेंगे कि उनकी विचारधारा को देखते हुए, जो मौलिक धारा में था, उसकी तुलना में बहुत ज्यादा सुधार किया गया है। निश्चित रूप से मसौदा-समिति द्वारा किये गये बदलावों के कारण स्थिति में क्षय नहीं हुआ है।'[8]

मातृभाषा में प्राथमिक शिक्षा के अधिकार का सवाल

प्रारूप अनुच्छेद 23 के सम्बन्ध में एक अन्य महत्त्वपूर्ण संशोधन-प्रस्ताव मि. जेड. एच. लारी द्वारा नया खण्ड (4) जोड़ने के लिए प्रस्तुत किया गया, जिसका मूल उद्देश्य अल्पसंख्यक समुदाय के बच्चों को उनकी मातृभाषा में प्राथमिक शिक्षा प्राप्त करने को मूल अधिकार के रूप में स्वीकार कराना था। प्रस्तावित खण्ड (4) के अनुसार 'भारत क्षेत्र या इसके किसी भाग में रह रहे नागरिकों का कोई वर्ग, जो अपनी विशिष्ट भाषा और लिपि रखता है, वह अपने बच्चों को उस भाषा एवं लिपि में प्राथमिक शिक्षा दिलाने का अधिकारी होगा।' अपने इस संशोधन के पक्ष में तर्क देते हुए मि. लारी ने कहा कि 'इस सन्दर्भ में पहला सवाल किया जा सकता है कि क्या यह अल्पसंख्यकों या समाज के हित में आवश्यक है कि प्राथमिक शिक्षा उसकी अपनी मातृभाषा के माध्यम से प्रदान की जाये। यह बहुत ही स्वाभाविक सवाल है, जिसका जवाब मैं देना चाहता हूँ। हाल ही में भारत सरकार ने एक प्रस्ताव स्वीकार किया है और इसे 14 अगस्त, 1948 के गजट में प्रकाशित किया है जो कहता है—

> 'एक बच्चे को उसकी मातृभाषा के माध्यम से प्रारम्भिक स्तर की शिक्षा दिये जाने के सिद्धान्त को सरकार द्वारा स्वीकार किया गया है। सभी शिक्षाविद् सहमत हैं कि इस सिद्धान्त से भटकना बच्चों के लिए और अन्ततः समाज के हित के लिए नुकसानदायक है।... भारत सरकार इस विचार की है कि देश के व्यापक हित में यह वांछित है कि सभी प्रान्तों और रियासतों की सरकार इसका अनुपालन करें।'

मि. लारी ने तत्कालीन शिक्षामंत्री मौलाना अब्दुल कलाम आजाद द्वारा संसद् के समक्ष दिये गये उस वक्तव्य का भी सन्दर्भ लिया, जिसमें उन्होंने कहा था कि 6 से 11 वर्ष तक के बच्चों के लिए उनकी मातृभाषा ही, जूनियर तक के प्राथमिक विद्यालयों में शिक्षा का माध्यम होनी चाहिए।

इसी बीच हस्तक्षेप करते हुए श्री के. संथानम ने कहा कि इसका मतलब प्रत्येक बच्चे के पास तुरन्त शिक्षा प्राप्त करने का मूल अधिकार प्राप्त होगा। इस अधिकार के बिना मातृभाषा में शिक्षा ग्रहण करने का अधिकार सम्भव नहीं होगा। जबकि हम इसे निर्देशक सिद्धान्त में रखे हुए हैं।

मि. लारी ने श्री संथानम की इस आपत्ति का सन्दर्भ लेते हुए जवाब दिया कि 'अगला सवाल है कि क्या यह अधिकार मौलिक प्रकृति का है, जिसे इस चैप्टर में रखा जाये। स्वतंत्र भारत का जो पहला संविधान निर्माण किया गया था वह पण्डित मोतीलाल नेहरू के योग्य निर्देशन में बने नेहरू रिपोर्ट पर आधारित था। इसमें सुझाये गये मूल अधिकारों में से एक अधिकार यह था कि राज्य द्वारा अल्पसंख्यकों के बच्चों को उनकी अपनी भाषा और लिपि, जो उनके बीच प्रचलन में है, के माध्यम से प्राथमिक स्कूलों में शिक्षा ग्रहण करने के लिए उचित प्रावधान बनाया जायेगा। ... हमने निर्देशक सिद्धान्त के मूल खण्ड में यह प्रस्तावित किया था कि 'प्रत्येक नागरिक नि:शुल्क प्राथमिक शिक्षा प्राप्त करने का अधिकारी होगा और राज्य प्रयास करेगा कि ...। इसमें से शब्दावली 'प्रत्येक नागरिक नि:शुल्क प्राथमिक शिक्षा प्राप्त करने का अधिकारी होगा' को हटा दिया गया, क्योंकि यह मौलिक प्रकृति का था इसलिए इसे वहाँ रखा जाना सम्भव नहीं था। इसलिए मैंने इस सम्बन्ध में भी एक संशोधन-प्रस्ताव दिया था जो कहता है कि मौलिक अधिकार में एक अनुच्छेद होना चाहिए कि 'प्रत्येक नागरिक नि:शुल्क प्राथमिक शिक्षा प्राप्त करने का अधिकारी होगा।' जहाँ तक निर्देशक सिद्धान्त की बात है यह केवल प्राथमिक शिक्षा के सम्बन्ध में नहीं है, बल्कि यह माध्यमिक शिक्षा के सम्बन्ध में भी है। हम यहाँ पर अल्पसंख्यकों के सांस्कृतिक और शैक्षणिक अधिकार पर चर्चा कर रहे हैं और मैं चाहता हूँ कि केवल मातृभाषा में प्राथमिक शिक्षा प्रदान की जाये। यह नहीं कहता है कि उन्हें प्राथमिक शिक्षा दी ही जाये। बल्कि यदि ऐसी कोई व्यवस्था की जाती है तो वह मातृभाषा में हो।'

मि. करीमुद्दीन ने मि. लारी द्वारा प्रस्तावित प्रावधान में 'यदि ऐसे छात्रों की सारभूत संख्या उपलब्ध हो' को जोड़ने के लिए पुन:संशोधन प्रस्ताव लाया। उनका तर्क था कि मि. लारी का संशोधन न केवल मुसलमानों एवं अल्पसंख्यकों के दृष्टिकोण से, बल्कि उनके दृष्टिकोण से भी महत्त्वपूर्ण है जो एक प्रान्त से प्रव्रजन कर दूसरे प्रान्तों में बसते हैं।

श्री के. संथानम ने मि. लारी के संशोधन-प्रस्ताव को अव्यावहारिक बताते हुए कहा कि कोई नहीं जानता कि क्या इस देश की आर्थिक स्थिति और दूसरी परिस्थितियाँ ऐसे अधिकार को लागू करने की अनुमति दे पायेंगी? आज भी मात्र दस प्रतिशत लोग ही प्राथमिक शिक्षा प्राप्त कर पाते हैं। इसलिए भी मि. लारी के संशोधन को स्वीकार करना सम्भव नहीं है क्योंकि इसके कारण कई समस्याएँ खड़ी हो जायेंगी। यदि यह पारित हो जाता है तो कोई भी सुप्रीम कोर्ट जायेगा और कहेगा कि उसके बच्चे को उसकी भाषा में प्राथमिक शिक्षा अवश्य मिलनी चाहिए। यह व्यावहारिक नहीं है और मेरा मानना है कि उनका भी ऐसा करने का आशय नहीं होगा।

पण्डित गोविन्द वल्लभ पन्त ने भी आपत्ति की कि 'मैं कुछ तथ्यों एवं सिद्धान्तों को वर्णित करना चाहूँगा जिसे दिमाग में रखना पड़ेगा। इस भारत संघ में हम सबका, अपने

उन सभी नागरिकों के प्रति दायित्व है जो इस भूमि पर रहते हैं। हमें चीजों को इस तरह करना है ताकि उन संसाधनों का, जो आज मौजूद हैं या कल उपलब्ध हो सकेगा, अधिकतम उपयोग करने में हम सक्षम हों। मि. लारी करदाताओं के खर्च पर किसी के भी धुन को पूरा किये जाने की उम्मीद नहीं कर सकते। हमारे देश में अधिसंख्य लोग अशिक्षित हैं और उन्हें कम-से-कम प्राथमिक शिक्षा का लाभ दिया ही जाना चाहिए। प्राथमिक शिक्षा को वैश्विक बनाने के लिए मिलियन और मिलियन खर्च होंगे। कैसे विद्यालयों की स्थापना होगी? कैसे इन्हें चलाया जायेगा? यदि प्रत्येक विद्यालय में दो या तीन शिक्षक हों और इनमें से एक नागरी और एक उर्दू जानने वाले होने चाहिए, बिना यह समझे कि छात्रों की संख्या इसके लिए रुचि लेते हैं या नहीं। क्या हम आर्थिक रूप से ऐसा कर पायेंगे? जहाँ तक मेरे प्रान्त का सम्बन्ध है मैं नहीं सोचता हूँ कि वहाँ पर धर्म आधारित कोई भाषायी अलगाव है। चाहे हिन्दी हो या उर्दू हो या हिन्दुस्तानी। बहुत-सारे हिन्दू हैं जो उर्दू कही जाने वाली भाषा को बोल सकते हैं और लिख सकते हैं और कुछ ऐसे हैं जो केवल उर्दू ही लिख सकते हैं। बहुत-से मुसलमान ऐसे हैं जो केवल देवनागरी का प्रयोग करते हैं और हिन्दी में बोलते हैं और इसके अलावा कुछ नहीं जानते हैं।'

मि. जेड. एच. लारी के संशोधन-प्रस्ताव कि बच्चों को उनकी मातृभाषा में प्राथमिक शिक्षा प्राप्त करने का अधिकार हो, सिवाय इसके कि यह अधिकार मात्र अल्पसंख्यकों तक सीमित न हो, की मंशा बहुत पवित्र थी। लेकिन उसे मूल अधिकार के रूप में शामिल करना तत्कालीन परिस्थिति में व्यावहारिक रूप से सम्भव नहीं था। वह भी तब जब स्वयं प्राथमिक शिक्षा के अधिकार को मूल अधिकार के रूप में शामिल नहीं किया जा सका था। जिसे व्यवहार में लागू करना सम्भव नहीं था, उसे मूल अधिकार के रूप में शामिल करना, स्वयं मूल अधिकार की गम्भीरता और पवित्रता को हलका करना था। इसलिए सैद्धान्तिक विरोध न होने के बावजूद मि. लारी के प्रस्ताव को अस्वीकार करना ही था और डॉ. अंबेडकर ने ऐसा करने के लिए बड़ी ही कुशलता से मि. करीमुद्दीन के संशोधन-प्रस्ताव में दिये गये सुझाव, जो मि. लारी के समर्थन में प्रस्तुत किया गया था, को आधार बनाया और उसके बाद मि. करीमुद्दीन के सुझाव को भी अव्यावहारिक सिद्ध कर दिया। डॉ. अंबेडकर के शब्दों में—

> 'इस सवाल पर आता हूँ कि क्या मातृभाषा में शिक्षा ग्रहण करने के अधिकार को संविधान में स्पष्टत: मूल अधिकार के रूप में समाविष्ट नहीं करना चाहिए? मुझे एक बात कहने दें और वह यह है कि तार्किक सोच रखने वाले व्यक्तियों के मध्य इस बात को लेकर कोई विवाद नहीं हो सकता है कि यदि प्राथमिक शिक्षा को सेवायोग्य और वास्तविक बनाना है तो इसे बच्चों को उनकी मातृभाषा में दिया जाना चाहिए। अन्यथा प्राथमिक शिक्षा महत्त्वहीन और अर्थहीन होगी। मैं निश्चित हूँ कि इस पर कोई विवाद नहीं है।
>
> '... यह वैश्विक रूप से स्वीकृत प्रतिज्ञा है और यह इतना न्यायसंगत है कि इस सिद्धान्त पर किसी तरह का कोई विवाद हो ही नहीं सकता। सवाल उठता है कि क्या हम इसे कानून में या संविधान में शामिल कर सकते हैं? मुझे स्पष्टता के

साथ कहना चाहिए कि मुझे इस संविधान में एक अनुच्छेद के रूप में इसे रखने में कठिनाई महसूस होती है। यह सत्य है जैसा कि मेरे मित्र पण्डित कुंजरू कहते हैं कि इस मूल अधिकार को लागू करने में बहुत कठिनाइयाँ महसूस हुई हैं। इस कठिनाई को कुछ हद तक शान्त करने या हटाने के लिए मेरे मित्र करीमुद्दीन द्वारा संशोधन-प्रस्ताव प्रस्तुत किया गया है कि यह सिद्धान्त लागू हो सकता है यदि ऐसे बच्चे सारभूत संख्या में उपलब्ध हों। मैं अपने मित्र करीमुद्दीन का ध्यान आकर्षित करना चाहूँगा कि उनका संशोधन वास्तव में उस कठिनाई का समाधान नहीं करता है, जो उनके अनुसार पैदा होता है। पहला यह कि कौन तय करेगा कि सारभूत संख्या क्या है?

'हमें एक उदाहरण देने दें। मान लीजिये यह मामला कार्यपालिका पर छोड़ दिया जाये, जैसा कि होना चाहिए और कार्यपालिका नियमावली बनाती है कि जब प्राथमिक विद्यालय में प्रवेश लेने वाले ऐसे बच्चों की संख्या 49 प्रतिशत होगी, तब और तभी इसे सारभूत संख्या माना जायेगा। क्या इस तरह कार्यपालिका को निर्णय लेने के लिए छोड़ना उन्हें सन्तुष्ट करेगा? तब मान लीजिये कि आप इसे एक वादयोग्य मामला बनायें। ऐसा अवश्य होगा। जब आप इसे मूल अधिकार के रूप में शामिल कर रहे हैं तो इस मूल अधिकार का कोई अर्थ नहीं है जब तक कि वह वादयोग्य न हो। क्या यह उचित और वांछित होगा कि ऐसे सवाल कि किसी विशेष विद्यालय में सारभूत संख्या मौजूद है या नहीं, को कानून के न्यायालयों में सरकने और तय होने के लिए छोड़ दिया जाये? मैं अन्य रास्ता नहीं देखता हूँ। आपको 'सारभूत संख्या' की व्याख्या करने के लिए या तो कार्यपालिका पर निर्भर होना पड़ेगा या न्यायपालिका पर और मेरे निर्णय में इनमें से कोई तरीका सुरक्षित तरीका नहीं है, जो अल्पसंख्यक को इस उद्देश्य को पाने के लिए योग्य बनाये। इसलिए मेरा निवेदन है कि हमें तथ्यों से सन्तुष्ट होना चाहिए कि यह ऐसा वैश्विक सिद्धान्त है कि कोई भी प्रान्तीय सरकार न्यायसंगत तरीके से इससे छुटकारा नहीं पा सकती है जब तक कि शैक्षणिक अधिकार के मामले में जनसंख्या के एक बड़े भाग को हानि न पहुँचाया जाये। इसलिए मेरा निवेदन है कि इस अनुच्छेद को जैसा संशोधन किया गया है, को स्वीकार किया जाये।'[9]

इसके पश्चात् माननीय उपाध्यक्ष महोदय द्वारा प्रारूप अनुच्छेद 23 पर प्रस्तुत किये गये सभी संशोधन-प्रस्तावों को एक-एक करके संविधान-सभा के समक्ष रखा गया। डॉ. अंबेडकर के संशोधन-प्रस्ताव और उनके द्वारा स्वीकार किये गये पण्डित ठाकुरदास भार्गव के दोनों प्रस्तावों को संविधान-सभा द्वारा स्वीकृत कर लिया गया और बाकी 8 संशोधन-प्रस्ताव, जो डॉ. अंबेडकर द्वारा स्वीकार नहीं किये गये थे, संविधान-सभा द्वारा भी अस्वीकृत कर दिये गये। यथासंशोधित प्रारूप अनुच्छेद 23 (संविधान का अनुच्छेद 29) और नया अनुच्छेद 23-ए (संविधान का अनुच्छेद 30) निम्न स्वरूप में अंगीकृत कर लिया गया।

प्रारूप अनुच्छेद 23 (संविधान का अनुच्छेद 29)

‘1. भारत के राज्य-क्षेत्र या उसके किसी भाग के निवासी नागरिकों के किसी वर्ग को, जिसकी अपनी विशेष भाषा, लिपि या संस्कृति है, उसे बनाये रखने का अधिकार होगा।

2. राज्य द्वारा पोषित या राज्य-निधि से सहायता पाने वाली किसी शिक्षा संस्था में प्रवेश से किसी भी नागरिक को केवल धर्म, मूलवंश, जाति, भाषा या इसमें से किसी के आधार पर वंचित नहीं किया जायेगा।’

प्रारूप अनुच्छेद 23-ए (संविधान का अनुच्छेद 30)

1. धर्म या भाषा पर आधारित सभी अल्पसंख्यक वर्गों को अपनी रुचि की शिक्षा संस्थाओं की स्थापना और प्रशासन का अधिकार होगा।

2. शिक्षा संस्थाओं को सहायता देने में राज्य किसी शिक्षा संस्था के विरुद्ध इस आधार पर विभेद नहीं करेगा कि वह धर्म या भाषा पर आधारित किसी अल्पसंख्यक वर्ग के प्रबन्ध में है।’

सन्दर्भ सूची

1. सी.ए.डी., खण्ड 7, पृष्ठ 831
2. सी.ए.डी., खण्ड 7, पृष्ठ 833
3. सी.ए.डी., खण्ड 7, पृष्ठ 836
4. सी.ए.डी., खण्ड 7, पृष्ठ 862
5. सी.ए.डी., खण्ड 7, पृष्ठ 874
6. सी.ए.डी., खण्ड 7, पृष्ठ 882
7. सी.ए.डी., खण्ड 7, पृष्ठ 897
8. सी.ए.डी., खण्ड 7, पृष्ठ 922
9. सी.ए.डी., खण्ड 7, पृष्ठ 923

14

उपचार पाने का अधिकार : संविधान की आत्मा

सुप्रीम कोर्ट : मूल अधिकारों की संरक्षक

लोकतांत्रिक शासन-प्रणाली में चुनाव के कारण विधायिका एवं कार्यपालिका समयान्तराल पर बदलती रहने वाली संस्थाएँ हैं। दलगत राजनीति में यह बदलाव देश की अस्थिरता का कारण न बनने पाये, इससे बचाने के लिए प्रारूप-संविधान में स्थिर 'न्याय-प्रशासन' का उपाय दिया गया। जब भी कभी दलगत निष्ठा एवं वैचारिक प्रतिबद्धताओं के अधीन रहने वाली कार्यपालिका और विधायिका संविधान के दायरे से बाहर जाती दिखी, ऐसे समय में संविधान के विश्वास के साथ खड़ा रहने की जिम्मेदारी 'न्याय प्रशासन' की होती है। यह स्थिर 'न्याय प्रशासन' ही है, जो किसी विपरीत परिस्थिति में जनता को देश एवं संविधान के प्रति विश्वास की राह पर बनाये रखता है और उन्हें शासन के खिलाफ अराजकता के रास्ते पर जाने से रोकता है।

देश में एक स्थिर 'न्याय प्रशासन' को स्थापित करने के लिए प्रारूप-संविधान में अनुच्छेद 8 (संविधान का अनुच्छेद 13) के अलावा दूसरा सबसे महत्त्वपूर्ण प्रावधान अनुच्छेद 25 (संविधान का अनुच्छेद 32) में प्राविधानित किया गया। इन दोनों अनुच्छेद के प्रावधान संविधान में 'न्याय प्रशासन के आधारस्तम्भ' हैं। प्रारूप अनुच्छेद 8 का प्रावधान मूल अधिकारों के खिलाफ किसी कानून या क्रियाकलाप को अवैध घोषित करता है तो प्रारूप अनुच्छेद 25, मूल अधिकारों के उल्लंघन पर प्रभावशाली उपचार की व्यवस्था प्रदान कर प्रारूप अनुच्छेद 8 के प्रावधान को यथार्थ बनाता है। संविधान, इन दोनों प्रावधानों के माध्यम से मूल अधिकारों को वास्तविक बनाता है। प्रभावशाली उपचार के बिना मूल अधिकारों की घोषणा निरर्थक है। इसलिए प्रारूप-संविधान में प्रभावशाली उपचार प्राप्त करने के अधिकार को भी उतना ही महत्त्व दिया गया, जितना स्वयं मूल अधिकारों को दिया गया। प्रारूप-संविधान में सभी मूल अधिकारों के साथ अनुच्छेद 25 के प्रावधान को जनता के प्रत्यक्ष संप्रभुता का विषय मानते हुए इसे विधायिका और कार्यपालिका के हस्तक्षेप से मुक्त रखकर 'न्याय प्रशासन' का अभिन्न अंग बनाया गया इसके साथ सुप्रीम कोर्ट को 'न्याय प्रशासन' की प्रथम संस्था और मूल अधिकारों के संरक्षक के रूप में स्वीकार किया गया।

उपचार के मूल अधिकार की घोषणा करने वाले प्रारूप अनुच्छेद 25 का पहला खण्ड लोगों को उनके मूल अधिकारों के उल्लंघन पर सुप्रीम कोर्ट में समावेदन करने

के अधिकार की गारण्टी प्रदान करता था तो इसका खण्ड (2) सुप्रीम कोर्ट को मूल अधिकारों को प्रवर्तित कराने के लिए समुचित निर्देश या आदेश या बन्दी प्रत्यक्षीकरण, परमादेश, प्रतिषेध, अधिकार पृच्छा और उत्प्रेषण जैसे रिट को जारी करने की शक्ति देता था।' प्रारूप अनुच्छेद 25 का खण्ड (3) संसद् को अधिकार देता है कि वह अन्य न्यायालयों को उक्त शक्ति प्रदान कर सकता है, जबकि चौथे खण्ड के अनुसार आपात्काल के दौरान उपचार के अधिकार को निलम्बित किया जा सकता है।

प्रारूप अनुच्छेद पर चर्चा शुरू होने के पूर्व ही काज़ी सैय्यद करीमुद्दीन द्वारा आपत्ति की गयी चूँकि खण्ड (4) का प्रावधान आपात्काल के दौरान उपचार के अधिकारों के निलम्बन के सम्बन्ध में है, इसलिए इसे आपात्काल से सम्बन्धित भाग 11 पर विचार होने तक के लिए टाल दिया जाये क्योंकि यदि हम इस खण्ड पर विचार कर रहे हैं तो इसका मतलब है कि अनुच्छेद 280 (संविधान का अनुच्छेद 359) के प्रावधान को हम स्वीकार कर रहे हैं और हमारा अनुच्छेद 280 को पारित किये जाने पर ही गम्भीर आपत्ति है। लेकिन डॉ. अंबेडकर द्वारा सैय्यद करीमुद्दीन के टालने के प्रस्ताव पर आपत्ति की गयी और यह तर्क दिया गया कि मान लीजिये यदि बाद में अनुच्छेद 275 (संविधान का अनुच्छेद 352) या दूसरे प्रावधानों में बदलाव होता है तो उसी के अनुरूप इस अनुच्छेद 25 में भी बदलाव करना सम्भव रहेगा। इसके बाद काजी सैय्यद करीमुद्दीन के संशोधन-प्रस्ताव को सदन के समक्ष मत के लिए रखा गया। संविधान-सभा ने इस प्रस्ताव को अस्वीकार कर अनुच्छेद 25 पर चर्चा प्रारम्भ किया गया।

प्रारूप अनुच्छेद 25 के सम्बन्ध में पहला संशोधन-प्रस्ताव मि. नजरुद्दीन अहमद द्वारा लाया गया, जो खण्ड (1) के प्रावधान को नये प्रावधान से प्रतिस्थापित करने के लिए था। उनके संशोधन-प्रस्ताव का मूल उद्देश्य यह था कि इन मूल अधिकारों को प्रवर्तित करने का अधिकार मात्र सुप्रीम कोर्ट को न होकर देश के सभी न्यायालयों को हो। इसलिए उनके द्वारा प्रस्तावित प्रावधान में सुप्रीम कोर्ट को हटा दिया गया था। उनका प्रस्ताव कहता था कि 'प्रत्येक व्यक्ति को समुचित कार्यवाही के माध्यम से इस भाग द्वारा प्रदत्त अधिकारों को प्रवर्तित कराने का अधिकार होगा।'

श्री के. संथानम द्वारा आपत्ति की गयी कि मि. नजरुद्दीन अहमद द्वारा प्रस्तुत प्रावधान अस्पष्ट है। श्री एम. अनंथसंयनम अयंगर द्वारा भी कहा गया कि इस प्रस्तावित प्रावधान में न कोर्ट का उल्लेख है और न प्रक्रिया का। इस पर मि. नजरुद्दीन अहमद द्वारा छपाई-दोष होने की सम्भावना व्यक्त करते हुए कहा गया कि जो बिन्दु है वह यह है कि लोगों को सुप्रीम कोर्ट के अलावा दूसरे न्यायालयों में जाने का अधिकार होना चाहिए। इस पर डॉ. अंबेडकर द्वारा कहा गया कि उन्हें खण्ड (3) देखना चाहिए। इस पर मि. नजरुद्दीन अहमद ने पुन: कहा कि मैं देखना चाहता हूँ कि सभी न्यायालयों को मूल अधिकार के प्रवर्तन का या इसके अतिक्रमण पर आदेश करने का अधिकार हो। यह अधिकार सिविल और क्रिमिनल कोर्ट को भी मिलना चाहिए। इसके बाद उन्होंने एक अन्य संशोधन-प्रस्ताव प्रस्तुत किया कि 'सुप्रीम कोर्ट' के स्थान पर 'सुप्रीम कोर्ट या अन्य कोई कोर्ट, जिसे भाग

(3) के अन्तर्गत सुप्रीम कोर्ट के अधिकार का प्रयोग करने की शक्ति मिली हो' को प्रतिस्थापित किया जाये।

इस दौरान डॉ. अंबेडकर ने कहा कि मि. एम. ए. बेग इस सदन में मौजूद नहीं हैं। यदि आप उनके द्वारा प्रस्तुत संशोधन-प्रस्ताव को पेश करने की अनुमति देंगे तो मैं उसे स्वीकार करने को तैयार हूँ। मि. एम. ए. बेग का संशोधन-प्रस्ताव यह था कि खण्ड (2) में 'बन्दी प्रत्यक्षीकरण, परमादेश, प्रतिषेध, अधिकार पृच्छा और उत्प्रेषण प्रकृति के रिट' शब्दावली के स्थान पर 'या रिट जिनके अन्तर्गत बन्दी प्रत्यक्षीकरण, परमादेश, प्रतिषेध, अधिकार पृच्छा और उत्प्रेषण प्रकृति के रिट शामिल हैं' शब्दावली को प्रतिस्थापित किया जाये। सदन की अनुमति मिलने के बाद मि. बेग के संशोधन-प्रस्ताव को मि. नजरुद्दीन अहमद द्वारा प्रस्तुत किया गया। इस संशोधन प्रस्ताव को प्रस्तुत करते हुए मि. नजरुद्दीन अहमद ने कहा कि यह उनके जीवन का बहुत ही महत्त्वपूर्ण दिन है कि उनके द्वारा प्रस्तुत किये जा रहे एक संशोधन-प्रस्ताव को स्वीकार किया जा रहा है। यह प्रस्ताव मेरे लिये उत्साहित करने वाला है और चूँकि इस सदन के सदस्य इसे स्वीकार करने जा रहे हैं, इसलिए इस पर स्पष्टीकरण की कोई आवश्यकता नहीं है।

इसके पश्चात् डॉ. अंबेडकर द्वारा कहा गया कि गलती से प्रारूप में कुछ शब्द आ गये जिसको लेकर एक या दो संशोधन के बाद नये प्रावधान के साथ खण्ड (3) को प्रस्तुत करने की अनुमति चाहता हूँ। सदन के अनुमति के बाद डॉ. अंबेडकर ने नया प्रस्तावित खण्ड (3) प्रस्तुत किया, जो कहता था कि 'सुप्रीम कोर्ट को खण्ड (i) और खण्ड (2) द्वारा प्रदत्त शक्तियों पर प्रतिकूल प्रभाव डाले बिना, संसद् विधि द्वारा किसी न्यायालय को उसकी अधिकारिता की स्थानीय सीमाओं के भीतर सुप्रीम कोर्ट द्वारा खण्ड (2) के अधीन प्रयोक्तव्य किन्हीं या सभी शक्तियों का प्रयोग करने के लिए सशक्त कर सकेगी।'

इसके बाद श्री वी. एस. सरवाते ने अनुच्छेद 25 के अन्त में एक 'स्पष्टीकरण' जोड़ने के लिए संशोधन-प्रस्ताव प्रस्तुत किया, जो कहता था कि 'सुप्रीम कोर्ट को इस अनुच्छेद के अन्तर्गत मामलों को तय करने में तथ्य के प्रश्नों में जाने की शक्ति होगी।' श्री सरवाते का तर्क था कि अधिकारों के विस्तृत विवरण के बाद हमने विधायिका को इन अधिकारों पर निर्बन्धन लगाने की भी शक्ति दिये हैं। विधायिका इस शक्ति का अतिक्रमण कर सकती है या मामले की आवश्यकता से बढ़कर कानून बना सकती है। ऐसी स्थिति में इस अनुच्छेद में सुरक्षाकवच प्रदान किया गया है। ऐसी बहस करना सम्भव है कि न्यायालय सिर्फ यह देख सकता है कि क्या विधायिका ने जो कानून बनाया है, वह उस मामले से सम्बन्धित है या यह बहस की जा सकती है कि न्यायालय को इसके विस्तार में जाने और इस विषय कि कोई विशिष्ट कानून को पारित करना विशिष्ट मामले में आवश्यक या औचित्यपूर्ण है या नहीं, में जाने का अधिकार नहीं है। इसी को दृष्टिगत रखते हुए संशोधन-प्रस्ताव प्रस्तावित किया गया है।

प्रारूप अनुच्छेद को संविधान का सबसे महत्त्वपूर्ण प्रावधान बताते हुए बी. पोकर साहिब बहादुर ने कहा कि यह भी कहा जा सकता है कि जिस तरह गैर-जिम्मेदाराना

तरीके से चीजें चल रही हैं, यह बहुत आवश्यक है कि हमें उन शक्तियों के दुरुपयोग या कुप्रयोग के खिलाफ मजबूत रक्षाकवच बनाना चाहिए, जिसे इस संविधान द्वारा इन सरकारों को प्रदत्त किया गया है। मुझे कहना होगा कि एक सिद्धान्त जो हम सब अपने दिमाग में रखे हैं और हमें इस संविधान-निर्माण के विचार से रखना चाहिए, वह यह कि मंत्रालय आ सकते हैं और जा सकते हैं, लेकिन न्याय-प्रशासन इन मंत्रालयों के जीवन में हो रहे उलटफेर और सरकार में बदलाव से अप्रभावित होकर चलना चाहिए। यह उनकी शक्तियों को बनाये रखने से ज्यादा महत्त्वपूर्ण है। मेरा मतलब है सत्तासीन विशेष पार्टी शक्ति या गुटबन्दी के ऐसे तरीकों को अपना सकती है जिनको लोक उद्देश्यों के लिए किया जाना नहीं कहा जा सकता है। राज्य के ऐसे कार्यकलाप को बर्दाश्त करने की अनुमति कभी नहीं मिलनी चाहिए।

मि. जेरोम डिसूजा ने दलगत राजनीति के सम्भावित आक्रमण के दृष्टिगत प्रारूप-प्रावधान को महत्त्वपूर्ण बताया और कहा कि यह संयोग है कि आज जब इस संविधान-सभा की पहली बैठक की दूसरी सालगिरह का दिन है, हमारे समक्ष मूल अधिकार पर चर्चा के अन्तिम समय में इस शीर्ष-अधिकार को चर्चा के लिए रखा गया है।...यह सदन मूल अधिकारों को इस संविधान के तहत नियुक्त न्यायाधीशों के क्षेत्राधिकार के अर्न्तगत रखकर, पार्टी-राजनीति द्वारा पैदा हाने वाले सम्भावित आक्रमण या बदलाव के दायरे से बाहर रखना चाहती है। महोदय, ऐसा इसलिए है क्योंकि हम सब विश्वास करते हैं कि व्यक्ति कुछ अधिकार रखते हैं जो हस्तान्तरित नहीं हो सकते हैं और जिस पर मानव गठित विधायिका के प्राधिकार द्वारा प्रश्नचिह्न नहीं लगाये जा सकते हैं और जिसके लिए सुप्रीम कोर्ट में अपील जैसी पवित्र सुरक्षा इस प्रावधान के अन्तर्गत प्रदान की गयी है।

श्रीमती जी. दुर्गाबाई ने प्रारूप अनुच्छेद का समर्थन करते हुए कहा कि संविधान द्वारा गारण्टी किये गये इस अधिकार का उद्देश्य मूल अधिकारों को सुरक्षित रखने के लिए प्रभावशाली उपचार दिलाना है। यह एक मूल्यवान् अधिकार है।... उन्होंने बन्दी प्रत्यक्षीकरण रिट को सन्दर्भित करते हुए कहा कि सुप्रीम कोर्ट में अन्तर्निहित शक्ति किसी भी तरह भारत के हाई कोर्ट की शक्ति को प्रभावित नहीं करती है। लेकिन यह सवाल पैदा हो सकता है कि यदि हाईकोर्ट द्वारा रिट जारी करने से मना कर दिया जाये तो इस सन्दर्भ में किसी विशेष कानून के अभाव में क्या सुप्रीम कोर्ट में रिट जारी करने के लिए प्रार्थना-पत्र देने पर रोक होगी? मेरा उत्तर होगा—'नहीं' क्योंकि मैं समझती हूँ कि इन मामलों में 'रेस जूडिकेटा' का सिद्धान्त लागू नहीं होता है।

श्री एम. अनंथसयनम अयंगर ने कहा कि लोकतंत्र में सुप्रीम कोर्ट नागरिकों के अधिकार की संरक्षक होती है। इससे आगे जाकर मैं कहूँगा कि यह लोकतंत्र की आत्मा है। कार्यपालिका जहाँ अपने शक्ति का दुरुपयोग करने की राह पर हो, सुप्रीम कोर्ट को वहाँ पर अवश्य होना चाहिए।...तीन या चार वर्षों के दौरान जब तक संसद् होता है, बहुत सी सरकारें आ सकती हैं या जा सकती हैं। इसलिए यदि लोगों के मूल अधिकारों को सरकार की दया के ऊपर छोड़ दिया जाये, तो इसे किसी भी तरह मूल अधिकार नहीं कहा जा सकता है।

प्रो. शिब्बन लाल सक्सेना ने इस अनुच्छेद को चैप्टर की मुकुटीय धारा बताया और कहा कि इस अनुच्छेद के बिना, दूसरे सभी अनुच्छेद जिसे हमने पारित किया है, बिना अर्थ के होंगे। ... यह मूल अधिकारों को वास्तविक बनाती हैं। यदि कुछ भी गलत होता है, तो प्रत्येक व्यक्ति के पास उपचार की गारण्टी होगी। मैं समझता हूँ कि इस अनुच्छेद में प्रयोग किये गये शब्द उचित हैं।

प्रारूप अनुच्छेद 25 पर प्रस्तुत संशोधन-प्रस्तावों और इस पर हुए व्यापक आम बहस के उपरान्त प्रमुख रूप से निम्न विषय निकलकर संविधान-सभा के समक्ष विचारार्थ आये—

1. मूल अधिकारों के प्रवर्तन के लिए सुप्रीम कोर्ट को प्रदत्त 'रिट शक्ति' की प्रकृति क्या है? और प्रारूप-प्रावधान में विशिष्ट रिटों के उल्लेख करने का सुप्रीम कोर्ट की शक्ति पर क्या प्रभाव है?
2. आपात्काल के दौरान उपचार के मूल अधिकार को निलम्बित करने की शक्ति देने वाला खण्ड (4) कितना स्वीकार्य है?

रिट शक्ति को बनाया गया है व्यापक

प्रारूप अनुच्छेद 25 के प्रावधान में मूल अधिकार को संरक्षित करने के लिए सुप्रीम कोर्ट को आदेश या निर्देश जारी करने की शक्ति के साथ कुछ विशिष्ट तरह के रिट जैसे बन्दी प्रत्यक्षीकरण (हैवियस कार्पस), परमादेश (मैण्डेमस), प्रतिषेध (प्राहिबिशन), अधिकार पृच्छा (को वारण्टो) और उत्प्रेषण (सर्सियोरारी) को जारी करने की शक्ति प्रदान की गयी थी। प्रारूप प्रावधान में स्पष्ट तौर पर रिट के नाम को वर्णित करने पर मि. एच. वी. कामथ द्वारा आपत्ति करते हुए संशोधन-प्रस्ताव प्रस्तुत किया गया।

मि. एच. वी. कामथ के संशोधन-प्रस्ताव में नये प्रावधान वाले खण्ड (2) को प्रतिस्थापित करने के लिए कहा गया था। इस नये खण्ड में विशिष्ट रिट के नामों का वर्णन नहीं था। प्रस्ताव के समर्थन में मि. कामथ का तर्क था कि 'मैं अपने मित्र डा. अंबेडकर की तरह पेशेवर वकील या कानून या संविधान का विशेषज्ञ नहीं हूँ। बहुत ज्यादा नहीं लेकिन कुछ कानून तो जानता हूँ। इसी छोटे से ज्ञान के आधार पर मैं अपनी-बात रख रहा हूँ। अनुच्छेद 25 के इस खण्ड में मूल अधिकारों के प्रवर्तन के लिए सुप्रीम कोर्ट को आदेश पारित करने की शक्ति प्रदान की गयी है। मैं समझता हूँ कि जहाँ तक सुप्रीम कोर्ट का सम्बन्ध है कुछ विशेष रिट का उल्लेख करना आवश्यक नहीं है। कानूनी एवं संवैधानिक विकास के साथ, इस खण्ड में उल्लिखित रिटों के अलावा अन्य रिट की भी उत्पत्ति हो सकती है। सुप्रीम कोर्ट के समक्ष जब कोई मामला आये तो वह उल्लिखित रिट या अन्य रिट जो भी आवश्यक हो, को जारी करेगा। मैं समझता हूँ कि मेरे विचार से यह विशेष खण्ड बहुत ही दु:खदायी दृष्टान्त है।...जब हम ख्यातिलब्ध न्यायाधीश और विधि विशेषज्ञों वाले सुप्रीम कोर्ट की बात कहते हैं, यह प्राविधानित करना कि सुप्रीम कोर्ट कौन-से विशेष रिट को जारी करेगा, न तो बुद्धिमानी है और न ही वांछित है। इसलिए मैं अनुभव करता हूँ कि हमें मात्र इतना ही कहना चाहिए कि सुप्रीम कोर्ट किसी विशेष

मामले की परिस्थितियों में आदेश या दिशा-निर्देश या रिट जारी कर सकता है। मैं आशा करता हूँ कि डॉ. अंबेडकर बतायेंगे कि क्यों विशेष रिट को वर्णित करना और इसे सुप्रीम कोर्ट के निर्णय पर नहीं छोड़ना आवश्यक समझते हैं।[1]

प्रारूप-संविधान में सुप्रीम कोर्ट को प्रदत्त 'रिट शक्ति' सामान्य कानून में उल्लिखित रिट शक्ति से किस तरह अलग है? रिट शक्ति का ऐतिहासिक महत्त्व और प्रकृति क्या है? प्रारूप-प्रावधान में विशिष्ट रिटों के उल्लेख करने का सुप्रीम कोर्ट की शक्ति पर क्या प्रभाव है? ऐसे सभी सवालों का जवाब देते हुए डॉ. अंबेडकर ने अपने सम्बोधन में कहा—

'... मेरे मित्र कामथ ने सुझाया है कि विभिन्न 'रिट' का विशिष्टीकरण करना आवश्यक नहीं है, जैसा कि प्रारूप अनुच्छेद में किया गया है और यह पूरी तरह सुप्रीम कोर्ट पर छोड़ देना चाहिए कि वह, किसी मामले की परिस्थितियों में जैसा उचित समझे, प्रभावशाली उपचारों को विकसित कर प्रदान करे। मैं नहीं समझता हूँ कि मि. कामथ ने इस अनुच्छेद को ध्यानपूर्वक पढ़ा है। यदि वह इस अनुच्छेद को ध्यानपूर्वक पढ़ें, तो वे पायेंगे कि प्रारूप-प्रावधान विशिष्ट उपचारों के साथ-साथ सामान्य शक्ति भी प्रदान करता है। इस अनुच्छेद की भाषा बहुत ही स्पष्ट है, जो कहता है—

'इस भाग द्वारा प्रदत्त अधिकारों को प्रवर्तित कराने के लिए समुचित कार्यवाहियों द्वारा सुप्रीम कोर्ट में समावेदन करने के अधिकार की गारण्टी दी जाती है।'

'सुप्रीम कोर्ट को ऐसे निर्देश या आदेश या रिट...जारी करने की शक्ति होगी।'

'यह बिल्कुल सामान्य और व्यापक भाषा है।...जब सुप्रीम कोर्ट को आदेश और निर्देश जारी करने की शक्ति प्राप्त है, मसौदा-समिति ने सोचा कि इन विशिष्ट रिटों को भी वर्णित करना वांछनीय है। अब इन विशिष्ट रिटों को वर्णित करने और सन्दर्भित करने की आवश्यकता बिलकुल स्पष्ट है। इन रिटों का अस्तित्व बहुत साल पहले ग्रेट ब्रिटेन में आया। इसके और इसके द्वारा प्रदान की जाने वाली उपचार की प्रकृति, प्रत्येक वकील को मालूम है और परिणामत: हमने समझा कि एक ऐसे व्यक्ति द्वारा भी, जो नयी बातों के आविष्कार करने की बहुत अधिक उपजाऊ कल्पनाशक्ति रखता है, हजारों वर्षों से अंग्रेजों को उनकी स्वतंत्रता की सुरक्षा के सन्दर्भ में पूर्ण सन्तुष्टि देने वाले इन रिटों में सुधार कर पाना असम्भव है। इसलिए हमने सोचा कि इंग्लिश विधिशास्त्र, जो इन रिटों को पूर्ण परीक्षित और पूर्णसिद्ध पाने के बाद अपने में शामिल किया है, में मौजूद स्थिति को संविधान में इसके नाम के साथ शामिल करना चाहिए। सुप्रीम कोर्ट को न्याय करने के लिए आवश्यक दूसरे तरीकों, जिसे वह उचित समझे, का प्रयोग करने के अधिकार को हानि पहुँचाये बिना ऐसा किया गया है। इसलिए मैं कहता हूँ कि मि. कामथ को इस कारण से शिकायत का आधार रखने की आवश्यकता नहीं है।

'मेरे मित्र मि. सरवाते कहते हैं कि इस अनुच्छेद के अन्तर्गत दी गयी शक्तियों का प्रयोग करते समय न्यायालयों को मामले के तथ्यों को देखने की स्वतंत्रता होनी चाहिए। मुझे यह कहने में कोई सन्देह नहीं है कि मि. सरवाते इन रिटों की प्रकृति

और अभिप्राय को लेकर भ्रमित हैं। इसलिए मैं सोचता हूँ कि मुझे इन रिटों की प्रकृति को स्पष्ट करने में किसी तरह की क्षमा माँगने की आवश्यकता नहीं है। कोई भी व्यक्ति जो इंग्लिश कानून के बारे में जानता है, महसूस करेगा और समझेगा कि इस अनुच्छेद में जिन रिटों का उल्लेख है, उसे दो श्रेणियों में बाँटा जा सकता है। एक श्रेणी में आने वाले 'परमाधिकार रिट' कहलाते हैं और दूसरी श्रेणी में 'रिट इन ऐक्शन' आते हैं। परमादेश रिट, प्रतिषेध रिट, उत्प्रेषण रिट का प्रयोग दोनों अर्थों में किया जा सकता है। इनका प्रयोग 'परमाधिकार रिट' के रूप में हो सकता है और वादकारी द्वारा वाद या कार्यवाही के मामलों में भी इनका प्रयोग किया जा सकता है।

'इन रिटों का महत्त्व, जैसा कि इस अनुच्छेद में दिया गया है, इस तथ्य में है कि वे परमाधिकार रिट हैं, इनकी माँग पीड़ित व्यक्ति द्वारा बिना कोई वाद या कार्यवाही दाखिल किये की जा सकती है। सामान्यतया आपको न्यायालय से किसी तरह का कोई आदेश प्राप्त करने के लिए पहले वाद दाखिल करना होता है, चाहे माँगा गया आदेश परमादेश की प्रकृति का हो या प्रतिषेध की या उत्प्रेषण की या अन्य किसी तरह का हो। लेकिन जहाँ तक इस अनुच्छेद का सम्बन्ध है, बिना कोई वाद दाखिल किये आप सीधे न्यायालय में आ सकते हैं और रिट के लिए आवेदन कर सकते हैं। वस्तुतः रिट का उद्देश्य अन्तरिम राहत देना है। उदाहरण के लिए यदि एक व्यक्ति को गिरफ्तार कर लिया गया। जिसने गिरफ्तार किया उसके खिलाफ बिना वाद या कार्यवाही के वह व्यक्ति न्यायालय में अपनी स्वतंत्रता के लिए याचिका दायर कर सकता है। उस अधिकारी के खिलाफ पहले वाद या कार्यवाही दाखिल करना उसके लिए आवश्यक नहीं है। 'परमाधिकार रिट' के लिए दाखिल इस तरह की याचिका में न्यायालय जो कुछ कर सकता है, वह यह कि क्या गिरफ्तारी, कानून के अनुसार है? न्यायालय इस स्तर पर यह सवाल नहीं कर सकता कि कानून जिसके अन्तर्गत गिरफ्तारी हुई है, वह सही कानून है या गलत कानून? या यह कि क्या यह संविधान के किसी प्रावधान से असंगत है या असंगत नहीं है। बन्दी प्रत्यक्षीकरण कार्यवाही में न्यायालय जो निर्णय ले सकता है कि क्या गिरफ्तारी वैधानिक है? वह कानून के मेरिट के सवाल पर नहीं जा सकता। ...

'महोदय, मुझे खुशी है कि इस अनुच्छेद पर बोलने वाले अधिकांश सदस्यों ने इस अनुच्छेद के महत्त्व को महसूस किया। यदि मुझसे इस संविधान के सबसे महत्त्वपूर्ण अनुच्छेद का नाम पूछा जाये, एक ऐसे अनुच्छेद का नाम जिसके बिना यह संविधान बेकार होगा, मैं किसी और अनुच्छेद का नहीं बल्कि इस अनुच्छेद का नाम लूँगा। यह इस संविधान की आत्मा है और बहुत-कुछ इसका हृदय है और मुझे खुशी है कि इस सदन ने इसके महत्त्व को महसूस किया है।

'एक बात जिसको मैं पाता हूँ कि बोलने वाले माननीय सदस्यगण महसूस नहीं कर सकें। मैं सीट पर बैठने के पहले इस तथ्य पर बोलना चाहूँगा। यह रिट, जो इस अनुच्छेद में सन्दर्भित है, एक अर्थ में कोई नयी चीज नहीं है। बन्दी प्रत्यक्षीकरण का अस्तित्व 'आपराधिक प्रक्रिया संहिता' में है। परमादेश रिट का स्थान विशिष्ट उपचार

अधिनियम में भी है। ऐसे ही अन्य रिट दूसरे कानूनों में सन्दर्भित है। लेकिन विभिन्न कानूनों में उल्लिखित इन रिटों की स्थिति और इसे संविधान में स्वीकार कर लिये जाने के बाद की स्थिति में अन्तर है। रिट जो विभिन्न कानूनों में शामिल हैं, वे विधायिका की दया पर आश्रित है। हमारी आपराधिक प्रक्रिया संहिता जिसमें बन्दी प्रत्यक्षीकरण से सम्बन्धित प्रावधान हैं, को मौजूदा विधायिका द्वारा संशोधित किया जा सकता है। विशिष्ट उपचार अधिनियम में भी संशोधन किया जा सकता है। बन्दी प्रत्यक्षीकरण और परमादेश के रिट को बिना किसी कठिनाई के विधायिका द्वारा छीना जा सकता है। यह विधायिका बहुमत वालों की विधायिका होगी और यह बहुमत एक सोच वालों का बहुमत होगा। किन्तु यहाँ पर विधायिका द्वारा इस अनुच्छेद में उल्लिखित रिट को वापस छीना जाना सम्भव नहीं होगा। ऐसा नहीं है कि सुप्रीम कोर्ट को रिट जारी करने की जो शक्ति मिली है, वह किसी विधायिका की शुभेच्छा पर बने कानून द्वारा मिली है। संविधान ने सुप्रीम कोर्ट को अधिकारयुक्त बनाया है और इन रिटों को छीना नहीं जा सकता जब तक कि विधायिका को प्राप्त तरीकों द्वारा संविधान को स्वयं संशोधित नहीं किया जाये। यह मेरे निर्णय में एक बहुत बड़ा सुरक्षाकवच है जिसे व्यक्ति के सुरक्षा के लिए उपबन्धित किया गया है। हमें इस पर आशंकित होने की आवश्यकता नहीं है कि स्वतंत्रता, जिसको इस संविधान द्वारा प्रदान की गयी है, को केवल विधायिका द्वारा बहुमत मात्र के आधार पर छीना जा सकेगा।'[2]

विषम परिस्थितियों में राष्ट्र सुरक्षा सर्वोपरि

मि. तजामुल हुसैन द्वारा अनुच्छेद 25 के खण्ड (4) का विरोध करते हुए इसे समाप्त करने के लिए संशोधन-प्रस्ताव प्रस्तुत किया गया। उनका तर्क था कि यह मूल अधिकारों को लागू कराने के लिए सुप्रीम कोर्ट की शक्ति को निलम्बित करने की बात कहता है। अनुच्छेद 280 (संविधान का अनुच्छेद 359) कहता है कि आपात्काल की उद्घोषणा के साथ राष्ट्रपति नागरिकों के मूल अधिकार को निलम्बित कर सकते हैं। मेरा निवेदन है कि इसकी अनुमति नहीं होनी चाहिए। यदि संविधान के अन्तर्गत राष्ट्रपति को ऐसा अधिकार दिया जायेगा तो अनुच्छेद 9 में प्रदत्त समानता का अधिकार समाप्त हो जायेगा, सभी नागरिकों को कुआँ, तालाब, सड़क इत्यादि का प्रयोग करने की अनुमति नहीं होगी, अभिव्यक्ति की आजादी निलम्बित होगी, वृत्ति के अधिकार से वंचित होना पड़ेगा, सुप्रीम कोर्ट जाने के अधिकार से हाथ धोना पड़ेगा। मैं समझता हूँ कि राष्ट्रपति को ऐसी शक्ति देना खतरनाक होगा।

काजी सैय्यद करीमुद्दीन ने यद्यपि मि. तजामुल हुसैन के संशोधन से असहमति व्यक्त की, लेकिन उन्होंने खण्ड (4) में संशोधन कर इसके प्रभाव को सीमित करने के उद्देश्य से नया संशोधन-प्रस्ताव प्रस्तुत किया। इस संशोधन-प्रस्ताव में 'जैसा इस संविधान द्वारा उपबन्धित है उसके सिवाय' शब्दावली के स्थान पर 'राजद्रोह या आक्रमण के मामलों में और जब भाग 11 के अन्तर्गत आपात्काल लागू हो' शब्दावली को प्रतिस्थापित करने की माँग की गयी थी। इस संशोधन-प्रस्ताव को स्वीकार कर लिये जाने के बाद यह स्थिति

होती कि जब आपात्काल 'राजद्रोह' या 'आक्रमण' के आधार पर लागू किया गया हो, तभी खण्ड (4) का प्रावधान लागू होगा, अन्यथा नहीं और दूसरा यह कि खण्ड (4) का प्रावधान सिर्फ आपात्काल के दौरान तक ही सीमित रहेगा।

अपने संशोधन-प्रस्ताव के पक्ष में काजी सैय्यद करीमुद्दीन ने तर्क दिया कि देश में शान्ति और स्थिरता को बनाये रखने के लिए यह आवश्यक होगा कि अनुच्छेद 13 और 25 के कुछ प्रावधानों को निलम्बित किया जाये, लेकिन यह कहना कि जैसे ही 'आक्रमण' या 'युद्ध' की स्थिति आयेगी, अनुच्छेद 13 और 25 के प्रत्येक खण्ड और उपखण्ड को निलम्बित कर दिया जायेगा, मैं इसकी कल्पना नहीं कर सकता। मेरा संशोधन कहता है कि इस अनुच्छेद द्वारा गारण्टी किये गये अधिकार तभी निलम्बित होंगे जब 'राजद्रोह' या 'आक्रमण' होगा क्योंकि अनुच्छेद 275 से 280 के प्रावधान कहते हैं कि यदि युद्ध के तुरन्त खतरे हैं तो अनुच्छेद 13 और 25 को न केवल आपात्काल की अवधि के दौरान बल्कि आपात्काल अवधि के बाद छह महीने तक निलम्बित किया जा सकेगा।[3]

श्री रोहिणी कुमार चौधरी ने खण्ड (4) के प्रावधान के परिणाम पर चेतावनी देते हुए कहा कि हमें देखना चाहिए कि आपात्काल में मूल अधिकारों के निलम्बन का क्या बुरा प्रभाव होगा और इसका क्या अच्छा प्रभाव होगा। निलम्बन का एक बुरा प्रभाव यह है कि अस्पृश्यता को समाप्त करने वाले प्रारूप अनुच्छेद 11 उपेक्षित हो जायेगा। हम एक ऐसी परिस्थिति बनायेंगे कि राज्य या किसी व्यक्ति को इस अनुच्छेद का अतिक्रमण करने दें और ऐसा बिना किसी दंड के होगा। क्या यह सदन इस विचार का समर्थन करेगा? प्रारूप अनुच्छेद 17 को लेते हैं, जहाँ पर मानव दुर्व्यापार पर रोक लगाया गया है। क्या यह सदन सहमत होगा कि निलम्बन इस तरह प्रभावित हो कि लोगों को मानव दुर्व्यापार करने की छूट मिल जाये?

श्री चौधरी ने प्रारूप खण्ड के विरोध में आगे तर्क दिया कि पहले से ही मूल अधिकार वाले प्रावधानों में परन्तुक उल्लिखित हैं। ये परन्तुक इन अधिकारों को सीमित करने के लिए निर्बन्धन लगाने की शक्ति राज्य को देते हैं।...इस कारण मेरे विचार से प्रारूप अनुच्छेद 25 को निलम्बित करने की कोई आवश्यकता और औचित्य नहीं है। अपने माननीय मित्र डॉ. अंबेडकर या सदन के किसी सदस्य द्वारा दिये गये संशोधन और स्पष्टीकरण के अधीन रहते हुए मेरा निवेदन है कि खण्ड (4) को हटा देना अच्छा होगा।

जबकि श्री एम. अनंथसयनम अयंगर ने खण्ड (4) को समाप्त करने के सुझाव से असहमति व्यक्त करते हुए कहा कि यद्यपि इस पर सहमत हूँ कि प्रावधान में प्रयोग किये गये शब्द कुछ व्यापक हैं और इनका दुरुपयोग हो सकता है। यदि आपात्काल की घोषणा होती है, मैं निश्चित हूँ कि इस अनुच्छेद में गारण्टी किये गये अधिकार केवल आपात्काल की अवधि के लिए, न कि आपात्काल के समाप्त होने के बाद पुनः छह महीने के लिए निलम्बित किया जायेगा।...यद्यपि ऐसा करना राष्ट्रपति के लिए खुला हो। उसी समय यह भी कहने की स्वतंत्रता राष्ट्रपति को हो कि यह खण्ड केवल आपात्काल की अवधि तक रहेगा और इसके समाप्त हो जाने के बाद छह महीने की अवधि के लिए नहीं।

प्रो. शिब्बन लाल सक्सेना ने कहा कि खण्ड (4) को समाप्त करने की माँग, यद्यपि सैद्धान्तिक तौर पर सही हो सकती है, लेकिन राष्ट्र-निर्माण के वर्तमान माहौल में यह माँग उचित नहीं है। अमेरिका और इंग्लैण्ड में भी मूल अधिकार को निलम्बित करने के प्रावधान नहीं हैं।...जब राज्य निर्माण के दौर में है, मैं समझता हूँ कि आपातकाल में अधिकारों के निलम्बन, जैसा कि इस संविधान में प्रावधानित है, आवश्यक है।

लोकतंत्र और देश के समक्ष भावी खतरों से सावधान करते हुए प्रो. एन. जी. रंगा ने कहा कि खण्ड (4) को समाप्त करने और एक गणराज्य में राष्ट्रपति को आपात्काल के दौरान मूल अधिकार को निलम्बित करने की शक्ति न देने के लिए मेरे मित्रों द्वारा दिये गये तर्क मेरी समझ के बाहर है। यह कहा गया है कि यह अनुच्छेद हमारे देश में व्यक्तिगत स्वतंत्रता की महान् गारण्टी है और सुप्रीम कोर्ट को लोगों की इस स्वतंत्रता की रक्षा के लिए सबसे बड़ी संस्था बनाया गया है। लेकिन क्या इन मित्रों के द्वारा इस पर विचार किया गया कि जिस तरह कुछ व्यक्ति या इनके समूह के पास अधिकार होते हैं, उसी तरह एक पूरे समाज के तौर पर उसके भी कुछ अधिकार हैं। ये व्यक्ति या व्यक्ति समूह ऐसे हैं जो हिंसा के द्वारा समाज को नष्ट करने के लिए, सामाजिक व्यवस्था को ढहाने के लिए और सामाजिक संस्थाओं को खण्ड-खण्ड करने के लिए उतावले रहते हैं। क्या यह एक तथ्य नहीं है कि इस शताब्दी के विगत दशक में संगठित समूह और अल्पमत लोगों द्वारा सामाजिक व्यवस्था को ढहाने का और अपने ही बहुमत के सामाजिक जीवन को नष्ट करने का प्रयास किया गया था? इसलिए पूरे समाज को ऐसे किसी अल्पमत के हिंसा से बचाने के लिए यह उचित प्रावधान है।

प्रो. रंगा ने आगे कहा कि दूसरी बात यह कि आज दो तरह की विचारधारा के मध्य वैश्विक टकराव है। एक तरफ निरंकुशता तो दूसरी तरफ लोकतंत्र। इस टकराव के बीच हमें तय करना है कि हम क्या करने जा रहे हैं? ये मूल अधिकार उस समाज और व्यक्ति द्वारा प्रयोग किये जा सकते हैं, जो कानून के प्रति आदर रखते हैं, जो अपने साथ दूसरों के भी मूल अधिकार के प्रति आदर भाव रखते हैं और जो जिम्मेदारी और नियंत्रण की सम्यक् समझ के साथ व्यवहार करने के लिए तैयार हैं। लेकिन जब कोई समूह या दल, राज्य को नष्ट करने और कैद करने के लिए संगठित होते हैं और इसे अपना लक्ष्य बना लेते हैं तो किसी राज्य या समाज के लिए इन मूल अधिकारों का सम्मान करना सम्भव नहीं होगा। इन मूल अधिकारों के लिए यह पहली अनिवार्यता है।...हमको याद रखना चाहिए कि हम इन अधिकारों का लोकतंत्र की परिधि में ही रहकर उपयोग कर सकते हैं और जब लोकतंत्र के विचार पर, लोकतंत्रीय कार्यों और लोकतंत्र की संस्थाओं पर ही गम्भीर खतरा आ जाये, तो राज्य और हमारे गणराज्य के राष्ट्रपति का दायित्व होना चाहिए कि वह अपनी जनता को बचाने के लिए ऐसे मूल अधिकारों को समाप्त करे।...और यदि कोई व्यक्ति या समूह इस देश में अधिनायकवाद लाना चाहता है तो यह सुप्रीम कोर्ट और राष्ट्रपति का पवित्र कर्त्तव्य है कि वह हर कीमत पर संविधान को बनाये रखे और इन मूल अधिकारों को इस रूप में प्रयोग करने की अनुमति नहीं मिलनी चाहिए कि कुछ लोग या एक समूह पूरे समाज के लिए खतरा हो जाये।[4]

आपात्काल के दौरान सुप्रीम कोर्ट को उपचार प्रदान करने की शक्ति के निलम्बन पर उठाये गये सवाल का जवाब देते हुए डॉ. अंबेडकर ने राज्य की अपनी सुरक्षा करने के अधिकार को महत्त्वपूर्ण बताया। डॉ. अंबेडकर के शब्दों में—

'महोदय, यह तर्क कि खण्ड (4) को समाप्त किया जाना चाहिए, के सन्दर्भ में, मुझे डर है, यदि मैं बिना किसी के खिलाफ अपराध किये कहूँ कि यह मुक्तहस्त वाली माँग और ऊँचा आदेश है। इसमें कोई सन्देह नहीं है कि कुछ मूल अधिकार ऐसे हैं जिसे राज्य द्वारा व्यक्तियों को अवश्य गारण्टी किया जाना चाहिए ताकि वे सुरक्षित रहें और अपने व्यक्तित्व का विकास करने के लिए स्वतंत्र हों। इसी समय यह भी स्पष्ट हो कि कुछ मामलों में जहाँ, उदाहरण-स्वरूप, राज्य का जीवन खतरे में हो, ये अधिकार कुछ सीमाओं के अधीन होते हैं। सामान्य एवं शान्ति का दौर, आपात्काल से बिलकुल अलग होता है। आपात्काल के दौरान, राज्य का जीवन जब स्वयं खतरे में हो और यदि राज्य इस आपात्काल में अपनी रक्षा करने में असमर्थ हो जाये, तो खुद लोग अपने अस्तित्व को समाप्त होते हुए पायेंगे। परिणामत: राज्य को आपात्काल में अपनी रक्षा करने के सर्वोच्च अधिकार की गारण्टी उसी तरह सुरक्षित तरीके से होनी चाहिए जैसे व्यक्ति-विशेष के अधिकार की होती है ताकि वह आपात्काल को समाप्त कर सके और अपने दायित्वों का निर्वहन करने के लिए जीवित रह सके और लोग उसकी छाया में विकास कर पाने में सक्षम हों। मैं ऐसे किसी संविधान को नहीं जानता हूँ जो मूल अधिकार को प्रदान करता है लेकिन वह इस तरह प्रदान करता है कि आपात्काल में व्यक्तियों के अधिकार में कटौती द्वारा राज्य अपनी सुरक्षा करने से ही वंचित रहे। आप चाहें किसी भी संविधान को लें, जिसमें मूल अधिकार की गारण्टी लिया गया है, आप उसमें ऐसे प्रावधान पायेंगे कि राज्य आपात्काल में इन अधिकार को निलम्बित कर सके। इसलिए जहाँ तक खण्ड (4) को निरस्त करने की बात है मैं सिद्धान्तत: सहमत नहीं हूँ और विरोध दर्ज करता हूँ।

'अब मैं अपने मित्र मि. तजामुल हुसैन द्वारा उठाये गये सवाल पर आता हूँ, जिसमें उन्होंने मूल अधिकार वाले इस चैप्टर के कई अनुच्छेदों को सन्दर्भित करते हुए बहुत भयंकर तस्वीर खींचा है। वह कहते हैं कि यहाँ पर पानी लेने का अधिकार है, यहाँ दुकान में प्रवेश का अधिकार है, यहाँ स्नानघाट पर जाने की स्वतंत्रता है। वह सलाह देते हैं कि यदि खण्ड (4) लागू हो जाता है, तो तमाम बुनियादी मानवीय अधिकार, जो इस मौलिक भाग द्वारा गारण्टी की गयी है, जैसे बिना रोक-टोक के एक व्यक्ति को पानी पीने के लिए कुएँ तक जाने की, सड़क पर चलने की, सिनेमा-थियेटर में जाने की अनुमति, समाप्त हो जायेंगे। मैं नहीं समझ सकता कि मेरे मित्र तजामुल हुसैन ने कहाँ से इस तरह के विचार प्राप्त किये हैं। यदि वह प्रारूप अनुच्छेद 279 (संविधान का अनुच्छेद 358), जो राष्ट्रपति के आपात्काल की उद्घोषणा जारी करने की शक्ति से सम्बन्धित है, को सन्दर्भित किये हैं तो वे पायेंगे कि इसका खण्ड (4), जो इस अधिकार को निलम्बित करता है, केवल प्रारूप अनुच्छेद 13 को सन्दर्भित करता है, अन्य को नहीं। आपात्काल के दौरान राष्ट्रपति द्वारा जारी

उद्घोषणा के अन्तर्गत केवल अनुच्छेद 13 (संविधान का अनुच्छेद 19) में गारण्टी किये गये अधिकारों को निलम्बित किया जायेगा, अन्य सभी अनुच्छेद और उसमें वर्णित अधिकार उसी तरह बने रहेंगे। उसमें से कोई भी प्रभावित नहीं होगा। परिणामत:, उनके द्वारा प्रस्तुत किया गया तर्क, प्रारूप अनुच्छेद 279 की परिधि से पूरी तरह बाहर हैं।'

इसी बीच श्री एच. वी. कामथ ने पूछा कि प्रारूप अनुच्छेद 280 के बारे में क्या?

डॉ. अंबेडकर ने जवाब दिया—

'यह उपचार को निलम्बित करने के सम्बन्ध में है। मैं सोचता हूँ कि जब हम इन उपचारों पर चर्चा करेंगे तो इस पर जवाब दिया जाना उचित होगा। इसलिए इसको मैं नहीं छूता हूँ।'

'मि. करीमुद्दीन द्वारा उठाये गये बिन्दु पर आता हूँ, जिसमें उन्होंने खण्ड (4) को 'विद्रोह' या 'आक्रमण' के मामलों तक सीमित करने की कोशिश की है। मैं सोचता हूँ कि यदि वे प्रारूप अनुच्छेद 275 (संविधान का अनुच्छेद 352) को ध्यान से पढ़े होते तो व्यावहारिक रूप से प्रारूप अनुच्छेद 275 के प्रावधान और उनके प्रस्तावित सुझाव में कोई अन्तर नहीं पाते। प्रारूप अनुच्छेद 275 के अन्तर्गत राष्ट्रपति को प्राप्त आपात्काल की उद्घोषणा जारी करने की शक्ति केवल 'युद्ध' या 'घरेलू हिंसा' के मामले तक सीमित है।'

इसी दौरान काजी सैय्यद करीमुद्दीन ने पूछा—क्या ऐसा तब भी होगा जब मात्र युद्ध की धमकी हो?

डॉ. अंबेडकर ने जवाब दिया—

'निश्चित रूप से। आपात्काल केवल तभी नहीं लागू होगा जब युद्ध हो रहा हो, बल्कि ऐसी स्थिति को भी आपात्काल माना जा सकता है जब युद्ध की धमकी हो। परिणामत: यदि प्रारूप अनुच्छेद 275 के शब्दों को, मि. करीमुद्दीन के संशोधन से तुलना करें तो पायेंगे कि प्रारूप अनुच्छेद 275, राष्ट्रपति को जो करने की अनुमति देता है उसमें और जो वह करने के लिए अधिकारयुक्त होगा, यदि मि. करीमुद्दीन के संशोधन को स्वीकार कर लिया जाये, व्यावहारिक रूप से कोई अन्तर नहीं है। मैं इसलिए निवेदन करता हूँ कि संशोधन सं. 801 और 802 की कोई आवश्यकता नहीं है। जहाँ तक संशोधन सं. 801 का सवाल है, यह उन सिद्धान्तों के खिलाफ है, जिसे मैंने वर्णित किया है।'[5]

अधिकारों की घोषणामात्र से अच्छा है प्रभावशाली उपचार

निर्देशक सिद्धान्तों से सम्बन्धित भाग 3 और मूल अधिकारों से सम्बन्धित भाग 4 पर चर्चा के दौरान माननीय सदस्यों द्वारा कई अधिकारों को जोड़ने के लिए प्रस्ताव लाये गये थे, जिसको किसी-न-किसी आधार पर संविधान-सभा द्वारा अस्वीकार कर दिया गया था। इस अस्वीकृति के कारण माननीय सदस्यों में किसी तरह का असन्तोष का भाव न रहे, इसको ध्यान में रखकर डॉ. अंबेडकर ने अधिकारों की घोषणा करने की तुलना में

प्रभावशाली उपचार की व्यवस्था को ज्यादा महत्त्वपूर्ण बताया। यह डॉ. अंबेडकर के व्यक्तित्व का महत्त्वपूर्ण आयाम है कि वे संविधान-सभा के ऐसे सभी माननीय सदस्यों को असन्तुष्ट नहीं रखना चाहते थे। प्रारूप-प्रावधान को प्रभावशाली उपचार प्रदान करने में पूर्णतया सक्षम बताते हुए डॉ. अंबेडकर ने कहा—

'महोदय, बहस के दौरान इस सदन में कई सदस्यों द्वारा इस बात की शिकायत की गयी है कि हमने कुछ अधिकारों या योजनाओं को मूल अधिकार या निर्देशक सिद्धान्त के रूप में वर्णित नहीं किया है। इसके लिए रूस के और अन्य देशों के संविधान का सन्दर्भ दिया गया। जहाँ तक उन घोषणाओं का सवाल है, जिसे वे संशोधन के माध्यम से इस संविधान में शामिल करना चाहते हैं, महोदय, ऐसे संशोधन के लिए इच्छुक सदस्यों के प्रति किसी तरह का दुराशय रखे बिना मैं कह सकता हूँ कि इन अधिकारों के सम्बन्ध में ब्रिटिश विधिशास्त्र को प्राथमिकता दी है, जो ज्यादा असाधारण, वास्तविक और स्वस्थ तरीका है।

'ब्रिटिश विधिशास्त्र जोर देता है कि अधिकार का कोई अर्थ नहीं है, यदि संविधान में इसके लिए उपचार नहीं है। यह उपचार ही है जो अधिकार को वास्तविक बनाता है। उपचार के बिना अधिकार का कोई अर्थ नहीं है और इसलिए मैं इस संविधान पर ऐसे तमाम पवित्र घोषणाओं का भार डालने के लिए तैयार नहीं हूँ, जो एक ज्योतिर्पुञ्ज की तरह मात्र टिमटिमाये और जिसके लिए संविधान में किसी तरह के उपचार का प्रावधान न हो। अधिकारों के क्षेत्र को लेकर सीमित रहना और संविधान में तमाम पवित्र इच्छाओं की घोषणा करने की तुलना में उपचारों की व्यवस्था करके इसे वास्तविक बनाना ज्यादा अच्छा है। मुझे खुशी है कि जो हमने उपचार की व्यवस्था की है वह संविधान में मौलिक भाग में प्रदान किया गया है।'[6]

इसके पश्चात् माननीय उपाध्यक्ष महोदय द्वारा एक-एक करके संशोधन-प्रस्तावों को रखा गया। डॉ. अंबेडकर द्वारा प्रस्तुत प्रस्ताव और उनके द्वारा स्वीकार किया गया मि. महबूब अली बेग के प्रस्ताव को संविधान-सभा द्वारा स्वीकृत कर लिया गया और बाकी 6 संशोधन-प्रस्ताव, जो डॉ. अंबेडकर द्वारा स्वीकार नहीं किये गये थे, संविधान-सभा द्वारा भी अस्वीकृत कर दिये गये और दो अन्य प्रस्ताव, जो डॉ. अंबेडकर द्वारा स्वीकार नहीं किये गये थे, को प्रस्तावक सदस्यों द्वारा वापस ले लिये गये। यथासंशोधित प्रारूप अनुच्छेद 25 (संविधान का अनुच्छेद 32) का निम्न प्रावधान संविधान-सभा द्वारा अंगीकृत कर लिया गया।

'1. इस भाग द्वारा प्रदत्त अधिकारों को प्रवर्तित कराने के लिए समुचित कार्यवाहियों द्वारा सुप्रीम कोर्ट में समावेदन करने के अधिकार की गारण्टी दी जाती है।

2. इस भाग द्वारा प्रदत्त अधिकारों में से किसी को प्रवर्तित कराने के लिए सुप्रीम कोर्ट को ऐसे निर्देश या आदेश या रिट, जिनमें बन्दी प्रत्यक्षीकरण, परमादेश, प्रतिषेध, अधिकार पृच्छा और उत्प्रेषण प्रकृत के रिट शामिल हैं, जो भी समुचित हो, जारी करने की शक्ति होगी।

3. सुप्रीम कोर्ट को खण्ड (1) और खण्ड (2) द्वारा प्रदत्त शक्तियों पर प्रतिकूल प्रभाव डाले बिना, संसद् विधि द्वारा किसी न्यायालय को उसकी अधिकारिता की स्थानीय सीमाओं के भीतर सुप्रीम कोर्ट द्वारा खण्ड (2) के अधीन प्रयोक्तव्य किन्हीं या सभी शक्तियों का प्रयोग करने के लिए सशक्त कर सकेगी।
4. इस संविधान द्वारा जैसा उपबन्धित है उसके सिवाय, इस अनुच्छेद द्वारा गारण्टी किया गया अधिकार निलम्बित नहीं किया जायेगा।'

सन्दर्भ सूची

1. सी.ए.डी., खण्ड 7, पृष्ठ 932
2. सी.ए.डी., खण्ड 7, पृष्ठ 951
3. सी.ए.डी., खण्ड 7, पृष्ठ 935
4. सी.ए.डी., खण्ड 7, पृष्ठ 945
5. सी.ए.डी., खण्ड 7, पृष्ठ 950
6. सी.ए.डी., खण्ड 7, पृष्ठ 953

15

उपसंहार

आजादी के बाद देश के समक्ष सबसे बड़ी चुनौती शासन-व्यवस्था से सामन्तवाद एवं अधिनायकत्व की प्रवृत्ति को समाप्त करने की थी। ब्रिटिश अधिनायकत्व की समाप्ति के बाद भारतीय रंग-रूप में सामन्तवाद की वापसी न होने पाये, इस चुनौती से निपटने के लिए आवश्यक था कि देश की शासन-प्रणाली 'प्रत्यक्ष लोकतंत्र' पर आधारित हो, जिसमें सभी नागरिकों को बिना किसी भेदभाव के देश के शासन संचालन में समान अधिकार प्राप्त हो। पण्डित नेहरू के प्रतिज्ञा-प्रस्ताव में की गयी घोषणा कि 'भारत एक स्वतंत्र, संप्रभु, गणराज्य होगा' को बदलकर प्रारूप-संविधान के उद्देश्यिका में यह घोषित करना कि 'भारत एक संप्रभु, लोकतांत्रिक गणराज्य होगा' इस दिशा में उठायी गयी पहली संवैधानिक कदम थी। 'गणराज्य' के स्थान पर 'लोकतांत्रिक गणराज्य' करना देश की संवैधानिक एवं राजनीतिक इतिहास की एक प्रमुख घटना है, जिसके जनक डॉ. अंबेडकर है। उनकी मंशा साफ थी कि लोकतंत्र को लेकर किसी तरह की दुविधा की स्थिति न रहे और सामन्तवादी प्रवृत्तियाँ ऐसी किसी दुविधा का लाभ, शासन-व्यवस्था में अपना पैर जमाने में न करने लगें। संविधान के प्रवेश-द्वार 'उद्देश्यिका' में 'लोकतंत्र' के बिना 'गणराज्य' का प्रयोग करने से इस दुविधा के बने रहने की पूरी सम्भावना रहती, क्योंकि एक गणराज्य अप्रत्यक्ष-लोकतंत्र पर आधारित हो सकता है या फिर यह अलोकतांत्रिक यानी अधिनायकवादी भी हो सकता है।

सिर्फ 'गणराज्य' शब्द का प्रयोग हो या इसे स्पष्ट कर 'लोकतांत्रिक गणराज्य' कर दिया जाय, इसको लेकर नेहरू जी एवं बाबा साहेब में वैचारिक मतभेद तब खुलकर सामने आ गया, जब प्रारूप-संविधान के उद्देश्यिका में 'लोकतांत्रिक गणराज्य' का उल्लेख करने के बाद भी नेहरू जी द्वारा 8 नवम्बर, 1948 को दिये गये अपने प्रतिक्रिया-सम्बोधन में 'गणराज्य' शब्द पर लगातार बल दिया जाता रहा और यहाँ तक कि उन्होंने गणराज्य की पैरवी करने के लिए 'लोकतंत्र' शब्द को व्यर्थ एवं अनावश्यक तक बता दिया। 'लोकतंत्र' शब्द को लेकर नेहरू जी की ऐसी प्रतिक्रिया से समझा जा सकता है कि संविधान-सभा में 'प्रत्यक्ष लोकतंत्र आधारित शासन-व्यवस्था' को स्थापित करने में कितनी कठिनाइयाँ रही होगी। इन कठिनाइयों के बावजूद, यदि देश में प्रत्यक्ष लोकतंत्र स्थापित हो पाया, तो इसका श्रेय जिस एक व्यक्ति को जाता है, वह बाबा साहेब ही है।

देश में 'प्रत्यक्ष लोकतंत्र आधारित शासन-व्यवस्था' को स्थापित करने के लिए बाबा साहेब ने न केवल संविधान सभा को मानसिक रूप में तैयार किया, बल्कि उन लोगों को भी पीछे हटने के लिए मजबूर किया जो 'लोकतंत्र' शब्द को व्यर्थ एवं अनावश्यक बताते हुए बार-बार गणराज्य शब्द पर जोर दे रहे थे।

'प्रत्यक्ष लोकतंत्र' के मूल तत्त्व की स्वीकृति के बाद आजाद भारत के शासन-व्यवस्था में दूसरा सबसे महत्त्वपूर्ण विचार 'न्यायपालिका की स्वतंत्रता' को संवैधानिक महत्त्व का विषय बनाना था। इसका श्रेय भी एकमात्र जिस व्यक्ति को जाता है वह बाबा साहेब हैं। 'न्यायपालिका की स्वतंत्रता' के लिए डॉ. अंबेडकर ने स्वयं आगे बढ़कर संविधान-सभा में संशोधन-प्रस्ताव लेकर आये। इस प्रस्ताव का विरोध श्री टी. टी. कृष्णामचारी (जो नेहरू जी के निकटतम व्यक्तियों में से एक थे और बाद में नेहरू कैबिनेट में उद्योग एवं वाणिज्य मंत्री और वित्त मंत्री का दायित्व भी संभाला) सहित तत्कालीन कांग्रेस के कुछ नेता इस आधार पर कर रहे थे कि आजादी मिलने के बाद 'न्यायपालिका की स्वतंत्रता' का सवाल बदल गया है। श्री कृष्णामचारी ने तो 'न्यायपालिका की स्वतंत्रता' के विचार को अप्रासंगिक, औचित्यहीन बताते हुए इसको लेकर 'कूड़ेदान' जैसे शब्द का प्रयोग कर रहे थे और बी. दास जैसे वरिष्ठ कांग्रेसी नेता 'न्यायपालिका की स्वतंत्रता' विषय पर कांग्रेस की बैठक को महत्त्व देने का विचार व्यक्त कर रहे थे। ऐसी तमाम अड़चनों के बावजूद डॉ. अंबेडकर 'न्यायपालिका की स्वतंत्रता' के सिद्धान्त को संवैधानिक महत्त्व का विषय बनाने में सफल रहे।

'प्रत्यक्ष लोकतंत्र आधारित शासन-व्यवस्था' एवं 'स्वतंत्र न्यायपालिका' के बाद आजाद देश के शासन-व्यवस्था के लिए तीसरा सर्वाधिक महत्त्वपूर्ण विचार कि 'एक लोकतांत्रिक देश में कानून-निर्माण के सन्दर्भ में विधायिका का निर्णय प्रभावी होगा' को भी संविधान-सभा द्वारा स्वीकृति दिलाने में जिस एक व्यक्ति को श्रेय जाता है वह और कोई नहीं, बल्कि बाबा साहेब डॉ.अंबेडकर जी ही हैं। प्रारूप-संविधान के अनुच्छेद 15 (संविधान का अनुच्छेद 21) पर चर्चा के दौरान संविधान-सभा में जब इस विषय को लेकर विवाद हुआ कि प्रारूप-प्रावधान में 'विधि द्वारा स्थापित प्रक्रिया' शब्दावली का प्रयोग होना चाहिए या 'सम्यक् विधि प्रक्रिया' का और इस विषय पर पूरी संविधान-सभा जब एकमत से विधायिका पर अविश्वास करने की बात कहते हुए 'सम्यक् विधि प्रक्रिया' को पुन:स्थापित करने पर बल देने लगा था, ऐसी स्थिति में डॉ. अंबेडकर संविधान सभा में एकमात्र ऐसे व्यक्ति थे, जिन्होंने कानून-निर्माण में विधायिका पर पूरा भरोसा करने पर जोर दिया। विवादित विषय कि 'विधि द्वारा स्थापित प्रक्रिया' बनी रहे या इसके स्थान पर 'सम्यक् विधि प्रक्रिया' पुन:स्थापित कर दिया जाये, पर दृढ़तापूर्वक अपना विचार देते हुए बाबा साहेब डॉ. अंबेडकर ने कहा—

> 'कौन-सा कानून अच्छा है और कौन-सा कानून बुरा है, इसको तय करने के लिए, पाँच या छह भद्रपुरुष वाले फेडरल या सुप्रीम कोर्ट पर कैसे विश्वास किया जाय, जो बैठकर विधायिका द्वारा बनाये गये गये कानून का अपने व्यक्तिगत संवेदनाओं या अपने पक्षपातपूर्ण निर्णयों के प्रहारों से परीक्षण करेंगे।'

इस तरह अपनी मेधा से डॉ. अंबेडकर 'कानून-निर्माण के सन्दर्भ में विधायिका पर विश्वास' करने के विचार को संविधान सभा द्वारा सर्वसम्मति से स्वीकृति दिलवाने में सफल रहे। 'विधि द्वारा स्थापित प्रक्रिया' को स्वीकार करके संविधान निर्माताओं ने यदि विधायिका पर अपना पूर्ण भरोसा व्यक्त किया, तो इसमें केवल और केवल डॉ. अंबेडकर जी की अग्रणी भूमिका थी। कानून-निर्माण के सन्दर्भ में बाबा साहेब का सम्बोधन देश के नीति-निर्माताओं एवं न्यायविदों के लिए पथ-प्रर्दशक है।

आजादी के तुरन्त बाद रियासतों के मामले में केन्द्र सरकार को केवल तीन मामलों—विदेश, रक्षा और संचार—में हस्तक्षेप करने का अधिकार था। इस कारण ये रियासत अखिल भारतीय स्तर पर व्यापार एवं वाणिज्य के मामलों में हस्तक्षेप कर देश आर्थिक विकास में न केवल बाधा पहुँचा सकते थे, बल्कि इसकी एकता एवं अखण्डता के लिए खतरा पैदा कर सकते थे। इस खतरे का पूर्वानुमान लगाकर इससे निपटने का रास्ता निकालने के लिए बाबा साहेब डॉ. अंबेडकर ने अखिल भारतीय व्यापार, वाणिज्य और समागम के अधिकार को मूल अधिकार के रूप में स्थापित करने का प्रारूप तैयार किया और विरोध के बावजूद अपनी प्रतिभा और दूरदृष्टि से इसे पारित करवाने में सफल हुये।

संविधान सभा के एक माननीय सदस्य का यह विचार कि देश को 'इण्डिया' के बजाय 'यूनियन आफ इण्डिया' के नाम से जाना जाय, पर डॉ. अंबेडकर की यह प्रतिक्रिया कि 'व्यक्तिगत रूप से मैं सोचता हूँ कि देश का नाम ऐसा नहीं होना चाहिए जिससे यह संकेत जाय कि यह किन अधीनस्थ घटकों से बना है', साबित करता है कि वह देश को एकत्व प्रदान करने को लेकर कितना गम्भीर थे।

संविधान सभा में इसको भी लेकर आपत्ति किया गया कि भारत को 'राज्यों का संघ' कहने के बजाय 'प्रान्तों का संघ' कहा जाना चाहिए। लेकिन डॉ. अंबेडकर ने ऐसा करने से स्पष्ट मना कर दिया। उनकी दूरदृष्टि देश को उस समस्या से निजात दिलाने की तरफ था, जो रियासतों के कारण पैदा हो रही थी। डॉ. अंबेडकर नहीं चाहते थे कि भारत को 'प्रान्तों का संघ' घोषित करने के बाद इन रियासतों का अस्तित्व और भी अलग दिखने लगता। ऐसा करने का मतलब था कि बाद में फिर इसे 'प्रान्तों एवं रियासतों का संघ' करना पड़ता, जो किसी-न-किसी रूप में रियासतों के अस्तित्व को स्थिरता प्रदान करता और समस्या ही पैदा करता। इसलिए भारत को 'प्रान्तों का संघ' के स्थान पर 'स्टेट का संघ अर्थात् राज्यों का संघ' घोषित कर डॉ. अंबेडकर ने इस प्रावधान में 'रियासत' शब्द का प्रयोग न किये जाने से पैदा होने वाले समस्या से मुक्ति दिलायी और दूसरा लाभ यह हुआ कि 'भारतीय रियासत' मानसिक रूप से प्रान्तों के समकक्ष स्थिति में आ गये। प्रान्त तो अघोषित रूप से देश के अंग थे, लेकिन भारत को 'प्रान्तों का संघ' के रूप में स्वीकार करने के बाद रियासतों को लेकर गलत सन्देश जाता। यह निर्णय लेकर कि भारत 'यूनियन ऑफ स्टेट अर्थात् राज्यों का संघ होगा डॉ. अंबेडकर ने देश के हित में एक तीर से कई निशानों को साधा, जिस पर शायद ही किसी सदस्य की नजर थी। उस दौर में छोटी-सी दिखने वाली इस बात के बहुत बड़ा मायने थे।

इसके अलावा संविधान सभा में अनगिनत जटिल सवाल—शस्त्र रखने के अधिकार का सवाल; धार्मिक-व्यक्तिगत कानून के अधिकार का सवाल; आदिवासियों से जुड़ा सवाल; शराबबन्दी को लेकर किये गये सवाल; धार्मिक आजादी के सन्दर्भ में पैदा सवाल; स्कूलों में धार्मिक शिक्षा की आजादी या मातृभाषा में शिक्षा ग्रहण करने का सवाल; सांस्कृतिक एवं भाषायी अधिकार के मामले में 'अल्पसंख्यक' शब्द को हटाने के कारण पैदा सवाल; आरक्षण के सम्बन्ध में उठाये गये सवाल; राज्यों की नौकरियों में निवास की अवधि को तय करने की शक्ति का सवाल; आजादी के अधिकार के साथ निर्बन्धन लगाने के कारण पैदा सवाल; धार्मिक आजादी के सम्बन्ध में सवाल; व्यक्तिगत जीवन के अधिकार के सम्बन्ध में सवाल; 'निर्देशक' शब्द का प्रयोग करने का सवाल; 'निर्देशक सिद्धान्तों' को संविधान में शामिल करने का सवाल; देश के नाम को लेकर पैदा जटिलता; 'राज्य' को व्यापक बनाने का मामला; राज्य क्षेत्र में बदलाव के सम्बन्ध में रियासत को विशेषाधिकार के कारण उपजा गम्भीर सवाल; अनुच्छेद 1 में 'स्टेट' शब्द के बजाय 'दि स्टेट' के प्रयोग करने पर पैदा सवाल; जीवन के अधिकार के सन्दर्भ में 'विधि द्वारा स्थापित प्रक्रिया' के माध्यम से न्यायपालिका की तुलना में विधायिका को ज्यादा विश्वसनीय मानने का सवाल; 'सर्वमान्य नागरिक संहिता' को संवैधानिक उपबन्ध बनाने का सवाल; गौ-वध के विरुद्ध प्रावधान बनाने का सवाल; केन्द्रीकृत शासन-व्यवस्था पर उठाये गये सवाल; मूल अधिकारों के अतिक्रमण होने पर प्रभावशाली उपचार के सम्बन्ध में उपजे सवाल; रिट शक्ति का उल्लेख करने को लेकर खड़ा किया गया सवाल; आपात्काल के दौरान मूल अधिकार के निलम्बन को लेकर उठाये गये सवाल, पैदा हुए।

ऐसे तमाम जटिल सवाल जिस तरह संविधान सभा में पैदा हुए और इन सवालों का डॉ. अंबेडकर द्वारा जिस तरह जवाब दिया गया, मन-मस्तिष्क यह सोचने के लिए मजबूर हो जाता है यदि डॉ. अंबेडकर नहीं होते तो क्या इन सवालों का जवाब उतनी ही तत्परता से और उतने ही योग्यता के साथ मिलना क्या सम्भव था? यह भी सम्भव था कि डॉ. अंबेडकर जैसा व्यक्ति संविधान-निर्माण का नेतृत्व न कर रहा होता, तो इतने सारे सवाल पैदा ही नहीं होते। लेकिन क्या संविधान सभा में इन सवालों का पैदा नहीं होना राष्ट्र-हित में होता? इस प्रश्न का जवाब एक दृष्टान्त के माध्यम से ढूँढने का प्रयास करते हैं।

प्रारूप अनुच्छेद 23 के सम्बन्ध में 'सरदार पटेल की अध्यक्षता वाली मूल अधिकार समिति' द्वारा अप्रैल, 1947 में प्रस्तावित प्रावधान, जिसे संविधान सभा द्वारा स्वीकृत भी किया जा चुका था, को यदि डॉ. अंबेडकर द्वारा प्रारूप-संविधान में उसी रूप में स्वीकार कर लिया गया होता, तो शायद मि. जेड. एच. लारी द्वारा कोई संशोधन-प्रस्ताव लाने की आवश्यकता नहीं होती और न कोई सवाल पैदा होता। लेकिन डॉ. अंबेडकर ने न केवल उक्त रिपोर्ट में प्रयोग किये गये 'अल्पसंख्यक' शब्द को हटाया, बल्कि अधिकार की गुणवत्ता को लेकर भी मूलभूत बदलाव किये। किन्तु इन बदलावों पर उठाये गये सवालों पर जब डॉ. अंबेडकर ने अपना स्पष्टीकरण दिया तो पूरी संविधान सभा उनके साथ खड़ी हो गयी और जो अमृतरस निकलकर आया वह देश की एकता और अखण्डता को आज भी ताकत दिया हुआ है। डॉ. अंबेडकर का यह अमृतमयी जवाब कि 'इस अनुच्छेद का आशय संस्कृति, भाषा और लिपि के मामलों में सुरक्षा देना है। तकनीकी अर्थों

में मात्र नहीं बल्कि व्यापक अर्थ में अल्पसंख्यकों को सुरक्षा देता है...यही कारण है कि हमने 'अल्पसंख्यक' शब्द को हटा दिया है क्योंकि हमने महसूस किया कि इस शब्द की संकीर्ण अर्थों में व्याख्या की जा सकती है', आज भी देशवासियों और न्यायविदों के लिए ऊर्जा का स्रोत है।

कुछ आलोचक संविधान निर्माण में डॉ. अंबेडकर के योगदान को कमतर करने की कोशिश में यह कहते रहते हैं कि भारत के संविधान में कुछ भी नया नहीं है, बल्कि यह दूसरे देशों के संविधान की नकल मात्र है। ऐसी आलोचना की वास्तविकता को समझने के लिए संविधान-निर्माण के समय की वैश्विक परिस्थितियों को समझना आवश्यक है। भारत में प्रारूप-संविधान के निर्माण के समय विश्व के दूसरे कई प्रगतिशील देशों में संविधान अस्तित्व में आ चुके थे। लोकतांत्रिक शासन व्यवस्था के जो भी भिन्न-भिन्न स्वरूप और आयाम हो सकते थे, उनके मूल तत्त्वों का आविष्कार करके किसी-न-किसी संविधान में शामिल कर लिया गया था। दूसरे देशों में ऐसा आविष्कार और विकास न हो, इस पर किसी का नियंत्रण नहीं था। इन देशों में हुए संवैधानिक विकास का भारत के संविधान निर्माण के नजरिये से सकारात्मक पहलू यही था कि इन संविधान में शामिल किये गये शासन-व्यवस्था के मूल तत्त्वों का एवं इसके प्रभाव का अध्ययन व अनुसन्धान किया जाय और फिर यह तय किया जाय कि इन मूल तत्त्वों में से कौन भारतीय परिस्थितियों के अनुकूल है या इन्हें भारतीय परिस्थितियों के अनुकूल कितना परिष्कृत कर अंगीकृत किया जाय।

संविधान निर्माण के लिए मसौदा-समिति द्वारा किये गये ऐसे अध्ययन, अनुसन्धान एवं परिष्करण को अन्ध नकल कहना उचित नहीं है। भारत जैसे विविधता वाले देश में यह भी कोई आसान कार्य नहीं था। वह भी उस देश में, जहाँ के लोग सदियों से लोकतांत्रिक मूल्यों को भूल चुके थे, जहाँ यह भी खतरा मँडरा रहा था कि ब्रिटिश हुकूमत के बाद भारत में पुन: सामन्तवाद और अधिनायकवाद की वापसी न हो जाये। इस दृष्टि से डॉ. अंबेडकर की भूमिका महत्त्वपूर्ण ही नहीं बल्कि महानतम हो जाती है कि उनके रहते वे लोग प्रभावी नहीं हो सके जो किसी-न-किसी बहाने अधिनायकवाद की पैरोकारी कर रहे थे और इस देश को कबीलाई देश बनाना चाहते थे। सम्भवत: ऐसा कर पाने में असफल रहने वाले लोग ही, अन्ध नकल करने के को हवा देने में लगे रहे हैं।

संविधान-निर्माण में बाबा साहेब का अमृतमय योगदान इसके बावजूद था कि बचपन से ही 'जाति आधारित भेदभाव और अस्पृश्यता' के कारण उन्हें कई बार अपमान का विष पीना पड़ा था। डॉ. अंबेडकर, उन असामाजिक बन्दिशों को तोड़ने का प्रयास करते रहे, जिसे धर्म का ढाल मिला हुआ था। वे समाज में सिद्धान्त रूप ले लिये उस जड़ता को तोड़ने का प्रयास करते रहे जिसमें यह मान लिया गया था कि बौद्धिक बेईमानी और चपलता से हाशिये पर कर दिये गये शूद्र वर्ण में जन्म लेने वाले बच्चों का भी वही हश्र होना चाहिए, जो उनके मॉ-बाप का हुआ है, भले ही उनमें अपने मॉ-बाप से अलग होने की सारी प्रतिभा और हुनर मौजूद हों। इस जन्म आधारित दोष के वीभत्स रूप 'अस्पृश्यता' के कलंक को डॉ. अंबेडकर ने हर पल, हर क्षण जीया और महसूस किया। स्कूल में सवर्ण बच्चों से पृथक् बैठाये जाते समय, शौक होने के बावजूद सवर्ण बच्चों के साथ

खेलने से मना किये जाते समय, दूर बैठकर दूसरे बच्चों को खेलते हुए देखते समय, प्यास लगने पर किसी स्पृश्य लड़के द्वारा दूर से उँड़ेले गये पानी को अंजली से पीते समय, शरारत में किसी पेड़ पर चढ़ जाने के कारण मार खाते समय, पल-पल भेदभाव की प्रताड़ना झेली। मन्दिरों में प्रवेश वर्जित होना, पानी के लिए कुओं/तालाबों पर जाने की आजादी न होना, सवर्णों के घरों/मोहल्लों में एवं आम रास्तों पर जाने पर प्रतिबन्ध डॉ. अंबेडकर के स्वाभिमान को झकझोरता था।

जीवन के इन अँधेरों के मध्य अपने संयमशीलता और अध्ययनशीलता को बनाये रखते हुए कोलंबिया विश्वविद्यालय से पी-एच.डी. की डिग्री हासिल करना, बड़ौदा रियासत में 'मिलिट्री-सेक्रेटरी' पद पर नियुक्ति पाना, सिडेनहॅम कॉलेज में अर्थशास्त्र विषय के प्रोफेसर के रूप में नियुक्ति पाना, इस पद से इस्तीफा देकर लन्दन विश्वविद्यालय से एम.एस-सी., डी.एस-सी. और बार-एट-लॉ की डिग्री हासिल करके अपने को भावी चुनौतियों से निपटने के लिए तैयार करना, 'दी प्राब्लम ऑफ दी रुपी' नामक शोधग्रन्थ लिखकर ब्रिटिश हुकूमत को वैश्विक परिदृश्य में कठघरे में खड़ा करना और फिर सुनहरे कैरियर की तमाम सम्भावनाओं को पीछे छोड़ बम्बई हाईकोर्ट से वकालत की शुरुआत करना और देश के एक बड़े अस्पृश्य वर्ग-समूह को समाज के मुख्य धारा में लाने के लिए अपना पूरा जीवन समर्पित कर देना, डॉ. अंबेडकर के जीवन का ऐसा पक्ष है जिस पर अस्पृश्य समाज ही नहीं, पूरा देश अभिमान कर सकता है।

अर्थशास्त्री बनने, जज बनने या प्रोफेसर बनने जैसे अपने सुनहरे कैरियर को त्यागकर, डॉ. अंबेडकर ने 'अस्पृश्यता-निवारण आन्दोलन' और दलित कल्याण एवं जागरूकता के कार्य को अपने जीवन का लक्ष्य बना किया। तालाबों के पानी को शूद्र समाज को भी छूने दिया जाय, इस हक की माँग को लेकर उन्हें दो-दो बार महाड़ सत्याग्रह करना पड़ा। इस सत्याग्रह के दौरान उन्हें सवर्ण समाज के हिंसात्मक आक्रमण का शिकार भी होना पड़ा। बाद में इसके लिए उन्हें कानूनी लड़ाई लड़नी पड़ी और इस हक को कोर्ट से जीतकर प्राप्त किया। उन्हें बम्बई के गवर्नमेण्ट लॉ कॉलेज का प्रिन्सिपल बनाया गया, किन्तु दलितों के हक की लड़ाई मन्द न होने पाये, इसके लिए उन्होंने इस पद से इस्तीफा दे दिया। दलित समुदाय के शैक्षिक विकास के लिए 'दलित जाति शिक्षण समिति' की स्थापना किया; उनके लिए छात्रावासों का निर्माण एवं संचालन शुरू किया; 'गणेशोत्सव' जैसे धार्मिक कार्यक्रम को सार्वजनिक मानने और अछूत समाज को भी इसमें शामिल होने देने के लिए लड़ाई लड़ी; हिन्दू मन्दिरों में शूद्रों को भी प्रवेश करने का अधिकार दिलाने के लिए महीनों तक चले सत्याग्रह आन्दोलन का नेतृत्व किया और इसमें भी उन्हें हिंसात्मक आक्रमण का शिकार होना पड़ा। फिर भी समतामूलक समाज के निर्माण में अनवरन लगे रहे।

बाबा साहेब अंबेडकर के निर्माण यात्रा पर किये जा रहे शोधकार्य के इस मध्य पड़ाव तक पहुँचने के बाद मेरे मन-मस्तिष्क में जो निष्कर्ष निकला है, उसको बाबा साहेब को समर्पित करना मेरे लिये गर्व की बात है—

> "...मसौदा-समिति के अध्यक्ष और प्रथम कानूनमंत्री डॉ. अंबेडकर के संवैधानिक प्रयास और प्रथम गृहमंत्री सरदार वल्लभ भाई पटेल के राजनैतिक प्रयास, देश की

एकता और अखण्डता के सन्दर्भ में एक-दूसरे के पूरक थे। दोनों में से किसी के बिना भारत की एकता परिपूर्ण नहीं हो सकती थी। एकता का यह महल आगे भी अपनी भव्यता के साथ कायम रहे और चमकता रहे, इसके लिए डॉ. अंबेडकर द्वारा तमाम आवश्यक उपाय संविधान में उपबन्धित कर दिये गये। अन्यथा इस देश की विविधता और विभिन्नताओं को देखते हुए यह सोचा भी नहीं जा सकता था कि तत्कालीन परिस्थितियों में प्राप्त की गयी देश की आजादी, एकता और अखण्डता को आगे भी बनाये रखा जा सकेगा।

'जिस तरह हम देशवासी सरदार पटेल को राष्ट्रीय एकता के प्रति उनके महान् योगदान के लिए 'एकता-पुरुष' के रूप में याद करते हैं, उसी तरह बाबा साहेब को उनके महान् योगदान के लिए हम देशवासी और आने वाली पीढ़ी 'निर्माण-पुरुष' के रूप में याद रखेंगे। ऐसे 'निर्माण-पुरुष' के रूप में, जो बराबरी पर आधारित समाज के निर्माण की आधारशिला रखी, जो संविधान-निर्माण के माध्यम से राष्ट्रीय एकता को संवैधानिक स्वरूप देकर इसे दृढ़ता एवं पूर्णता प्रदान किया और राष्ट्र-निर्माण की बुनियाद बनायी। वस्तुतः बाबा साहेब, समाज-निर्माण में सामाजिक जटिलताओं के खिलाफ किये गये संघर्ष की पवित्रता, संविधान-निर्माण में अपने दृढ़तायुक्त किन्तु लचीले व्यक्तित्व और राष्ट्र-निर्माण में चमकयुक्त भूमिका के कारण 'देश के स्वर्ण-पुरुष' हैं।''

यद्यपि डॉ. अंबेडकर के महान् व्यक्तित्व एवं कृतित्व को किसी सम्मान या स्मारक से बाँधा नहीं जा सकता, लेकिन यदि इस देश ने 'भारतरत्न' जैसे सर्वोच्च नागरिक सम्मान को मान्यता दी है तो वे कौन-से कारक हैं जिसके कारण हमारे देश के नीति-निर्माताओं को इस सर्वोच्च नागरिक सम्मान के लिए 36 वर्ष तक बाबा साहेब की याद नहीं आयी, वे कौन-से कारक हैं कि 65 वर्ष बाद आज भी हम बाबा साहेब के कद के अनुरूप एक राष्ट्रीय स्मारक बनाने में असफल रहे हैं?

उक्त सवाल के अलावा संविधान-सभा में बहस के दौरान उठे महत्त्वपूर्ण सवाल उदाहरणार्थ देश के मुखिया के नाम 'राष्ट्रपति' और केन्द्रीय विधायिका के नाम 'संसद्' को लेकर उठे सवाल; केन्द्र एवं राज्यों के विधायिका और कार्यपालिका के गठन से सम्बन्धित तमाम प्रावधानों पर उठे सवाल; संसद में अल्पसंख्यकों के लिए सीट आरक्षण को लेकर उठे विवाद; अनुसूचित जातियों/जनजातियों के लिए विधायिका में सीटों के आरक्षण का सवाल; सुप्रीम कोर्ट एवं न्यायपालिका की संरचना एवं शक्तियों से जुड़े प्रावधानों, न्यायाधीशों की उम्रसीमा और रिटायरमेण्ट के बाद उनकी पुनर्नियुक्ति को लेकर उठे सवाल; राज्यपाल, आडिटर-जनरल, चुनाव आयोग, लोकसेवा आयोग जैसे विभिन्न संस्थाओं के स्वरूप से सम्बन्धित प्रावधानों से जुड़े सवाल; जनजातिय क्षेत्रों के प्रशासन से सम्बन्धित प्रावधानों से जुड़े सवाल; देश के भाषा का सवाल; अनुच्छेद 370 को लेकर उपजा विवाद; सहकारी परिसंघवाद और संघात्मक शासन-प्रणाली में केन्द्र एवं राज्यों के मध्य विधायी एवं प्रशासनिक शक्तियों के बँटवारे से सम्बन्धित प्रावधान; आपात्काल एवं संविधान-संशोधन से सम्बन्धित प्रावधानों पर उठाये गये सवालों का समाधान कैसे निकला और इन प्रावधानों को अन्तिम स्वरूप प्रदान करने में बाबा साहेब का क्या योगदान

है? हिन्दू कानूनों की गंगोत्री—डॉ. अंबेडकर द्वारा रचित 'हिन्दू संहिता' का आज के सन्दर्भ में क्या मायने हैं; 'हिन्दू संहिता बिल' को लेकर नेहरू कैबिनेट से डॉ. अंबेडकर को इस्तीफा क्यों देना पड़ा; डॉ. अंबेडकर द्वारा हिन्दू धर्म छोड़ने, इस्लाम धर्म ठुकराने और बौद्ध धर्म धारण करने के क्या मायने हैं; अल्पसंख्यक-बहुसंख्यक समस्या, जातिय-वर्णिय समस्या, सर्वमान्य सिविल संहिता, कानून निर्माण में विधायिका का महत्त्व, चुनाव सुधार, शासन-प्रणाली सुधार, न्यायपालिका की स्वतंत्रता एवं न्यायिक-सुधार, राजनीतिक पार्टियों के आन्तरिक लोकतंत्र, कश्मीर समस्या जैसे विषयों पर बाबा साहेब डॉ. अंबेडकर के विचारों की प्रासंगिकता क्या है? का जवाब जानने के लिए हमें 'निर्माण-पुरुष की संविधान यात्रा : समाज-निर्माण से राष्ट्र-निर्माण की ओर' के इस मध्य-पड़ाव से आगे बढ़ना है, अभी और कई मंजिलों को तय करना है।

—अनूप बरनवाल

●●●